Peter C. von Seidlein
Christina Schulz

Skelettbau

Peter C. von Seidlein
Christina Schulz

Skelettbau

Konzepte
für eine strukturelle Architektur
Projekte 1981–1996

Callwey

Impressum

© 2001 Verlag Georg D.W. Callwey GmbH & Co. KG,
Streitfeldstraße 35, 81673 München
www.callwey.de
E-Mail: buch@callwey.de

Die Deutsche Bibliothek –
CIP-Einheitsaufnahme
Ein Titelsatz für diese Publikation ist bei der Deutschen Bibliothek erhältlich.

Das Werk einschließlich aller seiner Teile ist urheberrechtlich geschützt. Jede Verwertung außerhalb der engen Grenzen des Urheberrechtsgesetzes ist ohne Zustimmung des Verlages unzulässig und strafbar. Das gilt insbesondere für Vervielfältigungen, Übersetzungen, Mikroverfilmungen und die Einspeicherung und Verarbeitung in elektronischen Systemen.

Gestaltung/Satz: büro ay GmbH
(Anette Kallmeier), Augsburg
Reproarbeiten: SWS Fotofachlabor und Reproduktionen GmbH, Stuttgart
Gesamtproduktion: Fotolito Longo, Bozen
ISBN 3-7667-1309-4

Printed in Italy 2001

Abbildungsnachweis

Die Fotos und Zeichnungen dieses Buches stammen – soweit nicht anders vermerkt – von den Verfassern der jeweiligen Projekte und aus den Archivbeständen des Lehrstuhl 2 für Baukonstruktion und Entwerfen der Universität Stuttgart. Bei einigen älteren Aufnahmen waren die Bildgeber nicht mehr zu eruieren. Sollten dennoch den Autoren unbekannte Ansprüche an Abbildungsrechten bestehen, werden Bildrechtgeber gebeten, sich beim Verlag zu melden.

Dank

Die Arbeit an diesem Buch wurde gefördert von der Pilkington Deutschland GmbH, der Flachglas AG sowie der Gerhard-Schöberl-Stiftung und der Vereinigung von Freunden der Universität Stuttgart.

Beim Zusammentragen der dokumentierten Projekte waren Ursula Merten, Friedrich Grimm und Peter Soldjhu maßgeblich beteiligt.
Friedrich Wagner, Clemens Richarz, Jürgen Braun und Walter Schwaiger waren wertvolle Gesprächspartner bei der konzeptionellen Vorbereitung des Buches. Die weitere Bearbeitung erfolgte unter Mitarbeit von Monika Garbsch, Jörg Hieber, Rita Holzheu, Stephan Jekle, Christel Knapp und insbesondere von Ingo Braun und Stefan Gose.
Die Zeichnungen wurden zum überwiegenden Teil von den jeweiligen Projektverfassern angefertigt und zur Verfügung gestellt. Einige ergänzende Abbildungen stammen von Ralf Diflo und Mave Gardener.
Allen danken wir herzlich.

Peter C. von Seidlein
Christina Schulz

Inhaltsverzeichnis

9	**Vorwort**
10	**Grundsätze des Skelettbaus**

Eingeschossige Hallen

24	**Architekturbüro** Stahlfachwerkträger
27	**Villa Möbel** Fachwerkartig unterspannte Träger
32	**Architekturforum** Unterspannte Träger
36	**Hangar unter Teck** Stahlträger mit wechselnden Spannweiten
42	**Sporthalle** Stahlbeton-Fertigteile
44	**Architekturforum** Pavillons mit ungerichteten Dachkonstruktionen
48	**Architekturforum** Unterspannter Trägerrost
52	**IBM Chemikalienlager** Unterschiedliche Konstruktionen für verschiedenartige Nutzungen
55	**Palmenhaus** Gefaltetes Aluminiumfachwerk
58	**Architekturschule** Dreigurtfachwerkträger
60	**Architekturschule** Abgespannte Stahlkonstruktion
64	**Zepp-Labor** Fachwerkträgerrost
68	**Villa Möbel** Baumstützen
72	**Markthalle** Baumstützen mit gelenkigen Knoten
76	**Fakultätszentrum** Fachwerkbogen

	77	**Zepp-Labor**
		Lamellengitterschale aus Holz
	78	**Uni Kino**
		Radialsymmetrische zweilagige
		Seilkonstruktion
	79	**Glasforum Gelsenkirchen**
		Kugel mit geodätischer Flächenteilung

Mehrgeschossige Hallen

	84	**Zepp-Labor**
		Fachwerkrahmen auf Betontischen
	88	**Architekturschule**
		Ungerichtete Stahlkonstruktion
		über zwei Stahlbetongeschossen
	94	**Architekturschule**
		Stahlkonstruktion mit zwei Geschossen
		unterschiedlicher Spannweite
	100	**Alabama Halle**
		Dreigeschossige Stahlkonstruktion
		mit pneumatischer Kuppel

Hallen mit großen Spannweiten

	106	**Schwimmhalle**
		für das „pure" Schwimmen
		Vorgespannter gebogener Fachwerkträger
	110	**Eislaufhalle**
		Fachwerkbogen mit Luftkissen
	116	**Messe- und Kongresshalle**
		Lamellengitterschale
	119	**Eislaufhalle**
		Hängedach
	126	**Markthalle**
		Zweilagige Rahmenkuppel
	130	**Markthalle**
		Unter- und überspannte Rippenkugel
	134	**Glasforum Gelsenkirchen**
		Zweilagige Gitterschale
	140	**Eisstadion Inzell**
		Lamellengitterschale über 107 m

	145	**Glaspalast** Fachwerkbogen über 125 m
	150	**Flugzeughangar** Fachwerkbogen über 140 m
	154	**Erweiterbare Hallenkonstruktion** Addierbare Pilzstruktur über 5000 m² Grundfläche
Große Dächer	158	**ICE-Bahnhof** Schirme mit 18 m Seitenlänge
	162	**ICE-Bahnhof** Gläserne Bahnsteighalle über aufgeständerten Gleiskörpern
	166	**ICE-Bahnhof** Membrankonstruktion
	170	**Stadion** Sichelförmiges Stadion in Hanglage
	174	**Stadion** Schalenartiger Stabwerkring
	179	**Stadion** Vielgeschossige Tribünen mit freistehendem Pylondach
	182	**Tribüne Galopprennbahn** Lineare Tribüne mit Seilbinderüberdachung
Brückenbauwerke	188	**Brückenrestaurant** Innenliegende Brückenkonstruktion
	192	**Brückenrestaurant** Außenliegende Fachwerkkonstruktion
	196	**Brückenrestaurant** Pylonkonstruktion
	202	**West Pier in Brighton** Fachwerksteg mit Pavillon
	206	**West Pier in Brighton** Fachwerk mit Auskragung
	210	**Venice Pier** Fachwerkrahmen

Turmbauten

216 **Heli Muc**
Landeplattform mit aufgeständerter Abfertigung

222 **Heli Muc**
Landeplattform mit erdgeschossiger Abfertigung

229 **Heli Muc**
Weitere Konzepte für Landeplattformen

230 **Aussichtsturm**
Abgespannter Turmschaft

236 **Aussichtsturm**
Outrigger-Konstruktion

238 **Aussichtsturm**
Vierendeel-Turmschaft

Hochhäuser

242 **Hochhaus**
Outrigger-Konstruktion in den Technikgeschossen
246 m

250 **Hochhaus**
Röhrenkonstruktion mit zweisinnig gefalteter Fassade
265 m

252 **Hochhaus**
Außenliegende Stahlfachwerkröhre
312 m

254 **Hochhaus**
Röhrenkonstruktion als Betongitterschale
316 m

258 **Hochhaus**
Außenliegende Fachwerkkonstruktion für multifunktionale Nutzung
360 m

269 **Register**
Sach-, Personen- und Firmenregister

Vorwort

Dieses Buch entstand aus der Lehre der Baukonstruktion an der Technischen Universität Stuttgart. Es handelt ausschließlich von Skelettbauten, das heißt von Konstruktionen, deren wesentliche Bestandteile Säulen und Träger sind – die aus Stahl oder aus Stahlbeton (oder ausnahmsweise auch aus Holz) bestehen, und die sich solchermaßen ganz entschieden vom Massivbau, bei dem Raumabschluß und Konstruktion identisch sind, unterscheiden.

Die einfacheren Projekte stammen aus dem dritten und vierten Semester, wo jeweils fünf oder sechs Studenten in einer Gruppe ein Projekt bearbeitet haben. Die schwierigeren und komplexeren Projekte wurden regelmäßig von einzelnen Studenten der Oberstufe entwickelt. Mehr als fünf Dutzend unterschiedliche Konstruktionen sollen dabei die verschiedenen Möglichkeiten der Erstellung kleiner oder großer Bauten zeigen, Bauten, die zum einen ohne überflüssigen Aufwand zu errichten sind, aber auch solche, die großer konstruktiver Anstrengungen bedürfen. Unter baukonstruktiven Gesichtspunkten sind diese Bauten aus drei grundsätzlich unterschiedlichen Bestandteilen zusammengesetzt: dem Tragwerk, der Hülle und dem technischen Ausbau. Um sicherzugehen, daß die Bestandteile ihre Aufgaben erfüllen, werden sie zunächst analysiert. Nicht weniger wichtig ist es freilich, daß diese Bestandteile zu einem sinnvollen Ganzen integriert werden.

Solchermaßen werden Anregungen geboten und Begriffe von einer Bauauffassung vermittelt, die in der Klarheit der Konstruktion ein entscheidendes Kriterium für gute Architektur sieht. Dies war die Aufgabe sowohl der beteiligten Lehrer als auch der Studentinnen und Studenten. Sie sind bei den einzelnen Projekten genannt, womit sie nicht nur bedankt sein sollen, sondern auch die Anerkennung für ihre Bemühungen um dieses Buch ausgedrückt wird.

Peter C. von Seidlein
Christina Schulz

Grundsätze des Skelettbaus

Tragwerke sind die entscheidenden Bestandteile eines Bauwerks. Wichtiger als die Hülle und der technische Ausbau ist dieser Teil des Baus, der seinen Umfang, seine Höhe, seine Spannweite und damit sein Aussehen und das heißt letztendlich seine Architektur bestimmt.

Die verschiedenen, höchst unterschiedlichen Arten von Tragwerken haben ihren Ursprung zunächst in den jeweiligen Materialien und den zugehörigen Baumethoden: dem Massivbau und dem Skelettbau. Dabei stehen diese Bezeichnungen nicht so sehr für zwei Gruppen von Baustoffen als vielmehr für zwei grundsätzlich verschiedene Arten des Baugefüges: im Massivbau ein schwerer homogener Mauerkörper, in dem die Druckkraft gleichmäßig verteilt ist; im Skelettbau dagegen ein dünnes, leichtes Gerippe von biegungsfesten Tragstäben, die Bündelung der Kräfte erfolgt in einzelnen Strängen. Über diese, zunächst rein materiellen Unterschiede hinaus sind es jedoch noch andere Eigenschaften, welche beide Tragwerksarten voneinander trennen. Fußt nämlich der Massivbau vielfach auf einfachen und oft primitiven technischen Voraussetzungen, stellen die aus Stützen und Trägern gefügten Skelette ungleich höhere Ansprüche. Ihre Planung und ihre Erstellung erfordern eine weitgehende Arbeitsteilung und das heißt eine Entflechtung von Tragwerk, Hülle und technischem Ausbau.

Im Gegensatz zum Massivbau, der ein Muster handwerklichen Bauens sein kann, gilt der Skelettbau als Ausgangspunkt des Ingenieurbaus. Er ist solchermaßen nicht nur zum Erzielen maximaler physischer Leistungen geeignet, sondern kann als Werk der Architektur höchste Ansprüche erlangen.

Tragwerke

Die im Laufe der Jahrhunderte entwickelten unterschiedlichen Arten von Tragwerken sind durch verschiedene Parameter bestimmt:
- Größe und Umfang des Bauwerks, welche von der Funktion, d.h. von der Aufgabe, der das Bauwerk dient, bestimmt sind.
- Material, das für das Bauwerk zur Verfügung steht;
- Fähigkeiten und Kenntnisse im Umgang mit den Materialien und mit den Methoden der Bautechnik.

Es ist verständlich, daß die Art des Tragwerks zunächst von der Größe des Bauwerks abhängt.
Für normale Bauten, d.h. für solche von bescheidenen Dimensionen, stand über viele Jahrhunderte hinweg nur eine sehr beschränkte Zahl von Materialien und Methoden zur Verfügung. Es waren dies einerseits vertikale Wände aus künstlichen oder natürlichen Steinen, die sowohl tragenden als auch umhüllenden Funktionen dienten und andererseits Gerüste meist aus Holz, die – wenn das Tragwerk auch umhüllende Aufgaben wahrnehmen sollte – ausgefacht wurden.
Für die horizontale Umschließung (für Decken und Dächer) wurden ebenso wie für die Wände Steine – natürliche oder künstliche, meist als Gewölbe – verwandt. Wie dies die Fortführung der tragenden vertikalen Wand in die Horizontale ist, so konnte das Holzgerippe, d.h. die senkrechte Fachwerkwand, als hölzerner Dachstuhl unter Mithilfe einer wasserabweisenden, meist schuppenartigen Deckung als horizontale Umhüllung fortgeführt werden.
Nicht unmittelbar von den materiellen Gegebenheiten des Bauwerks werden zwei andere, nicht materielle Aufgaben von seiner Konstruktion beeinflusst: seine Wirtschaftlichkeit und seine Gestaltung.
Um alle diese Aufgaben zu erfüllen, bedarf die Konstruktion dreier Subsysteme.
Es sind dies:
    das Tragwerk (TW)
    das Hüllsystem (HS)
    der technische Ausbau (TA)

Diese drei Subsysteme sind miteinander in verschiedenen, nachfolgend beispielhaft gezeigten Arten verknüpft:

Verflechtung,
Verschmelzung
Entflechtung

(siehe Abb. rechts)

Über viele Jahrhunderte hinweg wurde der Großteil der Bauten mit einer geringen Zahl von Konstruktionsmethoden errichtet.

Tragwerke
Wahlmöglichkeit in der Vergangenheit

Wand vertikal

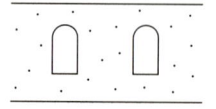
Tragwand

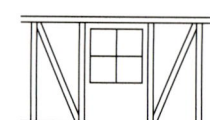
Fachwerk

Stützen

Decke/Dach horizontal

Gewölbe

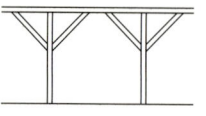
Balken

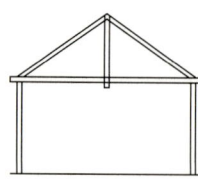
Träger

Integration	Verschmelzung	Verflechtung	Entflechtung
(TW–HS)	Tragende Wände	Ausfachung	Vorgehängte Fassade
(TW–TA)	Stütze als Fallrohr	Fallrohr innerhalb der Stütze	Fallrohr frei im Raum
	Versorgungsleitungen einbetoniert	Aufgeständerter Installationsboden (Doppelboden)	Versorgungsleitungen frei im Raum
(HS–TA)	Heiz-/Kühlwasserdurchströmte Fassadenprofile	Mehrschalige Außenwand mit Installationen im Zwischenraum	Heizflächen und Kühlregister frei vor der Fassade

TW = Tragwerk
HS = Hüllsystem
TA = Technischer Ausbau

Noch geringer war die Zahl der Möglichkeiten, wenn die Ansprüche an die Höhe des Bauwerks, vor allem aber an die frei zu überbrückende Spannweite, über normale Dimensionen hinausgingen. Überdeckungen, die bis zu 40 m frei überspannten, ließen sich bis ins 19. Jahrhundert nur mit entsprechend komplizierten Holzkonstruktionen, d.h. mit Dachstühlen oder mit Gewölben, wie bei der Hagia Sophia (32,0 m) oder beim Pantheon (43,6 m) verwirklichen. Bauten wie die letztgenannten zählen zu den bedeutendsten Werken der Architektur.

Die Entwicklung des Bauens und damit der Architektur wird – wie bereits bemerkt – von verschiedenen Parametern bestimmt, von der verlangten Dimension des Bauwerks, vom Wissen und den Kenntnissen der Planer und der Techniker, aber auch und das nicht zum geringsten, von den Materialien, die für ein Bauwerk verwendet werden können und deren Quantitäten ebenso wie ihre Qualitäten sich in den vergangenen Jahrzehnten und Jahrhunderten wesentlich gewandelt haben: War man bis zum Ende des Mittelalters beim Bauen auf Stein und Holz angewiesen, so stehen heute unterschiedliche, neue Materialien zur Verfügung; Materialien, die freilich zum Teil auch neue Methoden des Bauens bedingen.

Greift man hier bis zum Beginn der industriellen Revolution, d.h. bis zum Zeitalter der Aufklärung zurück, so wird man zunächst als entscheidenden Fortschritt Herstellung und Verwendung von Eisen und Stahl nennen müssen. Wesentliche Schritte waren dabei:

1750
die Herstellung von Schmiede- und Gußeisen in Quantitäten, die die Errichtung eines Bauwerks allein aus Eisen erlaubten (so z.B. die Brücke von Coalbrookdale durch den Engländer Abraham Darby);

1864
die Erfindung des Siemens-Martin-Verfahrens und des daraus entwickelten Walzstahls, mit dessen Hilfe der Stahlskelettbau möglich wurde;

1890
der Beginn der Verbreitung des bewehrten Betons, d. h. des Eisen- bzw. des Stahlbetons;

1940
die Entwicklung des Holzleimbaus.

Bei diesen Materialentwicklungen handelt es sich in erster Linie um den Versuch, hochbelastbare stab- oder balkenförmige Bauteile herzustellen, d.h. Baumaterialien mit Eigenschaften, die ähnlich dem des Holzes sind und sich so für den Gerippe-, d.h. für den Skelettbau eignen.

Natürlich gibt es auch Erfindungen, die flächenartige Baumaterialien hervorbrachten, wie dies vor allem beim Glas der Fall ist. Seine in den letzten Jahren vermehrten und verbesserten Qualitäten, z.B. in Bezug auf den Sonnen- und Wärmeschutz, machen es als ausfachendes Material für den Skelettbau besonders geeignet. Zu diesen flächenerzeugenden Materialien gehören aber auch geformte Bleche (Trapezbleche), Paneele mit wärmedämmenden Eigenschaften und ähnliche.

Wissen, Erkenntnisse, Methoden

Dem materiellen Fortschritt steht der immaterielle, d.h. der des Wissens, der Erkenntnisse, der Methoden gegenüber. Hierzu gehören insbesondere die Möglichkeiten der Wissensvermittlung, wie jene des Buchdrucks (1450), des Rotations- und Zeitungsdrucks (1840), des Telefons, d.h. der Nachrichtenübermittlung per Draht (1880), der drahtlosen Nachrichtenübermittlung (1905), des Fernsehens (1936) und der elektronischen Übermittlungsarten wie E-Mails und Internet. Dazu gehören aber auch die Methoden der Wissensspeicherung, beginnend mit den großen antiken Bibliotheken (Alexandria 300 n. Chr.) bis zu den extrem leistungsfähigen EDV-Speichern und den gleichzeitig entwickelten Rechen- und Planungsverfahren, die dem Fortschritt der Planung mit den Verbesserungen und Beschleunigungen der Informationswege (CAD) in einer erstaunlichen Weise dienen. Das gilt – wenngleich es sich dabei um materiell-methodische Sachverhalte handelt – auch für den Transport von Gütern und Materialien, der beginnend mit der industriellen Revolution und den seitdem gebräuchlichen Transportsystemen Schiff, Eisenbahn, LKW, Flugzeug in jeder Hinsicht (Kosten, Schnelligkeit, Volumina) riesige Fortschritte gemacht hat.

Betrachtet man diese – hier sicher nicht vollständige Liste – technologischen und methodischen Fortschritts, so sind es zwei Faktoren, die neben der Erfindung neuer Materialien und der Entwicklung neuer Baumethoden auf die Evolution der Tragwerke Einfluß nehmen:

Es ist zum einen die Vielfalt verfügbarer Materialien und ihrer Anwendungsmöglichkeiten und andererseits der damit zusammenhängende Zugang zu diesem Wissen.

"Heute greifen wir durch Wissenschaft, Technik und industrielle Produktionsmethoden erstmals grundlegend in die Evolution (des Bauens) ein." (Th. Herzog, "Design Center", Linz, Stuttgart 1994) Evolution – wie sie Herzog hier meint – ist eine natürliche Entwicklung, abhängig von den Gesetzen, welche diese Entwicklung regieren.

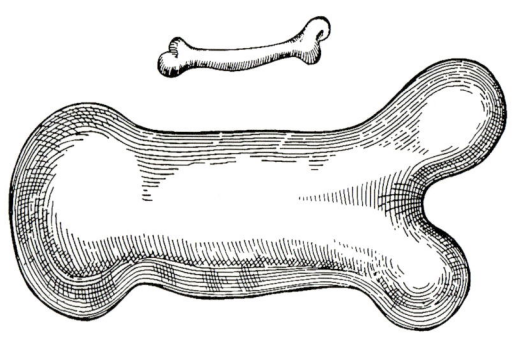

Galileo Galilei
Zeichnung eines Knochenvergleichs, 1638

Zahlreiche Naturwissenschaftler haben versucht, solchen Gesetzen nachzuspüren, so Galilei, der in einem 1638 verfaßten Dialog "Unterredung und mathematische Demonstrationen über zwei neue Wissenszweige" (Galileo Galilei, "Unterredung und mathematische Demonstrationen über zwei neue Wissenszweige, die Mechanik und die Fallgesetze betreffend", übersetzt von A. v. Oettingen, Leipzig 1890) dem Phänomen nachgeht, daß die physische Leistung etwa eines Knochens nicht dadurch verstärkt werden kann, daß man seine Abmessungen proportional zum gewünschten Leistungszuwachs vergrößert: Galilei bildet zwei Tierknochen – vermutlich handelt es sich um ein Schienbein – ab, einen gewöhnlichen und den eines riesenhaften Tieres, dessen analoger Knochen dreimal so lang ist. "Zur Erläuterung habe ich Euch einen Knochen gezeichnet", schreibt Galilei, "der die gewöhnliche Länge ums Dreifache übertrifft und der in dem Maße verdickt wurde, daß er dementsprechend, großen Thiere ebenso nützen könnte, wie der kleinere Knochen dem kleineren Thiere. In der Abbildung erkennt Ihr, in welches Mißverhältnis der große Knochen geraten ist. Wer also bei einem Riesen die gewöhnlichen Verhältnisse beibehalten wollte, müsste entweder festere Materie finden, oder er müsste verzichten auf die Festigkeit, und den Riesen schwächer als Menschen von gewöhnlicher Statur werden lassen."

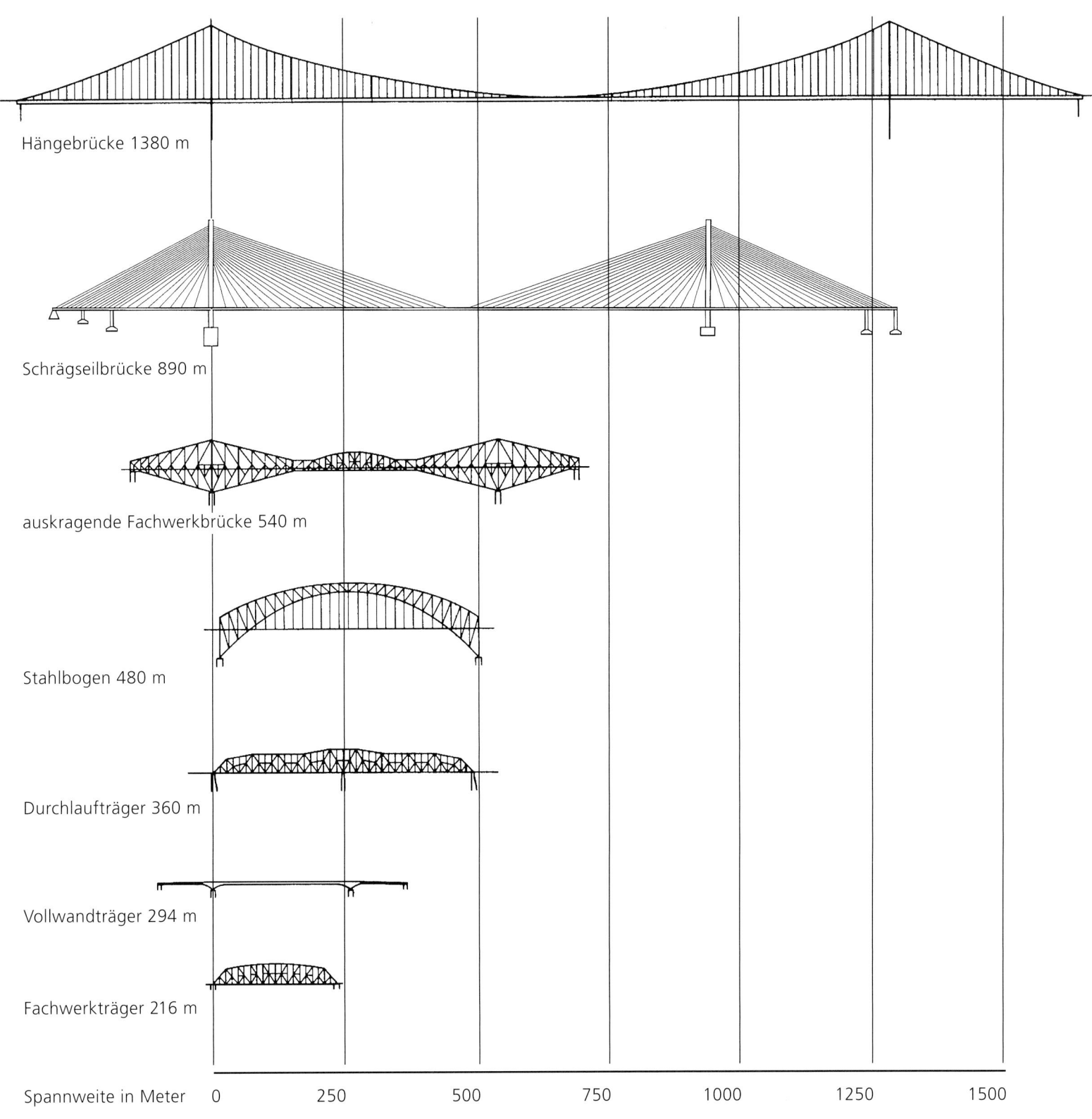

Myron Goldsmith „Bauten und Konzepte" (Hrg. Werner Blaser – Basel; Boston; Stuttgart: Birkhäuser, 1987)
Dirk Bühler „Brückenbau" (Deutsches Museum München, 2000)

In dem Buch Myron Goldsmiths – "Bauten und Konzepte" (M. Goldsmith, "Buildings and concepts", Basel, Boston, Stuttgart 1986) – wird im Anschluß an Galileis Meinung über das Verhältnis zwischen Größe und Struktur aus der Arbeit "Über Wachstum und Form" des Engländers Sir D'Arcy Wentworth Thompson ("On Growth and Form, Cambridge 1948") zitiert: "In der elementaren Mechanik erfahren wir den einfachen Fall von zwei vergleichbaren Balken, die an beiden Enden aufliegen und nur ihr Eigengewicht tragen müssen. Im Verhältnis zu ihrer Elastizität biegen sie sich durch oder sacken nach unten im quadratischen Verhältnis zu ihrer Länge durch. Wenn ein Streichholz 5 cm lang ist und ein vergleichbarer Balken 1,8 m (oder 38 mal größer), dann wird sich Letzterer unter seinem Eigengewicht 1300 mal stärker durchbiegen als das Streichholz. Um dieser Tendenz entgegenzuwirken, werden die Glieder eines Tieres, wenn die Größe steigt, dicker und kürzer, und das ganze Skelett wuchtiger und schwerer; die Knochen machen im Körper einer Maus oder eines Zaunkönigs etwa 8% des Gewichts aus, bei Ziegen oder Hunden etwa 13 – 14% und beim Menschen etwa 17 – 18%. Elefanten und Nilpferde sind plump und groß geworden, ein Elch ist notgedrungen weniger grazil als eine Gazelle. Es ist andererseits äußerst interessant zu sehen, wie wenig die Skelettproportionen in einem kleinen Tümmler und einem großen Wal abweichen, auch in den Flossen und Flossenknochen; das ist darauf zurückzuführen, daß bei beiden der gesamte Schwerkrafteinfluss praktisch vernachlässigt werden kann."

Überträgt man die Vorstellung über den Zusammenhang von Strukturtypen und ihren absoluten Größen, d.h. die Überzeugung, dass verschiedene Größenmaßstäbe unterschiedliche Strukturen erforderlich machen, auf den Fall, daß ein großes Tier, wie der Elefant, einer anderen Struktur bedarf als die, welche sich im Verhältnis von Gesamtgewicht zu dem der Knochen allein ausdrückt, auf Ingenieurbauten, so hat jeder Strukturtyp eine obere und eine untere Grenze. Goldsmith erläutert hierzu am Beispiel von Brücken (siehe Abb. S.13): "Die größte Spannweite von Vollwandträgern beträgt 294 m, während beim einfachen Fachwerkträger Spannweiten bis zu 216 m verwendet wurden und mit Durchlaufträgern Spannweiten bis 360 m erreicht wurden. Danach erhöhen sich die Spannweiten schnell, mit den Stahlbogen sind es 480 m, bei der auskragenden Fachwerkbrücke 540 m, und schließlich überwindet die Hängebrücke z.Zt. maximal 1990 m und der voraussehbare obere Grenzwert liegt in der Gegend von 4500 m. Das bedeutet, dass gewisse Grenzwerte einen anderen Konstruktionstyp erforderlich machen. Der Spitzenwert solcher Systeme wird erklärbar, wenn wir die Lasten von Eisenbahnbrücken mit verschiedenen Spannweiten vergleichen. Eine Konstruktion von 45 m Spannweite wiegt 181.000 kg, während bei einer Spanne von 180 m 2.038.000 kg, also bei einer vierfachen Spannweite das Elffache des Gewichts notwendig wird. Das Gewicht steigt bei wachsender Spannweite sehr rasch an. Vermutlich liegt die maximale Spannweite bei diesem Bautyp (Fachwerkträger) bei knapp 216 m. Stahlskelette von mehrstöckigen Gebäuden zeigen ähnliche Verhaltensmuster. Für ein achtstöckiges Haus benötigt man 48 kg Stahl je m², während es bei einem 100-stöckigen Haus 145 kg sind.

Zusammenfassend kann man sagen, daß die Größe jeder Struktur nach oben und nach unten begrenzt ist. Bei Brücken gibt es z.B. den Bereich zwischen 120 und 210 m, wo verschiedene Bautypen möglich sind; über 600 m ist die Hängebrücke unübertroffen, während sie unter 120 m nur beschränkt ihren Zweck erfüllt. (Eine jüngere Brückenentwicklung ist die kabelverankerte Brücke. In Fachkreisen vermutet man, sie werde die Hängebrücke im Bereich der großen Spannweiten verdrängen; heute ist ihr Limit bei 390 m.) Die optimale Größe wird letztlich irgendwo zwischen diesen zwei Extremen zu suchen sein und sie wird da liegen, wo die maximale Wirksamkeit vorhanden ist."

Prinzipien der Tragwerke

Um die nachfolgende Darstellung von Tragwerken und die zugrunde liegenden Prinzipien verständlich zu machen, sollen zunächst Tragwerkstypen beispielhaft und mit den diesen Typen primär immanenten Charakteristiken beschrieben werden (Abb. S. 15 und 16). Dabei handelt es sich um die Fortschritte der Wirtschaftlichkeit, die Anpassung an die funktionalen Erfordernisse und den architektonischen Ausdruck, also um die Gestaltung.

1 Monostrukturen
  Bauwerke aus einheitlichem Material und ebensolcher Struktur
  (Beispiele: Pyramiden, Staudämme)

2 Tragende Flächen, d.h. Wände, die eben oder gewölbt sein können und geeignet sind, Lasten aufzunehmen
  (Beispiele: Romanische Kirchen)

3 Stabförmige Gefüge (Skelette), d.h. Stützen, die durch ebene oder gewölbte Rippen miteinander verbunden sind, wobei die Flächen zwischen den Rippen ausgefacht sein können
  (Beispiele: Gotische Kirchen)

4 Konstruktionen, deren Materialien und Strukturen auf Zug beansprucht werden können
  (Beispiele: Zelte, Hängebrücken)

Diese Gattungen zeigen die Grundlagen für eine schematische, d.h. für eine geordnete Darstellung der unterschiedlichen Tragwerksarten. Bei den angegebenen Bauten handelt es sich in erster Linie um beispielhafte Tragwerkstypen. Zum besseren Verständnis sind verschiedentlich Einzelbauten mit ihren Standorten, gegebenenfalls auch mit den Erbauern genannt. Angesichts der zahlreichen Typen von Tragwerken kann die Darstellung nicht vollständig sein. Die in der untersten Zeile angegebenen Integrationsgrade steigern sich, beginnend mit der Verschmelzung über die Verflechtung bis zur Entflechtung (siehe auch Seite 10).

Tragwerke (und Brücken)

	Monostrukturen	Tragende Flächen		Stabförmige Gefüge (Skelett)		Zugbeanspruchte Konstruktionen
		Eben	Gebogen	Linear	Bogen	
Außergewöhnlich	Pyramiden Amphitheater antikes Stadion	Basilika Ziegelhochhäuser	Tonnengewölbe Kuppelgewölbe Schalen Kühltürme	antike Tempel Hochhäuser als Skelettbauten	Rippengewölbe Bogenbrücke Lamellengitterschale (Zollingerdach)	Zeltkonstruktionen Hängedach Hängebrücke Schrägseilbrücke (cable stay bridge)
Normal	massive Staudämme Felsenkirchen	Bauten aus Werkstein Bauten aus künstlichen Steinen Schüttbauweise Großtafelbauweise Platte	gemauerte Bögen Kraggewölbe	ein- und mehrgeschossiger Skelettbau Dachstühle leichte Flächen-tragwerke eben Rost	Bogenbinder leichte Flächentragwerke gebogen Gitterschale Gitterkuppel Ridge and forrow Dach	Kettenbrücke Pneumatische Konstruktionen
Trivial	Höhlen	Bruchsteinbauten Blockbau Baracken	Baumstruktur Blechhütten gewölbt	Fachwerkbauten aus ebenen und räumlichen Fachwerken	Pilzdächer	Zelte
Brücken	Damm		massive Bogenbrücken	Balkenbrücken	Fachwerkbrücken	Hängesysteme

Technologie ↑

Integrationsgrad →
Abnahme des Gewichts-Leistungsverhältnisses (Höhe oder Spannweite)

Tragwerke (und Brücken) – Beispiele

	Monostrukturen	Tragende Flächen		Stabförmige Gefüge (Skelett)		Zugbeanspruchte Konstruktionen
		Eben	Gebogen	Linear	Bogen	
Hochbauten	Pyramiden: Gizeh Cheops Chephren Mykerinos Tikal (Guatemala) Amphitheater: Epidauros Nimes Arles Rom Verona Milet Höhlenkirchen: Armenien Äthiopien	Umwallung Sakkara (Ägypten) Tempel Hatseput (Ägypten) Karnak (Ägypten) Monadnock Bldg. (1891, Chicago) Fronleichnamskirche (1930, Aachen)	Pantheon (110-24 n.Chr., Rom) Hagia Sophia (532 n.Chr., Konstantinopel) Kühlturm (1974-1991, Schmehausen)	Katsura Palast (1647, Kioto) Kristallpalast Paxton (1851, London) Glaspalast Voit, Klett, Werder (1854, München) Sheerness Boat House Green (1860) Home Insurance Bldg. Le Baron, Jenney (1884, Chicago) John Hancock Center SOM (1968, Chicago) Centre Pompidou Rogers, Piano (1977, Paris) Hongkong- Shanghai-Bank Foster (1986, Hongkong)	Moschee-Kathedrale 175/128 mit 856 Säulen (785-988, Cordoba) Gewächshaus Paxton (1840, Chatsworth) St. Pancras Station Barlow (1868, London) Hauptbahnhof FAM Eggert (1888) Galerie des Maschines Eiffel (1889) Jahrhunderthalle Berg (1913, Breslau) Luftschiffhalle Orly Freyssinet Gitterschalen-Hangar Nervi (1941, Orvieto) Palazzo dello Sport Nervi (1960, Rom)	Zeltpavillon Frei Otto (1967, Montreal) Hängedach Wartungshalle FAM Finsterwalder (1967) Olympiazelt- konstruktion München Behnisch, Frei (1972) Exibition Hall Projekt Pran 90/300 m (1969) Papierfabrik Nervi Länge 164 m (1962, Mantua)
Brücken (Wasserbauten)	Staudämme Grande Dixence Dam 285 m (Rhone) Inguri Dam 271 m (Kaukasus) Hoover Dam 221 m (Arizona)	Kastenförmige Brücken (Box Girders) Britannia Brücke Conway Brücke Dirschauer Brücke	Pont du Gard (14 n.Chr., bei Nîmes)	Firth of Forth Fowler & Baker 2 x 521 m (1889) Glaspalast Voit (1854, München)	Coalbrookdale B. England Darby (1779) Garabit Brücke Eiffel (1884) Müngstener Brücke Rieppel (1897)	Brooklyn Bridge New York Roebling (1883) Schrägseilbrücke King Tau Schlaich Golden Gate Strauss 1280 m (1937, San Francisco) Akashi-Kaikyo-Brücke 1990 m (1998, Japan) Normandie-Brücke Schrägseilbrücke 856 m (1995, Le Havre)

Technologie ↑

Integrationsgrad →
Abnahme des Gewichts-Leistungsverhältnisses (Höhe oder Spannweite)

Die Leistung des Tragwerks, etwa die Spannweite einer Brücke oder die Höhe eines Skyscrapers, gemessen am Materialaufwand, verbessert sich mit zunehmender Arbeitsteilung oder anders ausgedrückt, mit zunehmender Entflechtung. Dabei nimmt auch der Aufwand an technologischem Bemühen, d.h. der Planungsaufwand zu.

Von unten nach oben sind die zunehmenden technologischen Fortschritte in ansteigenden Stufen angeführt: Trivial, normal und außergewöhnlich.

Materialien für den Skelettbau

Zweifellos war das erste Skelettbaumaterial Holz. Seine Eigenschaften, wie die gute Bearbeitbarkeit und – wenn richtig verarbeitet – hohe Beständigkeit haben Holz zu einem der meist verwendeten Baustoffe gemacht. Holz ist außerdem der Baustoff, der nicht nur fast überall, sondern meist auch in großen Mengen vorhanden ist.
Die über viele Generationen entwickelten Bearbeitungsmethoden haben den Holzskelettbau zu einer wesentlichen Ausdrucksform der Architektur werden lassen. Dazu gehören vor allem die zahlreichen Arten der Fachwerkkonstruktionen. Ihr Charakteristikum ist die Unterscheidung von Tragwerk und Ausfachung. Wenngleich "Fachwerk" zunächst ganz allgemein jede Art von Skelettbau bezeichnet, ist es im Sprachgebrauch der Holzskelettbau, der "Fachwerk" genannt wird. Eine der höchst entwickelten Formen ist der japanische Holzbau. Die Verwendung von extrem widerstandsfähigen Hölzern und die geradezu artistische Art ihrer Verbindungen ermöglichen den Verzicht auf aussteifende Diagonalen, wie sie beispielsweise den europäischen Holzbau kennzeichnen.
Ein entscheidender Fortschritt des Holzbaus ist der Entwicklung der verleimten Brettschichtprofile zu verdanken. Mit ihnen ist es möglich geworden, hölzerne Bauteile in nicht-linearen Abmessungen herzustellen und damit dem Holzskelettbau neue Möglichkeiten und Ausdrucksformen zu eröffnen.

Der Vollständigkeit halber soll hier auch die Verwendung von Naturstein für Säulen, Balken und Deckenkonstruktionen in der antiken Baukunst – insbesondere im Tempelbau – erwähnt werden. Die Abmessungen waren von Balken aus Naturstein auf ca. 6 m beschränkt. Diese vom Holzbau abgeleitete Konstruktion des griechischen Tempels ist insoweit von Interesse, als hier das den Skelettbau vielfach kennzeichnende Streben nach Perfektion und Präzision auf den Steinbau übertragen wurde.

1779 wurde erstmals ein Bauwerk ganz aus Eisen errichtet: Die schon erwähnte, heute noch bestehende Brücke im englischen Coalbrookdale von Abraham Darby. Mit der Erfindung des Stahls und der Herstellung von Walzprofilen wurde der moderne Skelettbau eingeleitet. Mit ihm lassen sich – wenngleich hart bedrängt von der modernen Stahlbetonkonstruktion – die zur Zeit größten Bauwerke herstellen. Da sie aus verschiedenen Gründen – Brandschutz, Wetterschutz u.a. – verkleidet werden müssen, laufen diese Bauten Gefahr, eine der entscheidenden Eigenschaften des Stahlbaus zu verlieren, nämlich die des geringen Materialaufwands bei extrem hoher Leistung, oder anders ausgedrückt: die dank der hohen Leistungsfähigkeit des Materials eleganten Dimensionen des tragenden Gerüstes. Dazu kommt die für den Stahl charakteristische Fähigkeit, Zugbeanspruchungen aufzunehmen, eine Fähigkeit, womit Stahl als Material, aber auch mit seinen typischen Verbindungen (dem Schweißen, dem Schrauben und dem Nieten) allen anderen Skelettbaumaterialien überlegen ist. Nachteilig sind allerdings zwei andere Eigenschaften des Stahls: die Oxydation, d.h. das Rosten, das vor allem bei einer schwachen Dimensionierung bis zur Zerstörung des Materials führen kann, und die rasche Abnahme seiner Leistungsfähigkeit bei Erwärmung, d.h. der geringe Widerstand im Brandfall. Beide Nachteile können freilich durch entsprechende Schutzmaßnahmen, etwa durch Anstriche und Umhüllungen, kompensiert werden.

Gegen Ende des 19. Jahrhunderts wurde aus der Verbindung von Zement, Sand und Stahl ein ungemein leistungsfähiges Baumaterial, der Stahlbeton, entwickelt. Das Zusammenwirken des druckfesten Betons mit dem zugfesten Stahl einerseits und das Vorhandensein von Eigenschaften, welche die vorgenannten Nachteile des Stahls – sein rasches Versagen im Brandfall und das Oxydieren insbesondere seiner Oberflächen, aber auch des Materials selbst, aufheben, machen den Stahlbeton zu einem Material, das für den Skelettbau hervorragend geeignet ist. Verglichen mit Holz und Stahl ist der Stahlbeton im Brandfall weitgehend unempfindlich. Gegenüber Temperaturänderungen und Temperaturübertragungen und etwaigen daraus erwachsenden Schäden, wie sie zum Beispiel durch Kältebrücken verursacht werden, kann er geschützt werden.

Alle drei Materialien: Holz, Stahl und Stahlbeton werden für Skelettgefüge in erster Linie balkenähnlich, d.h. in zwei kurzen Dimensionen und in einer extrem langen Dimension verwendet. Sie werden aber auch in flächig-plattenartiger Form hergestellt, wie zum Beispiel

Holz   als Sperrholz
              als Multiplexplatte
              als Holzspanplatte u.a.

Stahl   als Blech
             als Wellblech
             als Trapezblech
             als Isolierplatte u.a.

Stahlbeton   als einachsig bewehrte Platte
                    als vierseitig aufgelagerte Platte
                    als Plattenbalken u.a.

Materialien für Skelettbauten

	Verwendung, Art	Spannweite	Gebäudehöhe
	Holz (Zimmermannskonstruktion)	4,5 – 6,0 m	bis 2 Vollgeschosse
	Holzleimbau (Brettschichtholz)	20 – 30 m (Transport!)	bis 2 Vollgeschosse
	Stahlbeton (Ortbeton)	600 m (Brücken)	60 Geschosse (z. Zt.)
	Stahlbeton Platte einachsig	einfeldrig 6,0 m zweifeldrig 7,5 m	
	Stahlbeton Platte vierseitig aufgelagert	6,0 m x 0,7 = 8,5 – 9,0 m	
	Stahlbeton Plattenbalken	schlaff bis 15,0 m vorgespannt bis 20,0 m	
	Stahlbeton Fertigteile	Transport! Hohe Betongüte! schlaff oder vorgespannt bewehrt	
	Stahl Walzprofil, Rohr, zusammengeschweißt		110 Geschosse (z. Zt.)
	Stahl Kaltprofile	Walzen: max. 12,0 m Abkanten: max. 20 mm Blechstärke	
	Trapezbleche	6,0 – 7,0 m (Dach)	

Frühe Skelettkonstruktionen

Die Baulichkeiten der Assyrer, der Babylonier und der Ägypter waren Massivbauten, gefertigt aus ungebrannten Ziegeln, deshalb wetteranfällig und auf eine oftmalige Erneuerung angewiesen. Erst nach Beginn des dritten Jahrtausends vor Christus treten Bauten aus Naturstein und damit Säulen und Gewölbe auf. Neben den Monostrukturen des Pyramidenbaus entstehen in der Folge Kolonnaden, Säulengänge und Portikusse, so daß man geneigt ist, von einer Säulenarchitektur zu sprechen. In ähnlicher, aber noch entschiedenerer Weise bedient sich die im 5. Jahrhundert nachfolgende griechische Architektur der durch Säulen gekennzeichneten Ordnungen. Die riesigen Tempel, deren Cella von doppelten Säulenreihen umgeben sind, rufen den Eindruck eines Säulenwaldes hervor. "Das 4. Jahrhundert bringt dann die Entwicklung der architektonischen Glieder zum Abschluß. Die daraus hervorgehende hellenistische Architektur verfügt damit über einen reichen Kanon von Bauelementen, mit dem sich alle architektonischen Probleme eines Bauwerks lösen lassen. Sie können von ihrer ursprünglichen Ordnung unabhängig verwandt werden und gehen als Gestaltungsmittel in die römische Architektur ein, über die sie in die Architektur der Renaissance und des Barock gelangen." (Pevsner-Mallwitz)

Die gotischen Bauten wurden durch die Auflösung der Wände in Pfeiler-Konstruktionen und der bis dahin massiven Gewölbe in Rippengewölbe leichter und eleganter. Diese Entwicklungen sind erste Schritte der Reduzierung massiver Konstruktion in tragende und umhüllende beziehungsweise ausfachende Flächen, eine Entflechtung, welche die ganze weitere Konstruktionsgeschichte bis heute bestimmt. Wie gewaltig dieser Entwicklungsschritt war, zeigt ein Vergleich zweier in ihren Abmessungen ähnlicher Bauten: Bei der im 10. Jahrhundert erbauten Kathedrale von Perigueux ist das Verhältnis Mauerwerk zu umbautem Raum 1:8, d.h. der neunte Teil des gesamten umbauten Volumens ist Konstruktion. Bei der gotischen Kathedrale von Bourges, welche von 1200 – 1260 errichtet wurde, ist das Verhältnis 1:24.

Dorische Tempel (Jahr)

		Zahl der Säulen	Höhe der Säule	Abstand zwischen den Säulen
Paestum	Basilika (550)	9 x 18	6,480	2,600
Paestum	Demeter (530)	6 x 13	6,010	2,630
Paestum	Neptuntempel	6 x 14	8,855	2,410
Agrigent	Concordia	6 x 13	6,700	3,150
Agrigent	Juno (440)	6 x 13	6,463	3,100
Athen	Pantheon (432)	8 x 17	10,434	2,425
Athen	Theseion	6 x 13	5,880	1,590
Segesta	Artemis (417)	6 x 14	9,360	2,400
Bassae	Apollo (420)	6 x 15	6,13	.

Francois Cali "Die griechische Sendung" (RVA-Verlag, Wiesbaden)

Französische Kathedralen

	Bodenfläche m²	Höhe	Länge (Schiff)
Paris	5500	35	130
Sens		24,40	113,50
Laon		24	110,50
Bourges	6200	37,15	117,95
Chartres	5800	36,55	130,20
Reims	6650	37,95	138,69
Amiens	7700	42,50	133,50
Rouen		28	135
Beauvais		48,50	72,50

Francois Cali „Das Gesetz der Gotik" (Prestel-Verlag München 1965)

Innerhalb dieses Zeitraums hat sich so der Aufwand an Konstruktion, gemessen am Mauerwerksvolumen, vermindert. Dies wurde nicht durch Verwendung eines anderen Materials, sondern allein durch die intelligente Weiterentwicklung der Konstruktion erreicht. Die massiven Wände und Gewölbe des romanischen Baus wurden in hochbelastete Pfeiler und Rippen aufgelöst, zwischen denen nichttragende Flächen den Raum abschließen.

**Moderne Skelettbauten
Hochhäuser, Hallen, Zelte**

Technische Entwicklungen haben nicht nur die Subsysteme der Bauwerke, also Tragwerk, Hülle und technischen Ausbau, und damit ihre Dimensionen z.B. bei Hochhäusern Höhe verändert, sondern – die vorurteilslose Anwendung vorausgesetzt – auch die Architektur. Fragt man, was in der heutigen Architektur die sie am nachdrücklichsten kennzeichnenden Bauten sind, so sind das die seit Beginn des vergangenen Jahrhunderts entstandenen Hochhäuser, deren Zahl und Dimension eindrucksvoll gewachsen ist. In erster Linie war es ihre Konstruktion, die des Skelettbaus, welche dazu beigetragen hat, ihre Nutzflächen über die bis dahin übliche Geschosszahl hinaus zu stapeln. Nicht verschwiegen sei, daß diese Türme Macht und Reichtum und damit Herrschaft ausdrücken. Die so entstandenen Hochhäuser sind Charakteristika unserer Zeit geworden.

Hochhäuser, die nach 1885 in Amerika, in Europa und anderswo entstanden sind, wurden mit konventionellen Skeletten, d.h. Rahmenkonstruktionen errichtet. 1960 entwickelten Myron Goldsmith und Fazlur Kahn, die beide in Chicago tätig waren, eine andere Konstruktionsart: die "tube" oder Röhre. Ausgehend von ihrer hohen Leistungsfähigkeit konstruierten sie die Hülle des Bauwerks als eine Röhre. Alle Bauten, die höher sein sollten als das Empire State Building, wurden von da an als Röhren konstruiert. Der John Hancock-Tower, mit dem 1968 Chicago den Ruhm erlangte, das höchste Gebäude zu besitzen, die Zwillingstürme des World Trade Centers, die mit ihren 110 Geschossen 1973 für New York diese Auszeichnung zurückerhielten, aber nur für ein Jahr, denn 1974 wurde Chicagos Searstower, der 442 m hoch ist, vollendet. Erst 22 Jahre später, 1996, wurde er von Cesar Pellis Petronas Towers in Kuala Lumpur mit 452 m übertroffen. Von diesen Skyscrapern ist der John Hancock-Tower der ausdrucksvollste. Seine Pyramidenform zeigt die Konstruktion sehr eindringlich, und er verfügt über die wirtschaftlichste Konstruktion, sofern man Wirtschaftlichkeit am Stahlverbrauch pro Flächeneinheit der Geschossfläche mißt.

Schon vor der Entwicklung der aus der Skelettkonstruktion entstandenen Skyscraper hat der gleiche methodische Ansatz, nämlich die Trennung des Tragwerks von der Hülle in der Mitte des 19. Jahrhunderts einen anderen neuen Bautyp, die Halle, geschaffen. Neben der Leichtigkeit, womit bislang nur selten erreichte Dimensionen überspannt werden konnten, zeichneten sich diese Hallen durch eine bisher nicht gekannte Lichtfülle aus. Wie der Londoner Kristallpalast von 1851 war bei diesen Bauten die Hülle stets verglast.

Ende der 60er Jahre entstand am Illinois Institute of Technology in Chicago der Entwurf für einen Hangar, wobei eine Hängebrückenkonstruktion mit 91 m Spannweite verwendet wurde. Er war elegant, aber das Modell zeigte auch ganz ungeniert den wesentlichen Nachteil einer solchen wörtlichen Übertragung des Prinzips einer zugbeanspruchten Konstruktion, nämlich einer Hängebrücke, auf ein Gebäude. Der Verbrauch an Grund und Boden wird infolge der Abspannungen, deren die Konstruktion außerhalb des umhüllten Raums bedarf, doppelt so groß wie die Fläche, die das Dach überdeckt. Das Olympiastadion in München von Behnisch, Schlaich und Frei Otto ist wohl der Bau, wo die Möglichkeiten solcher nach außen abgespannter, zugbeanspruchter Konstruktionen am phantasievollsten angewandt wurden. Mit geradezu sinnlicher Intensität schwingen die Zelte über die sich unter ihnen ausbreitende, künstliche Hügellandschaft. Wenn es stimmt, daß erste Anwendungen neuer Techniken oft hervorragende, später nur selten wiederholte Ergebnisse sind, dann stellen die Zeltdächer der Münchner Olympiabauten einen solchen beispielhaften Fall dar.
Was fasziniert die Architekten dieser Bauten an der zugbeanspruchten Konstruktion? Zum einen sicher die Eleganz, womit hier große Spannweiten zu bewältigen und damit stützenfreie Räume zu schaffen sind. Die Vorstellung, sich bei relativ harmlosen Aufgaben dieser leistungsfähigsten Konstruktionsart – mißt man Leistung an dem hier für aufgewandten Materialgewicht – zu bedienen, ist verführerisch. Dazu kommt, daß es sich nicht nur um neue, sondern auch um überraschend vielfältige Möglichkeiten der

Konstruktion handelt. Und zum anderen kann ein zugbeanspruchtes System gar nicht anders als mehr oder minder dramatisch in Erscheinung treten.

Architektur als Spiegel der Zeit

Mies van der Rohe hat mit seinen Bauten Hinweise gegeben, wie Bauen vor sich gehen muß, wenn es einerseits mehr als nur die parterre Befriedigung von Bedürfnissen und andererseits mehr als phantasievolle modische Willkür sein soll, wenn Bauen Architektur - also Spiegelbild der Zeit - werden soll.

Es gibt dazu entscheidende Aussagen:

Auf der untersten Ebene: Materialien, Werkzeuge und Baumethoden, die die technischen, sozialen und wirtschaftlichen Kräfte der Zeit hervorgebracht haben.

Auf der nächsten Ebene: Die Technik, die unsere Epoche und damit ihre Architektur kennzeichnet.

Und schließlich, was Mies mit den Worten des Thomas von Aquin sagte: "Vernunft, das erste Prinzip jeder menschlichen Tätigkeit."

Sicher lassen sich so aus vorurteilslosem Umgang mit technischen Innovationen, d.h. mit Seilen und Glas und Blech und Folien und Gebläsen – und insbesondere mit der Fähigkeit, diese miteinander zu schlüssigen Systemen zu integrieren, andere Bauten und eine neue Architektur schaffen.

Das setzt freilich Toleranz und Konsens über Qualität voraus. Wenn aber gestalterische Qualitäten nicht durch Augenschein, sondern durch rechtliche Verfahren oder von politischem Opportunismus bestimmt werden, ist der Anspruch auf Toleranz verwirkt. Sie wird so eine Einbahnstraße, auf der wir mit zunehmender Beschleunigung auf Ebenen abfahren, wo Qualität kein Kriterium mehr ist.

Niemand kann die Kontinuität leugnen, die uns mit der Aufklärung verbindet. So werden auch nur Zyniker bestreiten, daß deren Ideale Emanzipation, Demokratie, Toleranz noch immer gelten und wenn es nur deshalb wäre, weil wir keine besseren Ziele wissen. Diese Entwicklung wurde von Anfang an von der Technik begleitet, einem Phänomen, das weder gut noch schlecht ist, aber für beides benützt werden kann: Für das Ungenügen, aber auch für die Emanzipation und – was uns angeht – für gute und für schlechte Architektur.

So sollte unsere Architektur nicht nur ein Ergebnis des technischen Könnens sein, sondern auch eine Spiegelung unserer Ziele: Klarheit und Präzision, Wahrhaftigkeit und Materialgerechtigkeit, Offenheit und Transparenz und - so wäre zu hoffen - auch "Vernunft, als dem ersten Prinzip menschlichen Handelns".

Eingeschossige Hallen

Architekturbüro

Stahlfachwerkträger

Christina Schulz

Aufgabe
Drei junge Architekten haben ein Grundstück in einem Industriegebiet erworben und wollen dort ein Haus für ihr eigenes Büro bauen. Es soll den Architekten und ihren neun Mitarbeitern optimale Arbeitsbedingungen gewähren und in seiner gestalterischen Qualität ihrem beruflichen Anspruch gerecht werden.

Konzept
Mangels städtebaulicher Anknüpfungspunkte wurde das Gebäude allein aus seiner Funktion heraus entwickelt.

Aus Gesichtspunkten der optimalen Arbeitsplatzbelichtung erschien ein langgestrecktes Gebäude mit geringer Raumtiefe sinnvoll, dessen Längsseiten sich nach Norden und Süden orientieren, also sonnenschutztechnisch gut zu beherrschen sind.

Um für Änderungen der Arbeitsplatzausstattung und der Belegungsdichte offen zu sein, wurde das Gebäude als stützenfreie Halle konzipiert.

Der Hallenraum ist durch einen asymmetrisch eingestellten Kern in zwei unterschiedlich große Bereiche gegliedert, die in sich frei möblierbar, also flexibel nutzbar sind: Eingangsbereich mit Empfang, Sekretariat und Besprechungszone und ein größerer Bereich mit Zeichenarbeitsplätzen, Modellbautischen und Zeitschriften- und Prospektsammlung.

Der gemauerte Kern enthält zur Nordseite alle installationsintensiven Räume und nach Süden drei verglaste Chefkojen.

Die in Querrichtung ebenfalls asymmetrische Anordnung des Kerns gibt zur Nordseite einen breiten Haupterschließungsweg frei, während an der Südseite für die Erschließung der drei Chefkojen nur ein schmaler Durchgang verbleibt. Solchermaßen ist eine ausreichende Belichtung der drei innenliegenden Bürozellen gewährleistet.

Tragwerk
Die geringe Raumtiefe hat auch den Vorteil einer geringen Spannweite (10 m), die den Einsatz von R-Trägern, einer kostengünstigen Variante der Fachwerkträger, erlaubt. Sie liegen gelenkig auf in zwei Richtungen eingespannten Stützen (HEB 140) auf.

Die horizontale Aussteifung der Konstruktion erfolgt über die Scheibenwirkung des Dachs. Sie wurde nicht durch Kreuzverbände

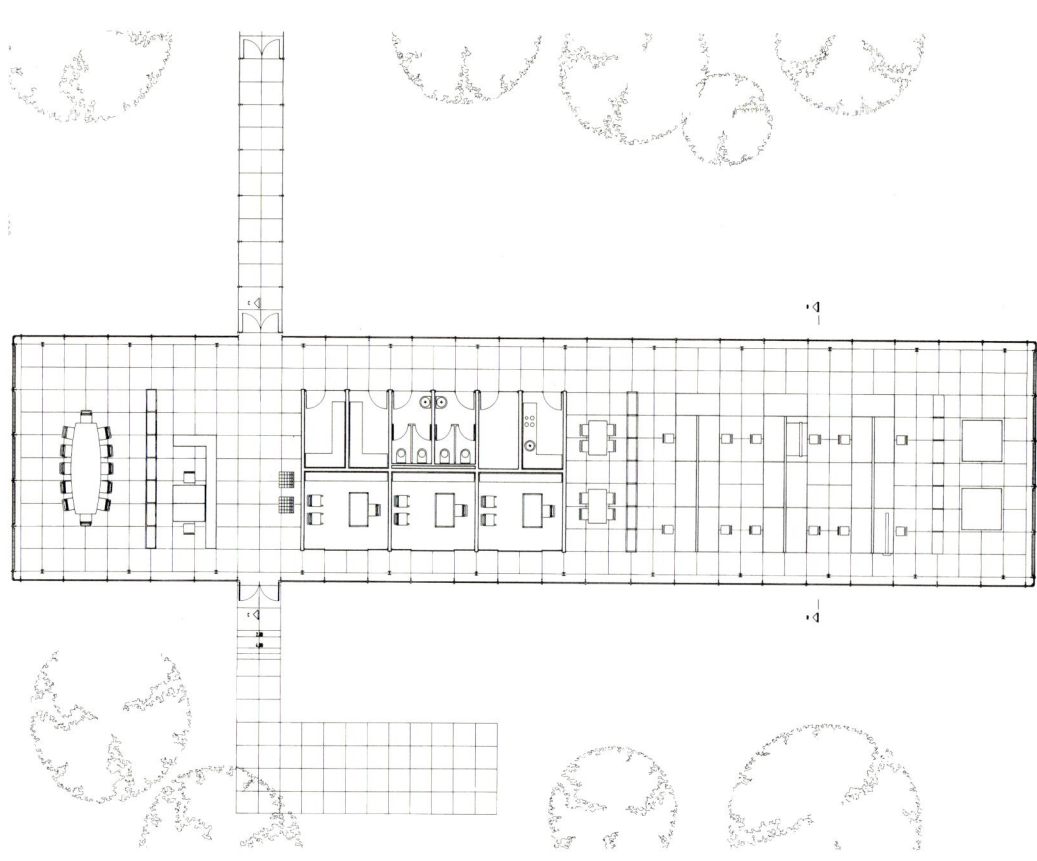

Klappflügel mit Blechfüllung an den Längsseiten bzw. Kippflügel mit Lamellengittern an den Schmalseiten bilden ein umlaufendes Band und gliedern die ansonsten neutrale Hülle.

Der Versatz der Fassadenpfosten gegenüber den Tragwerkstützen macht die Entflechtung von tragenden und hüllenden Bauteilen sichtbar.

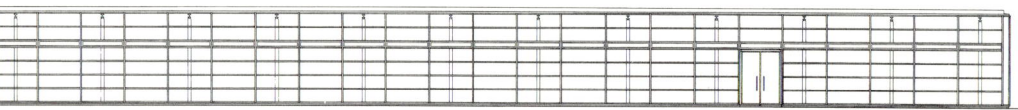

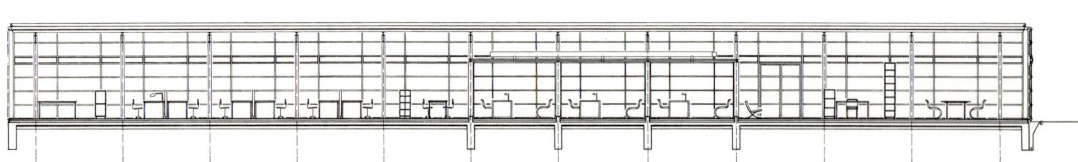

hergestellt, sondern durch entsprechende Dimensionierung des Trapezbleches, um eine unruhige Deckenuntersicht zu vermeiden.

Durch den Einsatz von Nebenträgern wurden eine Dachauskragung von 1 m und somit der Versatz des Konstruktionsrasters (4 m) gegenüber dem Ausbauraster (2 m) ermöglicht. Dieses geometrische Ordnungsprinzip macht die dem Skelettbau immanente Entflechtung von Tragwerk und nichttragender Hülle ablesbar.

Hülle

Die Fassade ist als „neutrale" Hülle verstanden; sie umhüllt das Gebäude mit einem gleichmäßigen Netz von Pfosten und Riegeln und nimmt keinen Bezug auf die dahinterliegende Nutzung, die ja veränderbar ist.

Im Hinblick auf die Belichtung und den Sonnenschutz sind die Längsseiten (Nord/Süd) verglast und die Schmalseiten (Ost/West) mit Alu-Paneelen geschlossen.

Ein Sonnenschutz ist so nur an der Südseite erforderlich, und dort auch nur bedingt, da dichter Baumbestand die Fassade verschattet. Es wurden deshalb wettergeschützte, innenliegende Lamellenstores vorgesehen, die in Kombination mit den Lüftungsklappen im oberen Fassadenbereich einen ausreichenden Schutz gewähren.

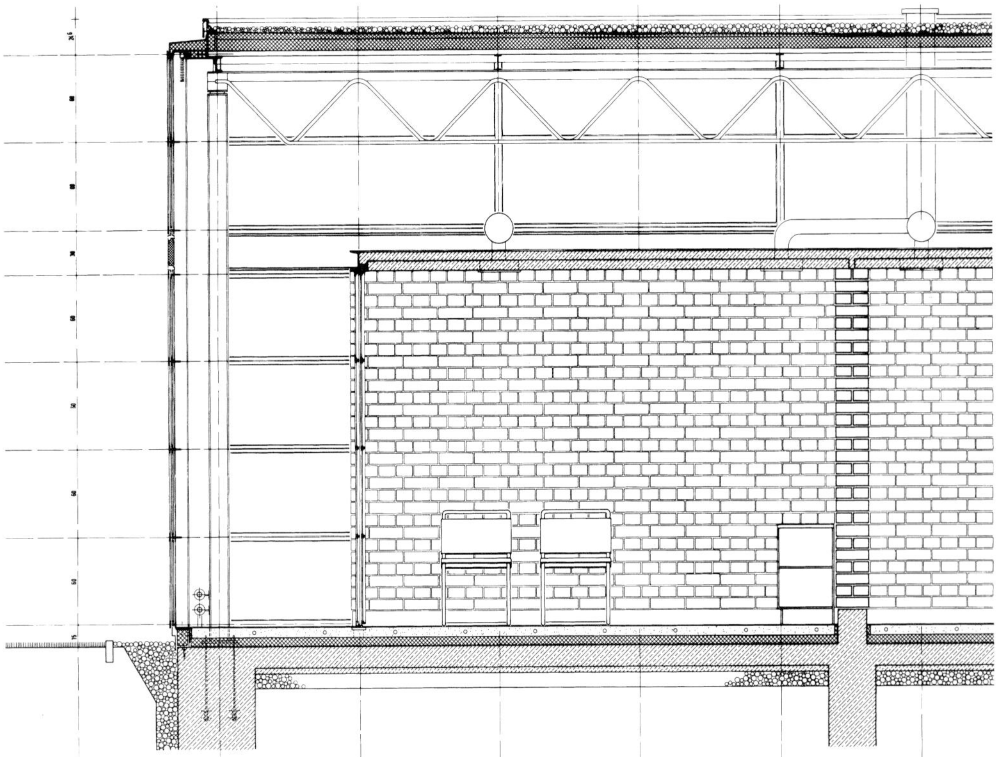

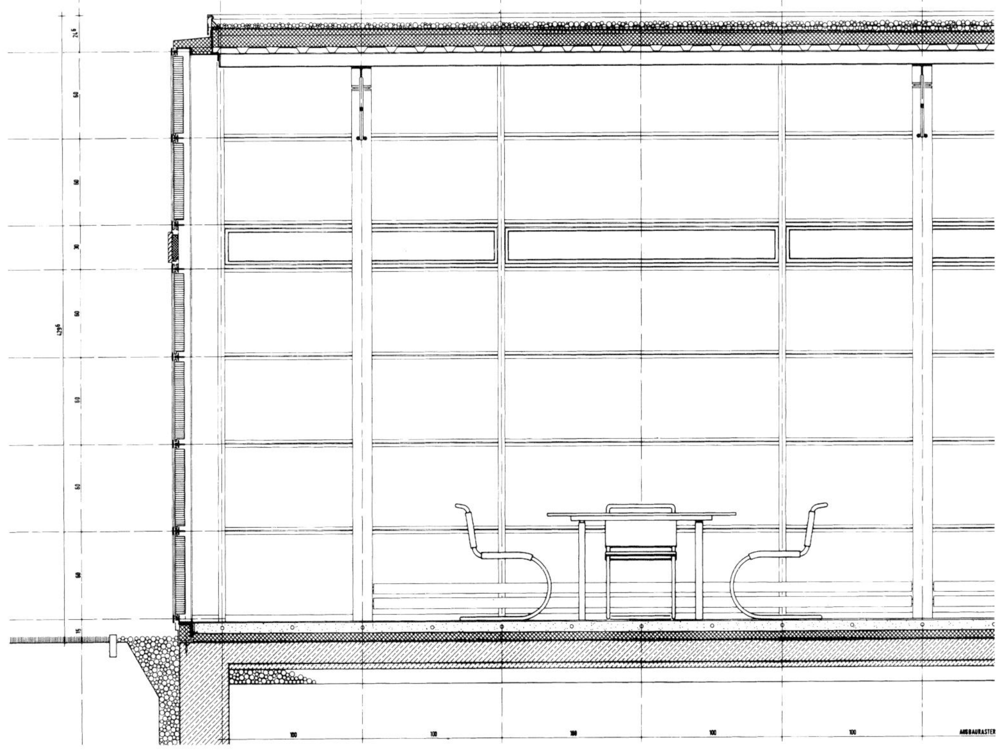

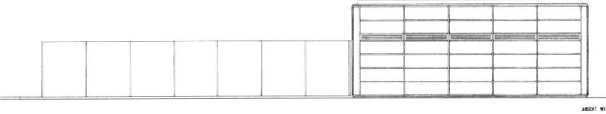

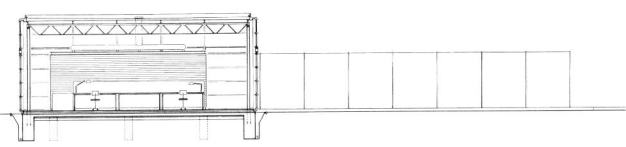

Da die Stahlkonstruktion im Innenraum sichtbar ist, wurden Trägergeometrie und Profilwahl nicht nur von der statischen Beanspruchung bestimmt, sondern auch von den Bedingungen der Fügung und Integration in eine Gesamtordnung.

Eingeschossige Hallen

Technischer Ausbau
Eine Fußbodenheizung übernimmt die Grundlast der Heizung und wird entlang der Glasfassaden durch schnell reagierende Radiavektoren (Spiralrippenheizkörper) ergänzt.

Aufgrund der geringen Raumtiefe kann die Halle natürlich belüftet werden. Der Kern ist an eine Abluftabsaugung über Dach angeschlossen und wird über nachströmende Zuluft aus der Halle mit Frischluft versorgt. Die Elektroversorgung der Arbeitsplätze erfolgt über Bodenauslässe.

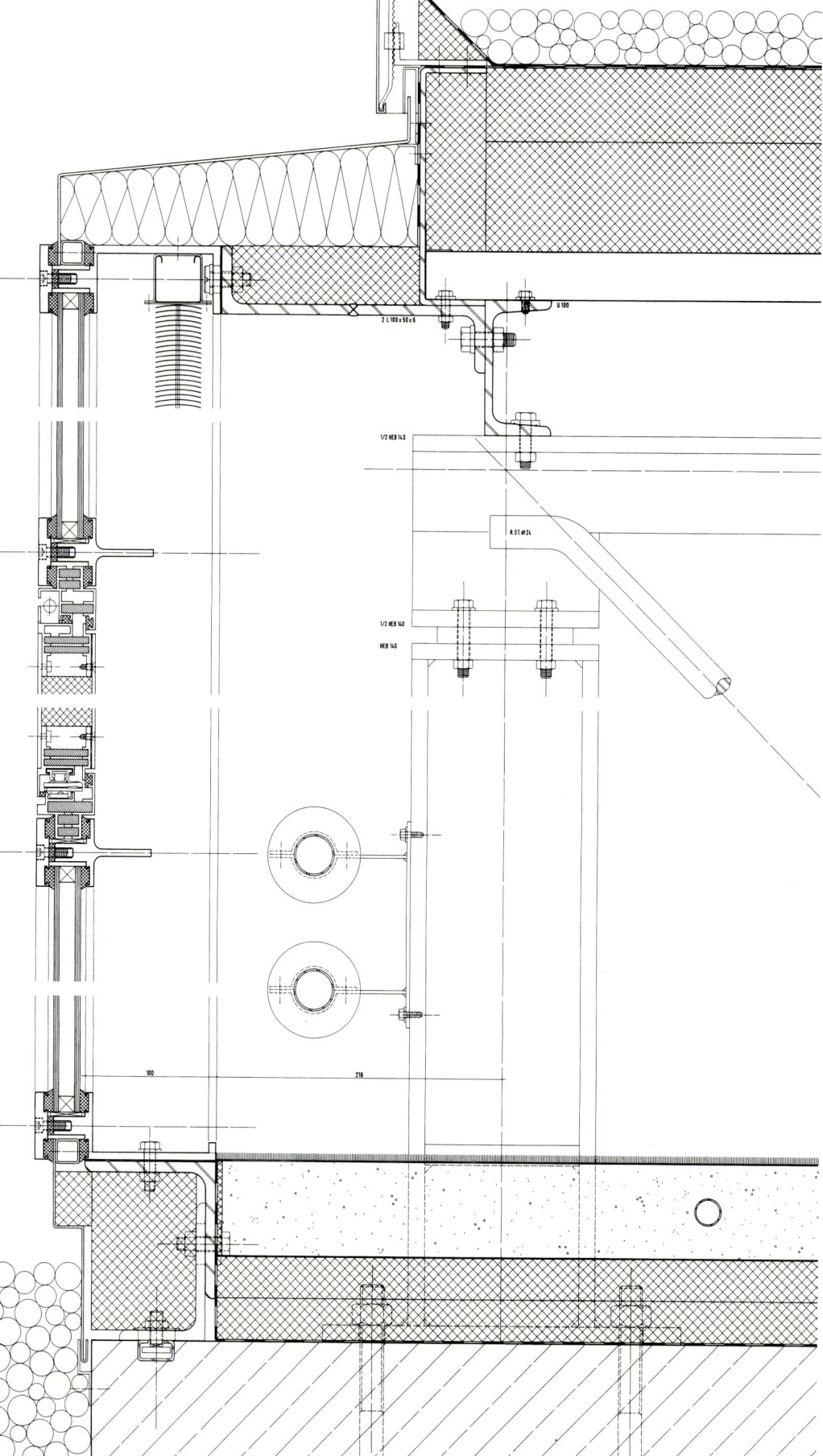

Die Nebenträger (IPE 100 bzw. U100 am Rand) schaffen allseitig gleiche Anschlußbedingungen für die Fassade. Ein zusammengesetztes umlaufendes Z-Profil dient dem Anschluß der Pfosten an die Nebenträger (über Langlöcher höhenverschieblich) und bildet den oberen Raumabschluß. Für den unteren Anschluß wurde ein durchgehendes Auflagerprofil (L100) einnivelliert, um nicht jeden einzelnen Pfosten justieren zu müssen. Die Verwendung von Aluminium für die Fassadenprofile bietet große Möglichkeiten in der Profilgestaltung, wodurch insbesondere die oberen und unteren Anschlüsse einfach und klar gelöst werden konnten.

Beratung
Prof. Peter C. von Seidlein
Prof. Friedrich Wagner

1985

Villa Möbel

Fachwerkartig unterspannte Träger

Manfred Gruber
Steffen Klingler
Markus Lanz
Nicolas Schwager
Elke Zinnecker

Aufgabe
Durch die Umnutzung eines ehemaligen Klinikareals ist im Stuttgarter Osten ein Kunst- und Kulturzentrum entstanden.

Angeregt durch das Umfeld (Kunstschule, Architektur- und Designbüros sowie Werbeagenturen) möchte ein namhaftes Möbelhaus auf diesem Gelände ein Ausstellungsgebäude mit ca. 400 m² Hauptnutzfläche errichten. Darin sollen Designermöbel und Accessoires bekannter Hersteller ausgestellt und verkauft werden.

Der Ausstellungsraum sollte weitgehend stützenfrei und auch für Vorträge, Film- und Diavorführungen geeignet sein.

Konzept
Die Ausstellungshalle wurde als „gläserne Vitrine" konzipiert, die mit ihren Abmessungen (16,65 x 29,60 m) einen ruhigen, rechteckigen Baukörper beschreibt. Ein allseitig umlaufender, weit ausladender Sonnenschutz definiert eine Vorzone entlang der verglasten Fassade und unterstreicht deren Schaufensterfunktion.

Der großzügige Innenraum weist einen einzigen Einbau auf, der als freistehender Kern von der Fassade abgerückt ist. Der in Sichtmauerwerk erstellte Kern enthält ein Lager sowie einen offenen Empfangsbereich mit zwei Arbeitsplätzen und Sitzmöglichkeiten für Besucher. An den Kern angelagert führt eine Treppe in das Untergeschoß, wo sich Sanitär- und Technikräume befinden.

Tragwerk
Das Tragwerk ist im Innenraum sichtbar und entsprechend sorgfältig detailliert. Fachwerkartig unterspannte Stahlträger spannen über 14,8 m und sind gelenkig aufgelagert. Durch die Auflösung der Biegeträger in schlanke, normalkraftbeanspruchte Tragglieder wird die angestrebte filigran-elegante Erscheinung erreicht. Dieses Ziel wurde bis in die Detailausbildung des Tragwerks weiterverfolgt.

Die beiden Randträger sind nicht unterspannt, sondern – anstelle der Auflagerung auf Druckspreizen („Luftstützen") – direkt auf Rundstützen aufgelagert. Diese Maßnahme ermöglicht an den Hallenlängs- und Stirnseiten gleichartige Lösungen sowohl für die Gebäudeaussteifung als auch für die Fassadenkonstruktion.

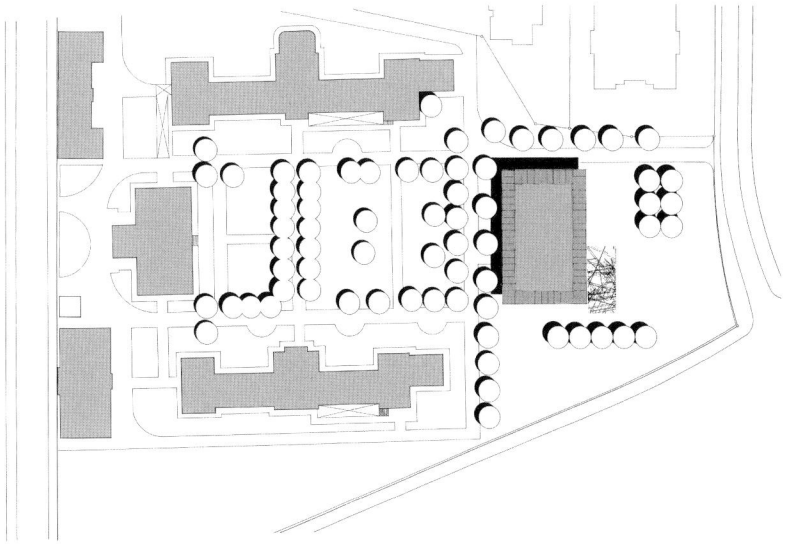

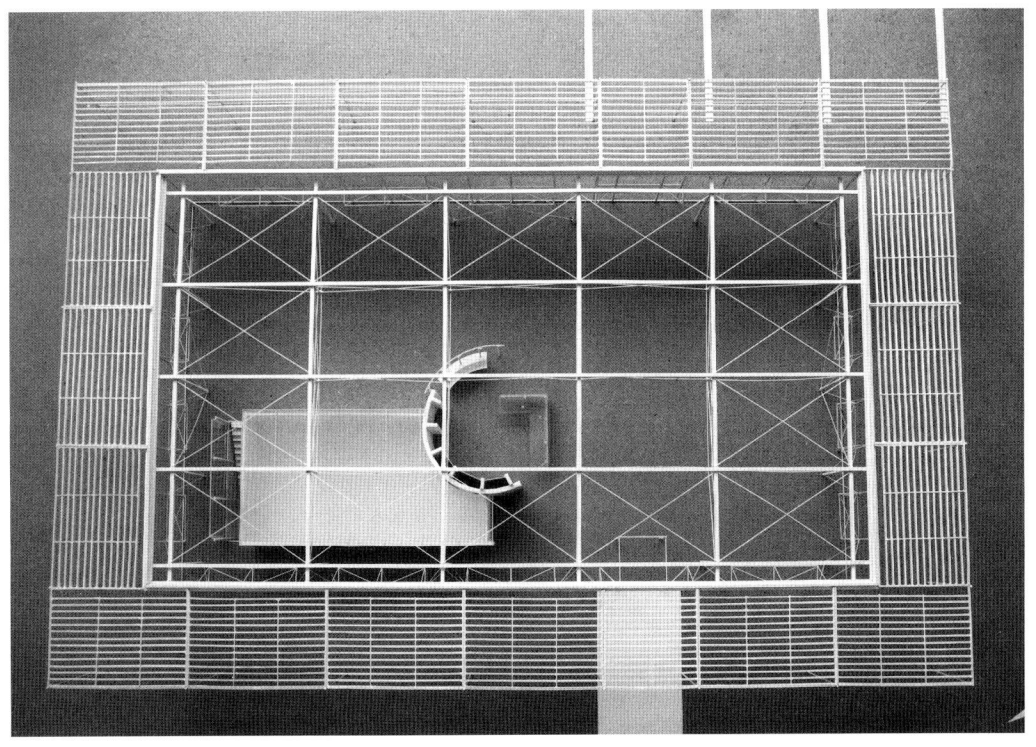

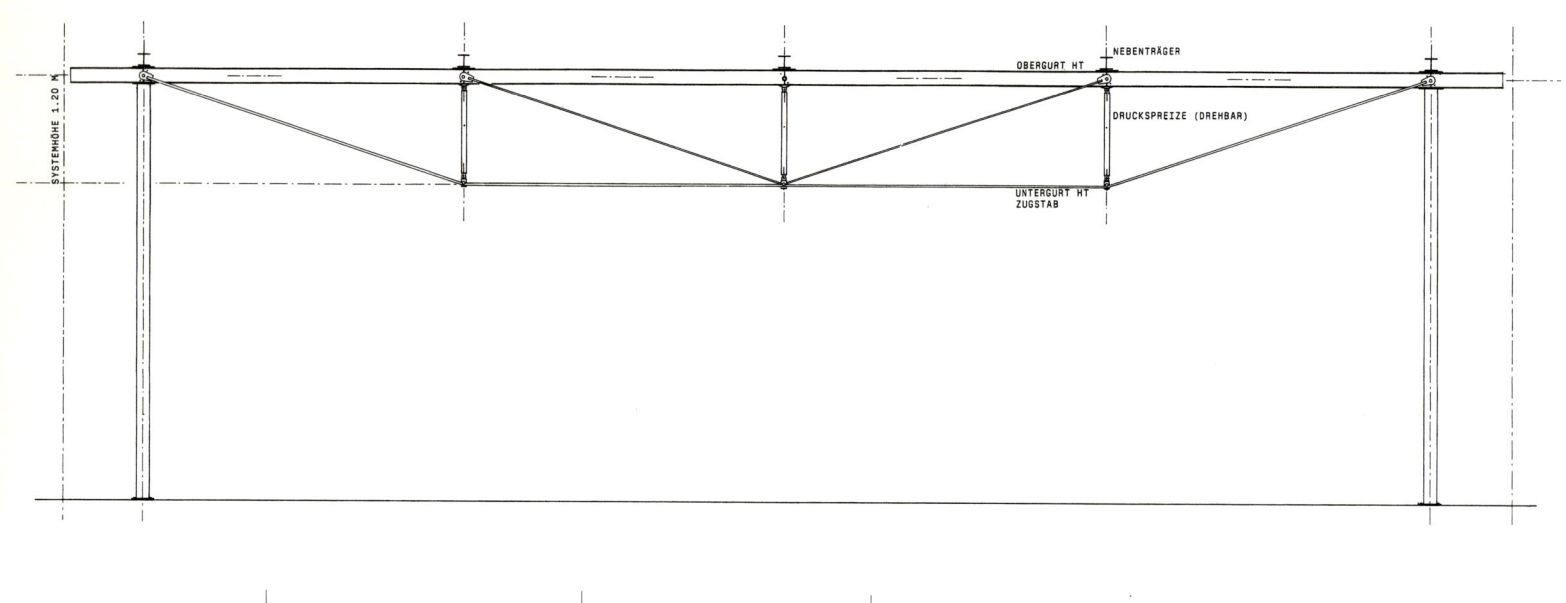

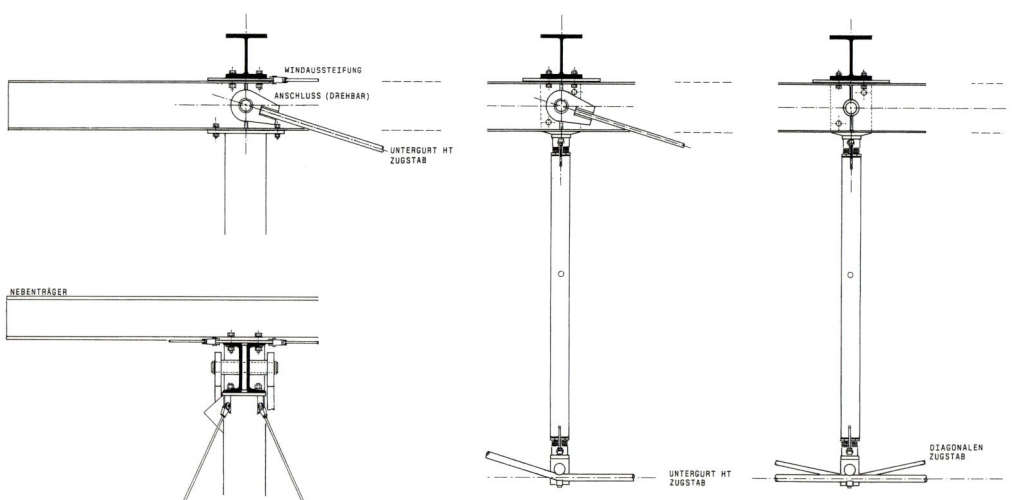
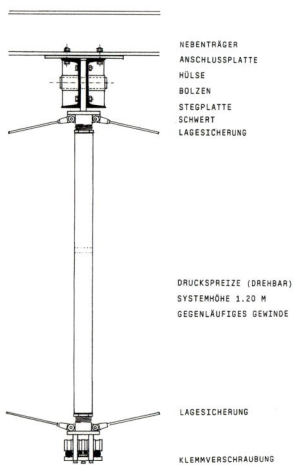

Um das seitliche Ausweichen der Untergurte zu vermeiden, werden sie an den Knotenpunkten mit Zugstäben zu den jeweils benachbarten Obergurten verspannt und somit in ihrer Lage gesichert.

Bei der Durcharbeitung der Knotenpunkte wurde großer Wert darauf gelegt, eine Massierung von Anschlußblechen zu vermeiden.

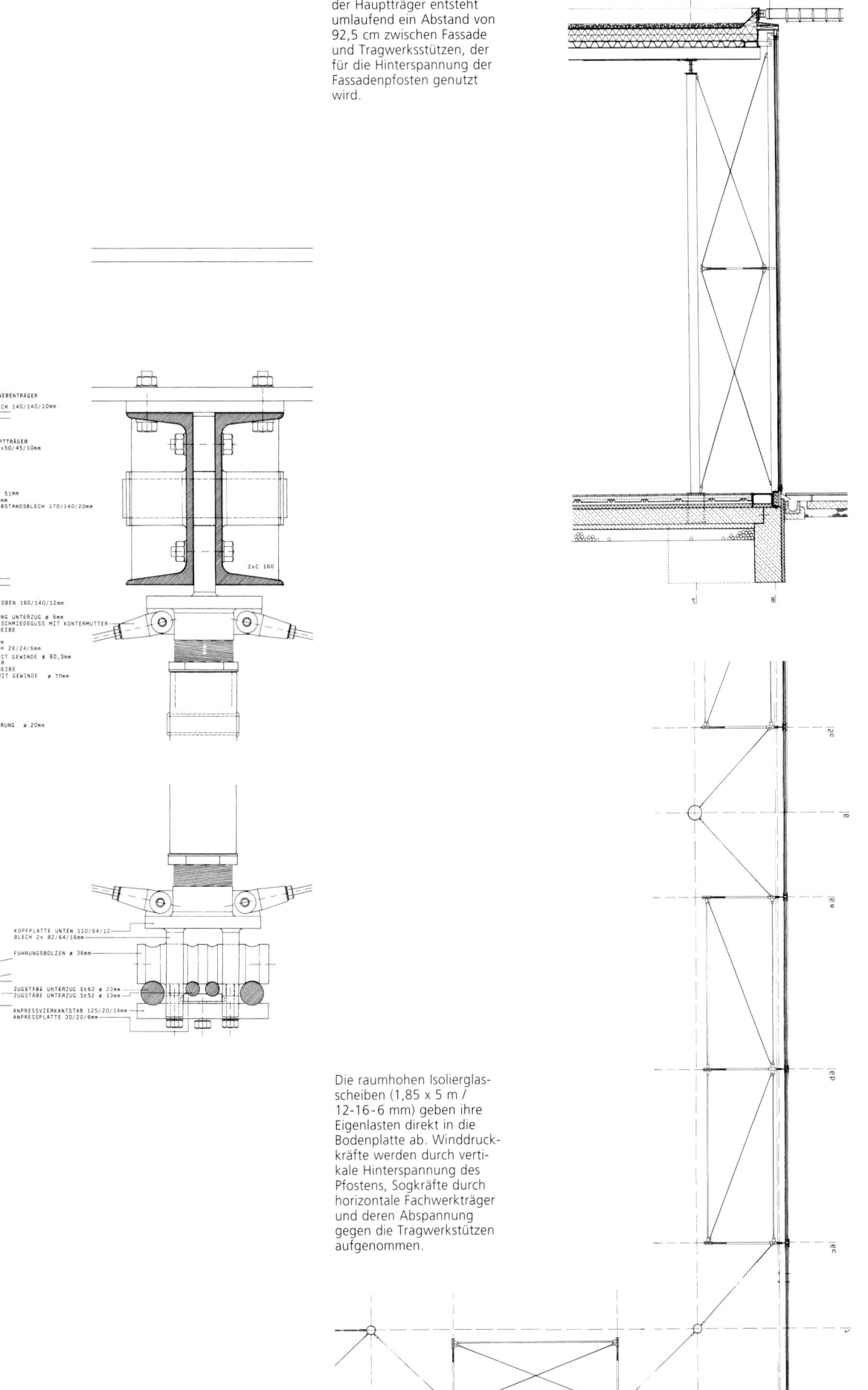

Durch Auskragung der Nebenträger bzw. Obergurte der Hauptträger entsteht umlaufend ein Abstand von 92,5 cm zwischen Fassade und Tragwerksstützen, der für die Hinterspannung der Fassadenpfosten genutzt wird.

Die Umlenkung der Unterspannung an den Druckspreizen und der Anschluß der Kippsicherung erfolgen mittels eines Führungsbolzens und einer Klemmplatte. Die in die Druckspreize eingreifenden Gewinde ermöglichen ein Nachspannen der montierten Träger.

Die raumhohen Isolierglasscheiben (1,85 x 5 m / 12-16-6 mm) geben ihre Eigenlasten direkt in die Bodenplatte ab. Winddruckkräfte werden durch vertikale Hinterspannung des Pfostens, Sogkräfte durch horizontale Fachwerkträger und deren Abspannung gegen die Tragwerkstützen aufgenommen.

Eingeschossige Hallen

Hülle

Die Fassade als hierarchisch dem Tragwerk untergeordnetes Bauteil sollte nicht kräftiger in Erscheinung treten als das Tragwerk. Demzufolge werden die überwiegend biegebeanspruchten Fassadensprossen ebenfalls aufgelöst.

Der Fassadenaufbau orientiert sich an High-Tech-Vorbildern, wurde aber mit Mitteln umgesetzt, die der kleinen Bauaufgabe angemessen sind: Pfosten-Riegel-Bauweise aus einfachen Komponenten (Pfosten 1/2 IPE 160, Riegel L 80, Vollstäbe und Rundrohre), die über montagefreundliche Laschenverbindungen vor Ort zusammengefügt werden können.

Für den Sonnenschutz wurde eine weitausladende, stationäre Konstruktion gewählt, die das Gebäude weitgehend verschattet, ohne Ein- bzw. Ausblicke zu beeinträchtigen. Genauere Untersuchungen des Sonnenstands haben gezeigt, daß insbesondere auf der Westseite temporär zusätzliche Schutzmaßnahmen erforderlich sind. Hierfür sind am Außenrand der horizontalen Lammellengitter Textilrollos vorgesehen, die – ausgefahren über die obere Fassadenhälfte – eine totale Verschattung der Glasfassaden und somit optimalen Schutz der Exponate garantieren; dies ebenfalls ohne Beeinträchtigung der Schaufensterfunktion.

Der Sonnenschutz bildet eine räumliche Vorzone um das Gebäude herum, die funktional einerseits einen Schaufensterumgang definiert, andererseits die räumliche Verflechtung von Innen- und Außenraum leistet.

Eingeschossige Hallen

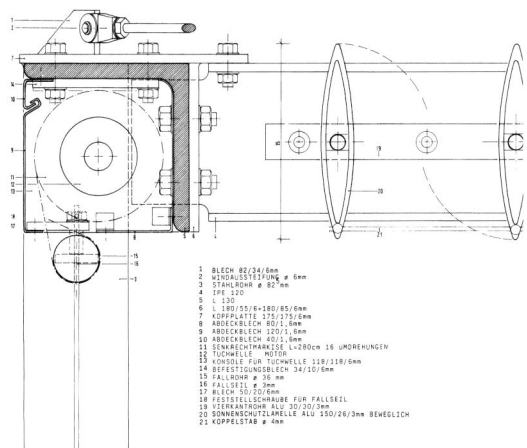
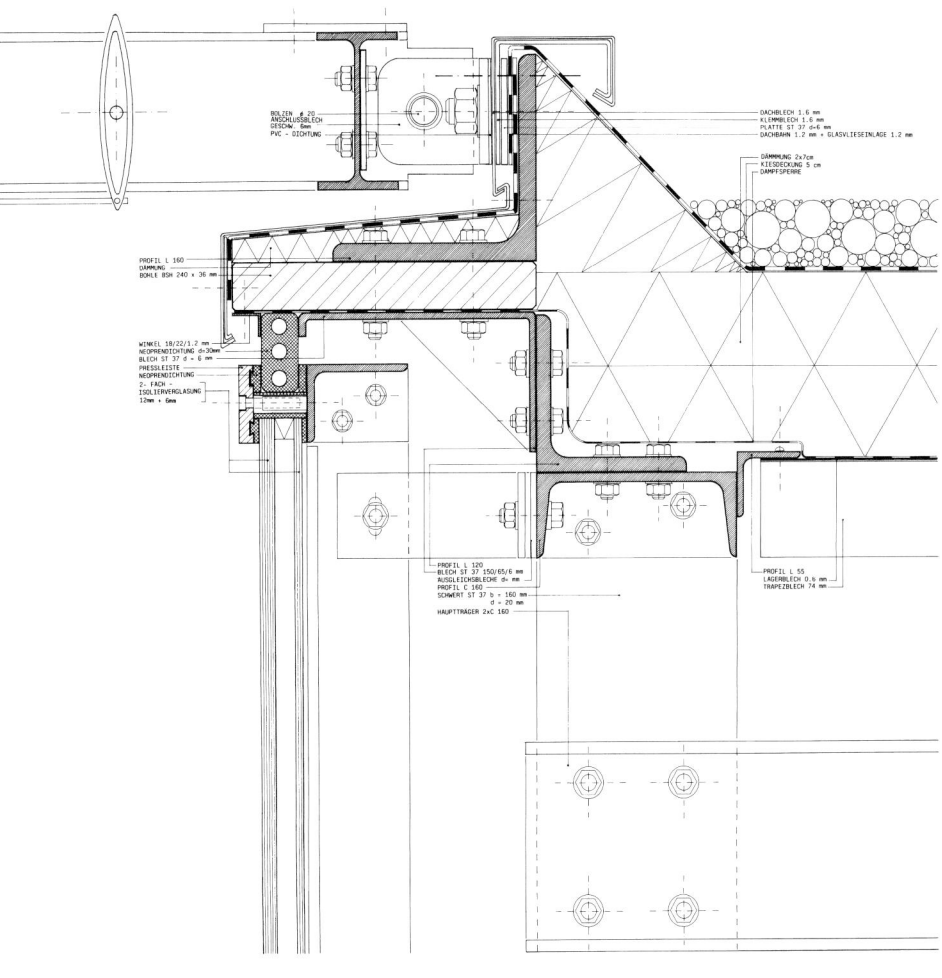

Technischer Ausbau

Als Konsequenz aus der Reduzierung aller Fassadenbauteile wurde auf Öffnungsflügel verzichtet. Dies bedingt eine mechanische Be- und Entlüftung des Gebäudes.
Zuluft wird über einen Bodenkanal entlang der Fassaden eingeblasen, Abluft über sichtbare Rohre in der Tragwerksebene abgesaugt.
Die Beheizung des Gebäudes erfolgt über eine Fußbodenheizung und über reaktionsschnelle Unterflurkonvektoren entlang der Fassaden.
Die vorliegende Arbeit wurde beim „Förderpreis des deutschen Stahlbaus" mit einem Preis ausgezeichnet.

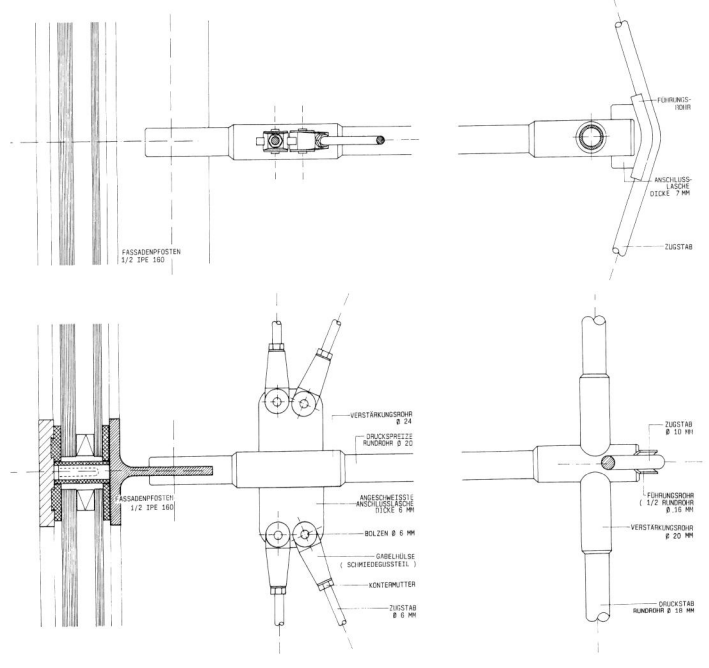

Beratung
Prof. Peter C. von Seidlein
Dipl.-Ing. Hartmut Fuchs

Fachberatung
Prof. Bernhard Tokarz
Prof. Dr. Günter Eisenbiegler
Dipl.-Ing. Andreas Geywitz
(Institut für Tragkonstruktionen und Konstruktives Entwerfen)

1991

Architekturforum

Unterspannte Träger

Marco Hippmann
Claus Mihm
Udo Schemmel
Holger Schmidt
Arni Sigfusson

Aufgabe
Die bestehende Architekturgalerie des BDA in Stuttgart soll einen Erweiterungsbau erhalten, der Platz für größere Ausstellungen (ca. 400 m² Fläche), Symposien und Vortragsveranstaltungen (ca. 150 Personen) bietet. Der Neubau wird als eigenständiger Baukörper auf einem freiliegenden Grundstück am Rande der architektonisch bedeutenden Weißenhofsiedlung stehen und soll in seiner Gestalt dem anspruchsvollen Standort gerecht werden.

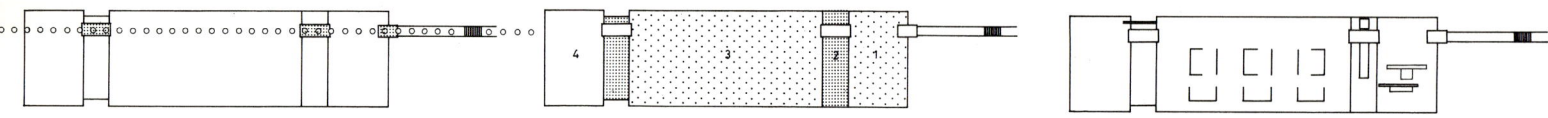

Konzept
Ein zurückhaltender, langgestreckter Baukörper (14,2 x 42,2 m) bildet den räumlichen Abschluß der Weißenhofsiedlung zum angrenzenden Stuttgarter Messegelände. Das Gebäude besteht aus einem großen Hallenraum, der durch verschiedene Maßnahmen gegliedert wird:

Ein zweigeschossiger Luftraum, der die Halle räumlich mit dem Untergeschoß verbindet, stellt eine subtile Zäsur im Gesamtraum her und dient der Bildung zweier Raumzonen, des Foyers und der großen Hauptnutzfläche.

Gleichzeitig wird durch die Anordnung der Erschließungselemente (Windfang, Steg, Gartenausgang) eine Längsachse durch das Gebäude gelegt, die die einzelnen Raumzonen und auch die jeweils vorgelagerten Außenbereiche miteinander verbindet.

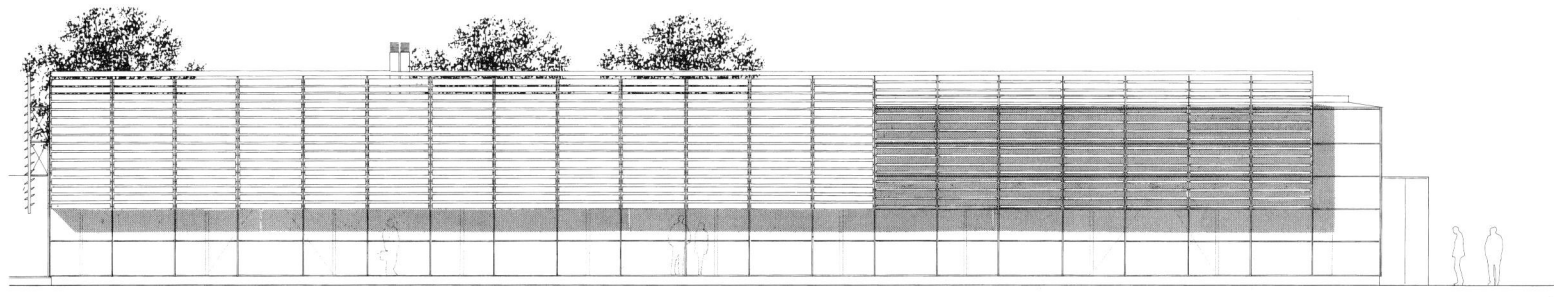

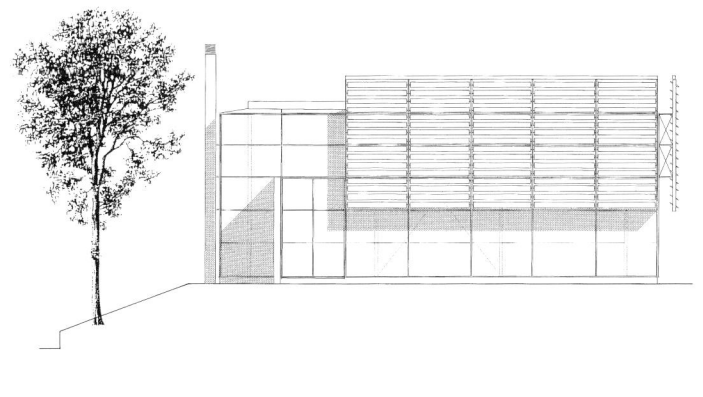
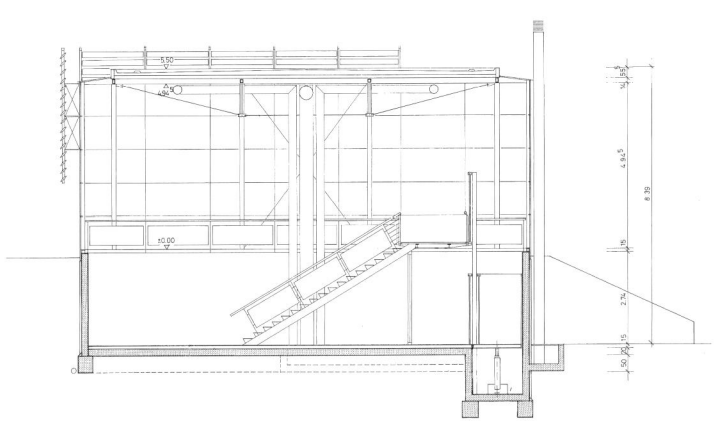

Eingeschossige Hallen

Die stirnseitige Erschließung des Forums wird als Achse durch das Gebäude hindurchgeführt (Windfang – Foyer – Steg über Luftraum – Ausstellung – Steg – Terrasse). Die so entstehenden Bereiche für Erschließung und Hauptnutzung gehen ineinander über, sind aber – auch ohne trennende Wände – erkennbar gegliedert.

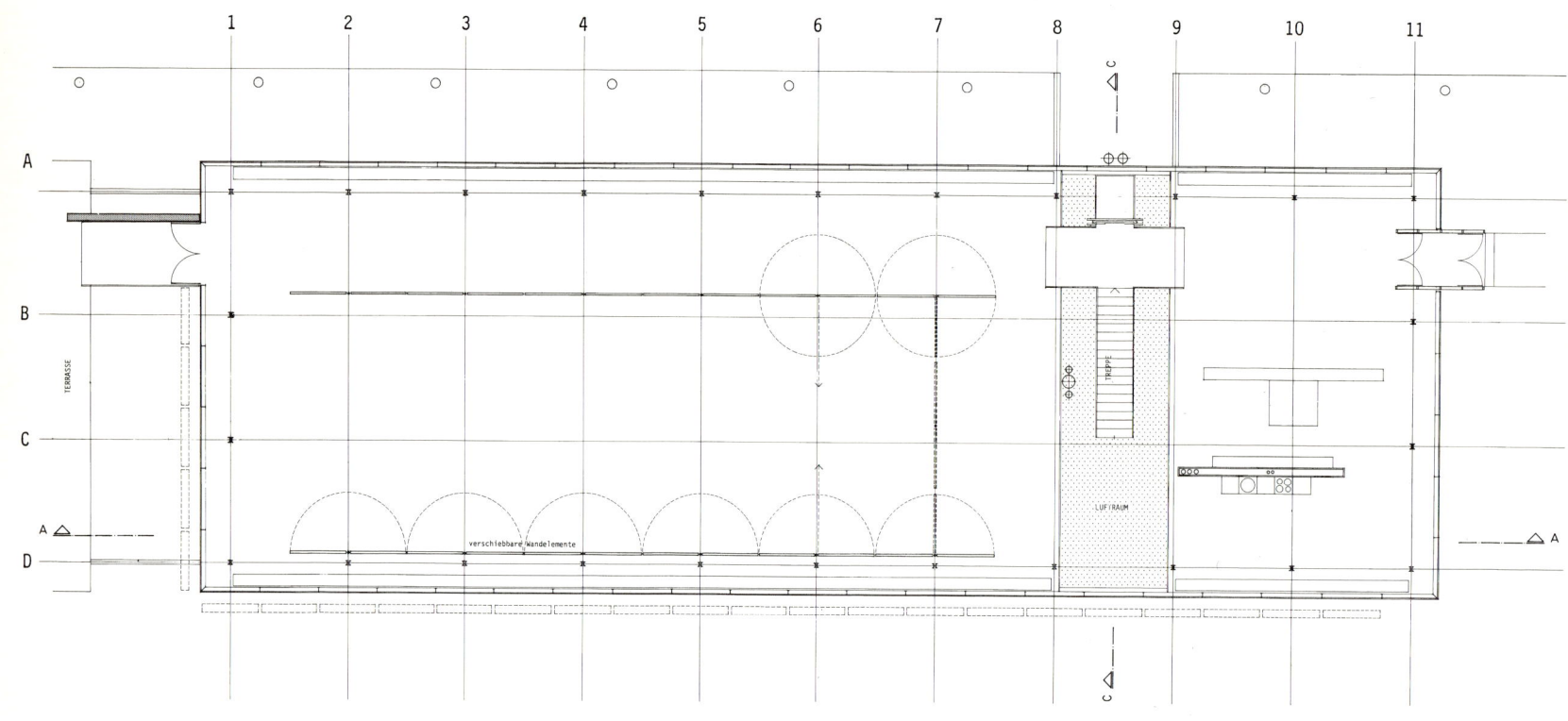

Ein System von beweglichen Trennwänden ermöglicht die flexible Aufteilung des Ausstellungsbereichs.
    4 x 2,3 m große Holzelemente auf Kugelrollen sind in Schienen geführt, die an den Untergurten des Tragwerks befestigt sind. Sie dienen als Raumteiler und Ausstellungsträger und können bei Bedarf – zur Bildung eines verdunkelbaren Vortragsraumes – teleskopartig bis zur Hallendecke ausgefahren werden.

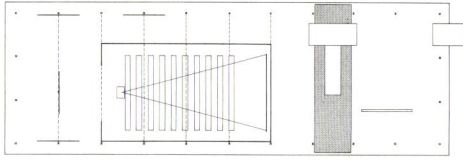
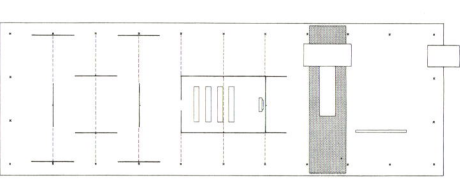
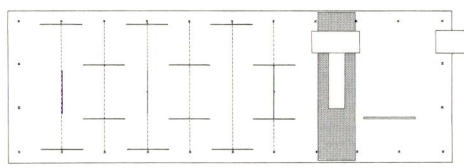

Tragwerk
Ein Stahlskelett mit 2-fach unterspannten Trägern auf Pendelstützen (Spannweite 12 m, Achsabstand 4 m) bildet das Tragwerk des Forums.
    Im Sinne des Gesamtkonzepts ist die Konstruktion bis in ihre Einzelelemente zurückhaltend und reduziert ausgebildet. Obergurte, Spreizen für die Unterspannung und Zugstäbe bestehen aus handelsüblichen, genormten Profilen, die über einfache, geradschnittige Bleche und Gabellaschen zusammengefügt sind.
    Mittels Kreuzverbänden und Koppelstäben wird zwischen den Obergurten der Hauptträger eine horizontale Scheibe zur Aufnahme der Windlasten gebildet. In der Vertikalen sind diese Windverbände mit vier identisch ausgebildeten Auskreuzungen zwischen den Tragwerkstützen fortgeführt.

Eingeschossige Hallen

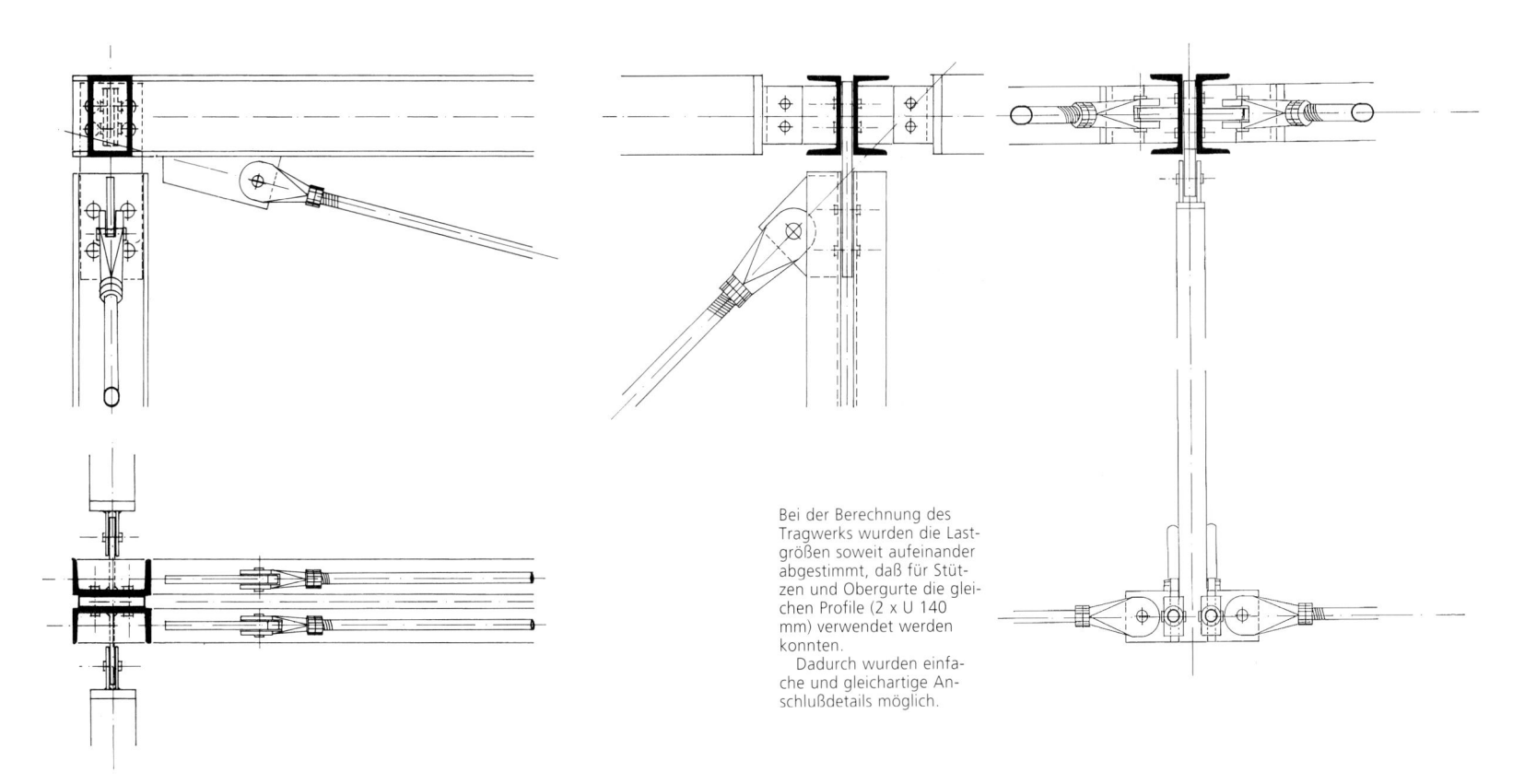

Bei der Berechnung des Tragwerks wurden die Lastgrößen soweit aufeinander abgestimmt, daß für Stützen und Obergurte die gleichen Profile (2 x U 140 mm) verwendet werden konnten.
Dadurch wurden einfache und gleichartige Anschlußdetails möglich.

Hülle

Die Fassade besteht aus einer Pfosten-Riegel-Konstruktion mit Stahlprofilen (Pfosten IPE 120 / Riegel halbierter IPE 120) und Aufsatzprofilen aus Aluminium (System Hartmann), die eine hochwertige Abdichtung und gute thermische Trennung sicherstellen.

Das 2-m-Raster der Hülle ist um ein halbes Modul gegenüber dem 4-m-Raster der Tragkonstruktion versetzt, so daß die Entflechtung in tragende und nichttragende Bauteile ablesbar wird. Auch die vollständige Verglasung der Fassade und eines umlaufenden horizontalen Bandes betont den Charakter der nichttragenden Hülle und markiert den Abstand zwischen Tragwerk und Hülle.

Ein außenliegender Sonnenschutz aus schwenkbaren Aluminiumlamellen ist dem Gebäude als dritte Schicht (hinter Tragwerkstützen und Glasfassade) an den Süd- und Westseiten vorgelagert.

Technischer Ausbau

Die natürliche Be- und Entlüftung der Halle wird über öffenbare Fassadenelemente an den Längsseiten sichergestellt. Bei Großveranstaltungen kann die Lüftung mechanisch unterstützt werden.

Die sichtbar unter dem Hallendach verlaufenden Zu- und Abluftrohre werden im Bereich des zweigeschossigen Luftraumes senkrecht nach unten zur Technikzentrale geführt. Die Außenansaugung bzw. -ausblasung erfolgt über zwei freistehende Kamine.

Zur Beheizung des Innenraums sind entlang der Längsfassaden Unterflurkonvektoren vorgesehen.

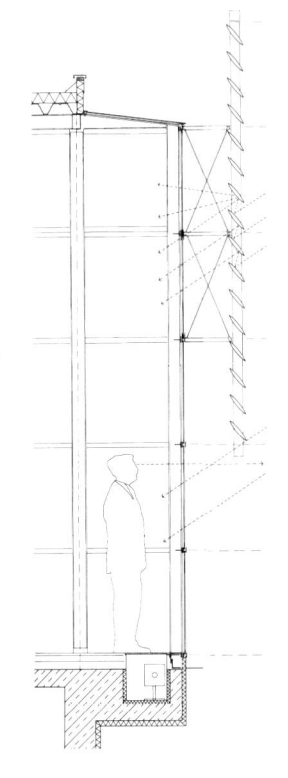

Um freie Ein- bzw. Ausblicke zu gewähren, beschattet der Sonnenschutz nur einen Teil der Fassade.
Die dadurch im Sommer entstehenden Wärmespitzen müssen über eine mechanische Lüftung abgebaut werden.

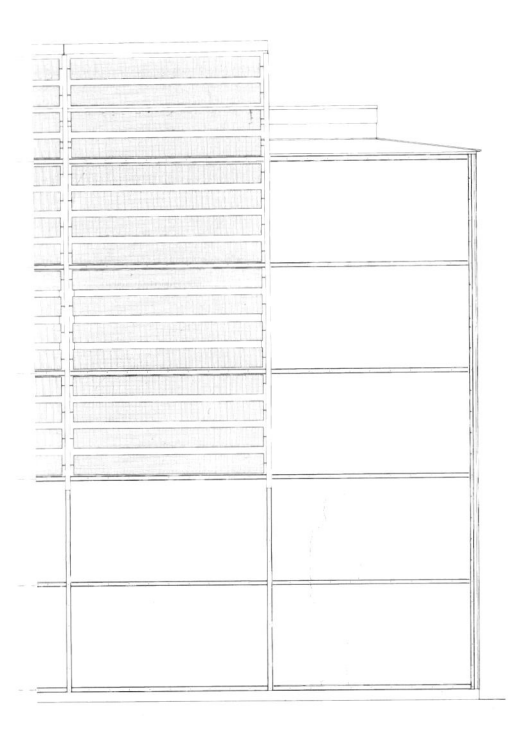

Beratung

Prof. Peter C. von Seidlein
Dipl.-Ing. Clemens Richarz

Fachberatung

Prof. Bernhard Tokarz
Prof. Dr. Günter Eisenbiegler
Dipl.-Ing. Günther Holzwarth
(Institut für Tragkonstruktionen und Konstruktives Entwerfen)

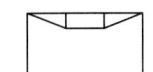

1992

Hangar unter Teck
Stahlträger mit wechselnden Spannweiten

Torsten Krieg
Holger Kempter
Bernd Liebel
Martin Haas

Aufgabe
Der bestehende Segelflugplatz nahe der Burg Teck am Rande der Schwäbischen Alb soll eine neue Flugzeughalle erhalten. Die Halle soll Einstellmöglichkeiten für 4 bis 5 aufgebaute und für ebenso viele abgeschlagene Segelflugzeuge samt deren Transportanhänger bieten (ca. 33 x 14 m Nutzfläche). In der Halle sind außerdem Abstellplätze für das Schleppwindenfahrzeug und für zwei Seilrückholfahrzeuge vorzusehen.

Weiter werden Werkstätten sowie Aufenthalts- und Gemeinschaftsräume gefordert.

Konzept
Die vorgeschlagene Lösung sieht die Anordnung aller Funktionen unter einem Dach vor. Der langgestreckte Baukörper enthält mit der Flugzeughalle und dem Aufenthaltsbereich zwei großflächige Räume, die durch den kleinteiligeren Werkstatt- und Nebenraumtrakt getrennt werden.

Die Räume der Nebenraumspange (Abstellräume, Technik, Sanitätsraum, Umkleiden, Duschen, WC) sind wegen der geringen erforderlichen Höhe zweigeschossig übereinander angeordnet, während die großen Flächen über die gesamte Hallenhöhe verfügen.

Den unterschiedlichen Anforderungen hinsichtlich Raumgrößen (Spannweiten), Belichtung und Temperierung wird durch differenzierte Ausbildung der Tragwerk- und Hüllelemente Rechnung getragen.

Tragwerk
Die Halle wird von einem gerichteten Stahltragwerk mit 12 Achsen à 5 m überspannt, das im Bereich der Flugzeughalle über die gesamte Breite frei trägt (16 m Spannweite), während dort, wo die große Stützweite funktional nicht erforderlich ist, eine zusätzliche Stütze die Spannweite halbiert.

Konstruktiv ist dieser Systemwechsel so gelöst, daß bei gleichen Stützen- und Trägerabmessungen (HEB 220, IPE 360) lediglich die Mittelstütze durch eine „Luftstütze" ersetzt wird, d.h. der Zweifeldträger zu einem unterspannten Träger wird. Hierdurch können sämtliche Auflager- und Anschlußdetails – auch für den Anschluß der Gebäudehülle – beibehalten werden.

Bei der Aussteifung des Gebäudes ist die geforderte große Toröffnung zu berück-

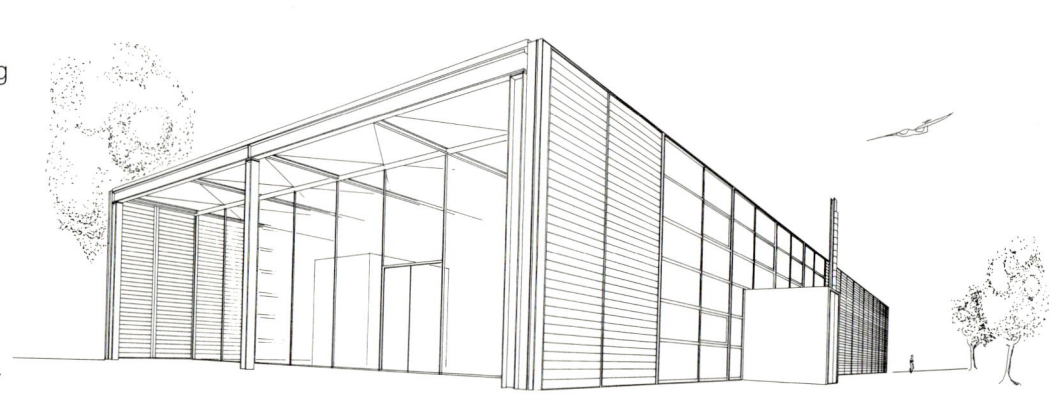

Die Fassaden der Stirnseiten sind um ein halbes Feld eingerückt, so daß die Struktur des Tragwerks und damit die dahinterliegende Nutzung auch von außen ablesbar ist.

Der Dachüberstand von 2,5 m bietet außerdem einen konstruktiven Wetterschutz der Fassaden und funktional sinnvoll nutzbare Vorbereiche.

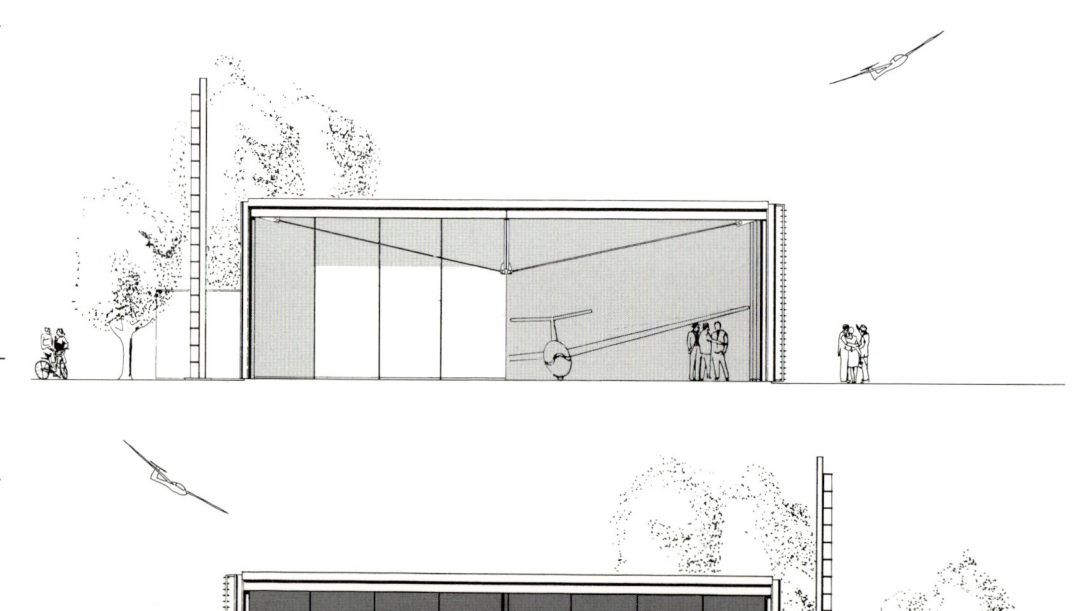

sichtigen. Da deren Anordnung an der Stirnseite wegen der vorhandenen Stützweite naheliegend ist, können hier keine Aussteifungsverbände eingebaut werden. Statt dessen sind alle Außenstützen zweiachsig eingespannt. Hierdurch können auch an den Längsseiten an beliebiger Stelle Zugänge und kleinere Toröffnungen angeordnet werden.

Die Horizontalaussteifung in der Dachebene erfolgt über liegende Verbände zwischen den Obergurten (IPE 360) und den Nebenträgern (IPE 180).

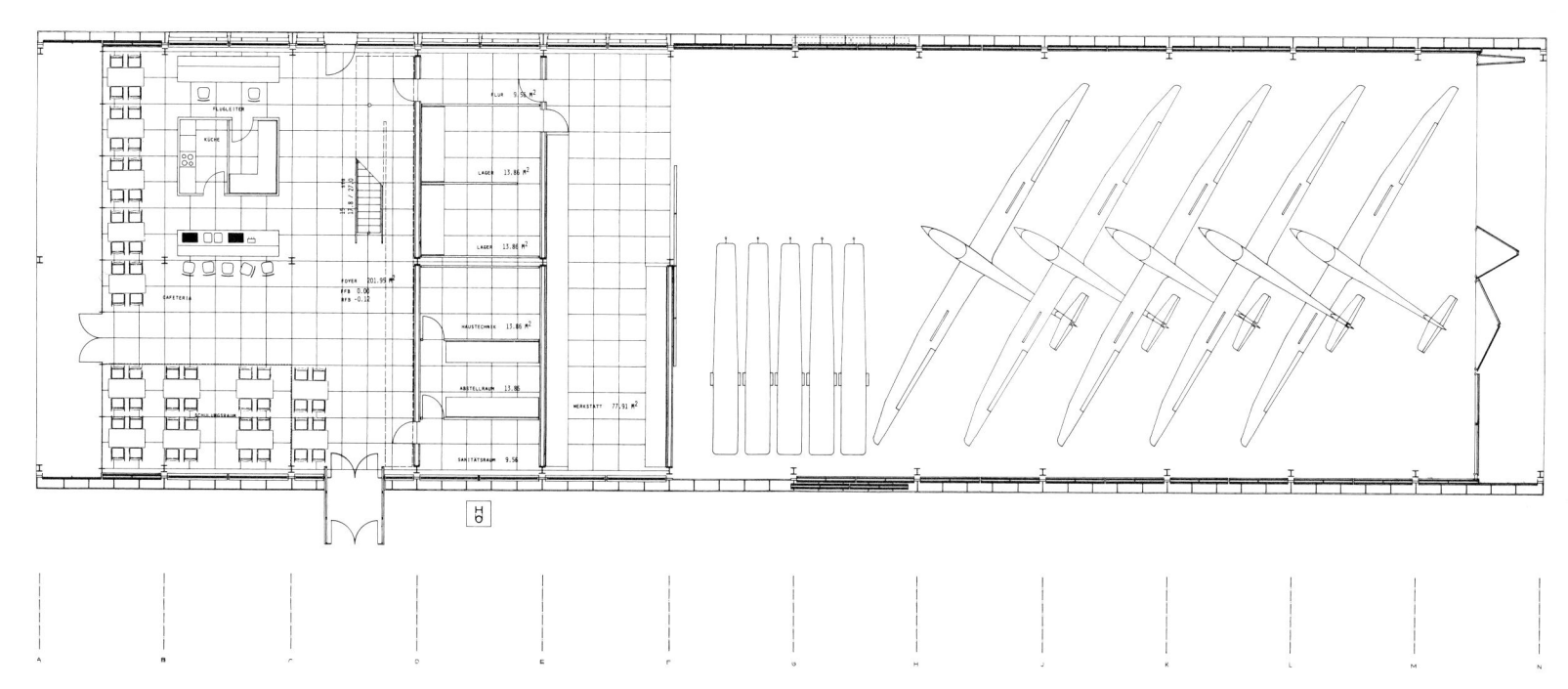

Die Längsfassaden sind nach einem Bandraster elementiert, bei dem die Tragwerkachsen (5 m) nach außen abgebildet werden.

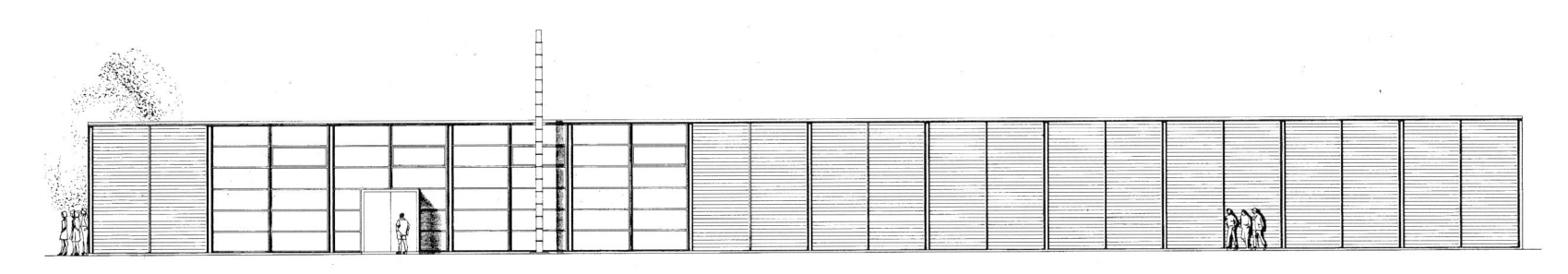

Eingeschossige Hallen

Die strenge Ordnung der Primärstruktur bietet ausreichende Freiheitsgrade, um den unterschiedlichen Nutzungsanforderungen durch differenzierte Ausbildung der Tragwerk- und Hüllelemente gerecht zu werden.

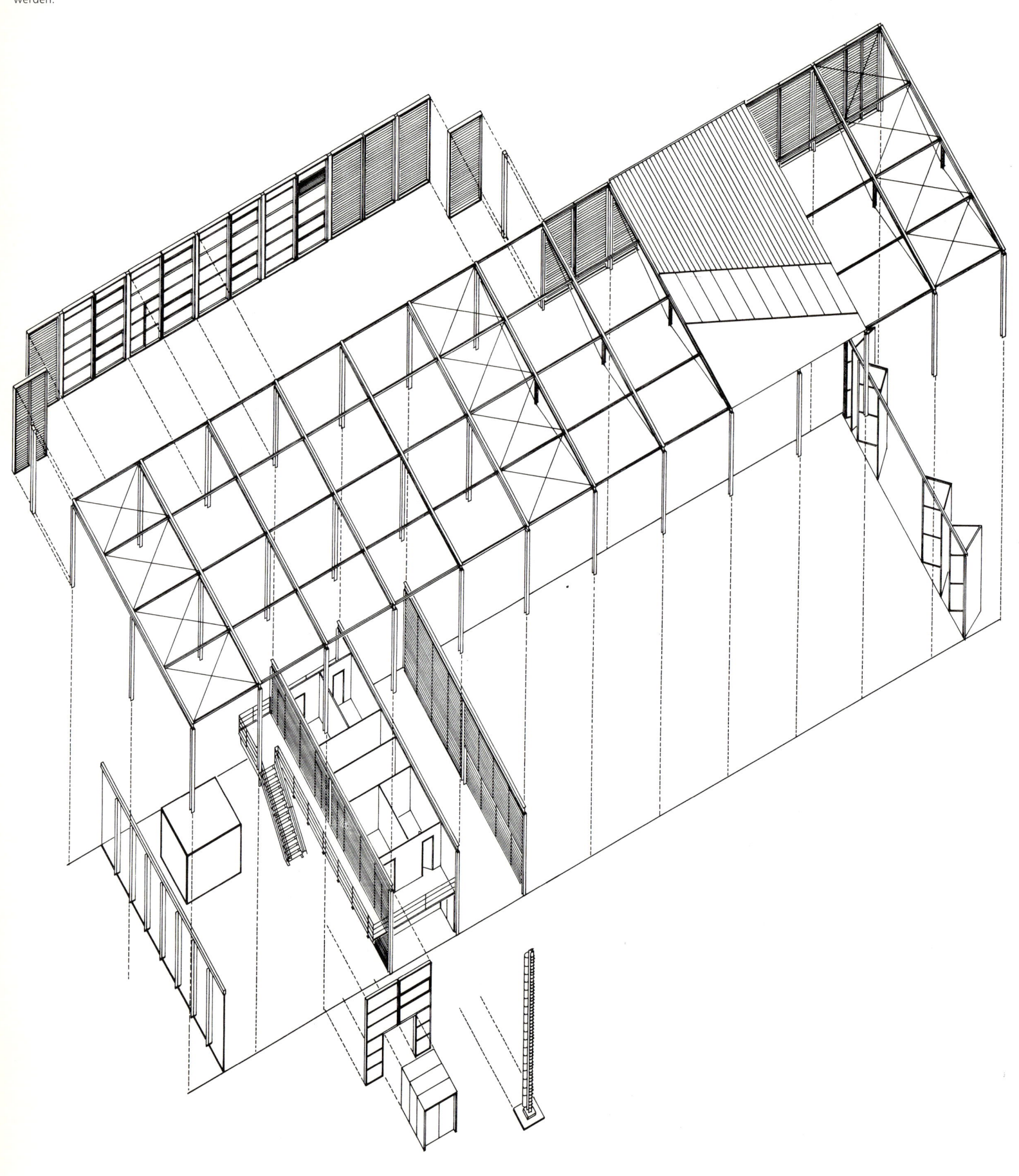

Eingeschossige Hallen

Hülle

Die verschiedenartige Nutzung der Räume bedingt unterschiedliche Anforderungen an die Hülle hinsichtlich Belichtung, Sonnenschutz und Öffenbarkeit. Es wurde versucht, für die Längs- und Stirnfassaden jeweils einheitliche Konstruktions- und Gestaltungsprinzipien zu entwickeln, die eine Anpassung an die jeweiligen Erfordernisse erlauben.

Die Längsfassaden bestehen aus vorgefertigten, raumhohen Stahlrahmenelementen, die bei einheitlicher Größe und Grundstruktur unterschiedlich ausgefacht sind. Im Bereich der Flugzeughalle sind die Elemente holzverschalt und teilweise verschieblich ausgebildet (als Tor für die Schleppfahrzeuge), während die Hülle der Werkstatt, Cafeteria und Nebenräume bis auf die beiden Endfelder verglast ist.

Die Fassaden der Schmalseiten sind trotz ihrer funktionalen Unterschiede prinzipiell ähnlich gelöst: Die Westseite vor der Flugzeughalle ist zum Einbringen der Segelflugzeuge als achtteiliges Aluminiumfalttor mit glatter, unprofilierter Oberfläche geplant.

Die gegenüberliegende Fassade vor der Cafeteria ist ähnlich flächig und gleich proportioniert gestaltet. Sie besteht aus einer ebenfalls achtteiligen hängenden Verglasung (System Hahn).

Durch das Zurücksetzen der Stirnfassaden um ein halbes Rasterfeld ergibt sich ein 2,5 m tiefer Dachüberstand, der – insbesondere für das Falttor – einen guten Wetterschutz bietet.

Die Dacheindeckung der Halle besteht aus Trapezblech, Gefälledämmung und vorgefertigten Aluminium-Stehfalzblechen (Kal-Zip).

Technischer Ausbau

Die Anordnung der Nutzungsbereiche trägt ihrer unterschiedlichen Temperierung Rechnung: Der beheizte Aufenthaltsbereich ist von der unbeheizten Halle durch den nur gering temperierten Werkstatt- und Lagerbereich als Puffer getrennt.

Für die Beheizung der Nebenräume werden konventionelle Röhrenradiatoren, für die Cafeteria und die Werkstatt Deckenstrahlungsheizkörper eingesetzt.

Die Belüftung erfolgt in der Cafeteria und in der Flugzeughalle natürlich, während die Belüftung der Werkstatt zusätzlich mechanisch unterstützt wird. Die Sanitärräume werden separat über das Dach entlüftet.

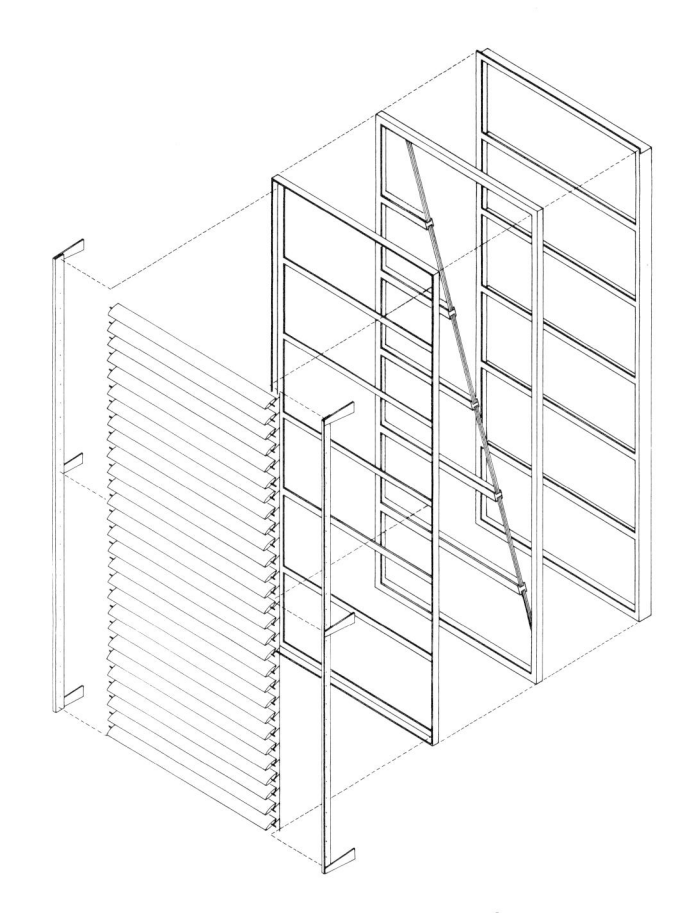

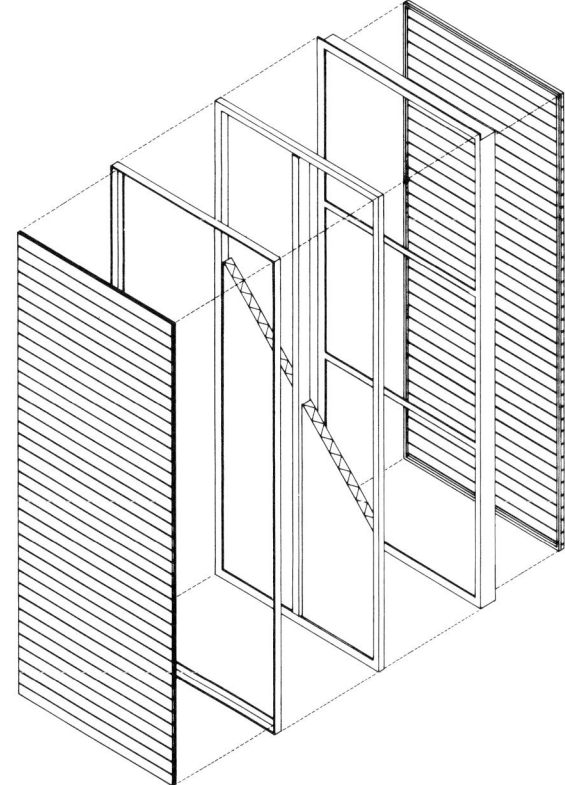

Die 2,39 x 5,58 m großen Elemente bestehen aus Stahlrahmen, die alternativ mit einer Nut- und Federschalung und dazwischenliegender Wärmedämmung bestückt oder verglast sind. An der Südseite werden diesen Elementen zusätzliche Rahmen mit beweglichen Aluminiumlamellen vorgehängt.

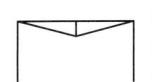

Eingeschossige Hallen

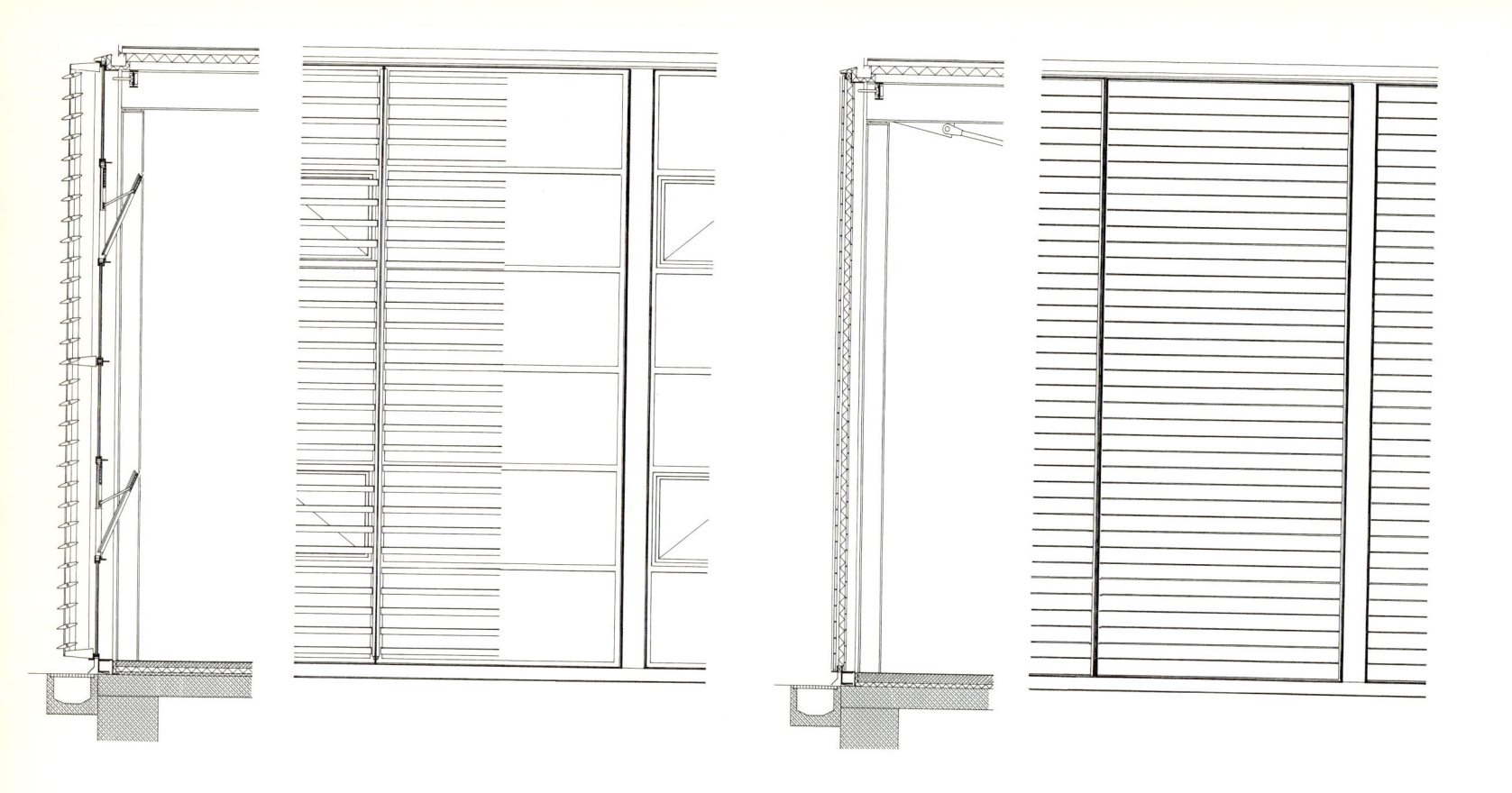

Die Elementstöße sind ohne mechanische Verbindung ausgeführt und lediglich mit einem elastischen Kunststoffprofil abgedichtet. In die Bandrasterelemente vor den Tragwerkstützen (HEB 220) ist die Dachentwässerung integriert (StRohr 220/85/3).

Verglastes Element:
Stahlrahmen L 130/65/8
mit Gewindehülsen
Riegel T 70
Isolierglas 8-12-8 mm
Preßleiste

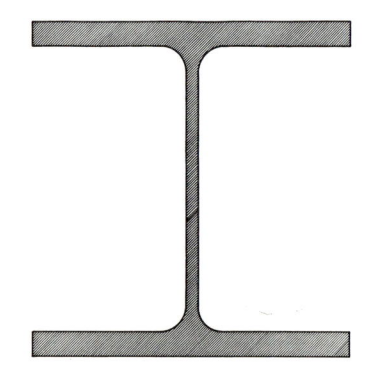

Geschlossenes Element:
Stahlrahmen L 130/65/8
N+F Schalung 19 mm
Dampfsperre 60 mm
Wärmedämmung
Windsperre
23 mm Hinterlüftung
N+F Schalung 19 mm
Preßleiste

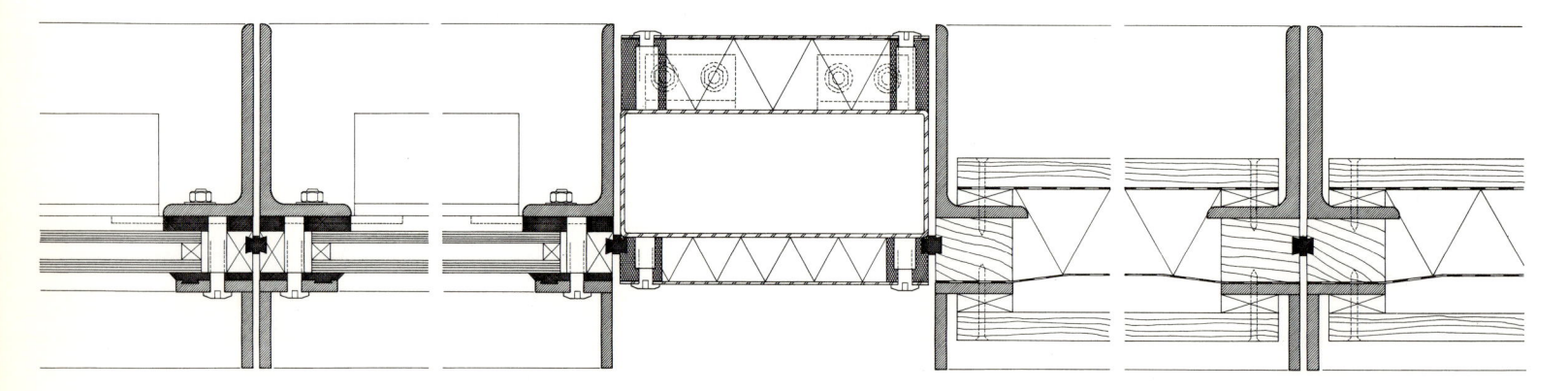

Eingeschossige Hallen

Längsfassade Fußpunkt

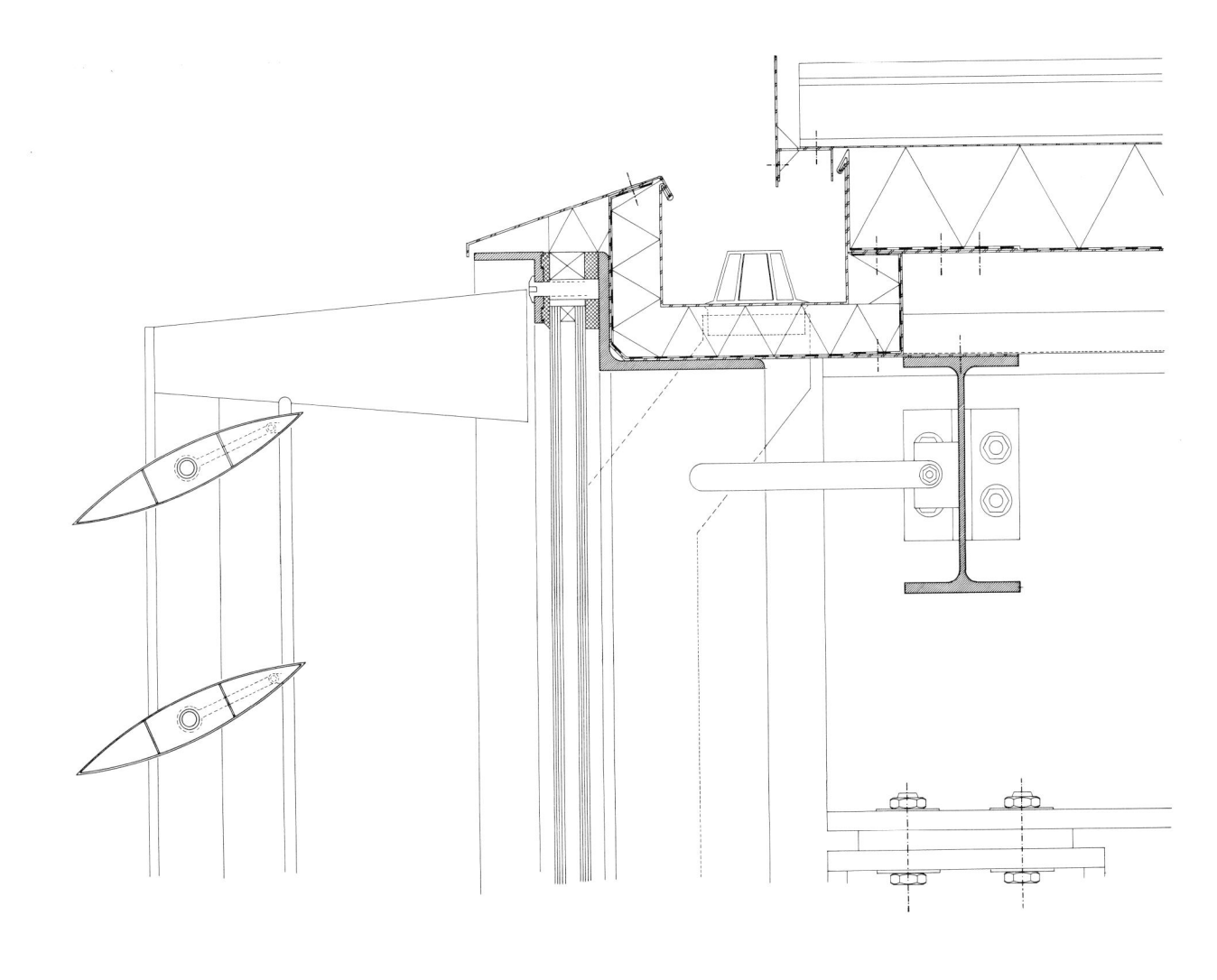

Die vorgefertigten, komplett ausgefachten Elemente werden auf ein vorjustiertes Stahlprofil aufgesetzt und verschraubt.

Längsfassade
Oberer Anschluß

Durch die Verwendung der Kal-Zip-Flachdacheindeckung und die Anordnung der Regenrinne entlang der Fassade konnten der Dachaufbau zurückgesetzt und die Ansichtshöhe der Attika minimiert werden. Die Windkräfte, die auf die Fassade wirken, werden über Stäbe in die Dachscheibe geleitet.

Beratung
Prof. Peter C. von Seidlein
Dipl.-Ing. Friedrich Grimm

Fachberatung
Prof. Bernhard Tokarz
Prof. Dr. Günter Eisenbiegler
Dipl.-Ing. Frank Ulrich Drexler
(Institut für Tragkonstruktionen und Konstruktives Entwerfen)

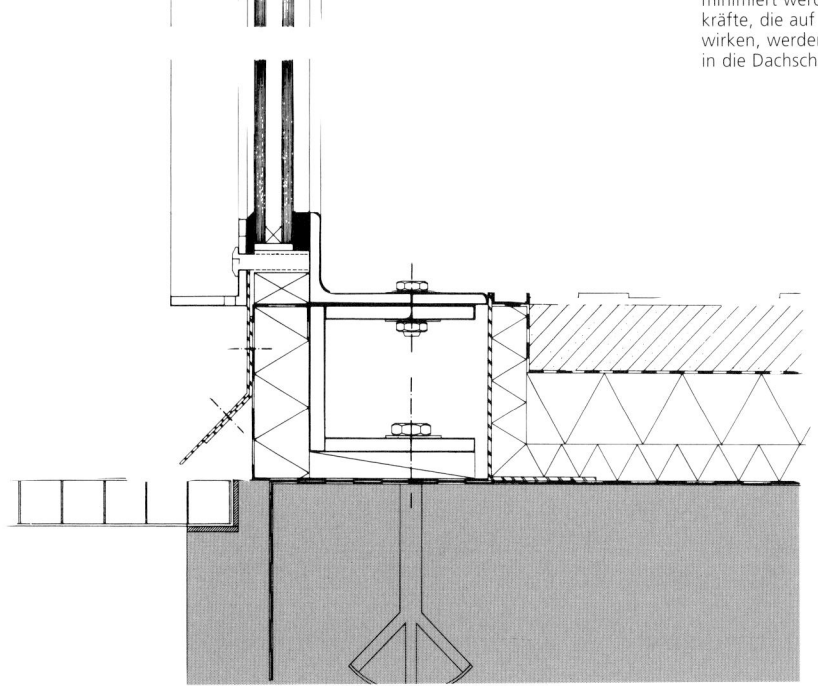

1990

Eingeschossige Hallen

Sporthalle

Stahlbeton-Fertigteile

Konrad Kohler
Volker Mierendorf
Dorothee Strauss
Constanze Zeyen

Aufgabe
Auf dem stark durchgrünten Sportgelände Waldau am Rande des Stuttgarter Talkessels soll eine neue Halle für Ballsport- sowie Turn- und Gymnastiktraining entstehen.

Konzept
Die Begeisterung für die Bauten Angelo Mangiarottis führte zu dem Wunsch, die Sporthalle aus Stahlbeton-Fertigteilen zu konstruieren.

Der besondere Reiz dieser Bauten liegt in ihrer Strenge und Plastizität, die aus den Eigengesetzlichkeiten des verwendeten Baumaterials Beton und des Herstellungsprozesses resultieren. Die Ausformung der Bauteile folgt strikt dem Kräftefluß, um jedes überflüssige Kilogramm Eigengewicht zu vermeiden, und ist gekennzeichnet von weichen, gevouteten Übergängen.

Da diese sehr differenzierten, plastisch modellierten Formen den Einsatz hochwertiger Stahlschalungen erfordern, liegt es nahe, die Anzahl der unterschiedlichen Bauteile zu minimieren und einen Schalungstyp möglichst oft zu verwenden – also mit serieller Vorfertigung zu operieren.

Der immanente Zwang zu einer klaren modularen Ordnung mit einem Minimum unterschiedlicher Bauelemente findet – im Falle gelungener Konzepte – seinen Ausdruck in der klaren, strengen Erscheinung der Bauten.

Die Fassade ist um ein Modul (1,6 m) gegenüber dem Tragwerk eingerückt, so daß die Stahlbeton-Fertigteilkonstruktion in ihrer charakteristischen Plastizität und Klarheit als gestaltprägendes Merkmal des Baus wirksam wird.

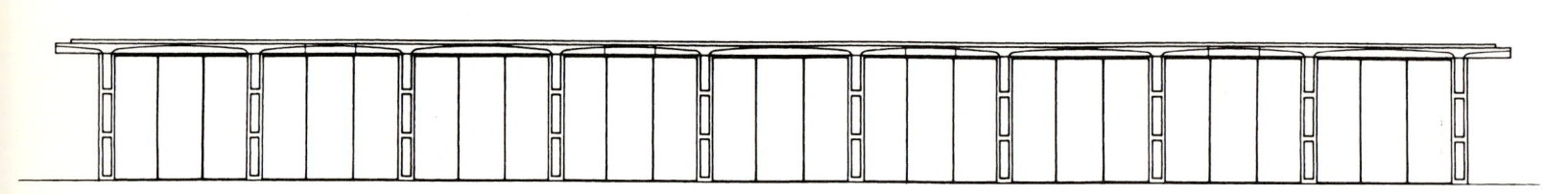

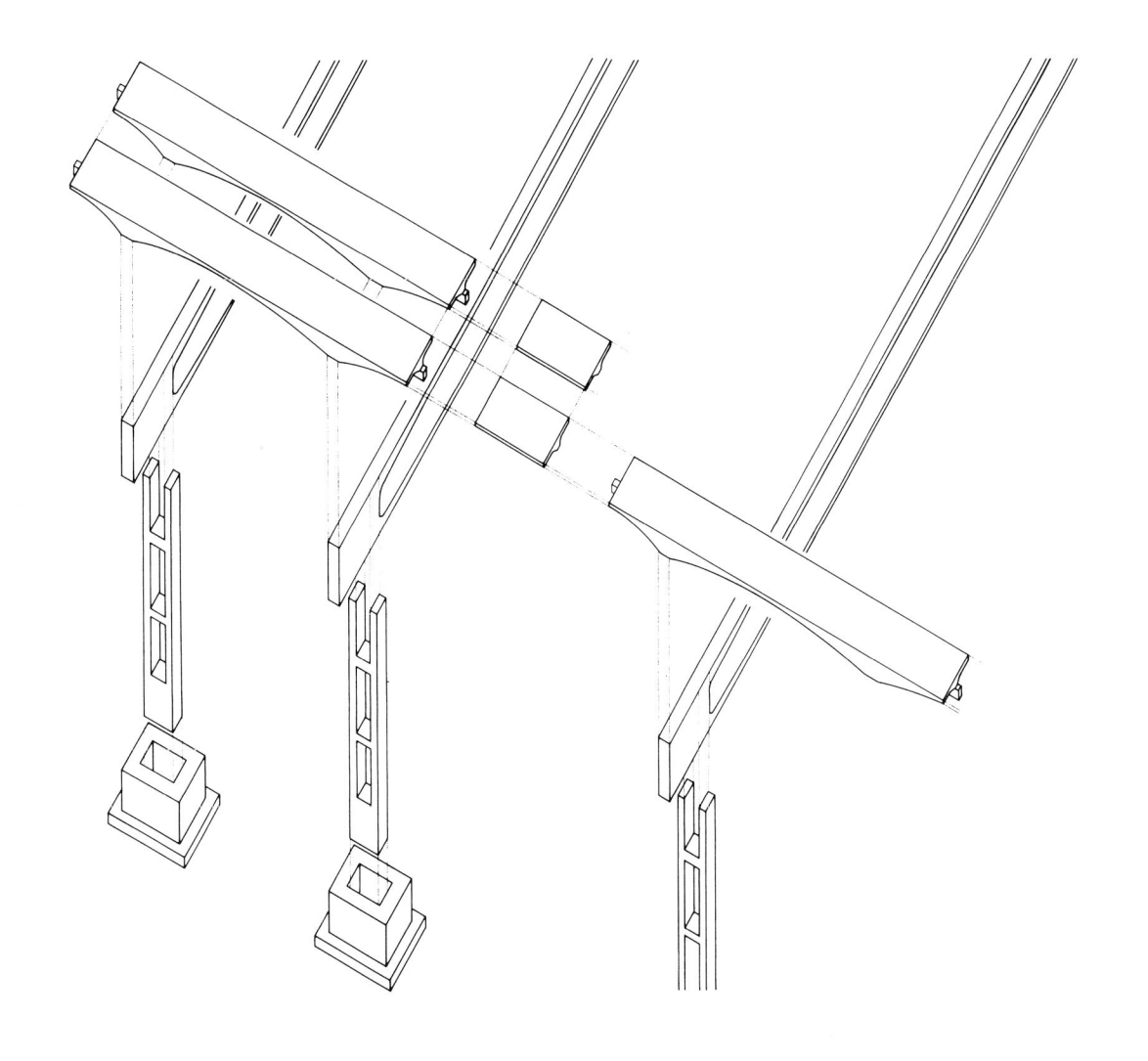

Betreuung
Prof. Peter C. von Seidlein
Dipl.-Ing. Helmut Müller

Fachberatung
Prof. Dr. Nikola Dimitrov
Prof. Dr. Günter Eisenbiegler
Dipl.-Ing. Albrecht Schutte
(Institut für Tragkonstruktionen und
Konstruktives Entwerfen)

1983

Das Tragwerk ist auch lediglich fünf verschiedenen Fertigteilen zusammengefügt: Köcherfundamente im Abstand von 7,2 m dienen zur Einspannung der Stützen, die zur Gewichtsersparnis durchbrochen sind und gabelförmige Auflager zur Kippsicherung der Hauptträger aufweisen. Die Hauptträger sind 33,6 m lang, 1,6 m hoch und spannen über 32 m. Darüber liegen Plattenbalken mit T-förmigem Querschnitt, die an den Auflagerpunkten zur besseren Kraftübertragung gevoutet sind. Elemente von 12 x 1,6 m und 2,4 x 1,6 m werden im Wechsel verlegt und zu einer statisch wirksamen Dachscheibe vergossen.

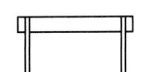

Eingeschossige Hallen

Architekturforum

Pavillons mit ungerichteten
Dachkonstruktionen

Christine Baumgartner
Andreas Fuchs
Beate Kiesslinger
Felix Streitenberger
Johannes Zaiser

Aufgabe

Die bestehende Architekturgalerie des BDA in Stuttgart soll einen Erweiterungsbau erhalten, der Platz für größere Ausstellungen (ca. 400 m² Fläche), Symposien und Vortragsveranstaltungen (ca. 150 Personen) bietet. Der Neubau wird als eigenständiger Baukörper auf einem freiliegenden Grundstück am Rande der architektonisch bedeutenden Weißenhofsiedlung stehen und soll in seiner Gestalt dem anspruchsvollen Standort gerecht werden.

Konzept

Der Entwurf für das Architekturforum ist geprägt durch gegeneinander gestellte Wandscheiben, die weit in das Gelände ausgreifen und Raumzonen definieren, die sich in ihrer Größe und Wirkung unterscheiden.

Mit Hilfe von quadratischen Dächern und gläsernen Fassaden werden aus diesem Raumgefüge drei differenzierte Innenräume gebildet, die die unterschiedlichen Funktionsbereiche des Neubaus aufnehmen:

Ein kleinerer, niedriger Pavillon mit 12 m Seitenlänge dient als Eingangsbereich mit Foyer, Garderobe und Verwaltungsbüro. Er ist durch zwei Wandscheiben und den zwischen ihnen liegenden Übergangsbereich von den Hauptnutzflächen in den beiden anderen Pavillons getrennt. Diese bilden einen zusammenhängenden Veranstaltungsbereich von ca. 370 m², bleiben jedoch durch eine Wandscheibe und ihre unterschiedlichen Fußboden- und Raumhöhen in ihrer Eigenwertigkeit erhalten. Durch bewegliche Wandelemente können sie in zwei unabhängige Säle für Ausstellungen (15 x 15 m) und Vorträge (12 x 12 m) geteilt werden.

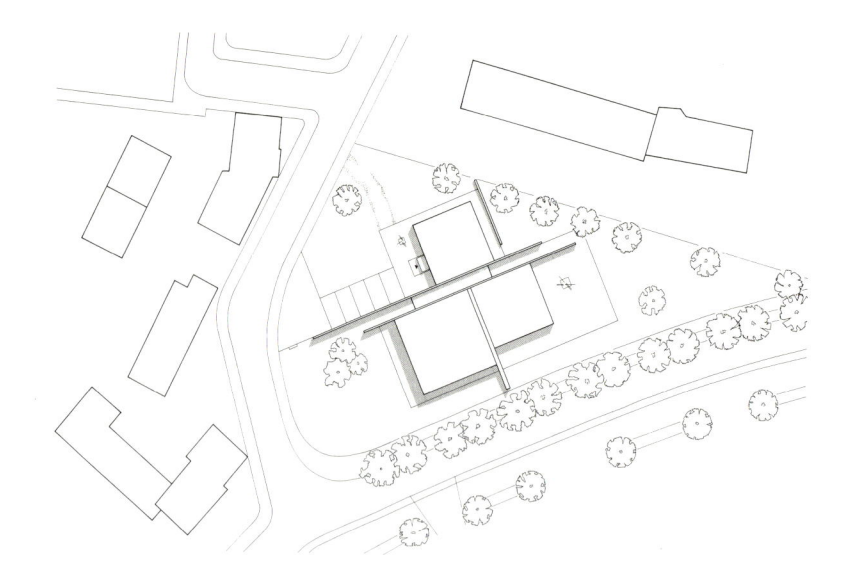

Die beiden parallel verlaufenden Wandscheiben zwischen Foyer und Veranstaltungsbereich definieren eine Übergangszone, in der sich neben dem Ausgang zum Skulpturenhof auch der Zugang zum Untergeschoß mit Lagerräumen, WCs und Technikräumen befindet.

Die unterschiedlich großen und versetzt zueinander angeordneten Baukörper werden durch ihre einheitliche Struktur und Materialgestaltung zu einer Einheit zusammengefasst.

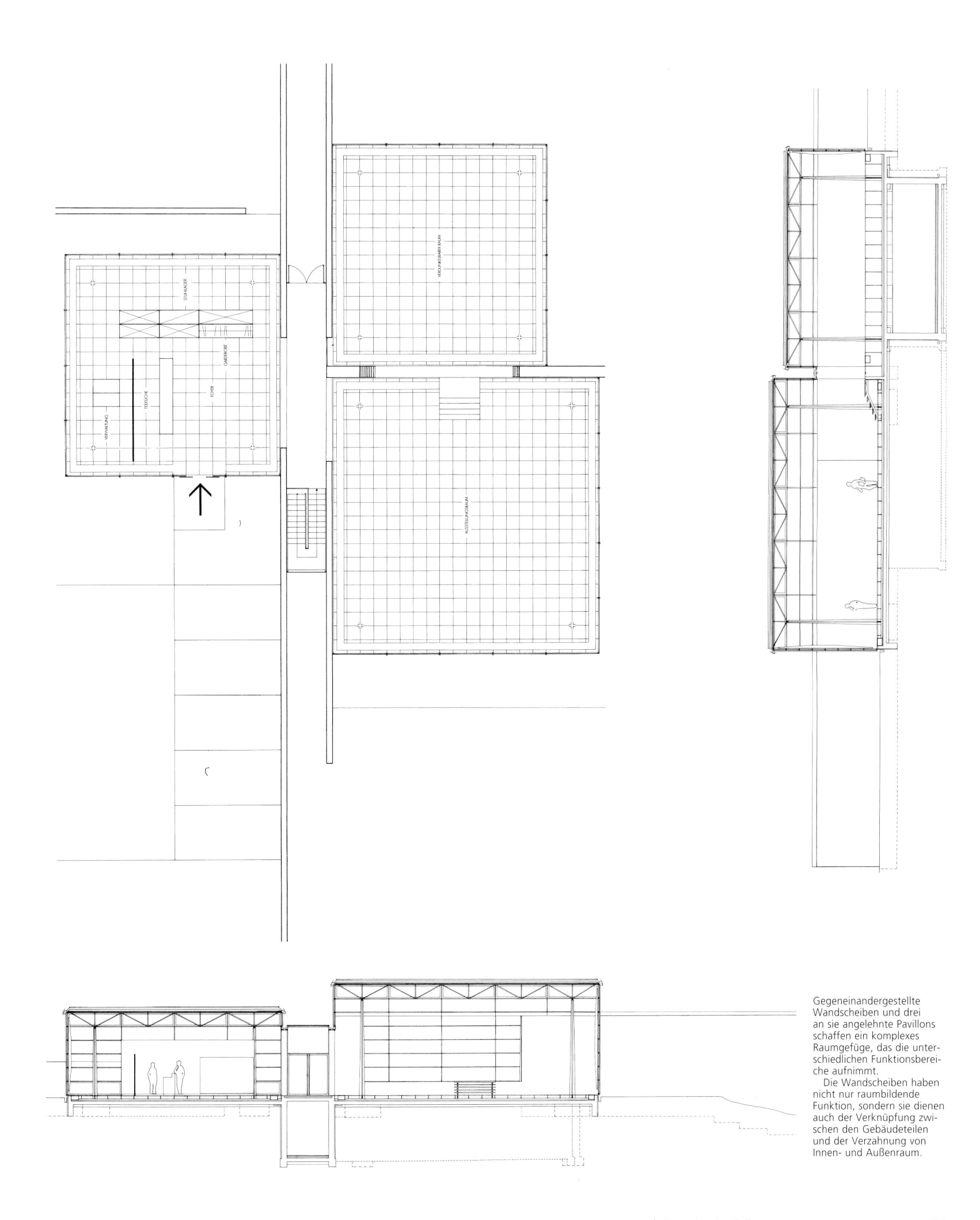

Gegeneinandergestellte Wandscheiben und drei an sie angelehnte Pavillons schaffen ein komplexes Raumgefüge, das die unterschiedlichen Funktionsbereiche aufnimmt.
  Die Wandscheiben haben nicht nur raumbildende Funktion, sondern sie dienen auch der Verknüpfung zwischen den Gebäudeteilen und der Verzahnung von Innen- und Außenraum.

Eingeschossige Hallen 45

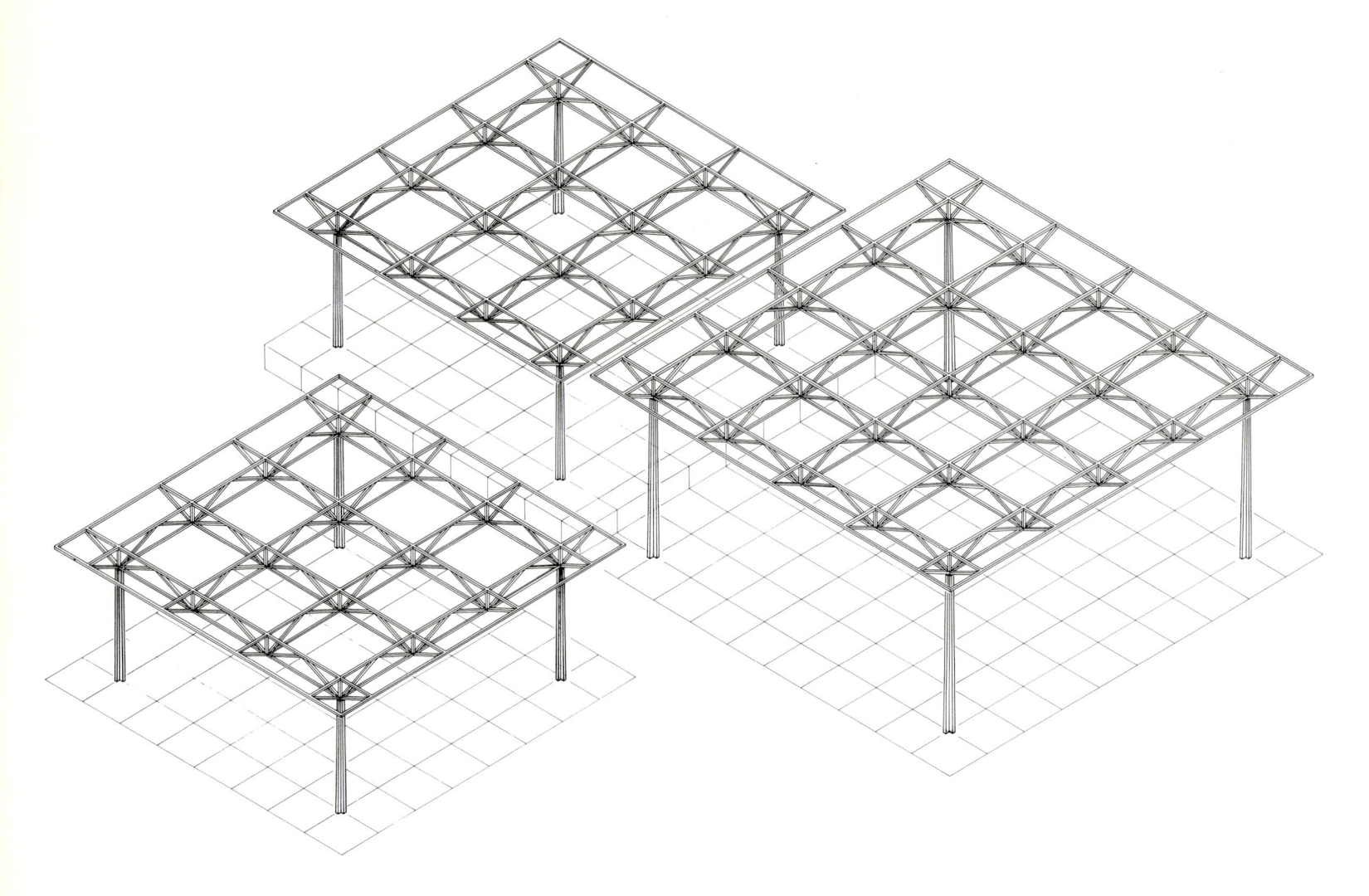

Das Tragwerk ist auf einem klaren Grundraster von 1,5 x 1,5 m aufgebaut, wodurch sich für die Trägerroste eine Feldgröße von 3 x 3 m und eine Systemhöhe von 0,75 m ergibt.

Die Geometrie und Konstruktion sind bei allen drei Gebäudeteilen gleich, sie unterscheiden sich lediglich in der Anzahl der Felder (9 bzw. 16) und in der Spannweite (9 bzw. 12 m).

Tragwerk

Ein quadratischer Fachwerkrost auf vier eingespannten, sich nach dem Vorbild von Mies' Nationalgalerie in Berlin nach oben verjüngenden Stützen bildet das Tragwerk jedes einzelnen der drei Pavillons.

Die Roste haben eine Systemhöhe von 0,75 m und werden komplett aus Vierkantrohren zusammengeschweißt.

Ihre geometrische Ordnung wurde so entwickelt, daß trotz unterschiedlicher Spannweiten (9 bzw. 12 m) und Kantenlängen (12 bzw. 15 m) ein einheitliches Grundmodul (0,75 m) entsteht, das nicht nur für die Detaillierung des Tragwerks, sondern auch für die folgenden Subsysteme (Fassade, Innenausbau) gleiche Raster und Proportionen für die drei Pavillons schafft.

Die Wandscheiben aus Leichtbeton haben keine tragende Funktion, sie dienen lediglich als Raumabschluß.

Hülle

Die Glasfassaden umhüllen die Pavillons als regelmäßiges, neutrales Netz mit liegender Sprossenteilung (0,75 x 3 m). Sie bestehen aus einer Pfosten-Riegel-Konstruktion aus Stahlrohren (System Jansen). Die 6 m hohen Pfosten sind zur Sicherung gegen Durchbiegen unter Horizontallasten mit einem punktweise befestigten Stahlblech-Schwert verstärkt, welches sich in seinem Zuschnitt dem Momentenverlauf anpaßt.

Die obersten und untersten Felder der Fassade sind durchgängig als Kipp- bzw. Klappflügel ausgebildet.

Für den Sonnenschutz sorgen außenliegende Rollos. Zusätzliche innenliegende Rollos dienen der Verdunkelung des Vortragsraums.

Technischer Ausbau

Sämtliche Räume des Forums sind mit einem Doppelboden versehen, um für Ausstellungen flexibel zu sein und an jeder Stelle Stromanschlüsse verfügbar zu haben.
Im Vortragsraum ist der Doppelboden höher ausgebildet, da hier Luftkanäle verlegt sind, um bei Veranstaltungen mit großen Besucherzahlen die Be- und Entlüftung mechanisch unterstützen zu können. In den beiden anderen Pavillons erfolgt die Belüftung allein durch die öffenbaren Fassadenelemente.

Zur Beheizung sind Unterflurkonvektoren vorgesehen.

Bedingt durch die harten Oberflächen der raumbegrenzenden Bauteile (Terrazzoplatten, Glasfassade) sind zur Verbesserung der Raumakustik an den Decken Akustikelemente aus gelochten Blechtafeln abgehängt.

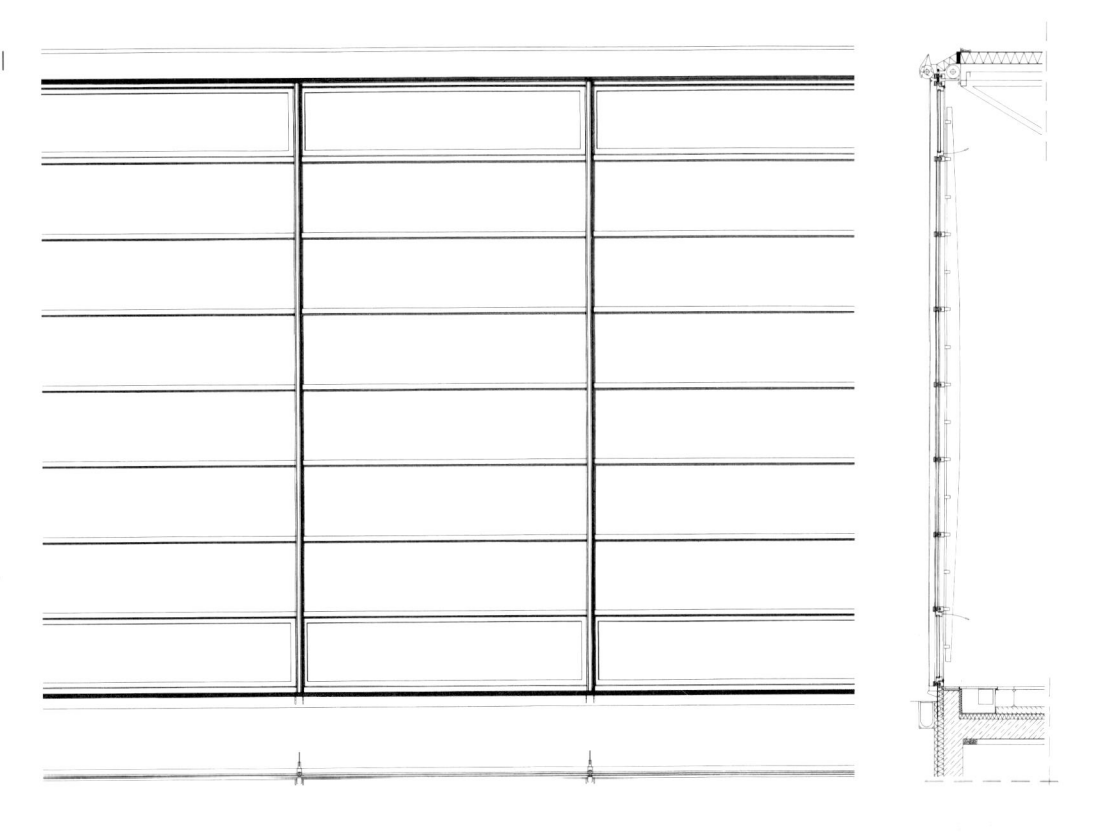

Beratung

Prof. Peter C. von Seidlein
Dipl.-Ing. Dieter Müller

Fachberatung

Prof. Bernhard Tokarz
Prof. Dr. Günter Eisenbiegler
Dipl.-Ing. Bernd Raff
(Institut für Tragkonstruktionen und Konstruktives Entwerfen)

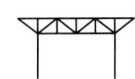

1992

Architekturforum

Unterspannter Trägerrost

Stephan Frick
Fabian Klingler
Astrid Kurz
Claus Maier
Maja Siska

Aufgabe
Die bestehende Architekturgalerie des BDA in Stuttgart soll einen Erweiterungsbau erhalten, der Platz für größere Ausstellungen (ca. 400 m² Fläche), Symposien und Vortragsveranstaltungen (ca. 150 Personen) bietet. Der Neubau wird als eigenständiger Baukörper auf einem freiliegenden Grundstück am Rande der architektonisch bedeutenden Weißenhofsiedlung stehen und soll in seiner Gestalt dem anspruchsvollen Standort gerecht werden.

Konzept
Entsprechend der Zielsetzung des Architekturforums, Fragen der Architektur an eine breite Öffentlichkeit heranzutragen, wurde ein offenes, frei einsehbares Gebäude entwickelt, das als schlichter quadratischer Pavillon eine bescheidene, jedoch eigenständige Haltung gegenüber den Bauten der zwanziger Jahre einnimmt.

Die mit der verglasten Halle nur schwer verträgliche Nutzung eines verdunkelbaren Vortragsbereichs ist – wie auch sämtliche Nebenräume – unterirdisch angeordnet, so daß erdgeschossig eine stützenfreie, flexibel nutzbare Fläche von 400 m² zur Verfügung steht.

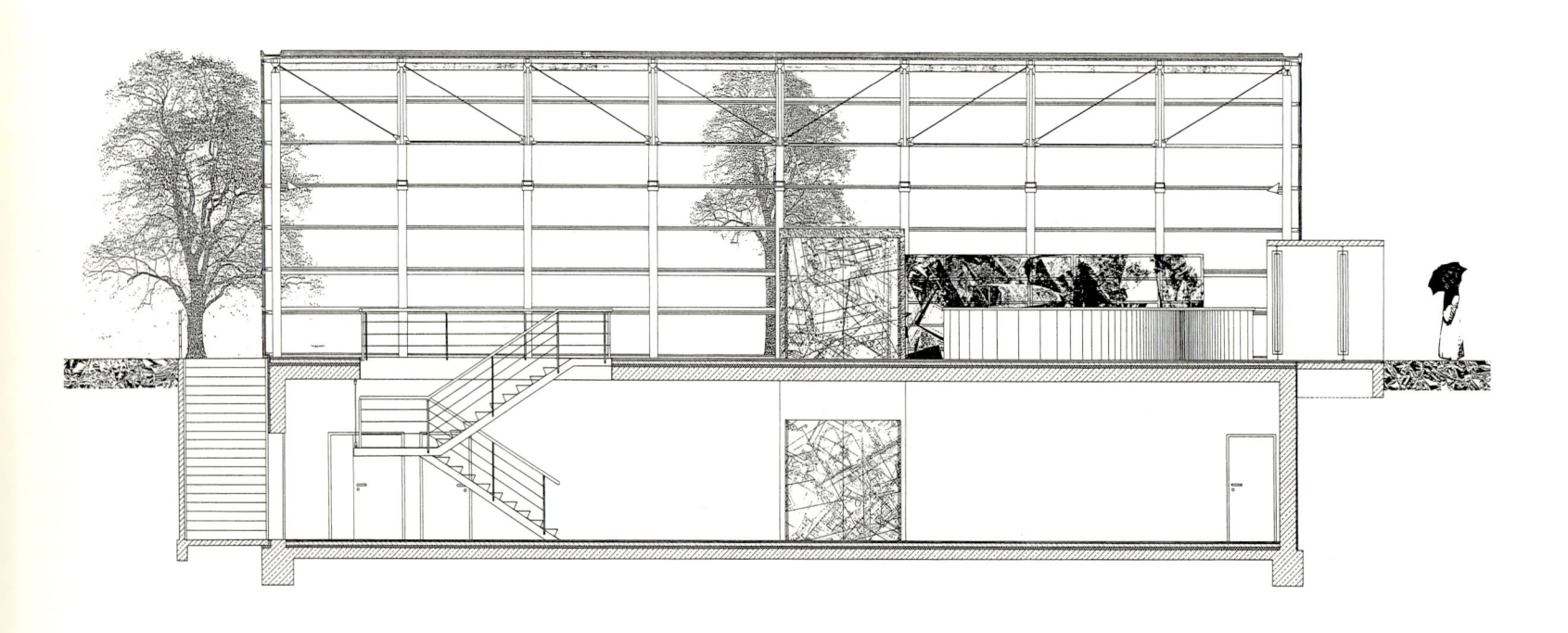

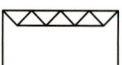

Tragwerk

Die quadratische Grundfläche von 20 x 20 m wird von einem ungerichteten Stahltragwerk, einem Trägerrost, überspannt. Der Rost hat eine Maschenweite von 2,5 m und ist an den Randknoten auf eingespannte Stützen aufgelagert. Zur Gewichtseinsparung ist der Rost unterspannt.

Für die erforderlichen biegesteifen Verbindungen der Obergurtstäbe wurde ein Gußknoten mit Schraubanschlüssen entwickelt, wodurch aufwendige Schweißarbeiten vor Ort entfallen.

Der komplette Rost kann witterungsunabhängig am Boden vormontiert und dann mittels Autokränen auf die eingespannten Stützen gehoben werden.

Hülle

Das Gebäude ist rundum verglast. Die enge Stellung der Tragwerkstützen (a = 2,5 m) legt ihre Nutzung als Fassadenunterkonstruktion nahe. Die Stützen dienen als Fassadenpfosten und nehmen solchermaßen die Lasten aus den Quersprossen auf. Um ihre Primärfunktion als Stützen des Dachtragwerks zu betonen, wurden die Querriegel mit punktuellen Abstandshaltern optisch von der Tragwerkebene abgelöst. Die etwa 6 m hohe Fassade ist in 7 gleiche Felder (250 x 81 cm) unterteilt und enthält oben und unten ein Band von Klappflügeln.

Dies gewährleistet die natürliche Belüftung der Halle und auch die Wirksamkeit des innenliegenden, in der Achse der Tragwerkstützen angebrachten Sonnenschutzes.

Da die Halle von stark schallreflektierenden Flächen (Glas, Natursteinboden) umhüllt ist, wurde das Trapezblechdach zur Verbesserung der Akustik innen mit Lochblechkassetten und Mineralfasereinlage verkleidet.

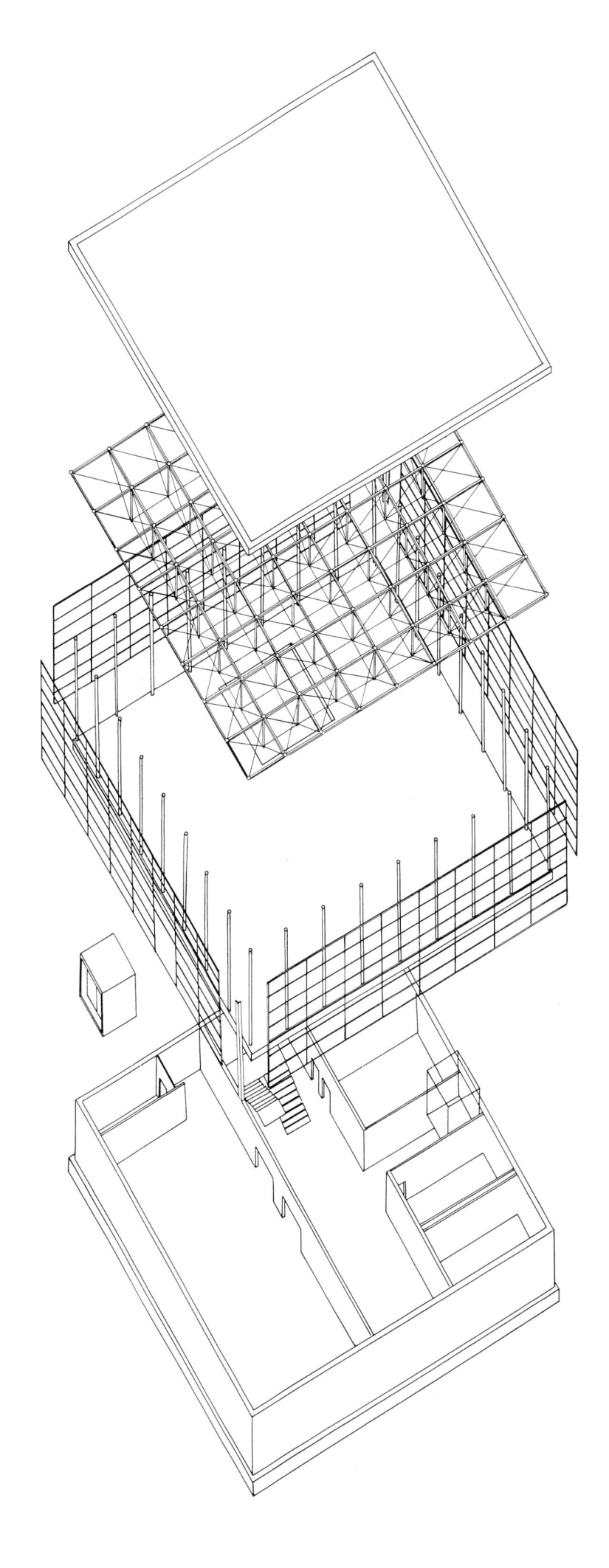

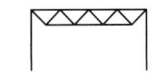

Eingeschossige Hallen

TRAGWERK DETAIL 1 KNOTEN M 1:1
SYSTEM GRIMM

QUADRATROHR 80/80/4.5 ST 37

KOPFSTÜCK GUSS

KNOTEN GUSS Ø 160

VERBINDUNGSSCHRAUBEN
INNENSECHSKANT M 16

WINDAUSSTEIFUNG RODAN 10 ST 52

DIAGONALE RODAN 20 ST 52

KOPFPLATTE Ø 60.3 / 15 ST 37

RUNDROHR Ø 60.3 / 8 ST 37

KOPFPLATTE Ø 60.3 / 15 ST 37

STÜTZENKOPF RUNDROHR Ø 60.3 / 8 ST 37

KREUZBLECHE 15 ST 37

KOPFPLATTE Ø 159 / 20 ST 37

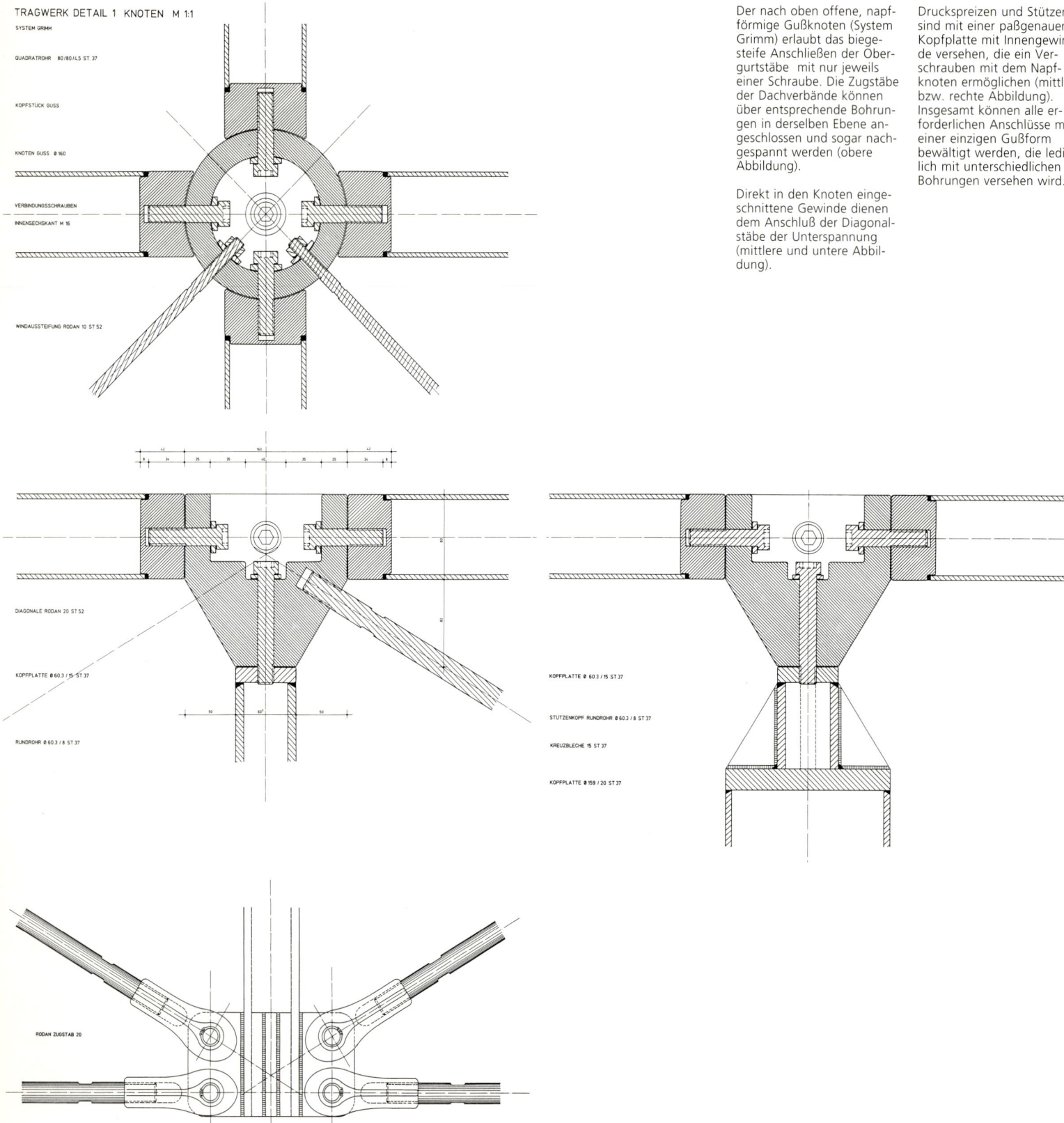

RODAN ZUGSTAB 20

Der nach oben offene, napfförmige Gußknoten (System Grimm) erlaubt das biegesteife Anschließen der Obergurtstäbe mit nur jeweils einer Schraube. Die Zugstäbe der Dachverbände können über entsprechende Bohrungen in derselben Ebene angeschlossen und sogar nachgespannt werden (obere Abbildung).

Direkt in den Knoten eingeschnittene Gewinde dienen dem Anschluß der Diagonalstäbe der Unterspannung (mittlere und untere Abbildung).

Druckspreizen und Stützen sind mit einer paßgenauen Kopfplatte mit Innengewinde versehen, die ein Verschrauben mit dem Napfknoten ermöglichen (mittlere bzw. rechte Abbildung). Insgesamt können alle erforderlichen Anschlüsse mit einer einzigen Gußform bewältigt werden, die lediglich mit unterschiedlichen Bohrungen versehen wird.

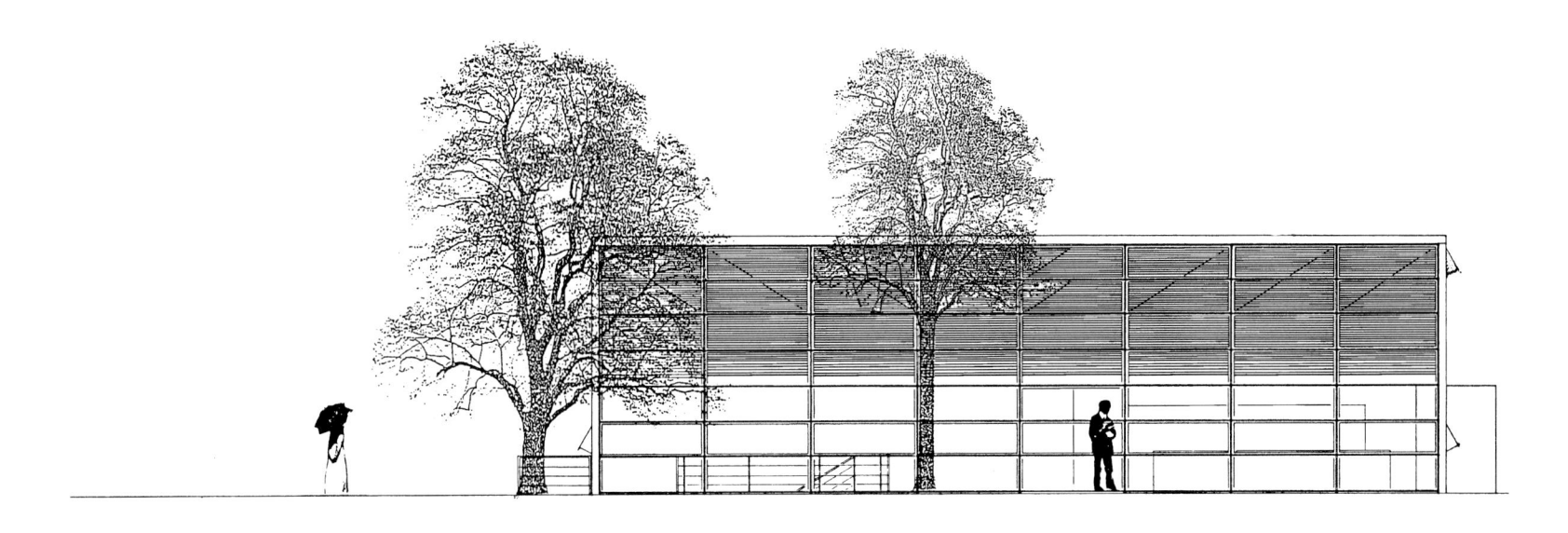

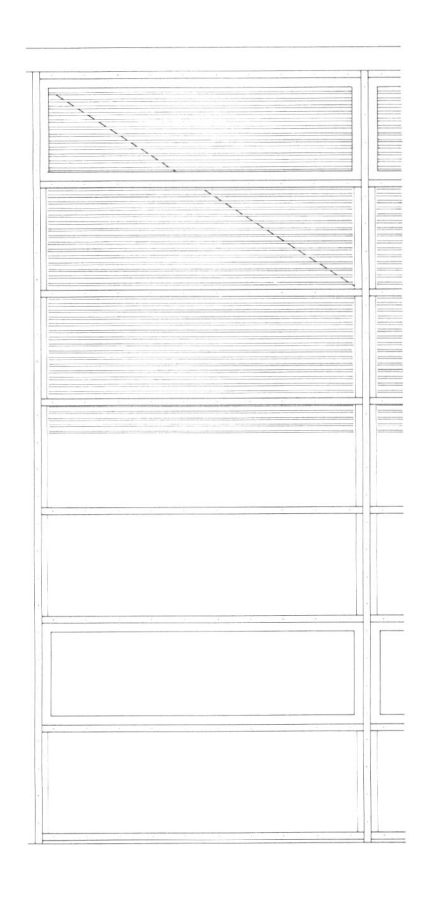

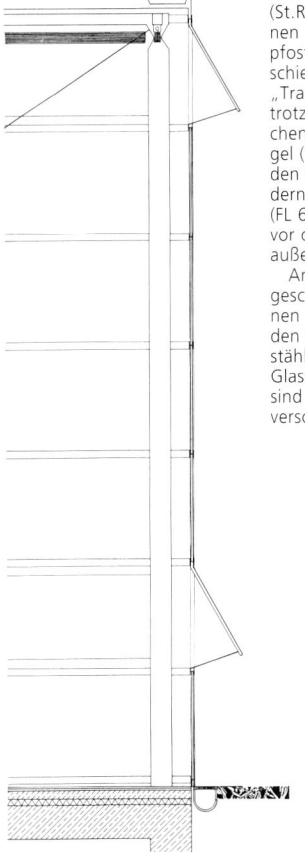

Die Tragwerkstützen (St.Rohr 159 x 4,5 mm) dienen zugleich als Fassadenpfosten. Um die unterschiedlichen Funktionen „Tragen" und „Umhüllen" trotzdem ablesbar zu machen, wurden die Querriegel (T 60) nicht direkt an den Stützen befestigt, sondern mittels Abstandhaltern (FL 60 x 20 mm) um 135 mm vor die Tragwerkebene nach außen gerückt.

An den Riegelenden aufgeschweißte Muttern dienen der Verschraubung mit den Stahllaschen. Die Flachstähle für den vertikalen Glasstoß (FL 50 x 6 mm) sind direkt in die Laschen verschraubt.

Beratung
Prof. Peter C. von Seidlein
Dipl.-Ing. Friedrich Grimm

Fachberatung
Prof. Bernhard Tokarz
Prof. Dr. Günter Eisenbiegler
Dipl.-Ing. Christian Meergans
(Institut für Tragkonstruktion und Konstruktives Entwerfen)

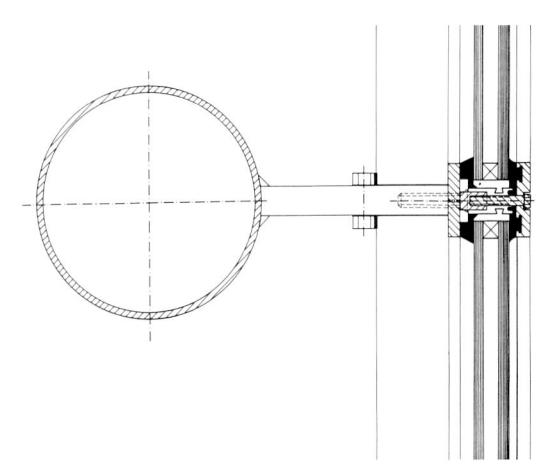

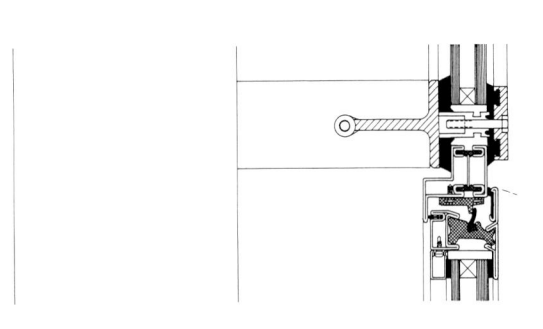

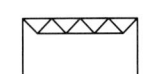

1992

Eingeschossige Hallen

IBM-Chemikalienlager

Unterschiedliche Konstruktionen
für verschiedenartige Nutzungen

Markus Joas

Aufgabe
Die im Rahmen des Projekts „Industriebau vor Ort" vom BDI (Bundesverband der Deutschen Industrie e.V.) gestellte Aufgabe bestand darin, ein Lagergebäude für Chemikalien, die in der Halbleiter-Produktion eingesetzt werden, zu entwerfen.

Zusätzlich zu den ca. 1000 m² Lagerfläche ist eine Be- und Entladungsfläche, die sogenannte Umschlagfläche, von ca. 250 m² sowie ein Büro für 5–6 Mitarbeiter mit Neben- und Technikräumen gefordert. Für Leergebinde, Leerpaletten und Müllbehälter ist außerdem ein überdachtes Freilager (ca. 300 m²) vorzusehen.

Ziel des vom BDI veranstalteten Projekts war es, die Studierenden im Rahmen eines Wettbewerbs an die Entwurfsaufgabe „Industriebau" mit den für sie typischen engen funktionalen und technischen Vorgaben heranzuführen.

Die vorliegende Arbeit wurde mit dem 1. Preis ausgezeichnet.

Konzept
Der winkelförmige Baukörper des Chemikalienlagers gliedert sich in vier Hauptbereiche:

16 aneinandergereihte Lagerzellen mit jeweils 73 m² Grundfläche, dem dazugehörigen Erschließungsgang, eine kleine Halle für den Chemikalienumschlag einschließlich der zugehörigen Büros und Nebenräume (im Kellergeschoß) sowie ein separat plaziertes Freilager.

Die unterschiedlichen Anforderungen an die einzelnen Funktionsbereiche hinsichtlich Raumhöhe, Stützweite, Raumklima und Sicherheit finden in den unterschiedlichen Baukörpern und durch den Einsatz verschiedenartiger Konstruktionen und Materialien ihren Ausdruck.

Die lineare Anordnung der Lagerzellen ermöglicht außerdem eine spätere Erweiterung der Lagerkapazität.

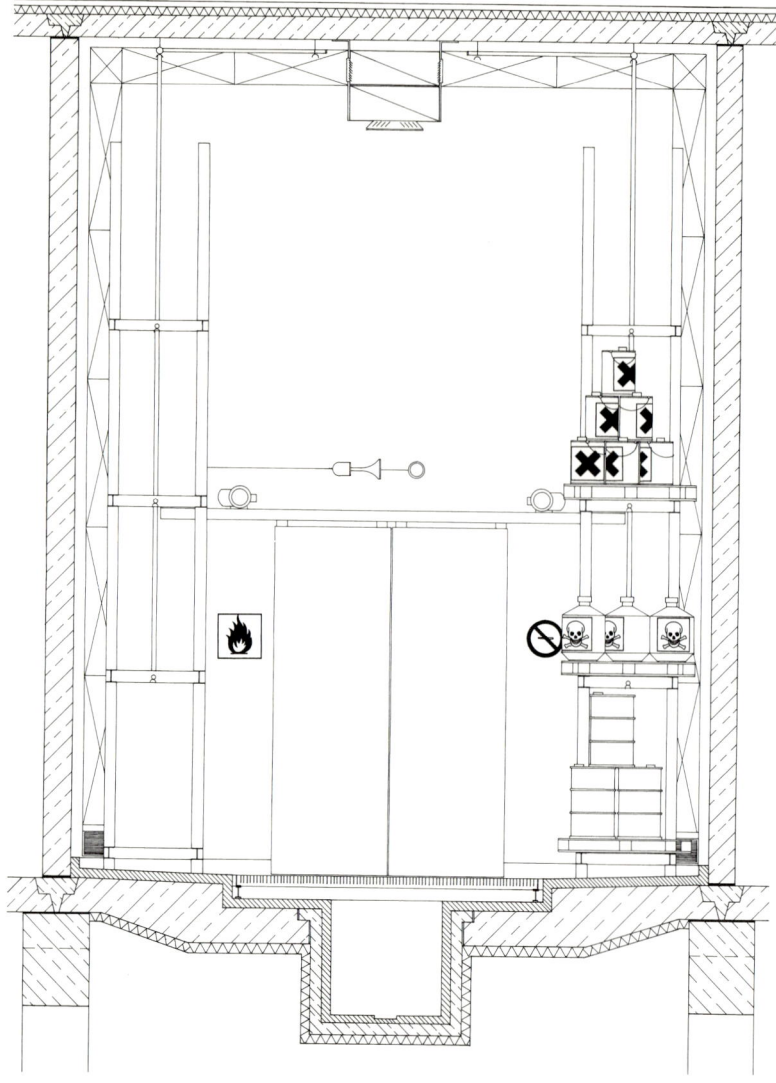

Schnitt durch eine 5,7 m breite Lagerzelle

Der gesamte Bodenbereich – so auch die für den Brandfall vorgeschriebenen Ablaufrinnen, Auffangbecken und Pumpensümpfe – ist mit einem wasserdichten, chemikalienbeständigen Belag ausgekleidet.

Unterhalb der gesamten Lager- und Umschlagfläche ist eine Löschwasserauffangwanne vorgesehen, die das Versickern eventuellen Löschwassers verhindert.

Die Wanne ist aus wasserdichtem Beton, fugenlos in Ortbetonweise, erstellt.

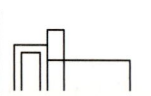

Eingeschossige Hallen

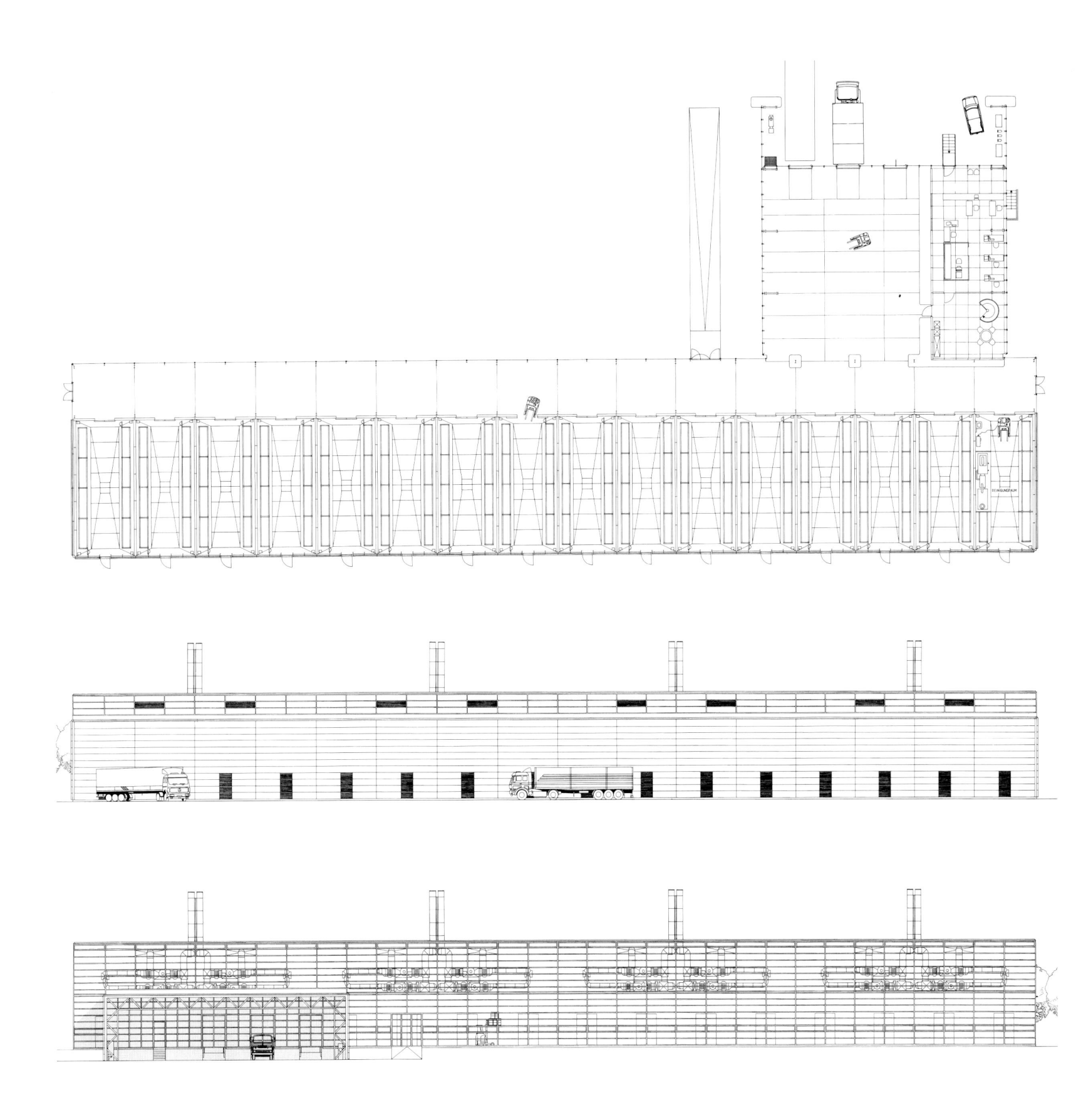

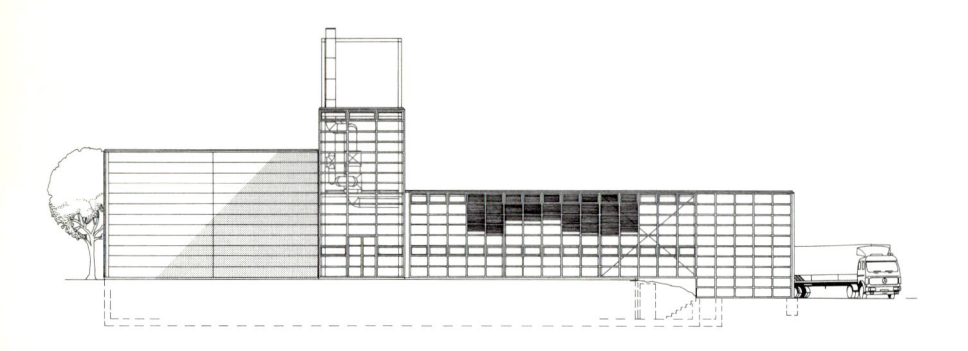

Der Erschließungsgang der Lagerzellen ist als Rückgrat des Gebäudes ausgebildet, welches einerseits die Lagerzellen von Umschlagfläche und Freilager trennt, andererseits durch seine Höhe zur Unterbringung der notwendigen Lüftungsaggregate genutzt wird.

Schnitt durch das Chemikalienlager (13,2 m tief), den 4,8 m breiten Erschließungsgang und die Umschlaghalle.
  Das in einiger Entfernung vorgesehene überdachte Freilager (ohne Grundrißdarstellung) ist – wie die Umschlaghalle – mit Fachwerkrahmen stützenfrei überspannt (Trägerabstand 6 m).

Tragwerk

Um die hohen sicherheitstechnischen Anforderungen an die Chemikalienlagerung, insbesondere hinsichtlich des Brandüberschlags, zu erfüllen, sind die einzelnen Lagereinheiten aus miteinander vergossenen, tragenden Beton-Fertigteilen konstruiert.

Lediglich die Außenwand der Zellen ist in leichter Pfosten-Riegel-Bauweise mit Blechverkleidung erstellt, um im Explosionsfall die notwendige Druckentlastungsfläche zu gewährleisten.
  Die Stahlkonstruktion des zweigeschossigen Erschließungselements besteht aus Stockwerkrahmen, die im Abstand von 6 m aufgestellt sind. Im oberen Geschoß befinden sich die dezentralen Lüftungsaggregate zur Konditionierung der einzelnen Lagerzellen und der Umschlaghalle. Um die zugehörigen Abluftrohre 5 m über Dach führen zu können, sind 4 der insgesamt 17 Rahmen zur Stabilisierung der Rohre dreigeschossig ausgebildet.
  Für die Umschlagfläche war wegen des Gabelstaplerverkehrs eine stützenfreie Konstruktion erforderlich. Es wurden deshalb 4 Fachwerkrahmen mit 24 m Spannweite gewählt, die auch die Bürofläche überspannen. Die gleiche Konstruktion wurde für das überdachte Freilager verwendet.
  Jede Konstruktion ist für sich allein tragfähig und gegen Windlasten ausgesteift. Lediglich der Erschließungsgang ist in Längsrichtung zur Aussteifung an die Betonzellen angebunden.

Technischer Ausbau

Die detaillierte Planung des technischen Ausbaus sowie des Sicherheitskonzepts (Fluchtwege, Brandbekämpfung, Chemikalienschutz usw.) war wesentlicher Bestandteil der Bearbeitung (siehe hierzu auch Schnitt Lagerzelle).

Beratung
Prof. Peter C. von Seidlein
Dipl.-Ing. Gerhard Niese

Fachberatung
Dipl.-Ing. Frank Ulrich Drexler
(Institut für Tragkonstruktionen und Konstruktives Entwerfen)

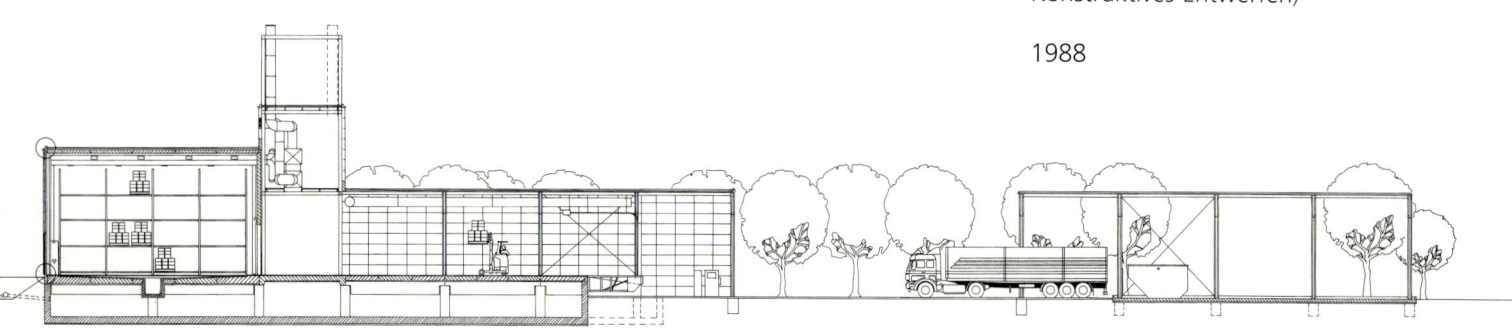

1988

Palmenhaus

Gefaltetes Aluminiumfachwerk

Michael Kuhn
Martin Schibel

Aufgabe
Im Exotischen Garten in Stuttgart-Hohenheim soll ein Schaugewächshaus errichtet werden. Die Grundrißfläche von ca. 1200 m² ist in zwei Klimazonen aufzuteilen: ein Warmhaus mit tropischem Klima und ein Kalthaus mit mediterranem Klima. Neben den Problemen Tragwerk und Gebäudehülle sind auch lüftungs- und heizungstechnische Fragen zu lösen.

Konzept
Kalt- und Warmhaus sind in einem langgestreckten Gebäude von 18,24 m x 87,6 m hintereinander angeordnet.

Durch einen Höhensprung von 3 m in der Gebäudemitte ist es möglich, das Gefälle des Geländes aufzunehmen, den verschiedenen Höhenanforderungen von Kalt- und Warmhaus gerecht zu werden und gleichzeitig mit geringem Erdaushub unter dem Kalthaus alle erforderlichen Nebenräume (Haustechnik, Materiallager usw.) unterzubringen.

Die Cafeteria ist als Sonderelement auf einer Galerieebene in das Kalthaus eingestellt und an einen Steg angebunden, der das Betrachten der exotischen Pflanzen aus 6 bzw. 9 m Höhe erlaubt.

Die Lage der Eingänge an den beiden Schmalseiten läßt sowohl einen Rundgang durch die einzelnen Häuser als auch einen Durchgang durch beide als Teil eines Spaziergangs durch den Exotischen Garten zu.

Tragwerk
Die Vertikal- und Horizontallasten werden durch eine Faltwerkkonstruktion aufgenommen, deren horizontale und vertikale Tragglieder gefaltete Fachwerke sind, die in Querrichtung als Rahmen wirken.

Durch die quadratische Querschnittsform des Gebäudes (Innenmaß 15 x 15 m) sind Stiel und Riegel des Faltwerkrahmens annähernd gleich belastet, können also bezüglich ihrer Geometrie und Profilquerschnitte gleich ausgebildet werden.

Zur Längsaussteifung sind in den beiden äußeren Achsen von Kalthaus und Warmhaus – die Trennung am Geländeversatz ist als Dehnfuge ausgebildet – Windverbände in der Untergurtebene vorgesehen. Koppelstäbe binden die Tragwerksachsen an den Eckpunkten der Untergurte zusammen und dienen außerdem, anstelle von Giebelschotten, der Formsicherung des Faltwerks unter Vollast.

Das gesamte Tragwerk ist aus einer Aluminiumlegierung (AlZn4,5Mg1) hergestellt, die gut zu schweißen ist. Ausschlaggebend für die Wahl dieses Werkstoffs waren seine Korrosionsbeständigkeit (hohe Luftfeuchtigkeit im Warmhaus), das geringe Gewicht und seine gute Formbarkeit. Stranggepreßte, doppelwandige Rohrprofile ermöglichen eine Wasserfüllung des Tragwerks zur Beheizung und reduzieren durch die geringe Temperaturspreizung (Kühlung im Sommer) außerdem die hohen thermischen Längenänderungen von Aluminium.

Das Faltwerk, ein zur Steigerung der Tragfähigkeit verformtes (gefaltetes) Tragwerk, kennzeichnet die architektonische Gestalt des Gebäudes.

Grafik zur dreifachen Tragwirkung von gefalteten Flächen

Lasten auf die geneigten Flächen eines Faltwerks werden über Plattenwirkung (1) zu den nächstgelegenen Auflagern geleitet, zu den Graten und Kehlen. Die auf diese Kanten wirkenden Kräfte werden über Scheibenwirkung (2) zu den Randauflagern geführt und von dort fachwerkartig (3) abgeleitet. (Nach O. Büttner, E. Hampe, Bauwerk, Tragwerk, Tragstruktur, Ernst & Sohn, Berlin 1985)

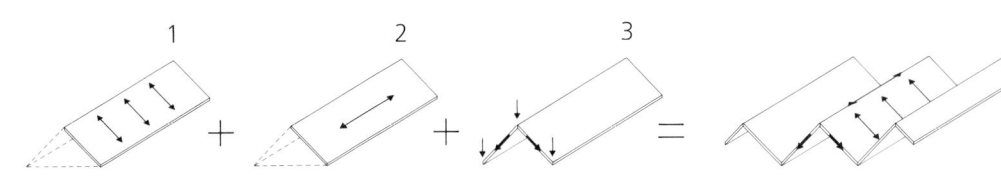

TROPENHAUS   KALTHAUS

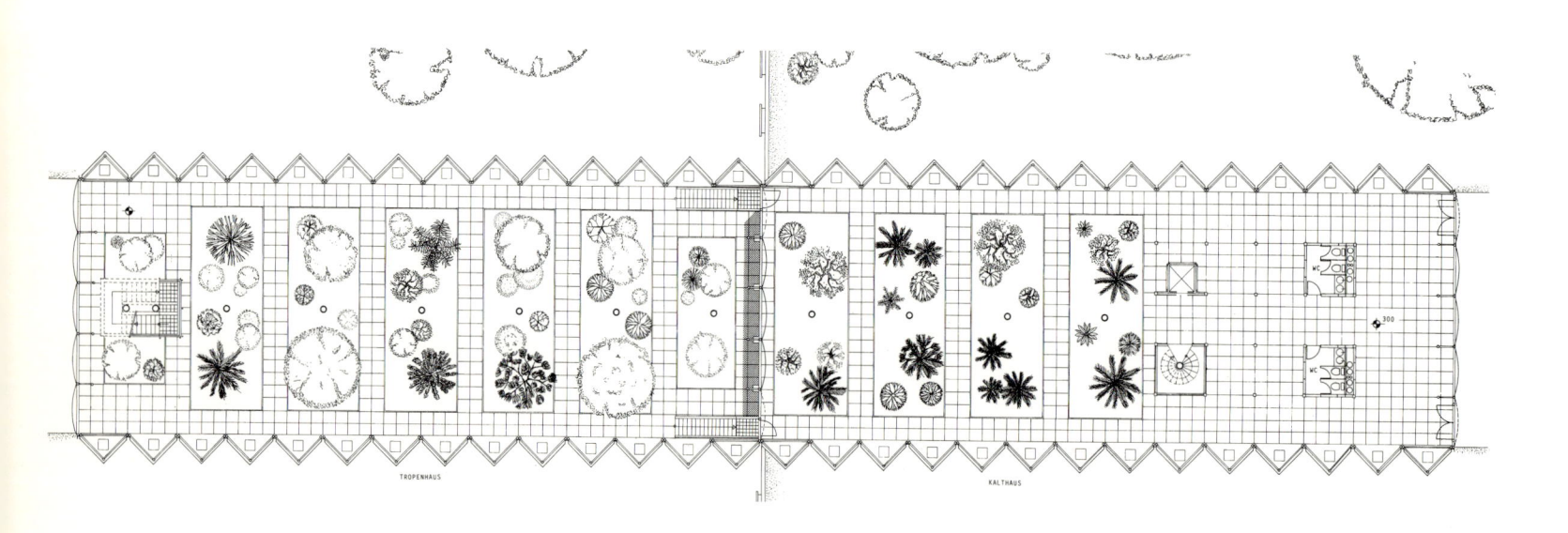

56 Eingeschossige Hallen

Hülle

Möglichst hohe Lichtdurchlässigkeit, d.h. geringer Sprossenanteil und schnelle Wasserableitung, sind die wesentlichen Anforderungen an Hüllkonstruktionen von Palmenhäusern.

Die mit Preßleisten abgedichtete Hülle liegt direkt auf der Tragkonstruktion auf. Dadurch entfällt der Sprossenanteil einer sekundären Fassadenkonstruktion.

Die Hülle ist in Acrylglas geplant. Vorteile ergeben sich aus dem geringen Gewicht, aus der Bruchsicherheit und aus der einfachen Verformbarkeit des Materials. So konnten die großen Scheiben der Schmalseiten (3 x 3 m) zur Stabilisierung gewölbt und die Firstverglasung zur Einsparung eines zusätzlichen Glasstoßes aus einer gebogenen Scheibe hergestellt werden. Die einfache Bearbeitbarkeit des Materials ermöglicht Anpaßarbeiten auf der Baustelle und läßt Toleranzprobleme in den Hintergrund treten.

Die genannten Vorteile gegenüber Silikatglas werden allerdings durch große Wärmedehnung und geringere Haltbarkeit des Materials relativiert.

Technischer Ausbau

Die winterliche Mindesttemperatur darf im Kalthaus +10° C und im Tropenhaus +25° C nicht unterschreiten. Die erforderliche Wärmeleistung wird durch eine Warmwasserheizung erbracht, die in das Tragwerk integriert ist. Dieser raumumschließende Heizkörper verhindert durch seine Nähe zur Gebäudehülle außerdem Kondensatbildung und Kaltluftabfall an den Glasscheiben.

Die Wasserfüllung kann auch zur Kühlung und zur Übernahme von Aufgaben des Brandschutzes herangezogen werden.

Der Lüftungsbedarf beider Gewächshäuser wird mechanisch gedeckt. Die Zuluft wird dabei am Geländeversatz angesaugt, beim Transport durch Erdkanäle vorkonditioniert und ansonsten unbehandelt durch Bodengitter in den Faltwerk-„Nischen" ausgeblasen. Die Abluft entweicht durch die Dachöffnungen.

Die Lüftung wird im Sommer verstärkt eingesetzt, um eine Überhitzung der Gewächshäuser zu vermeiden. Im Warmhaus wird zusätzlich durch eine Spritzbefeuchtung gekühlt.

Sämtliche Versorgungsleitungen (Wasser, Strom, Luft) sind gut zugänglich in einem Bodenkanal unter den Wegen entlang der Längsfassaden verlegt.

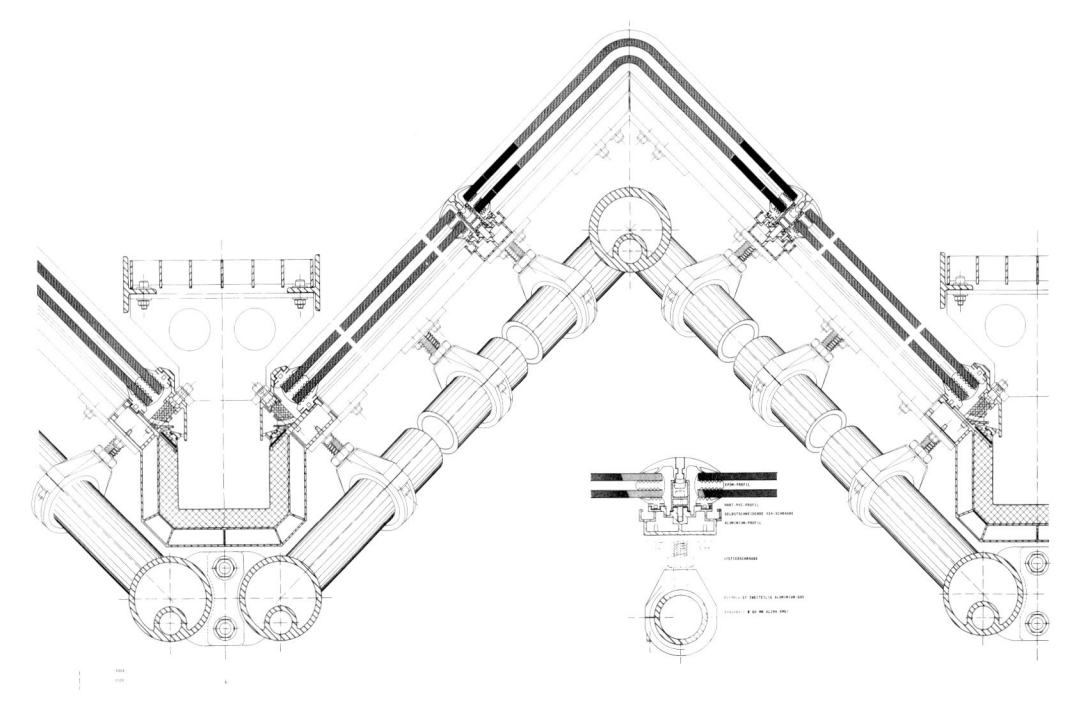

Je zwei Fachwerkscheiben mit einem gemeinsamem Obergurt (d = 90 mm) werden werkseitig zu 18 m langen Teilen verschweißt und vor Ort an den Untergurten (d = 90 mm) mittels Schraubverbindungen gekoppelt.

Die Eindeckung mit Acrylglas folgt der Dreiecksgeometrie des Fachwerks.

Bei der punktuellen Befestigung der Glasrahmen auf dem Tragwerk hätten die Möglichkeiten der Strangpreßtechnik noch konsequenter genutzt werden können – beispielsweise durch Integration eines Schraubkanals in das tragende Rohrprofil.

Beratung

Prof. Peter C. von Seidlein
Dipl.-Ing. Clemens Richarz
(Institut für Baukonstruktion)
Dipl.-Ing. Hans Peter
(Institut für Tragkonstruktionen und Konstruktives Entwerfen)
Dipl.-Ing. Walter Dittes
(Institut für Kernenergetik und Energiesysteme)

1988

Architekturschule

Dreigurtfachwerkträger

Sonja Schneider

Aufgabe

Eine deutsche Hochschule soll einen Neubau für die Ausbildung von Architekten erhalten. Dem Entwurf war eine Analyse bestehender Architekturschulen in Deutschland und in der Schweiz vorgeschaltet.

Hieraus und aus der eigenen Erfahrung sollen Vorgaben für einen Neubau entwickelt werden, der sich an einem frei wählbaren Standort befinden kann und solchermaßen auch als Prototyp für verschiedene Standorte geeignet ist.

Konzept

Der Entwurf für diese mit 250 Studierenden relativ kleine Architekturschule soll einen übersichtlichen Großraum für das gemeinsame Studieren und Weiterentwickeln der Architektur bieten. Gleichzeitig soll dieser Raum auch die Bildung von differenzierten Flächen für das Arbeiten in kleinen Gruppen sowie für die Institute und Sondereinrichtungen wie Bibliothek und Werkstätten ermöglichen.

Der gewählte dreieckige Gebäudequerschnitt entspricht dieser Forderung durch seine Geometrie: Das Erdgeschoß bildet eine große zusammenhängende Fläche, während sich die beiden Galerieebenen für kleinere, bei Bedarf auch akustisch abtrennbare Einheiten anbieten.

Besonders interessant an diesem Projekt ist die Behandlung der Gebäudehülle im Zusammenhang mit dem Klimakonzept:

Die Konstruktionshöhe der Fachwerkträger wird zur Ausbildung einer dreischaligen gläsernen Hülle genutzt, die auf unterschiedliche klimatische Gegebenheiten reagieren kann und somit den Energiehaushalt des Gebäudes aktiv beeinflußt.

An der Raumseite des Tragwerks bilden zwei Einfachscheiben mit 15 cm Abstand einen gläsernen Luftkanal, der zur gleichmäßigen Temperierung der raumumschließenden Flächen mit Umluft durchspült werden kann und so den Wärmedämmwert dieses Teils der gläsernen Hülle verbessert.

Die im Abstand von 2,5 m an der Außenseite des Fachwerks angebrachte äußere Schale aus Einfachglas erzeugt einen zusätzlichen thermischen Puffer, der durch Öffnungen an Fußpunkt und First zu einem Abluftkamin umfunktioniert werden kann.

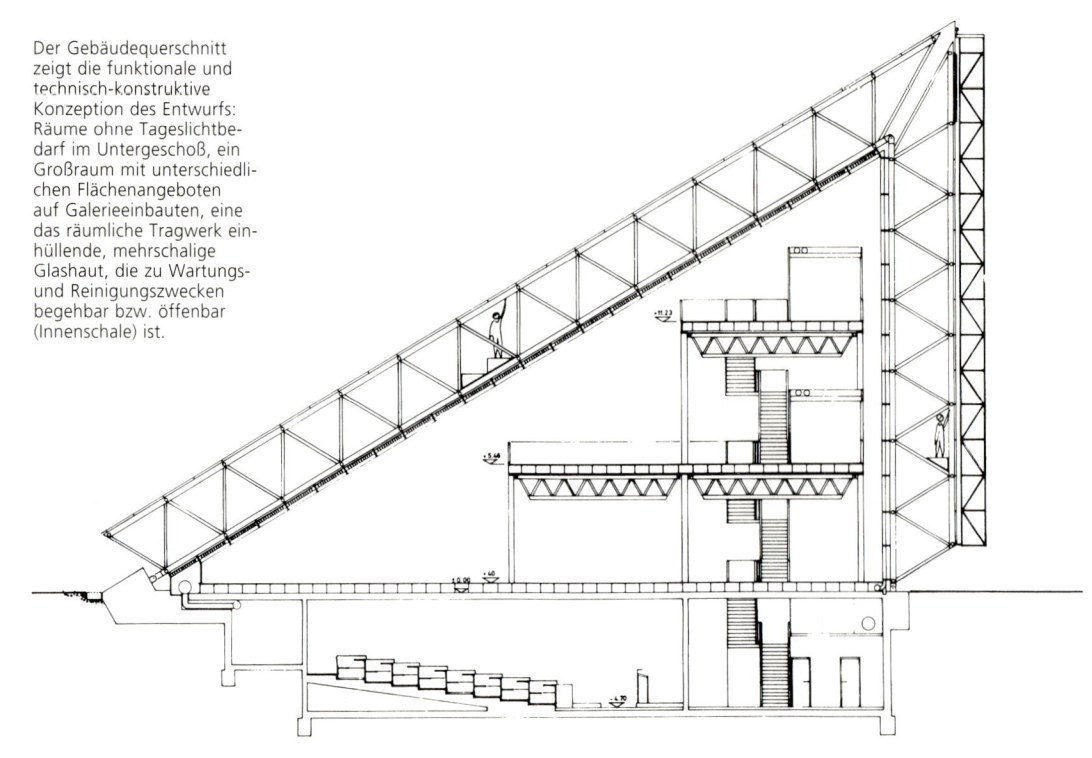

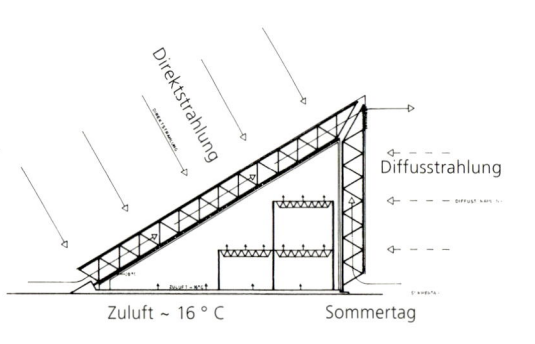

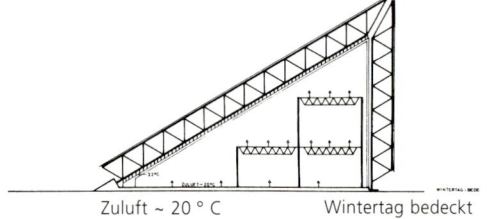

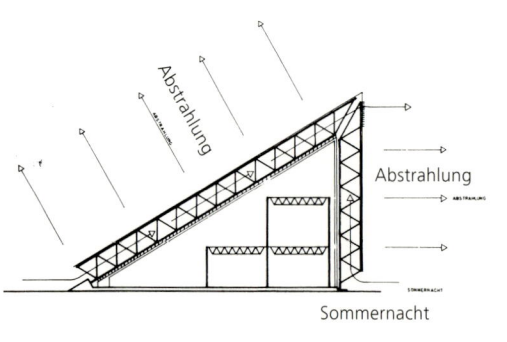

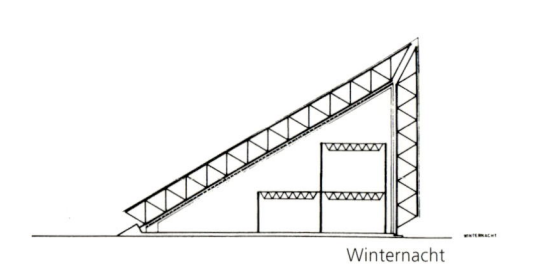

Der Gebäudequerschnitt zeigt die funktionale und technisch-konstruktive Konzeption des Entwurfs: Räume ohne Tageslichtbedarf im Untergeschoß, ein Großraum mit unterschiedlichen Flächenangeboten auf Galerieeinbauten, eine das räumliche Tragwerk einhüllende, mehrschalige Glashaut, die zu Wartungs- und Reinigungszwecken begehbar bzw. öffenbar (Innenschale) ist.

Die Vision eines tageslichtdurchfluteten Großraums mit freiem Sichtbezug nach außen kann nur mit Hilfe eines intelligenten Klimakonzeptes realisiert werden. Die entwickelte mehrschalige gläserne Gebäudehülle kann auf unterschiedliche Wetterzustände reagieren.

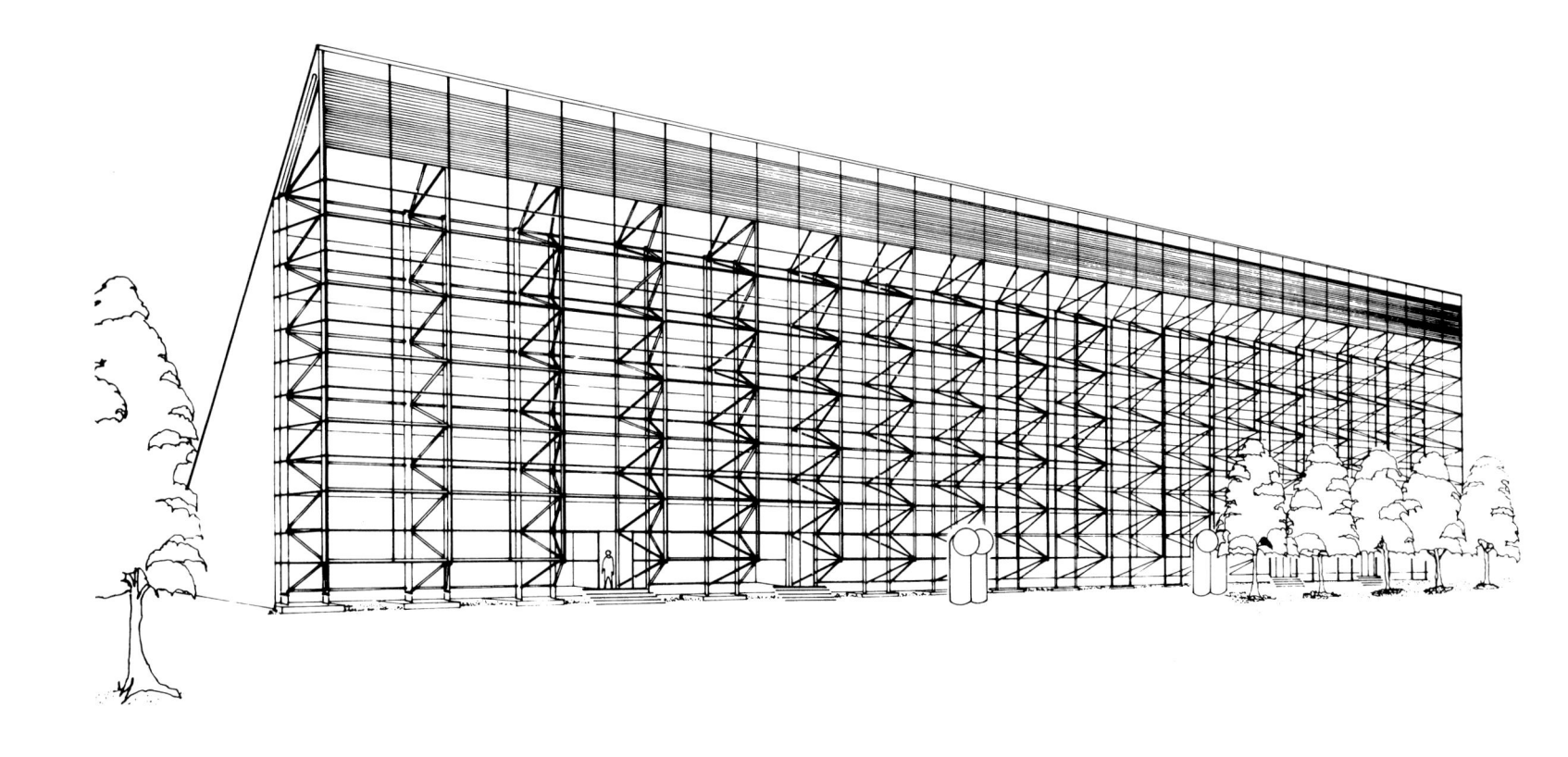

Die Kaminwirkung führt im Sommer zu einer zügigen Abführung der im Zwischenraum aufgestauten Wärme, während die solare Wärmeeinstrahlung im Winter bewußt eingefangen wird.

Ausgeschäumte, verstellbare Aluminiumlamellen im geschützten Pufferraum dienen primär dem Sonnenschutz und der Tageslichtlenkung, können im Winter in geschlossenem Zustand jedoch zusätzlich zur Verbesserung des k-Werts der stark auskühlgefährdeten geneigten Glasflächen herangezogen werden.

Das Gebäude ist Nord-Süd-orientiert, um durch die geneigte Südfassade möglichst hohe solare Energiegewinne zu erzielen. Bei geschlossenen Lamellen an der Südfassade gewährleistet die Verglasung der Nordseite eine ausreichende Versorgung des Innenraums mit Tageslicht.

Das Firstdetail zeigt den gelenkigen Verbindungspunkt der Dreigurt-Fachwerkträger und die dreischalige Gebäudehülle.

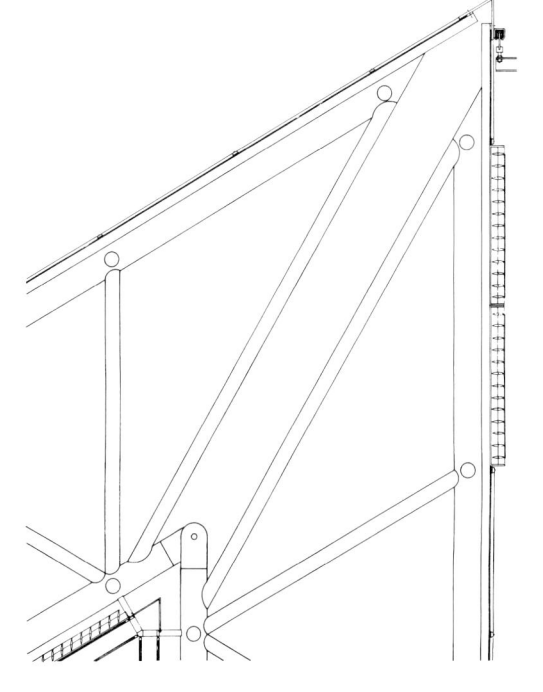

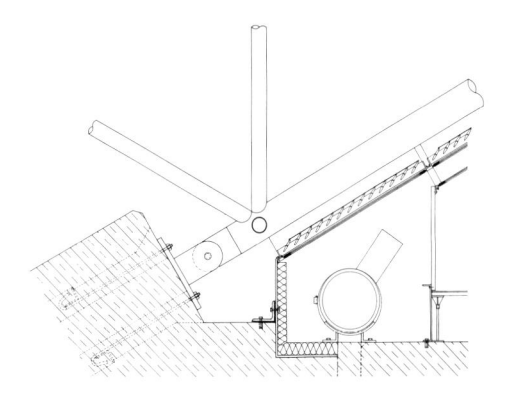

Am Fußpunkt der Schrägverglasung wird Umluft in das innenliegende Scheibenpaket eingeblasen, so daß die Oberflächentemperatur der inneren Scheibe der Raumtemperatur angeglichen wird (Vermeidung von Kälte- bzw. Wärmeabstrahlung in den Innenraum).

Beratung
Prof. Peter C. von Seidlein
Prof. Friedrich Wagner

Fachberatung
Prof. Dr. Günter Eisenbiegler
(Institut für Tragkonstruktionen und Konstruktives Entwerfen)

1981

Eingeschossige Hallen

Architekturschule

Abgespannte Stahlkonstruktion

Josef Harrichhausen

Aufgabe
Eine deutsche Hochschule soll einen Neubau für die Ausbildung von Architekten erhalten. Dem Entwurf war eine Analyse bestehender Architekturschulen in Deutschland und in der Schweiz vorgeschaltet.

Hieraus und aus der eigenen Erfahrung sollen Vorgaben für einen Neubau entwickelt werden, der sich an einem frei wählbaren Standort befinden kann und solchermaßen auch als Prototyp für verschiedene Standorte geeignet ist.

Konzept
Bei einer Schule kommt dem Aspekt der Kommunikation zwischen Lehrenden und Lernenden eine tragende Rolle zu.

Dabei bestimmt die Organisation eines Gebäudes den Grad der Kommunikation – räumliche Trennung bzw. Stapelung der Nutzflächen erschwert sie, räumliche Zusammenhänge (vertikal und horizontal) fördern sie.

Demzufolge wurde für die Schule ein 54 x 234 m großer, mehrfach gegliederter Raum entwickelt, der 320 Studierenden und Lehrpersonen Platz zum gemeinsamen Arbeiten bietet.

Die Entscheidung, für die Architekturschule einen Standort mit einer Geländestufe vorzusehen, ermöglicht es, das Gebäude über eine Galerie zu erschließen. Sie erstreckt sich als eingestellte Ebene über die gesamte Längsseite des Hallenraums und bietet einen Überblick über die stattfindenden Aktivitäten. Zwei den Großraum überspannende „Brücken" gliedern diesen in Längsrichtung in drei Bereiche: einen öffentlichen Vortrags- und Ausstellungsbereich, die Hauptfläche mit studentischen Arbeitsplätzen und einen Forschungsbereich.

Tragwerk
Um den Großraum mit studentischen Arbeitsplätzen in seiner flexiblen Nutzung nicht zu beeinträchtigen, wurde für die Architekturschule ein weitgehend stützenfreies Tragwerk entwickelt.

Von 14 Pylonen (Achsabstand 18 m) wird jeweils ein Vollwandträger abgehängt, der die Halle entsprechend der Nutzungsbereiche 36 m bzw. 18 m stützenfrei überspannt. Der Hauptträger (IPB 600) wird dabei alle 9 m über den Pylon abgespannt, wodurch die Bauhöhe des Profils erheblich reduziert werden konnte.

Um die asymmetrische Belastung des Pylonkopfes auszugleichen (4 Felder : 2 Felder), wurde das letzte Feld des langen Trägerabschnitts auf eine Stütze aufgelagert und das freie Ende des kurzen Trägerabschnitts zusätzlich zu dem vorhandenen Untergeschoß hin abgespannt.

Bei Windlasten in Querrichtung werden die Kräfte über die Dachscheibe und die zu diesem Zweck verstärkten, eingespannten Pylone in den Baugrund abgeleitet. In Längsrichtung übernehmen Diagonalverbände zwischen den Pylonen und in der Ebene der Randträger die Windkräfte.

Die in den Hallenraum eingestellte Galerieebene ist ein eigenständiges, von der Tragkonstruktion unabhängiges System. Sie besteht aus einer Stahlkonstruktion aus Walzprofilen mit aufgelegten Beton-Fertigteilplatten.

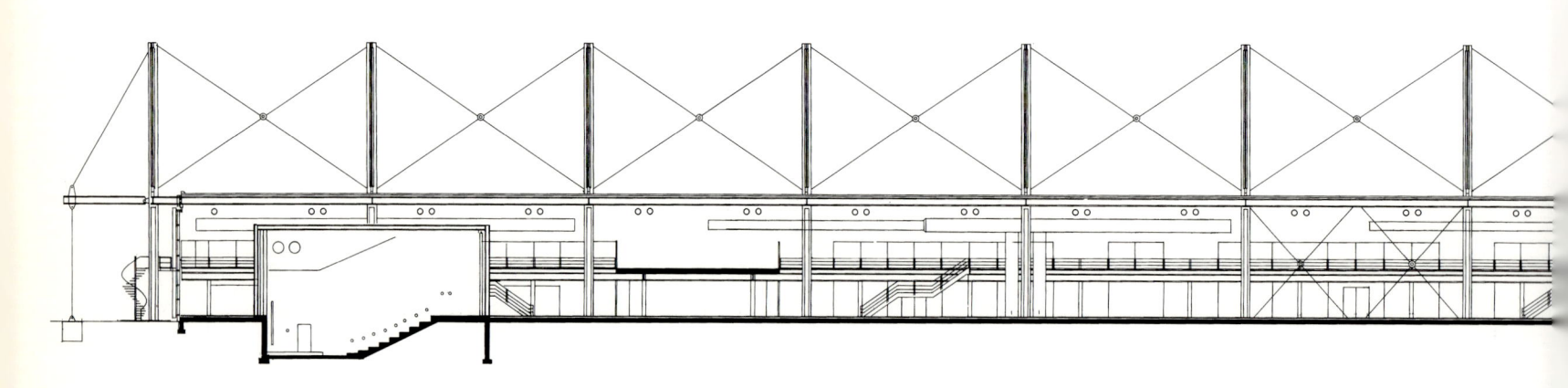

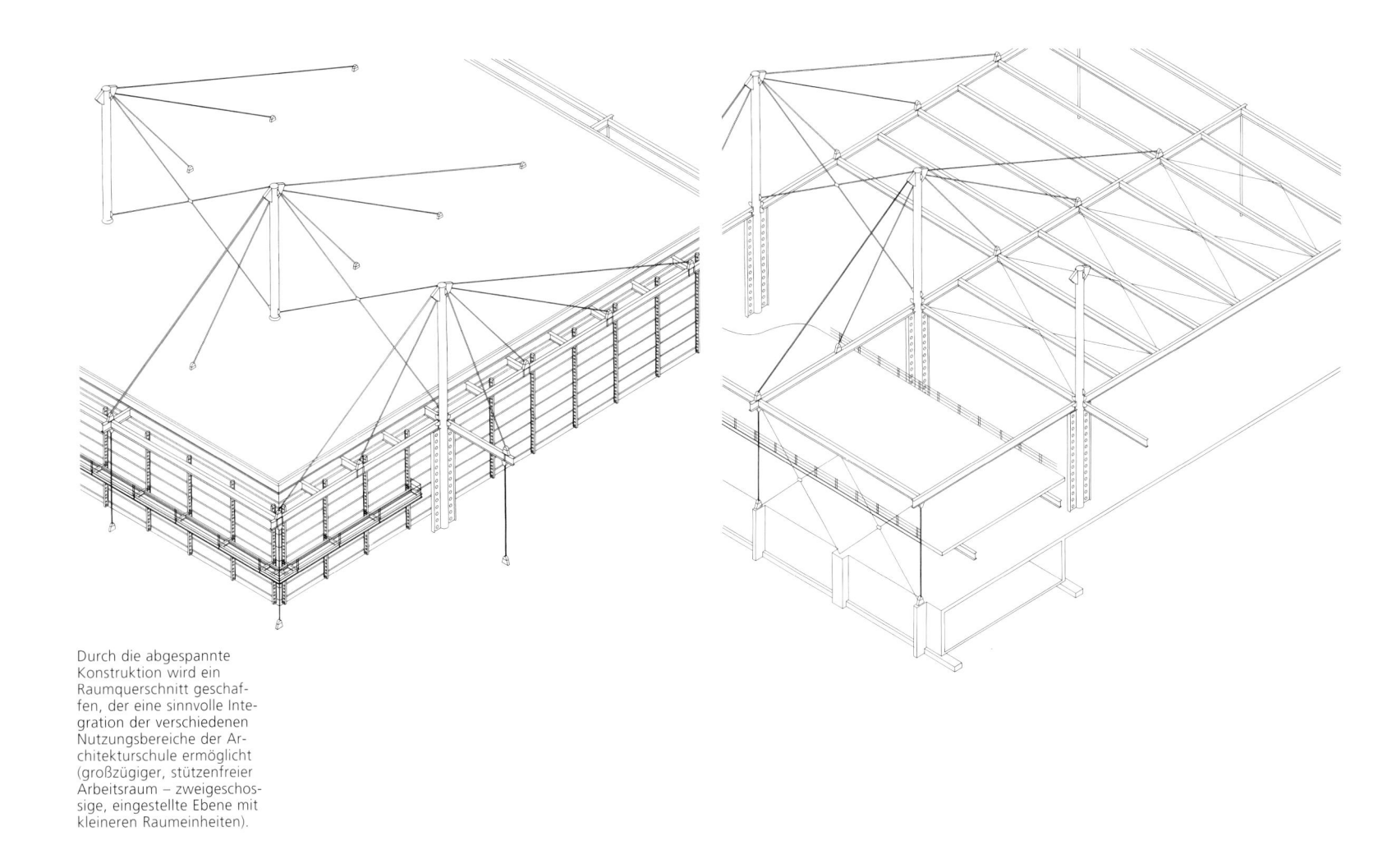

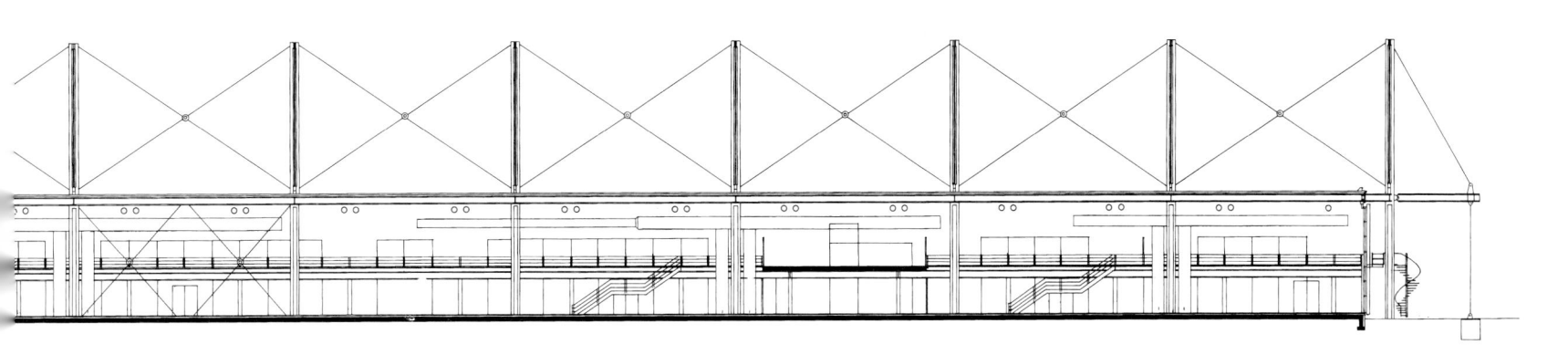

Durch die abgespannte Konstruktion wird ein Raumquerschnitt geschaffen, der eine sinnvolle Integration der verschiedenen Nutzungsbereiche der Architekturschule ermöglicht (großzügiger, stützenfreier Arbeitsraum – zweigeschossige, eingestellte Ebene mit kleineren Raumeinheiten).

Eingeschossige Hallen

62 Eingeschossige Hallen

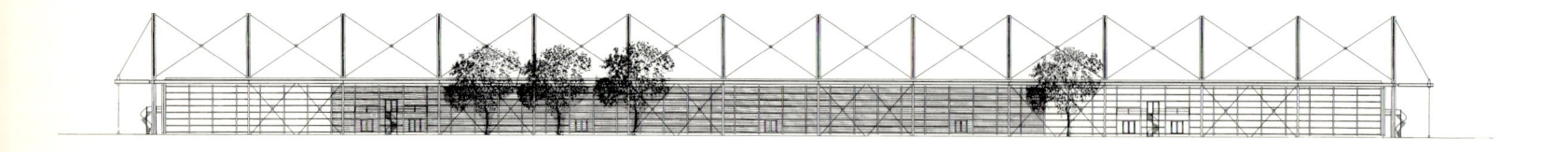

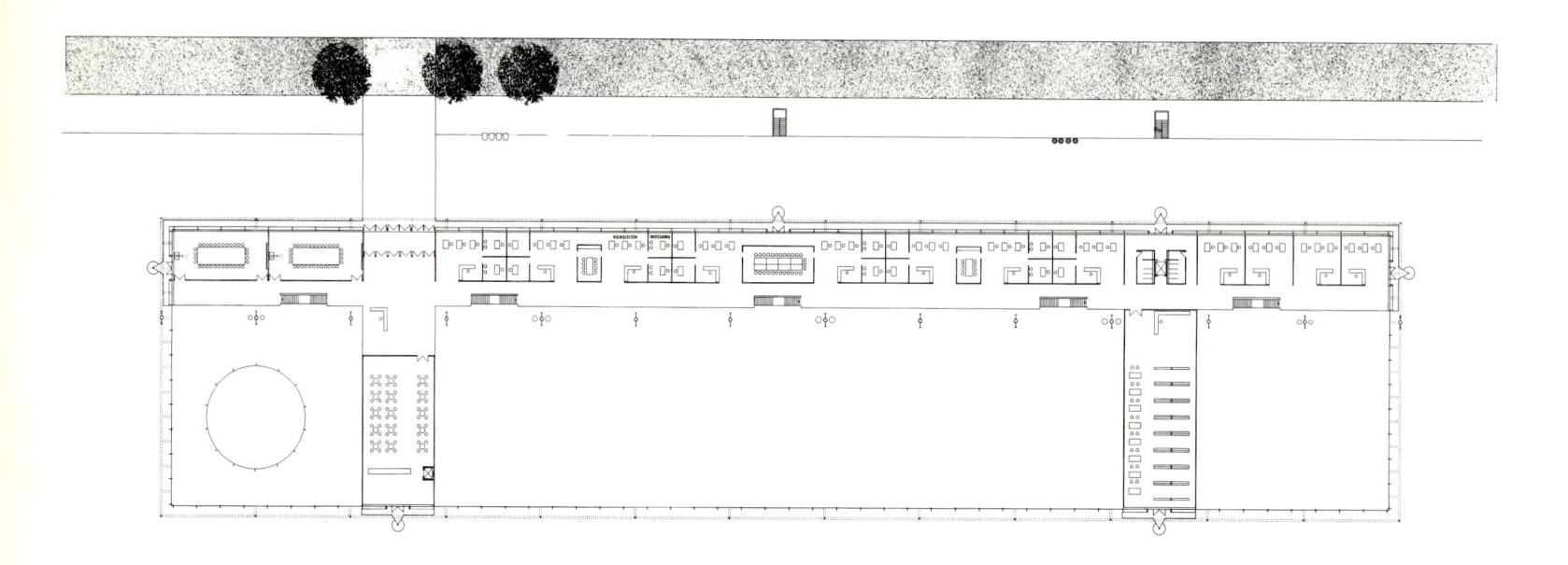

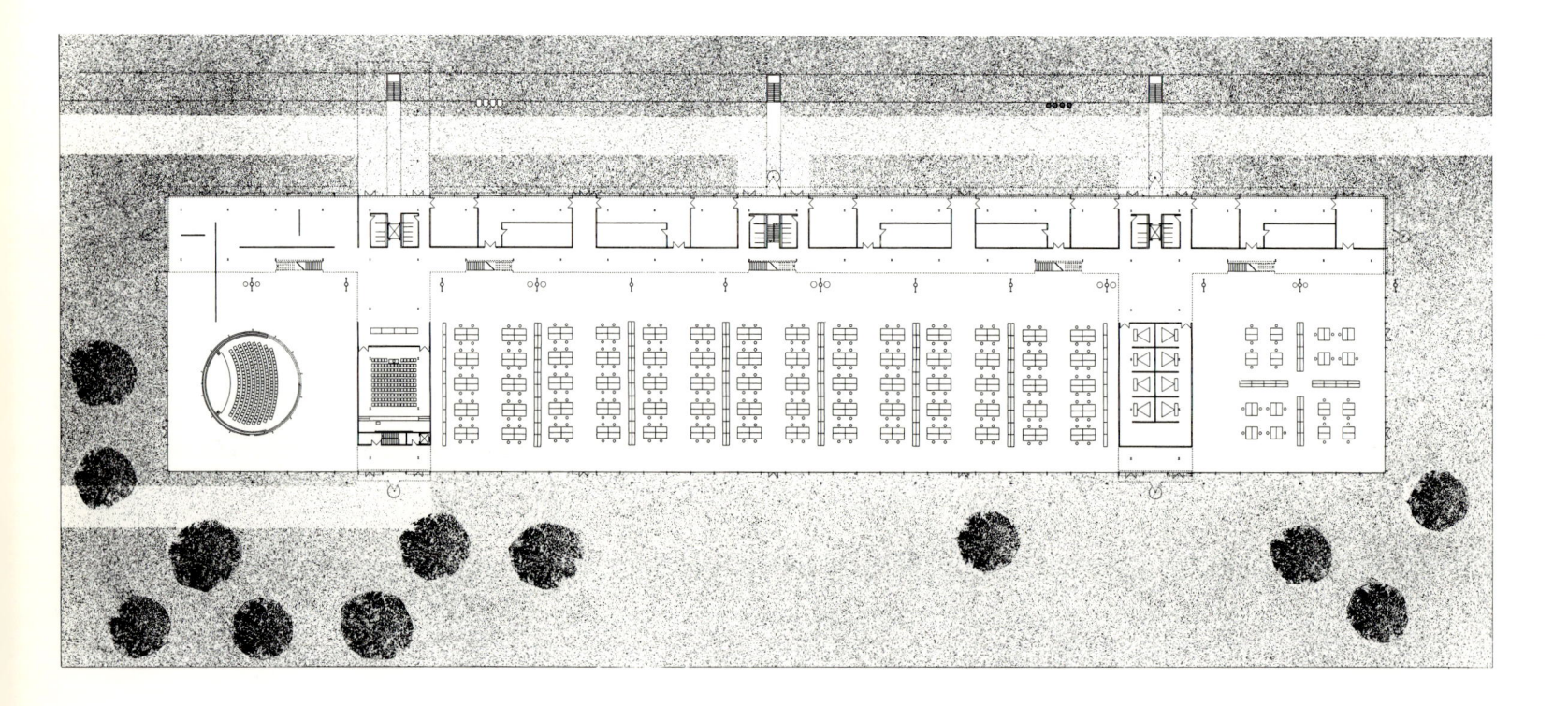

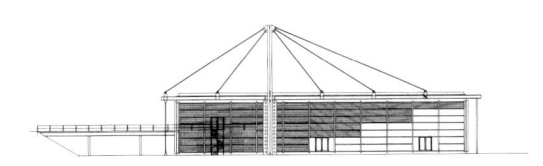

Auf der eingestellten Ebene sind im Eingangsgeschoß (links oben) sämtliche Lehrstühle untergebracht.
In der Ebene darunter befinden sich Labors und Werkstätten, in der Nähe des Hörsaals Ausstellungsflächen (links unten).
Beide Bereiche stehen in Wechselbeziehung mit den studentischen Arbeitsplätzen im angrenzenden Großraum.
(Gesamtabmessung 234 x 54 m, Achsabstand Pylone 18 m)

Hülle
Für die Fassade der Architekturschule ist eine Pfosten-Riegel-Konstruktion mit gleichmäßiger Sprossenteilung (4,5 x 1,2 m) vorgesehen, die im Sinne einer konsequenten Entflechtung unabhängig von den verschiedenen Einbauten konstruiert ist.

Zur Durchbiegungsbeschränkung der 8,4 m hohen Fassadenpfosten dient ein gelochtes Walzprofil an der Außenseite der Fassade, welches über Laschen mit den innenliegenden Pfosten verbunden ist. Um Assoziationen auszuschließen, es könne sich bei diesen „Lochträgern" um ein tragendes Element handeln, enden diese oberhalb des Gebäudesockels und unterhalb der Attika (siehe hierzu Abb. auf Seite 61).

Das gesamte Gebäude ist isolierverglast und mit einem innenliegenden Sonnen- bzw. Blendschutz versehen. Da keine Öffnungsflügel vorgesehen sind, muß die solare Wärmeeinstrahlung gegebenenfalls über die mechanische Lüftungsanlage abgeführt werden.

Beratung
Prof. Peter C. von Seidlein
Prof. Friedrich Wagner

Fachberatung
Prof. Dr. Günter Eisenbiegler
(Institut für Tragkonstruktionen und Konstruktives Entwerfen)

1986

Die zurückhaltende Gestalt der Architekturschule ist aus der Zielsetzung entwickelt, eine neutrale Hülle für einen vielfältig nutzbaren Arbeitsraum zu schaffen, der der vorurteilsfreien Auseinandersetzung mit Fragen der Architektur dient.

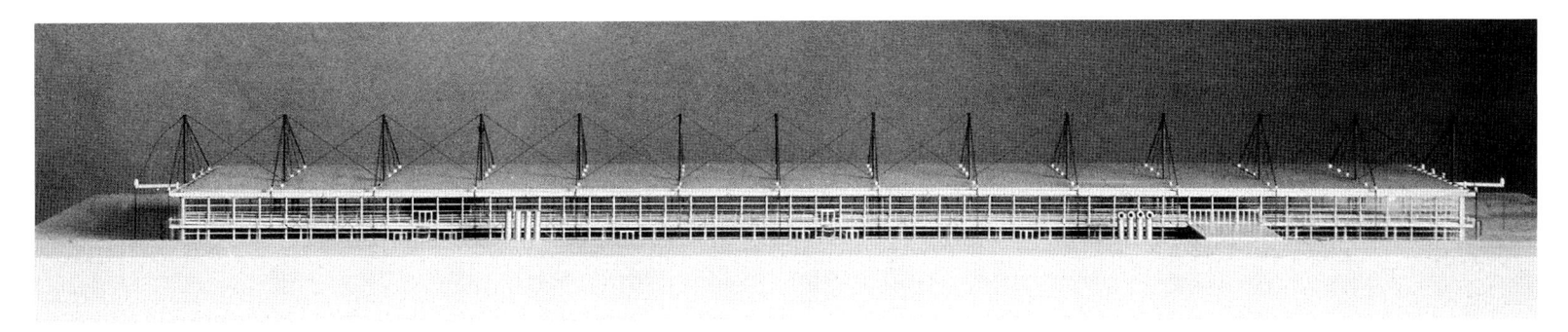

Zepp-Labor

Fachwerkträgerrost

Alexandra Fink
Diane Ziegler

Aufgabe
Für die Einstellung und Wartung von zwei kleinen, solarbetriebenen Luftschiffen (je 16 x 4,5 m) soll eine stützenfreie Halle geplant werden.

Konzept
Ausgehend von der Idee der früheren schwimmenden Luftschiffhallen, die sich – um Seitenwind auf die rangierenden Luftschiffe zu vermeiden – mit dem Wind drehen konnten, sollten auch aus dieser Halle unabhängig von den wechselnden Windrichtungen jederzeit Starts möglich sein. Deshalb wurde eine Halle konzipiert, die sich in alle Himmelsrichtungen öffnen läßt.

Um das freie Rangieren der Luftschiffe auch innerhalb der Halle zu gewährleisten, wurden die notwendigen Nebenräume wie Büro, Aufenthaltsraum, Werkstätten, Lager- und Sanitärräume in ein separates, freistehendes Gebäude ausgelagert.

Tragwerk
Das Tragwerk der Halle besteht aus einem mehrlagigen Trägerrostsystem (h = 1,6 m) mit vier Dreigurtstützen aus Stahl. Diese sind nicht in den Gebäudeecken angeordnet, sondern jeweils in der Mittelachse, wodurch sich die Spannweite von 24 auf 17 m verringert und zusätzlich der positive statische Effekt der Eckauskragung genutzt wird.

Die Vertikallasten werden über das rostartig ausgebildete Nebenträgersystem (IPE 180, Maschenweite 1,72 m) in die 8 paarweise parallel verlaufenden Fachwerk-Hauptträger eingeleitet, die direkt auf den Stützen aufliegen.

Die beiden auskragenden Diagonalträger stützen den Nebenträgerrost an den Eckpunkten und werden außerdem in Verbindung mit den Fachwerk-Randträgern zur Abtragung der besonderen Lasten aus den vier Toren (Windlasten, Eigenlasten) herangezogen.

Stützen und Hauptträger wirken als Rahmen, die zusammen mit der Scheibenwirkung des Dachs – vier eingezogene Zugstäbe erzeugen einen liegenden Fachwerkkranz – zur Abtragung der Horizontallasten dienen.

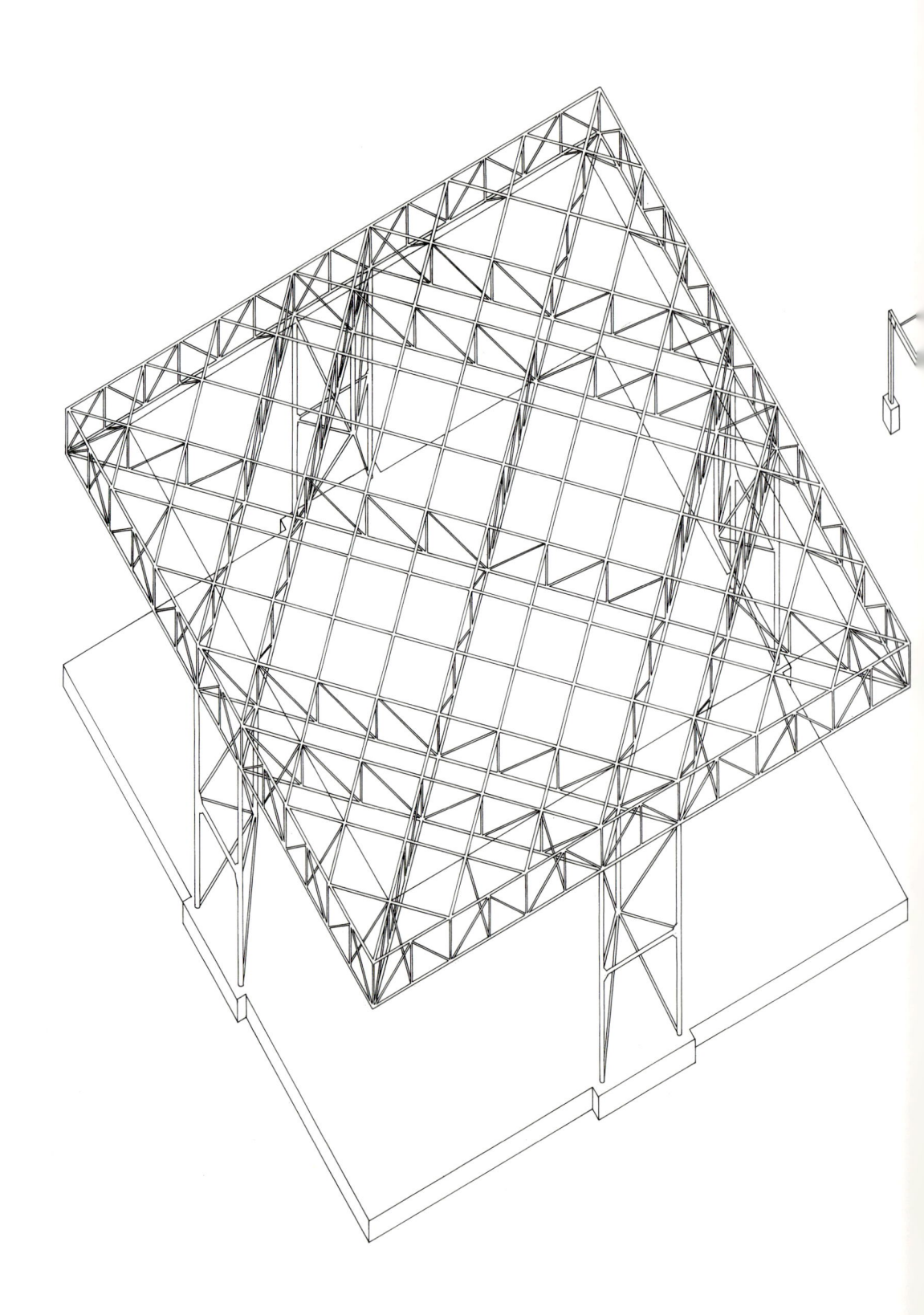

Eingeschossige Hallen

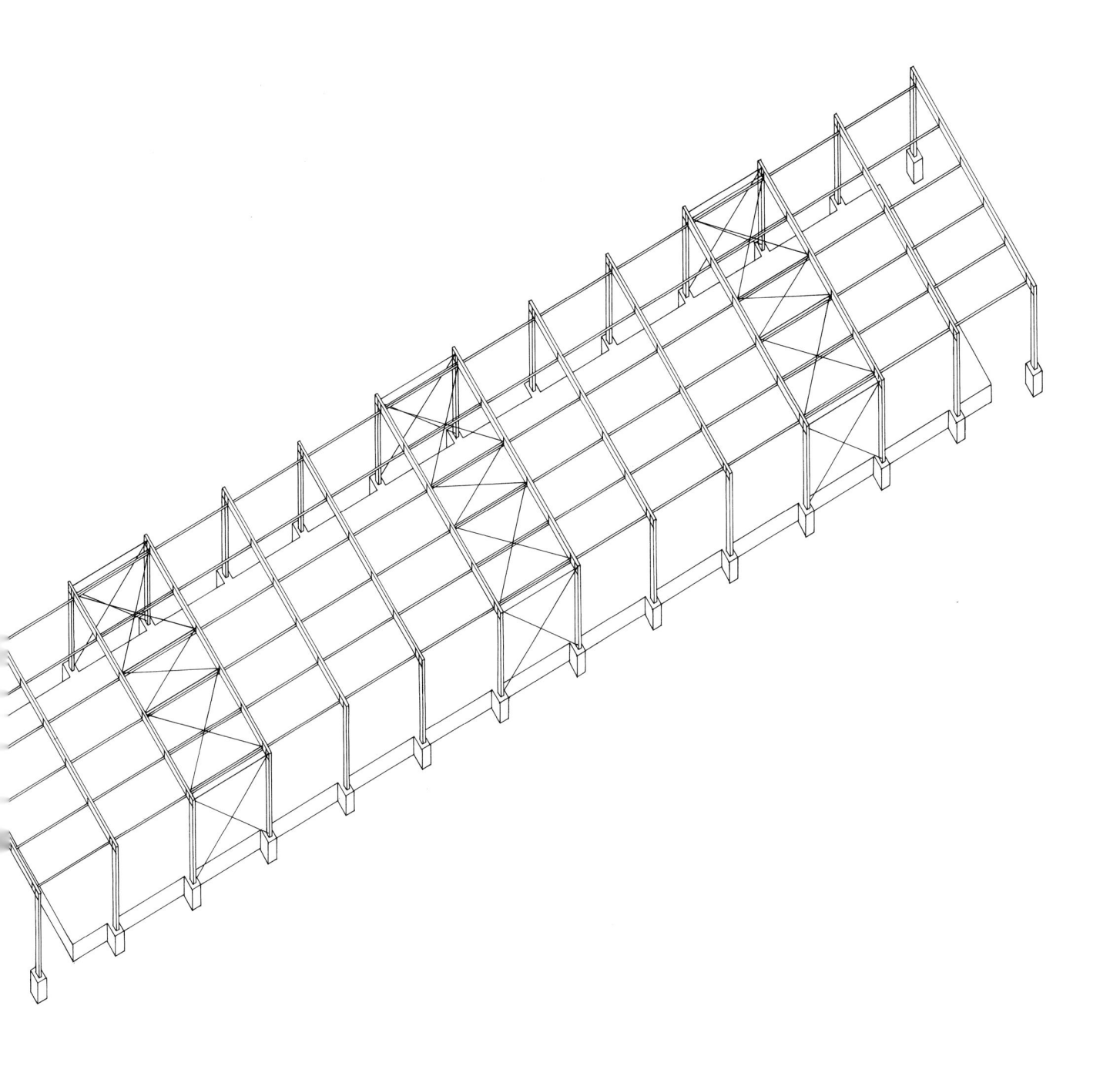

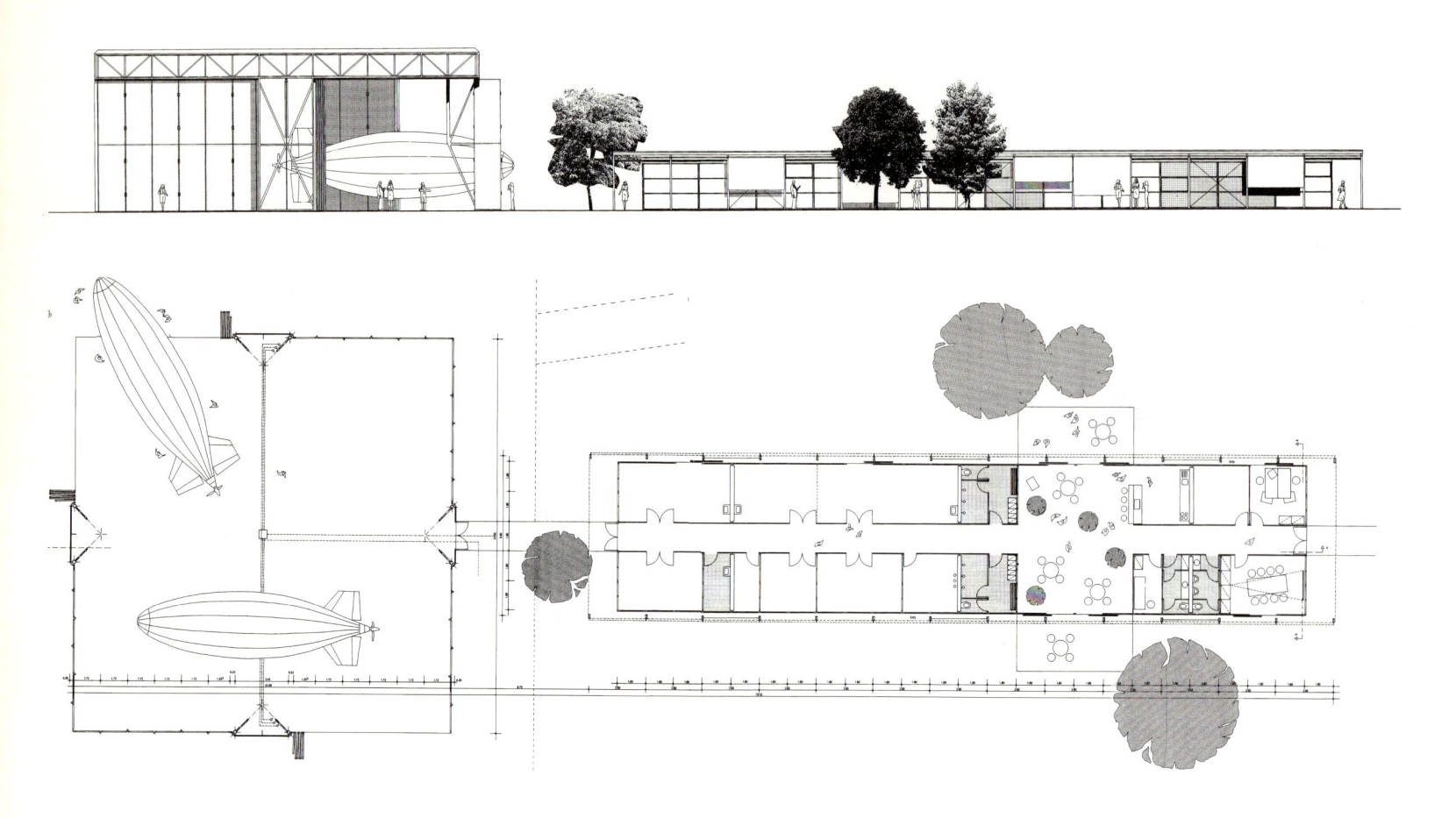

Hülle

Durch die Auslagerung aller zu beheizenden Räume in ein Nebengebäude kann bei der Halle, die nur gering temperiert werden muß, auf einen hochwertigen Wärmeschutz verzichtet werden. Die Verglasung besteht aus Einfachglas, die verwendeten Stahlbleche (Dachpaneele, Tore) sind nur gering gedämmt.

Die Belichtung der Halle erfolgt über vier quadratische, öffenbare Acrylglas-Oberlichter im Dach, über das umlaufende Glasband auf Höhe der Fachwerk-Randträger sowie über die Festverglasung vor den Dreigurtstützen.

Die beweglichen Teile der Fassade, die 8 m hohen Falttore, sind opak. Sie hängen am Untergurt des Randträgers und werden jeweils in Richtung der Dreigurtstützen aufgefaltet, so daß die Halle über Eck komplett geöffnet werden kann (2 x 10 m).

Durch die vollkommen öffenbaren Gebäudeecken können die Luftschiffe sowohl diagonal als auch parallel aus der 24 x 24 m großen Halle gezogen werden, also bei jeder Windrichtung starten.

Um die Rangierfläche vor den Toren möglichst wenig zu beeinträchtigen, ist das Nebengebäude mit seiner Schmalseite zur Halle hin orientiert.

Angesichts der gewonnenen Vorteile scheinen die langen Wege innerhalb des Nebenbaus akzeptabel. (Konstruktionsraster Nebengebäude: 9,6 x 3,6 m)

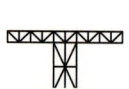

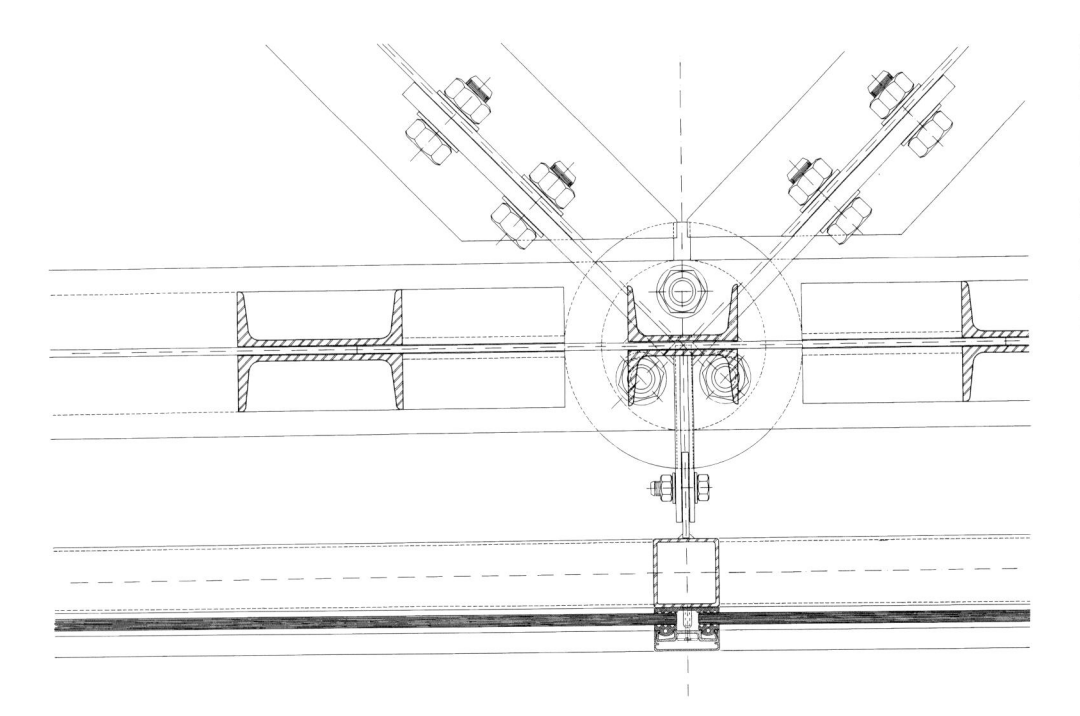

Horizontalschnitt durch die Hallenfassade in Trägerebene (oben) und auf Höhe der Tore (unten)

Die Verglasung im Bereich der Tragwerkstützen und Randträger ist systembedingt um 20 cm vor die Tragwerksachse nach außen gerückt, während die Tore aus Gründen der direkten Lastübertragung mittig unter die Randträger gehängt sind. Die Übergänge werden mit gebogenen Blechpaneelen gelöst.

(Fassadenpfosten 60 x 60 mm, mit Vertikalstab U100 des Fachwerkträgers bzw. mit Stütze d = 219 mm gekoppelt)

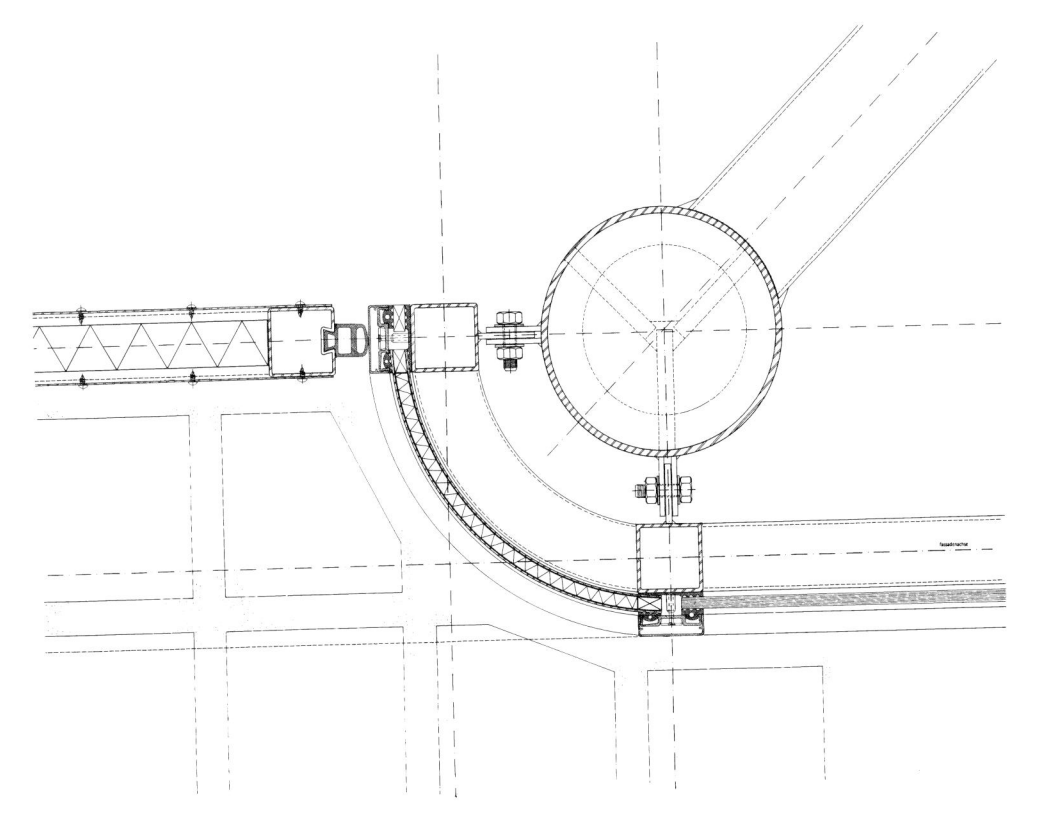

Beratung
Prof. Peter C. von Seidlein
Dipl.-Ing. Joachim Helmle

Fachberatung
Prof. Bernhard Tokarz
Prof. Dr. Günter Eisenbiegler
Dipl.-Ing. Stephen Reusch
(Institut für Tragkonstruktionen und Konstruktives Entwerfen)

1994

Villa Möbel

Baumstützen

Stefan Bräuning
Paul Günzler
Angelika Jäkel
Stephan Jekle
Wolfgang Kleisch

Aufgabe
Durch die Umnutzung eines ehemaligen Klinikareals ist im Stuttgarter Osten ein Kunst- und Kulturzentrum entstanden.

Angeregt durch das Umfeld (Kunstschule, Architektur- und Designbüros sowie Werbeagenturen) möchte ein namhaftes Möbelhaus auf diesem Gelände ein Ausstellungsgebäude mit ca. 400 m² Hauptnutzfläche errichten. Darin sollen Designermöbel und Accessoires bekannter Hersteller ausgestellt und verkauft werden.

Der Ausstellungsraum sollte weitgehend stützenfrei und auch für Vorträge, Film- und Diavorführungen geeignet sein.

Konzept
Die Qualität des Parks, in dem die Halle stehen soll, gab die Anregung zu einem gläsernen Pavillon, in dem die Möbel fast wie im Freien, im Schatten der Bäume, ausgestellt werden. Es lag deshalb nahe, den Bau mit verzweigten Baumstützen zu konstruieren, wenngleich sich das Tragverhalten eines natürlichen Baumes von dem einer verzweigten Baumstütze ganz wesentlich unterscheidet.

Tragwerk
Der Prozeß der Formfindung und die statisch-konstruktive Durcharbeitung waren bei dieser Arbeit beispielhaft und werden im folgenden erläutert:

Die Studien von Frei Otto am Institut für leichte Flächentragwerke der Universität Stuttgart haben erwiesen, daß sich die Idealform der Baumstütze vom Prinzip der Kettenlinie herleiten läßt, die eine reine Zug- bzw. Druckbelastung des Hänge- bzw. Bogentragwerks garantiert. Zur Formfindung wurde ein Hängemodell eines der vier Bäume im Maßstab 1:50 gebaut. Ziel dieses Vorgehens war es, die Belastung der einzelnen Astgenerationen so zu optimieren, daß Stäbe und Knoten einheitlich ausgebildet werden konnten. Die Kraftverläufe wurden dann in einem zweiten Hängemodell im Maßstab 1:20 sichtbar gemacht, indem die Fäden durch Zugfedern ersetzt wurden (siehe S. 71).

Zur statischen Durcharbeitung konnte auf Erfahrungen zurückgegriffen werden, die die Herren Kammerer und Dr. Becker der Firma Weidleplan, Stuttgart, bei der Projektierung des Flughafens Stuttgart (v. Gerkan, Marg u. Partner) gesammelt hatten.

Zur Dimensionierung wurde dort zwar der Computer zu Hilfe genommen, Form und Maße der Bäume wurden aber ebenfalls an Hängemodellen getestet, da Veränderungen hierbei spontan durchgespielt werden können und nicht erst geometrisch aufwendig generiert werden müssen.

Das statische System dieses Tragwerks ist ein punktgestützter Raumfachwerk-Rost. Für die verzweigten Stützen können alle Astgenerationen wegen der Herleitung aus der Kettenlinie als gelenkig verbundene Stabpyramiden und in allen Lastfällen als zug-/druckbelastet betrachtet werden. Daß die Verbindungen jedoch als biegesteife Knoten (Stahlguß) ausgebildet sind, hat nicht nur den Vorteil der Entlastung des Dachrostes, sondern verleiht dem System auch während der Montage die erforderliche Stabilität. Der Rost selbst ist für die gleichmäßige Verteilung extrem asymmetrischer Lastzustände dimensioniert.

Die Projektierung der Montage ist von weitgehender Vorfertigung bei handlichen Baustellenmaßen bestimmt. Der Rost wird geviertelt und dann in transportable Streifen unterteilt. Um die Bäume zwängungsfrei fügen zu können, sollten sie jeweils – wie im Hängemodell – kopfüber, von Lehrgerüsten gestützt, montiert werden. Die Äste werden im Werk als manuell versetzbare Einheiten vormontiert, die auf der Baustelle mit dem Rost verschraubt und untereinander verschweißt werden. Dem Rost kommt dabei die zusätzliche Aufgabe zu, den fertig montierten, mittels eines Mobilkrans bewegten Baum während der Positionierung auf den Stamm-Fußpunkten zu stabilisieren.

Die Rahmenwirkung des Tragwerks setzt dann nach der Verbindung mit den Nachbarbäumen ein. Sie übernimmt die Aussteifung des Tragwerks und der angelehnten, selbsttragenden Fassade.

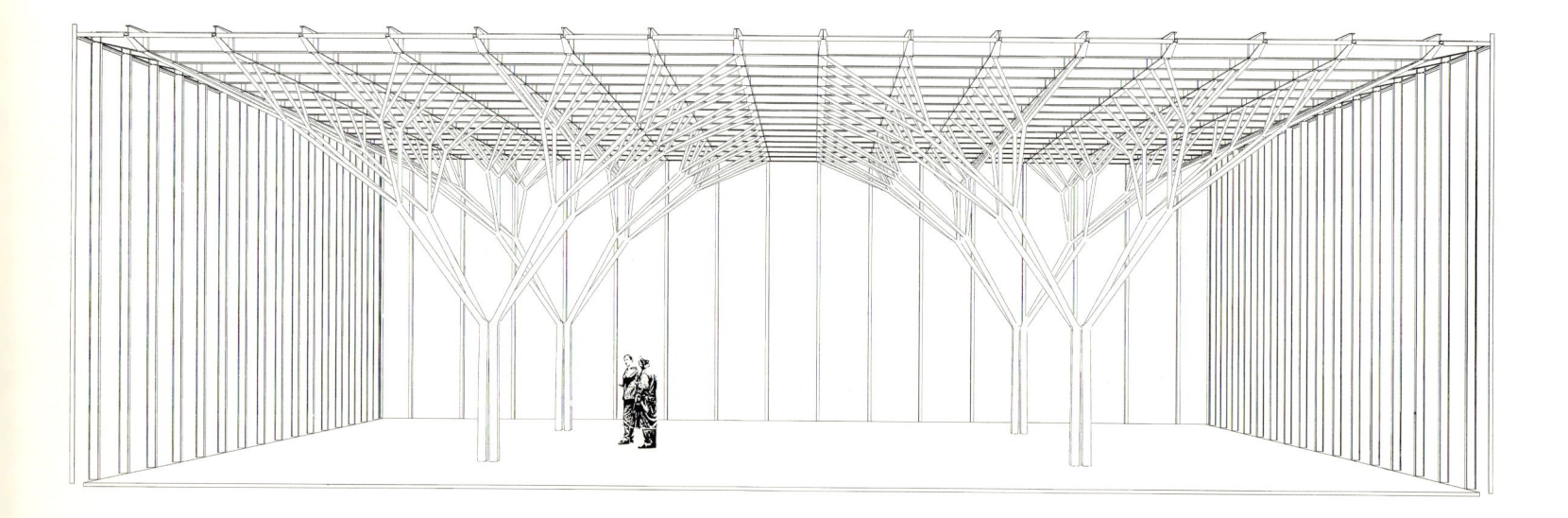

∇ +6.27
∇ +6.00
∇ +5.20
∇ +4.02
∇ +2.20

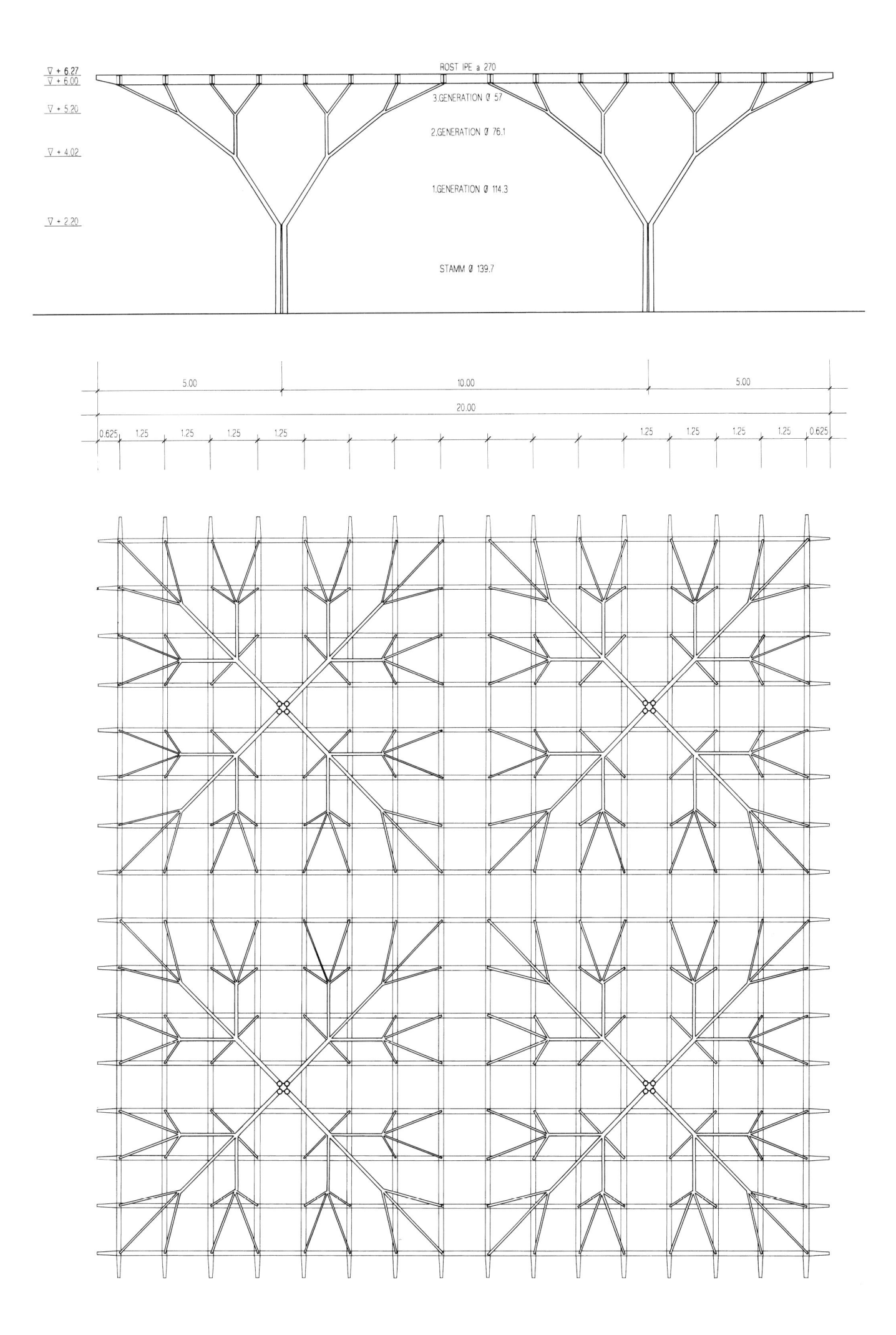

ROST IPE a 270
3.GENERATION ⌀ 57
2.GENERATION ⌀ 76.1
1.GENERATION ⌀ 114.3
STAMM ⌀ 139.7

5.00 | 10.00 | 5.00
20.00
0.625 | 1.25 | 1.25 | 1.25 | 1.25 | ... | 1.25 | 1.25 | 1.25 | 1.25 | 0.625

Eingeschossige Hallen

69

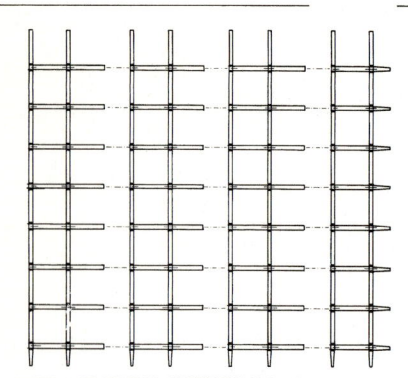

1. ANLIEFERUNG DER WERKSEITIG VORGEFERTIGTEN ROSTLEITERN
(2.50 BZW 215 x 10.625 m)
VERBINDUNGEN IN LÄNGSRICHTUNG GESCHWEISST, QUER GESCHRAUBT

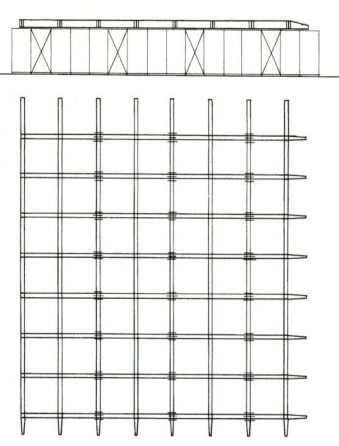

2. MONTAGE DES VIERTEL-ROSTES AUF DER OBERSEITE LIEGEND
GENORMTE KNOTEN NUR VON UNTEN ZUGÄNGLICH,
DESHALB MONTAGE AUF LEHRGERÜST
VERBINDUNG DER LEITERN DURCH JE VIER M 12 SCHRAUBEN

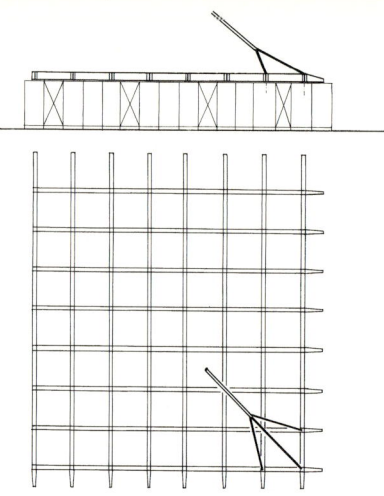

3. ANLIEFERUNG UND MONTAGE DER ERSTEN VERZWEIGUNGS-ELEMENTE
DER 3. UND 2. GENERATION, WERKSEITIG DURCH VERSCHWEISSEN
DER ÄSTE MIT DEM KNOTEN VORMONTIERT
VERSCHRAUBUNG DER VERZWEIGUNGSSPITZEN MIT DEN DREHBAREN
KNOTEN IM ROST (SIEHE DETAIL)

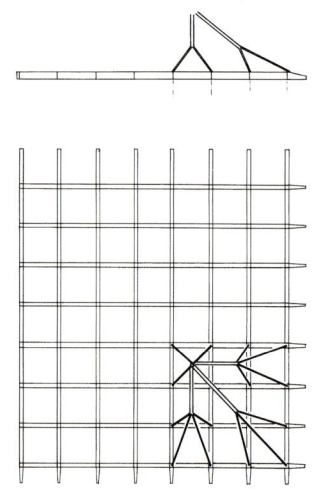

4. + 5. AUFBAU ALLER VERZWEIGUNGS-ELEMENTE
MAX. BAUTEILGRÖSSE CA. 1.90 x 4.40 m GEWICHT CA. 45 kg

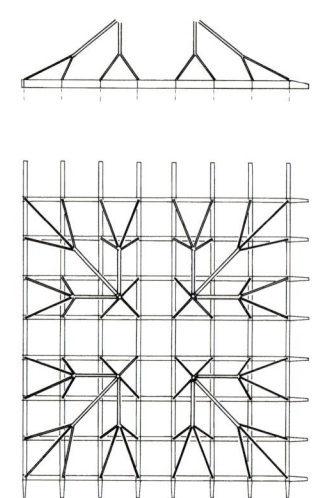

6. ANLIEFERUNG DER ÄSTE DER 1. GENERATION MIT BEREITS
AUFGESCHWEISSTEN GUSSKNOTEN ZUR 2. GENERATION
AUFSCHWEISSEN DER TEILE (CA. 35 kg) IN LEERGERÜST

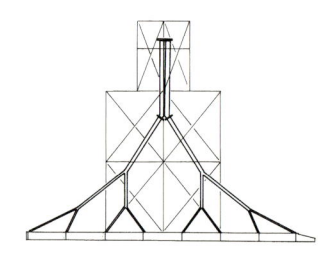

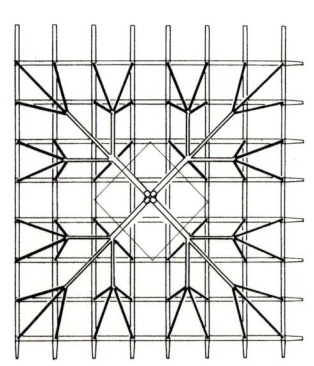

7. MONTAGE DER WERKSEITIG MIT FUSSPLATTE UND KNOTEN ZUR 1. GENERATION
VERSEHENEN BAUMSTÜTZEN-STÄMME DURCH AUFSCHWEISSEN IN LEHRGERÜST
GEWICHT DER ELEMENTE CA. 140 kg (MOBILKRAN NÖTIG)

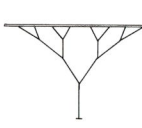

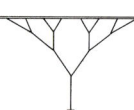

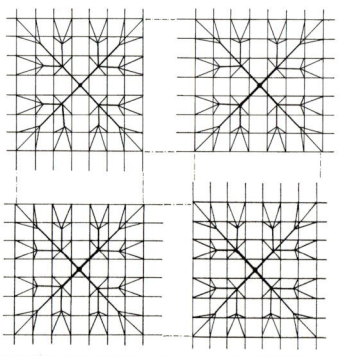

8. MONTAGE DER RESTLICHEN DREI ROST-TEILE UND BAUMSTÜTZEN AUF DEN
LEHRGERÜSTEN
WINDFLÜGELARTIGE ANORDNUNG DER UMGEDREHTEN BAUMSTÜTZEN MIT
VIERTEL-ROST (MOBILKRAN NÖTIG)

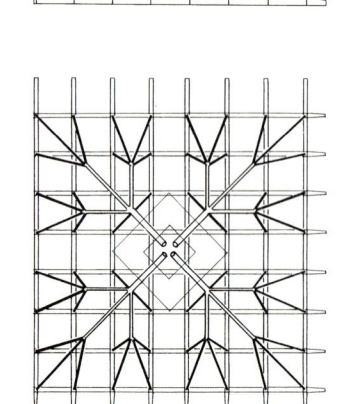

9. BEFESTIGUNG DER FUSSPLATTE AUF DER EINSPANNUNG
VERSCHRAUBUNG DER ROSTE UNTEREINANDER AN DEN FREIEN ENDEN
MIT DEN OFFENEN KNOTEN DER GEGENSEITE

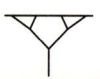

Eingeschossige Hallen

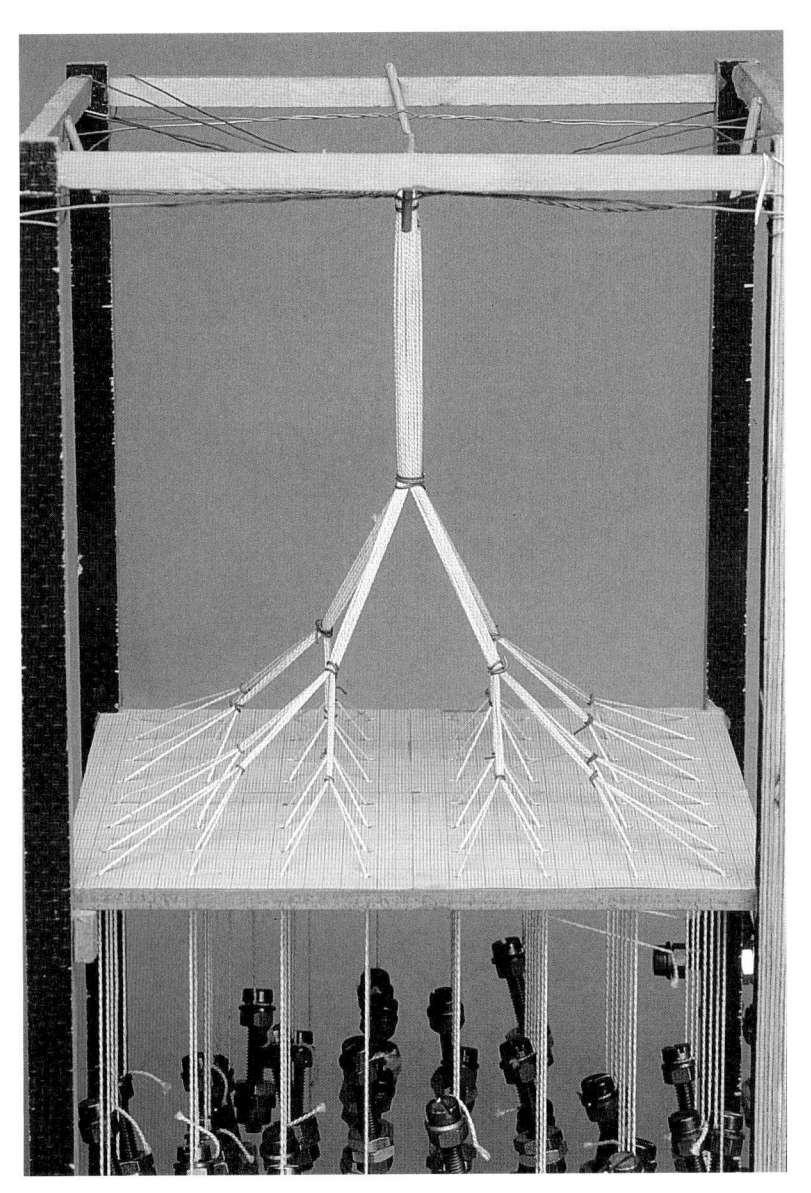

Hängemodell 1
eines Stützenbaumes

Alle Äste sind im Maßstab 1:50 durch einzelne Fäden dargestellt, die sich bis zum Stamm bündeln. Durch verschiebbare Knotenringe kann die Position jeder Verzweigung verändert werden, ohne das statische Prinzip zu verlassen. Die Geometrie der Konstruktion wird dann im Modell vermessen, so daß die Tragglieder berechnet werden können.

Hängemodell 2
eines Stützenbaumes

Im zweiten Modell rechts im Maßstab 1:20 sind die Fäden durch Zugfedern ersetzt, so daß die Kraftgrößen und -verläufe sichtbar werden.

Die vorliegende Arbeit wurde beim „Förderpreis des deutschen Stahlbaues 1992" ausgezeichnet.

Beratung
Prof. Peter C. von Seidlein
Dipl.-Ing. Gerhard Niese

Fachberatung
Prof. Bernhard Tokarz
Prof Dr. Günter Eisenbiegler
(Institut für Tragkonstruktionen und Konstruktives Entwerfen)

1991

Markthalle

Baumstützen mit gelenkigen Knoten

Christina Knapp-Jung

Aufgabe
Für eine in den letzten Jahrzehnten stark gewachsene Gemeinde im Vorfeld einer Großstadt soll eine Markthalle in zentraler Lage errichtet werden. Sie soll auf etwa 2500 m² Fläche neben unterschiedlichen Lebensmittelhändlern in permanenten Ständen Erzeugern aus dem umliegenden ländlichen Raum die Möglichkeit geben, ihre Waren dem Verbraucher direkt anzubieten. Entsprechend dem begrenzten Einzugsbereich solcher Märkte ist keine Erweiterung vorzusehen. Die Bearbeitung konzentriert sich auf die Untersuchung der funktionalen Bedingungen, auf die Entwicklung einer wirtschaftlichen Konstruktion und auf deren Gestaltung als Raum und Ausdruck einer Markthalle.

Konzept
In Anlehnung an die gußeisernen italienischen und französischen Markthallen des 19. Jahrhunderts wurde eine filigrane Baumkonstruktion entwickelt, die einen ebenen, blechgedeckten Dachrost trägt.

Auf dem Grundriß eines gleichseitigen Dreiecks mit 72 m Kantenlänge sind alle Nutzungen so angeordnet, daß sich Einkaufsgassen im Wechsel mit kleinen platzartigen Aufweitungen um einen zentralen, abgesenkten Platz mit einem Wasserbecken in der Mitte der Halle gruppieren. Der Zugang zur Halle, die eher als überdeckter, windgeschützter Marktplatz denn als geschlossener Innenraum gedacht ist, erfolgt richtungsneutral von allen drei Seiten.

Als Ausgleich zur bewußt gesuchten, gedrängten Enge im Grundriß ist die lichte Raumhöhe mit 11,8 m sehr hoch gewählt. Dies bringt neben der räumlichen Qualität Vorteile angesichts der zu erwartenden Geruchs- und Lärmentwicklung und ermöglicht über die hohe Glasfassade eine gute Belichtung der Raumtiefe.

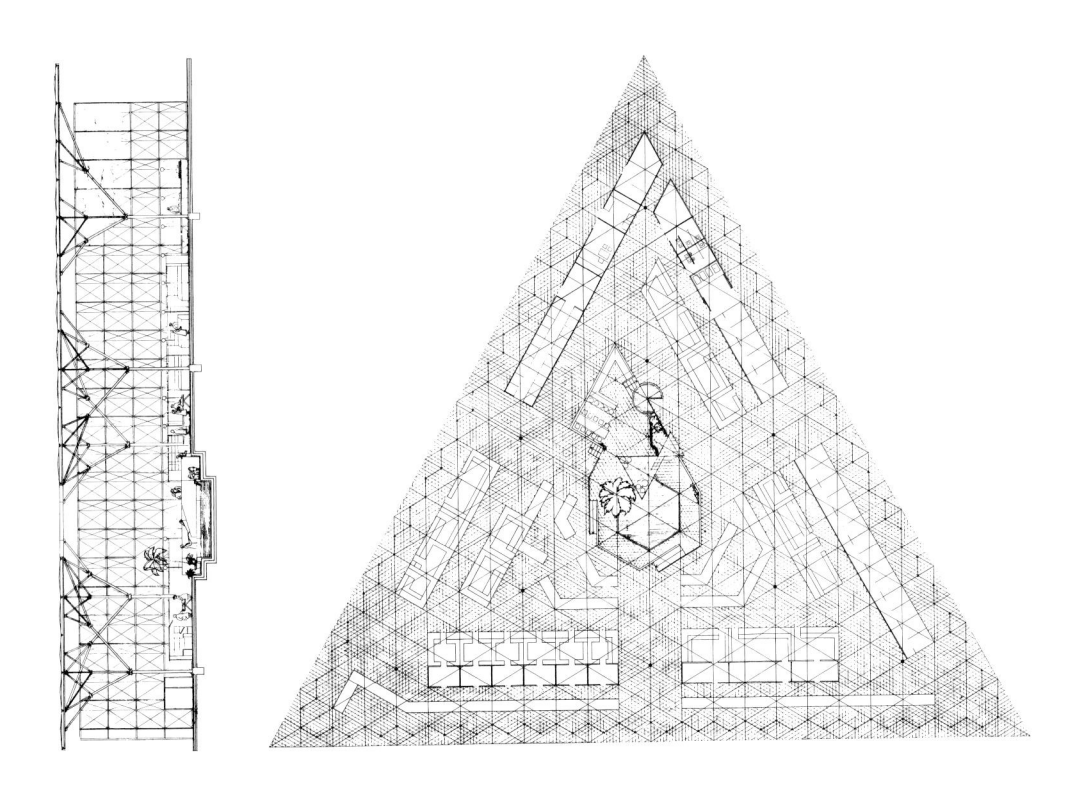

Jede der 9 Baumstützen (h = 11,80 m) übernimmt ein gleichseitiges, dreieckiges Lastfeld (Kantenlänge 24 m), das wiederum in 16 gleich große Lastfelder aufgeteilt ist. Alle 16 Zweige der oberen Ebene tragen die gleiche Last. Ein Zweig der mittleren Ebene ist immer die Kraftresultierende der vier oberen Äste, ein „Stamm" die Resultierende der vier Zweige.

Durch diese Geometrie sind die Stäbe nur druckbeansprucht, und die Knoten können gelenkig ausgebildet werden.

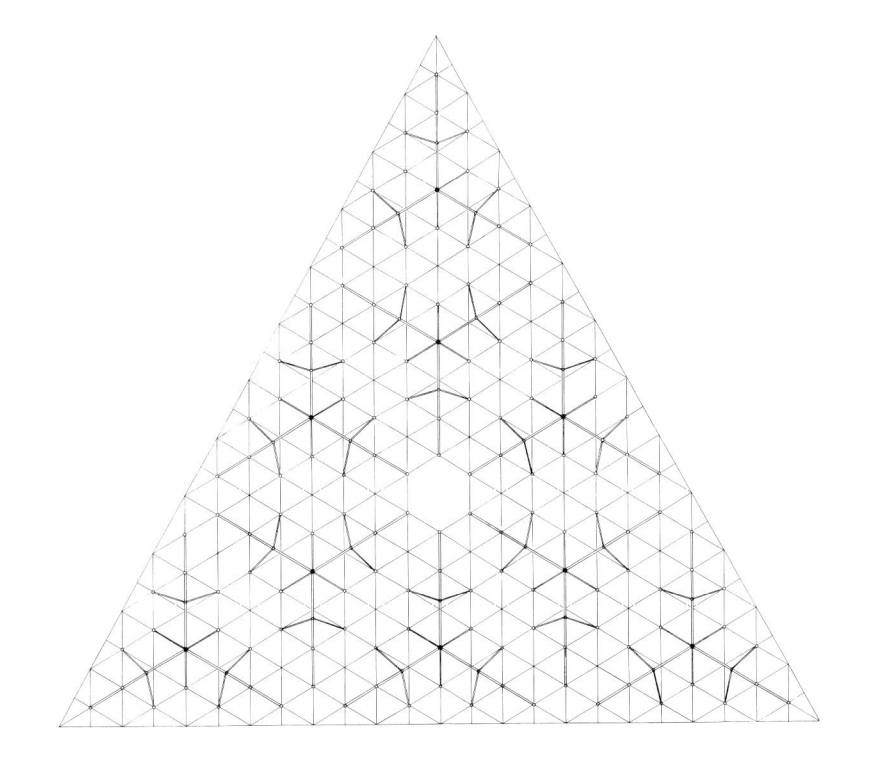

Eingeschossige Hallen

Tragwerk

Da eine große Raumhöhe beabsichtigt war, konnten baumartig verzweigte Stützen eingesetzt werden, die systembedingt eine große Höhe erfordern (Baumhöhe zu Spannweite ca. 3:2).

Bei optimaler Ausbildung der Verzweigungsgeometrie entsteht ein filigranes, aufgelöstes Tragwerk mit geringem Leistungsgewicht.

Die Geometriefindung war schwierig, da zum Zeitpunkt der Bearbeitung keine Rechenmethoden zur Verfügung standen, sondern im wesentlichen empirisch (an Kettenmodellen) gearbeitet werden mußte.

Es wurde eine Baumgeometrie ermittelt, die für jeden Ast annähernd gleiche Lastfelder bedingt, so daß überwiegend Druckkräfte und keinesfalls Biegebeanspruchungen auftreten. Die einzelnen Knoten können daher gelenkig ausgebildet werden, was erhebliche Vereinfachungen für die Montage des Tragwerks mit sich bringt (einfache Montagestöße, keine Schweißarbeiten direkt vor Ort).

Zur Aufnahme der Horizontallasten, die auf das Gesamtsystem einwirken, dient der Trägerrost, der durch seine Dreiecksgeometrie per se eine biegesteife Scheibe bildet, und die Einspannung der Stützen.

Alle Tragwerkteile können mittels Gußknoten gelenkig miteinander verbunden werden. Die lösbaren Verbindungen erlauben ein Zusammenfügen vor Ort.

Hülle

Die Belichtung der Halle erfolgt über eine Dachöffnung und die hohe, verglaste Fassade, die – ähnlich einem Paravent – frei unter das Dach gestellt ist, ohne dieses zu berühren. Der Abstand zwischen Fassade und Dach dient einerseits der Durchlüftung der Halle, andererseits dem gestalterischen Ziel, die plastisch wirkungsvolle, an den Rändern weit auskragende Baumstruktur freizustellen und zur Geltung zu bringen.

Für die Fassade war demnach eine Konstruktion zu finden, die in der Lage war, ungefähr 10 m frei aus dem Boden auszukragen und dabei die für Glas erforderlichen Verformungsbeschränkungen einzuhalten, ohne schwerer und kräftiger als das eigentliche Primärtragwerk zu wirken.

Die Lösung wurde nach dem Ridge- and Furrow-Prinzip (Grat-und-Kehle-Prinzip) alter englischer Gewächshäuser entwickelt: Die Faltung der Glasfassade führt bei geringer Stärke der Tragstäbe zu einer stabilen, verformungsarmen Struktur. Ihre Dreiecksgeometrie stellt außerdem einen inhaltlichen Bezug zur ebenfalls dreieckig strukturierten Dachfläche her, obwohl beide Bauteile konstruktiv völlig voneinander getrennt sind.

Die Fassade besteht aus 132 gleichen, vorgefertigten Stahlrahmen (1,73 x 10,4 m),

Knotendetails A, B, C (von links nach rechts)

Die Druckgelenke der Tragwerkknoten sind ähnlich einer Hüftgelenkspfanne frei beweglich ausgebildet. Die entsprechenden Formteile aus Stahlguß können schon werkseitig mit den einzelnen Rundrohren verschweißt werden. Bei der Montage werden sie ohne weitere Verbindungsmittel ineinandergefügt und durch die eingefädelten Spiralseile in ihrer Stellung fixiert.

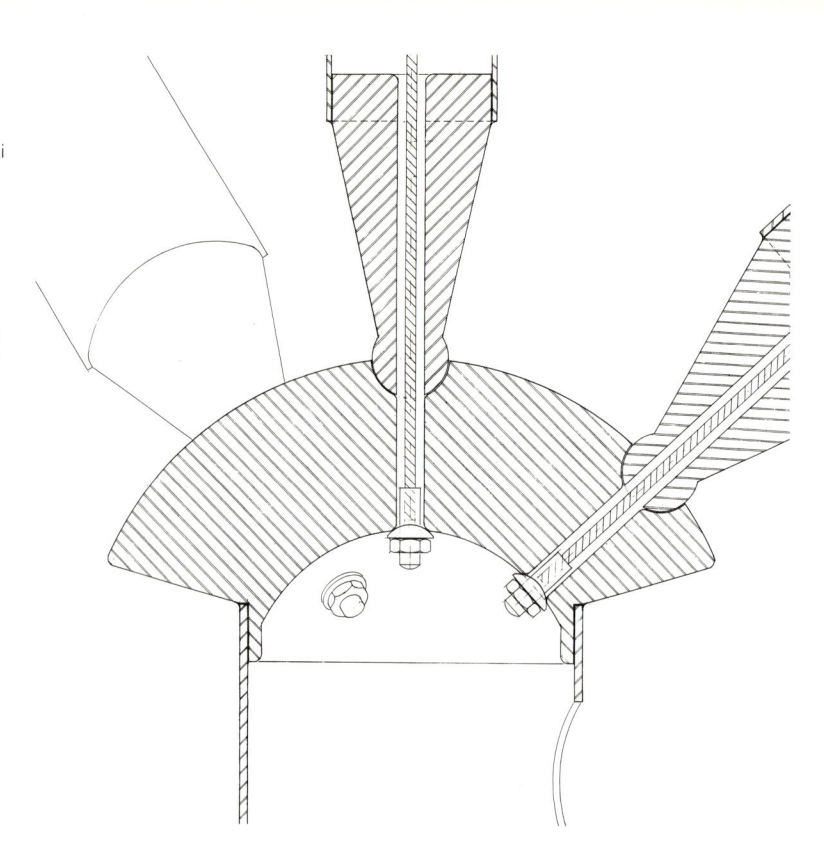

Das Dach der Markthalle ist mit Blechpaneelen eingedeckt, die der Dreiecksgeometrie des Dachrostes (Maschenweite 3,46 m) folgen.
Zur Entwässerung sind – nach dem Vorbild des Sainsbury Center of Visual Arts von N. Foster – Neoprenrinnen in die Paneelstöße eingehängt, die hier durch eine Dachöffnung in das Wasserbecken in Hallenmitte entwässern.

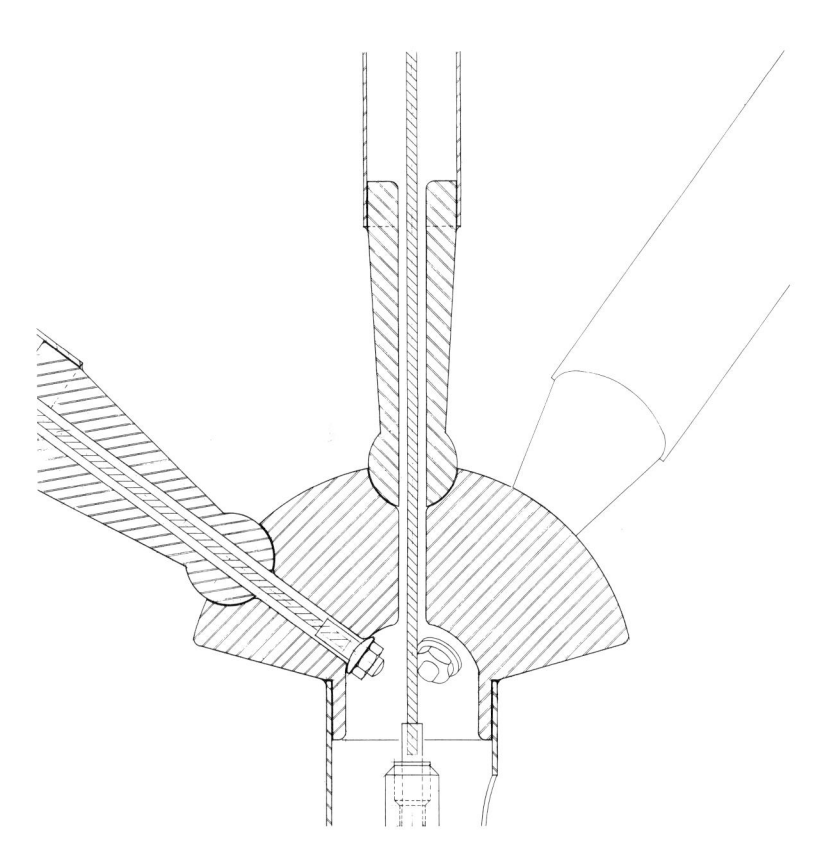

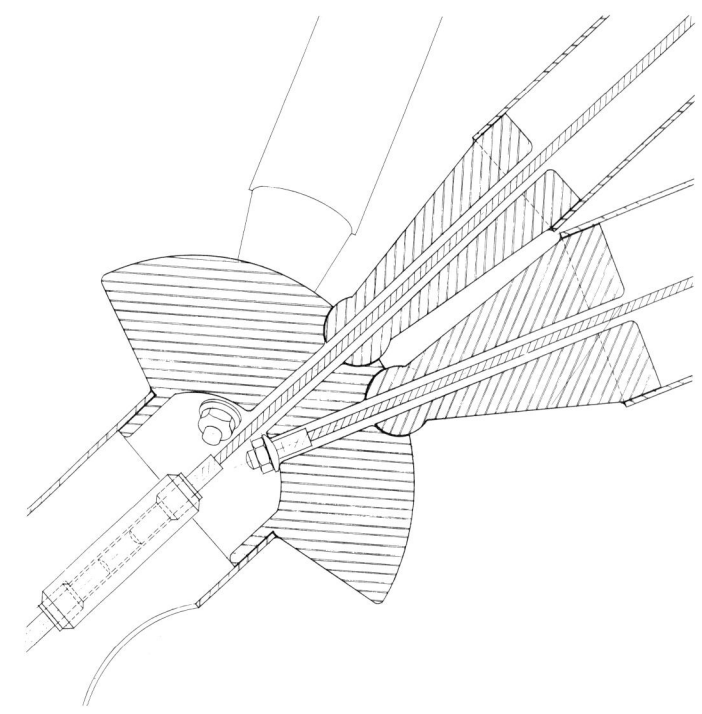

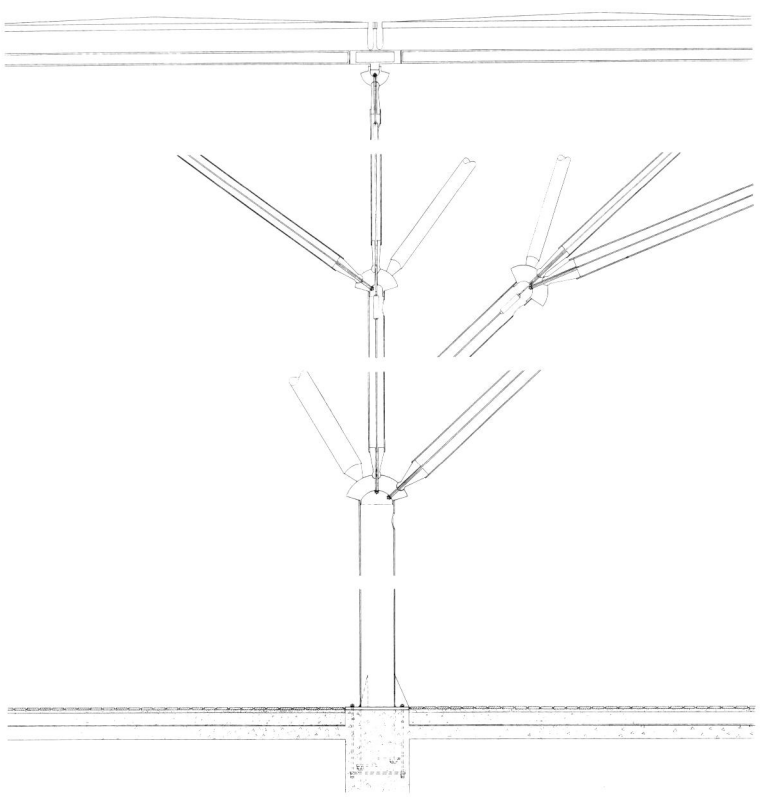

Der biegesteife Trägerrost der Dachscheibe (Seitenlänge 72 m, Maschenweite 3,46 m) ist gelenkig auf den Astspitzen der Baumstützen aufgelagert.

Die einzelnen Äste sind ausschließlich druckbeansprucht und daher mit Kugelgelenken verbunden.

Im Montagezustand und bei asymmetrischen Lastsituationen können Zugkräfte auftreten, die durch Zugseile innerhalb der Druckrohre über eine entsprechende Vorspannung aufgenommen werden können.

Die Stützen (Stahlrohr 273 x 6,3 mm) sind eingespannt.

Beratung
Prof. Peter C. von Seidlein
Prof. Friedrich Wagner

Fachberatung
Prof. Dr. Günter Eisenbiegler
(Institut für Tragkonstruktionen und Konstruktives Entwerfen)
Dipl.-Ing. B. Burckhard
(Institut für leichte Flächentragwerke)

1983

die mit Zugstäben ausgekreuzt sind. Sie werden durch dreieckig gekantete Stahllaschen so miteinander verschraubt, daß sich die Faltung entsprechend dem Konstruktionsraster einstellt. Als Füllung der Rahmen sind im unteren Bereich Glaslamellenfenster vorgesehen, im oberen Bereich festverglaste Einfachscheiben. Textilrollos an der Innenseite bieten temporären Sonnenschutz.

Joseph Paxton, Großes Gewächshaus 1836–40 in Chatsworth, 1920 abgerissen.

Transparenz und Spiegelung der gefalteten Glasgewölbe verleihen dem Gewächshaus trotz seiner imposanten Maße (84,5 m lang, 37,5 m breit, 20,5 m hoch) ein immaterielles Erscheinungsbild.

Eingeschossige Hallen

Fakultätszentrum

Fachwerkbogen

Mauritio Dej-Ferrada
Detlev Fischer
Andrea Frank
Claudia Haas
Ernst-Jürgen Kohler

Aufgabe
Für die Architekturfakultät der Universität Stuttgart soll eine kleine Halle mit 400 m² Ausstellungsfläche geplant werden, die für die öffentliche Präsentation von Studienarbeiten, Wanderausstellungen und Festveranstaltungen geeignet ist.

Konzept
Ein langgestreckter tonnenförmiger Baukörper von 40 m Länge und 15,45 m Breite beherbergt einen großen, ungeteilten Hallenraum, der flexibel nutzbar ist.

Die Nebenräume wurden weitgehend im Untergeschoß untergebracht. Lediglich ein Lagerraum für Bestuhlung und Ausstellungsträger wurde aus funktionalen Erwägungen auf dem Niveau der Ausstellungsfläche angeordnet. Um den Raumquerschnitt der Tonne durchgängig erleben zu können, aber auch um schwirige Anschlüsse der Trennwände an das im Innenraum sichtbare Tragwerk zu vermeiden, wurde das Lager als Haus im Haus frei in die Halle eingestellt. Seine Dachfläche wird als Galerie genutzt, eine seiner begrenzenden Wände als Projektionsfläche für Vortragsveranstaltungen. Der Kern dient insgesamt als Raumteiler, mit dem die Halle in große und kleinere Nutzungsbereiche gegliedert wird, ohne ihren räumlichen Zusammenhang zu verlieren.

Um den gewünschten Bezug der Halle zur Öffentlichkeit herzustellen, wurde die Gebäudehülle vollständig verglast. Das Tragwerk wird hierdurch zur primär wahrnehmbaren raumbildenden Struktur und erhält somit zusätzlich zu seiner eigentlichen Aufgabe der Lastabtragung eine besondere architektonische Bedeutung.

Beratung
Prof. Peter C. von Seidlein
Dipl.-Ing. Clemens Richarz

Fachberatung
Prof. Dr. Nikola Dimitrov
Prof. Dr. Günter Eisenbiegler
Dipl.-Ing. Bernd Raff
(Institut für Tragkonstruktionen und Konstruktives Entwerfen).

1986

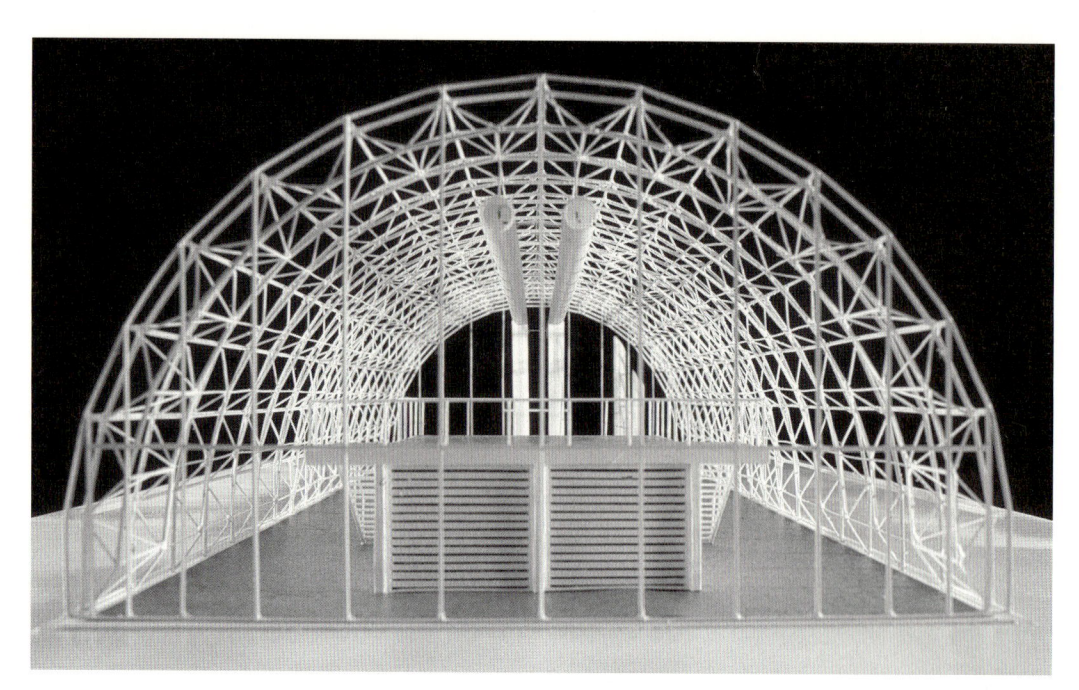

Das Bogentragwerk besteht aus zweigurtigen Stahlfachwerkbögen, die im Abstand von 2,4 m addiert und über Nebenträger gekoppelt sind. Diese dienen als Auflager für die Glasscheiben der Gebäudehülle, die mittels Preßleisten direkt auf dem Bogentragwerk befestigt werden.

Zepp-Labor

Lamellengitterschale aus Holz

Alexander Baumgarten
Werner Feldmeier
Karin Koch
Filis Plathau
Dirk Sabel

Aufgabe
Für die Einstellung und Wartung von zwei kleinen, solarbetriebenen Luftschiffen (je 16 x 4,5 m) soll eine stützenfreie Halle geplant werden.

Konzept
Der Entwurf sieht eine Halle von 41,35 x 21 m mit tonnenförmigem Raumquerschnitt vor (Stichhöhe Bogen 9,62 m).

Ihre Konstruktion besteht aus einer bogenförmigen Gitterschale aus sich kreuzenden Lamellen.

Vorbild ist die traditionelle Zollinger-Bauweise, die handliche, kurze Kanthölzer verwendet. Da die Tonne einen Kreisbogen beschreibt, kann das gesamte Dach mit einem Lamellenzuschnitt hergestellt werden. Lediglich an den Auflagern sind halbe Formate erforderlich. Die Form des Bogens ergibt sich bei richtigem Zuschnitt der Lamellen von selbst, so daß kein Lehrgerüst benötigt wird.

Die Montage läßt sich ohne schwere Hebezeuge mit einer leichten, verfahrbaren Arbeitsbühne durchführen, von der aus die Konstruktion an wenigen Randpunkten unterstützt wird, um das Einsetzen der nächsten Bretter zu erleichtern.

Nach Fertigstellung der Gitterschale kann die aussteifende Brettschalung ohne Gerüst von oben aufgebracht werden.

Die Vorteile dieser Bauweise liegen zum einen in der einfachen, handwerklichen Vorfertigung und Montage, zum anderen in der geringen Bauhöhe der Konstruktion (hier 26 cm bei 21 m Spannweite).

Die rautenförmige Struktur ist nicht nur eine der leistungsfähigsten Konstruktionen für große Spannweiten, sondern verleiht dem Innenraum auch eine eigenständige Wirkung.

Beratung
Prof. Peter C. von Seidlein
Dipl.-Ing. Stefan Bubeck

Fachberatung
Prof. Bernhard Tokarz
Prof. Dr. Günter Eisenbiegler
Dipl.-Ing. Bernd Raff
(Institut für Tragkonstruktionen und Konstruktives Entwerfen)

1994

Darstellung der Rautenbauweise mit seitlichem Randabschluß und Fußpunkt

Die Lamellen bestehen aus Brettschichtholz 110 x 260 mm (Kerto S) und werden mit Spannbolzen (ST 52, 30 mm) und Ringkeildübeln biegesteif verbunden.
In Abwandlung der Original-Zollinger-Bauweise wurde hier versucht, die an der durchlaufenden Lamelle gestoßenen gegenläufigen Lamellen nicht versetzt, sondern in einer Flucht anzuordnen. Hierdurch wird die Verbindung in der Montage wesentlich schwieriger (Einfädeln der Bolzen, Anziehen der Muttern, usw.). Vorteil ist jedoch die klarere Wirkung der Rautenstruktur.

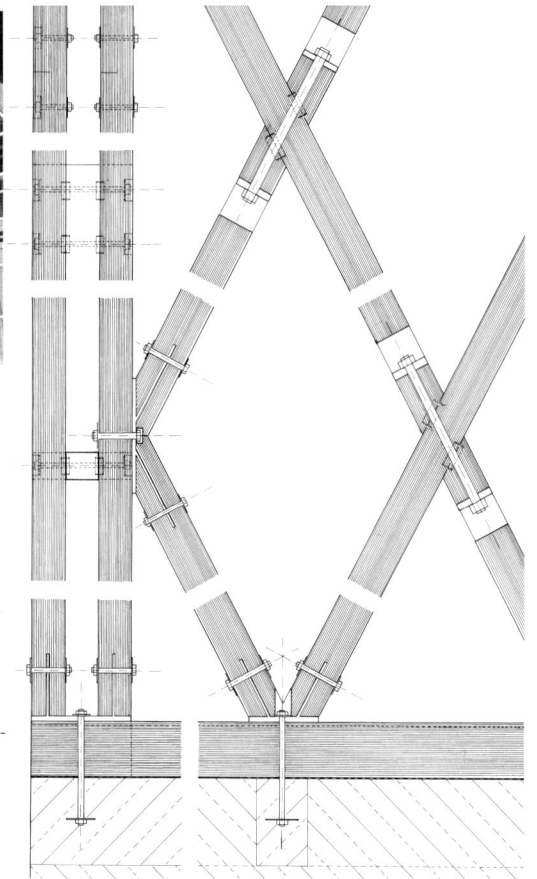

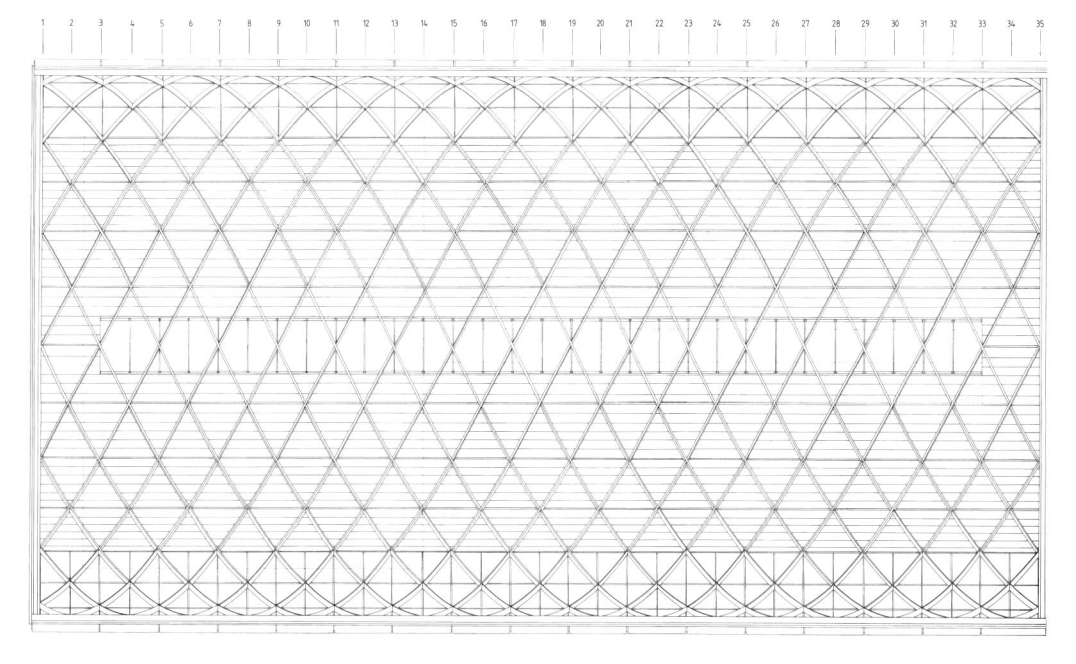

Uni Kino

Radialsymmetrische zweilagige
Seilkonstruktion

Klaus Echsler
Jürgen Häußer
Christiane Schäfer
Sandra Weimar
Michael Wicke

Aufgabe
Der Mangel an größeren Hörsälen an der Universität Stuttgart sowie der Wunsch nach einem Lichtspieltheater im Universitätsbereich sind Ausgangspunkt für die Planung eines Gebäudes, das beiden Nutzungen gerecht wird. Es soll ca. 300 Personen Platz bieten.

Konzept
Für den festbestuhlten Saal wurde ein geschlossener Zentralraum auf 18eckigem Grundriß entwickelt, der über ein vorgelagertes, verglastes Foyer erschlossen wird.

Konstruktion
Aus den zahlreichen Möglichkeiten, einen radialsymmetrischen Grundriß zu überspannen, wurde eine zweilagige, radiale Seilverspannung ausgewählt, da sie die hohe Zugfestigkeit von Stahl ausnutzt und eine entsprechend materialminimierte und in der optischen Wirkung filigrane Konstruktion ermöglicht.

18 Seilpaare sind zwischen einen äußeren Druckring mit 24 m Durchmesser und einen inneren, zweilagigen Zugring mit 1 m Durchmesser (h = 1,30 m) gespannt. Die unteren Seile dienen hierbei als Tragseile, die oberen als Stabilisierungsseile. Der horizontale Druckring ist fachwerkartig aufgelöst und durch die beiden Gurte der eingespannten Zweigurt-Fachwerkstützen gegen Ausknicken gesichert.

Die Dachhaut hat keine stabilisierende Funktion für das Tragsystem. Sie ist lediglich über Seilklemmen und Nebenträger auf die obere Seillage aufgelegt. Der Anstieg der Seile zum Mittelpunkt hin gewährleistet eine einfache Ableitung des Regenwassers.

Beratung
Prof. Peter C. von Seidlein
Dipl.-Ing. Gerhard Niese

Fachberatung
Prof. Dr. Nikola Dimitrov
Prof. Dr. Günter Eisenbiegler
Dipl.-Ing. Bernd Bornscheuer
(Institut für Tragkonstruktionen und Konstruktives Entwerfen)

1985

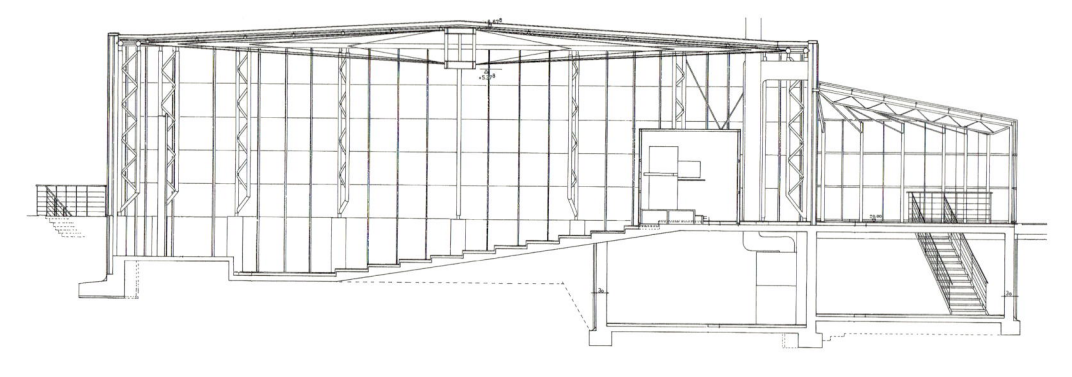

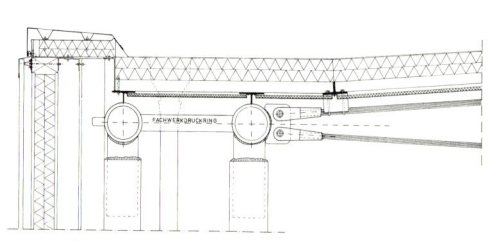

Dachaufbau:
PVC-Abdichtung
PS-Hartschaum 2 x 50 mm
Spanplatte 50 mm auf
Nebenträgern (1/2 HEB120)
Akustikpaneel (Lochblech, Filz, Hartfaserplatte)

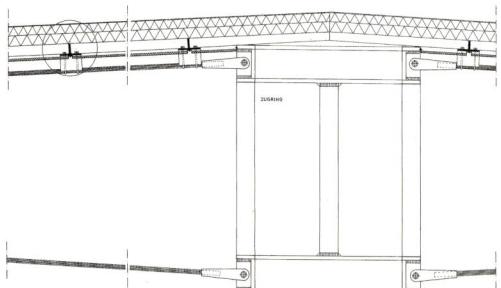

Glasforum Gelsenkirchen

Kugel mit geodätischer Flächenteilung

Holger Kortner
Hellmut Schiefer

Aufgabe

Als Auftakt zum Wissenschaftspark Gelsenkirchen soll ein „Glasforum" errichtet werden, eine Einrichtung zur Kommunikation und Information über den Werkstoff Glas.

Das Gebäude soll bei einer Gesamtnutzfläche von ca. 3000 m² in erster Linie Platz für Dauer- und Wechselausstellungen bieten sowie Vortragssäle und Seminarräume beherbergen. Für die Konstruktion und Gestaltung des Glasforums sollen insbesondere zukunftsorientierte Anwendungen von Glas untersucht und angewendet werden.

Die hier dokumentierte Arbeit wurde zum gleichnamigen Architekturstudenten-Wettbewerb der Flachglas AG eingereicht und mit einer Anerkennung ausgezeichnet.

Konzept

Die vollständig verglaste Kugel stellt einen signifikanten Baukörper dar, der sicherlich als Werbeträger für die Glasindustrie und den Wissenschaftspark insgesamt wirksam ist.

Die Kugel ist auf ein Sockelgeschoß aufgelagert, das in einen Geländeversatz eingeschoben ist. Der Bau wird von der unteren Ebene aus über ein großzügiges Foyer erschlossen. Von hier ragt ein freistehender, dreimastiger Turm in das Kugelinnere, an ihm hängen die Ausstellungsebenen.

Räume mit Sondernutzungen wie Vortragssaal, Seminar- und Verwaltungsräume sind dem Foyer seitlich angelagert und größtenteils in den Hang eingegraben.

Tragwerk

Die gläserne Kugeloberfläche wird von einem Knoten-Stab-System getragen. Aus den verschiedenen Prinzipien zur geometrischen Aufteilung einer solchen Kugelfläche wurde die geodätische Flächenteilung gewählt. Sie zeichnet sich im Gegensatz zu den Ringnetzkonstruktionen mit ihren typischen Verdichtungen an den Polzonen durch eine homogene Struktur mit einem Minimum an unterschiedlichen Elementtypen aus (siehe S. 81).

Für die Vollkugel mit einem Durchmesser von 36 m werden insgesamt 3000 Stäbe benötigt, die jedoch nur 26 unterschiedliche Längen aufweisen. Dies bedeutet nicht nur eine erhebliche Vereinfachung für die maßliche Definition und Koordinierung der Tragwerkteile, sondern auch der Hülle.

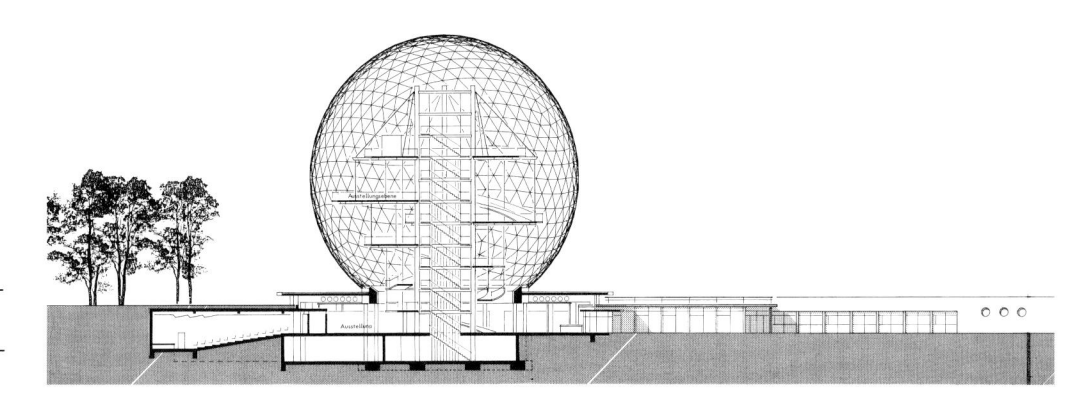

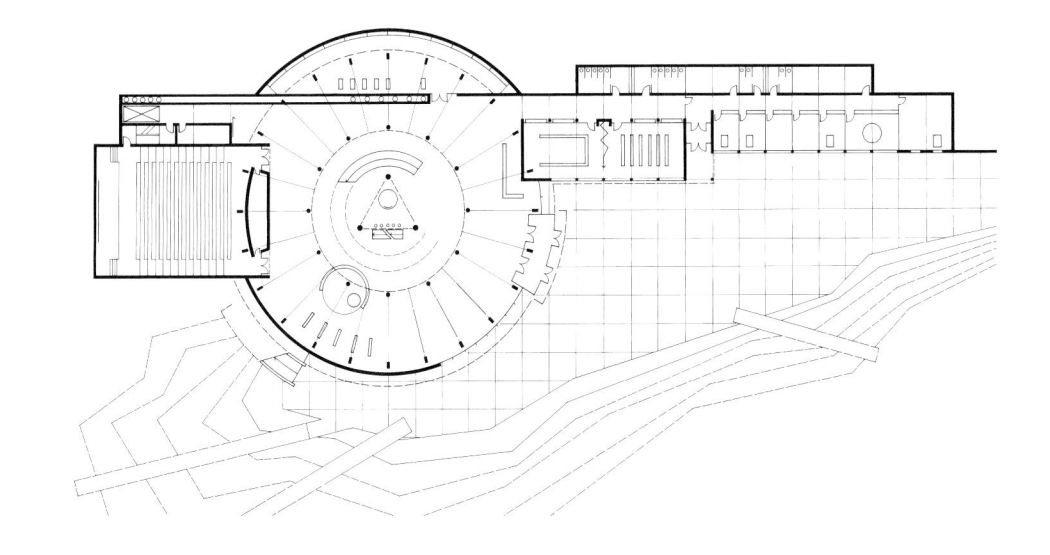

Zur Be- und Entlüftung des „Glasforums" ist eine RLT-Anlage vorgesehen. Dabei wird die Zuluft in der Decke über dem Foyer verteilt und in Höhe des Auflagerrings der Kugel in den Innenraum eingeblasen. Zusätzliche Auslaßöffnungen befinden sich in den einzelnen Ausstellungsebenen des Turms.
Zur Luftabsaugung dient der gläserne Schacht, in dem sich gleichzeitig der Aufzug befindet.

Hülle
Die für die Verglasung der Kugel verwendeten Isolierglasscheiben (13 mm VSG innen / 8 mm ESG außen mit Sonnenschutzbeschichtung) entsprechen in Form und Größe der in Dreiecke aufgeteilten Tragkonstruktion. Jede Scheibe ist an 6 Punkten mit dem Planar-System aufgelagert und über Aluminiumgußteile auf die Primärkonstruktion geschraubt. Sämtliche Scheiben sind mit Silikon verfugt.

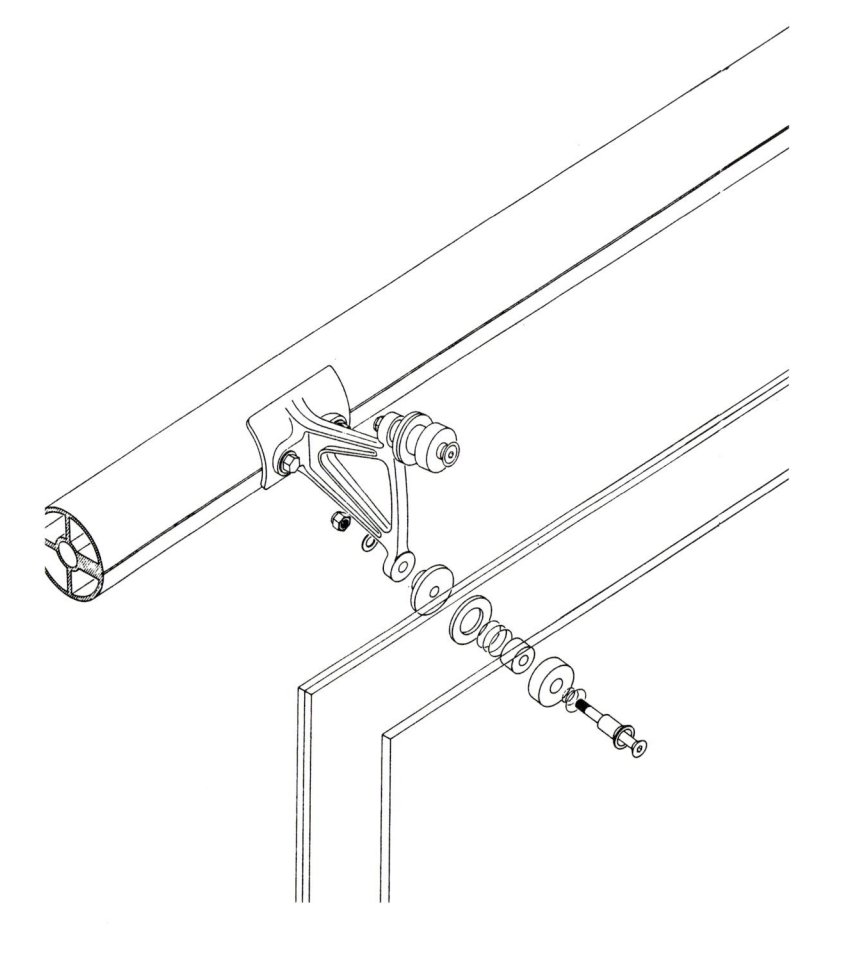

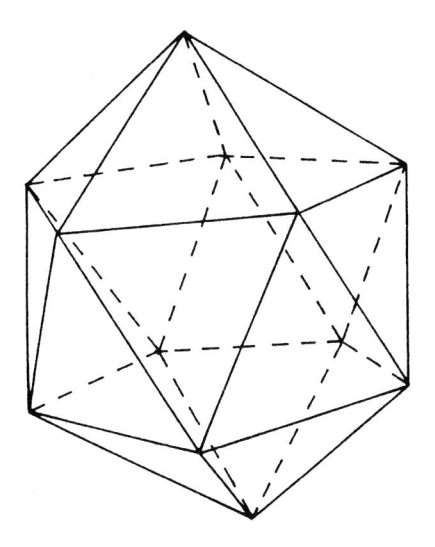

Ikosaeder mit 20 dreieckigen Flächen

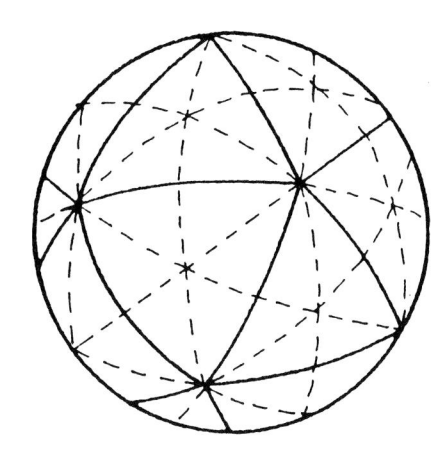

20 sphärisch gekrümmte Großdreiecke als Kugelflächen

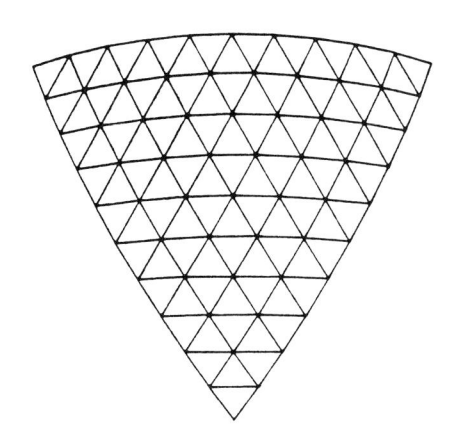

100 Dreiecke in einem sphärisch gekrümmten Großdreieck

Geodätische Kugelflächenteilungen basieren auf der Symmetrie eines in die Kugel einbeschriebenen Vielflächners. Die gewählte Grundstruktur des Tragwerks wird von einem in die Kugelform einbeschriebenen Ikosaeder gebildet, einem Vielflächner mit einer Oberfläche aus 20 Dreiecken.
Jedes der 20 Großdreiecke ist sphärisch gekrümmt und in 100 weitere Dreiecke mit einer durchschnittlichen Seitenlänge von 2,2 m unterteilt.

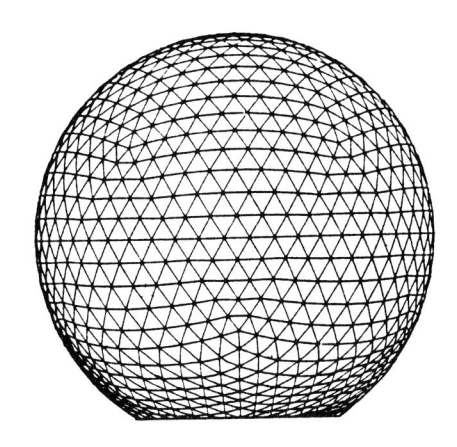

Ansicht

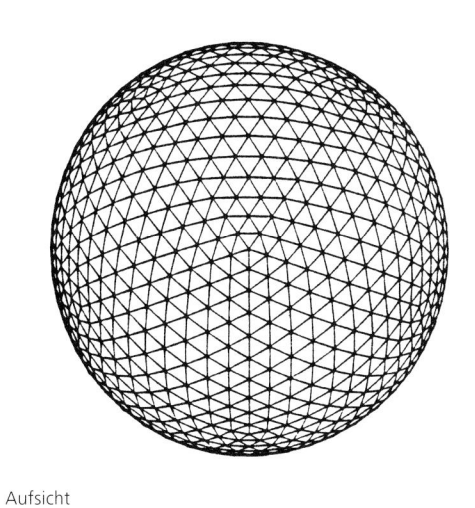

Aufsicht

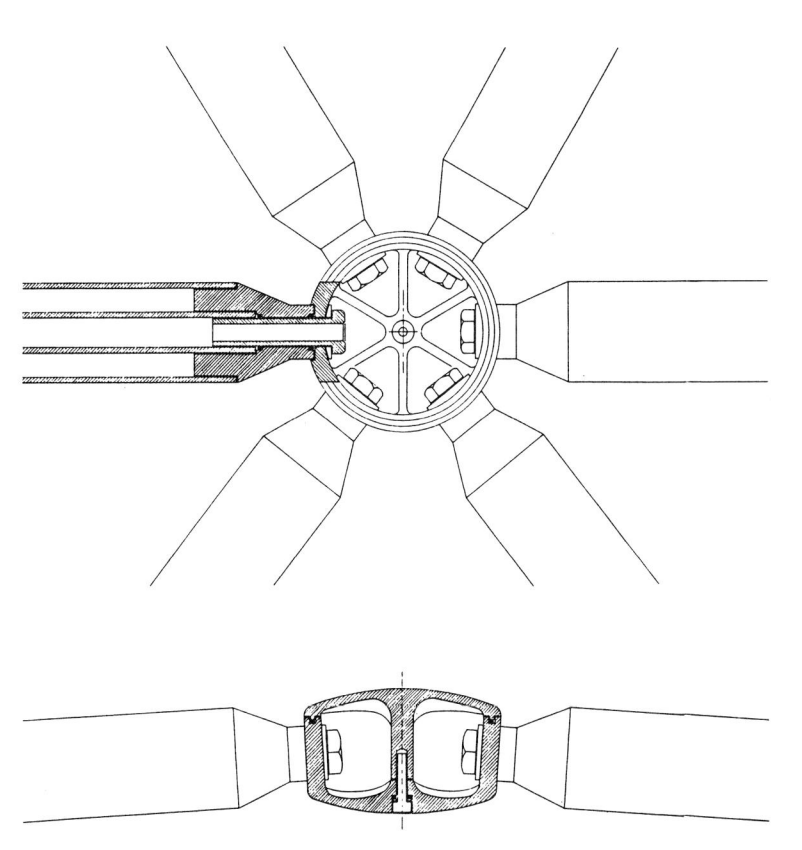

Die Kugelkonstruktion ist so ausgelegt, daß sie zum Heizen bzw. Kühlen des Innenraums herangezogen werden kann. Dabei wird gekühltes oder erwärmtes Wasser durch das Innenrohr des Aluminium-Strangpreßprofils und durch die zweiteiligen, mit einer Ringdichtung verschraubten Gußknoten geführt.
Somit kann im Winter die Grundheizung des Forums sichergestellt und im Sommer die Kühllast der raumlufttechnischen Anlage verringert werden.

Beratung
Prof. Peter C. von Seidlein
Dipl.-Ing. Gerhard Niese
(Institut für Baukonstruktion)
Prof. Dr. Günter Eisenbiegler
Dipl.-Ing. Frank Ulrich Drexler
(Institut für Tragkonstruktionen und Konstruktives Entwerfen)
Dr. Joachim Bahndorf
Dipl.-Ing. Dieter Ströbel
(Institut für Anwendung der Geodäsie im Bauwesen)

1990

Eingeschossige Hallen

Mehrgeschossige Hallen

Zepp-Labor
Fachwerkrahmen auf Betontischen

Heikki Kaikkonen
Dorothee Mayer
Ulrike Schnitzer
Wolfram Sponer
Stefan Trumpp

Aufgabe
Für die Einstellung und Wartung von zwei kleinen, solarbetriebenen Luftschiffen (je 16 x 4,5 m) soll eine stützenfreie Halle geplant werden.

Konzept
Der vorhandene Höhenversatz des Baugeländes wird für eine kompakte zweigeschossige Lösung genutzt, die eine klare Gliederung der Nutzungen erlaubt:
Während das obere Geschoß ausschließlich der Unterbringung der beiden Luftschiffe dient und über zwei Stege an den Start- und Landeplatz angebunden ist, befinden sich im unteren Geschoß zahlreiche kleinere Räume mit Werkstätten, Lagern, Sanitär- und Aufenthaltsbereichen. Beide Geschosse werden durch eine Erschließungszone, die sich über die Längsachse erstreckt, übersichtlich gegliedert. Große Treppenaussparungen und ein transluzenter Glasfußboden sorgen in diesem Bereich für die räumliche Verbindung zwischen den beiden Ebenen.

Konstruktion
Das Tragwerk der beiden Geschosse entspricht ihrer unterschiedlichen Nutzung: Zwei „Betontische" mit punktgestützten Platten und eingespannten Rundstützen tragen die Lasten der Geschoßdecke in den Baugrund ab. Mit einem Raster von 6,4 x 6,4 m ist die Stützenstellung dem Grundriß der unteren Ebene angepaßt, für das obere Geschoß zugunsten der freien Rangierbarkeit der Luftschiffe aufgegeben. Hier spannen Stahlfachwerkträger von Außenstütze zu Außenstütze über die gesamte Hallenbreite (19,1 m). Die Ausbildung von Rahmenecken zur Queraussteifung ermöglicht große Toröffnungen zum Ausbringen der Luftschiffe.
Das Gebäude ist von einer einheitlichen Pfosten-Riegel-Fassade umhüllt und bis auf die Torseite vollständig verglast. Im Obergeschoß sorgt eine außen vorgehängte Konstruktion mit drehbaren Alu-Lamellen für den nötigen Sonnenschutz, während das untere Geschoß aufgrund der großen Auskragung der Lamellenkonstruktion (1,55 m) lediglich mit einem innenliegenden Rollo ausgerüstet ist. Durch öffenbare Fassadenelemente kann das Gebäude natürlich be- und entlüftet werden.

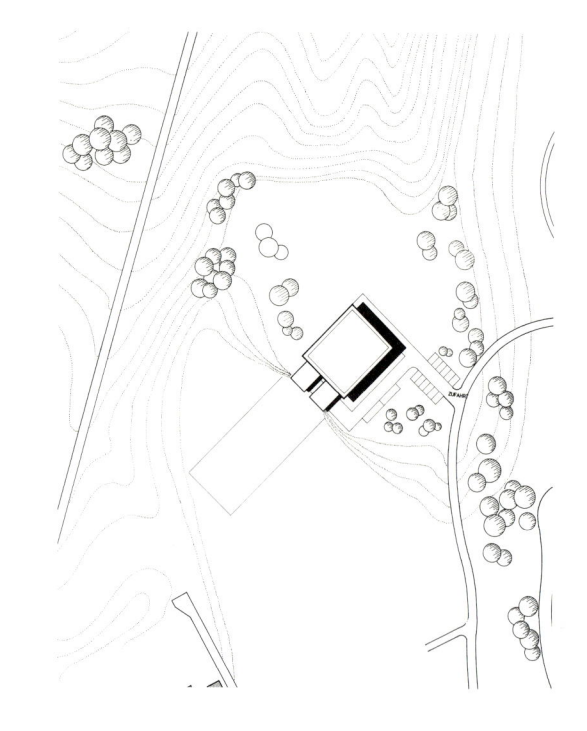

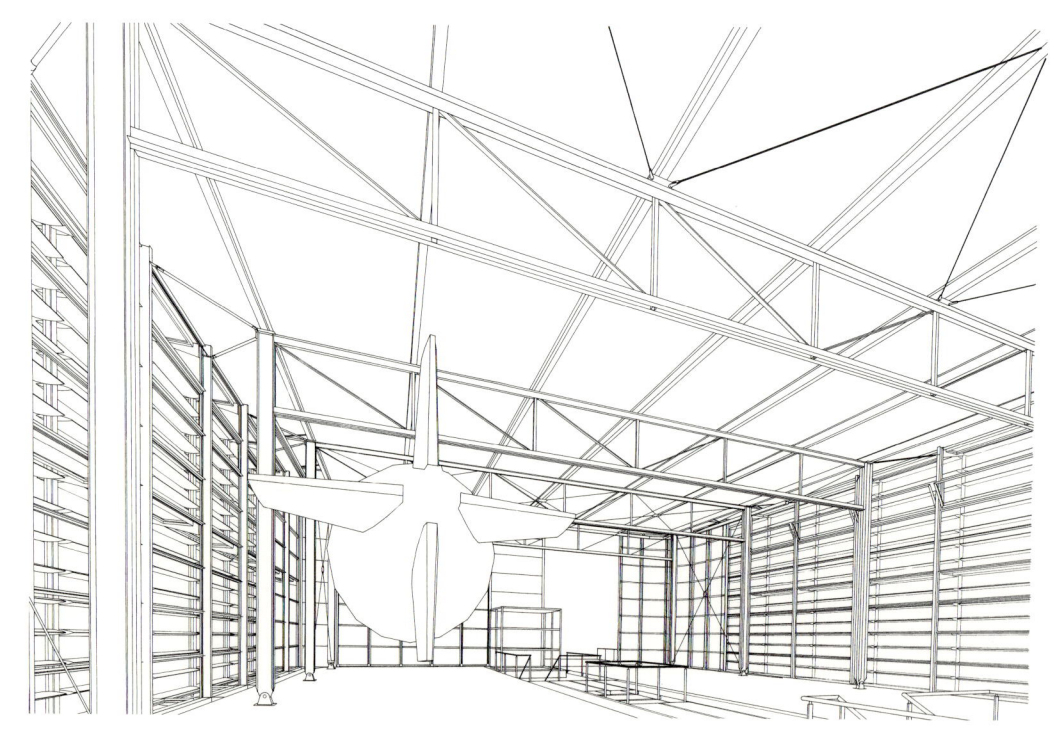

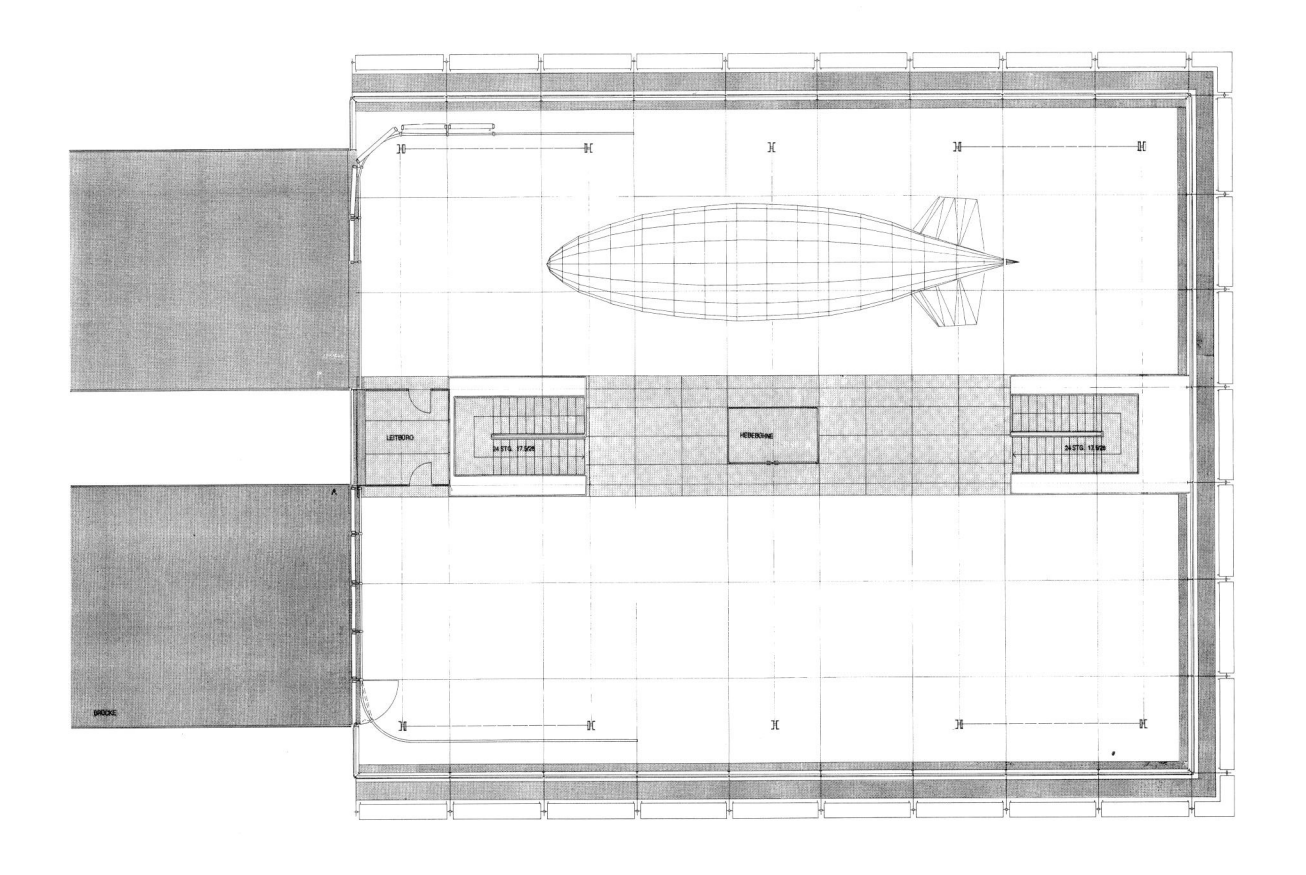

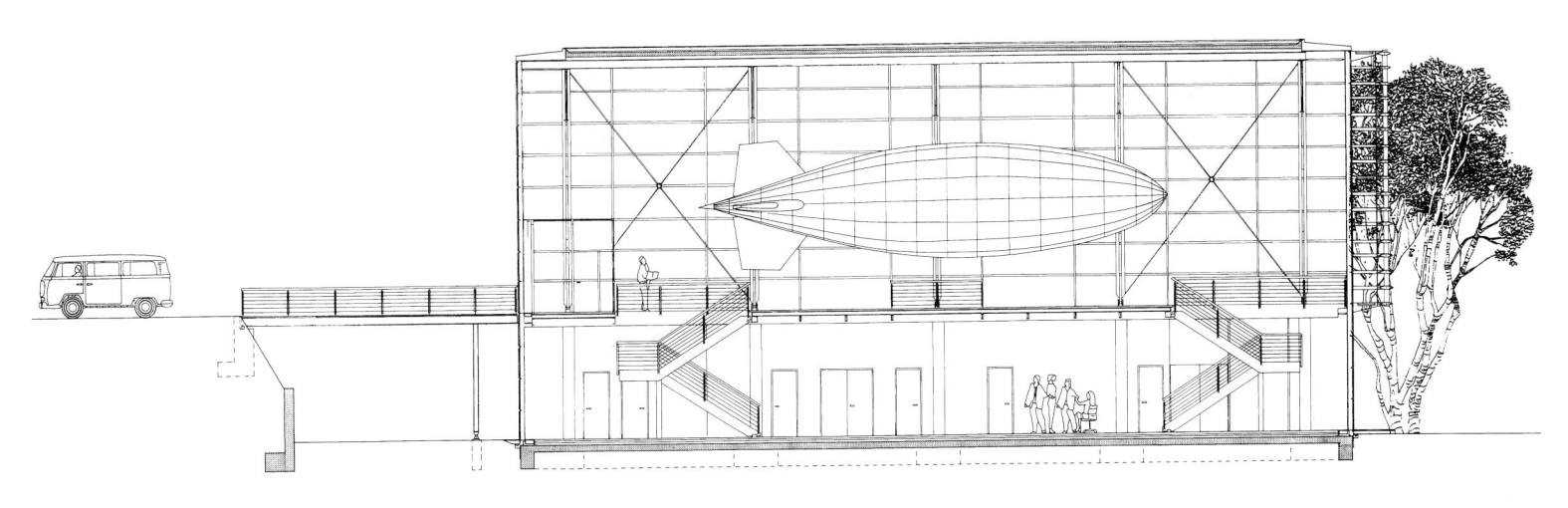

Die Gebäudehülle ist um
1,6 m vor die Tragkonstruktion nach außen gerückt
und ohne Unterbrechung
von unten nach oben durchgeführt.
Die frei vor der Konstruktion
stehenden Fassadenpfosten
sind zur Aufnahme der
Windlasten an die Geschoßdecke angebunden.

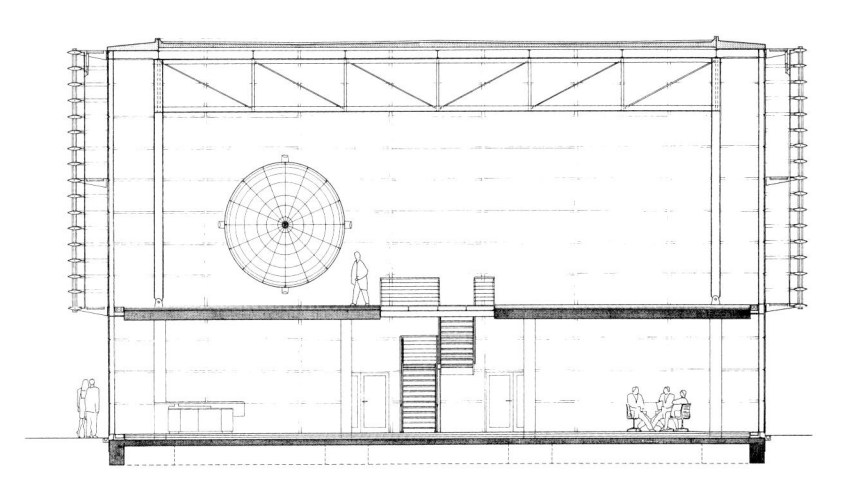

Mehrgeschossige Hallen

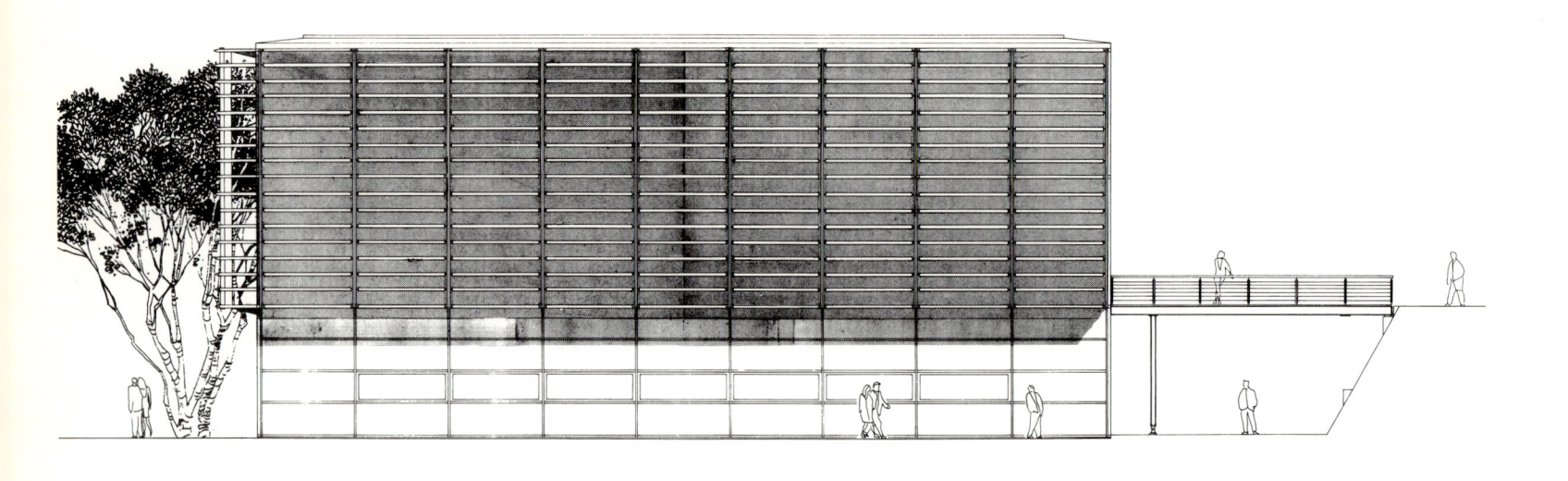

Die Detailschnitte der Fassadenkonstruktion auf Höhe der Geschoßdecke zeigen die konstruktive Lösung zur Abtragung der Horizontallasten mittels horizontaler Druckspreizen in die Betonkonstruktion.
Außerdem wird sichtbar, wie der dadurch entstehende Zwischenraum zur Unterbringung der Heizkonvektoren und Sonnenschutzrollos genutzt wird, ohne dies nach außen durch ein Fassadensonderelement abzubilden.

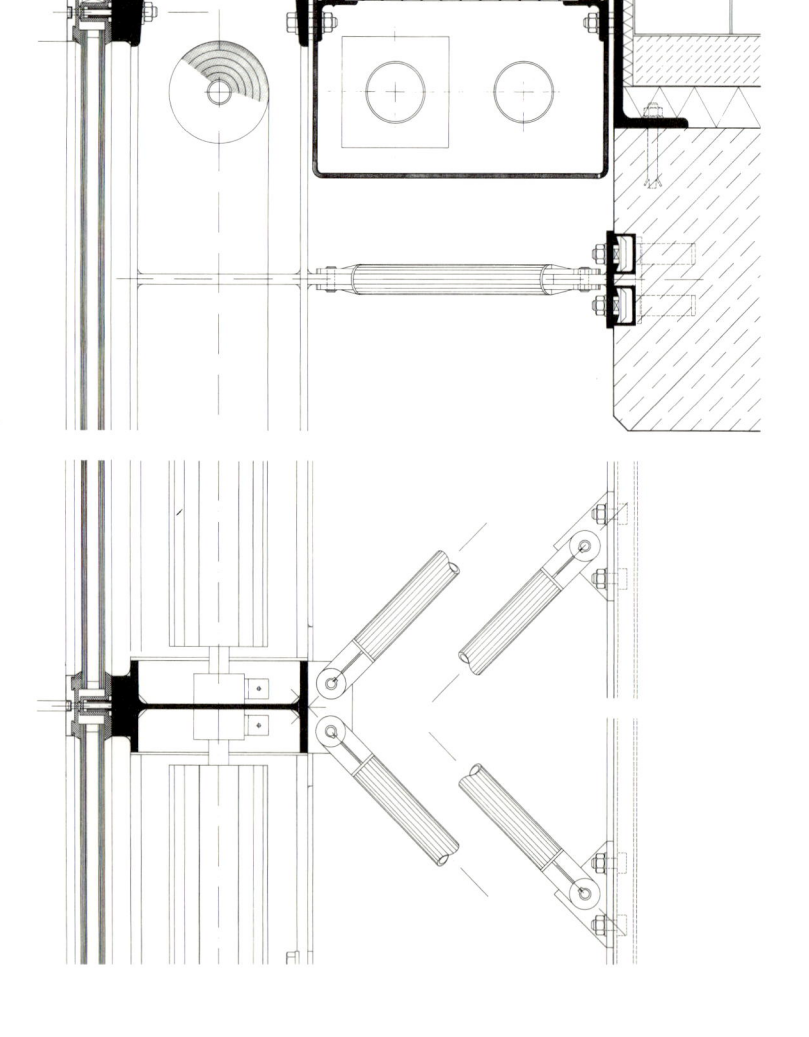

Mehrgeschossige Hallen

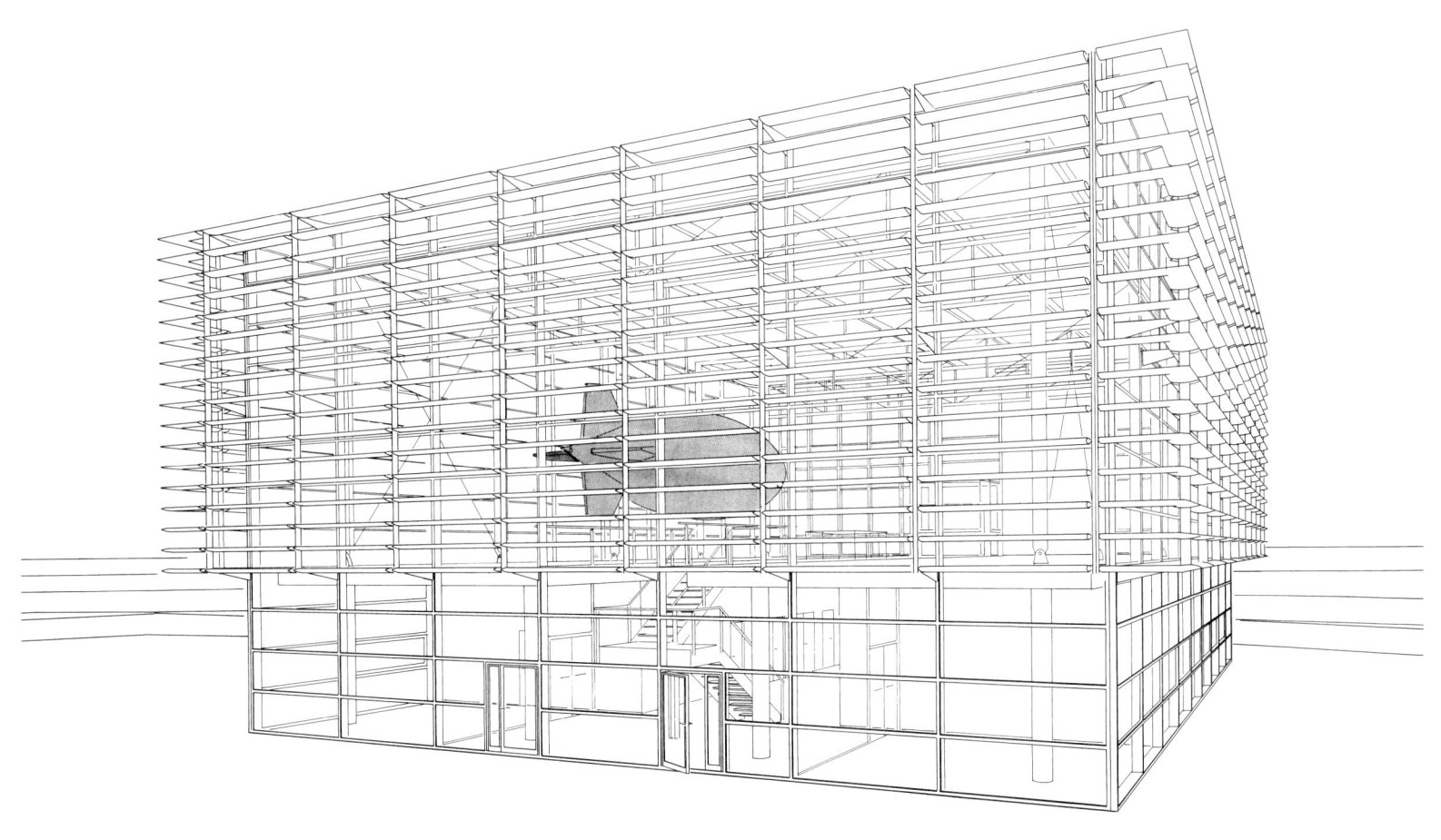

Durch die differenzierte Behandlung des Sonnenschutzes erhält der kubische, von einer einheitlichen gläsernen Haut umhüllte Baukörper eine Gliederung in Sockel- und Obergeschoß.

Beratung
Prof. Peter C. von Seidlein
Dipl.-Ing. Jörg Hieber

Fachberatung
Prof. Bernhard Tokarz
Prof. Dr. Günter Eisenbiegler
Dipl.-Ing. Hans Peter
(Institut für Tragkonstruktionen und Konstruktives Entwerfen)

1994

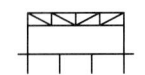

Mehrgeschossige Hallen

Architekturschule

Ungerichtete Stahlkonstruktion
über zwei Stahlbetongeschossen

Jörg Hieber

Aufgabe
Eine deutsche Hochschule soll einen Neubau für die Ausbildung von Architekten erhalten. Dem Entwurf war eine Analyse bestehender Architekturschulen in Deutschland und in der Schweiz vorgeschaltet.

Hieraus und aus der eigenen Erfahrung sollen Vorgaben für einen Neubau entwickelt werden, der sich an einem frei wählbaren Standort befinden kann und solchermaßen auch als Prototyp für verschiedene Standorte geeignet ist.

Konzept
Die Konzeption des Gebäudes soll der wichtigen Rolle der Kommunikation bei der Architektenausbildung Rechnung tragen.

Weitere Kriterien waren Flexibilität der einzelnen Nutzungsbereiche und eine problemlose Erweiterbarkeit des Gebäudes.

Um diese Anforderungen zu erfüllen, wurde das Gebäude als mehrgeschossiger, hallenartiger Baukörper konzipiert, der aus der Addition von Grundmodulen, die schon die wesentlichen Funktionen für die Nutzung und den Betrieb beinhalten, entsteht.

Im Untergeschoß sind Werkstätten, Technikräume und Stellplätze vorgesehen.

Das Erdgeschoß beherbergt neben dem zentralen Foyer und einer Cafeteria alle Bereiche, die eine räumliche Abtrennung erfordern: Büroräume für die verschiedenen Institute, Seminar- und Forschungsräume, Hörsäle und eine Bibliothek.
Darüber befindet sich auf einem offenen Galeriegeschoß der Zeichensaal mit den studentischen Arbeitsplätzen. Große Lufträume in der Mittelzone schaffen eine räumliche Verbindung der beiden Hauptgeschosse.
In der Mitte befinden sich auch die Fluchttreppenhäuser. Sie führen über das offene Untergeschoß ins Freie.

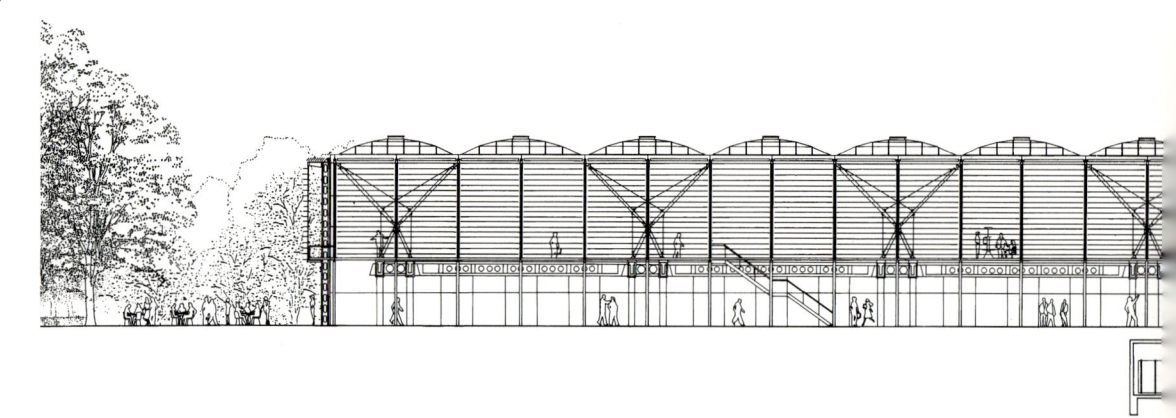

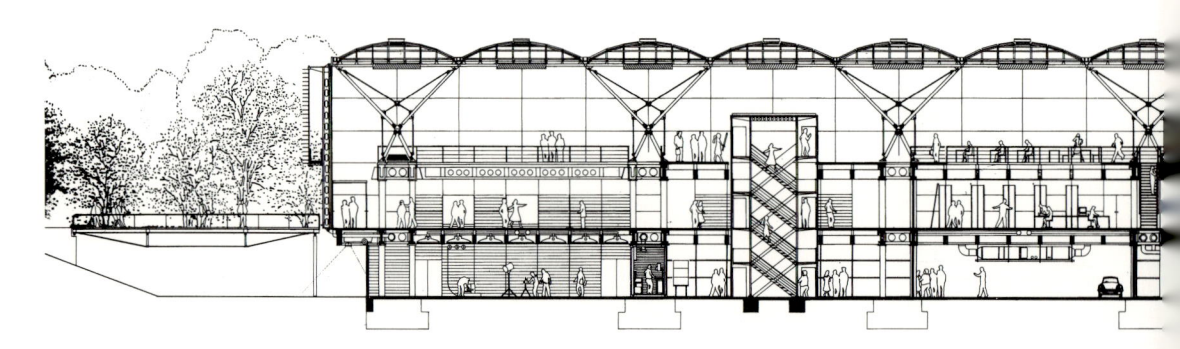

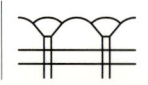

Mehrgeschossige Hallen

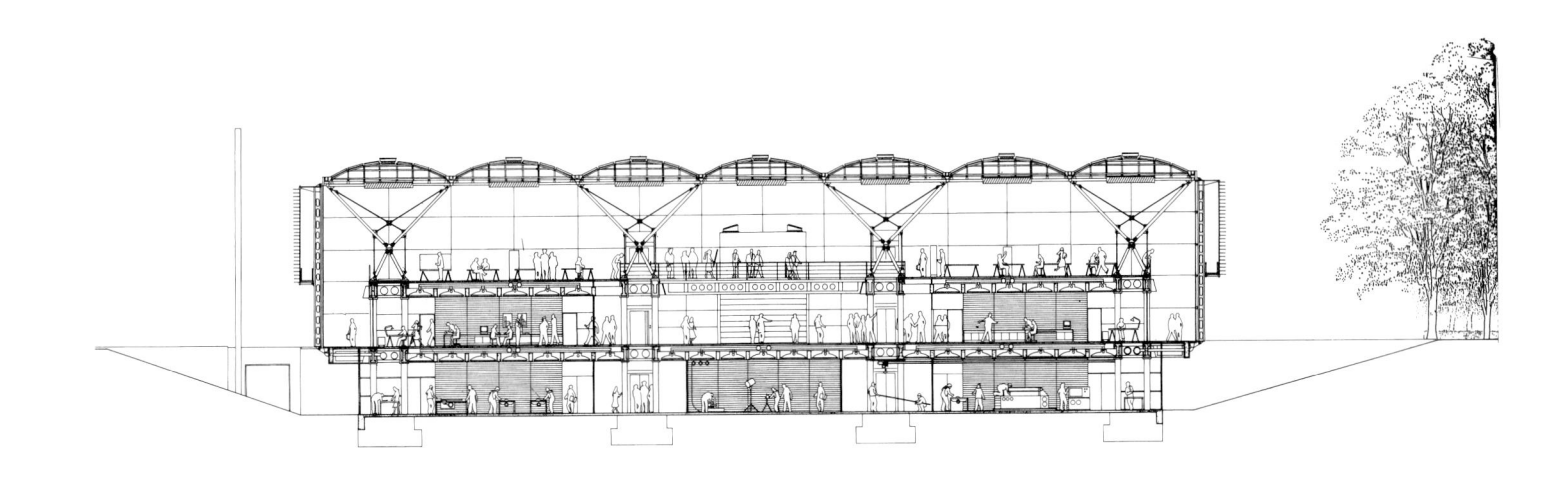

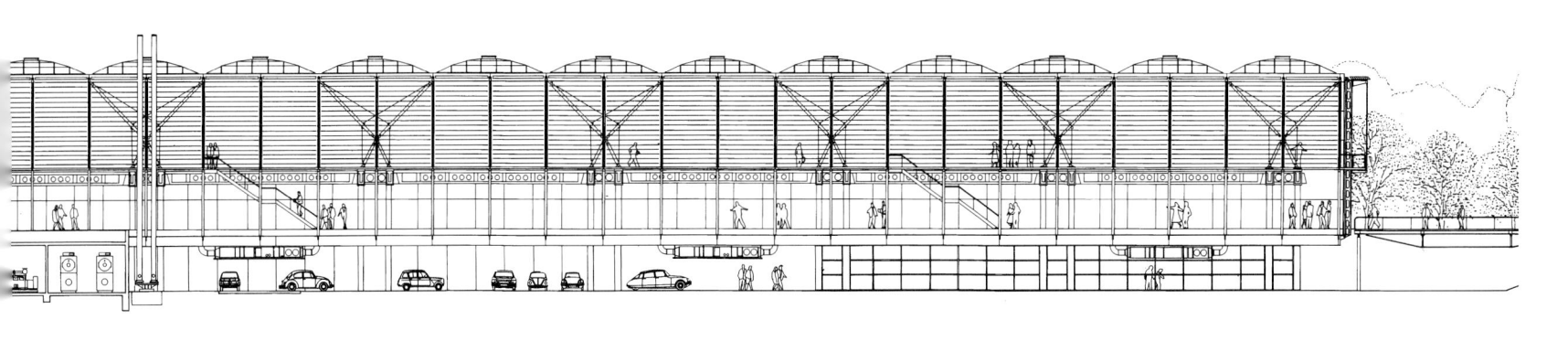

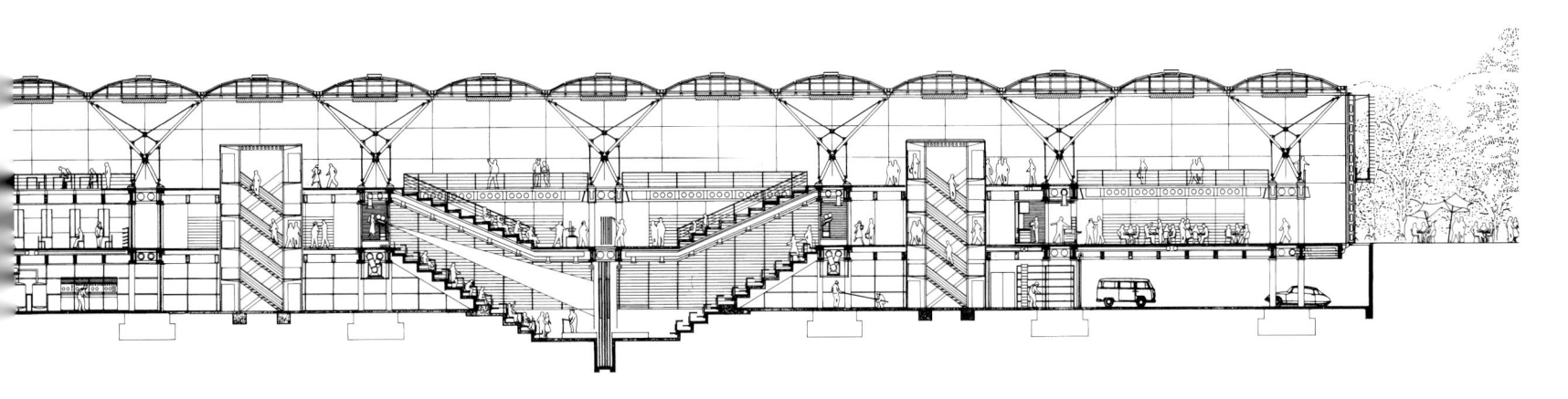

Grundriß Galerie
(+ 4,2 m)

Die beiden längs der Fassaden angeordneten Arbeitsplatzgalerien sind durch brückenartige Querriegel miteinander verbunden. Hier befinden sich die gemeinsam genutzten Pausen-, Besprechungs-, Seminar- und Servicebereiche sowie die vertikalen Erschließungselemente.
  Galerietreppen sind an der Fassade angeordnet und ermöglichen eine attraktive Verbindung zu den darunterliegenden Instituten.

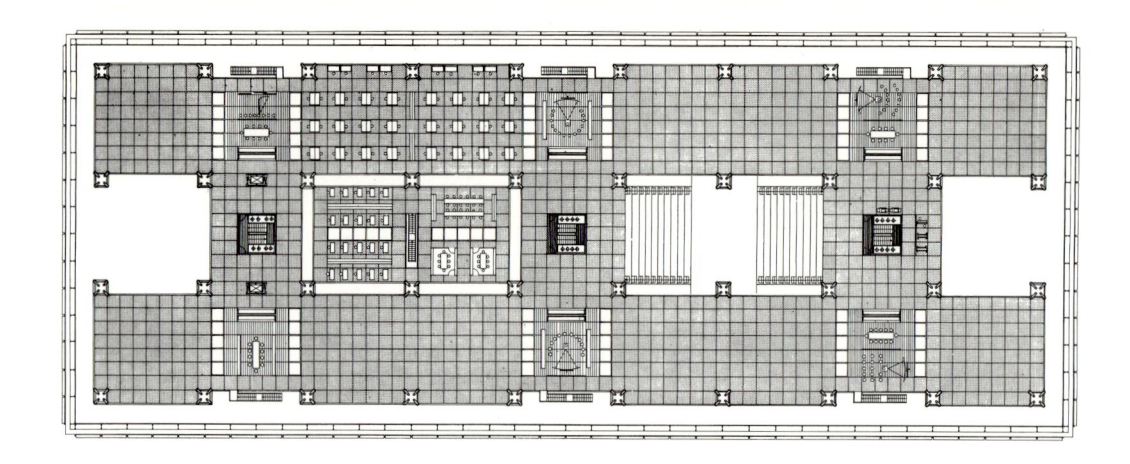

Grundriß Erdgeschoß
(± 0,0 m)

Die beiden frei eingestellten Längsriegel entlang der Fassade enthalten die Institutsräume und die zugeordneten Forschungsräume, die jeweils zwischen zwei Instituten liegen und gemeinsam genutzt werden.
  In der Mittelspange sind die zweigeschossigen, über Dach und Stirnfassaden belichteten, zentralen Einrichtungen angeordnet: Foyer, Bibliothek, Hörsäle und Cafeteria.

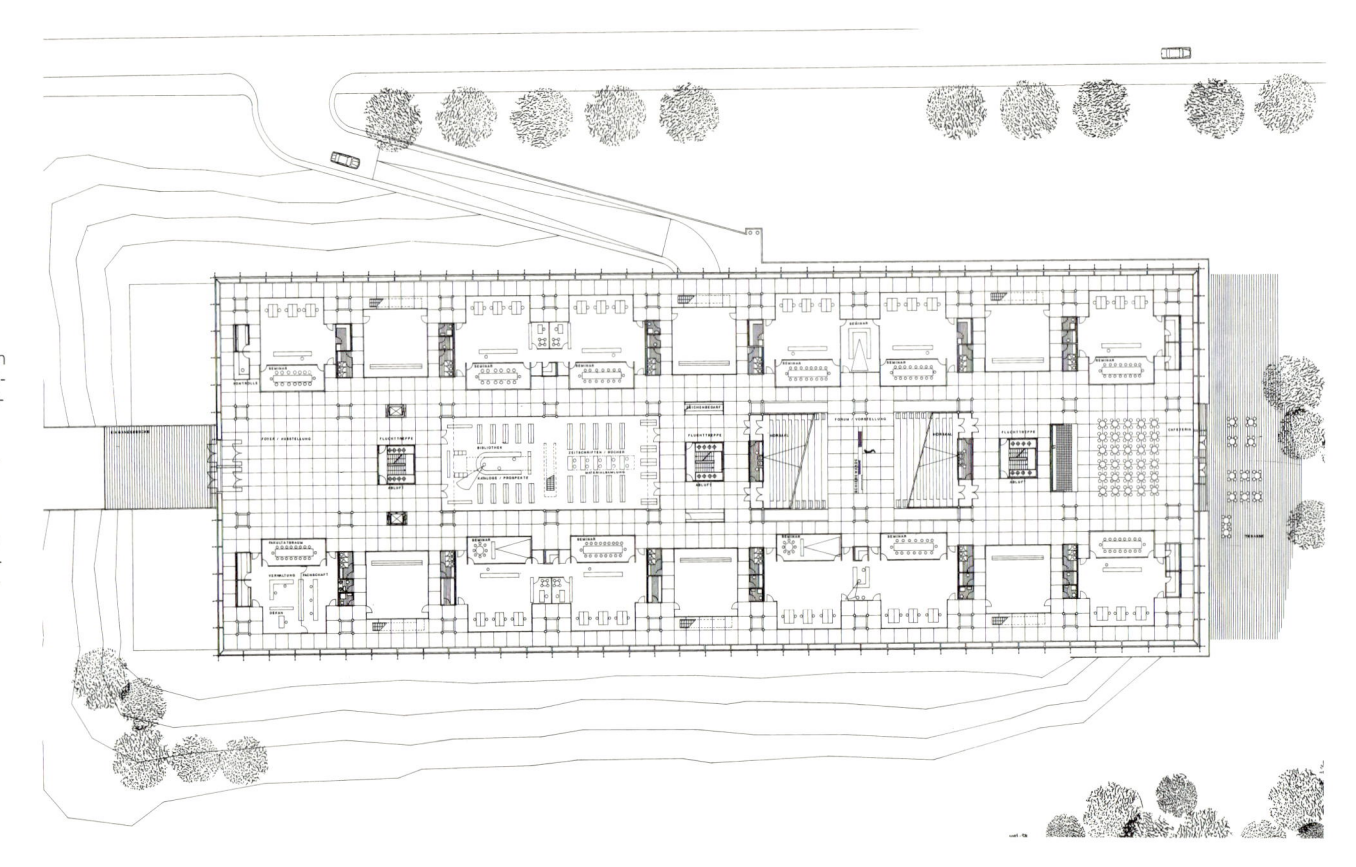

Grundriß Untergeschoß
(– 4,2 m)

Das Untergeschoß wird zu ca. 60 Prozent als offene Parkierungsfläche genutzt. Durch Abböschen des Geländes sind die natürliche Belichtung und Belüftung gesichert.
  Die restlichen Flächen sind zu zwei Gebäudeteilen zusammengefaßt und enthalten einerseits ein unteres Foyer, Werkstätten und Labors, und andererseits Technikräume, Hörsäle und einen Anliefer- und Lagerbereich für die Cafeteria.

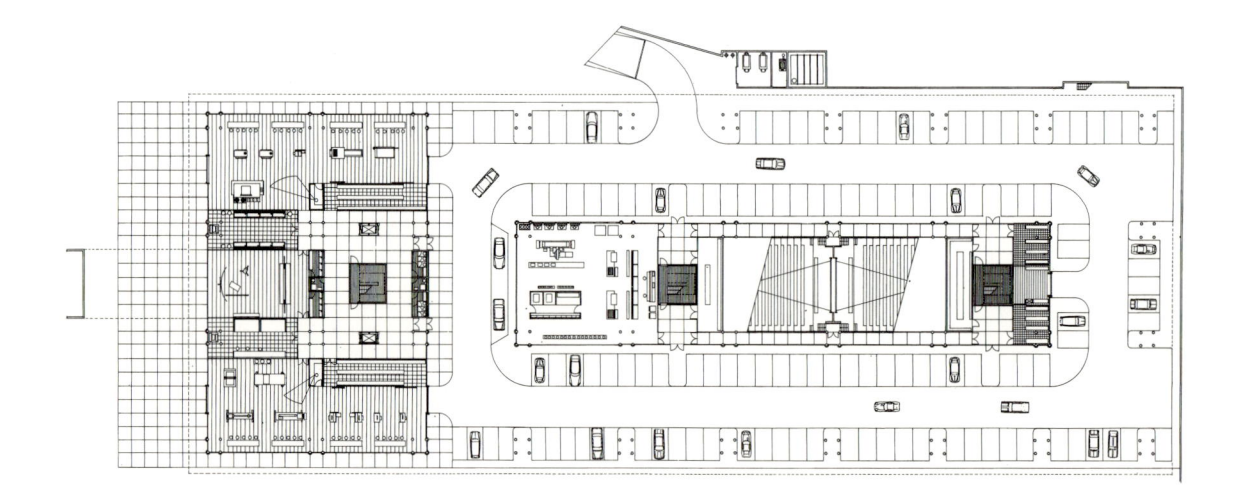

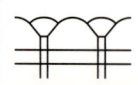

90   Mehrgeschossige Hallen

1 Rippenkuppel

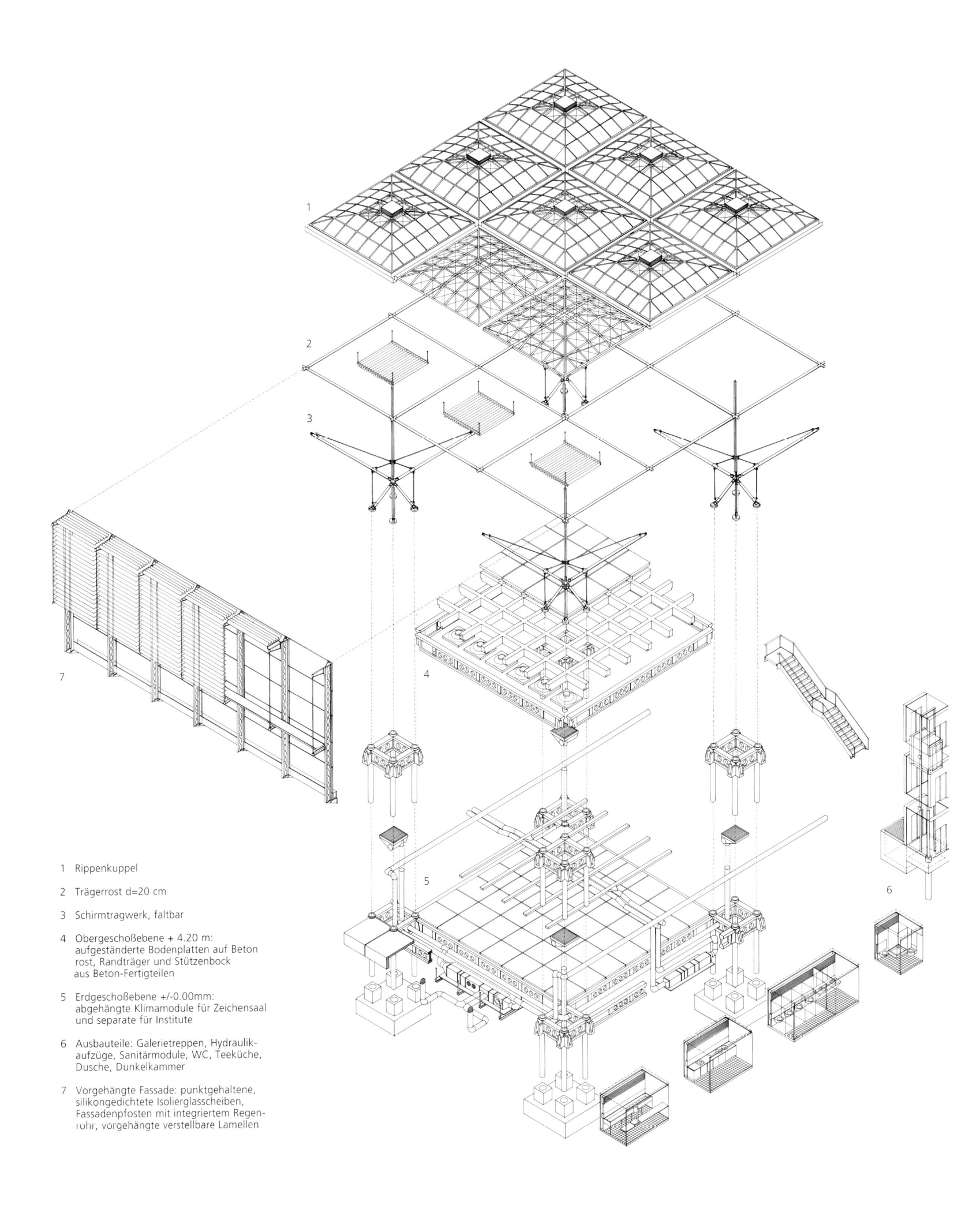

2 Trägerrost d=20 cm

3 Schirmtragwerk, faltbar

4 Obergeschoßebene + 4.20 m:
aufgeständerte Bodenplatten auf Beton
rost, Randträger und Stützenbock
aus Beton-Fertigteilen

5 Erdgeschoßebene +/-0.00mm:
abgehängte Klimamodule für Zeichensaal
und separate für Institute

6 Ausbauteile: Galerietreppen, Hydraulik-
aufzüge, Sanitärmodule, WC, Teeküche,
Dusche, Dunkelkammer

7 Vorgehängte Fassade: punktgehaltene,
silikongedichtete Isolierglasscheiben,
Fassadenpfosten mit integriertem Regenrohr, vorgehängte verstellbare Lamellen

Mehrgeschossige Hallen

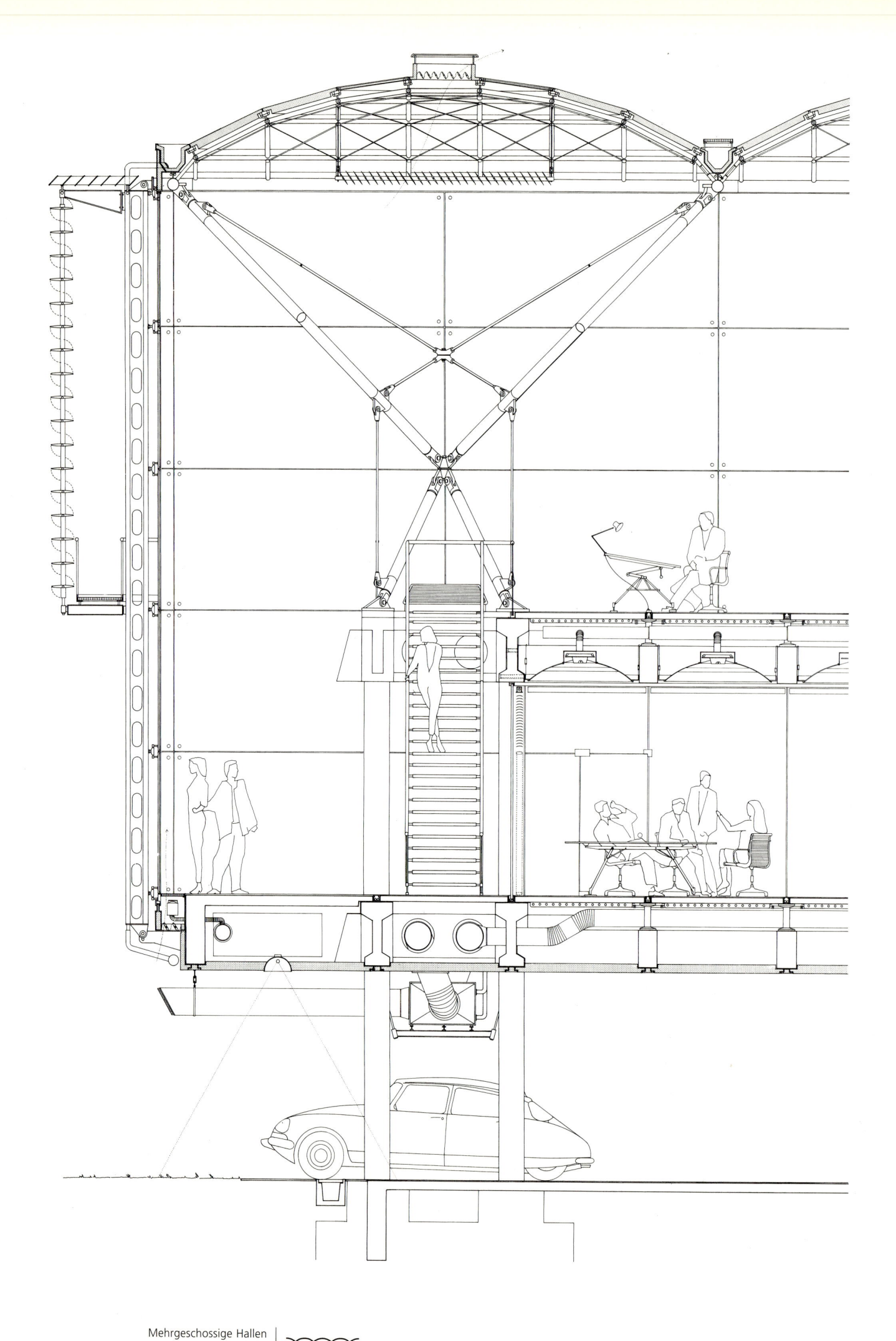

Mehrgeschossige Hallen

Tragwerk

Die Tragkonstruktion des Gebäudes ist eine Modifizierung der Konstruktion des Flughafens Stansted (UK) von Norman Foster (Fertigstellung 1991). Sie besteht aus einer ungerichteten, mehrgeschossigen Skelettkonstruktion.

Die Geschoßdecken von Erdgeschoß und Galerie sind als Stahlbetonkonstruktion mit einem Achsmaß von 16,8 x 16,8 m geplant. Die quadratischen Stützenböcke und die gelochten Randträger eines Moduls bestehen aus Beton-Fertigteilen. In diese Randträger wird ein Ortbetonrost mit einer Maschenweite von 2,10 m einbetoniert und über Spezialdübel biegesteif mit den Trägern verbunden. Die Schalung des Rostes erfolgt mittels Kunststoff-Schalkörpern und hydraulischer Hubtische. Das Dachtragwerk folgt dem gleichen ungerichteten Prinzip, jedoch als vorgefertigte, leichte Stahlkonstruktion. Quadratische, baumartige Stützen aus gespreizten Rundrohren und rückverspannten Auslegern werden auf die Betonstützen der unteren Geschosse aufgesetzt und von Rippenkuppeln (Grundfläche 8,4 x 8,4 m) überspannt. Die verschweißte Rundrohrkonstruktion der flachen Kuppeln wird durch ein untergehängtes, diagonales Seilnetz ausgesteift. Jeder „Baum" ist für sich auf der Betonkonstruktion eingespannt. Es werden keine weiteren Aussteifungselemente für die Stahlkonstruktion benötigt.

Hülle

Der hallenartige Baukörper ist rundum verglast, um möglichst alle Bereiche natürlich belichten zu können. Ein außenliegender, verstellbarer Sonnenschutz verhindert eine zu starke Erwärmung des Innenraumes durch direktes Sonnenlicht und ermöglicht außerdem die Einspiegelung von Tageslicht in tiefere Raumbereiche.

Die fest eingeglasten, 2,10 m breiten und 1,05 m hohen Isolierglasscheiben sind punktförmig an gelochten Fassadenpfosten befestigt, die an der Außenseite der Fassade stehen.

Für die Eindeckung der Rippenkuppeln werden teilweise Sonnenschutz-Isolierglasscheiben und teilweise Aluminiumpaneele verwendet. In beiden Fällen dienen Planar-Punkthalter zur Befestigung auf der Konstruktion. Gummipuffer, Kugelgelenke und Langlöcher dienen zur Justierung und zur Aufnahme von Bewegungen.

Die Entwässerung des Daches erfolgt mit einem Unterdrucksystem und entsprechend dünnen Abwasserrohren, die in die Fassadenpfosten integriert werden können.

Technischer Ausbau

Eine natürliche Belüftung des zweigeschossigen Hallenraums wird durch verstellbare Zuluftöffnungen im unteren Bereich der Fassade und Abluftöffnungen im Zenit der Rippenkuppeln erreicht. Die Raumluft kann bei entsprechenden klimatischen Verhältnissen zusätzlich durch modular angeordnete Lüftungsaggregate konditioniert werden, die unter der Erdgeschoß-Bodenplatte hängen. Die Wärme- und Kälteversorgung der einzelnen Aggregate erfolgt von einem zentralen Technikraum im Untergeschoß.

Die Zuluftöffnungen der Halle befinden sich in den Stützböcken (Quellüfter), die Abluft wird über Öffnungen in den Fluchttreppenhäusern abgeführt, so daß die Untersichten der Decken- bzw. Dachkonstruktion frei von technischen Installationen bleiben.

Die Konditionierung der abgetrennten Räume im Erdgeschoß erfolgt separat über Zuluftdecken und Abluftleuchten.

Die vorliegende Arbeit wurde beim „Förderpreis des deutschen Stahlbaus 1990" ausgezeichnet.

Beratung
Prof. Peter C. von Seidlein
Prof. Friedrich Wagner

Fachberatung
Prof. Dr. Günter Eisenbiegler
(Institut für Tragkonstruktionen und Konstruktives Entwerfen)

1990

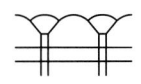

Architekturschule

Stahlkonstruktion mit zwei Geschossen unterschiedlicher Spannweite

Joachim Helmle

Aufgabe

Eine deutsche Hochschule soll einen Neubau für die Ausbildung von Architekten erhalten. Dem Entwurf war eine Analyse bestehender Architekturschulen in Deutschland und in der Schweiz vorgeschaltet.

Hieraus und aus der eigenen Erfahrung sollen Vorgaben für einen Neubau entwickelt werden, der sich an einem frei wählbaren Standort befinden kann und solchermaßen auch als Prototyp für verschiedene Standorte geeignet ist.

Konzept

Wesentliches Bestreben bei dem hier dargestellten Entwurf war es, die verschiedenen Nutzungsbereiche kommunikationsfördernd zu organisieren und für die studentischen Arbeitsplätze einen natürlich belichteten Großraum zu schaffen, der ebenso wie seine Haupterschließung unabhängig von der Orientierung des Gebäudes in einem fiktiven Gelände funktionstüchtig ist.

Dies führte zur Plazierung des Zeichensaals in der obersten, über Dach natürlich belichtbaren Ebene eines mehrgeschossigen Gebäudes, das konsequenterweise richtungsneutral von einem offenen Erdgeschoß aus senkrecht nach oben und unten erschlossen wird.

Die offene, überdachte Erdgeschoßfläche kann gleichermaßen für Freiversuche, Parkplätze und als Vorfahrt- und Nahverkehrshaltestelle genutzt werden. Vier Erschließungstürme führen von hier aus in die beiden Hauptgeschosse mit Instituts-, Seminar- und Werkstatträumen in Ebene 1 (+ 7,29 m) und Arbeitsplätzen, Bibliothek und Cafeteria in Ebene 2 (+ 12,15 m) sowie in die beiden unterirdischen Geschosse mit Hörsälen, Technik- und Depoträumen.

Grundriß Ebene 2 (+ 12,15 m)

Der Großraum für die studentischen Arbeitsplätze kann flexibel genutzt werden. An den Stirnseiten sind eine Bibliothek bzw. eine Cafeteria vorgesehen.

Grundriß Ebene 1 (+ 7,29 m)

Das abgehängte Geschoß ist dreischiffig organisiert: In der Mittelzone, die über einen Luftraum mit dem Zeichensaal in Verbindung steht, befinden sich die öffentlichen Flächen (Foyer, Ausstellung, Information), während die Flächen für Institute, Seminare und Werkstätten in den Seitenbereichen vorgesehen sind. Dort können sie durch leichte Wandelemente unterteilt werden.

Grundriß Ebene −1 (− 4,86 m)

Der aussteifende unterirdische Massivbau enthält in zwei Geschossen Hörsäle, Archive, Lager- und Technikräume.

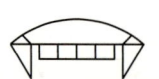

Mehrgeschossige Hallen 95

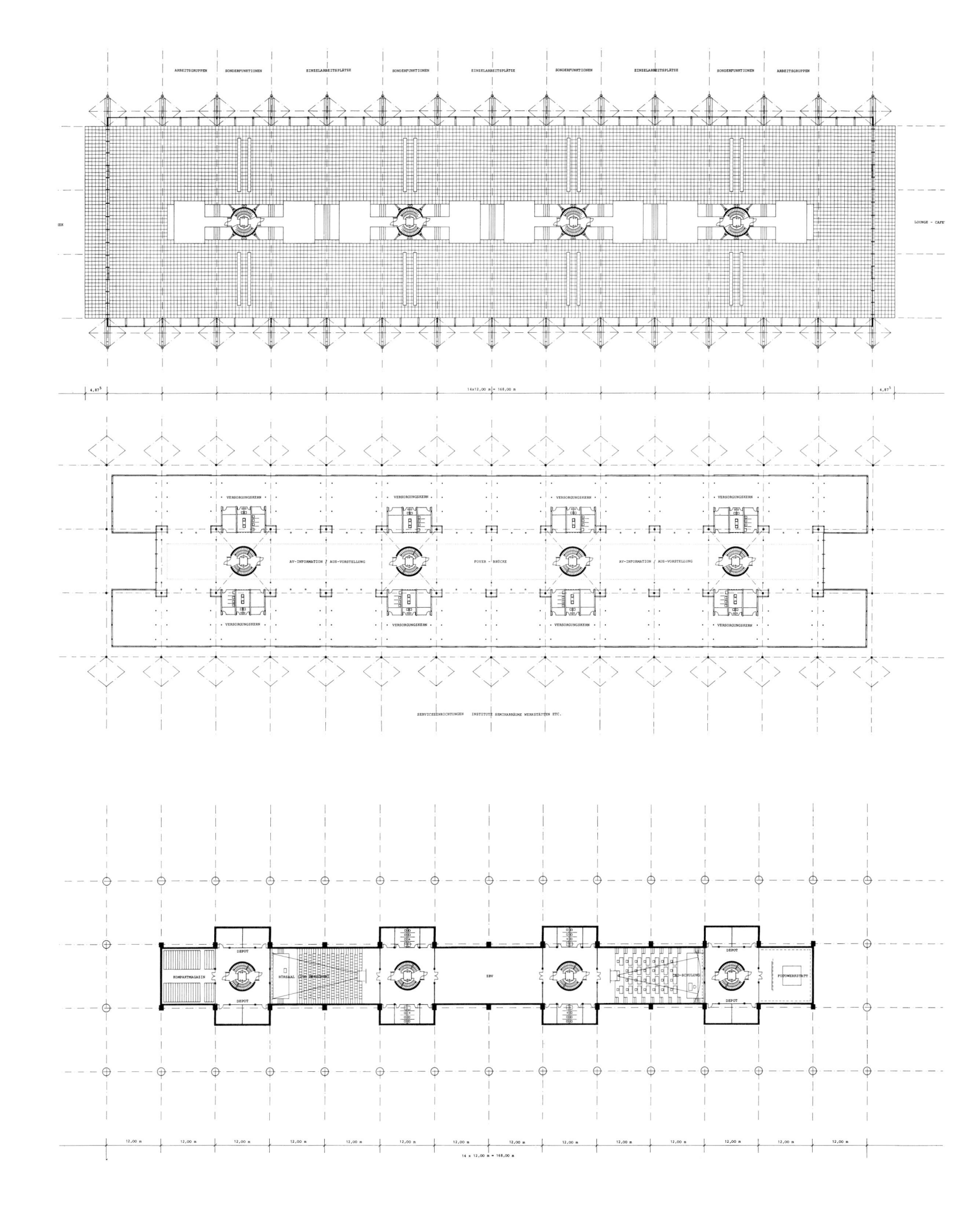

Tragwerk

Bei der Umsetzung der funktional-räumlichen Vorgaben in ein konstruktives Gefüge wurden spezifische Tragstrukturen für die verschiedenen Nutzungsbereiche ausgebildet und in ihrer Wirkungsweise aufeinander abgestimmt.

So sind die Räume, die nicht für den ständigen Aufenthalt von Menschen bestimmt sind, in einem unterirdischen Massivbau untergebracht, der zusammen mit den darin eingespannten Treppenhäusern zur Aussteifung des oberirdischen Stahlskeletts dient. Dessen Primärstruktur besteht aus einer dreifeldrigen Rahmenkonstruktion, deren Stützweiten mit 13,5 m in Querrichtung und 12 m in Längsrichtung auf die Erdgeschoßnutzung (Parkierung, Experimentierfeld) abgestimmt sind. Auf diese Rahmenstruktur ist die obere Nutzungsebene (Ebene 2) mit einer eigenen, dem Großraum gemäßen, weitspannenden Dachkonstruktion aufgesetzt, Ebene 1 ist von ihr abgehängt. Die Abstände der Abhängepunkte entsprechen mit 3 m bzw. 12 m den kleinteiligen Nutzflächen für die Instituts- und Seminarräume auf diesem Geschoß (Erhöhung der Wirtschaftlichkeit).

Da die Dacheindeckung mit Luftkissen ein extrem geringes Eigengewicht aufweist, wurde die Steifigkeit der Bogen mittels biegesteif angeschlossener Spreizen und Über- bzw. Unterspannungen erhöht. So kann unerwünschten Verformungen (Partialbiegung) bei Wind- und Schneelasten in der feingliedrigen Bogenstruktur entgegengewirkt werden.

Der Übergang von der – bedingt durch die Größenbeschränkungen der Luftkissen – engmaschigen Bogenkonstruktion (4 m) zur weitmaschigeren Primärkonstruktion (12 m) wurde durch Spreizung der Rahmenwiderlager gelöst.

Das Gesamtergebnis dieser Überlegungen, in die verschiedene, z.T. widersprüchliche Aspekte zu integrieren waren, ist ein komplexes konstruktives Gefüge mit einem eigenständigen architektonischen Ausdruck.

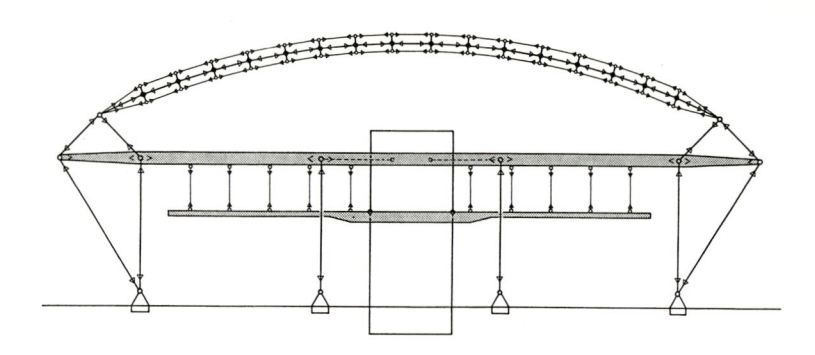

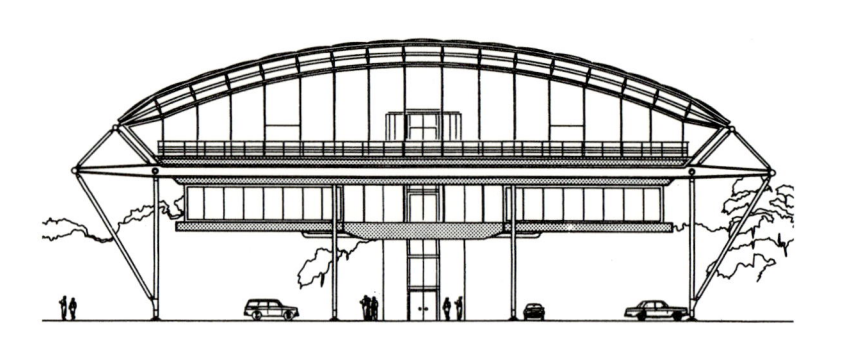

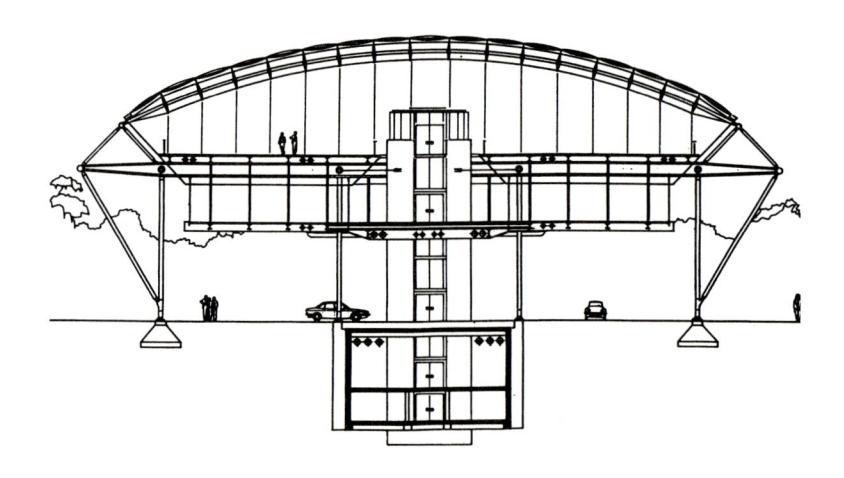

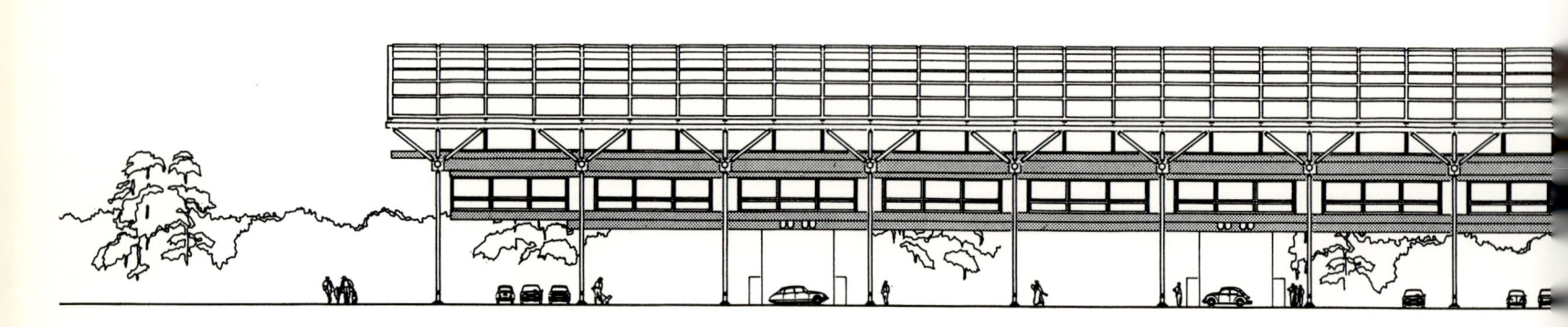

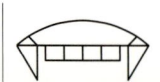

Mehrgeschossige Hallen

Mehrgeschossige Hallen

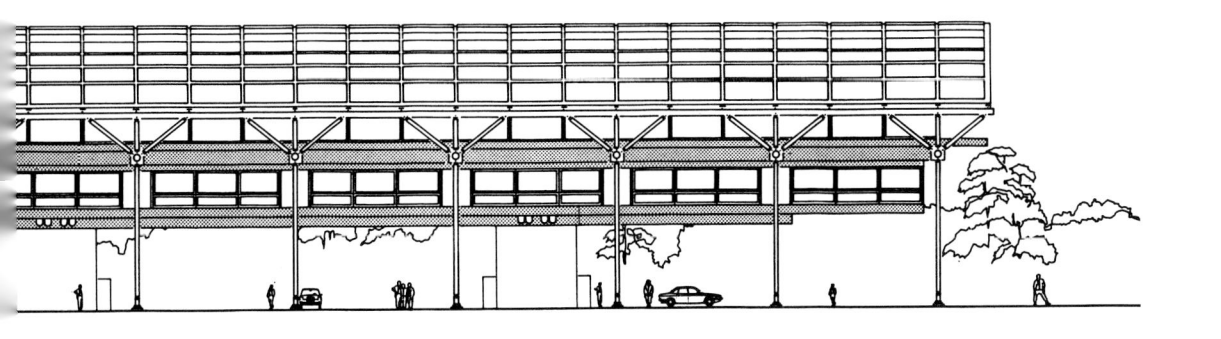

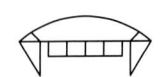

Hülle

Zur Belichtung des Großraums wurde ein elementiertes pneumatisches Dachhüllsystem auf der Basis eines auf dem Markt befindlichen Produkts entwickelt. Ziel war es dabei, die Vorteile des geringen Flächengewichts und der hohen Belastbarkeit von technischen Textilien bzw. die günstige Lastabtragung textiler Hüllen nachzuweisen.

Die großflächigen Luftkissen (4 x 2,7 m) sind direkt auf der seilverspannten Bogenkonstruktion befestigt und erfordern im Gegensatz zu tafelartigen transparenten Eindeckungen keine zusätzliche, kleinteiligere Unterkonstruktion.

Die Luftkissen selbst bestehen aus einer transparenten, hochbelastbaren Folie (z.B. Hostaflon) in zwei, teilweise sogar drei Lagen. In die so entstehenden Luftkammern können großflächige Funktionselemente wie z.B. wärmedämmende Kapillarglastafeln, Fotovoltaik-Elemente, Sonnenschutz- bzw. Lichtlenkelemente o.ä. integriert werden, da diese – ausgeglichene Druckverhältnisse vorausgesetzt – in der Luftkammer lediglich sich selbst zu tragen haben. So kann auf unterschiedliche Nutzungsanforderungen effektiv reagiert werden.

Technischer Ausbau

Die technische Versorgung der beiden Obergeschosse mit Brauchwasser, Heizwasser und Elektrizität erfolgt durch die vier Erschließungstürme.

Als Energieträger zur Beheizung der Räume wird Luft verwendet. Sie wird über Ventilatoren, die den Sanitärkernen in Ebene 1 angelagert sind, von außen/unten angesaugt, in dem Installationsgeschoß zwischen Ebene 1 und 2 in dezentralen Anlagen aufbereitet und horizontal verteilt. Die konditionierte Zuluft wird dann nach oben in den Zeichensaal und nach unten in die Institutsräume (hier nur im Winter, da ansonsten natürlich belüftet) eingeblasen. Im Sommer wird die Abluft durch entsprechend gesteuerte Fassaden- bzw. Dachöffnungen nach außen abgeführt, während sie im Winter zwecks Wärmerückgewinnung in das Installationsgeschoß abgesaugt wird.

Die Verteilung von Stark- und Schwachstrom erfolgt in beiden Geschossen in einem Doppelboden. Zusätzlich können die Gurtstäbe der Bogenkonstruktion zur Medienführung genutzt werden. Hohlprofile und Hohlkörper-Gußknoten gewähren die erforderliche Durchlässigkeit.

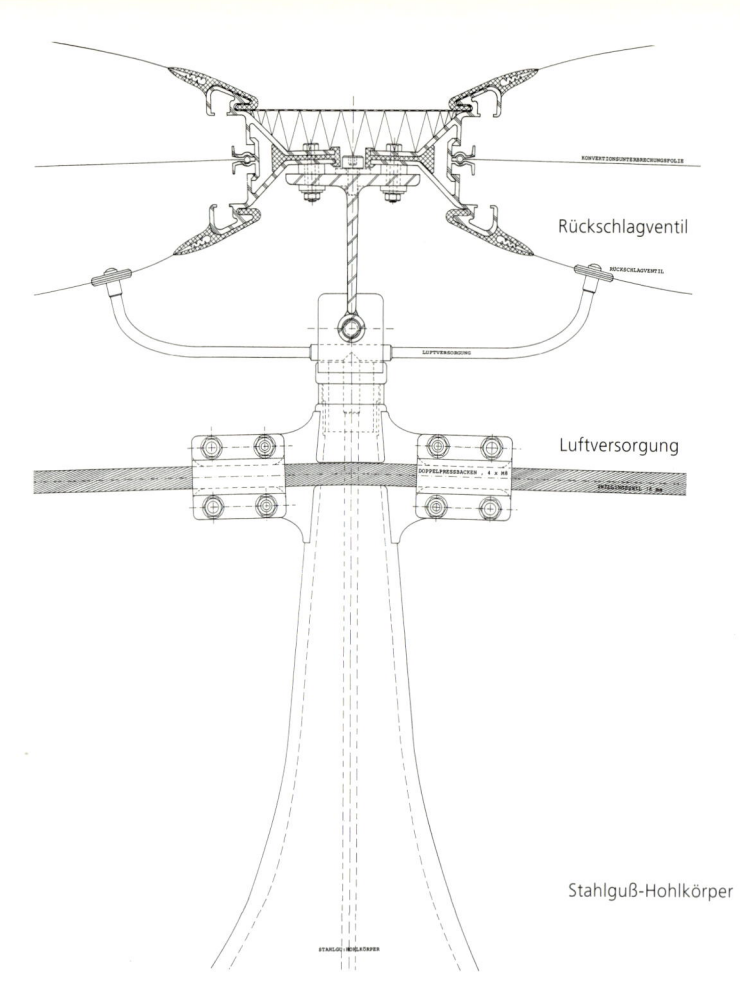

Rückschlagventil

Luftversorgung

Stahlguß-Hohlkörper

Die Standard-Randausbildung eines konventionellen Zwei-Kammer-Pneus wurde thermisch entkoppelt und zusätzlich wärmegedämmt, um einen Gesamt-K-Wert von 1,96 W/m²K zu erreichen.

Das hierfür entwickelte Alu-Strangpreßprofil könnte außerdem zur Befestigung von Sonnenschutzpaneelen, wärmedämmenden Fotovoltaik-Elementen oder transluzenten Kapillarglasplatten herangezogen werden (Abb. von oben nach unten, unten mit Lüftungsflügel).

Zum Ausgleich der Diffusionsverluste muß der Luftdruck der Pneus permanent nachgesteuert werden. Dies geschieht über flexible Schläuche bzw. durch die Hohlräume der Tragwerkprofile.

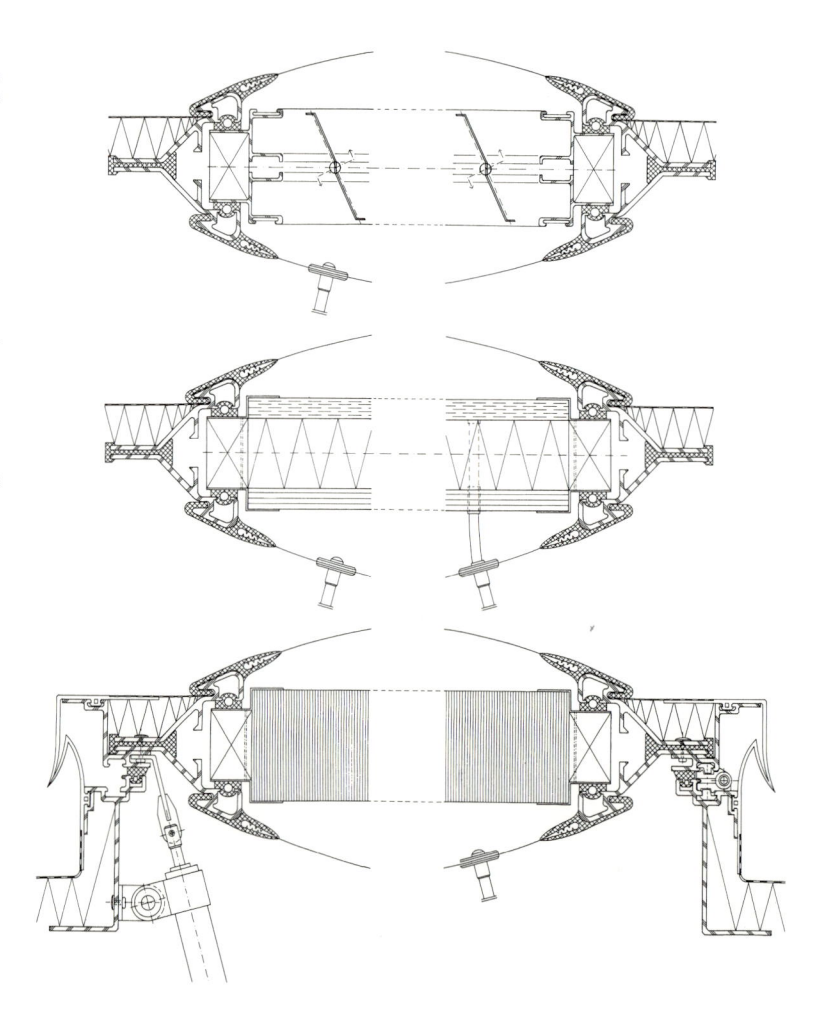

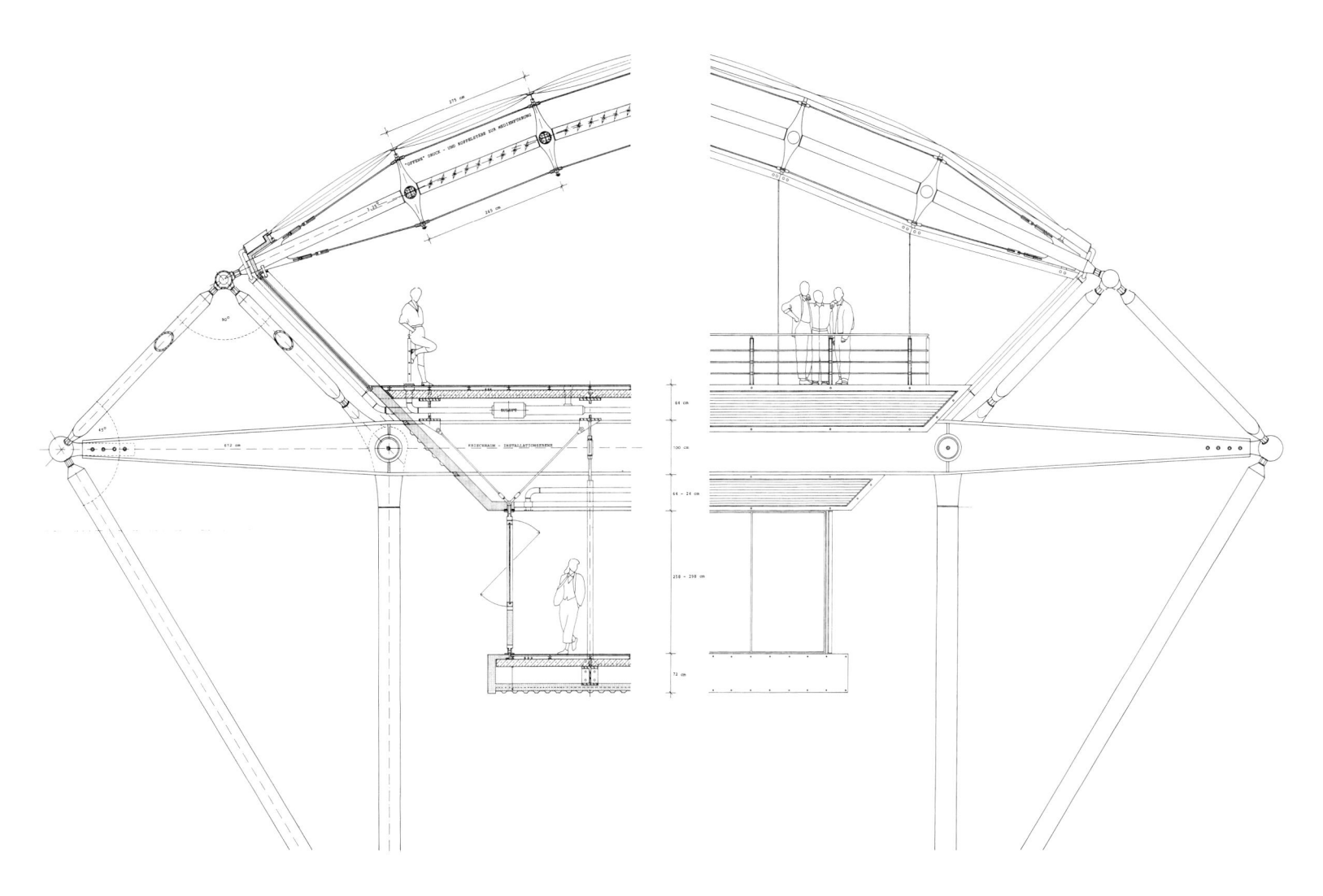

Die vorliegende Arbeit wurde beim „Förderpreis des deutschen Stahlbaus 1990" ausgezeichnet.

Beratung
Prof. Peter C. von Seidlein
Prof. Friedrich Wagner

Fachberatung
Prof. Dr. Günter Eisenbiegler
(Institut für Tragkonstruktionen und Konstruktives Entwerfen)
Firma Texlon, Lemwerder

1990

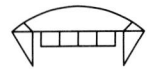

Alabama Halle

Dreigeschossige Stahlkonstruktion
mit pneumatischer Kuppel

Ursula Heinemann

Aufgabe

Rockkonzerte mit weniger als 1500 Zuhörern finden gewöhnlich in ehemaligen Fabrikhallen statt. Für Großhallen ist diese Besucherzahl zu gering. Auch vertragen sich Darbietungen dieser Art nur selten mit der Atmosphäre großer Kongreß- oder Konzerthallen.

Es soll deshalb eine spezielle Halle für Rockveranstaltungen geplant werden, die wegen der günstigen Grundstückspreise und der unproblematischen Nachbarschaft in einem Gewerbegebiet angesiedelt sein wird.

Zur besseren Auslastung soll die Halle auch für Film- und Theatervorführungen, Tanzveranstaltungen, Ausstellungen u.ä. geeignet sein.

In Anlehnung an ein Münchner Vorbild wird die neue Halle „Alabama-Halle" genannt.

Konzept

Die Nutzungen werden in einem kompakten runden Gebäude in drei Geschossen übereinander gestapelt. Der Durchmesser von 46,6 m bzw. die überbaute Fläche von 1700 m² ist aus der größten erforderlichen Raumeinheit abgeleitet, dem Saal, der als stützenfreier Raum folgerichtig im obersten Geschoß unter einer leichten Dachkonstruktion untergebracht wird.

Neben interessanten Nutzungsmöglichkeiten für den Veranstaltungsbereich bietet die runde Grundrißform kurze und klar gegliederte Erschließungswege, kurze Verteilungswege für die Gebäudetechnik und die Möglichkeit, mit der pneumatischen Dachkonstruktion ein äußerst leistungsfähiges Tragwerk einzusetzen.

Die aufgrund der Mehrgeschossigkeit nur indirekt mögliche Andienung der Bühne mit Lkw – die Fracht muß in Lastenaufzüge umgeladen werden – scheint angesichts der genannten Vorteile, der räumlichen Qualitäten des Zentralbaus und der weniger aufwendigen Bühnentechnik für Konzerte der vorgesehenen Größenordnung vertretbar.

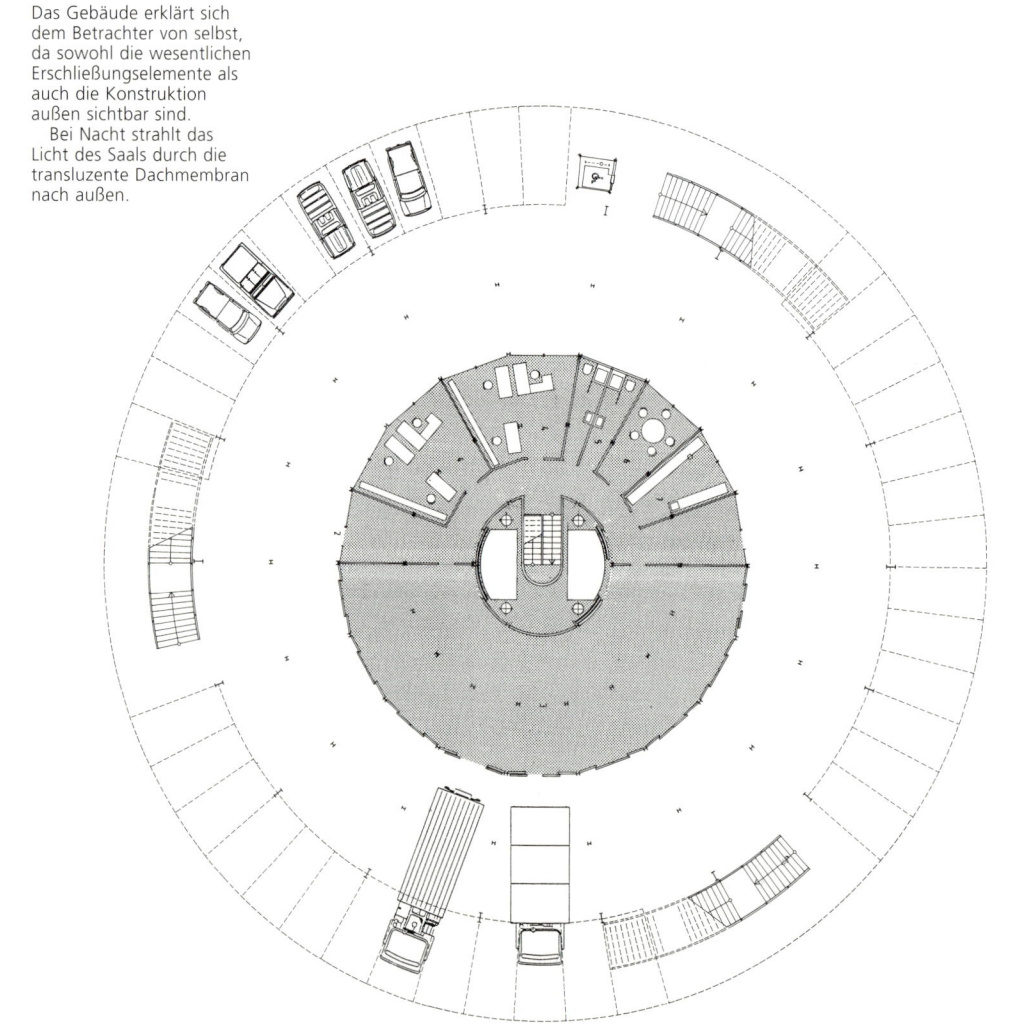

Das Gebäude erklärt sich dem Betrachter von selbst, da sowohl die wesentlichen Erschließungselemente als auch die Konstruktion außen sichtbar sind.
Bei Nacht strahlt das Licht des Saals durch die transluzente Dachmembran nach außen.

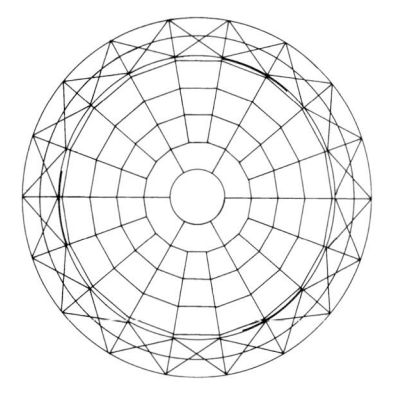

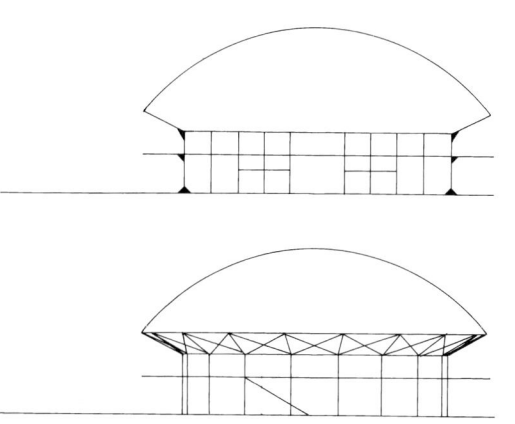

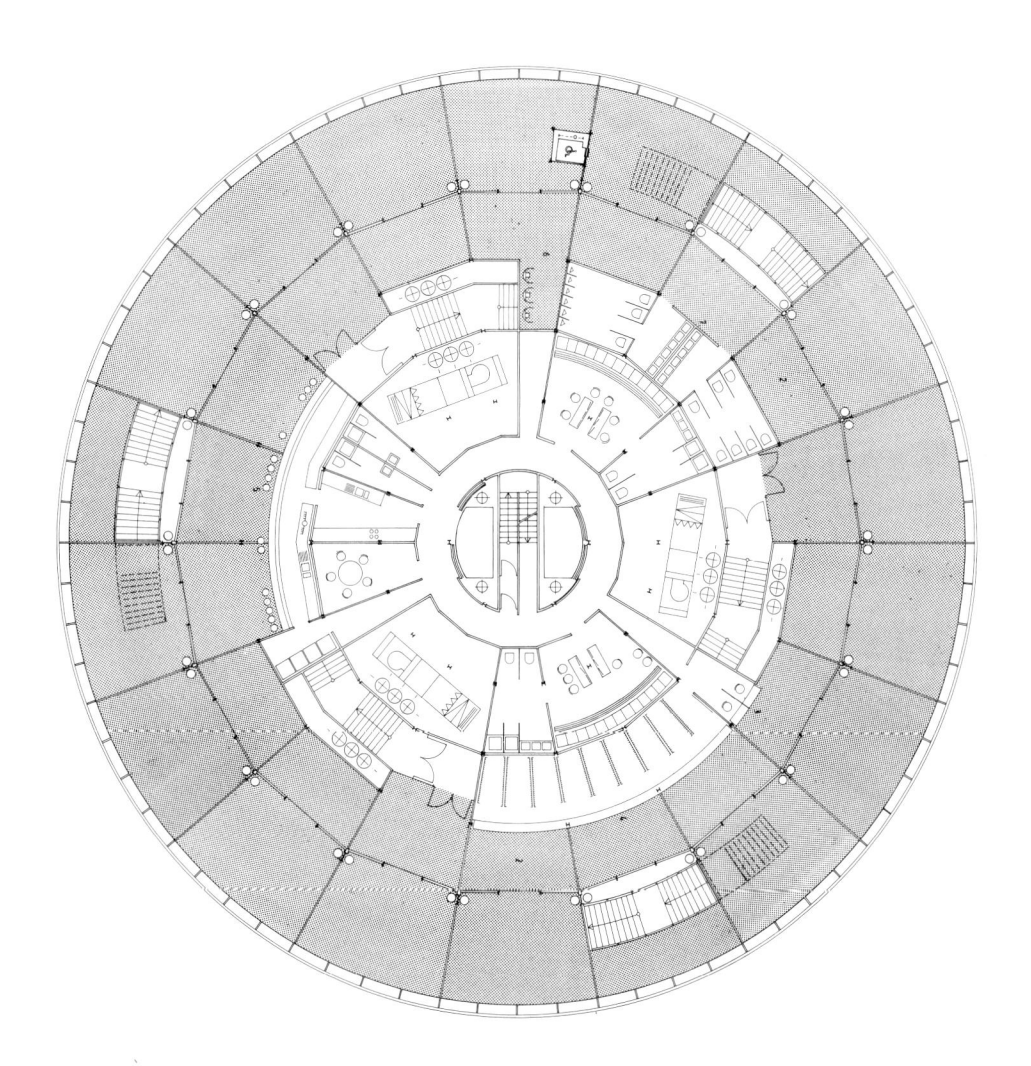

Tragwerk

Die Alabama-Halle ist als dreigeschossiges Stahlskelett mit Holorib-Verbunddecken konstruiert und weist in den unteren Geschossen eine den Deckenlasten und der Nutzung angemessene, enge Stützenstellung auf.
Die Stützen sind in fünf konzentrischen Ringen mit 3,6 m Abstand angeordnet und geschoßweise durch Radial- und Tangentialträger miteinander verbunden. Zusammen mit den radial spannenden Holorib-Decken werden so zwei horizontale Scheiben gebildet, die gelenkig an die Stützen angeschlossen sind. Zur Aussteifung des Gesamtsystems in radialer Richtung sind die Stützen des äußeren Rings in diese Richtung eingespannt und entsprechend stark dimensioniert (IPE 500). Sie nehmen außerdem die Lasten der Kragarme des Foyer-Umganges im 1. OG und der Zuschauertribüne im 2. OG (je 4,8 m Auskragung) auf.

Zur Aussteifung in tangentialer Richtung bzw. zur Torsionsaussteifung war eine Lösung zu finden, die die Verkehrsflächen nicht beeinträchtigt. Der Ring von Auskreuzungen in der Ebene der oberen, geneigten Kragarme unterhalb der Tribünen erfüllt diese Bedingung mit minimalem Materialeinsatz (Zugdiagonalen).

Der stützenfreie Konzertsaal wird von einer pneumatischen Konstruktion aus Glasgewebe überspannt, das sowohl die Funktion des Lastabtragens als auch die der Umhüllung übernimmt. Durch entsprechenden Zuschnitt der Gewebebahnen und konstanten Überdruck im Rauminnern erhält der Pneu die Form einer Kugelkalotte. Der Luftdruck ist außerdem so eingestellt, daß die Membran gegen Wind- und Schneelasten vorgespannt und stabilisiert wird.

Die insgesamt sehr eigenständige Konstruktion wurde auf ihre grundsätzliche Machbarkeit hin untersucht. Die Dimensionierung und Detaillierung der einzelnen Tragelemente erfolgte nur prinzipiell und bedarf einer weitergehenden Durcharbeitung.

Nutzungen und Erschließungen können durch die mehrgeschossige Anlage klar getrennt werden:
Im Erdgeschoß (± 0,00 m, Abb. Seite 100) befinden sich die ständig genutzten Verwaltungsräume sowie die Zugänge zum zentralen internen Erschließungsturm.
Das Publikum wird über großzügige Freitreppen auf den Außenumgang der Foyerebene (+ 5,00 m, linke Abb.) geführt und erreicht von dort über kontrollierte Zugänge den Veranstaltungssaal im obersten Geschoß (+ 8,00 m).

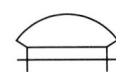

Mehrgeschossige Hallen

Hülle

Durch die zweischalige Ausführung der transluzenten Membran mit 30 cm Luftzwischenraum kann einerseits ein K-Wert von 2,8 W/m²K erzielt werden und außerdem – durch die federnde Innenschale – die Raumakustik verbessert werden. Hierfür wird die innere Membran dichter gewebt, also geringfügig schwerer als die äußere ausgebildet, so daß sich durch ihr Eigengewicht trotz Überdrucks der Abstand zur äußeren Schale einstellt.

Die sonstigen Hüllflächen der Alabama-Halle sind jeweils an der Raumseite der Tragkonstruktion angeordnet. Dies ist angesichts der Gesamtkonzeption mit auskragenden und rückspringenden Ebenen und dem Wunsch nach Lesbarkeit des konstruktiven Aufbaus konsequent, führt aber zu zahlreichen Wärmebrücken. Diese betreffen jedoch nur temporär genutzte und gering beheizte Gebäudeteile.

Die großen Auskragungen haben den Nebeneffekt des Sonnenschutzes für die verglasten, elementierten Stahlfassaden, so daß sich ein zusätzlicher Sonnenschutz erübrigt.

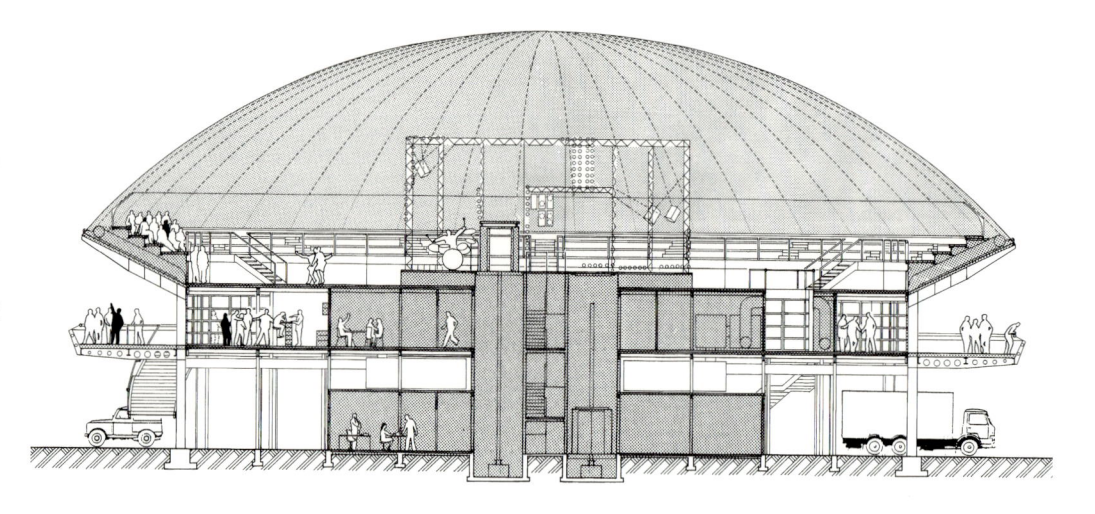

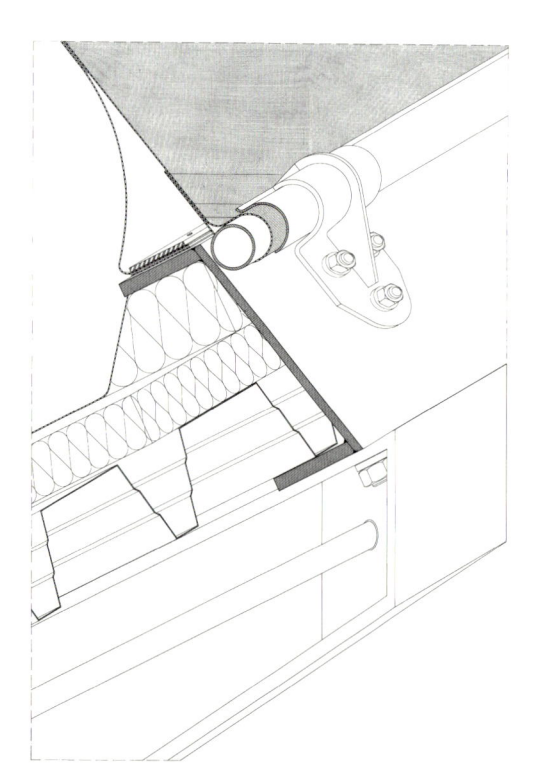

Anschluß der Membran an den umlaufenden Druckring aus U-förmig zusammengeschweißten Stahlblechen:
Die äußere, zum UV-Schutz teflonbeschichtete Glasgewebeschicht wird mittels eines in den Membransaum eingefädelten Stahlrohrs und zahlreicher Bügel festgeklemmt.
Die innere Membran ist an die äußere angenäht und dient lediglich der Akustik- und k-Wert-Verbesserung.

Die zentrierte Bühne entspricht dem Ideal des Zentralraums, der in seiner Wirkung durch die ansteigenden Tribünen an der Peripherie noch gesteigert wird.

Für gerichtete Bestuhlungen (Filmvorführungen, Vorträge usw.) wird das zentrale Bühnenpodest abgesenkt und durch eine konventionelle Frontalbühne ersetzt.

Beratung
Prof. Peter C. von Seidlein
Prof. Friedrich Wagner

Fachberatung
Prof. Bernhard Tokarz
(Institut für Tragkonstruktionen und Konstruktives Entwerfen)

1989

Ein Zwischengeschoß unterhalb des Foyers nimmt die technischen Anlagen zur Drucklufterzeugung (für den Pneu) und Luftaufbereitung auf.

Die Zuluft wird entlang des Membransaums in die Halle eingeblasen und verteilt sich dort – bedingt durch die gekrümmte Hüllfläche – gleichmäßig in den Innenraum.

Die Abluft wird über die Treppenschächte abgesaugt und über Wärmetauscher geleitet, bevor sie nach außen gelangt.

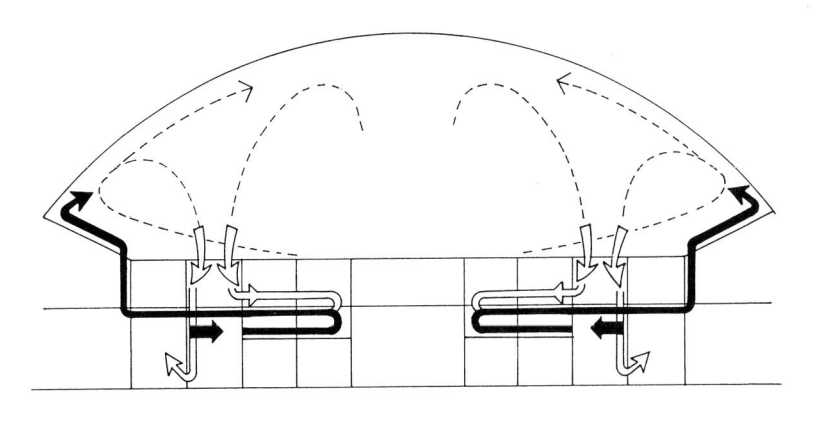

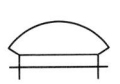

Mehrgeschossige Hallen

Hallen mit großen Spannweiten

Schwimmhalle für das „pure" Schwimmen

Vorgespannter gebogener Fachwerkträger

Jan Berger

Aufgabe
Auf einer großen Wiese am Stadtrand, in unmittelbarer Nachbarschaft bereits vorhandener Sportanlagen und an drei Seiten von Wald umgeben, soll eine Schwimmhalle gebaut werden.

Im Gegensatz zu den in Mode gekommenen Konzepten für Erlebnisbäder mit Wasserrutschen und sonstigen Attraktionen wird die zu planende Halle mit einem 50 x 25-m-Becken und einem Springerbecken auf die klassische Nutzung, das sportliche „pure" Schwimmen, ausgerichtet sein.

Konzept
Die Schwimmhalle ist ein klarer längsgerichteter Baukörper (50 x 107,5 m), in dessen Zentrum das 50-m-Becken als massives Element eingestellt ist. Durch die Anhebung der Wasseroberfläche auf die Ebene +1 und die Anordnung aller anderen Funktionen auf der Eingangsebene um das Becken herum wurde die Vorstellung des Verfassers vom Schwimmen als beinahe meditative Konzentration auf einen harmonischen Bewegungsablauf räumlich umgesetzt.

Die vollständige Verglasung der vertikalen Hüllflächen und das Freihalten der Beckenebene von jeglichen Einbauten ermöglichen den ungestörten Ausblick der Schwimmenden in alle vier Himmelsrichtungen, ähnlich der Situation in einem Freibad. Die Anhebung der Badefläche um 4 m über das Gelände und der Abstand zwischen Beckenrand und Gebäudehülle bewirken eine gewisse Distanz zur umgebenden Natur.

Tragwerk
Um dem Ziel eines „Freibads mit Regendach" möglichst nahe zu kommen, wurde nach zahlreichen alternativen Untersuchungen eine Dachkonstruktion entwickelt, die den gesamten Hallenraum stützenfrei überspannt.

Sie besteht aus einem gekrümmten, vorgespannten Stahltragwerk, welches mehr als 52,5 m spannt. Die im Abstand von 7,5 m addierten Fachwerkbögen haben eine Stichhöhe von 5 m und in der Mitte eine statische Höhe von 2,5 m. Die Trägerauflager bestehen aus jeweils zwei um 45 Grad im Raum geneigten Druckstützen und je einem Paar leicht geneigter Abspannseile.

Angeliefert und eingebaut werden die Träger stark überhöht, um dann durch Verschiebung der Auflagerpunkte nach außen (über Spannung der Abspannseile) ihre Vorspannung und die gewünschte Geometrie zu erhalten. Durch die Vorspannung werden Verformungen durch Lastwechsel minimiert und eindeutige Zustände in den einzelnen Bauteilen hergestellt, so daß die Zugglieder in jedem Lastfall zugbelastet sind und als filigrane Seile ausgeführt werden können.

Für die Weiterleitung der auftretenden Kräfte werden die massiven Einbauten der Halle genutzt:

Die Druckstützen geben ihre Kräfte an Betonschotten weiter, die über die vorhandenen Wand- und Deckenscheiben der Nebenraumspangen ausgesteift sind und ihre Lasten über die Fundamente direkt ins Erdreich abgeben.

Die Zugseile sind an die erwähnten Schotten und die unterirdischen Installationsgänge angeschlossen, wodurch sie ein ausreichendes Gegengewicht erhalten. Das von den Druckstützen und Zugseilen erzeugte Drehmoment auf den massiven Block wird über Reibung mit dem Erdreich und Kopplung der gegenüberliegenden Schotten durch das Becken ausgeglichen.

Die Aussteifung erfolgt in der Dachebene durch Windverbände in den Randfeldern, in Quer- und Längsrichtung ohne zusätzliche Maßnahmen, nämlich durch die Vorspannung bzw. durch die Schrägstellung der Druckstützen.

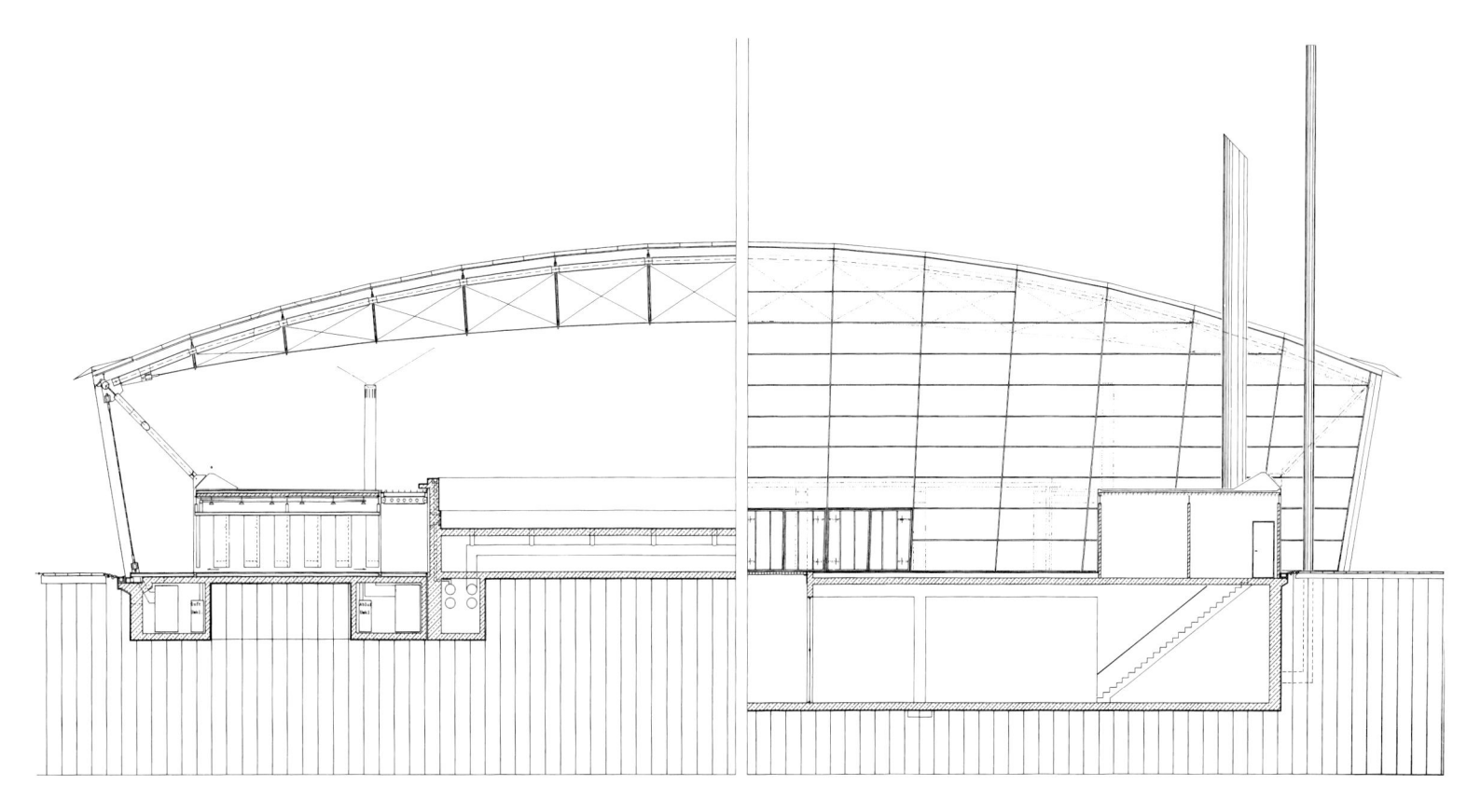

Der Abstand zwischen Beckenrand und verglaster Gebäudehülle sorgt trotz des direkten visuellen Kontakts zur umgebenden Natur für eine gewisse Distanz des Schwimmenden zur Außenwelt.

Teilansicht der Eingangsfassade mit Schnitt durch das unterirdische Technikgeschoß.

Die Fassadenstützen sind, der Giebelform folgend, fächerförmig geneigt und punktuell mit den analog angeordneten Tragwerkstützen, die das letzte Dachfeld tragen, verbunden. Der so gebildete Biegeträger ist zur Aufnahme der Windlasten geeignet, welche auf die fast 13 m hohe Fassade treffen.

Knotenpunkt Dachtragwerk

Durch die überwiegende Verwendung offener Stahlprofile werden die Präzision und das Filigrane der Konstruktion unterstrichen. Außerdem können alle Verbindungen einheitlich mittels Einfach- oder Doppellaschen gelöst werden. Im Bereich der Montagestöße werden diese geschraubt, ansonsten werkstattgeschweißt.
Obergurt: 2 x U 300
Druckspreize: 2 x U 80
Untergurt: 2 x Seil 35 mm
Diagonalen: Spiralseil 20 mm
Nebenträger: IPE 220 mit Rundstahl als unterem Flansch

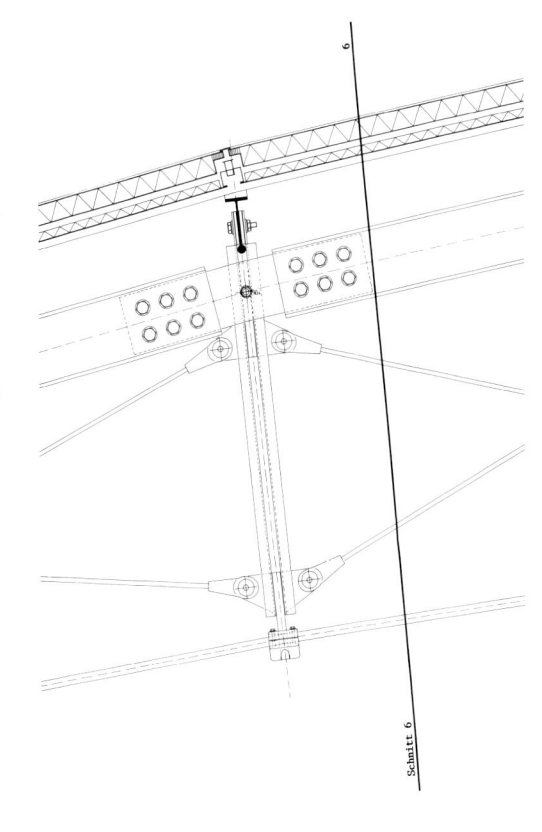

Hallen mit großen Spannweiten

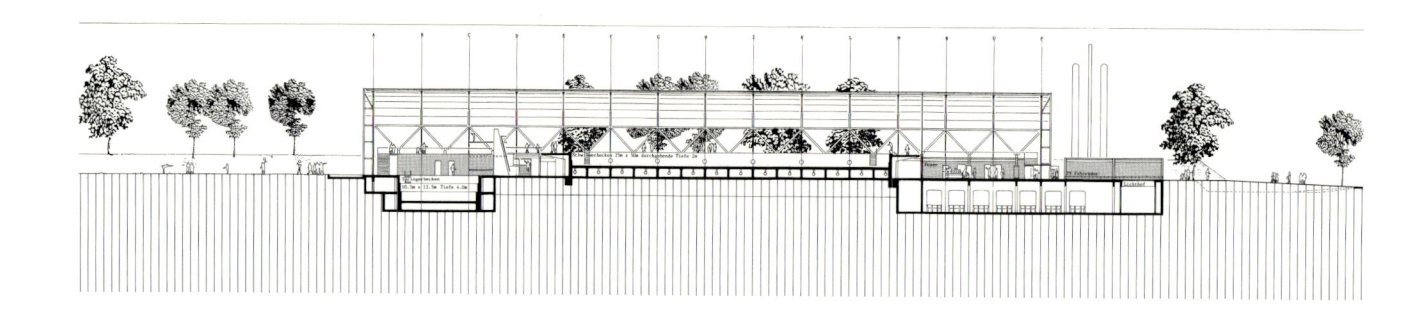

Grundriß E+1

Treppenaufgänge neben dem Springerbecken am Hallenende erschließen die Ebene des Schwimmbeckens. Dieses wird von einem Umgang und von den Ruheflächen, die die Decken der Umkleiden bilden, begrenzt.

Abgesehen von den Abluftsäulen und der Tragkonstruktion selbst gibt es keine Einbauten, die den horizontalen Blick vom Becken nach draußen stören könnten.

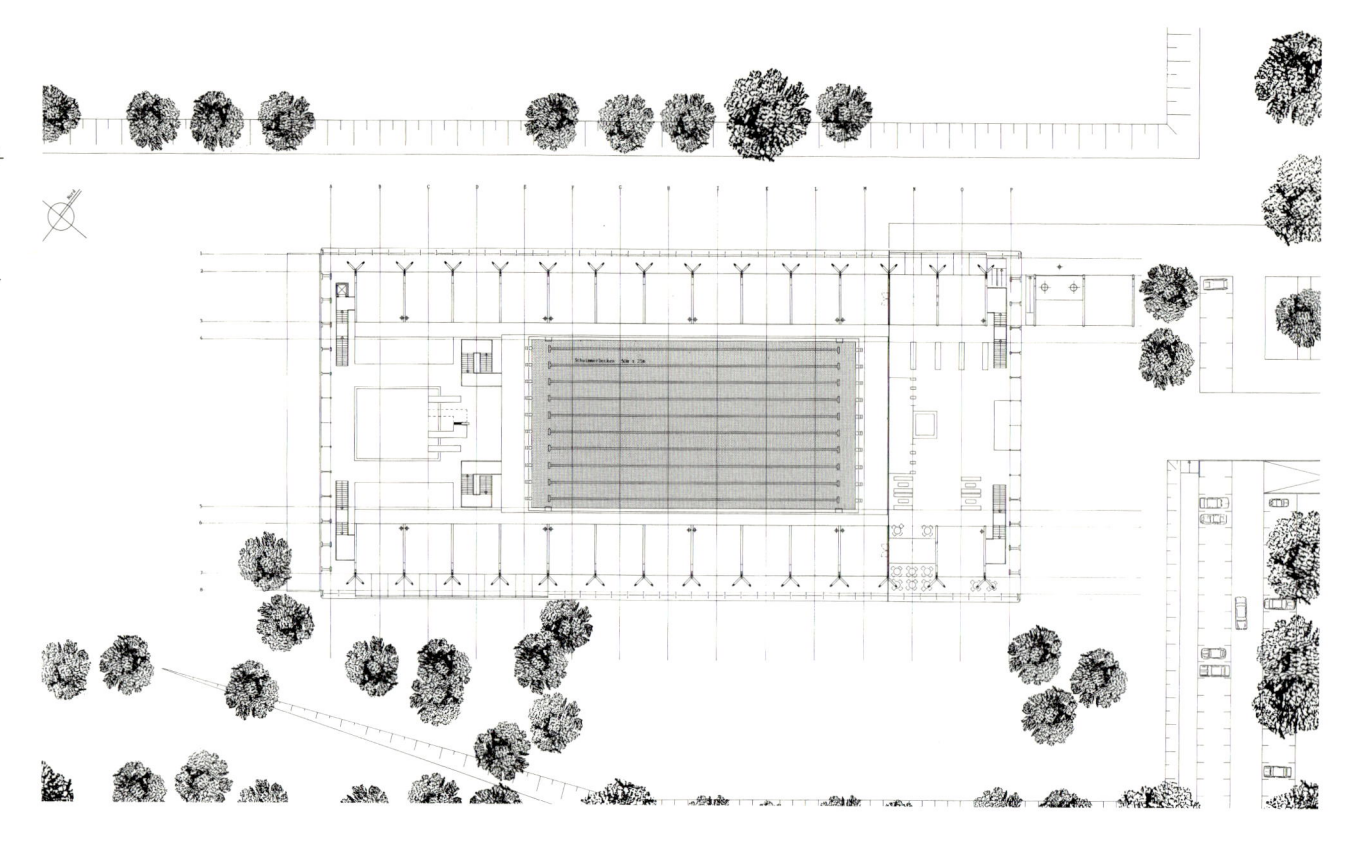

Grundriß Eingangsebene

Foyer und Schwimmhalle befinden sich unter einem Dach und sind durch eine gläserne Wand lediglich thermisch abgetrennt. Glasfenster in der Beckenaußenwand gewähren sogar erste Einblicke vom Foyer in das Schwimmbecken.

Über Stiefelgänge entlang der Längsfassaden erreicht man die Umkleiden und von dort über die parallel verlaufenden Barfußgänge die beiden Duschhäuser am Hallenende, die das Sprungbecken flankieren.

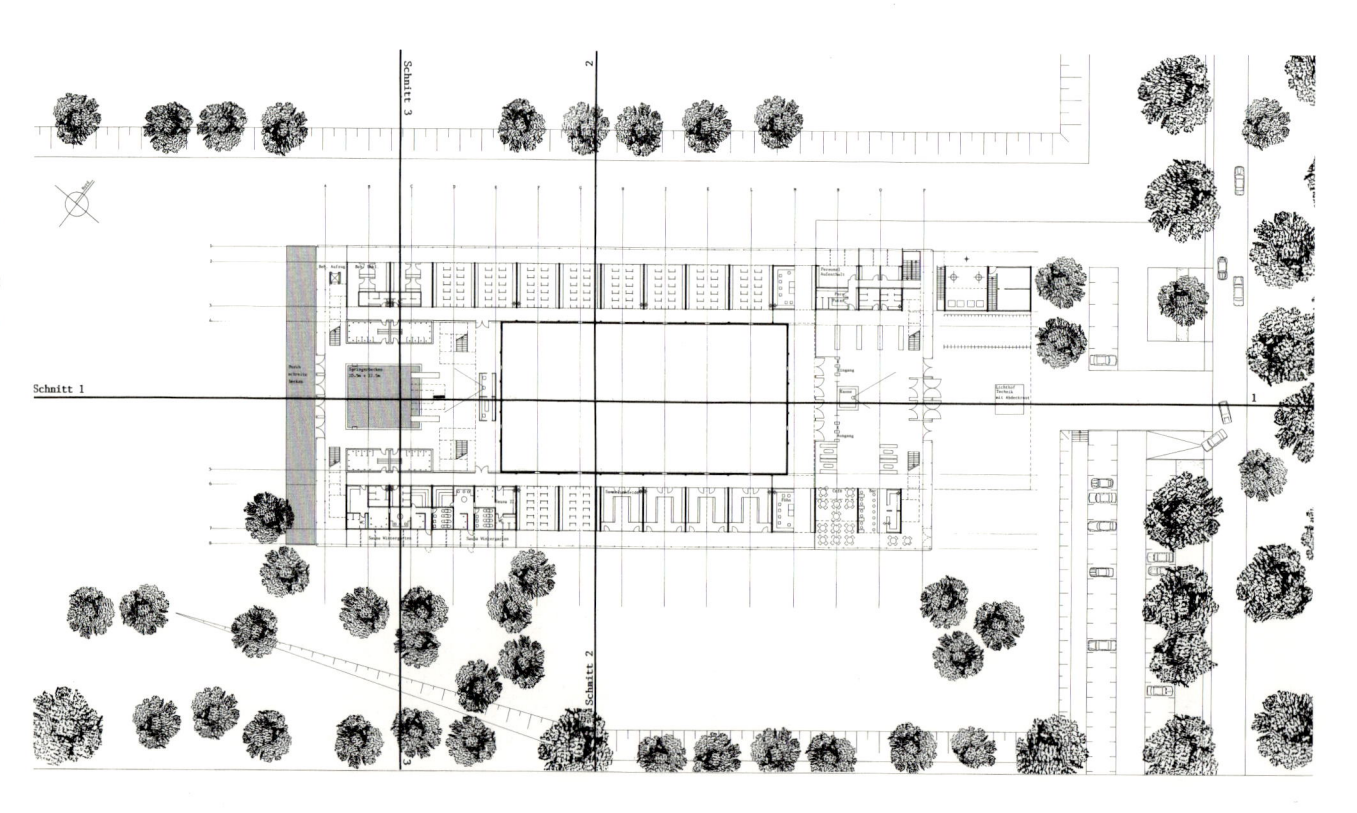

108 Hallen mit großen Spannweiten

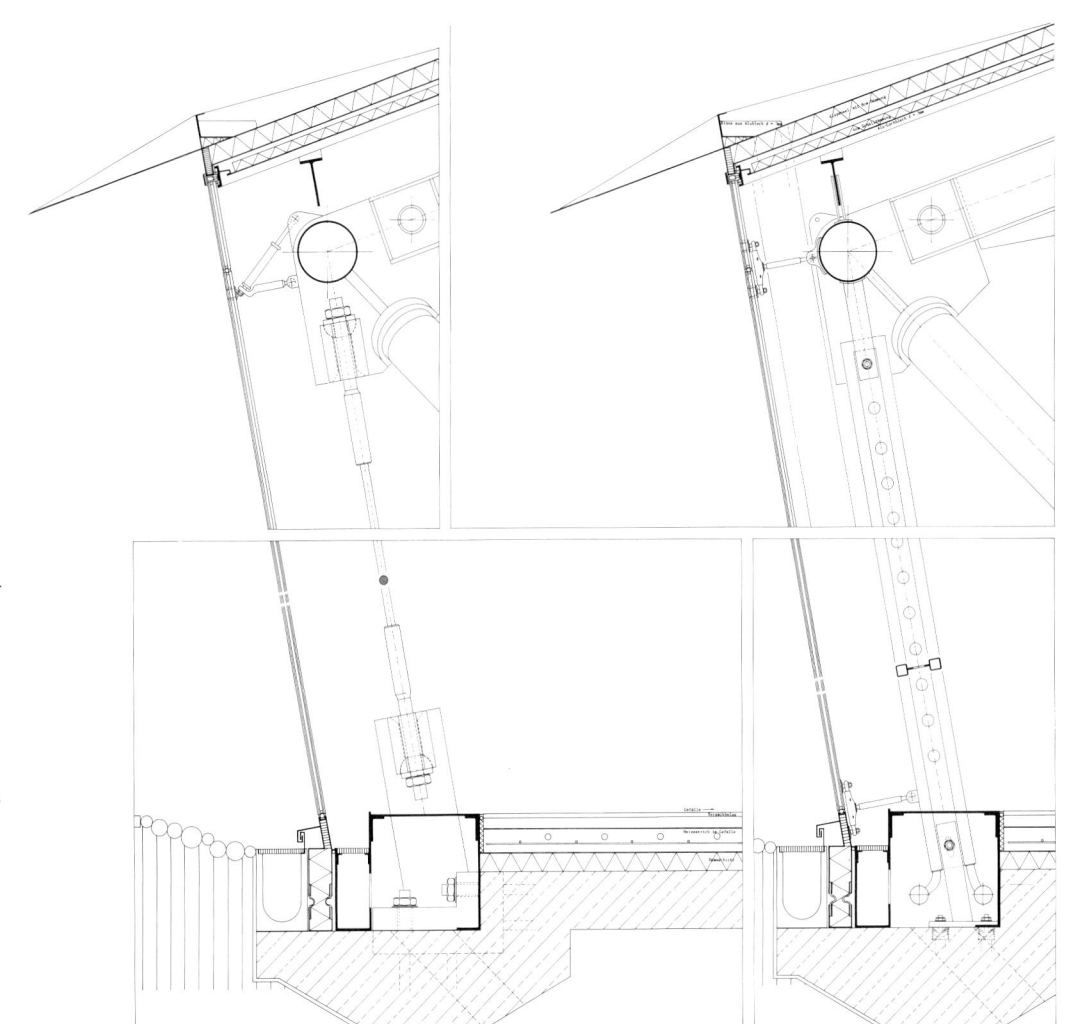

Hülle

Dach und Stirnfassaden sind in Pfosten-Riegel-Bauweise konstruiert und beziehen sich in ihrer Geometrie auf die Tragwerkstruktur.

Das Dach ist wechselweise mit wärmegedämmten Metallpaneelen und mit Wärmeschutz-Isolierverglasung gedeckt. Von der gesamten Dachfläche sind an der Innenseite gekantete Lochbleche abgehängt, die Schalldämmatten aufnehmen bzw. in den transparenten Feldern als Sonnenschutz dienen.

Die vollverglasten Stirnseiten sind ebenfalls mit einem innenliegenden Sonnenschutz (Lamellenstores) bestückt.

Die Verglasung der Längsseiten bietet durch ihre Neigung und den kleinen Dachüberstand einen für die Nutzung hinreichenden Sonnenschutz.

Die Neigung der Längsfassaden hat außerdem einen günstigen Effekt zur Reduzierung des Lärmpegels in der Schwimmhalle, die nutzungsbedingt überwiegend stark schallreflektierende Oberflächen aufweist. Der in der Halle erzeugte Lärm wird von der Fassade zur Decke reflektiert und dort absorbiert.

Technischer Ausbau

Die Heizung der Schwimmhalle erfolgt über Fußbodenheizung und entlang der Transmissionsflächen zusätzlich über beheizbare Fassadenpfosten.

Eine mechanische Lüftungsanlage sorgt für den erforderlichen hohen Luftwechsel, wobei das Einblasen der Zuluft in einen Bodenkanal entlang der Fassade zusätzlich hilft, Kondensat an den Glasflächen zu vermeiden.

Die Nebenraumspangen und das Foyer mit dem Café werden separat konditioniert.

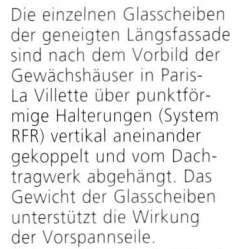

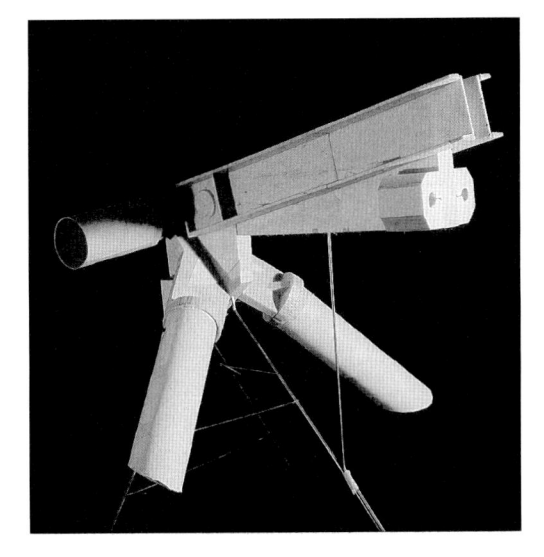

Beratung

Prof. Peter C. von Seidlein
Prof. Friedrich Wagner

1990

Die einzelnen Glasscheiben der geneigten Längsfassade sind nach dem Vorbild der Gewächshäuser in Paris-La Villette über punktförmige Halterungen (System RFR) vertikal aneinander gekoppelt und vom Dachtragwerk abgehängt. Das Gewicht der Glasscheiben unterstützt die Wirkung der Vorspannseile.

Zur Aufnahme der Windlasten sind Biegeträger in der Ebene der Abspannseile angeordnet und punktuell mit den Glashalteknoten verbunden.

Die gesamte Fassade ist federnd aufgehängt und kann sich schadensfrei mit dem Tragwerk bewegen. Die Bewegungen werden in einer entsprechenden Fugenausbildung am Fußpunkt aufgenommen.

Modellstudie des Auflagerdetails der Dachkonstruktion

Eislaufhalle

Fachwerkbogen mit Luftkissen

Stefan Hermann
Manfred Hoffmann

Aufgabe
Das stark durchgrünte Sportgelände Waldau in Stuttgart-Degerloch soll um eine Eislaufhalle mit ca. 4300 m² Nutzfläche erweitert werden.

Die Eisfläche von 30 x 60 m ist für Eishockey, Eiskunstlauf, Curling und Eisschießen vorgesehen und soll ganzjährig sowohl für den Leistungssport als auch für den Freizeitsport zur Verfügung stehen.

Neben den zugehörigen Nebenräumen sind 2500 Zuschauerplätze und eine zusätzliche Eisfläche im Freien von ca. 30 x 30 m einzuplanen.

Form und Nutzung des Bauwerks verlangen in besonderer Weise die Integration von Tragwerk, Hüllsystem und Gebäudetechnik.

Konzept
Der Hallenboden wurde 3,9 m tief in das Gelände eingegraben, um das nach außen in Erscheinung tretende Bauvolumen zu reduzieren.

Der entstehende Höhenversatz wird zur Anordnung der Zuschauertribünen und Nebenräume genutzt. Er ermöglicht eine klare Trennung der Erschließungswege für Zuschauer und Sportler.

Die Halle wird von einer feingliedrigen Bogenkonstruktion mit transluzenter Eindeckung überdacht und von ausschließlich transparenten Fassaden umhüllt, wodurch das tageslichtdurchflutete Innere eher den Charakter einer überdachten Freifläche als eines abgeschlossenen Innenraums erhält.

Eingangsniveau E ± 0,0 m
Die Halle wird an der nördlichen Stirnseite über ein großzügiges Foyer erschlossen.

Von hier aus gelangen die Zuschauer direkt zu den Tribünen, während die Sportler das Hallenniveau über zwei Treppen in unmittelbarer Nähe des Eingangs erreichen.

Bei Großveranstaltungen können die Notausgänge des unteren Geschosses als separate Sportlerzugänge genutzt werden.

Hallenniveau E – 3,9 m
Unterhalb des Foyers befinden sich in offener räumlicher Anordnung die Nebenfunktionen der Freizeitnutzung der Halle (Umkleide- und Anschnallbereich, Sanitätsraum und Pistenbar) und die WC-Anlagen für die Zuschauer, während in den abgeschlossenen Räumen unterhalb der Tribünen Umkleiden, Duschen und sonstige Räume für den Leistungssport (Ostseite) bzw. Technik- und Personalräume (Westseite) angeordnet sind.

Der Eisfläche nach Süden vorgelagert ist die Freilauffläche, die durch ein großes Falttor in direkter Verbindung mit der Hallenfläche steht.

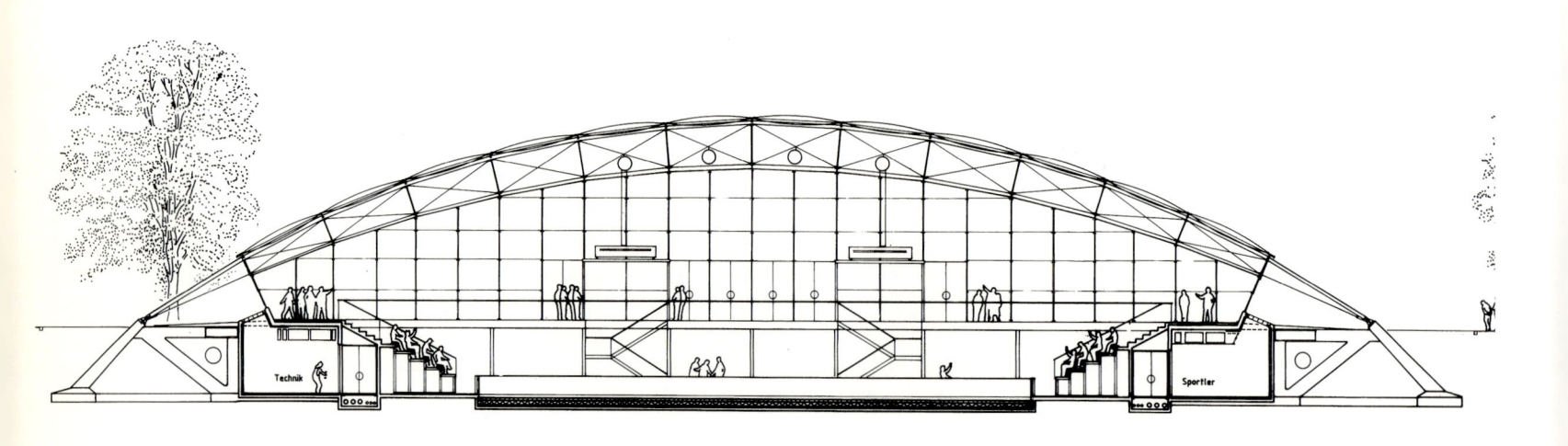

110 Hallen mit großen Spannweiten

Hallen mit großen Spannweiten 111

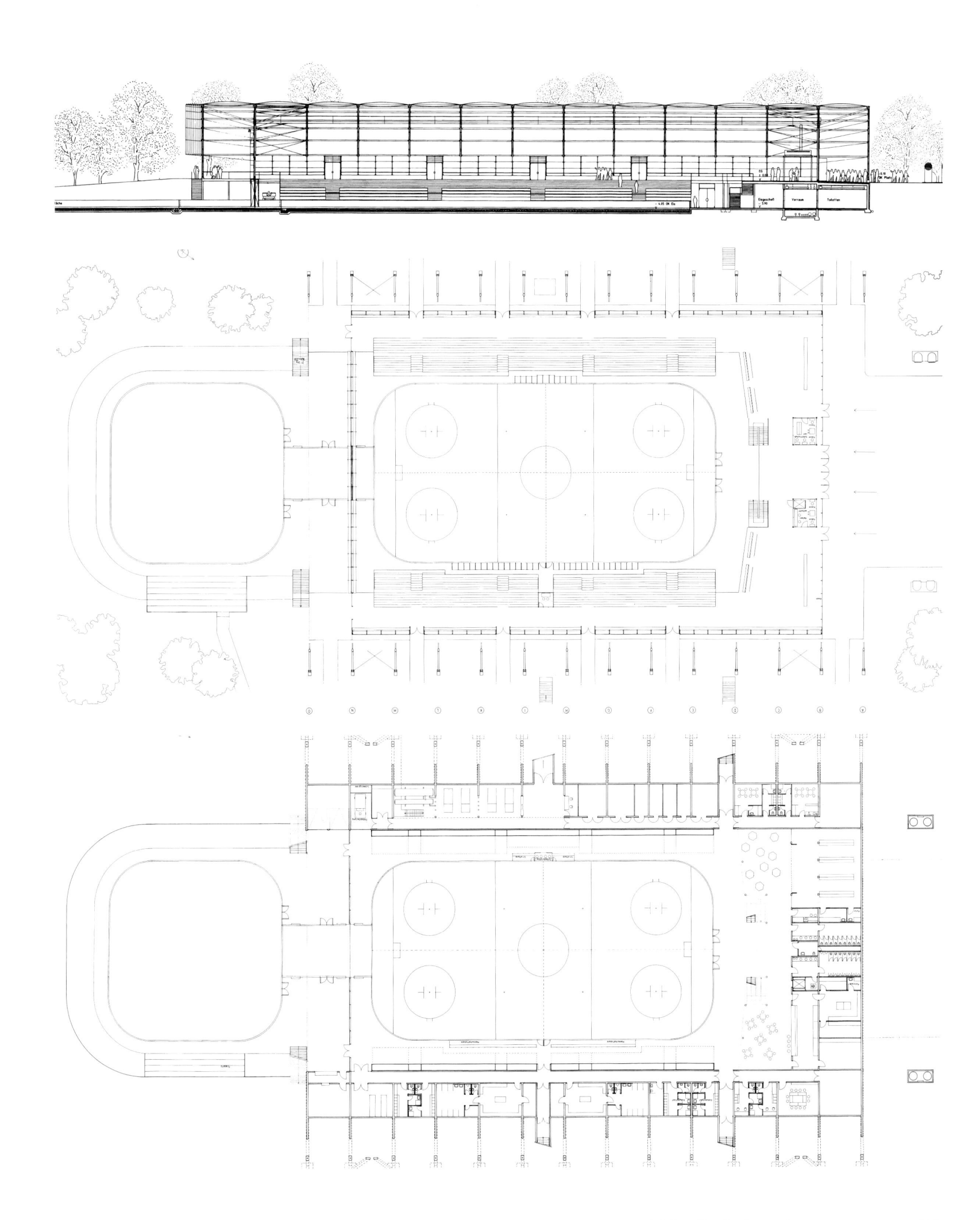

Die Eindeckung des Bogentragwerks mit großformatigen pneumatischen Dachelementen (4,8 x 7,2 m) erlaubt den Verzicht einer engmaschigen Sekundärstruktur zur Aufnahme der Gebäudehülle. Dies spart Gewicht und steigert die Transparenz der Hallenkonstruktion.

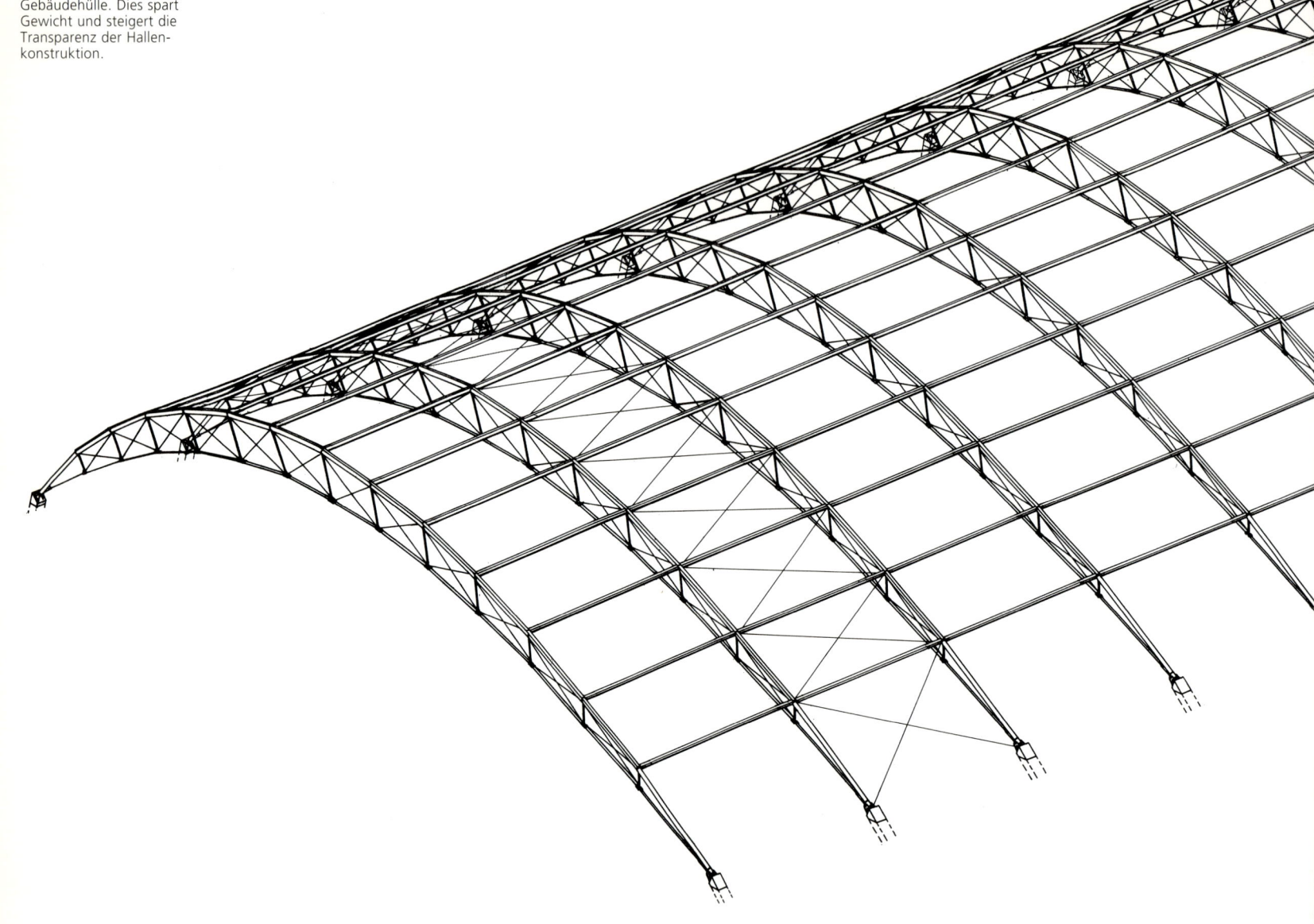

Tragwerk

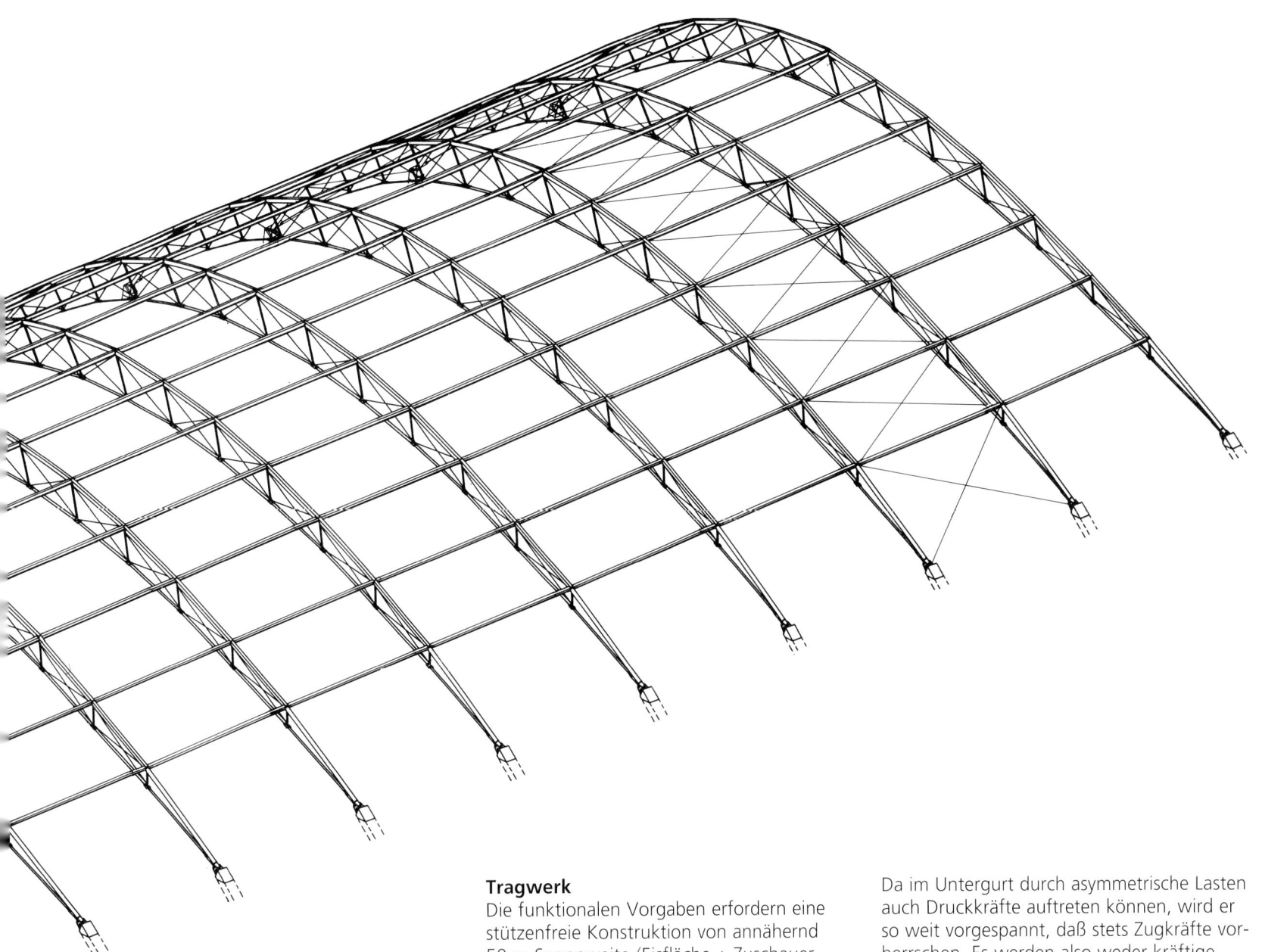

Die funktionalen Vorgaben erfordern eine stützenfreie Konstruktion von annähernd 50 m Spannweite (Eisfläche + Zuschauerränge). In dieser Größenordnung stoßen ebene, gerichtete Konstruktionen an die Grenze ihrer Leistungsfähigkeit. Eine Steigerung ist durch ungerichtete Lastabtragung und/oder Krümmung der Tragstruktur sowie durch starke Auflösung der einzelnen Tragelemente zu erzielen.

Die hier vorgeschlagene Lösung sieht eine gerichtete Tragstruktur aus 14 parallel angeordneten Zweigelenkbogen vor. Ihr Abstand voneinander beträgt 7,5 m, die Spannweite 66,8 m und die Stichhöhe 10,2 m.

Durch das geringe Gewicht der Dacheindeckung (Luftkissen) kann der einzelne Bogen mit einem Stahlrohr von nur 220 mm Durchmesser extrem schlank ausgebildet werden. Bei asymmetrischen Lasten, z.B. Seitenwind, ist dieses für Druckkräfte dimensionierte Rohr jedoch nicht in der Lage, die auftretenden Biegebeanspruchungen aufzunehmen. Es wird deshalb mittels Druckspreizen und Zugseilen unterspannt, so daß sich die Biegesteifigkeit erhöht.

Da im Untergurt durch asymmetrische Lasten auch Druckkräfte auftreten können, wird er so weit vorgespannt, daß stets Zugkräfte vorherrschen. Es werden also weder kräftige Druckstäbe für den Untergurt noch zusätzliche Maßnahmen zu seiner Sicherung gegen seitliches Ausweichen erforderlich, so daß ein insgesamt sehr reduziertes, in seiner Wirkung filigranes Tragwerk entsteht.

Die Aussteifung der Dachkonstruktion erfolgt durch Seilauskreuzungen im jeweils zweiten Joch von außen, so daß die Horizontallasten aus den beiden eingerückten Stirnfassaden direkt abgeleitet werden.

Die Bogenauflager sind als Beton-Fertigteile konzipiert, die der Material- und Gewichtsersparnis wegen fachwerkartig aufgelöst und zur Sicherung gegen Horizontalverschiebung mit den Nebenraumspangen gekoppelt werden.

Hallen mit großen Spannweiten

Hülle

Für die gewünschte transluzente Dacheindeckung wurden Glas, Acrylglas und textile Materialien untersucht.

Die Wahl fiel aufgrund des geringen Eigengewichts, der Unempfindlichkeit gegenüber Tragwerksbewegungen und der großen Tragfähigkeit auf pneumatische Dachelemente, die nach dem Prinzip der Texlon-Luftkissen 3lagig aufgebaut sind.

Das eingeschlossene Luftpolster gewährleistet die erforderliche Wärmedämmung der Dachhaut (k = 1,96 W/m² K), um Beschädigungen der Eisfläche durch abtropfendes Kondensat zu vermeiden. Die Reflexionsbeschichtung der mittleren Folienlage bietet außerdem eine wartungsfreie Verschattung der Eisfläche.

Die Gefahr von Tauwasserbildung innerhalb der Pneus bei ungünstigen Witterungsverhältnissen wird durch Konditionierung des Luftzwischenraums vermieden. Die erforderliche Luft wird im Druckrohr des Bogens und von dort über transparente Luftleitungen in die einzelnen Luftkissen geführt.

Die Entwässerung der Dachflächen erfolgt ohne weitere Maßnahmen über das Bogengefälle nach außen.

Die Fassaden der Längs- und Stirnseiten sind nach einem einheitlichen Prinzip verglast: Scheiben aus 12 mm ESG sind mit Abstand schuppenartig vor die stehenden Fassadenpfosten (IPE 160) geschraubt, so daß eine natürliche Dauerbelüftung der Halle ermöglicht wird und eventuell an den Scheiben auftretendes Kondensat nach außen abgeführt werden kann.

Die geschuppte und punktförmige Halterung der Glasscheiben bietet außerdem gute Möglichkeiten, die Bewegungen des sehr minimierten und deshalb entsprechend „weichen" Tragwerks auszugleichen.

Die zu jeder Jahreszeit notwendige Verschattung der Eisfläche wird durch Einrücken der Stirnfassaden und einen zusätzlichen Sonnenschutz an der Südseite erreicht.

An den Gebäudelängsseiten (Ost, West) sind die Glasfassaden geneigt und sorgen für eine weitgehende Reflexion der Strahlung. Die eindringende Reststrahlung stellt für die Eisfläche keine Gefahr dar, da sie lediglich auf die Tribünen trifft.

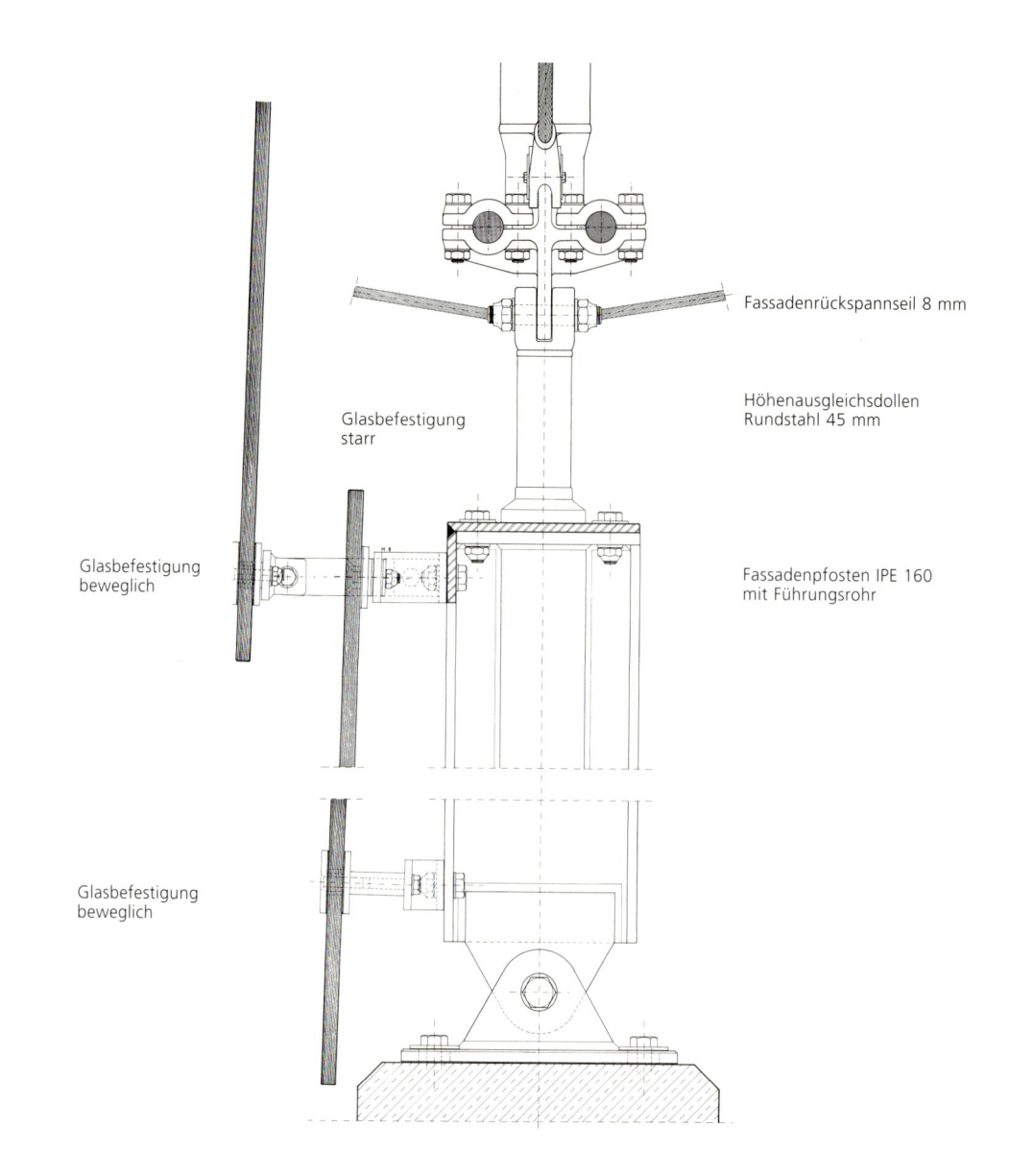

Glasbefestigung starr

Glasbefestigung beweglich

Glasbefestigung beweglich

Fassadenrückspannseil 8 mm

Höhenausgleichsdollen Rundstahl 45 mm

Fassadenpfosten IPE 160 mit Führungsrohr

Fassade Stirnseite

Zur Aufnahme der Tragwerkdurchbiegungen (max. 75 mm) sind die Pfosten der Stirnfassade vertikal verschieblich angeschlossen. Zu diesem Zweck greifen Rohrdollen, die an der Bogenunterspannung befestigt sind, beweglich in Führungsrohre an den Fassadenpfosten ein.

Die an diesen Punkten eingeleiteten Horizontalkräfte werden durch Rückverspannungen in die Dachebene geführt.

Kunststoffolie mit Keder fixiert

Außenfolie Hostaflon ET

Reflexionsfolie

Innendruck
P max. = 350 Pa

Innenfolie Hostaflon ET

Luftleitung
St.Rohr 220 x 15 mm

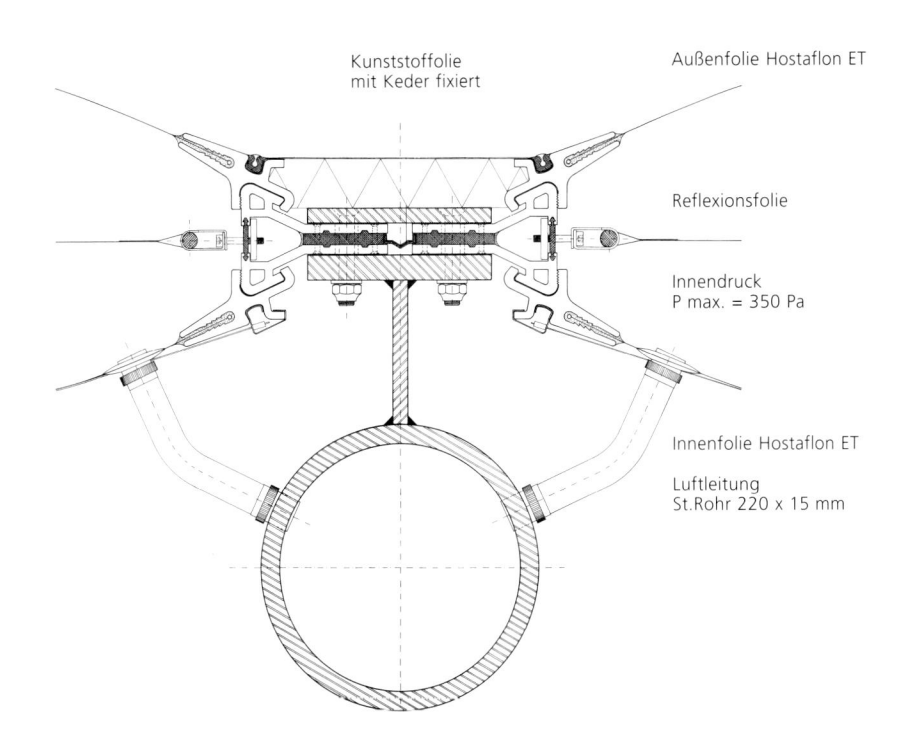

Auflagerdetail der pneumatischen Dachelemente

Der Randabschluß der einzelnen Luftkissen erfolgt mittels umlaufender thermisch entkoppelter Aluprofile. Die vorgefertigten Elemente werden vor Ort direkt auf die Tragkonstruktion aufgelegt und mit Preßleisten verschraubt. Zu diesem Zweck sind die Druckrohre des Bogens mit einem T-förmigen Auflager versehen und die Nebenträger niveaugleich eingehängt.

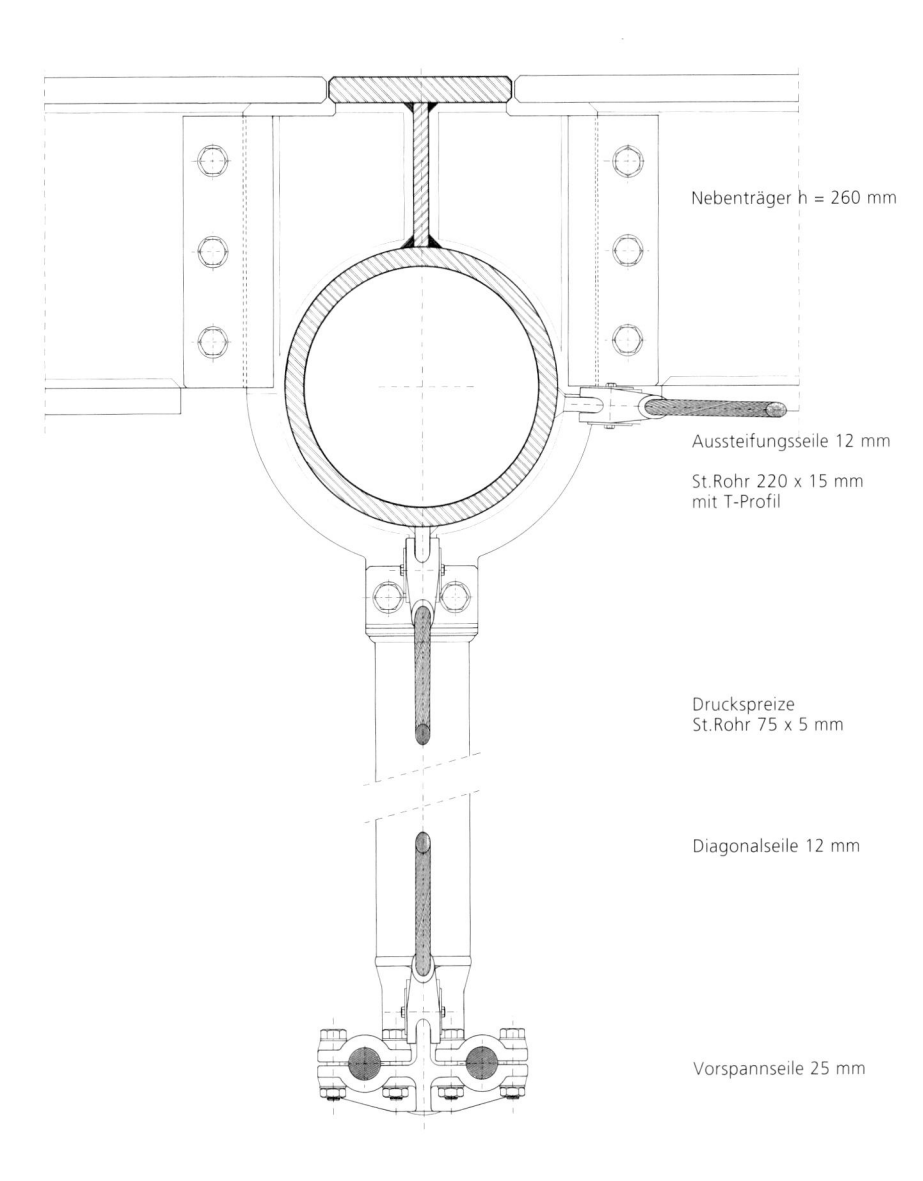

Nebenträger h = 260 mm

Aussteifungsseile 12 mm

St.Rohr 220 x 15 mm
mit T-Profil

Druckspreize
St.Rohr 75 x 5 mm

Diagonalseile 12 mm

Vorspannseile 25 mm

Detailschnitt Bogen (ohne Dacheindeckung)

Jeder Bogen besteht aus 12 Rohrabschnitten à 4,8 m Länge, die mittels Blechschwertern gestoßen und winkelversetzt verschweißt sind. Der Überstand der Blechschwerter ermöglicht den Anschluß der Nebenträger und Druckspreizen über einfache zweischnittige Laschenverbindungen.

Die vorliegende Arbeit wurde beim „Förderpreis des deutschen Stahlbaus 1992" ausgezeichnet.

Beratung
Prof. Peter C. von Seidlein
Dipl.-Ing. Peter Seger
(Institut für Baukonstruktion)
Prof. Dr. Günter Eisenbiegler
Dipl.-Ing. Martin Krone
(Institut für Tragkonstruktionen und Konstruktives Entwerfen)
Dipl.-Ing. Walter Dittes
(Institut für Kernenergetik und Energiesysteme)

1991

Hallen mit großen Spannweiten

Messe- und Kongreßhalle

Lamellengitterschale

Hans-Peter Roth

Aufgabe
Vor dem Hintergrund der Überlegungen zu einem neuen Messegelände beim Stuttgarter Flughafen soll eine Messehalle mit ungefähr 16.000 m² Bruttogeschoßfläche entwickelt werden, die neben der Ausstellungsfläche auch einen Veranstaltungsbereich mit Kongreßsälen (650 bzw. 1200 Plätze) und Seminarräumen enthält. Die einzelnen Bereiche sollen sowohl gemeinsam als auch getrennt nutzbar sein.

Konzept
Die geforderten Flächen sind zu einem langgestreckten, Ost-West-orientierten Rechteck (257,4 x 72 m) zusammengefaßt und von einem Bogentragwerk (Stichhöhe 17 m) stützenfrei überspannt.

Die Haupterschließung erfolgt quer zur Halle über einen durchgesteckten öffentlichen Weg, von dem aus der Besucher einen guten Überblick über die um 4,5 m abgesenkte Ausstellungsfläche erhält.

Die Konferenz- und Seminarräume sind unterhalb der Zugangsbrücke angeordnet und können über Lichthöfe und breite Außentreppen separat erschlossen werden. Letzteres gilt auch für den großen Veranstaltungsbereich im westlichen Hallendrittel, der nur lose bestuhlt ist und bei Bedarf der Ausstellungsfläche zugeschlagen werden kann.

Alle für die Nutzungsvariabilität erforderlichen Trennwände, Absperrungen, Zugangsschleusen u.ä. können problemlos unter der Zugangsbrücke angeschlossen werden.

Die Nebennutzungen sind über zwei Geschosse linear an den Hallenlängsseiten angeordnet: im gut belichteten Eingangsgeschoß die Räume der Messeverwaltung, auf Hallenniveau Werkstätten, Lager-, Technik- und Sanitärräume.

Die Anlieferung zur Halle erfolgt an der östlichen Stirnseite über eine Rampe bzw. im Westen über Hubbühnenelemente.

Tragwerk
Angesichts der geforderten großen Spannweite lag die Wahl einer gekrümmten, also hierfür besonders leistungsfähigen Tragstruktur, nahe.

Die Ausbildung des Tonnendachs als Lamellengitterschale nach dem Prinzip der Zollinger-Bauweise schafft zusätzliche Vorteile:

Durch die Auflösung der Bogenauflager in stabförmige Elemente werden die Verwaltungs- und Nebenräume natürlich belichtet und Sichtbeziehungen zwischen Innen- und Außenraum ermöglicht.

Als Auftaktgebäude eines Dienstleistungszentrums, das den südlich gelegenen Flughafen mit der neuen Messe verbinden soll, erhält die Halle ein großzügiges Vorfeld in Richtung des Flughafens, das im Osten durch ein bestehendes Hotelgebäude, im Süden durch den geplanten ICE-Haltepunkt und im Westen durch die Messebauten gefaßt wird.

Ein öffentlicher Weg quer durch die Halle stellt die Verbindung zum nördlich gelegenen Dienstleistungsbereich her.

116 Hallen mit großen Spannweiten

Das gesamte Dachtragwerk kann aus identischen, vorgefertigten Stahl-Fachwerkträgern (h = 1 m, l = 7,8 m) mit Hilfe leichter Fahrgerüste montiert werden und benötigt wegen der Diagonalgeometrie keine aufwendigen Dehnungsfugen. Denn die Längendehnung der Fachwerkträger wirkt sich lediglich als Hebung und Senkung des Scheitelpunkts aus, was an den Auflagern der Bogenkonstruktion aufgenommen werden kann. Form- und Dimensionsänderungen, die sich hieraus für die Hülle ergeben, können an den Auflagern der Hüllelemente ausgeglichen werden.

Die Lamellengitterschale ist nicht bis zum Hallenboden hinuntergeführt, sondern bereits am Beginn der Nebenraumspangen auf Betonböcke aufgelagert. Hierdurch kann die Spannweite um fast die Hälfte auf das notwendige Maß der Ausstellungsfläche reduziert werden (l = 52 m).

Dieser formal nicht unproblematische Wechsel in der Tragstruktur wird jedoch durch die Geometrie der Betonkonstruktion – sie folgt der Bogen- und Rautenstruktur des Stahltragwerks – zu einem klaren, harmonischen Gesamtbild geführt.

Hülle

Wegen der großen Maschenweite der rautenförmigen Primärstruktur (7,8 m Kantenlänge) wurde für die elementierte Hülle eine Sekundärstruktur aus vorgefertigten Rosten vorgesehen, die eine Dreiecksteilung mit 1,85 m Kantenlänge aufweisen.

Die Roste sollen bereits vor der Montage mit Aluminium- oder Glaspaneelen bestückt und dann „rautenweise" in die Primärstruktur eingehängt werden.

Mit einem Grundelement, das lediglich für die Randfelder längs und quer geteilt werden muß, kann das gesamte Dach eingedeckt werden.

Die Hüllflächen zwischen den Auflagerböcken sowie an den Stirnseiten sind verglast und wirken – soweit dies erforderlich ist – durch Lichtraster im Scheibenzwischenraum als Sonnenschutz.

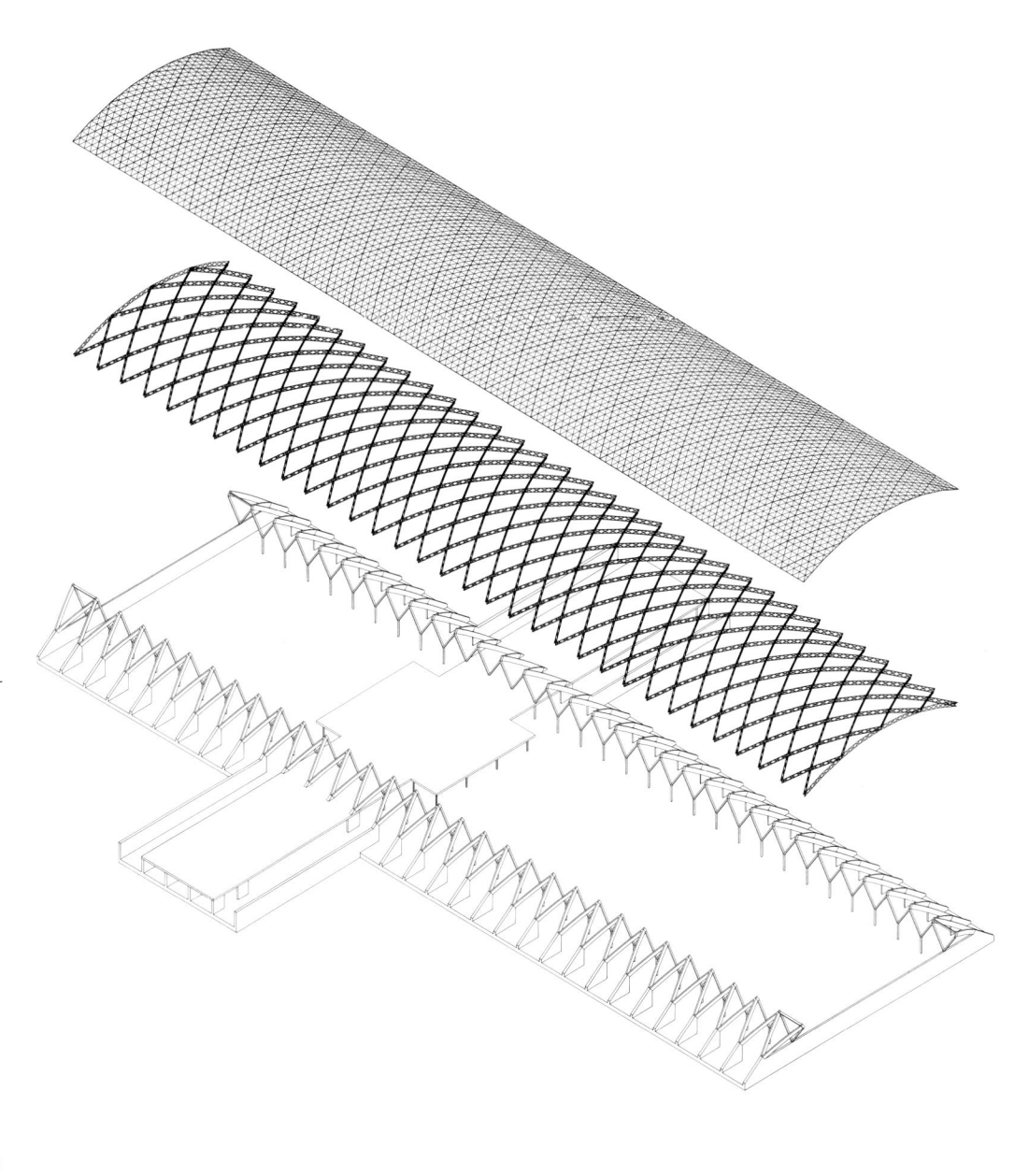

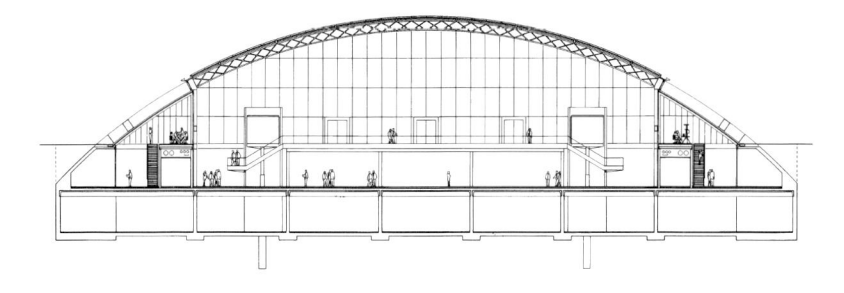

Hallen mit großen Spannweiten

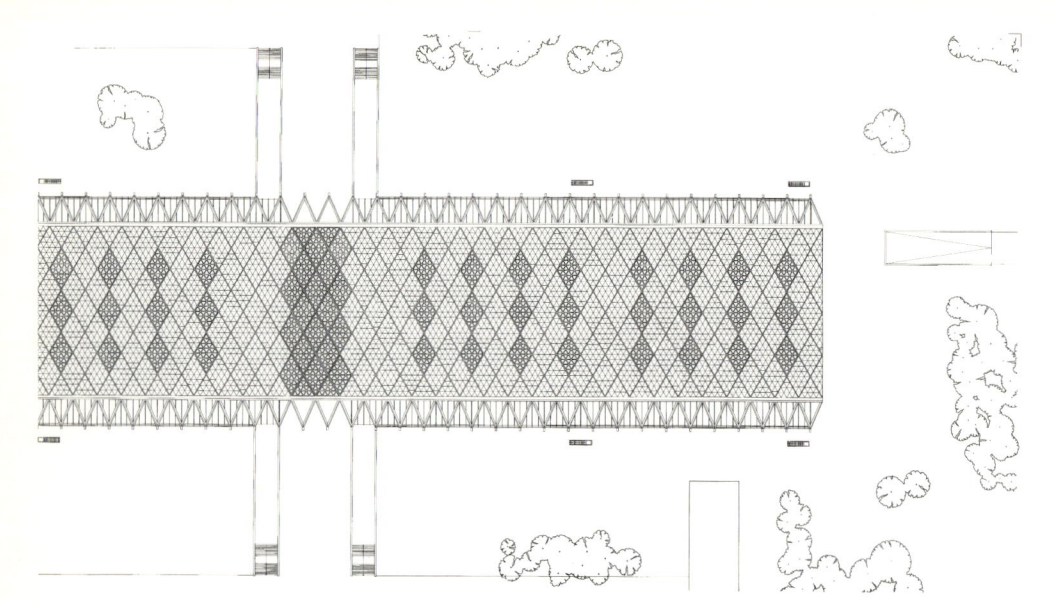

Dachaufsicht
(Achsmaß Rautenstruktur:
7,8 m)

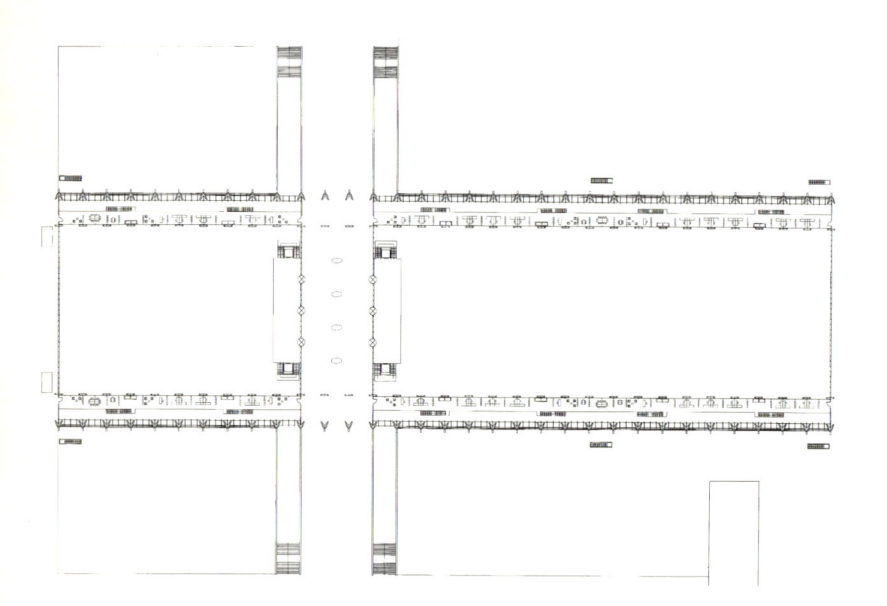

Grundriß Eingangsgeschoß
(± 0,0 m)

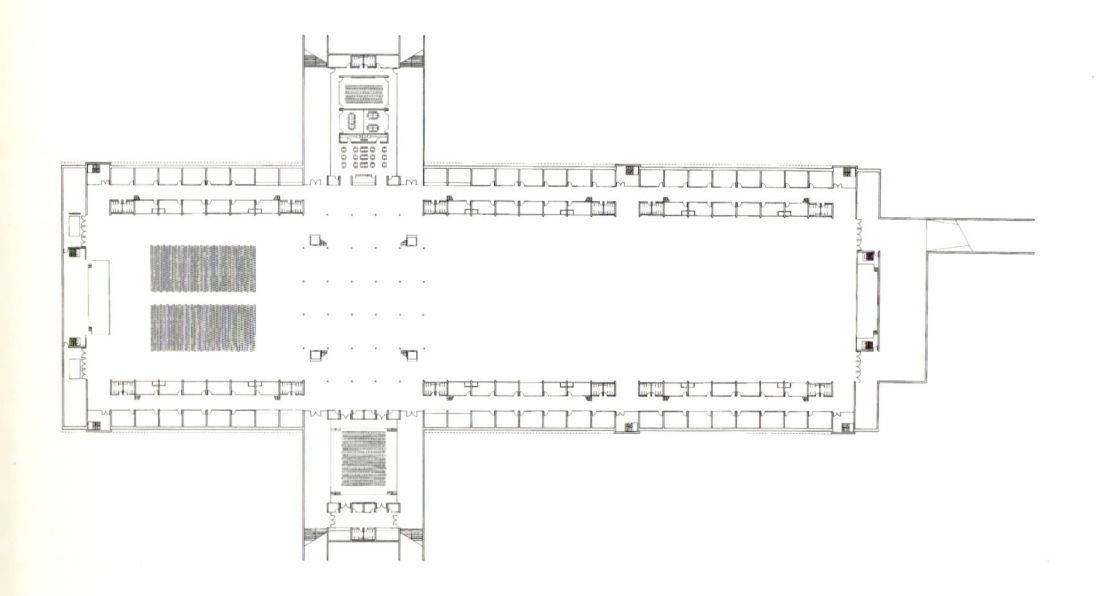

Grundriß Hallengeschoß
(− 4,5 m)

Beratung
Prof. Peter C. von Seidlein
Prof. Friedrich Wagner

Fachberatung
Prof. Dr. Günter Eisenbiegler
(Institut für Tragkonstruktionen und
Konstruktives Entwerfen)

1996

Eislaufhalle

Hängedach

Wolfgang Kübler
Herbert Markert

Aufgabe
Das stark durchgrünte Sportgelände Waldau in Stuttgart-Degerloch soll um eine Eislaufhalle mit ca. 4300 m² Nutzfläche erweitert werden. Die Eisfläche von 30 x 60 m ist für Eishockey, Eiskunstlauf, Curling und Eisschießen gedacht und soll ganzjährig sowohl für den Leistungs- als auch für den Freizeitsport zur Verfügung stehen. Es sind 2500 Zuschauerplätze und eine zusätzliche Eisfläche im Freien von ca. 30 m x 30 m zu planen.

Form und Nutzung des Bauwerks verlangen in besonderer Weise die Integration von Tragwerk, Hüllsystem und Gebäudetechnik.

Konzept
Die vorgeschlagene Lösung ist das Ergebnis zahlreicher Alternativen, die sich konsequent an den funktionalen und technischen Vorgaben der Aufgabe orientierten.

Äußere Erscheinung und Form des Baukörpers ergeben sich aus der gewählten Konstruktion des Hängedachs, welches eine leistungsfähige Lösung zur Überspannung der Eisfläche samt Tribünen ist und außerdem eine schlüssige Entsprechung zum geforderten Lichtraumprofil der Halle darstellt. Die konkave Form des Hängedachs ermöglicht eine Minimierung des Raumvolumens bei Berücksichtigung der Sehlinien von den ansteigenden Tribünen.

Bei der Anordnung der Nutzungsbereiche wurde das Ziel verfolgt, unterschiedliche Nutzungen möglichst zu entflechten und Räume mit ähnlicher technischer und thermischer Ausstattung zusammenzufassen. So sind beispielsweise alle Funktionen der Zuschauernutzung auf der Eingangsebene (E2) angeordnet und klar vom Sportbetrieb im darunterliegenden Geschoß (E1) getrennt.

Die Technikräume sind zur Vermeidung von Lärmbelästigungen (Kälteerzeugung) und von Gefährdungen durch das Kältemittel (Ammoniak) ganz aus der Halle ausgelagert und – die vorhandene Topografie nutzend – in eine Geländekante eingeschoben. Der zwischen Technikspange und Halle angeordnete Betriebshof ermöglicht die problemlose Andienung der Räume und bietet Platz für Kühltürme und Schmelzgrube.

Die Widerlager der Dachkonstruktion dienen gleichzeitig als Auflager der Zuschauertribünen und wurden in ihrer plastischen Ausformung zum gestaltbildenden Merkmal der Halle.

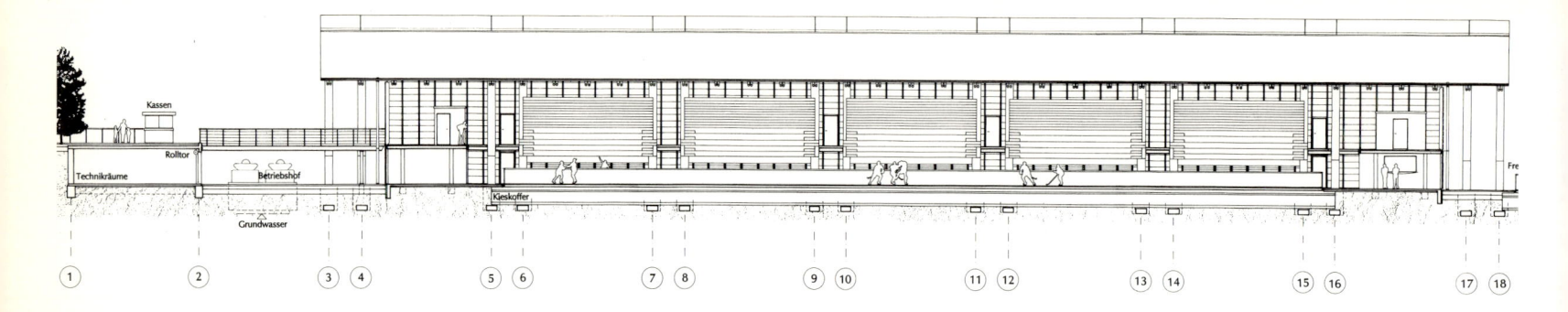

Der Längsschnitt zeigt die paarweise Anordnung der Betonwiderlager, die jeweils durch einen Tribünenblock (b = 9,6 m) gekoppelt sind und in den Fugen (b = 2,4 m) Platz für die Erschließung der Zuschauerränge und für die Fluchttreppen nach draußen bieten.

Die Halle wird auf dem oberen Niveau (E2) über einen breiten Steg erschlossen. Vom Foyer, das einen guten Überblick über die tieferliegende Eisfläche bietet, führen Stege entlang der Längsfassaden zu den Tribünen und zur gegenüberliegenden Galerie. Die Aufteilung der Tribünen in Blöcke gewährleistet die problemlose Erschließung der Zuschauerränge.

Hallen mit großen Spannweiten

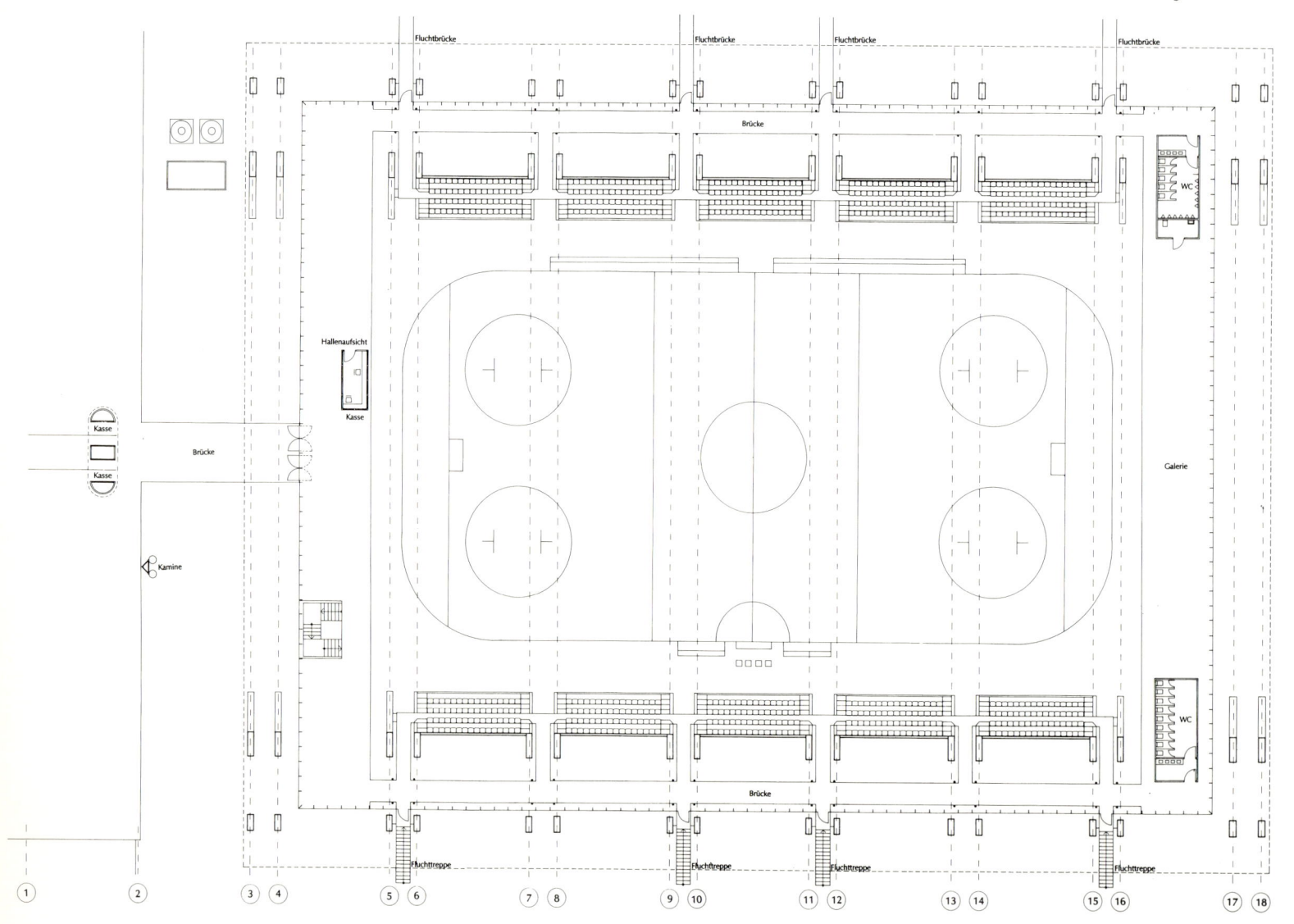

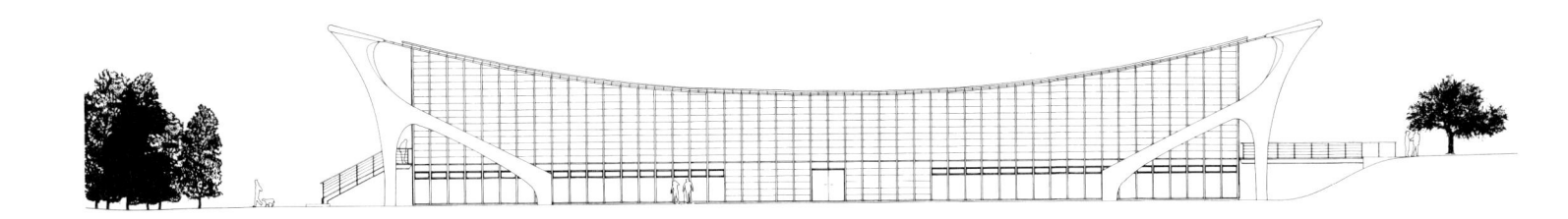

Die Eisfläche ist ebenerdig auf dem unteren Geländeniveau (E1) angeordnet und über die Pistenbar am Kopfende an die Freilauffläche angebunden. Die offen gestalteten Anschnall- und Aufwärmzonen unterhalb der Tribünen erlauben die natürliche Querlüftung der Halle und bieten Sichtkontakt von der Eisfläche nach draußen. Alle beheizten Räume (Umkleiden, Sanitärräume usw.) sind zu zwei Raumspangen an den Schmalseiten zusammengefaßt und vom Foyer bzw. der Zuschauergalerie in E2 abgedeckt. Die Anordnung an der Außenfassade ermöglicht die natürliche Belichtung und Belüftung dieser Räume.

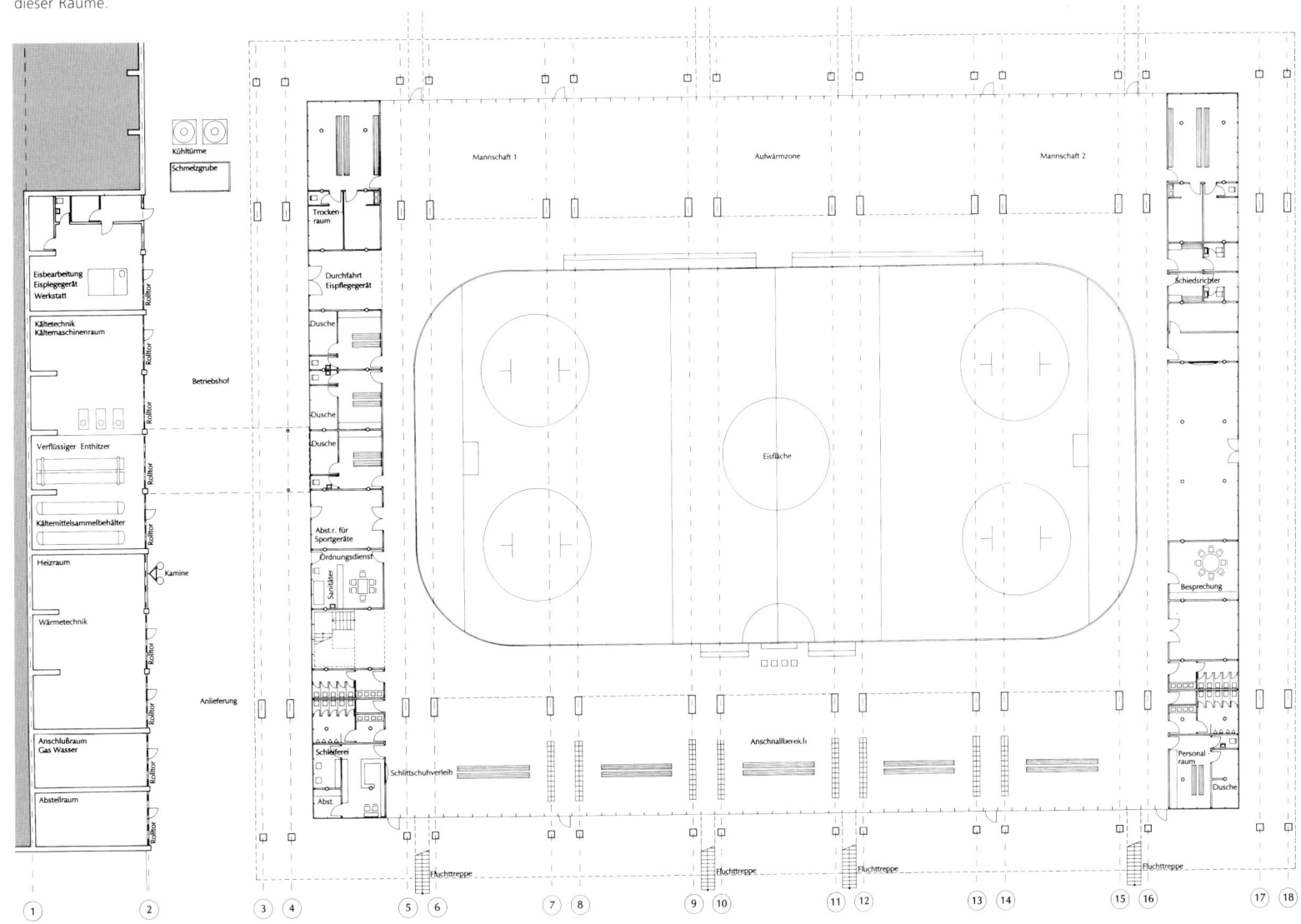

Hallen mit großen Spannweiten

121

Tragwerk

Die gewählte Hängedachkonstruktion trägt die auftretenden Vertikallasten nicht über Biegung, sondern über Zugbeanspruchung der Primärtragglieder ab. Zwei Randträger sammeln die Zugkräfte aus den Hängeseilen und leiten sie von dort in die Betonwiderlager ab. Die Fundamente der jeweils gegenüberliegenden Widerlager sind durch Druckgurte gegeneinander abgestützt, so daß der Kräftekreis geschlossen wird. Die Widerlager selbst sind so ausgeformt und angeordnet (Höhe, Neigung, paarweise Anordnung), daß sie als Unterbau für die Tribünenkonstruktion genutzt werden können.

Die Hängeseile des Dachs sind vorgespannt. Da ein einfaches Stahlseil unter verschiedenen Verkehrslasten erhebliche Längenänderungen erfährt, würde dies beim Hängedach einen Durchhang bewirken, der die Fassade und Dacheindeckung außergewöhnlich stark beansprucht. Spannt man aber ein Stahlseil gegen einen Betonquerschnitt vor, so nutzt man die geringere Längenänderung des Betons auf Druck gegenüber der etwa achtmal größeren Längenänderung des Stahlseils auf Zug. Vorgespannt wird das Seil gegen ein Betonrohr, das durch einen Stahlmantel eingeschnürt ist und demzufolge große Druckkräfte aufnehmen kann.

Die notwendige Stabilisierung des Hängesystems erfolgt über die Auflast der Betondachplatten (100 kg/m²), die den oberen Raumabschluß bilden.

Um die Funktion der einzelnen Tragglieder zu verdeutlichen, ist die Dachfläche nicht bis zu den Randträgern geführt; die Hängeseile bleiben als lastabtragende Elemente erkennbar.

Zur Aufnahme der Horizontallasten ist die Dachscheibe durch Zugdiagonalen mit dem Randträger verbunden und ist jeder Auflagerbock eingespannt.

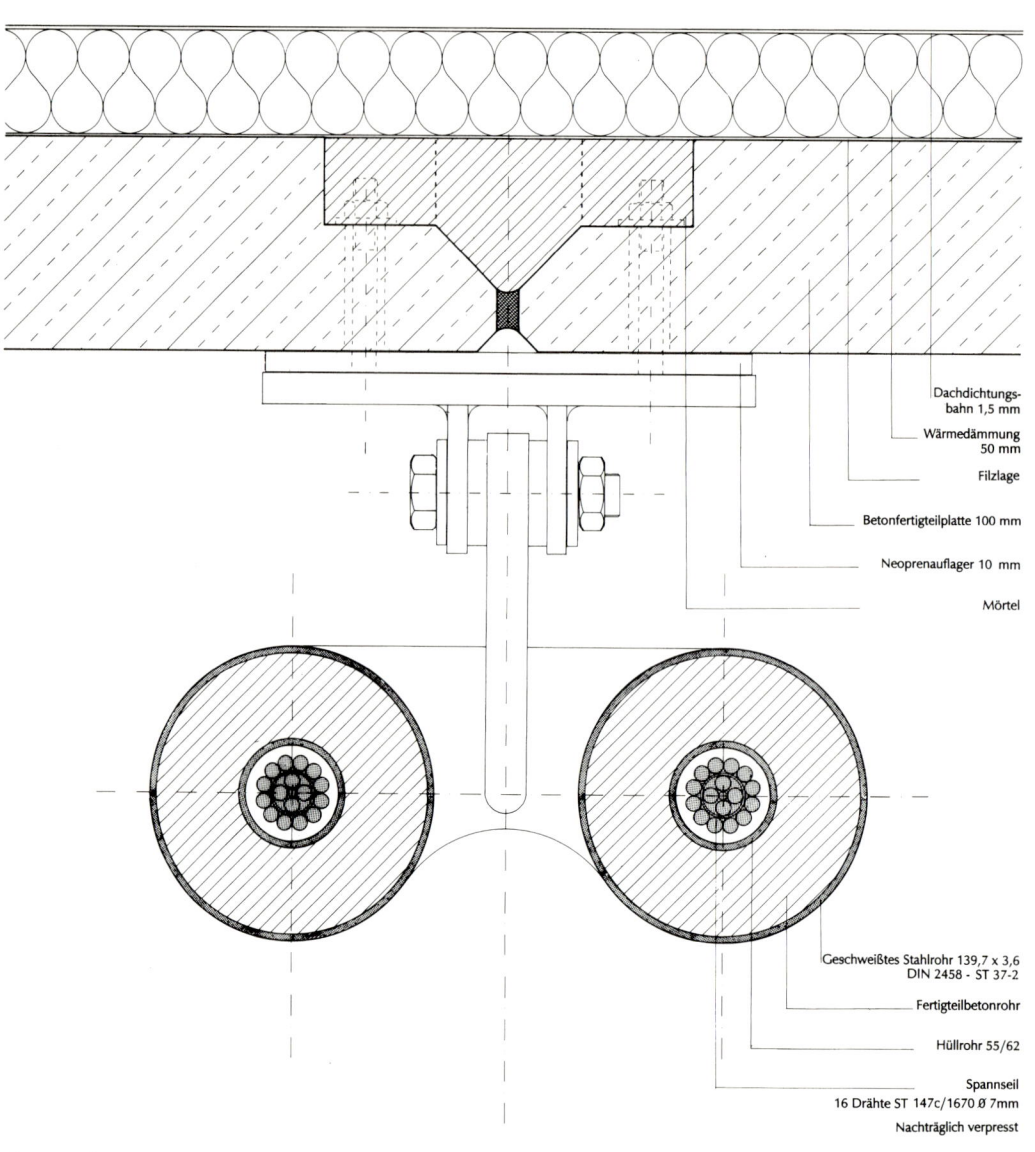

Die Tragseile sind paarweise angeordnet und alle 1,2 m über ein Stahlverbindungselement gekoppelt (Stahlblech 15 mm, d = 240 mm), das gleichzeitig als punktuelles Auflager für die Dachplatten fungiert.

Zur Montage der Tragseile werden die Betonhüllrohre mit einer Länge von je 1,2 m auf einem verfahrbaren Gerüst aufgelegt, die Stahlverbindungselemente zwischengelegt und schließlich das Stahlseil eingefädelt. Mittels Gewinden und Ankerköpfen werden die Seile zwischen die Randträger gehängt und gegen die Betonhüllrohre vorgespannt. Das anschließende Verpressen der Hüllrohre mit Mörtel dient dem Korrosionsschutz der Seile. Bleischeiben zwischen den einzelnen Betonrohrabschnitten ermöglichen die Bildung eines Polygonzugs bei gleichmäßiger Druckverteilung auf den Betonquerschnitt.

- Dachdichtungsbahn 1,5 mm
- Wärmedämmung 50 mm
- Filzlage
- Betonfertigteilplatte 100 mm
- Neoprenauflager 10 mm
- Mörtel
- Geschweißtes Stahlrohr 139,7 x 3,6 DIN 2458 - ST 37-2
- Fertigteilbetonrohr
- Hüllrohr 55/62
- Spannseil 16 Drähte ST 147c/1670 Ø 7mm
- Nachträglich verpresst
- Spannverfahren BBRV - Suspa

Alle Tragwerkelemente sind vorgefertigt und so gefügt, daß abschnittsweise im Taktverfahren montiert werden kann und nur ein kleines, verfahrbares Gerüst erforderlich ist. Beim Vorspannen wird jeweils nur ein Dachstreifen montiert, während die nebenliegenden Felder frei bleiben. Die fehlende Last wird durch Balastsäcke ersetzt. Beim Vorspannprozeß hebt sich dann der jeweilige Dachstreifen, so daß das Gerüst zum nächsten Abschnitt verfahren werden kann.

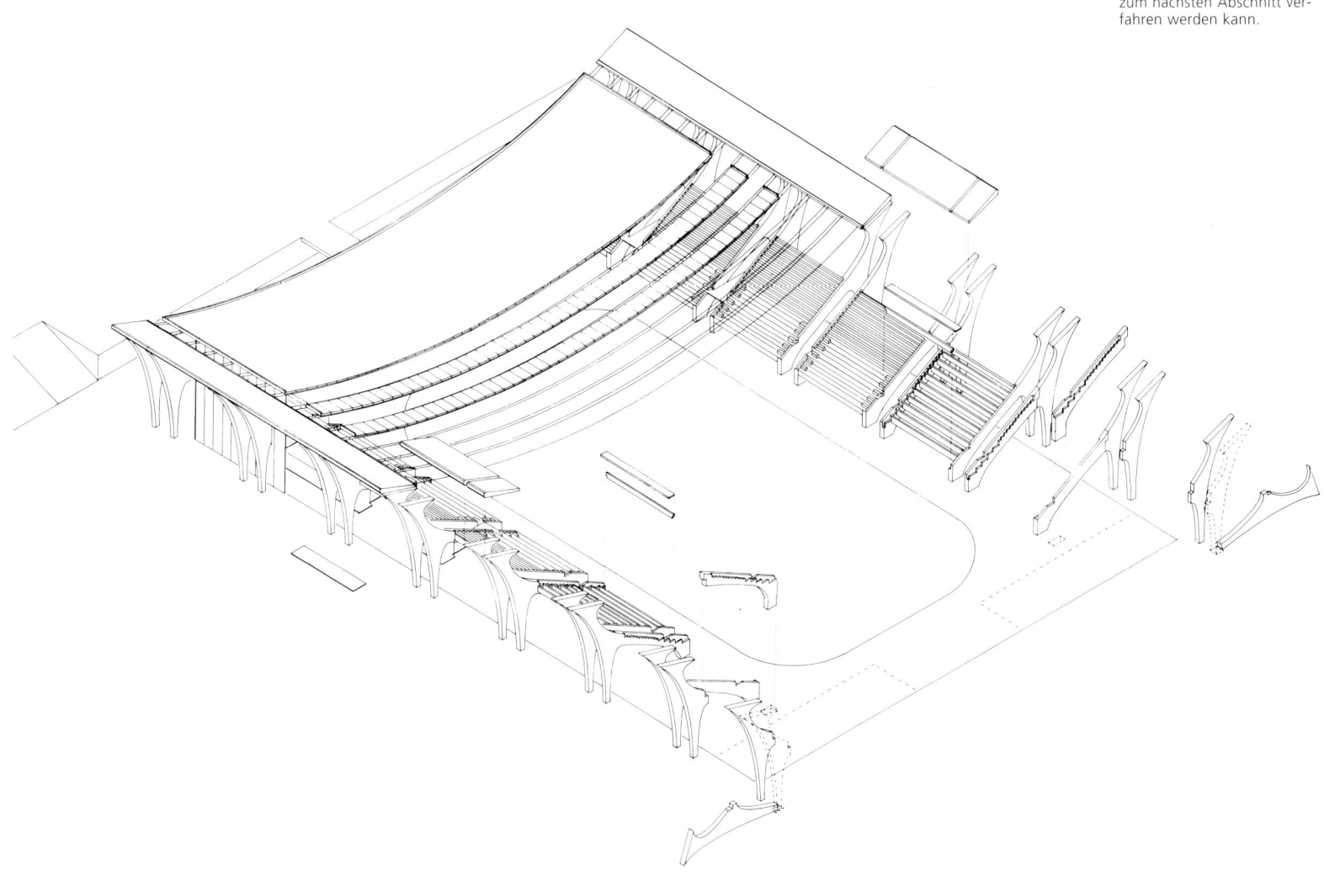

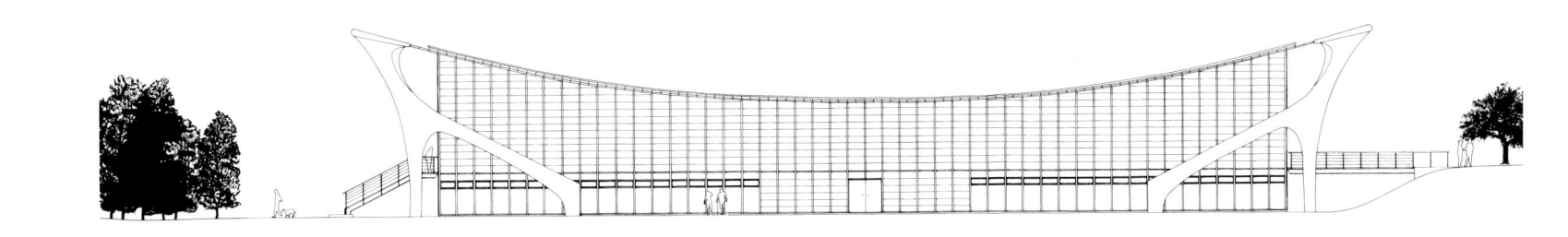

Hallen mit großen Spannweiten

Hülle

Die Fassaden der Halle sind – abgesehen von den Warmräumen – einfachverglast und großflächig über Lamellenfenster öffenbar. Die aus gelochten Flachstählen und Stahlrohren zusammengeschweißten Fassadenpfosten stehen im Abstand von 1,2 m und sind nach der größten Höhe (10,5 m) einheitlich dimensioniert (Bautiefe 335 mm).

Die Anschlußdetails an das Hallendach wurden während eines Seminars bei der Firma Eberspächer in Esslingen ausgearbeitet.

Für den Anschluß der Pfosten an das konkav geschwungene Hallendach wurde ein verschwenkbares Anschlußteil entwickelt, das für alle Neigungswinkel verwendet werden kann. Die Durchbiegungen der Dachkonstruktion werden über vertikale Langlöcher und offene Anschlußfugen aufgenommen.

Die Dachfläche aus Betonplatten ist wärmegedämmt und mit einer Kunststoffolie abgedichtet. Die Ränder sind dabei jeweils mit Betonaufkantungen versehen, um den Dachaufbau außen nicht zeigen zu müssen. Die Entwässerung der ca. 5000 m² großen Fläche erfolgt an den Tiefpunkten der Stirnseiten durch ein Unterdrucksystem.

Technischer Ausbau

Durch die sehr hohen Temperaturunterschiede zwischen Kunsteis und umgebenden Bauteilen entstehen vor allem bei ganzjähriger Nutzung hohe Anforderungen an die Bauweise der Halle; hierzu zählen neben dem Frostschutz für das Erdreich unter der Halle und dem Sonnenschutz für die Eisfläche auch die Vermeidung von Kondensat unter dem Hallendach und von Nebel über der Eisfläche.

Um ein Unterfrieren der Bodenplatte unter der Eisfläche zu verhindern, wurde ein 80 cm tiefer Kieskoffer mit kapillarbrechender Schicht und Flächendrainage unter der nach unten gedämmten Bodenplatte vorgesehen.

Der Sonnenschutz spielt bei dieser Bauaufgabe nicht nur unter energetischen Gesichtspunkten eine wichtige Rolle, sondern ist auch für die Oberflächenqualität der Eisfläche maßgebend.

Bei dem geplanten Entwurf gewährleistet der große Dachüberstand an den Stirnseiten, verbunden mit der Gebäudetiefe der Einbauten, eine Verschattung der Eisfläche von Februar bis Oktober. An den Längsseiten bieten die beiden Randträger ähnlichen Schutz.

Die in den Wintermonaten kurzzeitig mögliche direkte Besonnung der Eisfläche wird durch innenliegende Rollos aus Fiberglasgewebe verhindert. Eventuell entstehende Wärme kann durch die geöffneten Fenster sofort abgeführt, oder – im unteren Bereich – bei geeigneter Regelung zur Beheizung der Tribünenplätze herangezogen werden (als Ergänzung zu den unterhalb der Tribünen angebrachten Heizregistern).

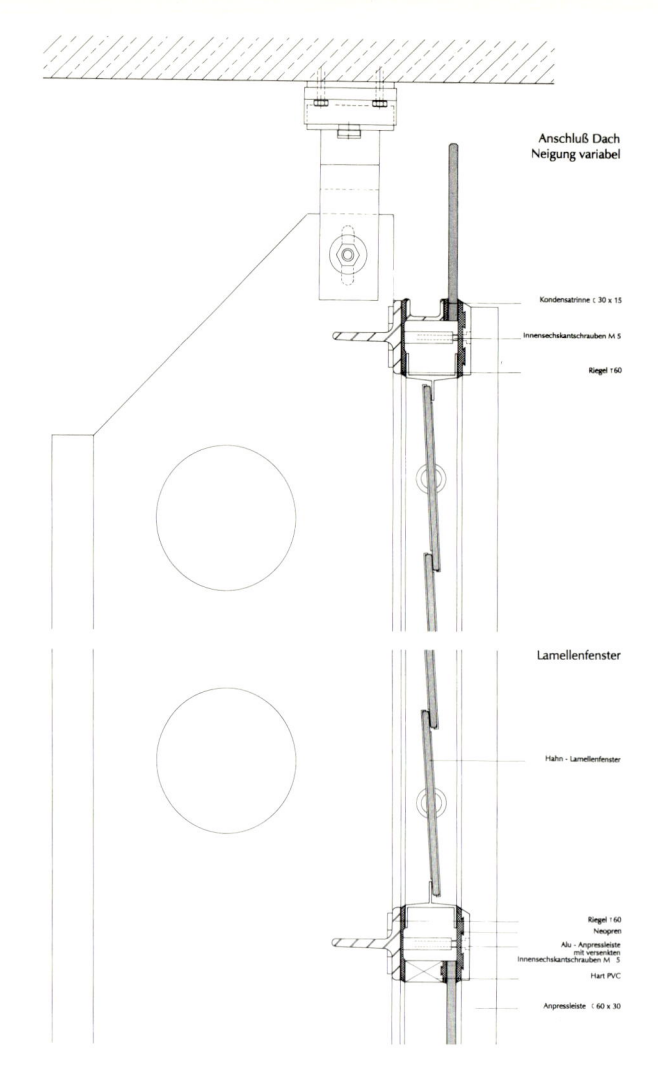

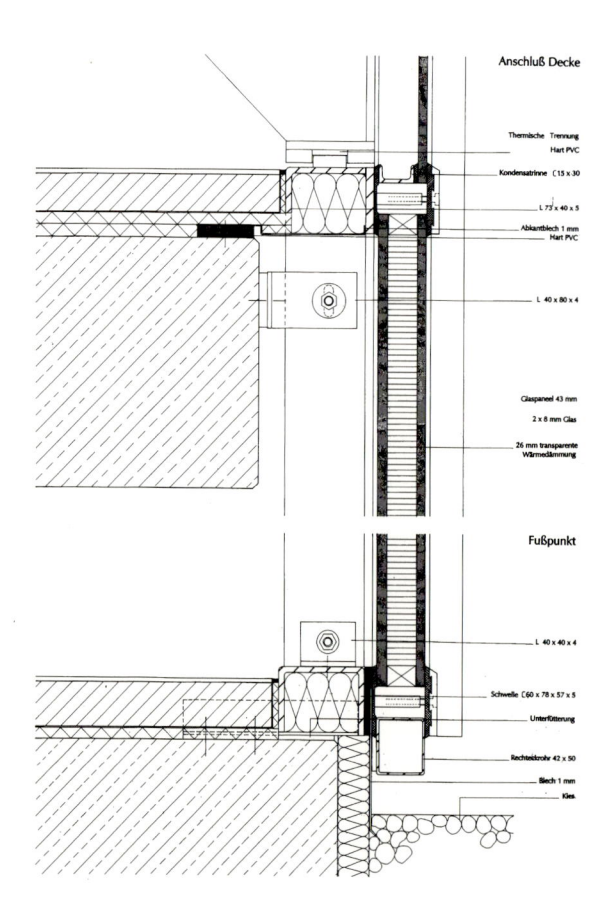

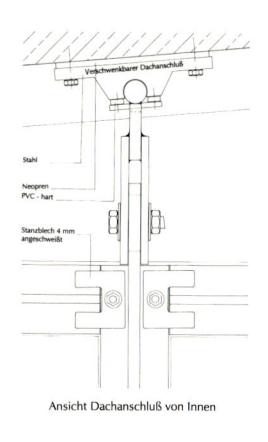

Ansicht Dachanschluß von Innen

Ein kritischer Punkt der Fassade ist der Übergang von der kalten Halle in die Warmräume an den Stirnseiten. Der Fassadenpfosten wurde deshalb durchtrennt und thermisch entkoppelt. Die Verbindung der beiden Pfostenteile über ein Hart-PVC-Lager ermöglicht nicht nur die Übertragung der Vertikallasten, sondern auch der Horizontallasten und ihre Ableitung in die Geschoßdecke des Warmbereichs.

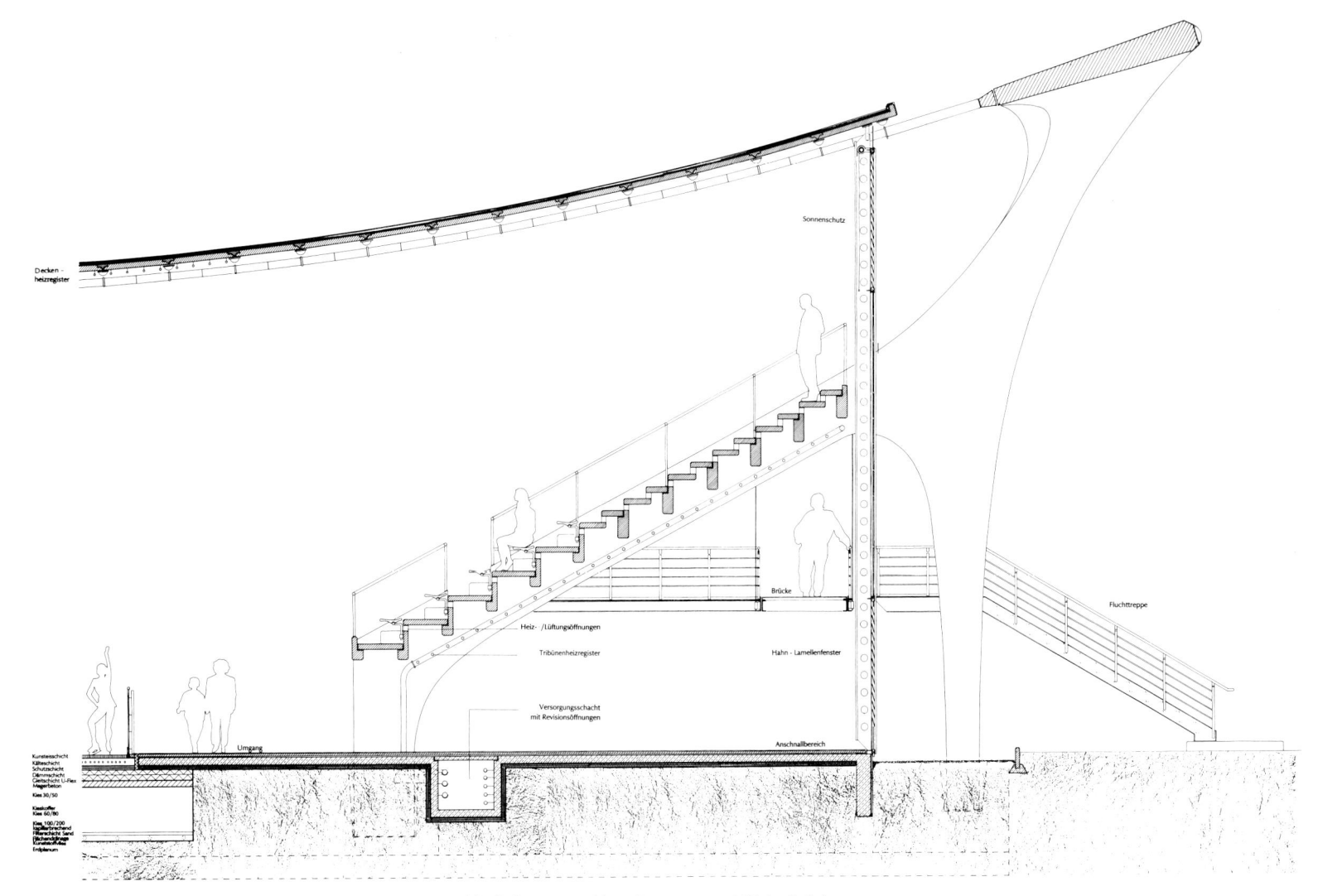

Die leistungsfähige, da zugbeanspruchte Hängekonstruktion ermöglicht nicht nur die Optimierung des Hallenvolumens, sondern auch die Nutzung des Tragwerks für die Tribünenkonstruktion. Die systembedingt hohen Seitenfassaden bieten außerdem hervorragende Belichtungsmöglichkeiten.

Die unteren Zuschauerreihen wurden auf 2 m über die Eisfläche angehoben, um die Sicht auf das sportliche Geschehen zu verbessern und um den Blick von der Eisfläche durch die Längsfassaden nach draußen freizuhalten.

Als Schutz vor Kondensat- und Nebelbildung ist neben einer ausreichenden Dämmung der Oberflächen eine gute Durchlüftung der Halle erforderlich. Der Entwurf beruht auf dem Konzept einer freien Lüftung. Hauptfaktor für ihre Wirksamkeit ist die Höhe zwischen Zu- und Abluftöffnungen. Die bei einem Hängedach zu erzielende große Höhe der Längsfassaden und die dortige Anordnung der Tribünenplätze als primäre Wärmequelle bieten in diesem Fall eine freie Lüftung an, die mittels der Lamellenfenster zudem einfach reguliert werden kann. Das Raumvolumen unter den Tribünen muß für diese Art der Lüftung freigehalten werden, was durch die Nutzung als offener Anschnallbereich und Aufwärmzone gewährleistet ist. Unter den Tribünen angebrachte Heizregister ermöglichen sogar ein Anwärmen der zugeführten Frischluft mit Abwärme aus der Kälteerzeugung.

Die für den Sportbetrieb erforderliche Mindesttemperatur von 12° C über der Eisfläche wird durch eine Deckenstrahlungsheizung sichergestellt.

Beratung
Prof. Peter C. von Seidlein
Dipl.-Ing. Gerhard Niese
(Institut für Baukonstruktion)
Prof. Dr. Günter Eisenbiegler
Dr. Adrian Pocanschi
(Institut für Tragkonstruktionen und Konstruktives Entwerfen)
Dipl.-Ing. Walter Dittes
(Institut für Kernenergetik und Energiesysteme)

1991

Markthalle
Zweilagige Rahmenkuppel

Peter Seger

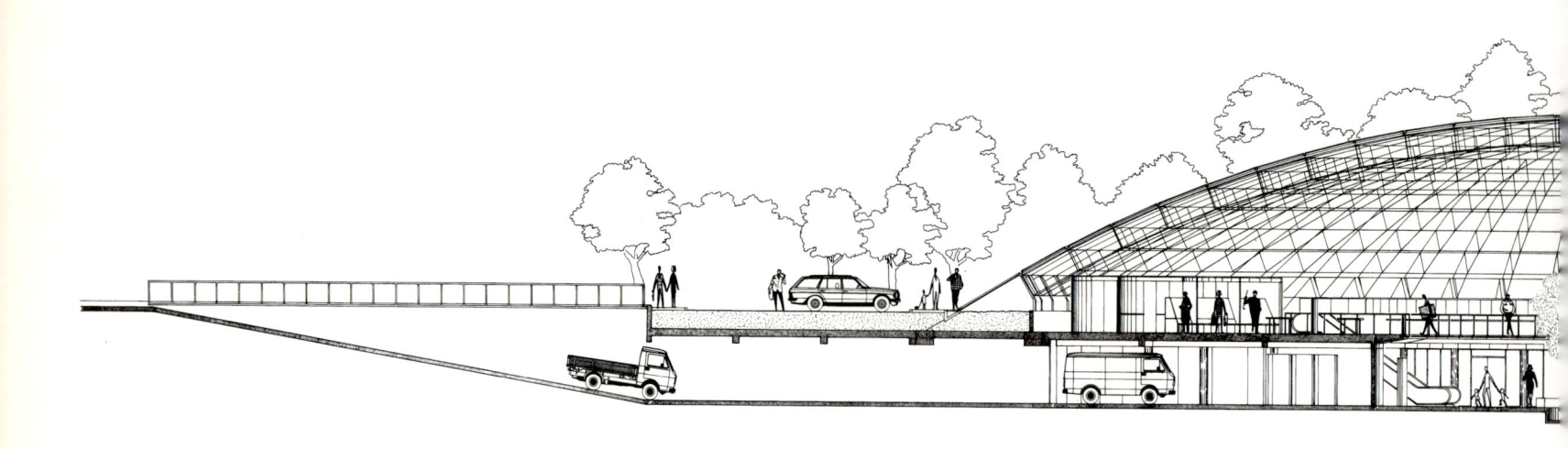

Aufgabe
Für eine in den letzten Jahrzehnten stark gewachsene Gemeinde im Vorfeld einer Großstadt soll eine Markthalle in zentraler Lage errichtet werden. Sie soll auf etwa 2500 m² Fläche neben unterschiedlichen Lebensmittelhändlern in permanenten Ständen Erzeugern aus dem umliegenden ländlichen Raum die Möglichkeit geben, ihre Waren dem Verbraucher direkt anzubieten. Entsprechend dem begrenzten Einzugsbereich solcher Märkte ist keine Erweiterung vorzusehen. Die Bearbeitung konzentriert sich auf die Untersuchung der funktionalen Bedingungen, auf die Entwicklung einer wirtschaftlichen Konstruktion und auf deren Gestaltung als Raum und Ausdruck einer Markthalle.

Konzept
Die freien Randbedingungen, die geringen funktionalen Anforderungen und die Möglichkeit, eine nicht erweiterbare Konstruktion vorzusehen, waren ausschlaggebend dafür, daß für die Halle ein radial symmetrisches System gewählt wurde.

Für einen flexiblen stützenfreien Innenraum stellt eine Kuppel wegen ihrer räumlichen Qualität und ihrer Wirtschaftlichkeit (Innenraum mit kleinster Oberfläche, geringes Leistungsgewicht durch zweifache Krümmung) eine sinnvolle Lösung dar.

Bei einem Durchmesser von 50,4 m überdeckt die entworfene Kuppel eine Fläche von 1995 m². Das Erdgeschoß ist über vier Zugänge erschlossen und dient ausschließlich dem Verkauf, während das Untergeschoß nur im zentralen Bereich um den offenen Lichthof für Verkaufsstände und ein Restaurant genutzt wird. Die restlichen Flächen beherbergen Nebenräume und von außen erschlossene Parkplätze für die Lieferanten.

Hallen mit großen Spannweiten

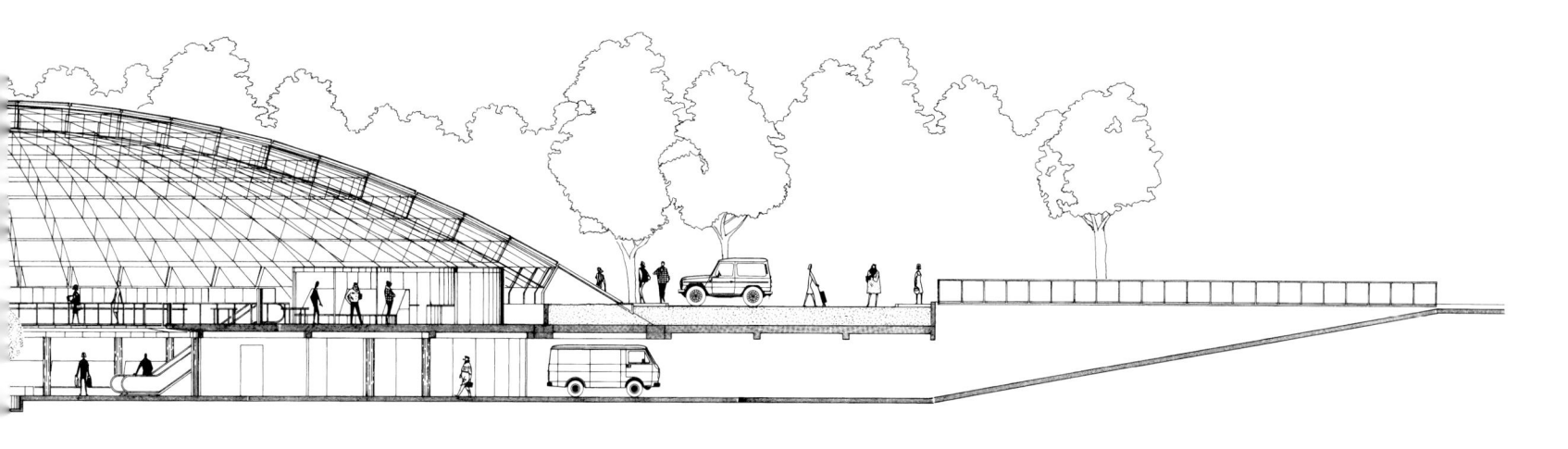

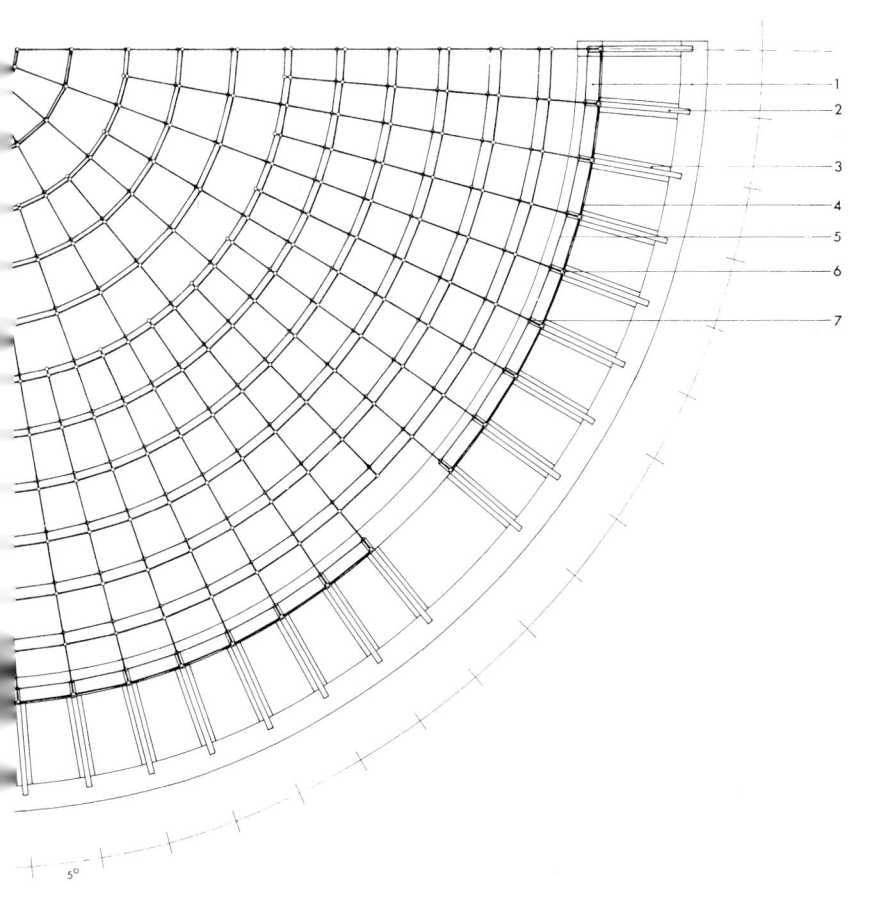

Die Wahl des Kugelausschnitts erfolgte über Silhouettenstudien und Untersuchungen des Verhältnisses von Mantelfläche zu Grundfläche. Die Einteilung der Oberfläche wurde durch die Größe der Dachelemente bestimmt. In radialer Richtung teilen 72 Rippen die Kuppel in Segmente à 5 Grad. Diese werden durch konzentrische Ringe in 12 gleiche Teile geteilt. Rippen und Ringe bestehen aus Polygonzügen. Die untere und obere Stablage folgen der gleichen Geometrie und sind über Vertikalstäbe biegesteif miteinander verbunden (Vierendeel-Prinzip).

1 Zugringe
2 Fundamentscheibe
3 Fundamentplatte
4 Obere Stabnetzlage
5 Untere Stabnetzlage
6 Montageknoten, oben
7 Montageknoten, unten

Hallen mit großen Spannweiten

Tragwerk

Für die Konstruktion der Kuppel wurde eine aufgelöste Struktur aus stabförmigen Elementen gewählt (Montagekuppel), die eine gute Vorfertigung und eine einfache Montage erlaubt. Aus der Vielzahl von geometrischen und konstruktiven Kuppellösungen bietet die zweilagige Rahmenkuppel eine elegante, klare Struktur mit relativ wenigen, schlanken Profilen und entsprechend kleinen Verbindungsknoten.

Die Kuppel hat einen inneren Radius von 25,2 m und ist in 72 radiale Rippen und 12 horizontale Ringe aufgeteilt. Sie ruht auf 68 radial angeordneten senkrechten Fundamentscheiben, die die Vertikalkräfte ableiten und den Horizontalschub auf Ringfundamente weitergeben.

Die Konstruktion besteht aus 1288 identischen Knoten und Stäben unterschiedlicher Länge. Der Montageknoten (Patent Grimm) ermöglicht nicht nur biegesteife Verbindungen in einer Ebene, sondern im Gegensatz zu ähnlichen Knoten den biegesteifen Anschluß einer zweiten Ebene ohne Diagonalen. Es entsteht ein System ringförmig und radial verlaufender Vierendeel-Träger (Systemhöhe 1 m), die im Zusammenwirken eine biegesteife Stabnetzschale bilden. Als Druckring im Scheitel dient der oberste, ringförmig verlaufende Vierendeel-Träger.

Die Stäbe sind quadratische Hohlprofile (60 x 60 mm), deren Wandstärke entsprechend der Belastung unterschiedlich dimensioniert ist. Die Stabenden bestehen aus vorgefertigten Anschlußstücken, die analog zum Klemmknoten profiliert sind und die vier unterschiedlichen Anschlußwinkel berücksichtigen. Sie werden in die Rohre eingeschoben und verschweißt.

Die Montage der Kuppel erfolgt segmentweise am Boden. Die seitlichen Endstäbe kragen dabei frei aus. Die Segmente werden in Position gehoben, an den vorher justierten Fundamentanschlüssen befestigt und auf einem zentralen Montageturm abgestützt. Wenn sämtliche Segmente in Position sind, werden sie untereinander verbunden. Anschließend kann der Montageturm entfernt werden.

Hülle

Die Hülle der Halle beschränkt sich auf den Schutz gegen Regen und Wind.

Die Halle ist zwischen den Randauflagern und im Scheitel, unter dem sich im Untergeschoß ein Wasserbecken befindet, offen, wodurch eine ausreichende Ventilation gewährleistet ist.

Die Hülle besteht aus zwei Paneeltypen – verglasten und geschlossenen –, die der Tragwerkgeometrie folgen und über eine Unterkonstruktion aus Aluminiumrahmen mit den Tragwerkknoten der oberen Stablage verbunden sind. Die verglasten Paneele bedecken die oberen vier Ringe der Kuppel und sorgen für eine blendfreie Ausleuchtung der Halle.

20-GRAD-SEGMENT DER HÜLLE
AUFSICHT M 1:25 MASSE IN CM

LEGENDE
1 SAMMELRINNE-REGENWASSER
2 RINGFUNDAMENTE
3 FUNDAMENTPLATTE
4 PANEELE AUS ALUMINIUM-PROFILBLECH
5 VERGLASTE ALUMINIUMPANEELE

GEOMETRIE DER MERIDIANE
ANSICHT M 1:25

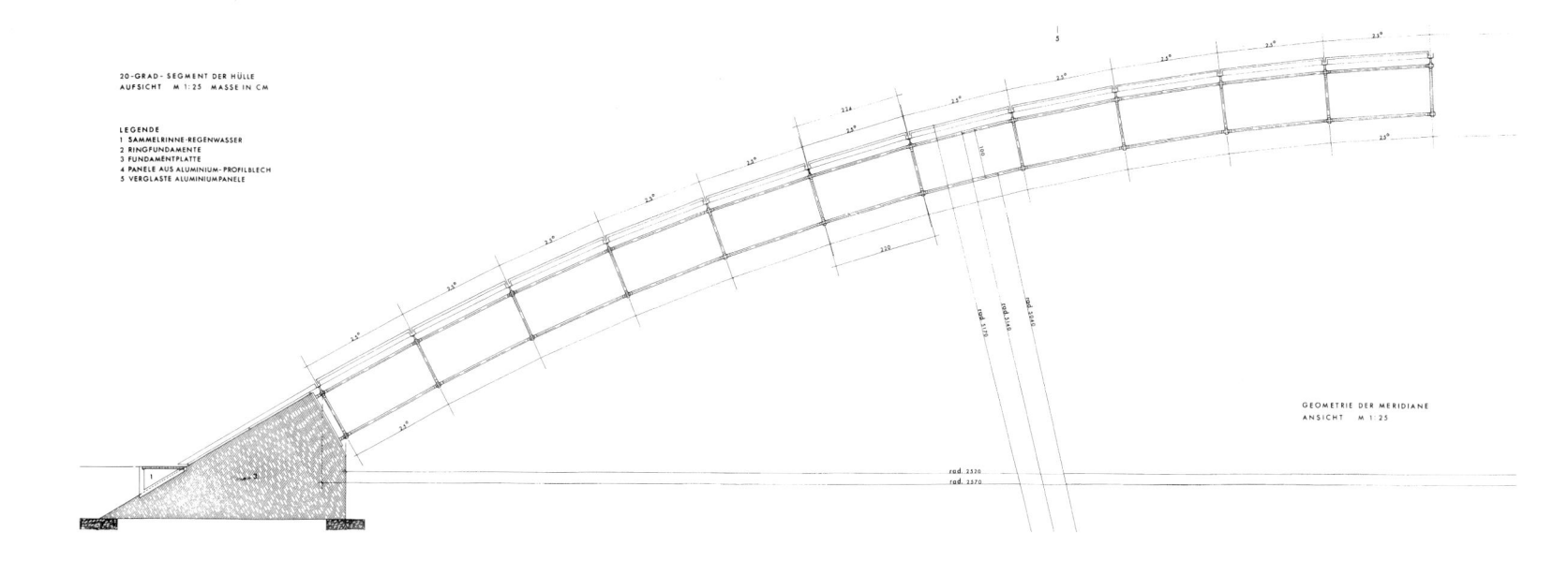

Die Dachelemente sind mit der Tragkonstruktion über eine Unterkonstruktion verbunden und können einzeln montiert und verschraubt werden. Das Dichtungssystem ist ein kontinuierliches Neoprennetz, das nicht nur der Dichtung, sondern auch der Ableitung von Regenwasser dient.

Die geschlossenen Paneele sind aus 2,5 mm starkem Aluminiumblech hergestellt, das im pneumatischen Tiefziehverfahren mit Holzformen verformt werden kann. Die Verglasung der Paneele besteht aus 14 mm dickem Verbundsicherheitsglas, das auf einen Aluminiumrahmen aufgeklemmt wird.

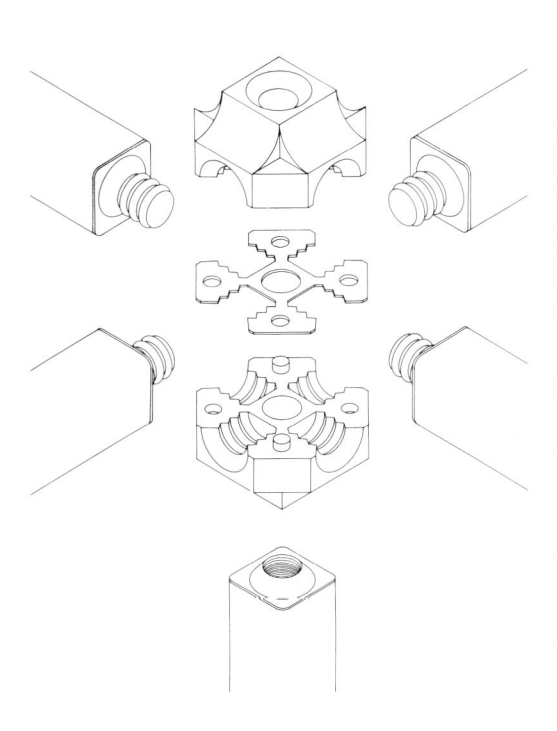

Der Montageknoten (Patent Grimm) besteht aus zwei mit Hilfe einer zentrisch angeordneten Schraube zusammenspannbaren Klemmstücken, die ringförmige Aussparungen zur Aufnahme der einzulegenden Stabenden aufweisen. Die Vorsprünge und Vertiefungen stellen eine kraftschlüssige Verbindung der Stäbe mit dem Knoten sicher. Die Schraube ist als zweifacher Gewindebolzen ausgeführt und dient nicht nur dem Zusammenspannen der Klemmstücke, sondern kann auch zum biegesteifen Anschluß weiterer Elemente genutzt werden (Anschluß der Vertikalstäbe, Anschluß der Auflager für die Dachelemente, Anschluß von Ausbauteilen wie z.B. Beleuchtungskörper, Strahlungsheizung, Sonnenschutz, Akustiksegel usw.). Um sicherzustellen, daß die Verbindungsstellen zwischen den Knoten und Stäben sowie zwischen den Klemmstücken rostfrei bleiben, sind elastische Dichtungen vorgesehen.

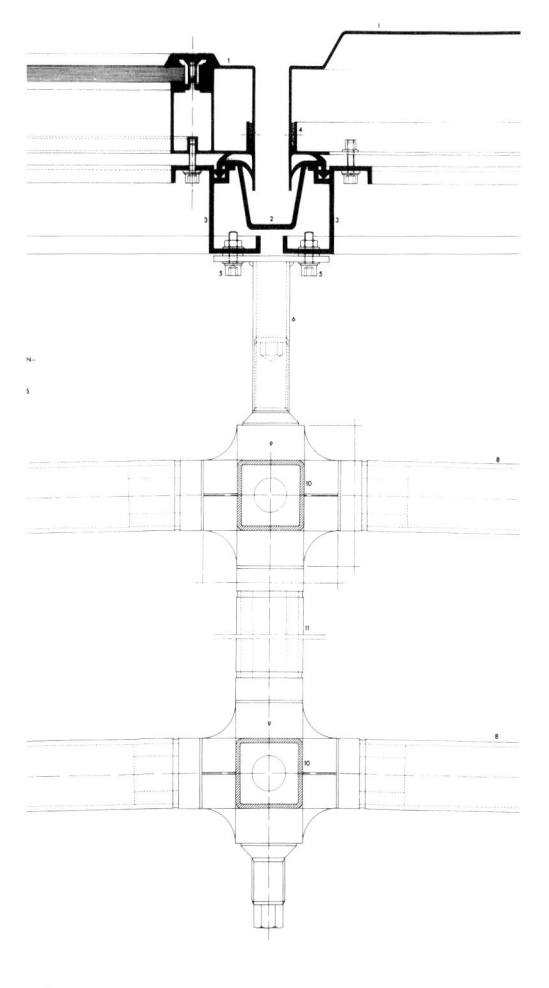

Beratung
Prof. Peter C. von Seidlein
Dipl.-Ing. Friedrich Grimm

Fachberatung
Prof. Dr. Günter Eisenbiegler
(Institut für Tragkonstruktionen und Konstruktives Entwerfen)

1986

Markthalle
Unter- und überspannte Rippenkuppel

Garnet Geissler

Aufgabe
Für eine in den letzten Jahrzehnten stark gewachsene Gemeinde im Vorfeld einer Großstadt soll eine Markthalle in zentraler Lage errichtet werden. Sie soll auf etwa 2500 m² Fläche neben unterschiedlichen Lebensmittelhändlern in permanenten Ständen Erzeugern aus dem umliegenden ländlichen Raum die Möglichkeit geben, ihre Waren dem Verbraucher direkt anzubieten. Entsprechend dem begrenzten Einzugsbereich solcher Märkte ist keine Erweiterung vorzusehen. Die Bearbeitung konzentriert sich auf die Untersuchung der funktionalen Bedingungen, auf die Entwicklung einer wirtschaftlichen Konstruktion und auf deren Gestaltung als Raum und Ausdruck einer Markthalle.

Konzept
Ausgehend von der Vorstellung, für die Markthalle einen klaren, in sich ruhenden Raum zu schaffen, der sich gleichzeitig zu seiner Umgebung öffnet, wurde ein zweigeschossiger Zentralraum mit offenem Erdgeschoß entwickelt.

Eine Glaskuppel überdacht diese Fläche, ohne sie jedoch seitlich abzuschließen, so daß die Halle allseitig frei zugänglich ist.

Die Erdgeschoßfläche ist dem Wochenmarktbetrieb vorbehalten, während die installationsintensiveren festen Stände der Einzelhandelsgeschäfte im unteren Geschoß angeordnet sind.

Ein bepflanzter, zentraler Lichthof faßt beide Geschosse zu einer räumlichen Einheit zusammen.

Tragwerk
Die Kuppel hat einen Durchmesser von 60 m und besteht aus 10 radial angeordneten, gebogenen Rippen, die am Fußpunkt auf Betonfundamenten ruhen und am oberen Ende an einen Druckring angeschlossen sind. Diese Rippen (St.Rohr 267 x 6,3 mm) sind als Druckstäbe – insbesondere in Krümmungsrichtung – stark knickgefährdet. Deshalb werden sie symmetrisch über- und unterspannt und seitlich durch zwischengehängte Ringträger gesichert.

Der Druckring (St.Rohr 267 x 6,3 mm) hat einen Durchmesser von 16,4 m und ist durch Zugstäbe über einen zentralen Knoten im

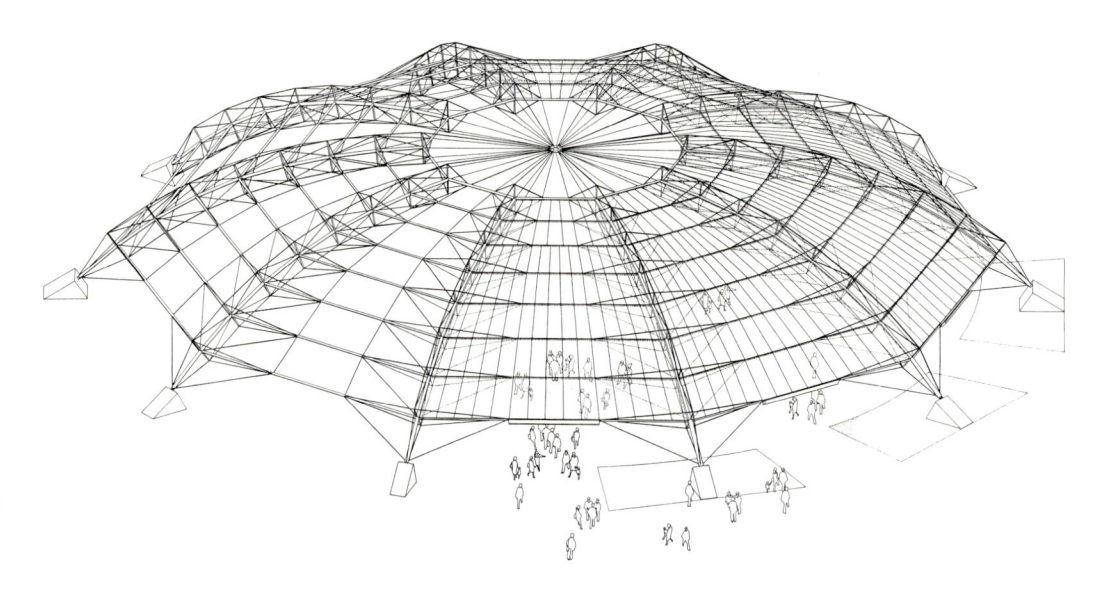

Die überdachte und befahrbare Fläche des Erdgeschosses ist für den Wochenmarktbetrieb mit Markttischen für fliegende Händler vorgesehen. Installationstechnisch sind hier lediglich einige Wasser- und Stromanschlüsse erforderlich.

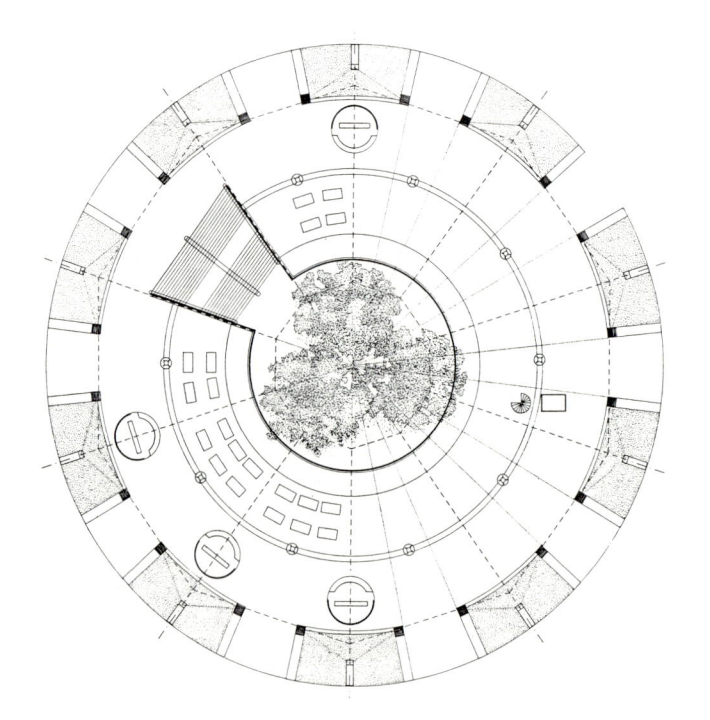

Die festen Marktstände der Einzelhandelsgeschäfte mit einem größeren Bedarf an Installationen, Kühlräumen und Lagerflächen sind im unteren Geschoß ringförmig um einen großen Lichthof angeordnet und werden von einem umlaufenden Installationsschacht versorgt.
 Eine breite Treppe erschließt das untere Geschoß für Fußgänger, während die Anlieferung über eine Rampe erfolgt, an der seitlich Technik- und Nebenräume angelagert sind.

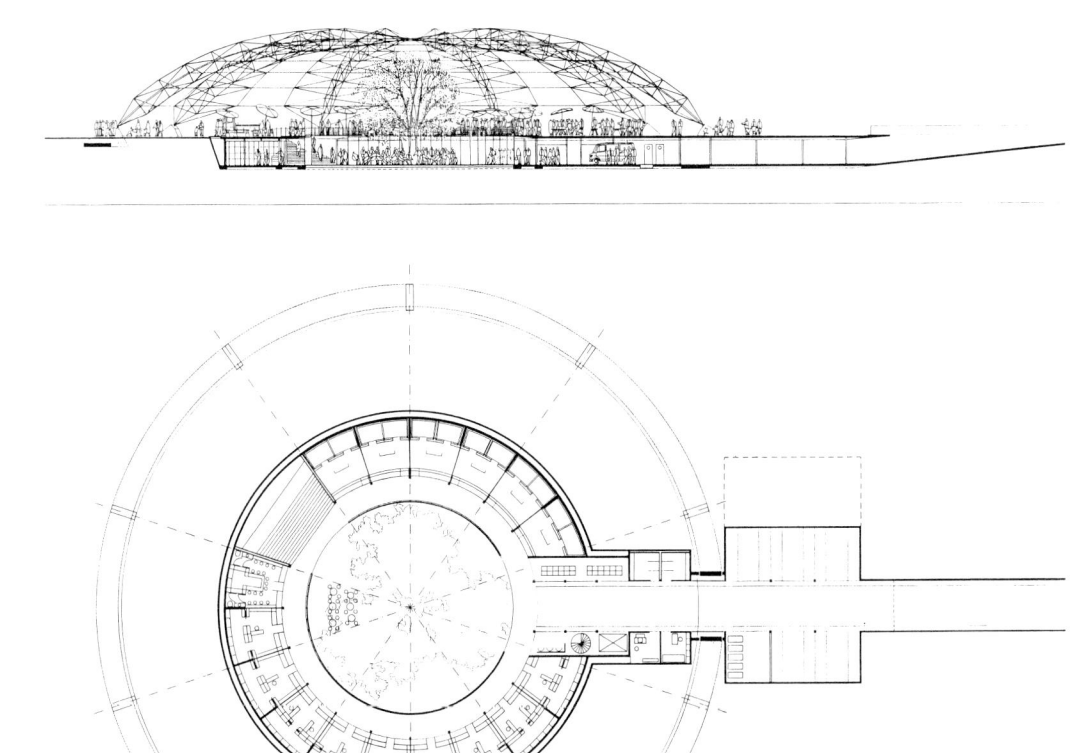

Scheitel so verspannt, daß keine Ovalverformungen aufgrund asymmetrischer Lasten entstehen. Er übernimmt somit in bezug auf Festigkeit, Steifigkeit und Kräfteweiterleitung die Eigenschaften des oberen Teils einer geschlossenen Kuppel.

Zwischen die insgesamt 10 Rippen sind im Abstand von 3 m gebogene Rohre (St.Rohr 159 x 7 mm) eingehängt, die sich zu 7 horizontalen Ringen zusammenfügen. Diese Ringträger sind primär auf Biegung beansprucht, da sie die Lasten aus den radial angeordneten Glasträgern (IPE 80) aufnehmen. Um ihre Spannweite zu reduzieren, sind die Ringträger jeweils zweimal nach oben abgespannt. Eine entsprechende Diagonalverspannung nach unten übernimmt die gleiche Aufgabe bei Winddruck von unten.

Bei einseitiger Windbelastung entstehen Beanspruchungen im Tragwerk, die das Gebäude um seine Achse drehen wollen. Gegen diese Torsionskräfte wirken Aussteifungsverbände auf der Kuppeloberfläche, die jeweils begleitend zu den 10 Rippen angeordnet und bis zum Scheitel fortgeführt sind.

Das komplexe Gesamtgebilde wurde mit Hilfe der Finite-Elemente-Methode überschlägig berechnet, jedoch nicht für alle Lastfälle dimensioniert. Es sollte hier im wesentlichen die Richtigkeit der Idee und die grundsätzliche Baubarkeit mit annähernden Größenordnungen nachgewiesen werden.

Hülle

Die Markthalle erhält lediglich eine Überdachung, keinen seitlichen Raumabschluß. Deshalb ist die Kuppel nur zwischen den horizontalen Ringen verglast und zwischen den Auflagern und im Bereich des zentralen Druckrings – über dem zweigeschossigen Lichthof – gänzlich offen.

Die Verglasungsebene liegt dicht über den Druckringen, so daß die Unterspannungen innerhalb, die Überspannungen außerhalb der Hülle liegen. Die Transparenz der Glashaut ermöglicht eine Wahrnehmung der Konstruktion von innen wie von außen. Problematisch – und hier im einzelnen nicht nachgewiesen – sind die zahlreichen Durchdringungen der Hülle (Zwängungen, Undichtigkeiten), die sich zwangsläufig aus der hochaufgelösten, komplexen Tragstruktur ergeben.

Hallen mit großen Spannweiten

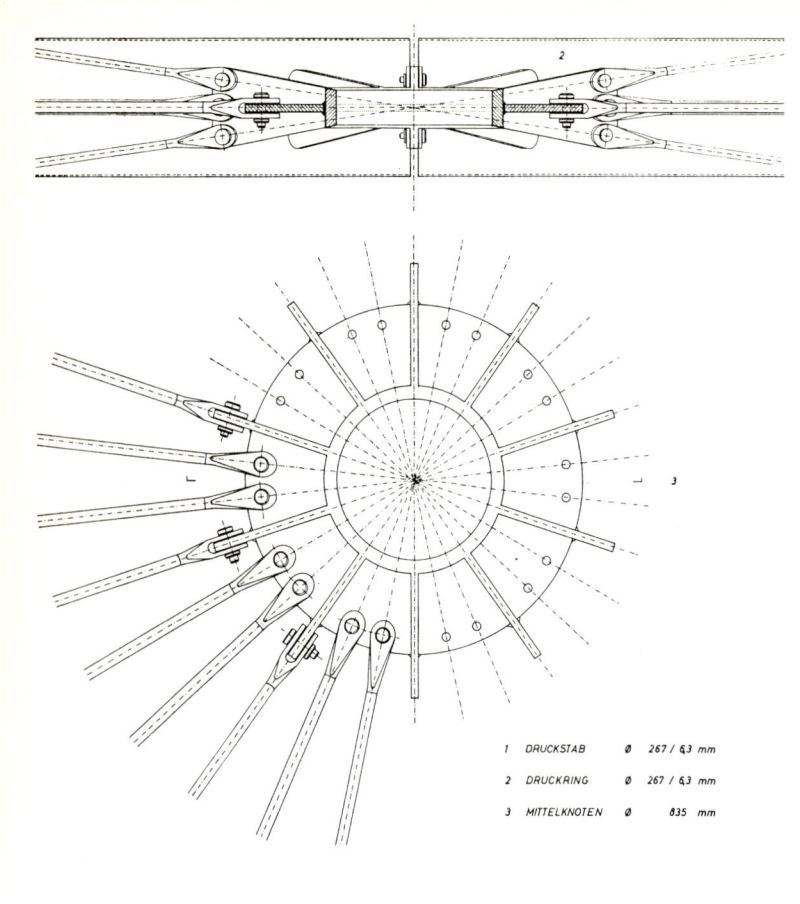

Der zentrale Knoten im Scheitel der Kuppel hat 10 senkrechte Laschen, von denen jeweils 3 Zugstäbe zu den Rippen führen, und einen waagerechten Tellerring zum Anschluß der Ringträgerverspannung.

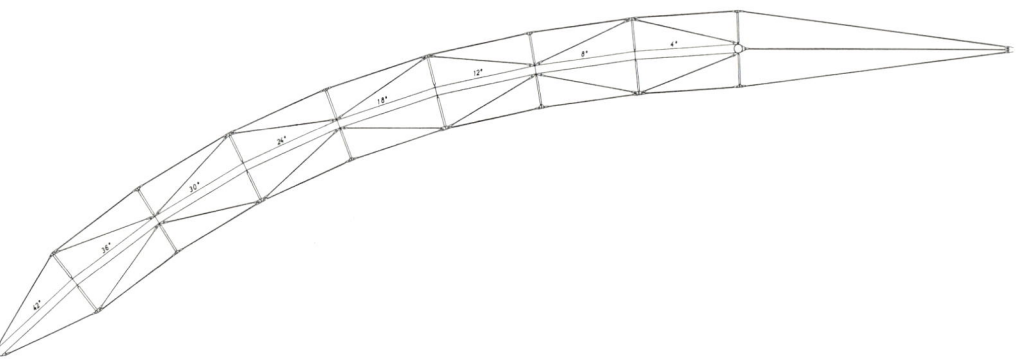

1	DRUCKSTAB	Ø 267 / 6,3 mm
2	DRUCKRING	Ø 267 / 6,3 mm
3	MITTELKNOTEN	Ø 835 mm

Die Form der Rippen wurde nach dem Stützlinienprinzip mit Hilfe eines Seilpolygonzugs hergeleitet. Ziel war hierbei eine Form, bei der unter Normallast nur Druckkräfte (keine Biegung) auftreten (umgekehrte Kettenlinie). Zur Sicherung gegen Ausknicken wurden sowohl die Druckstäbe als auch der innere Druckring über- und unterspannt.

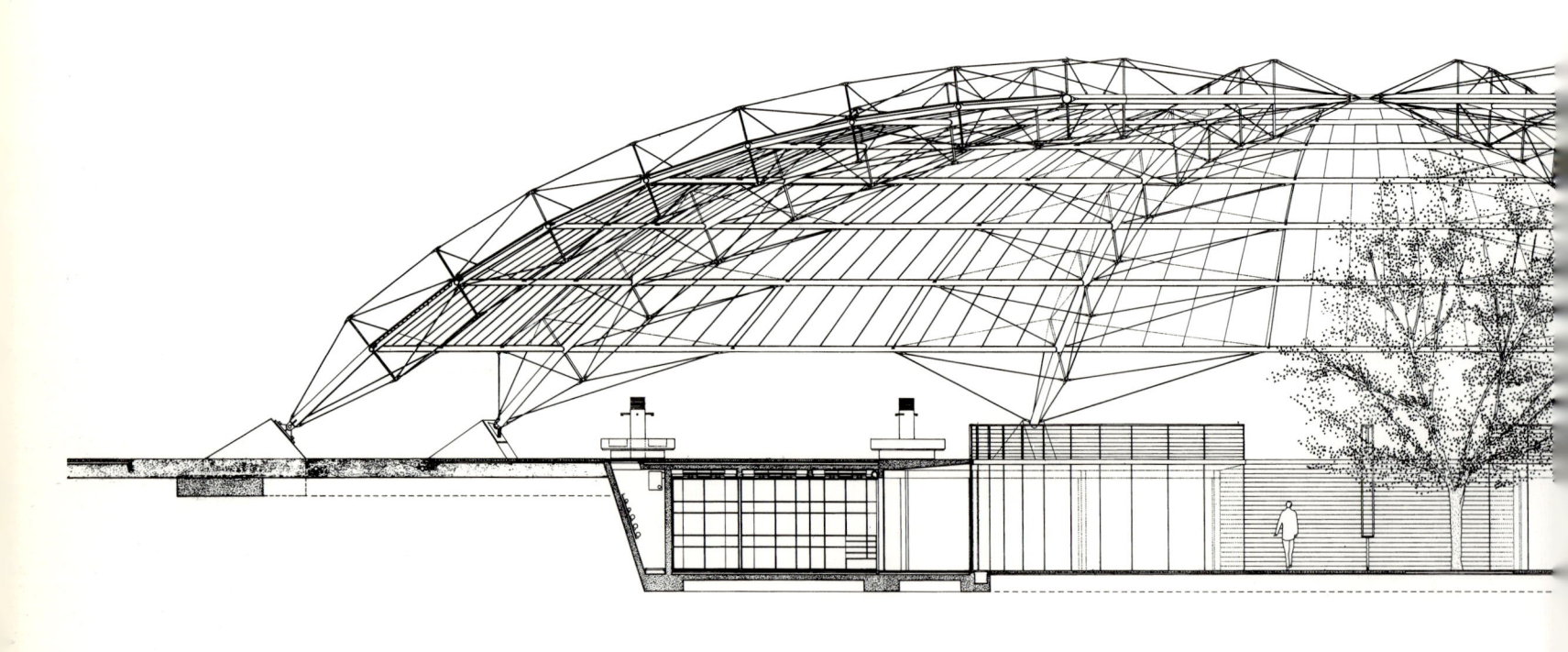

132   Hallen mit großen Spannweiten

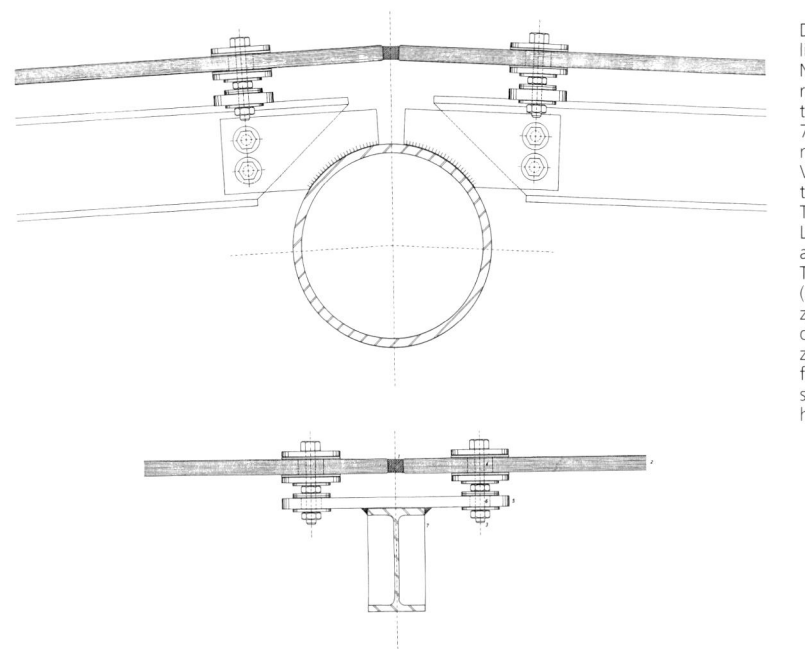

Die gläserne Gebäudehülle liegt auf einem System von Nebenträgern (IPE 80), die radial zwischen den Ringträgern (St.Rohr 159 x 7 mm) spannen. Die einzelnen Glasscheiben (12 mm VSG) sind punktuell gehalten und mit Silikon verfugt. Trotz der vorgesehenen Langlöcher scheint die Glasauflagerung angesichts der Tragwerksbewegungen (ca. 50 mm Durchbiegung) zu starr. Kugelgelenke an den Auflagerpunkten oder zumindest dicke, gut abpuffernde Neopren-Auflagerscheiben könnten hier Abhilfe schaffen.

Schnitt durch einen gebogenen Druckstab (Rippe) mit Sicht auf die zwischengehängten Ringträger. Durch die obere und untere Diagonalverspannung wird die Spannweite der Ringträger wesentlich reduziert (bei Eigen- und Verkehrslasten bzw. bei Unterwind).
Im rechten Teil der Zeichnung sind die Glasträger dargestellt, die das gebogene Rohr zusätzlich gegen Ausknicken in Krümmungsrichtung (Vorzugsknickrichtung) sichern.

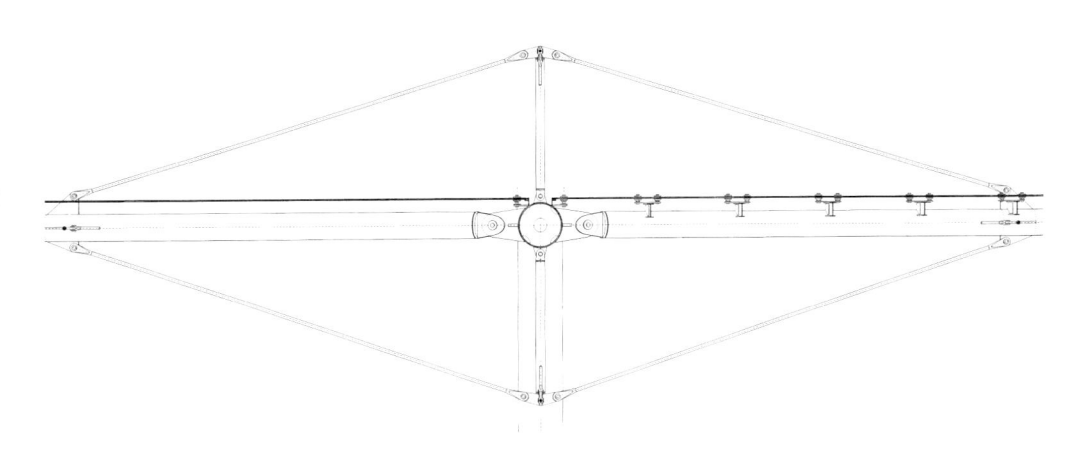

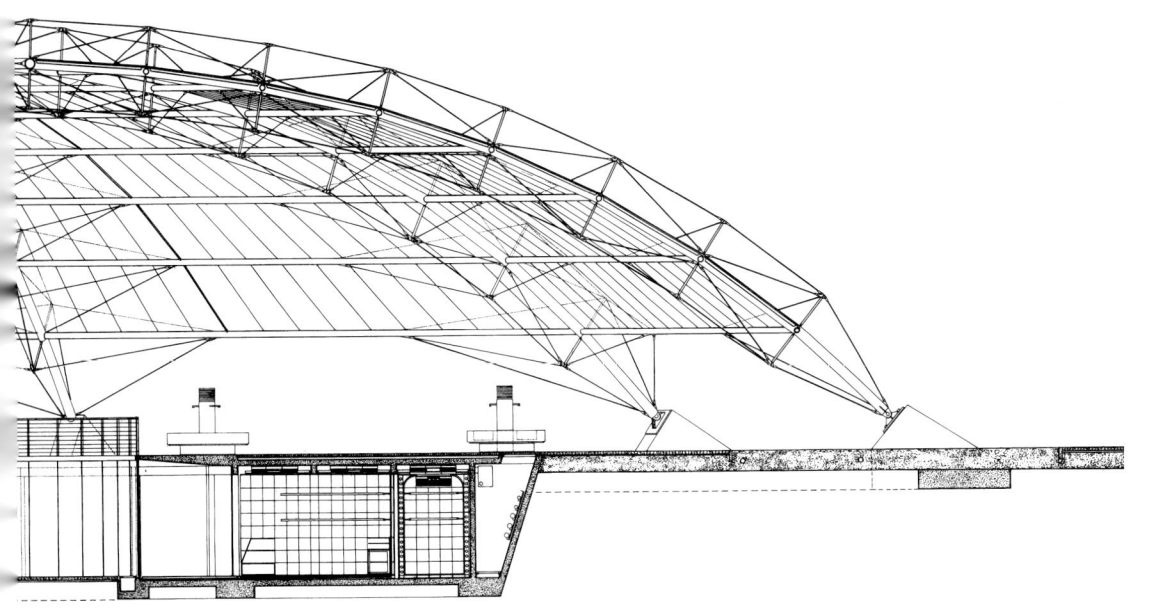

Beratung
Prof. Peter C. von Seidlein

Fachberatung
Dr.-Ing. Hans-Joachim Schock
(Institut für Tragkonstruktionen und Konstruktives Entwerfen)

1985

Hallen mit großen Spannweiten

Glasforum Gelsenkirchen

Zweilagige Gitterschale

Klaus Lakotta
Andreas Lindl

Aufgabe

Als Auftakt zum Wissenschaftspark in Gelsenkirchen soll ein „Glasforum" errichtet werden, eine Einrichtung zur Kommunikation und Information über den Werkstoff Glas.

Das Gebäude soll bei einer Gesamtnutzfläche von ca. 3000 m² in erster Linie Platz für Dauer- und Wechselausstellungen bieten sowie Vortragssäle und Seminarräume beherbergen.

Für die Konstruktion und Gestaltung des Glasforums sollen insbesondere zukunftsorientierte Anwendungen von Glas untersucht werden.

Die hier dokumentierte Arbeit wurde zum gleichnamigen Architekturstudenten-Wettbewerb der Flachglas AG eingereicht und mit einem Preis ausgezeichnet.

Konzept

Der vorgeschlagene Baukörper in Form einer Kugelkalotte bietet sowohl in städtebaulicher als auch in funktionaler Hinsicht gute Möglichkeiten, den Aufgaben des Glasforums als Bindeglied zwischen Wissenschaftspark und Stadtmitte und als offenes Informationsforum gerecht zu werden.

Der Vorteil des Rundbaus ist die einfache innere Organisation, die eine klare Gliederung und kurze Wege ermöglicht. Der Hauptraum wird durch eingestellte Elemente unterteilt, bleibt jedoch immer als Gesamtraum erlebbar.

Das Forum wird von einem abgesenkten Platz aus ebenerdig erschlossen. An den Eingangsbereich mit Information und Garderobe schließen sich die Wechselausstellungsfläche, ein Vortragssaal und eine Cafeteria an. Auf der Fläche über dem Vortragssaal befindet sich – auf dem Niveau des Parks und als Teil des Großraums – die ständige Ausstellung. Sie ist über eine offene Treppe zu erreichen, die auch einen frei in den Raum eingestellten verglasten Körper erschließt, der auf drei Ebenen Seminarräume und eine Bibliothek mit großem Lesebereich enthält.

Die Verwaltungs- und Funktionsräume umschließen den Kuppelbau ringförmig, wobei die Verwaltungsräume dem Vorplatz zugeordnet und natürlich belichtet sind, während die Nebenräume in den Dunkelzonen am Geländeversatz liegen.

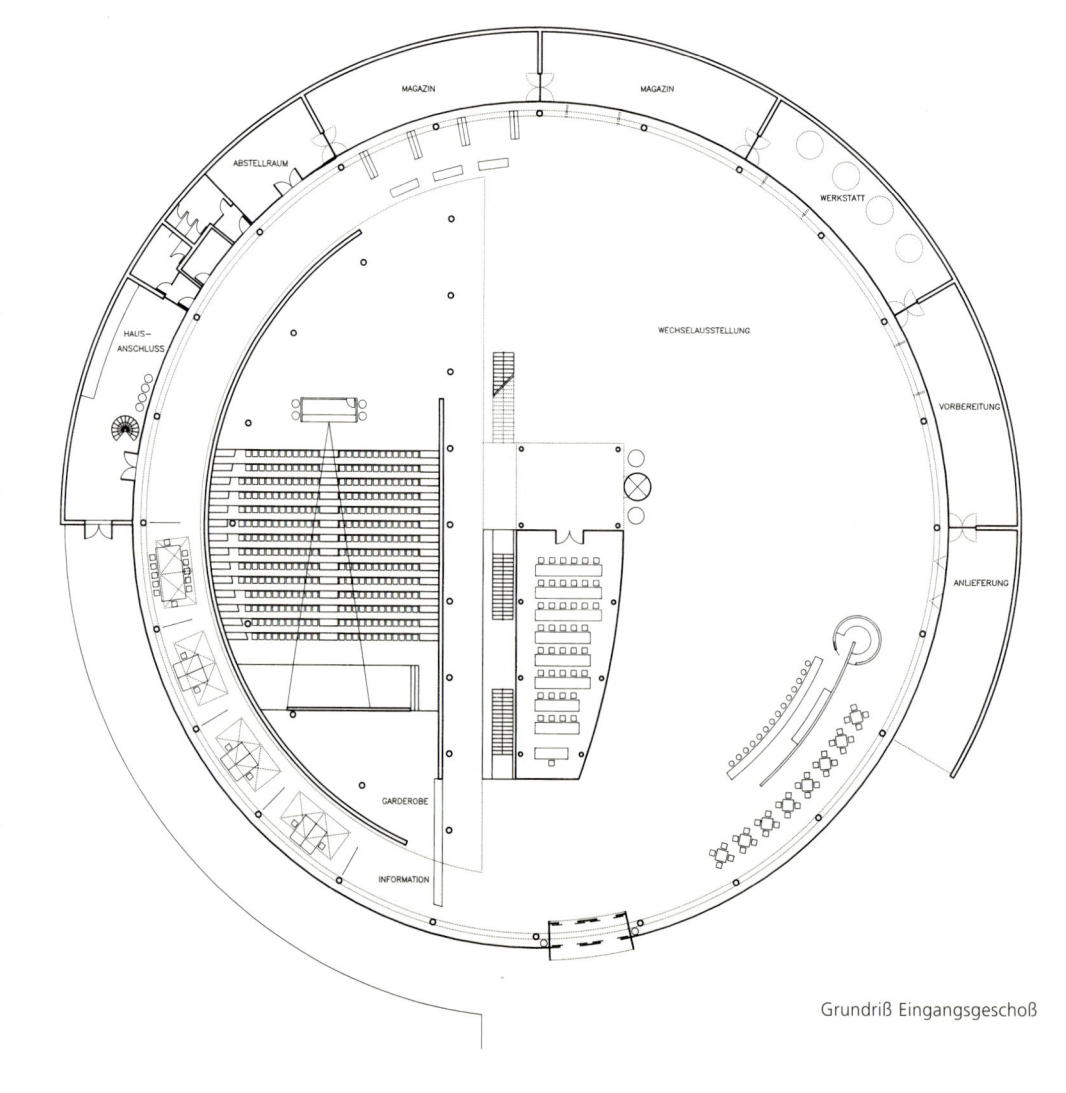

Grundriß Eingangsgeschoß

Die gewählte Form der flachen Kugelkalotte bildet einen selbstbewußten Baukörper, ohne mit dem direkt benachbarten, mächtigen Baudenkmal der ehemaligen Thyssen-Werksverwaltung zu konkurrieren.
Ein abgesenkter Vorplatz weitet die vorhandene U-Bahn-Haltestelle und Unterführung auf und stellt die städtebauliche Anbindung des Wissenschaftsparks zur Stadtmitte her.

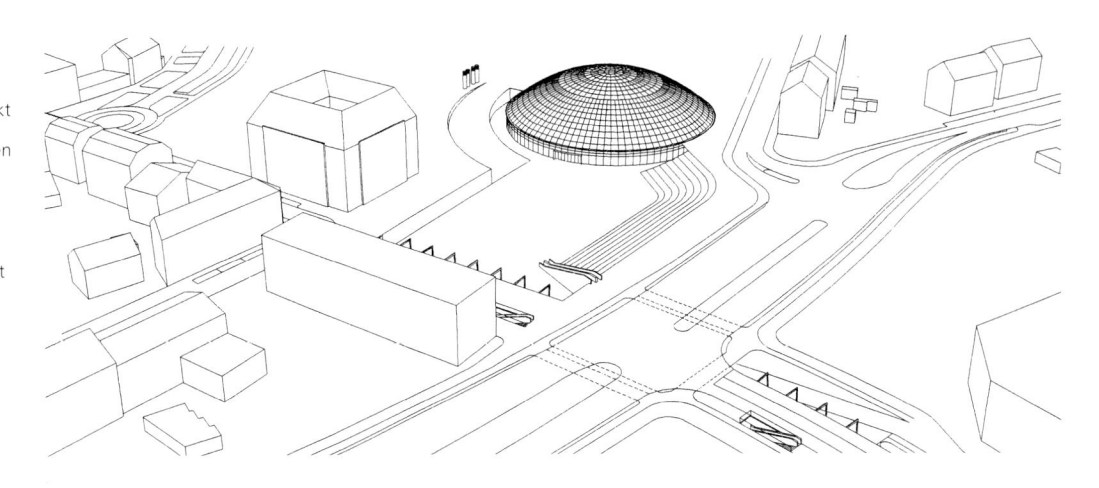

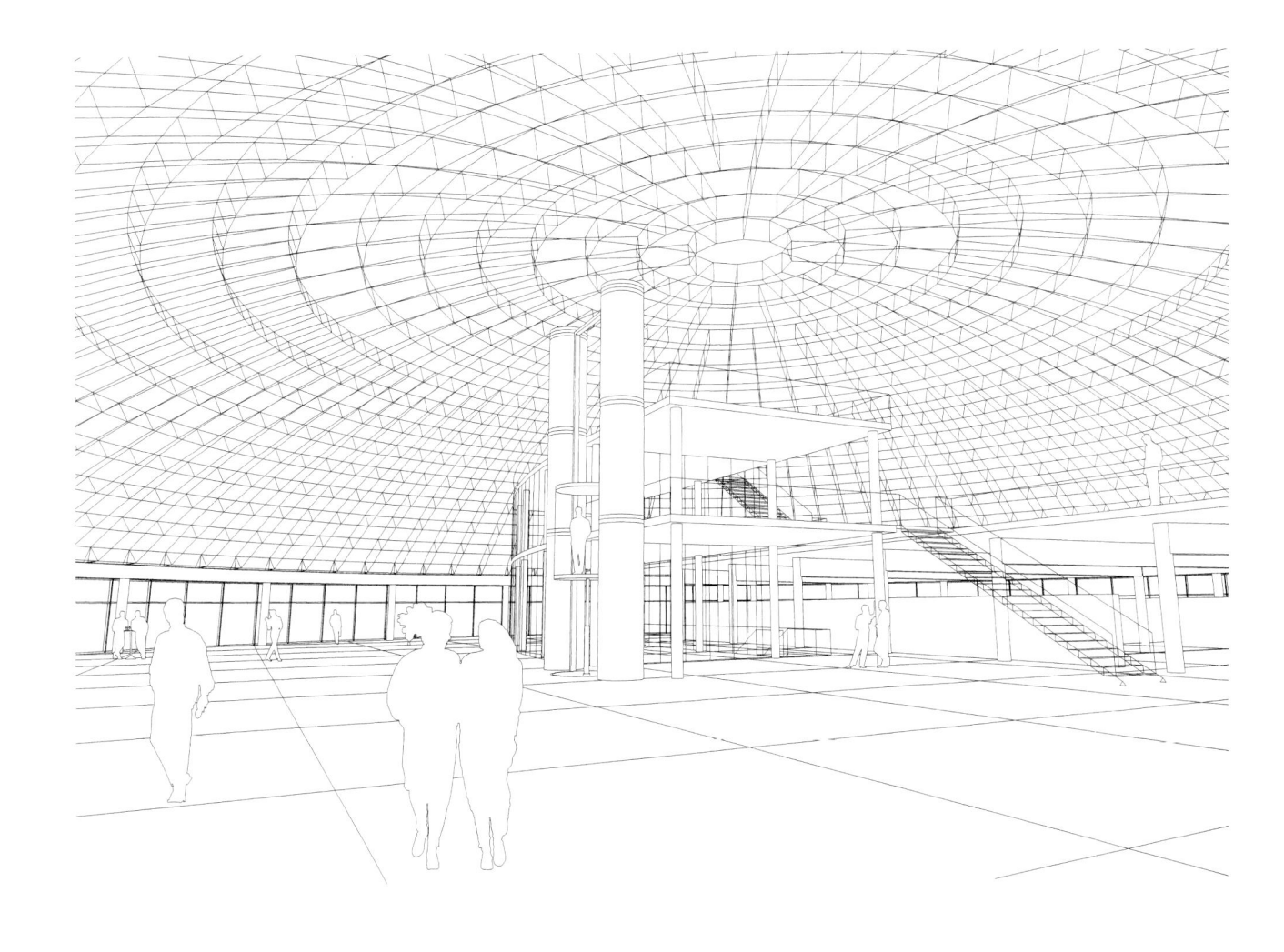

Hallen mit großen Spannweiten

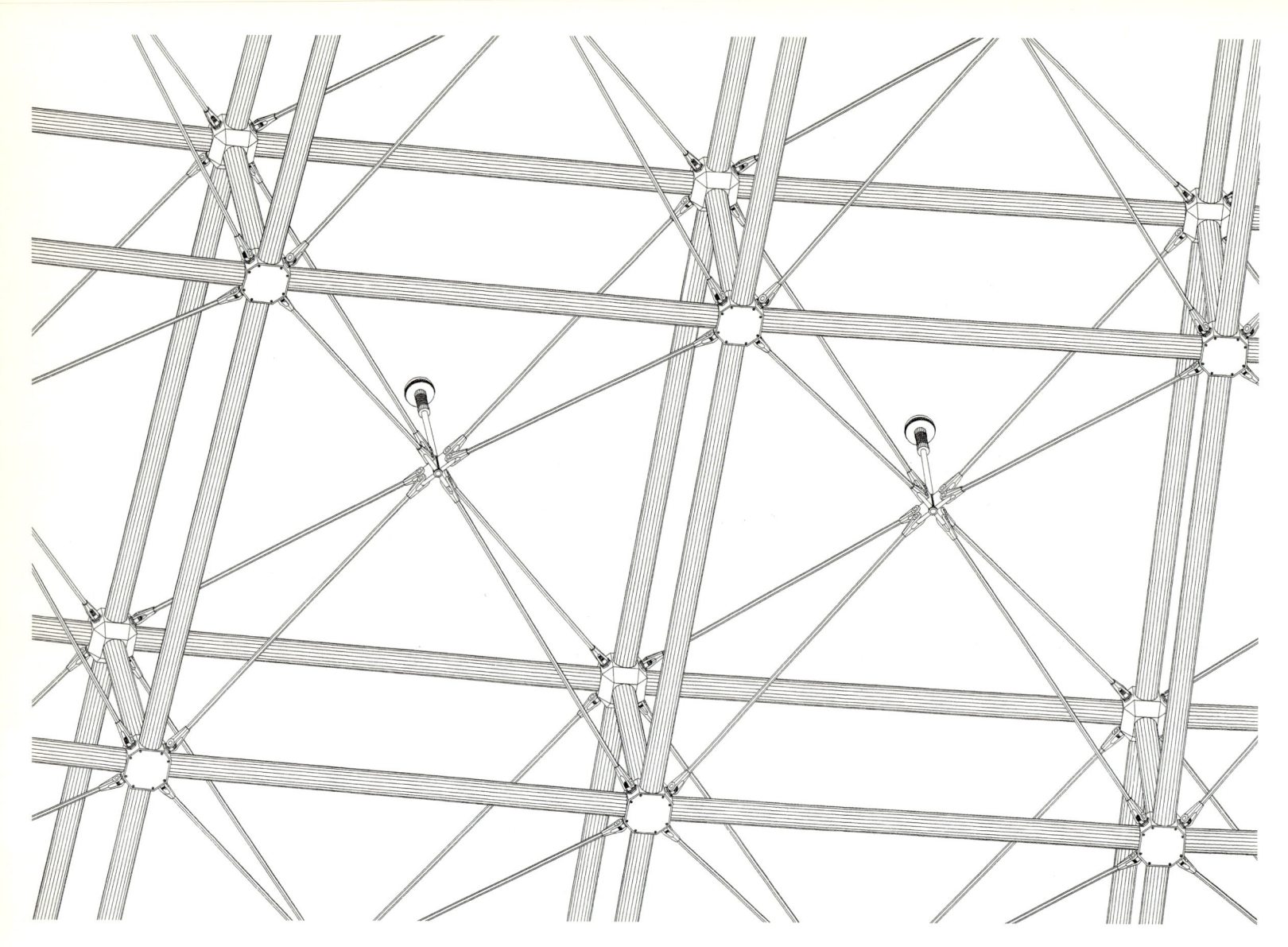

Tragwerk

Das Glasforum wird von einer Kuppel mit einem Durchmesser von 60 m und einer Scheitelhöhe von 11 m überspannt. Die Gitterschale ist aus der Schwedlerkuppel abgeleitet und zweilagig ausgebildet (Systemhöhe 80 cm), um ein Durchschlagen der Kuppel auszuschließen. Durch die Zweilagigkeit lassen sich außerdem die Stabquerschnitte minimieren. Da das gewählte Knoten-Stab-System gelenkige Anschlußpunkte hat, ist eine Aussteifung durch Diagonalen erforderlich. Zur Reduzierung der Stabanzahl wurden diese nicht in den beiden Stabebenen, sondern in den Raumdiagonalen angeordnet.

Das verwendete Bausystem ist eine Modifizierung des patentierten medienführenden Knoten-Stab-Systems Grimm. Die Grundform des Napfknotens aus Aluminiumguß muß entsprechend der Krümmung der Kuppel mehrfach modifiziert werden. Für das gesamte Tragwerk sind jedoch nur 6 verschiedene Gußformen nötig, die durch mechanische Nachbearbeitung (Bohrungen in unterschiedlichen Winkeln) weiter abgewandelt werden können.

Die zweilagige Gitterschale (Konstruktionshöhe 80 cm) wird ohne Subkonstruktion direkt mit Glas eingedeckt. Die bis zu 2 x 2 m großen Isolierglasscheiben erhalten ein zusätzliches Mittenauflager.

Die Kuppel wird mittels Aluminium-Gußelementen auf einen Betonunterzug aufgelagert. Ein massiver Stahlstab (d = 80 mm), der ebenfalls an diesen Gußteilen angeschlossen ist, bildet einen Zugring, der die Horizontalkräfte am Auflager aufnimmt, so daß der Betonunterzug ausschließlich Vertikallasten erhält, die dann problemlos auf 24 Stützen verteilt werden können. Eine Einspannung dieser Stahlbetonstützen ist nicht erforderlich, da das Gesamtgebäude durch die unterirdischen, kreisförmig um den Hauptraum angeordneten Nebenräume ausgesteift wird.

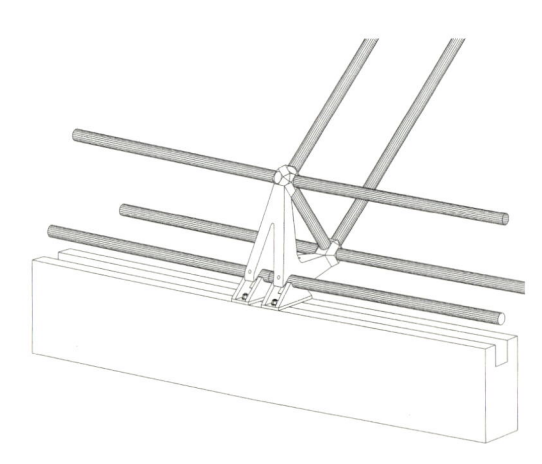

Hallen mit großen Spannweiten 137

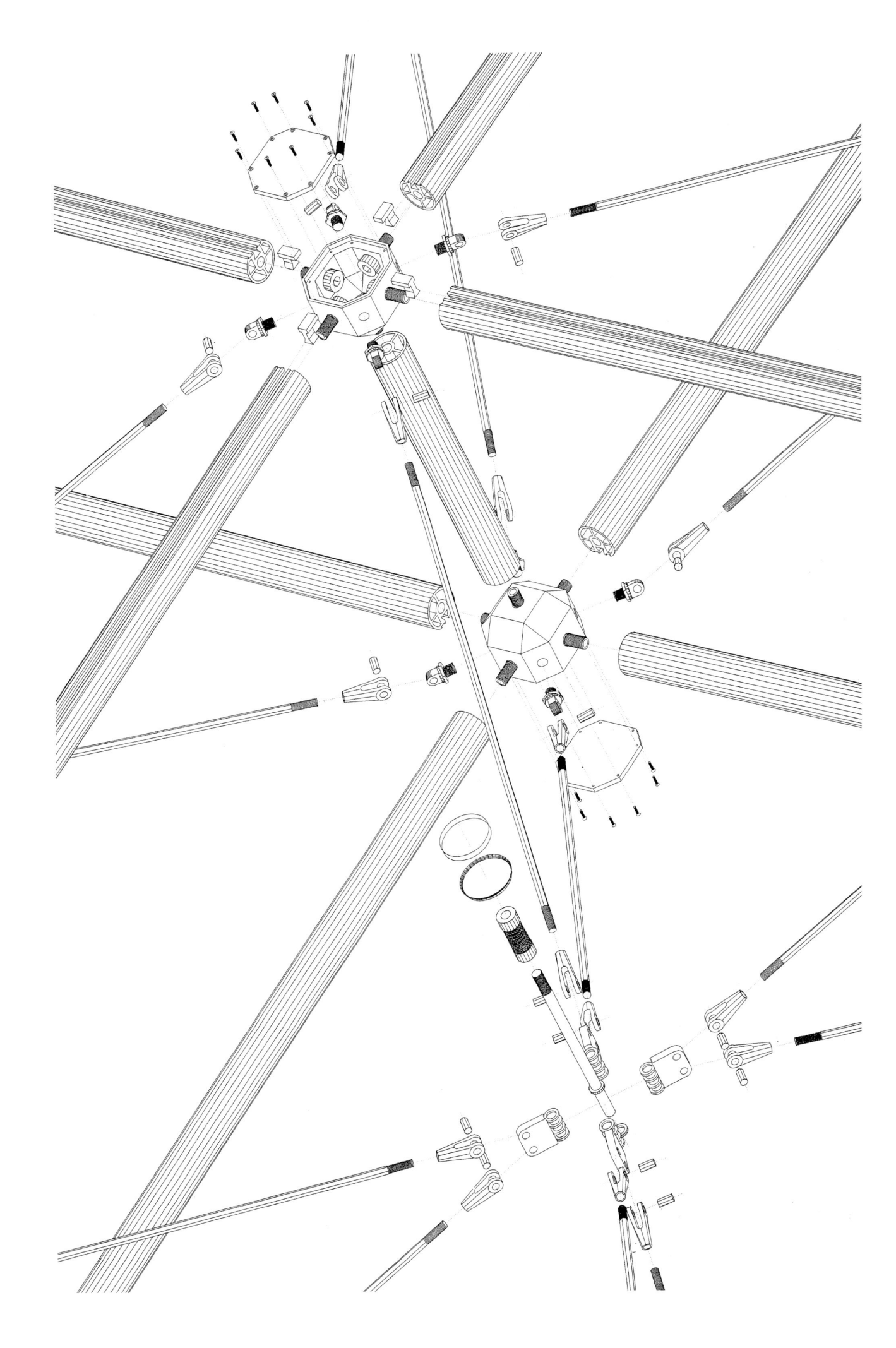

Hülle

Die Gebäudehülle ist komplett verglast und ohne Subkonstruktion direkt auf die Tragstruktur aufgelegt.

Um die Transparenz der Kuppel zu erhöhen, wurde eine möglichst große Maschenweite der Konstruktion angestrebt. Da aber Formate bis zu einer Größe von 2 x 2 m als flach geneigte bzw. liegende Glasscheiben starken Durchbiegungen unterliegen, wurde ein zusätzliches Auflager in Scheibenmitte zur Lastabtragung herangezogen. Die dort auftretenden Kräfte werden in die Kreuzungspunkte der Aussteifungsdiagonalen eingeleitet.

An den Außenkanten sind die Scheiben linear aufgelagert und mechanisch befestigt. Die flächenbündige, dauerelastische Versiegelung der Fugen verleiht der Kuppel nach außen eine planebene, kristallkugelartige Wirkung.

Technischer Ausbau

Die Halle und ihre verschiedenen Einbauten sind mechanisch be- und entlüftet.

Die Zuluft der Halle wird aus einem Ringkanal entlang des Kuppelauflagers an den Glasflächen zugeführt und über zwei freistehende Abluftkamine in Hallenmitte abgesaugt (siehe hierzu auch S.135). Durch das Anlehnen des Luftstroms an die innere Kugeloberfläche kann auf zusätzliche Leitungen zur Verteilung des Luftstroms verzichtet werden.

Der Sonnenschutz wird – wie bei einer rotationssymmetrischen Baukörpergeometrie anders kaum möglich – über die Glasscheibe selbst geleistet, nämlich durch den Einsatz von Sonnenschutzglas. Unterstützend kann die integrierte Wasserführung der Profile im Sommer zur Kühlung herangezogen werden. Die restlichen Kühllasten werden durch Einblasen von gekühlter Luft entlang der Glasflächen bewältigt.

Im Winterfall wird die Zuluft entsprechend vorgewärmt und die Kälteabstrahlung von der Glasoberfläche zusätzlich durch Beheizung der Profile mit Warmwasser gemildert.

Die Ausformung der Aluprofile mit 5 Hohlkammern ermöglicht außerdem die getrennte Führung von Sprinklerwasser, Elektroleitungen u.ä., so daß im Bereich der Kuppel keinerlei zusätzliche Installationen erforderlich sind.

Die Gebäudetechnik ist bei diesem Entwurf also nicht nur gedanklich-strukturell, sondern zum großen Teil auch materiell in das Tragwerk und die Hülle integriert.

Die Isolierglasscheiben (8 mm ESG, 12 mm SZR, 8 mm VSG) sind werkseitig mit einem nichtrostenden Randprofil versehen, in das die Befestigungsklammern aus Edelstahl eingehakt werden können. Zwischen Glasscheibe und wasserführendem Aluminiumprofil (80 mm Außendurchmesser) wurde – nach dem Prinzip der Integrierten Fassade der Firma Gartner – ein 25 mm starkes, isolierendes Hartkunststoffprofil eingefügt.

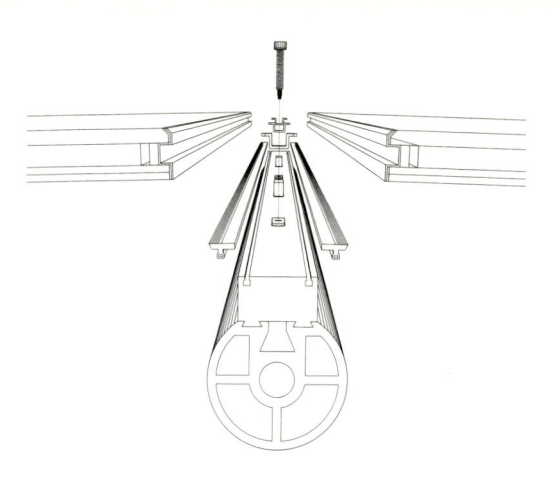

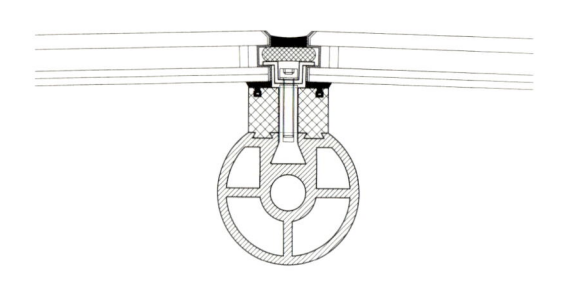

Das Knoten-Stab-System aus Aluminium (Patent Grimm) kann mit Wasser zur Beheizung bzw. Brandbekämpfung gefüllt werden. Eine Schlauchkupplung stellt den Durchfluß im Knotenbereich sicher.
Die Rohre (80 mm Außendurchmesser) haben mehrere Hohlkammern, so daß verschiedene Medien parallel geführt werden können.

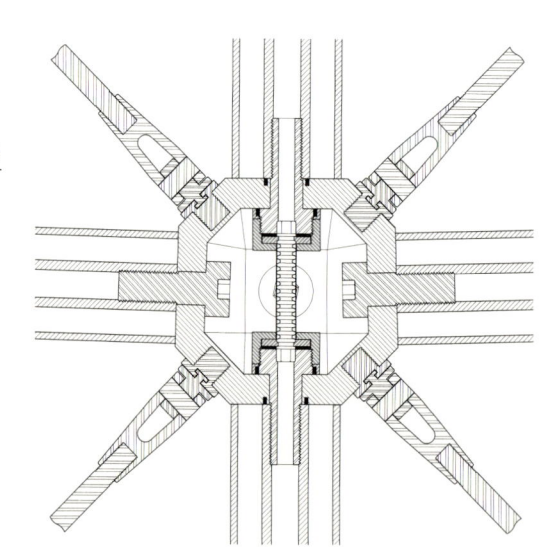

Zur Lastabtragung in Scheibenmitte wurde ein gelenkiges, federndes Auflager entwickelt, das die Kräfte über einen Zug-Druck-Stab in den Kreuzungspunkt der Diagonalstäbe einleitet. Um beide Scheiben der Isolierglaseinheit zur Lastabtragung heranzuziehen, wurde am Auflager ein kleines Glaselement kraftschlüssig in den Zwischenraum eingeklebt. Die Verbindung zwischen dem Auflagerteller und der inneren Scheibe erfolgt ebenfalls über Klebung.

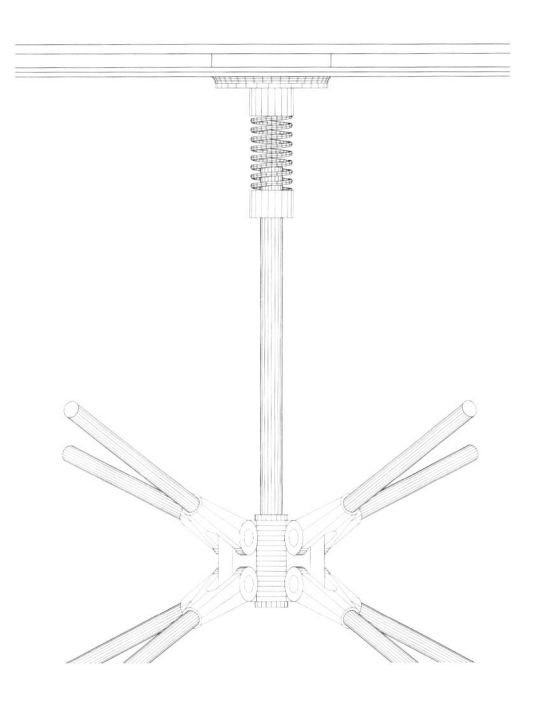

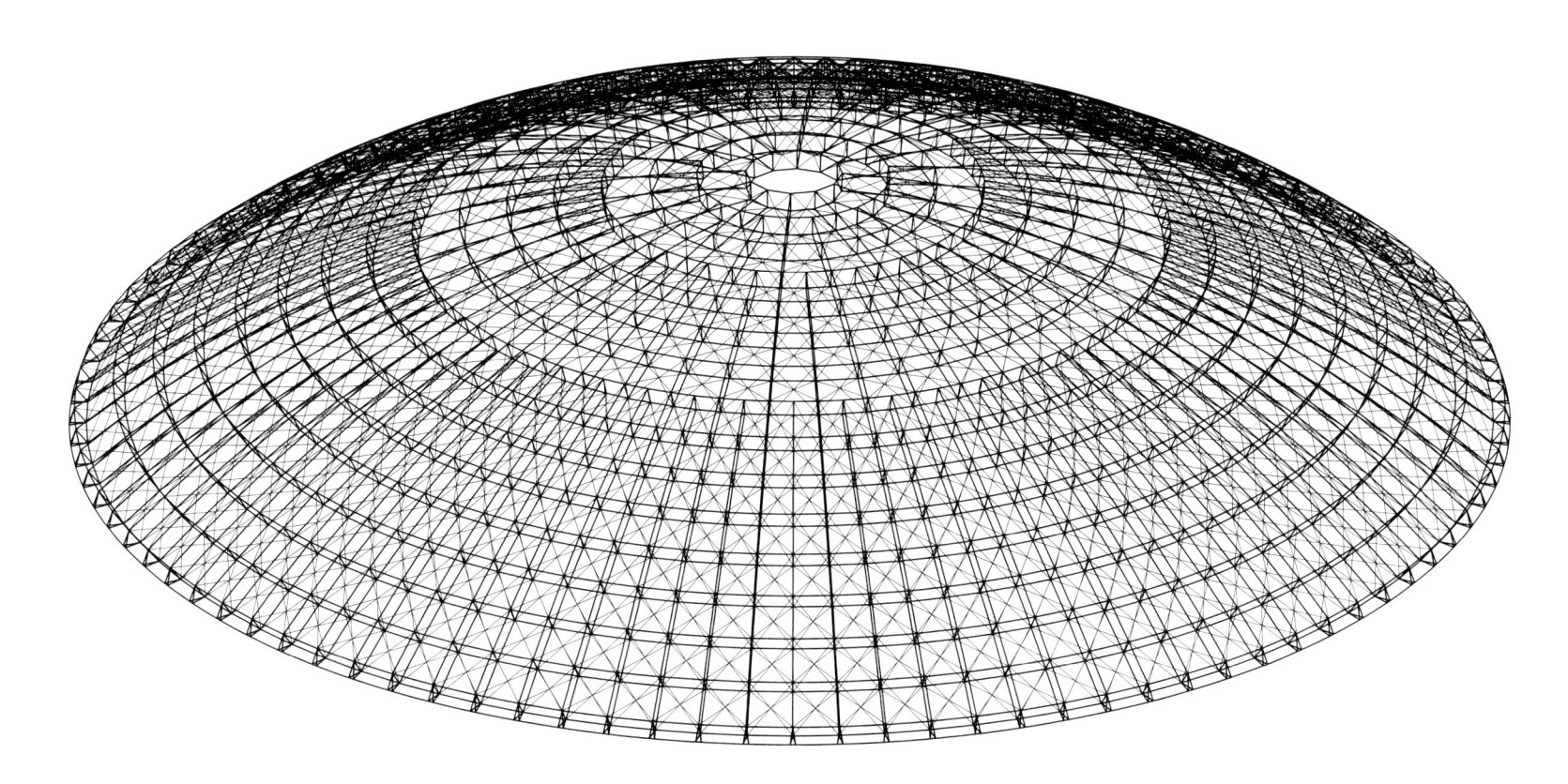

Beratung
Prof. Peter C. von Seidlein
Dipl.-Ing. Friedrich Grimm
(Institut für Baukonstruktion)
Prof. Dr. Günter Eisenbiegler
Dr. Adrian Pocanschi
(Institut für Tragkonstruktionen und Konstruktives Entwerfen)
Dipl.-Ing. Walter Dittes
(Institut für Kernenergetik und Energiesysteme)

1990

Hallen mit großen Spannweiten

Eisstadion Inzell

Lamellengitterschale über 107 m

Fedor Lochner

Aufgabe
Um den Aktiven des Bundesleistungszentrums für Eisschnellauf in Inzell wetterunabhängige Trainings- und Wettkampfbedingungen zu bieten, soll die bestehende Bahn überdacht werden. Außerdem sind ca. 10.000 Zuschauersitzplätze vorzusehen.

Die Abmessungen der Eisbahn verlangen mit 180 x 66 m zuzüglich Zuschauertribünen eine stützenfreie Überspannung von mindestens 90 x 280 m, um für Zuschauer sowie Fernsehübertragungen optimale Sichtbedingungen zu schaffen.

Konzept
Die Tribünen- und Dachkonstruktion umschreibt präzise die Form der vorhandenen Eislaufbahn. Quer dazu liegt ein zweigeschossiges, langgestrecktes Eingangsgebäude, das den vorhandenen Geländeversatz nutzt, um die Halle auf zwei Ebenen zu erschließen.

Vom bergseitig gelegenen Parkplatz gelangt man ebenerdig in das obere Eingangsgeschoß, auf dem sich ein umlaufender Gang zur Erschließung der regelmäßig um die Bahn herum angeordneten Zuschauerränge befindet. Die Sportler gelangen von hier aus über eine Treppe zur tieferliegenden Hauptebene mit der Eisfläche und den Umkleide- und Sanitärräumen, die wie auch die sonstigen Betriebsräume unter den Tribünen angeordnet sind. Ein direkter Zugang verbindet diese Ebene mit den hangseitig gelegenen Außensportanlagen und kann bei Wettkampfveranstaltungen auch als separater Sportlerzugang genutzt werden.

Durch die topografische Situation können alle außenliegenden Räume natürlich be- und entlüftet werden. Der innenliegende Flur ist nach oben hin offen und somit ebenfalls natürlich belichtet.

Tragwerk
Die Anordnung der Tribünen und die Form des Daches folgen direkt der Geometrie der Eislaufbahn mit den langgezogenen Geraden und halbkreisförmigen Kurven. Dies hat für das Tragwerk die Kombination einer gerichteten Tragstruktur mit einer radialen Tragstruktur (an den beiden Enden) zur Folge.

Die entwickelte Lösung – eine Verbindung von Lamellentonne mit Lamellenkuppel –

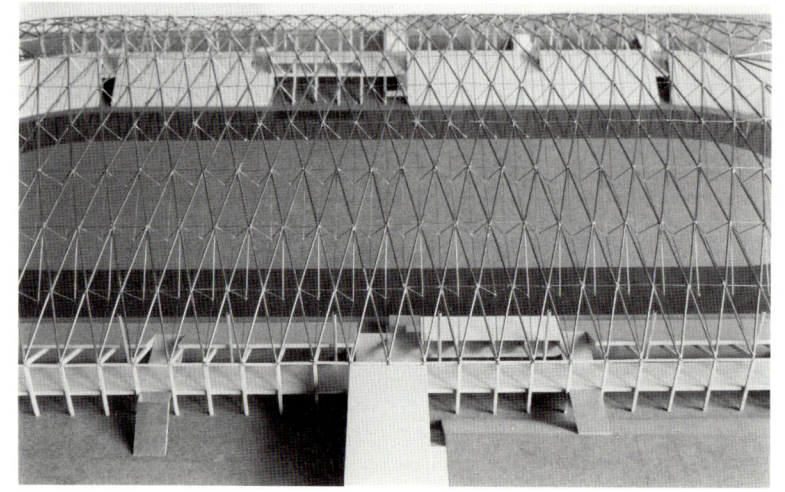

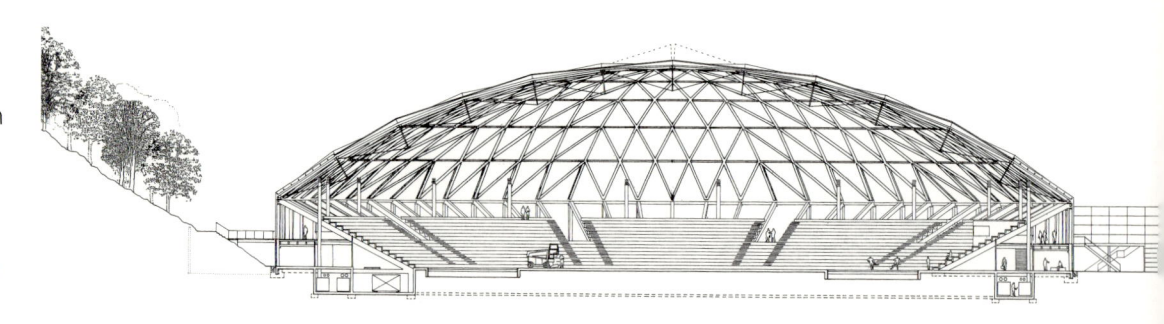

bietet nicht nur ein leistungsfähiges Tragwerk für die extreme Spannweite von 107 m, sondern ermöglicht auch eine geometrisch befriedigende Verbindung von radialer und gerichteter Struktur.

Wegen der geringeren Leistungsfähigkeit der einsinnig gekrümmten Struktur der Tonne gegenüber den doppelt gekrümmten Halbkuppeln wurde das Stabnetz im Bereich der Tonne fachwerkartig unterspannt (h = 3 m). Da diese Unterspannung der Lamellenstruktur nicht linear folgt, sondern räumlich versetzt angeordnet ist, konnte auf Untergurtstäbe gänzlich verzichtet werden.

Bei asymmetrischer Belastung droht durch Erschlaffen der Zugglieder das Beulen oder Durchschlagen der Tonne. Um dies zu verhindern, wurde das Tragwerk durch Auflagerverschiebung vorgespannt, d.h. planmäßig vorbelastet, so daß Druckkräfte auf die Unterspannung durch Abbauen vorher eingebrachter Zugspannungen aufgenommen werden können.

Die Aussteifung der Konstruktion gegen Horizontallasten ist ohne zusätzliche Maßnahmen durch ihre Geometrie gewährleistet.

Das Dachtragwerk ist auf der Unterkonstruktion der Tribünen aufgelagert. Diese ist vollständig aus Stahlbeton-Fertigteilen mit einem Binderabstand von 4,8 m erstellt.

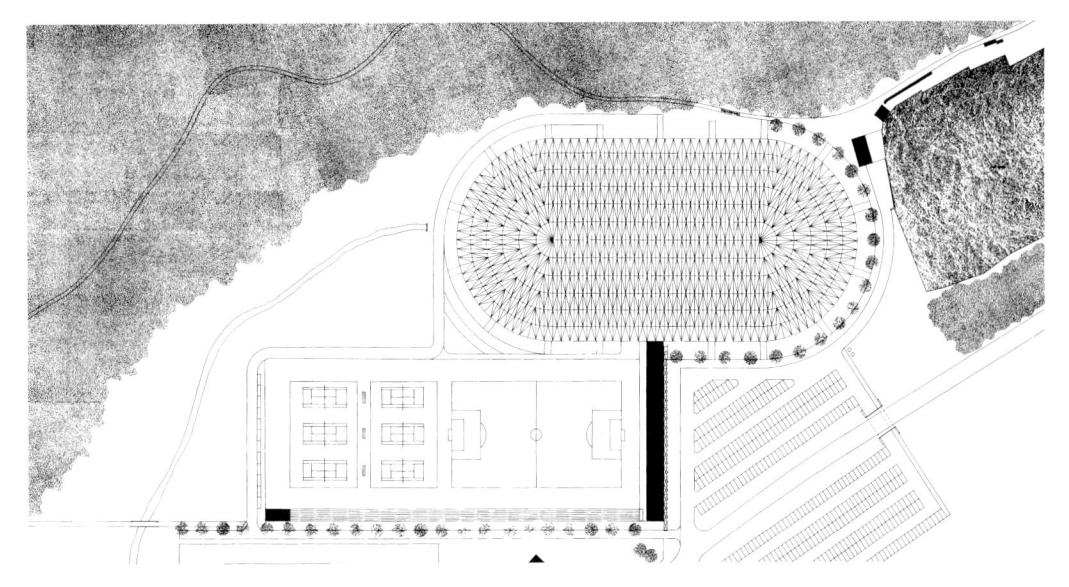

Das separate, an der Längsseite der Halle angeordnete Eingangsgebäude, in dem sich im Erdgeschoß neben der Kassenhalle ein Restaurant befindet, verfügt im Untergeschoß über Räume, die ausschließlich dem Leistungssport vorbehalten sind: Schulungsräume des Bundesleistungszentrums, ein Kraftraum sowie ein Regenerations- und ein Fitneßraum. Gleichzeitig ordnet das Gebäude die umliegenden Sportanlagen und vermittelt den Höhensprung zwischen diesen und dem Parkplatz.

Durch die Lamellengeometrie kann das Tragwerk aus relativ wenigen unterschiedlichen Stäben zusammengefügt werden. Für die Tonne werden lediglich 4, für die Kuppeln 19 verschiedene Stablängen benötigt.

(1) Obergurt:
StRohr 298,5 x 7,1–12,5 mm
(2) Druckspreize:
StRohr 114,3 x 3,6–8 mm
(3) Koppelstäbe:
StRohr 88,9 x 3,2 mm
(4) Unterspannung:
Rundstab 50 mm
(alles St 52)

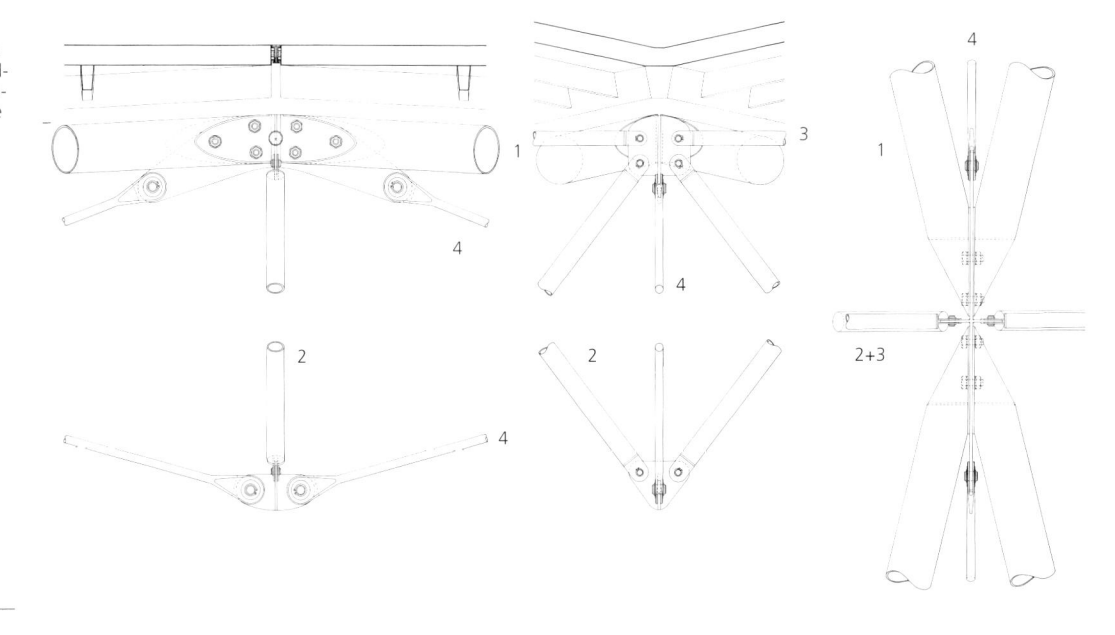

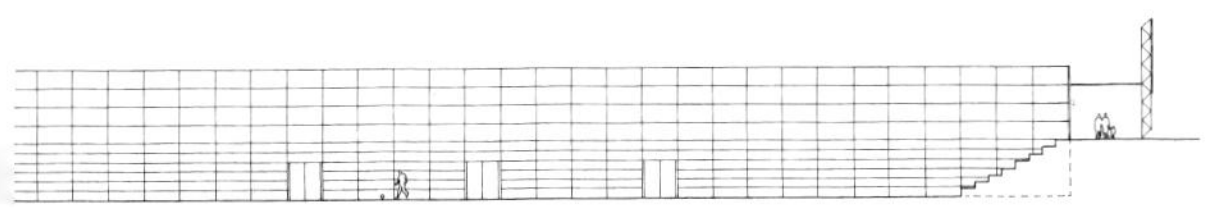

Hallen mit großen Spannweiten

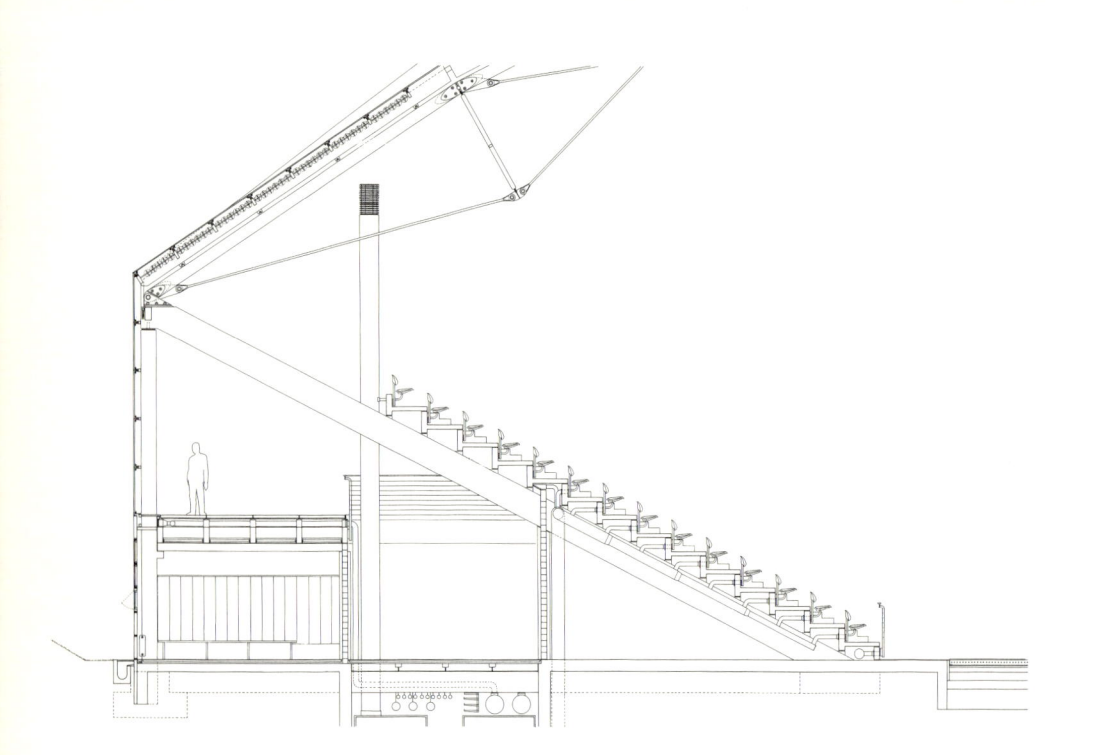

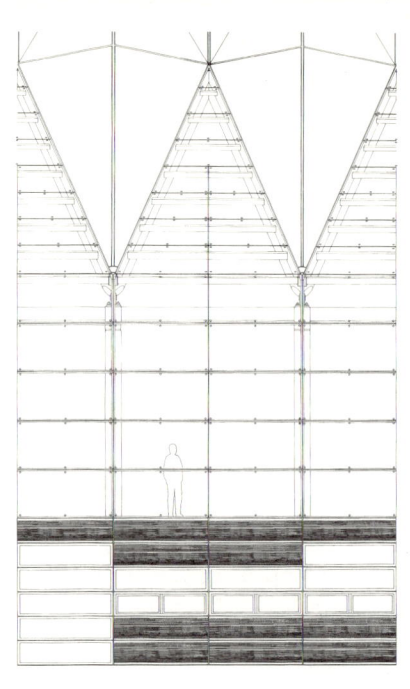

Die innenräumliche Wirkung der Halle ist deutlich geprägt von dem Wechsel der einlagigen radialen Tragstruktur an den Enden (Halbkuppeln) zur räumlich unterspannten, gerichteten Struktur im Mittelbereich.

Die gegenüber den Halbkuppeln weniger steife Tonne muß zusätzlich vorgespannt werden. Hierfür werden die 25 Auflager einer Längsseite der komplett aufgerichteten Lamellentonne bei der Endmontage um 60 cm nach außen verschoben, wodurch eine Belastung der Tonne simuliert wird. Erst nach der Fixierung der Auflager stellt sich die entgültige Bogenform ein, an die dann die beiden Kuppelhälften angefügt werden können.

Die vertikalen Hüllflächen und die Dreiecksflächen zwischen den Auflagerpunkten der Dachstruktur sind mit punktgehaltenen Isolierglasscheiben verglast.
Die Nebenräume im Untergeschoß erhalten eine Pfosten-Riegel-Fassade mit Festverglasung, Paneelen und Öffnungsflügeln.

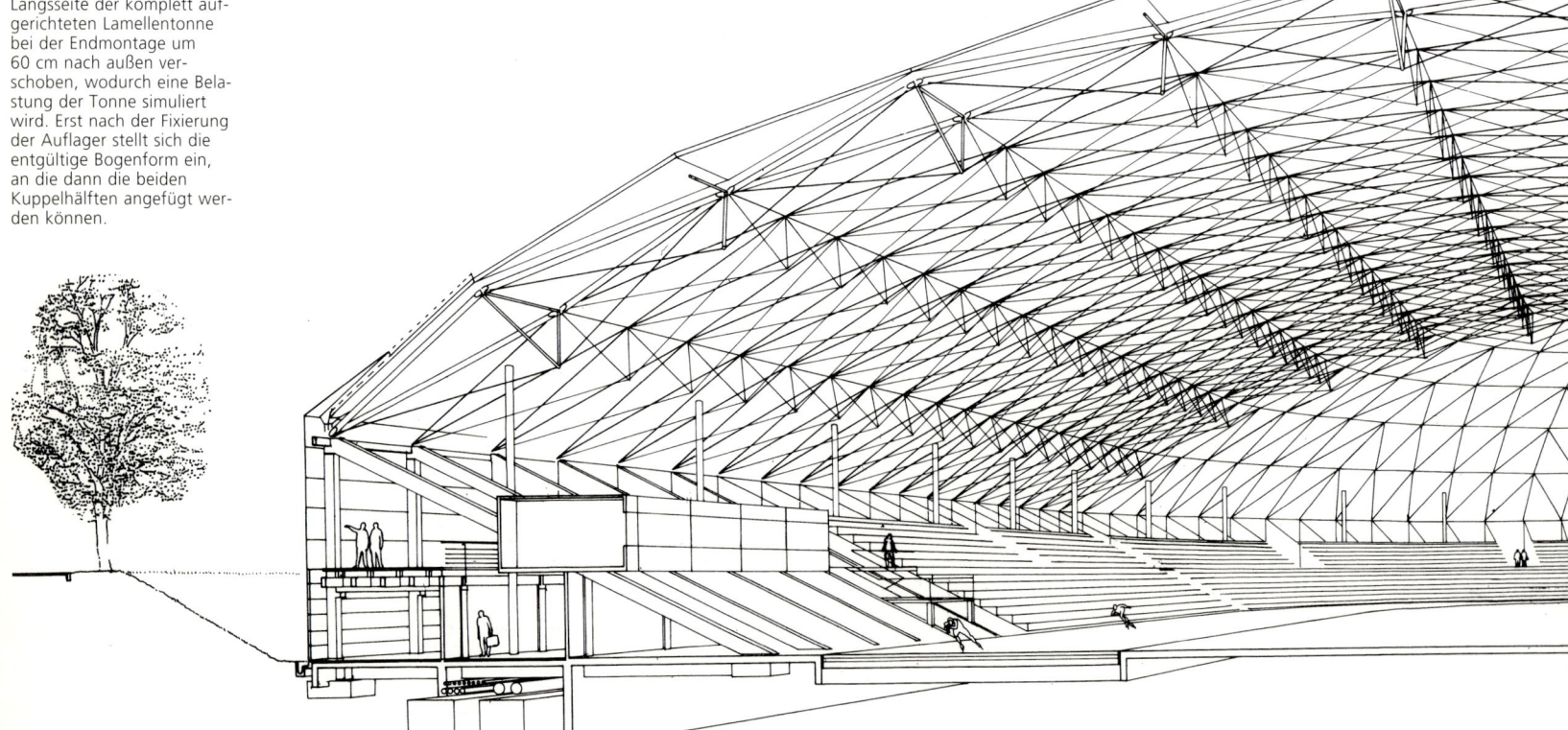

142 Hallen mit großen Spannweiten

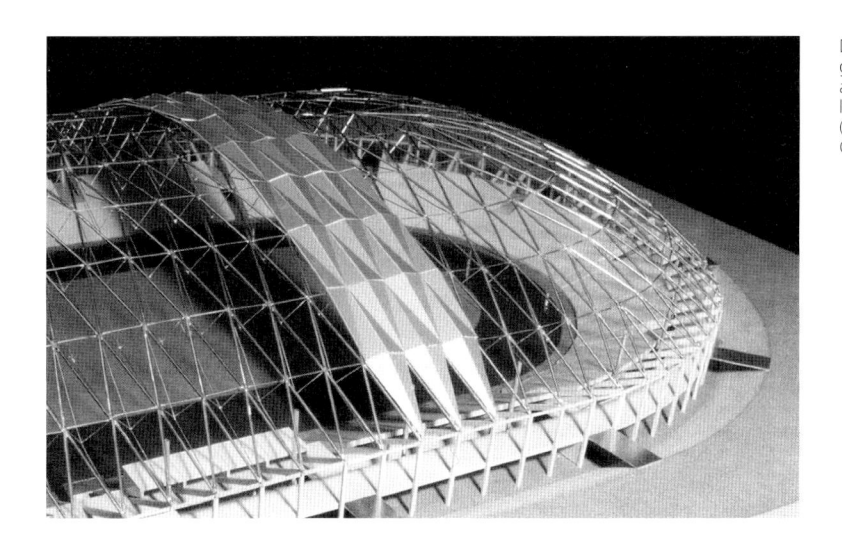

Die zur Stabilitätssteigerung gefaltete Dacheindeckung aus Aluminiumpaneelen verleiht der riesigen Dachfläche (21.700 m²) eine plastische Gliederung.

Hülle

Um die Eisfläche vor direkter Sonneneinstrahlung zu schützen, ist das Dach fast vollständig mit Aluminiumpaneelen eingedeckt. Sie sind gefaltet und auf ihrer Unterseite mit Rippen versehen, um trotz der großen Abmessungen (2,4 x 9,6 m) auf eine zusätzliche Unterkonstruktion verzichten zu können.

Lediglich dort, wo ein Sichtbezug nach außen und natürliche Belichtung möglich sind, ohne daß die Eisfläche gefährdet wird (Erschließungszonen, Tribünen, Nebenräume), ist die Hülle verglast. Verstellbare Aluminiumlamellen dienen in diesen Bereichen als Sonnenschutz.

Technischer Ausbau

Für die Unterbringung der zahlreichen Aggregate zur Kühlung der Eisfläche und zur Konditionierung des Innenraums (Frischluft, Kälte, Wärme, Luftfeuchtigkeit) werden die innenliegenden Flächen des Tribünenunterbaus genutzt. Von dort verlaufen sämtliche Versorgungsleitungen in einem Bodenkanal unter dem ringförmigen Erschließungsgang.

Die aus der Kühlung der Eisfläche gewonnene Abwärme wird über Wärmetauscher zum Beheizen der Zuschauerränge genutzt.

Um an wärmeren Tagen einer Nebelbildung auf der Eisfläche vorzubeugen, wird unterhalb der ersten Sitzreihen trockene Kaltluft auf die Wettkampfbahn geblasen.

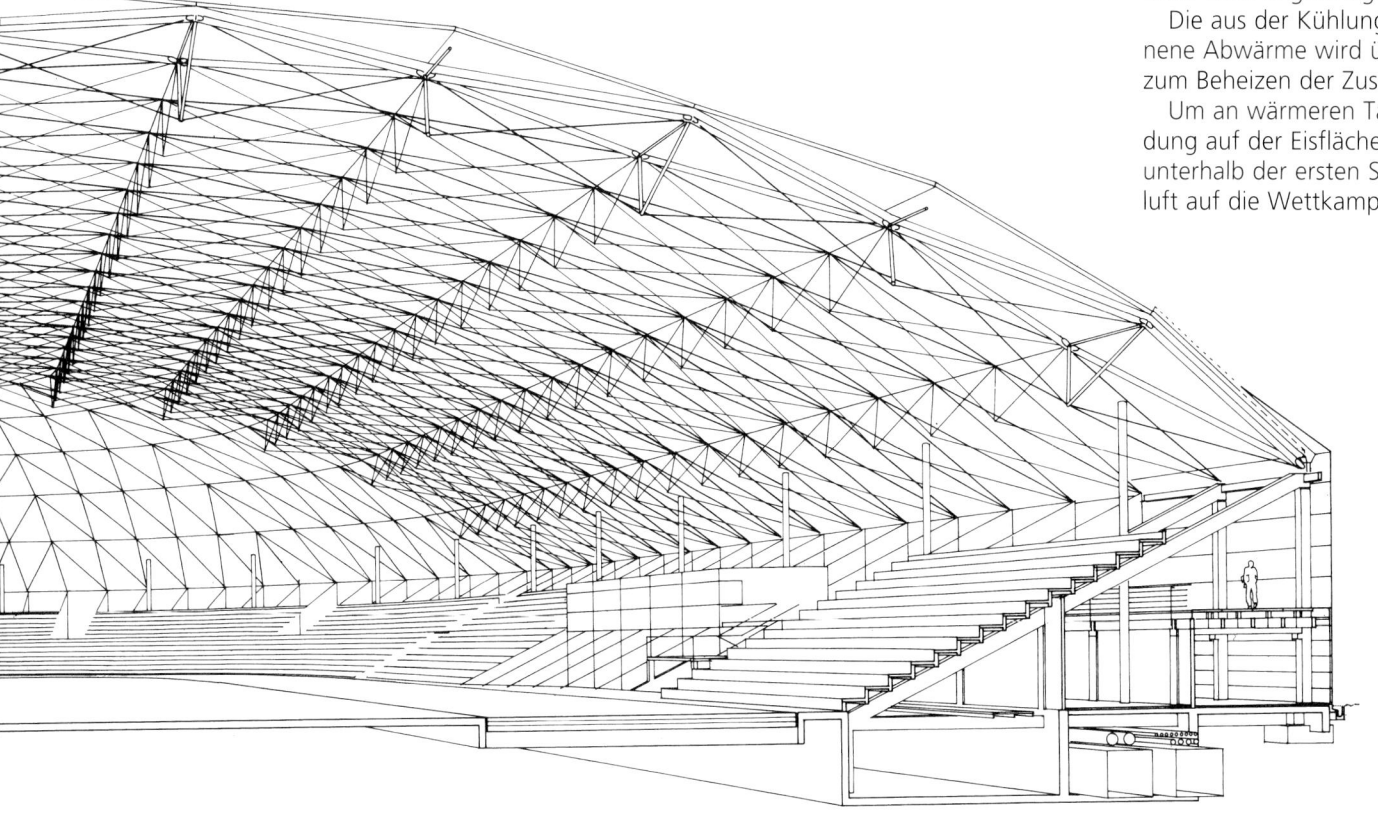

Hallen mit großen Spannweiten

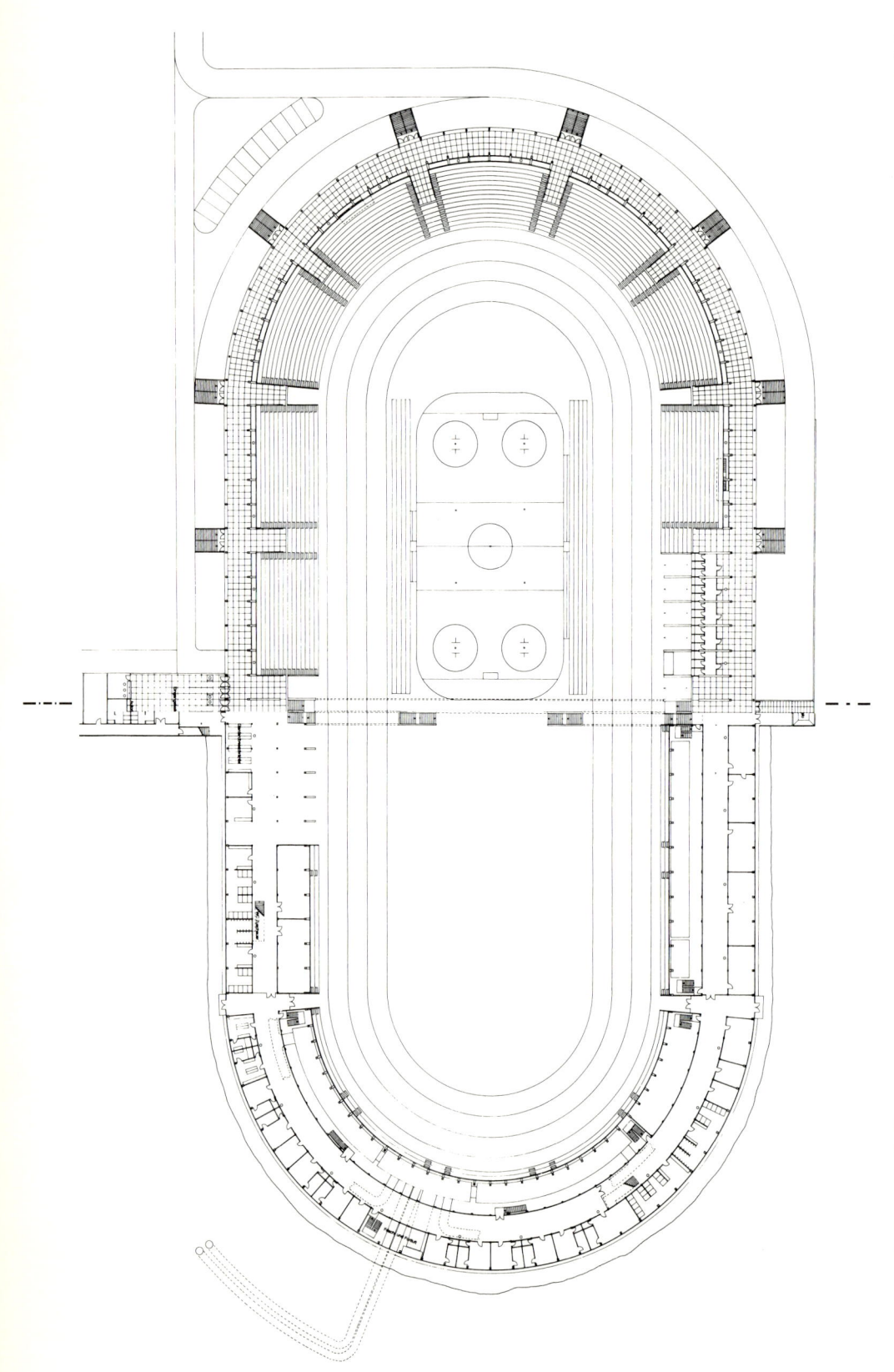

Grundriß
Obergeschoß (oben)
Untergeschoß (unten)

Beratung
Prof. Peter C. von Seidlein
Prof. Friedrich Wagner

Fachberatung
Prof. Dr. Günter Eisenbiegler
(Institut für Tragkonstruktionen und
Konstruktives Entwerfen)

1992

Glaspalast

Fachwerkbogen über 125 m

Friedrich Grimm

Aufgabe

Ausgehend von der Analyse des Londoner Kristallpalasts von 1851 sollen die Möglichkeiten und Bedingungen für die Errichtung eines zeitgemäßen Glaspalasts untersucht werden. Hierbei stellen sich Fragen zu neuen Baumaterialien, Technologien und Konstruktionsprozessen genauso wie Fragen nach der Nutzung und Lebensdauer – die historischen Glaspaläste waren Provisorien – solcher Gebäudetypen.

Die gewonnenen Erkenntnisse sollen in einen Entwurfsvorschlag für einen „Glaspalast 1981" einfließen.

Konzept

Als Ergebnis der Voruntersuchungen wurde die sehr offen formulierte Aufgabenstellung dahingehend präzisiert, daß ein erweiterbares Bauwerk mit ähnlicher Größe wie der Londoner Kristallpalast für Messen, Ausstellungen und Großveranstaltungen errichtet werden soll.

Der vorliegende Entwurf überdacht eine Fläche von 64.396 m^2 (516 x 124,8 m) und bleibt damit ca. 10 Prozent unter den 71.869 m^2 von Paxtons Halle.

Für eine Bauaufgabe dieser Größenordnung spielt die Minimierung von Herstellkosten und Bauzeit eine eminent wichtige Rolle. Als Vorbild hierfür dient die Vorgehensweise von Joseph Paxton, der beim Bau des Londoner Kristallpalastes erstmals die Prinzipien industrieller Produktion (Standardisierung, arbeitsteilige Vorfertigung und Montage) konsequent auf den Bauprozeß übertrug.

Neu gegenüber dem historischen Vorbild ist die Forderung nach langfristiger Nutzbarkeit der Halle und – daraus folgend – nach hoher Grundrißflexibilität (Stützenfreiheit), variabler technischer Ausrüstung, Erweiterbarkeit und geringen Betriebskosten.

Angesichts der offensichtlichen Schwächen der historischen Vorbilder – fast alle großen Glaspaläste sind abgebrannt – kommt außerdem den Fragen des Brandschutzes eine besondere Bedeutung zu.

Nach zahlreichen Alternativuntersuchungen wurde ein tonnenförmiger Baukörper vorgeschlagen, der wie ein Strangpreßprofil unendlich verlängert werden könnte. Ein Teilabschnitt von 76,8 m Länge (32 x 2,4 m) ist die kleinste, selbständig funktionierende Einheit. Sie enthält sämtliche konstruktiven Teilsysteme sowie die verschiedenen Komponenten des technischen Ausbaus und des Erschließungs- und Fluchtwegesystems.

Die Erschließung der Halle erfolgt über Schiebetüren an den Hallenlängsseiten, die Evakuierung im Notfall zusätzlich über Fluchttunnel in Hallenquerrichtung, die in regelmäßigen Abständen von 24 m nach außen führen. Die Beschickung der Halle ist über einen 12 m breiten, befahrbaren Tunnel mit Hubbühnen in der Hallenlängsachse völlig getrennt vom Personenverkehr möglich (wichtig für Parallelveranstaltungen).

Den Fluchttunnels angelagert sind im Untergeschoß die erforderlichen Sanitäreinrichtungen und dezentrale Technikeinheiten, so daß der Hallenraum frei von Einbauten bleibt und in seiner Gesamtheit erlebbar ist. Er wird erst für die jeweiligen Nutzungen entsprechend ausgerüstet. Hierfür ist im Boden ein Netz von Leitungskanälen mit Zapfstellen für die technische Versorgung und zur Verankerung eines eigens entwickelten, stählernen Ausbausystems vorgesehen, das auf Paletten im zentralen Fahrtunnel gelagert und vollautomatisch an den jeweiligen Einbaustandort abgerufen werden kann. Mit Hilfe dieser Einbauten kann die Ausstellungsfläche nahezu verdoppelt werden.

Im Gebäudequerschnitt (hier mit Ansicht auf die Wartungsbrücke) sind alle Informationen über die Halle erkennbar:
Das regelmäßige Bogentragwerk mit der zweischaligen Hülle, das Erschließungskonzept mit dem mittigen Anliefertunnel und den seitlichen Fluchttreppen sowie das System für die Stahleinbauten und die technische Gebäudeausrüstung.

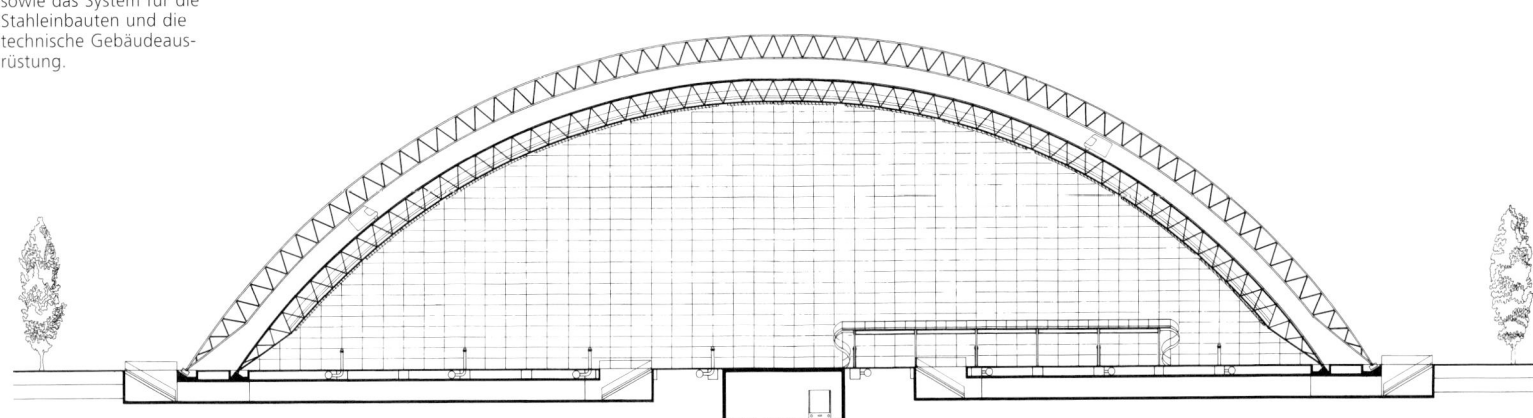

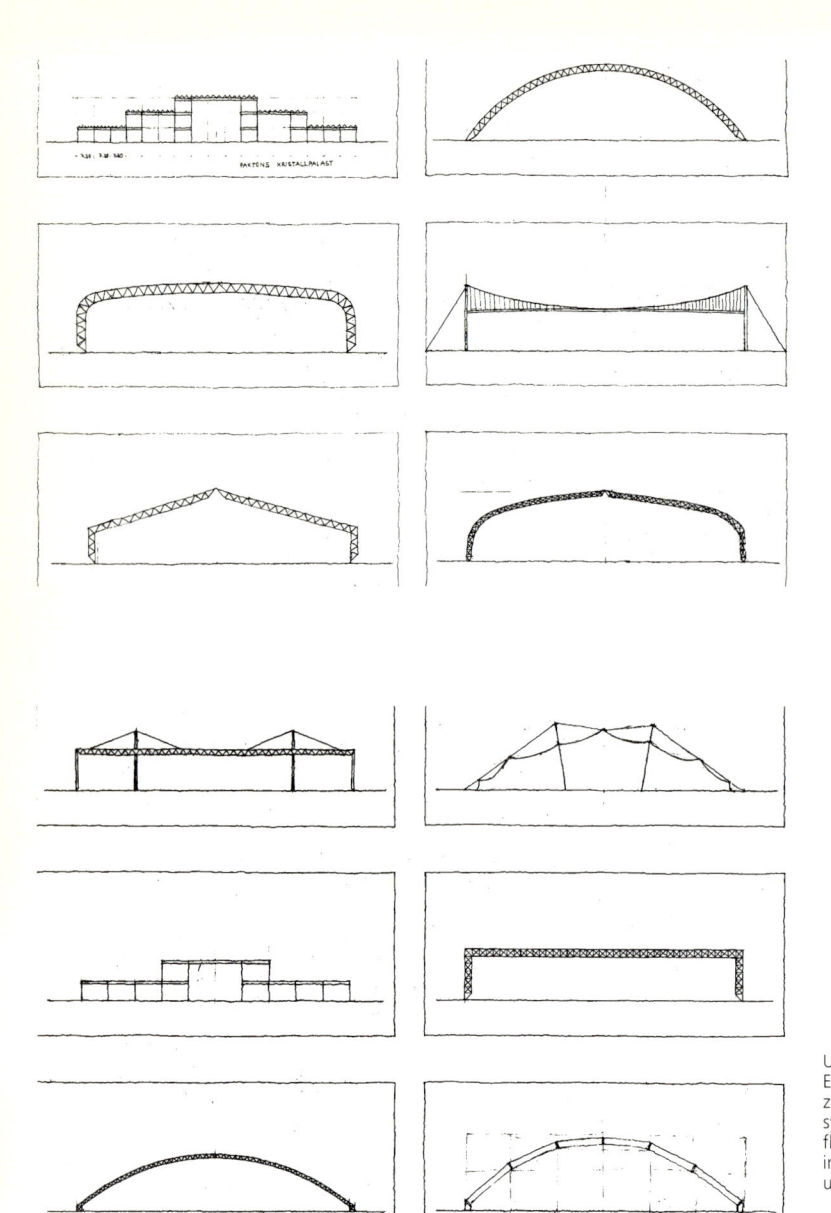

Die Halle überdeckt eine Fläche von 64.396 m² und kann in Längsrichtung beliebig erweitert werden.
Da sie konsequent auf einem dreidimensionalen Raster (2,4 x 2,4 x 1,2 m) entwickelt wurde, ist die Elementierung aller Bauteile möglich.

Unter der Prämisse der Erweiterbarkeit wurden zahlreiche gerichtete Tragsysteme auf ihre Grundrißflexibilität und Eignung zur industriellen Vorfertigung untersucht.

Die verfahrbare Brücke über dem Bogentragwerk dient nicht nur als Montage- und Wartungsbrücke, sondern kann auch zur Flutbeleuchtung des Halleninneren, zur Brandbekämpfung und zur kühlenden Wasserberieselung der Verglasung im Hochsommer herangezogen werden. Diese wurde bei der 1996 errichteten Messehalle in Leipzig jetzt erstmals realisiert.

Die Systemskizze zeigt die Segmentierung der Tragwerke (Bogenträger und Wartungsbrücke) und die Lage der Querrippen, die der zusätzlichen Stabilisierung der Tonne dienen. (Spannweite 124,8 m; Stichhöhe 32,4 m)

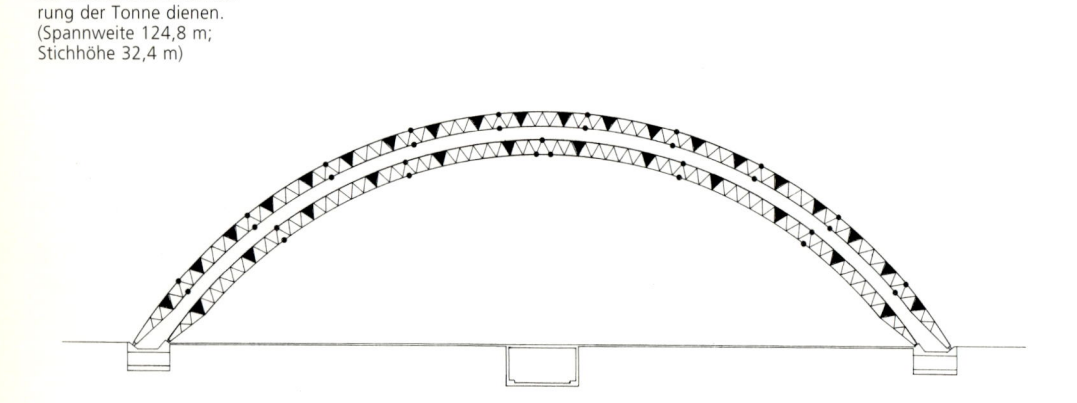

Der Grundriß zeigt links die Verankerungspunkte für das Stahlbausystem der Einbauten (Raster 7,2 m), die gleichzeitig Zapfstellen für die Elektroversorgung enthalten.
Rechts ist das Netz der Anschlußmöglichkeiten für die Lüftungssäulen dargestellt (14,4 m), das in Hallenlängsrichtung um ein halbes Modul gegenüber dem 2,4 m-Ausbauraster versetzt ist, um Überschneidungen mit dem Einbausystem zu vermeiden.

Hallen mit großen Spannweiten

Hallen mit großen Spannweiten

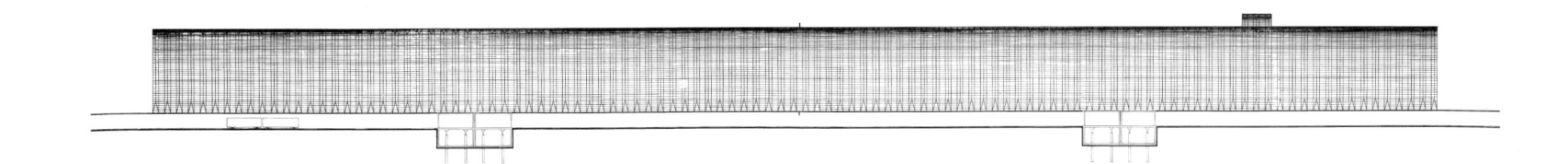

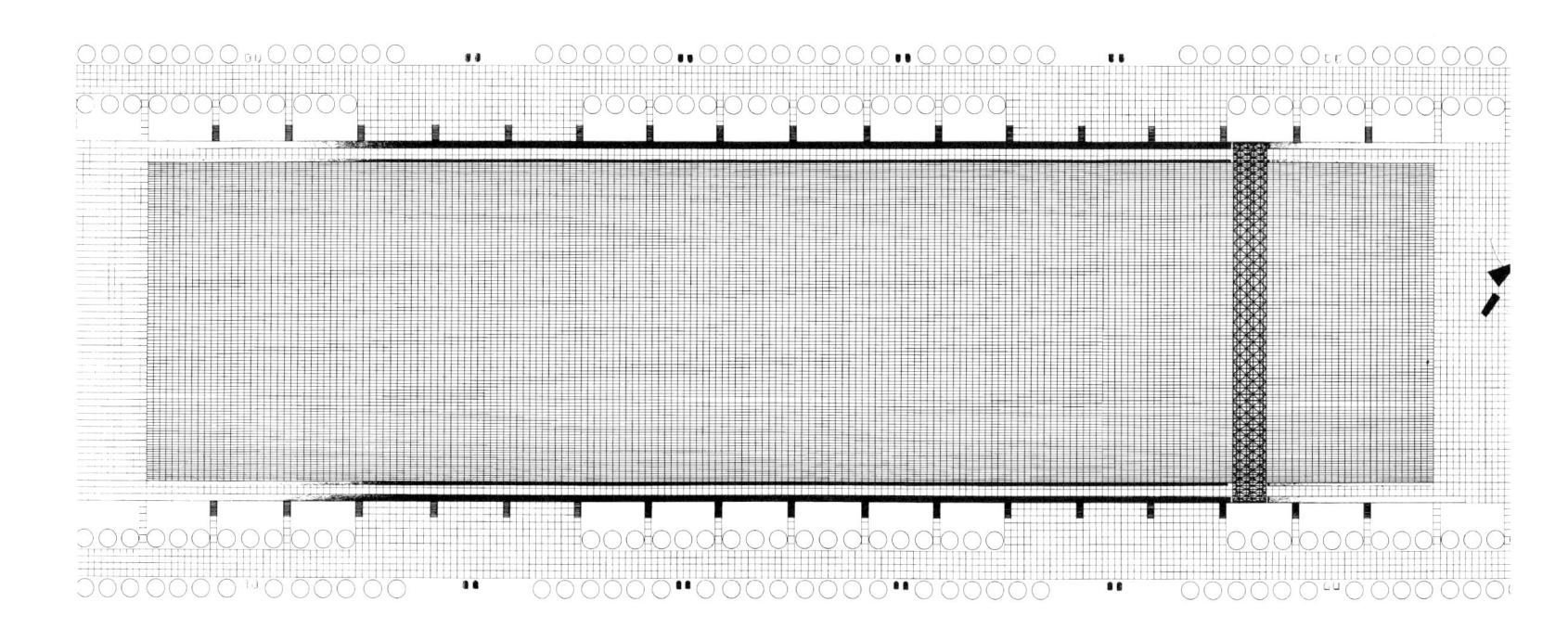

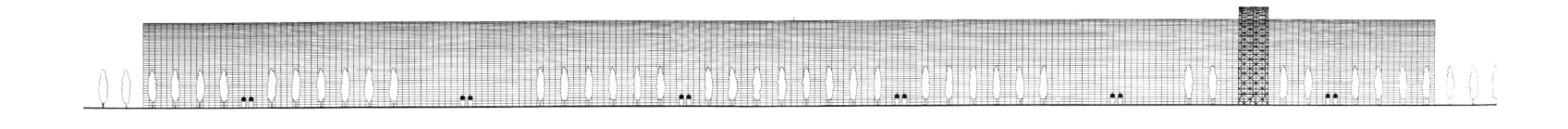

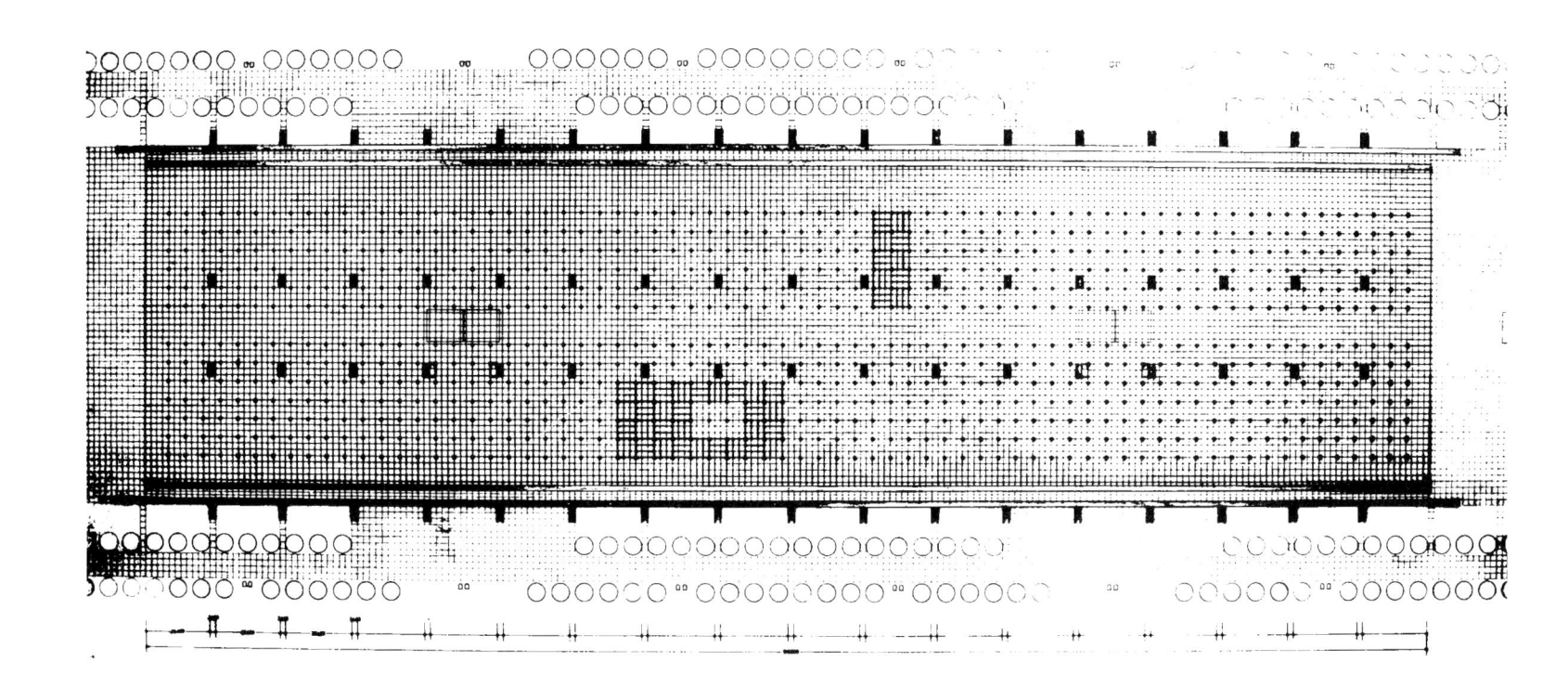

Tragwerk

Die Zielsetzung, den Glaspalast aus möglichst wenigen Grundelementen zusammenzusetzen – dies gilt für Konstruktion, Hülle und Ausbau gleichermaßen –, führte zur Wahl eines regelmäßigen Bogentragwerks.

108 identische Dreigurt-Fachwerkträger in Form eines Kreissegments sind mit 2,4 m Abstand addiert und durch Auflagerung an den beiden Obergurten jeweils eingespannt.

Bei einer Spannweite von 124,8 m und einer Stichhöhe von 32,4 m beträgt die Trägerhöhe 2,4 m (Systemmaße). Horizontale Diagonal- und Längsstäbe verbinden die Bogenträger in Ebene der Obergurte miteinander und sorgen für ihre Sicherung gegen Ausknicken und für die Ableitung der Windlasten.

Zur besseren Lastverteilung sind außerdem Dreigurtrippen in Hallenlängsrichtung eingebaut.

Die thermischen Längenänderungen werden nach jeweils sechs Trägern (alle 26,4 m) durch Dehnfugen (Langlöcher à 6,5 mm) aufgenommen.

Das Fachwerk wird aus Rohrprofilen hergestellt, da der Rohrquerschnitt neben der hervorragenden Eignung für Drucklasten auch zum Brandschutz (Wasserzirkulation) und zur Brandbekämpfung (Löschwasserentnahme) herangezogen werden kann. Die Rohrkonstruktion ist werkseitig verschweißt und weist je Bogen sechs schraubbare Montagestöße auf, die mittels Klemmflanschen und Dichtungsmuffen auch hier den Wasserdurchfluß erlauben. Zum Anschluß weiterer Tragstäbe und sämtlicher Hüll- und Ausbauteile sind bereits alle Anschlußlaschen bzw. Gewindebolzen werkseitig angeschweißt.

Die Montage der Stahlkonstruktion soll von einer Wartungsbrücke aus erfolgen, die – im Anschluß an die Fundamentierung errichtet und auf Schienen gelagert – über die gesamte Länge der Halle verfahrbar ist und Gerüste bzw. Montagekräne ersetzt. Gondeln, die an Schienen entlang der Untergurte der Wartungsbrücke geführt werden, dienen zur Montage der Glasscheiben und später zur Wartung.

Wie die Stahlkonstruktion sind auch die Betonfundamente, Bodenplatte und Tunnelröhren zwecks Verkürzung der Bauzeit elementiert und vorgefertigt. Um die Schwergewichtsfundamente transportfähig zu halten, sind sie als Hohlkörper gefertigt und erreichen erst nach dem Einbau durch Sandfüllung ihr Endgewicht von 1250 kN.

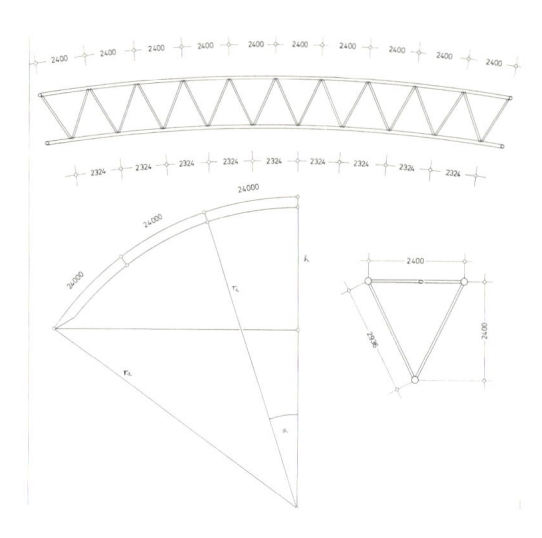

Hülle

Die Bogengeometrie wurde hinsichtlich der Krümmung und Scheitelhöhe derart optimiert, daß sich für die Glaseindeckung der Tonne und der Stirnseiten gleiche Scheibenabmessungen ergeben (28.118 Felder à 240 x 120 cm). Nur die Bogenanschnitte an den Stirnseiten erfordern Sonderzuschnitte.

Die einfachverglaste äußere Schicht der Gebäudehülle (10 mm VSG) wird durch eine zweite, innen in Ebene der Untergurte angeordnete Schicht aus verstellbaren, wärmegedämmten Aluminiumlamellen ergänzt. Diese Schicht dient einerseits dem Sonnenschutz (der 2,4 m hohe Pufferraum kann durchlüftet werden) und andererseits durch die Ausschäumung der Lamellen dem Wärmeschutz.

Die Kombination von Einfachglas mit verstellbarem Wärmeschutz erlaubt die volle Nutzung der solaren Wärmeeinstrahlung bei Tag sowie eine Minimierung der Wärmeverluste bei Nacht und bei Nichtbetrieb der Halle durch vollständige Schließung der Lamellen. Angesichts der hohen inneren Wärmegewinne, die bei laufendem Betrieb zu erwarten sind, dürfte nur eine geringe, gezielte Zuführung von zusätzlicher Heizenergie erforderlich werden.

Die Schicht aus mehreren tausend im Licht schimmernden Aluminiumlamellen hat noch einen weiteren Effekt: Sie kann das Tageslicht gezielt in den Innenraum lenken und stufenlos bis zur vollständigen Dunkelheit modulieren.

Technischer Ausbau

Die Komponenten des technischen Ausbaus (Lüftung, Heizung, Elektroversorgung, Brandschutz) sind im Sinne der gewünschten Erweiterbarkeit dezentral angeordnet und additiv organisiert. Dadurch kann die Gebäudetechnik auch flexibel an unterschiedliche Nutzungssituationen (Umfang der Konditionierung, Größe der Nutzungsbereiche) angepaßt werden.

Bezüglich der Lüftung ist für die Grundnutzung wegen des riesigen Hallenvolumens (ca. 1,5 Mio m³) keine Anlagentechnik erforderlich, da der notwendige Luftwechsel über die Schiebetüren und Öffnungsklappen in Scheitelhöhe erbracht werden kann.

Im Falle von Extrembelastungen (z.B. Rockkonzerten) können abschnittsweise Lüftungsanlagen (12 dezentrale Einheiten im UG) in Betrieb genommen werden. Die Zuluft wird dann über Luftsäulen, die an Bodenauslässe angeschlossen werden können, in 2,2 m Höhe ausgeblasen und mit Ventilatoren in Scheitelhöhe abgesaugt. Auf eine Wärmerückgewinnung wird angesichts des hohen Installationsaufwandes wegen der Seltenheit der Anwendung verzichtet.

Zur Beheizung der Halle wurde mit den Deckenbandstrahlern in Untergurtebene eine Heizungsform gewählt, die nicht das große Luftvolumen aufheizt, sondern nur die bestrahlten Fußbodenflächen erwärmt, so daß ein partiell nutzbares und reaktionsschnelles Heizsystem zur Verfügung steht.

Für die Elektroversorgung sind Bodenkanäle mit Auslaßdosen in einem Raster von 7,2 m vorgesehen, während stationäre Strahler an der Unterseite des Tragwerks die Grundbeleuchtung der Halle übernehmen. Um Brände in der Halle frühzeitig erkennen und löschen zu können, ist in der Untergurtebene außerdem ein dichtes Netz von Infrarotdetektoren und Sprinklerdüsen installiert. Bei jedem zwölften Bogenträger können die Düsen im Notfall einen „Wasservorhang" zur Bildung von Brandabschnitten erzeugen.

148   Hallen mit großen Spannweiten

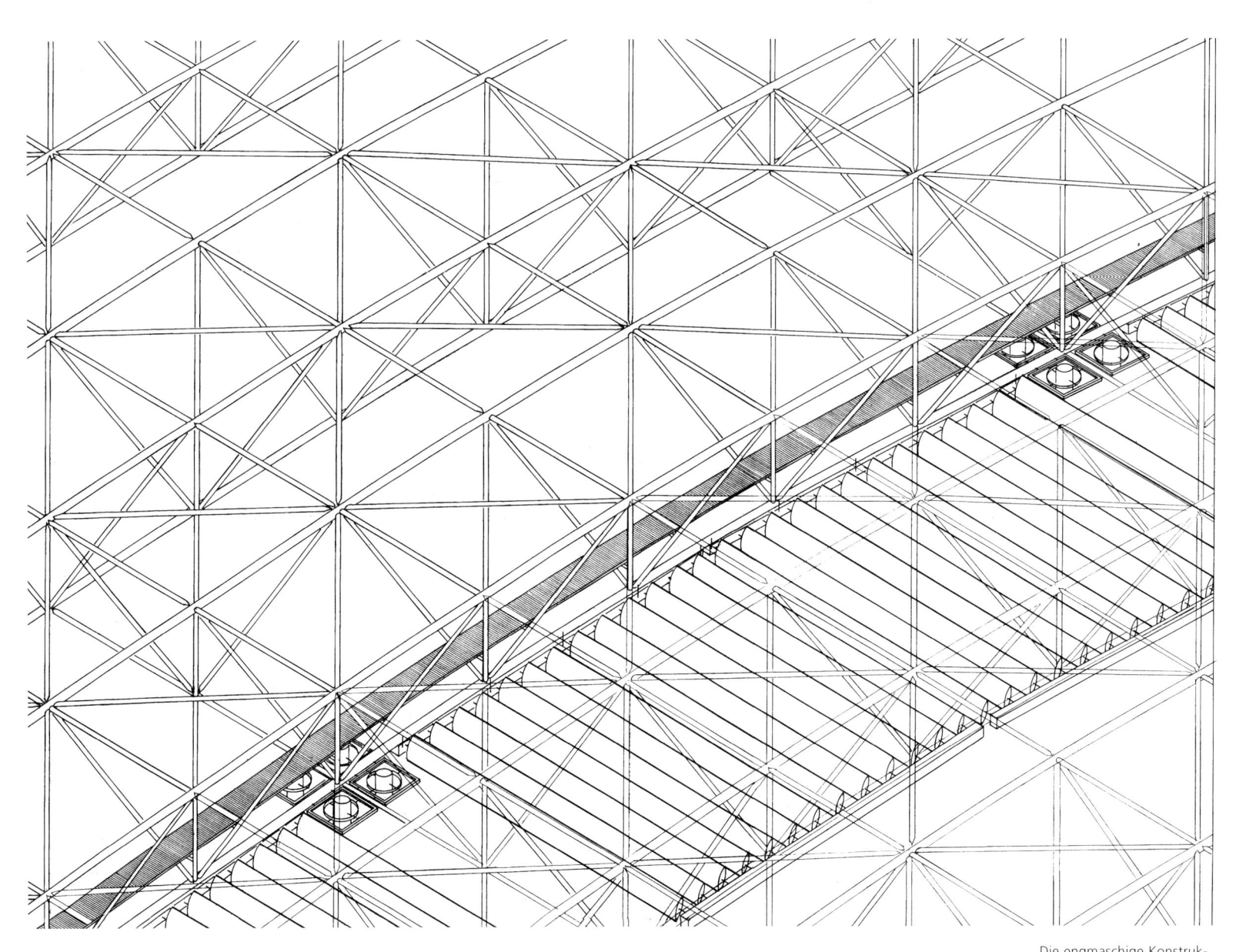

Beratung
Prof. Peter C. von Seidlein
Prof. Friedrich Wagner

Fachberatung
Prof. Dr. Günter Eisenbiegler
(Institut für Tragkonstruktionen und
Konstruktives Entwerfen)
Dipl.-Ing. Gerhard Kirsch
(Institut für Baustofflehre, Bauphysik,
Technischer Ausbau und Entwerfen)

1981

Die engmaschige Konstruktion hat den Vorteil, daß die Spannweite für die Verglasung auf den Obergurten (2,4 m) und für die Lamellen in Ebene der Untergurte (4,8 m) auf ein vernünftiges Maß reduziert wird.
Außerdem kann von den integrierten Wartungsstegen jeder Punkt der Konstruktion und Hülle erreicht werden.

Hallen mit großen Spannweiten

Flugzeughangar

Fachwerkbogen über 140 m

Walter Stölzle

Aufgabe
Für die Wartung von Passagierflugzeugen für Mittel- und Langstrecken soll eine Halle errichtet werden.

Dabei ist es Aufgabe der Verfasser, durch eigene Recherchen das zugehörige Raumprogramm und die erforderliche technische Ausstattung zu ermitteln sowie eine sinnvolle Konzeption bezüglich der zu wartenden Flugzeugtypen zu entwickeln.

Das größte einzustellende Flugzeug, für das eine entsprechende Toröffnung vorzusehen ist, ist eine Boeing 747 mit 65 m Länge, 60 m Spannweite und 20 m Höhe.

Konzept
Der Hangar bietet mit einer freien Wartungsfläche von 100 x 130 m die Möglichkeit, gleichzeitig vier Flugzeuge vom Typ Airbus 310 oder eine Boeing 747 und zwei Airbus 310 zu warten.

Die erforderlichen Werkstätten, Ersatzteillager, Büro- und Personalräume sind in zwei zweigeschossigen Einbauten seitlich der Wartungszone angeordnet, um die Arbeitswege zu minimieren.

Das Ein- und Ausfahren der Flugzeuge erfolgt über eine Schiebetoranlage, die durch ein zusätzliches Rolltor für das extrem hohe Seitensteuer der Boeing 747 ergänzt wird. Wegen des hohen Aufwands für ein bewegliches Bauteil dieser Größe wurde auf eine zweite Toranlage an der gegenüberliegenden Hallenseite verzichtet und eine Einschränkung der Zugriffsmöglichkeiten auf die Maschinen in Kauf genommen.

Tragwerk
Die Spannweite von 140,8 m wird von einer Bogenkonstruktion überspannt, die dem geforderten Raumquerschnitt mit der größten Höhe in Hallenmitte (hier befindet sich das Seitensteuer der Boeing 747) gerecht wird.

Die Primärstruktur des Tragwerks besteht aus acht Dreigurt-Fachwerkbindern (Systemhöhe 3 m), zwischen die als Sekundärstruktur ein einlagiges Stabnetz gehängt ist. Durch die Diagonalverschiebung der geraden Stäbe des Stabnetzes gegenüber den Dreigurtbindern ergibt sich eine zweisinnige Krümmung (negativ in Richtung der Binder, positiv in Bogenrichtung).

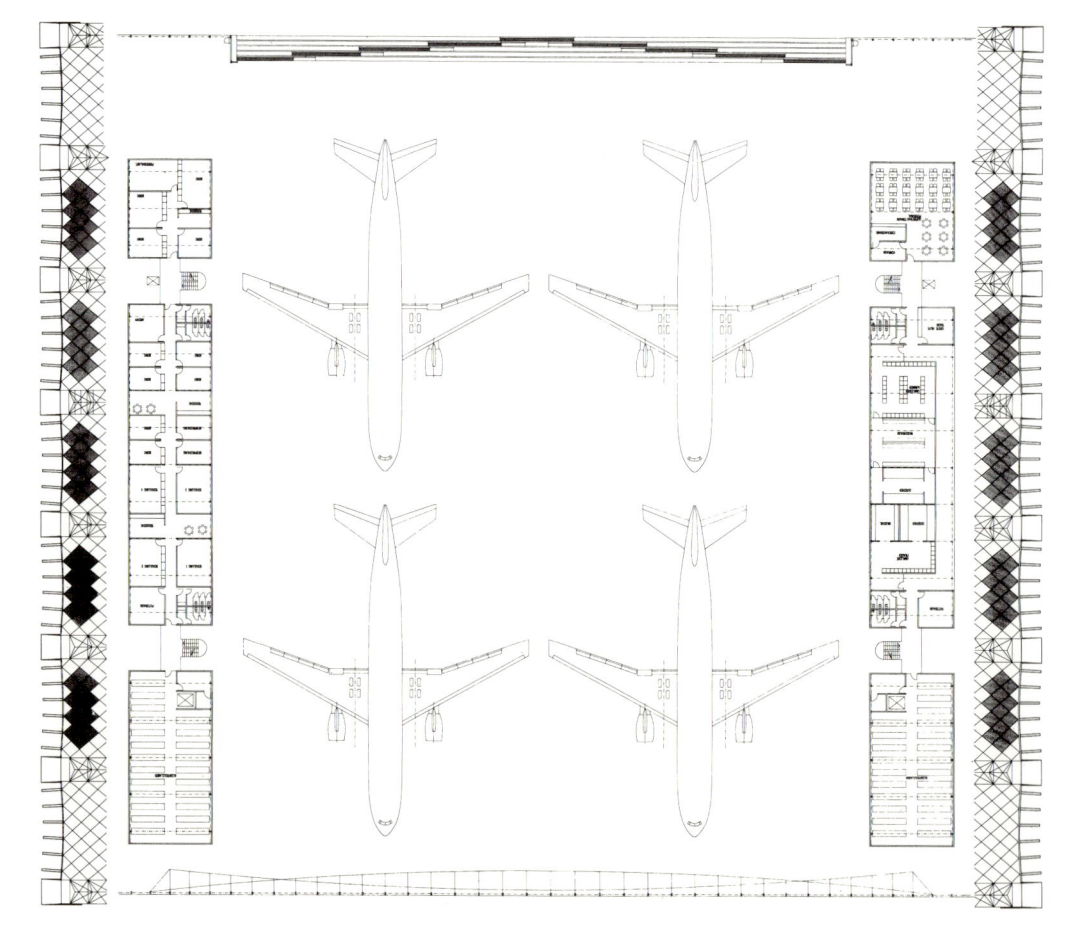

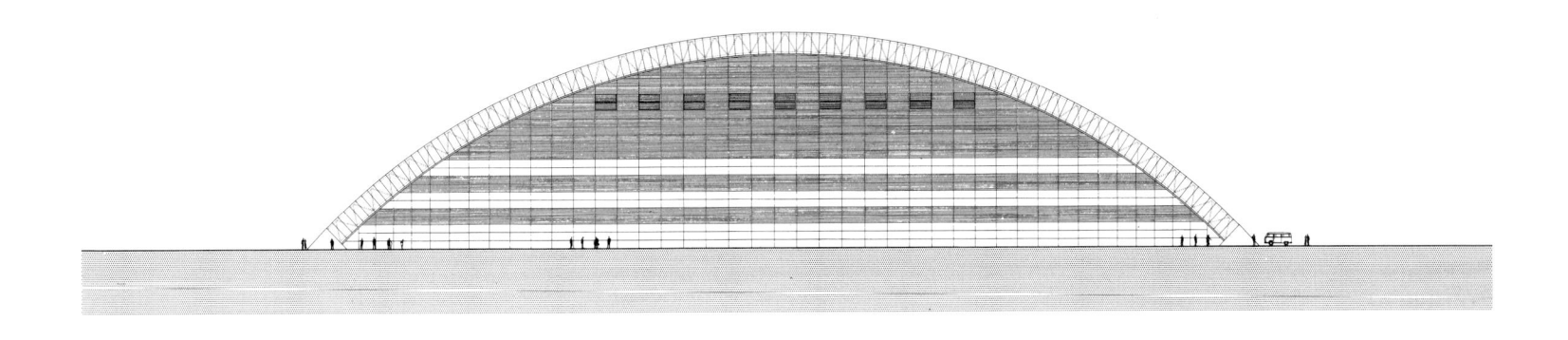

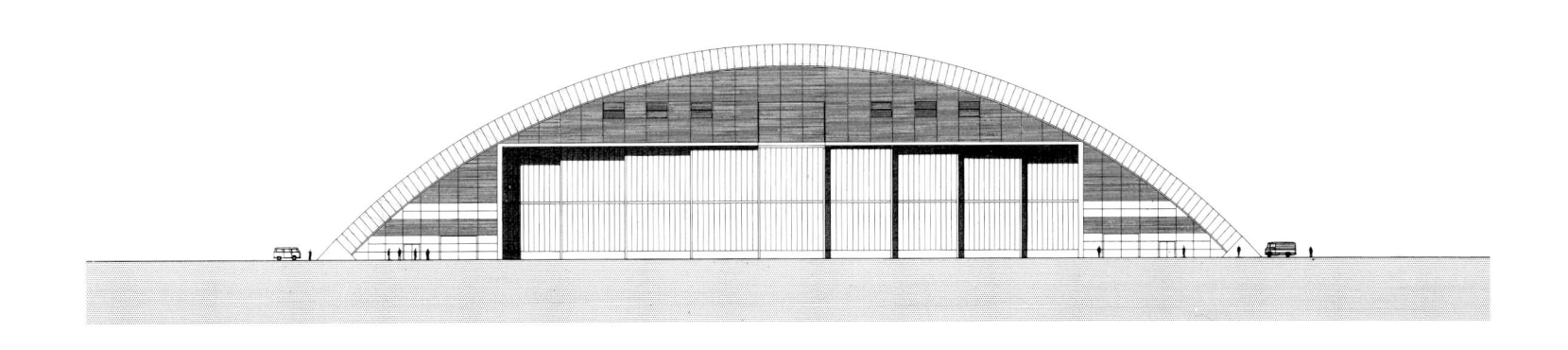

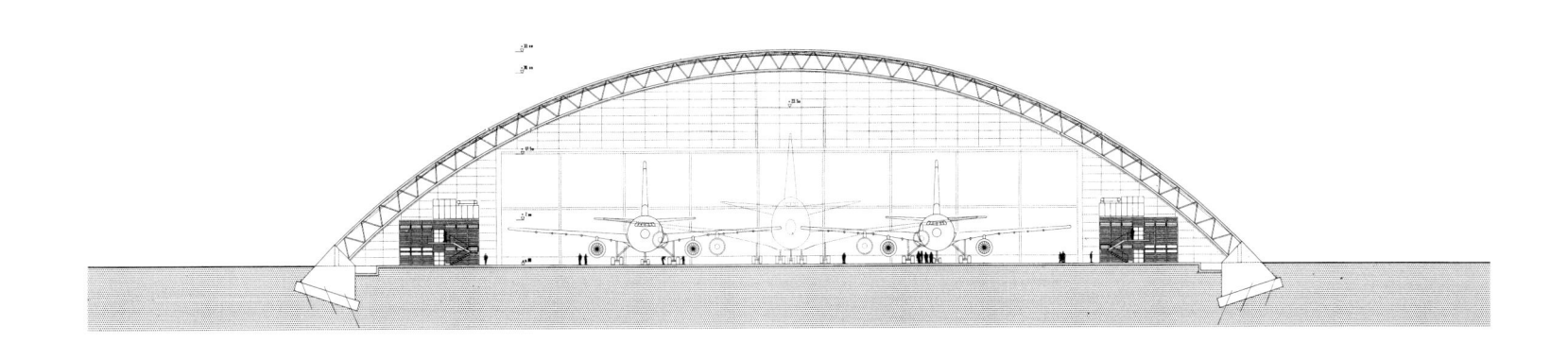

Hallen mit großen Spannweiten

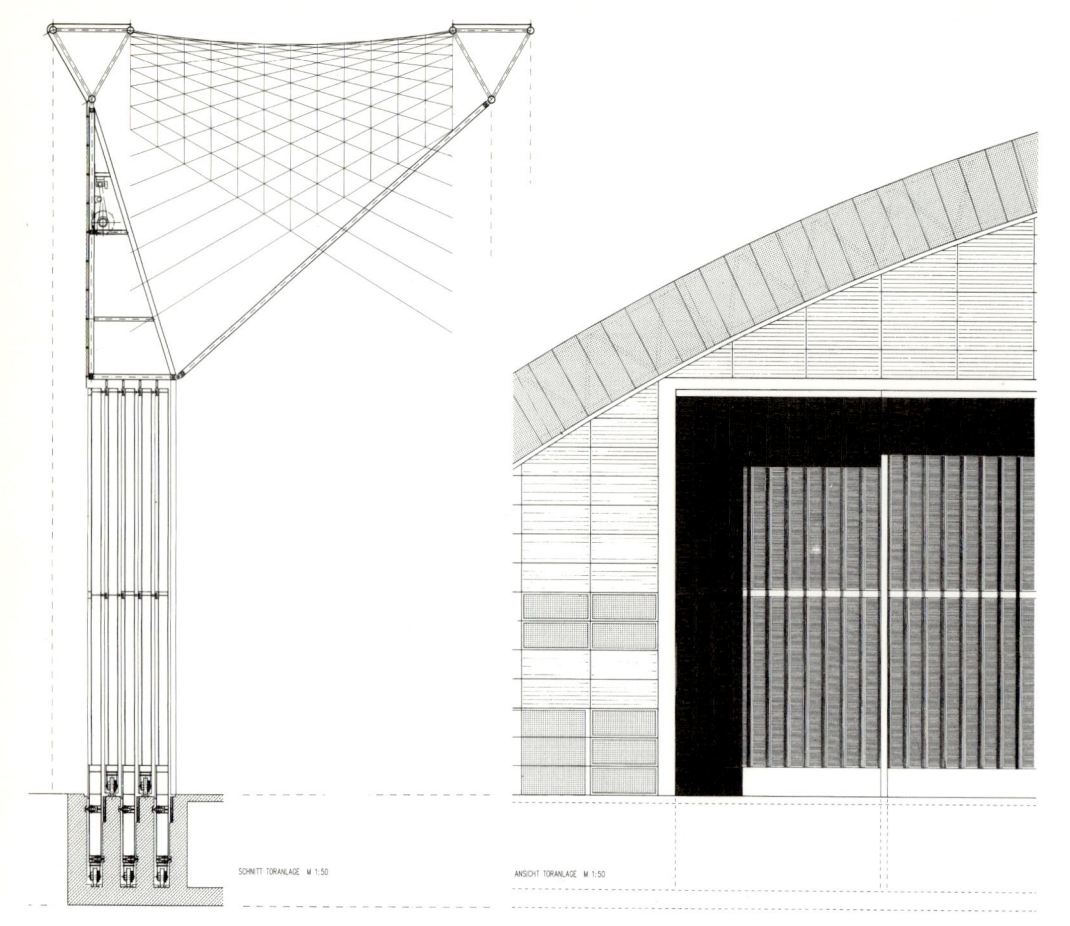

Die Aktivierung der Schalentragwirkung für das Stabnetz ermöglicht eine äußerst schlanke Ausbildung der Stäbe (St.Rohr 159 x 4,5 mm bei 14,4 m Spannweite).

Die Dreieckstruktur des Stabwerks sorgt durch die schubsteife Koppelung der Fachwerkbogen außerdem für die Verteilung der Horizontallasten auf sämtliche eingespannte Bogenbinder.

Hülle

Die Hülle des Bogentragwerks ist entsprechend der Tragstruktur differenziert behandelt:

Die Dreigurtbinder sind verglast und sorgen für die Belichtung der Raumtiefe, während das Schalentragwerk opak eingedeckt ist. Hierfür werden rautenförmige Aluminium-Sandwichpaneele (360 x 240 x 8 cm) verwendet, die ohne Unterkonstruktion punktuell auf den Tragwerkknoten aufgelagert sind. Die durch die Tragwerkgeometrie bedingte Faltung der selbsttragenden Paneele in Längsrichtung bewirkt eine zusätzliche Stabilisierung.

Die Hüllkonstruktionen der beiden Stirnseiten unterliegen aufgrund ihrer Höhe (30 m am Scheitel) besonderen Anforderungen.

An der geschlossenen Rückseite werden die sehr schlanken Fassadenpfosten (IPE 240) durch horizontale und vertikale Hinterspannungen gegen Winddruck und -sog gesichert und außerdem am Ausknicken unter Vertikallast gehindert. Der Anschluß an das Dach ist zur Aufnahme der Tragwerkdurchbiegungen vertikal verschieblich ausgeführt.

Die vordere Stirnfassade ist in ihrer Konstruktion und äußeren Erscheinung durch das 95 m breite und 18 m hohe Schiebetor geprägt.

Glasbänder an beiden Fassaden sorgen für eine zusätzliche Belichtung und direkten Sichtkontakt nach außen.

Fünf der neun Flügel des Schiebetors (h = 18 m) sind durch eine entsprechend tiefe Bodenführung wie Kragarme „eingespannt", die restlichen vier Tore lehnen sich an diese an. Dadurch werden die Windkräfte direkt in den Boden eingeleitet, so daß ein aufwendiger Torträger auf Sturzhöhe entfallen kann. Dort ist lediglich ein horizontaler Fachwerkträger mit einfachen Abstrebungen zu den Dreigurtbindern erforderlich, um die Lasten der Fassade oberhalb des Tores aufzunehmen.

152 | Hallen mit großen Spannweiten

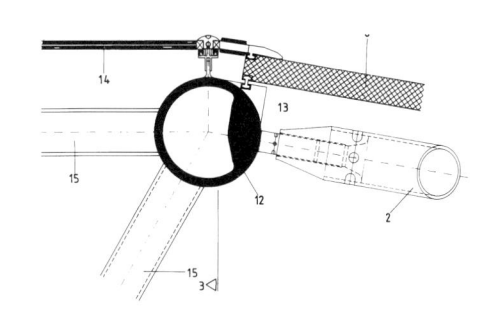

VERTIKALSCHNITT ANSCHLUSS SCHALE – BOGEN

Das Schalentragwerk besteht aus Stahlrohren und tellerförmigen Gußknoten, die mit Gewindestangen verschraubt werden. Die selbsttragenden Alu-Sandwichpaneele sind punktuell mit Justierschrauben auf den Gußtellern befestigt und mit Preßleisten abgedichtet.

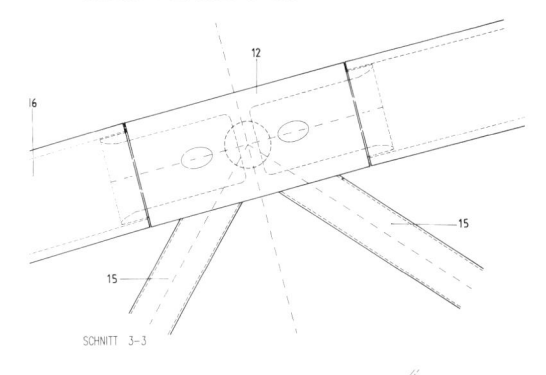

SCHNITT 3–3

Anschluß Schale – Bogen

In die Obergurtrohre des Dreigurtbogens sind an den Knoten werkseitig Gußteile mit Innengewinde eingeschweißt, an die das Schalentragwerk mit Standarddetails angeschlossen werden kann.

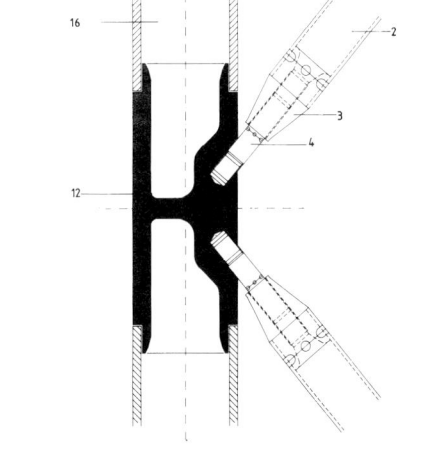

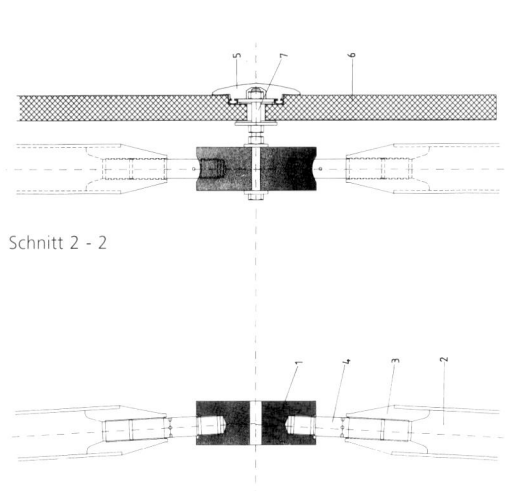

Schnitt 2 - 2

Schnitt 1 - 1

HORIZONTALSCHNITT ANSCHLUSS SCHALE – BOGEN

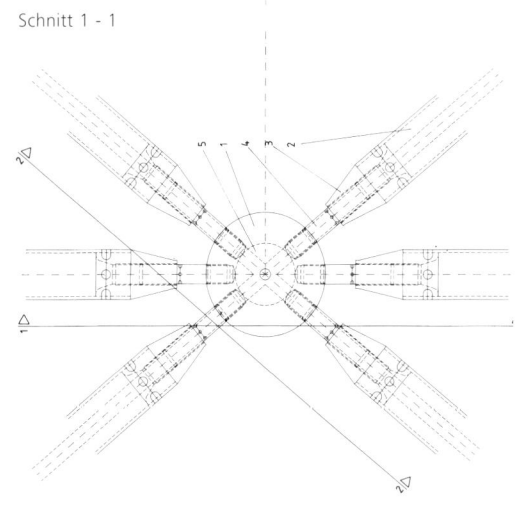

BESCHREIBUNG SCHALE:
1 STAHLGUSSKNOTEN 400 mm
2 STAHLROHR 159 x 4,5 mm
3 STAHLGUSSEINSATZ
4 GEWINDESTANGE 70 mm
5 ABDECKTELLER, NEOPRENEPROFIL
6 DACHEINDECKUNG d = 80 mm, SANDWICHELEMENT NFD – ALUCOPAN – VERBUNDPLATTEN
7 BOLZEN 24 mm, MIT JUSTIERMÖGLICHKEIT DER SANDWICHELEMENTE
8 STAHLGUSSKNOTEN AN WIDERLAGER
9 ABSCHLUSSWINKEL
10 SCHALENWIDERLAGER d = 300 mm
11 GITTERROST, ABDECKUNG VON REGENWASSERKANAL
12 STAHLGUSSKNOTEN FÜR DREIGURTBINDER, WERKSEITIG ANGESCHWEISST, NUR AN DEN STÖSSEN (4 TETRAEDER) WIRD BAUSEITIG GESCHWEISST.
13 ABSTANDSBLECH ZUR SEITLICHEN LAGERUNG DER SANDWICHELEMENTE
14 ISOLIERVERGLASUNG, GLASSTÄRKE = 10 mm
15 STAHLROHR 139,7 x 4 mm
16 STAHLROHR 323,9 x 25 mm FÜR OBER- BZW UNTERGURT VON BINDER

Die vorliegende Arbeit wurde beim „Förderpreis des deutschen Stahlbaus 1990" ausgezeichnet.

Beratung
Prof. Peter C. von Seidlein
Prof. Friedrich Wagner

Fachberatung
Prof. Dr. Günter Eisenbiegler
(Institut für Tragkonstruktionen und Konstruktives Entwerfen)

1989

Erweiterbare Hallenkonstruktion

Addierbare Pilzstruktur
über 5000 m² Grundfläche

Anita M. F. Schrade
Hans Jörg Schrade

Aufgabe
Ausgangspunkt der Überlegungen war die Idee einer nach zwei Seiten gleichermaßen erweiterbaren Hallenkonstruktion, die in der Theorie eine nahezu endlose Überdeckung riesiger Flächen erlaubt.

Konzept
Entwickelt wurde ein Modul aus einer quadratischen Pilzkonstruktion mit 72 m Seitenlänge, bestehend aus bogenförmigen Stahlfachwerkträgern, die an einem 32,4 m hohen Pylon aufgehängt sind.

Dieses Grundmodul ermöglicht große, stützenfreie Räume im Dienste einer extremen Nutzungsflexibilität.

Die Erweiterung des Systems erfolgt durch die Addition weiterer „Pilze". Bogenförmige Lichtbänder dienen der technischen und formalen Lösung der Anschlußfugen und gewährleisten außerdem eine gute Tageslichtversorgung des Innenraums. Darüber hinaus wirken die Oberlichtbänder als Lichtleitsystem für die – gegebenenfalls riesigen – überdeckten Flächen.

Notwendige Installationssysteme werden im Untergeschoß angeordnet. Die Klimatisierung der Halle erfolgt vom Boden her über „Luftsäulen" (Aerodranten). Die Frischluft wird hierfür jeweils über einen zentralen Kanal in der Mitte des Pylons angesaugt und im Untergeschoß aufbereitet. Die Untersicht des Hallendachs bleibt somit frei von Luftkanälen.

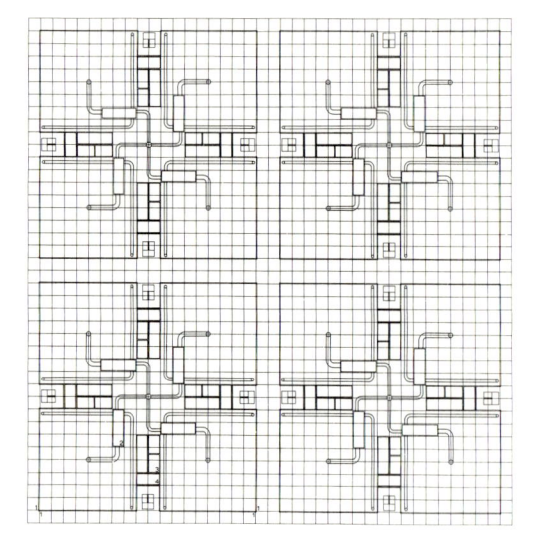

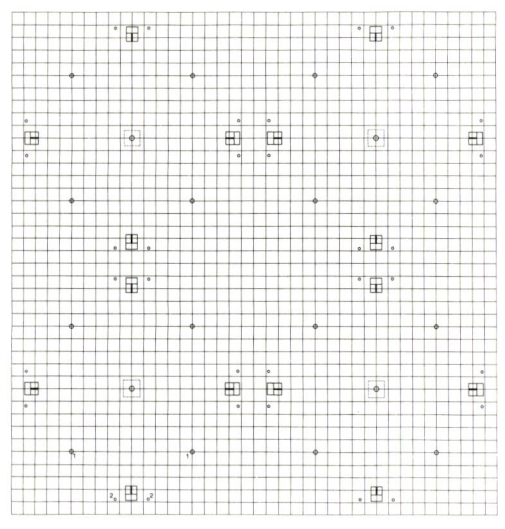

Untergeschoß
1 Fluchttunnel
2 Lüftungszentrale mit Wärmetauscher
3 Technik
4 Sanitärräume

Erdgeschoß
1 Zuluft über Aerodranten
2 Abluftansaugung im Fußboden

Jedem Hallenmodul von 72 x 72 m sind im Untergeschoß die erforderlichen Nebenräume zugeordnet.
An jede der vier Treppen schließen Sanitär- und Technikräume an, so daß sich ein kreuzförmiger Grundriß ergibt.
Zur Sicherung der Fluchtwege sind Fluchttunnel vorgesehen, die sich in der Zone der Oberlichtbänder befinden.

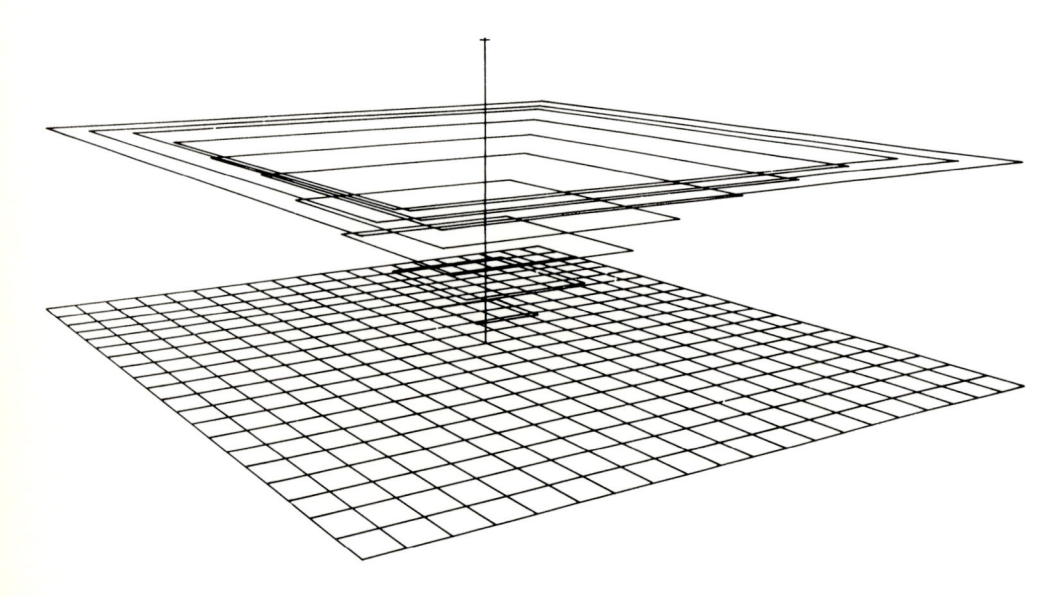

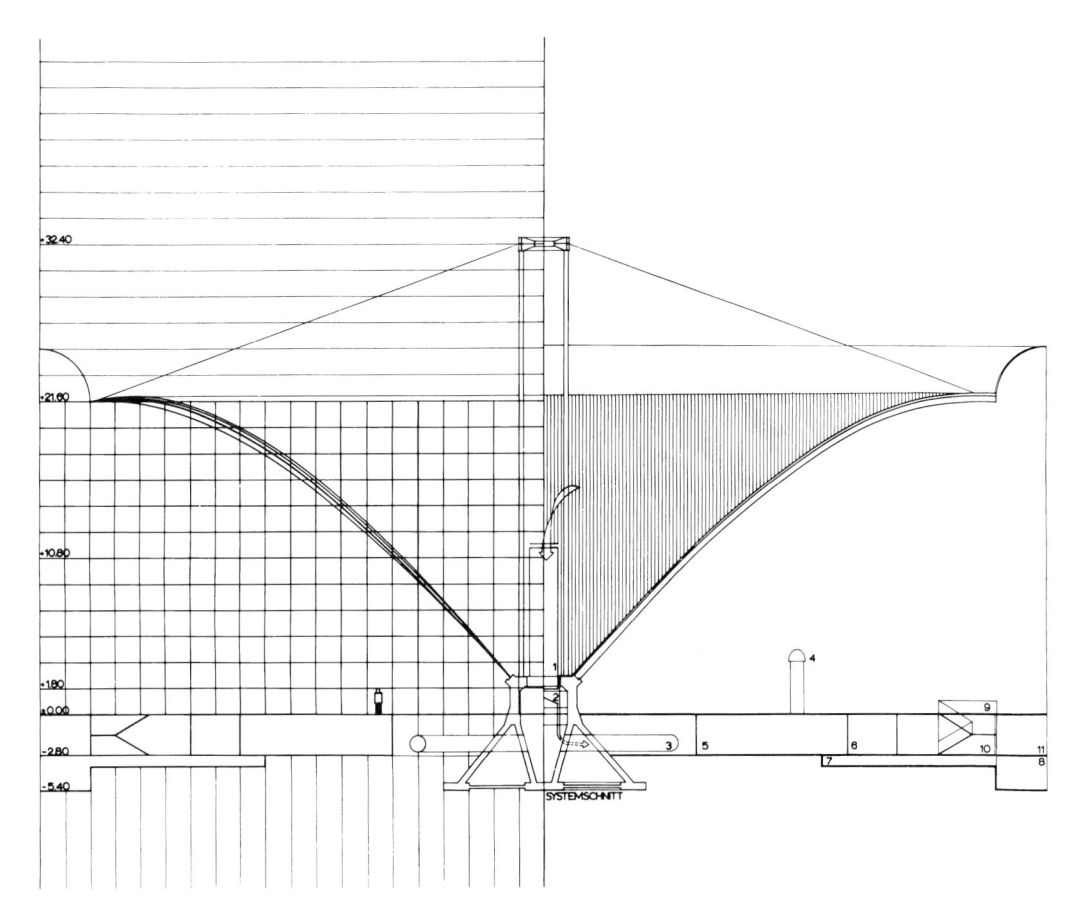

1 Außenluftansaugung
2 Regenwasserableitung
3 Außenluftkanal
4 Aerodrant
5 Technik
6 Sanitärräume
7 Abluftkanal
8 Abluftkanal
9 Treppen
10 Treppen
11 Fluchttunnel

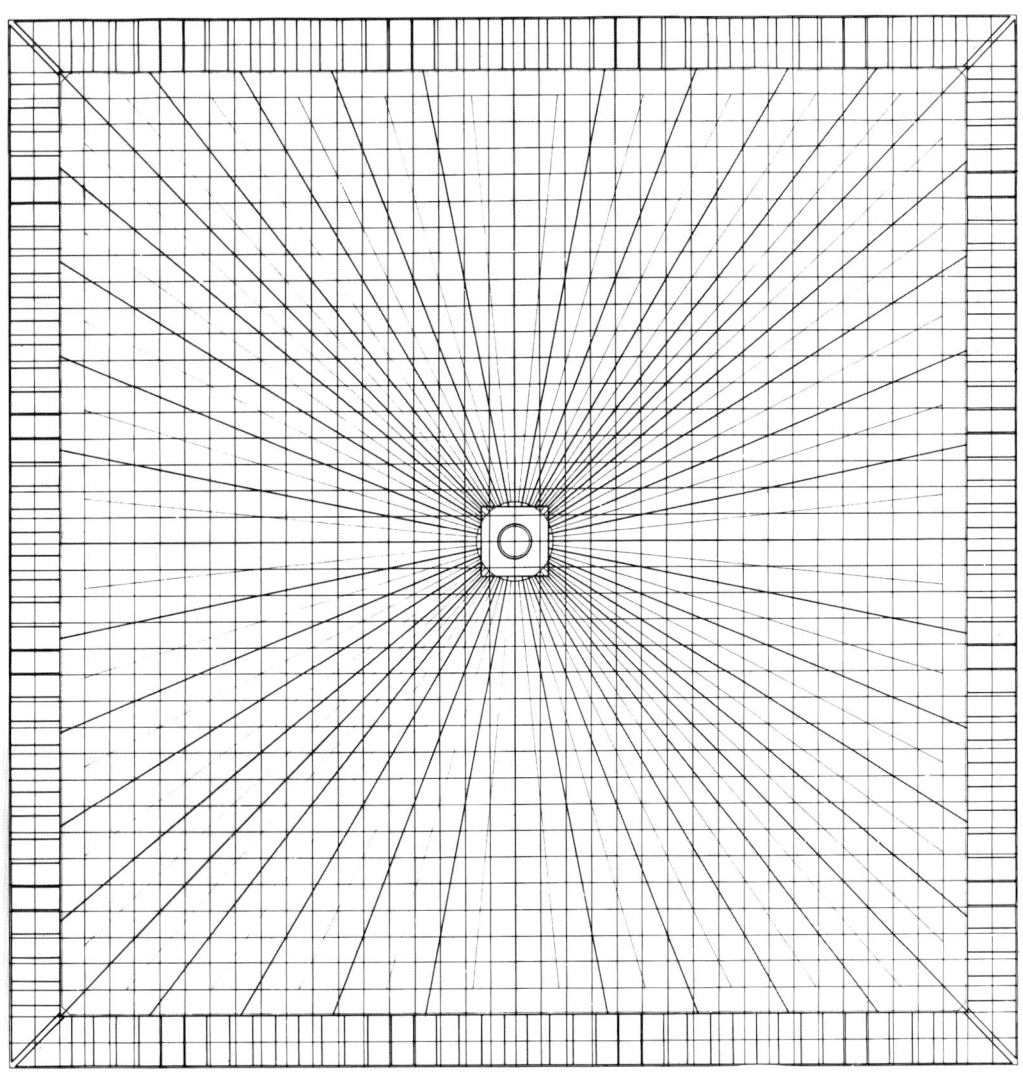

Untersicht eines Hallenmoduls (mit halbem Lichtband). Der Pilzkonstruktion liegt ein Raster von 1,8 x 1,8 m zugrunde.

Kreuzungspunkt der Oberlichtbänder an der Nahtstelle von vier Pilzmodulen.

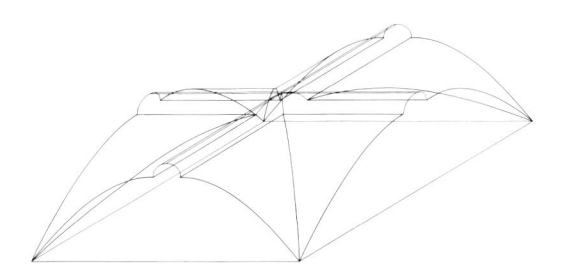

Beratung
Prof. Peter C. von Seidlein

Fachberatung
Dipl.-Ing. K. Meier
(Institut für Konstruktion und Entwurf II)

1978

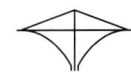

Hallen mit großen Spannweiten

Große Dächer

ICE-Bahnhof

Schirme mit 18 m Seitenlänge

Katrin Hootz

Aufgabe

Das Verkehrskonzept der Bahn beinhaltet – ähnlich der Entwicklung der französischen TGV-Linien – die Einführung der ICE-Trassen.

Die vorhandenen Trassen zu den innerstädtischen Bahnhöfen verursachen vielerorts Umwege und einen erhöhten Zeitaufwand, weshalb sie für Hochgeschwindigkeitszüge ungeeignet sind. Dieser Umstand legt den Bau neuer ICE-Bahnhöfe mit optimierter Gleisführung an der Peripherie der Städte nahe.

Im Anschluß an eine gründliche Analyse historischer und moderner Bahnhöfe sollte im Rahmen einer Diplomarbeit ein neuer – standortneutraler – Bahnhofstyp für ICE-Haltepunkte entwickelt werden. Verlangt war die Überdachung von vier Gleisen mit zwei geraden, 400 m langen Bahnsteigen sowie ein Empfangsgebäude mit sämtlichen für einen funktionsfähigen Bahnhof erforderlichen Einrichtungen.

Konzept

Der neue Bahnhof besteht aus einem großen, offenen Dach, das die Reisenden während ihres kurzen Aufenthalts vor Sonne und Regen schützt. Diese offene Lösung steht im Gegensatz zum umschlossenen, urbanen Charakter der klassischen Bahnhofshalle.

Die beiden Bahnsteige liegen ebenerdig unter der Überdachung. Sie werden über eine Brücke mittels Rolltreppen, Treppen und Aufzügen von oben erschlossen.

Auf der einen Seite des Gleiskörpers befinden sich die Betriebsgebäude des Bahnhofs (Verwaltung und Technik), während die andere Seite allein den Fahrgästen vorbehalten ist. Hier führt eine befahrbare Rampe auf die Ebene der Erschließungsbrücke, auf der alle dem Fahrgast dienenden Funktionen (Kioske, Fahrkartenverkauf, Restaurant) zu finden sind.

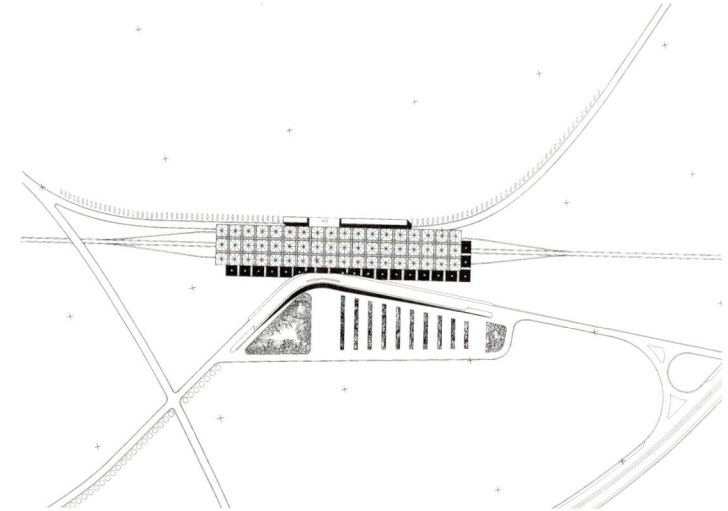

Die Draufsicht der fast 400 m langen Bahnsteigüberdachung zeigt ihre modulare Struktur. Kleine Spannweiten (21,60 m) und Erweiterungsmöglichkeiten in zwei Richtungen bieten die Gewähr für eine wirtschaftliche und vielseitig einsetzbare Lösung.

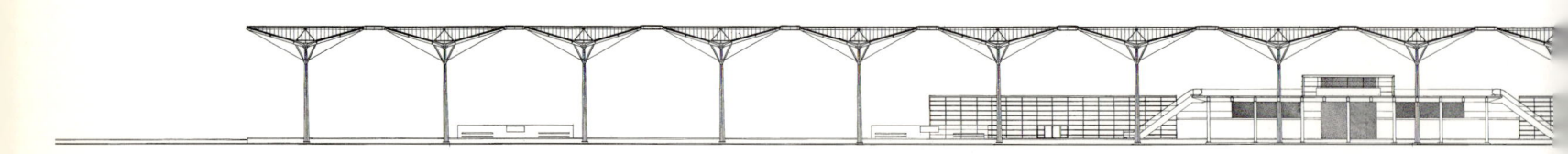

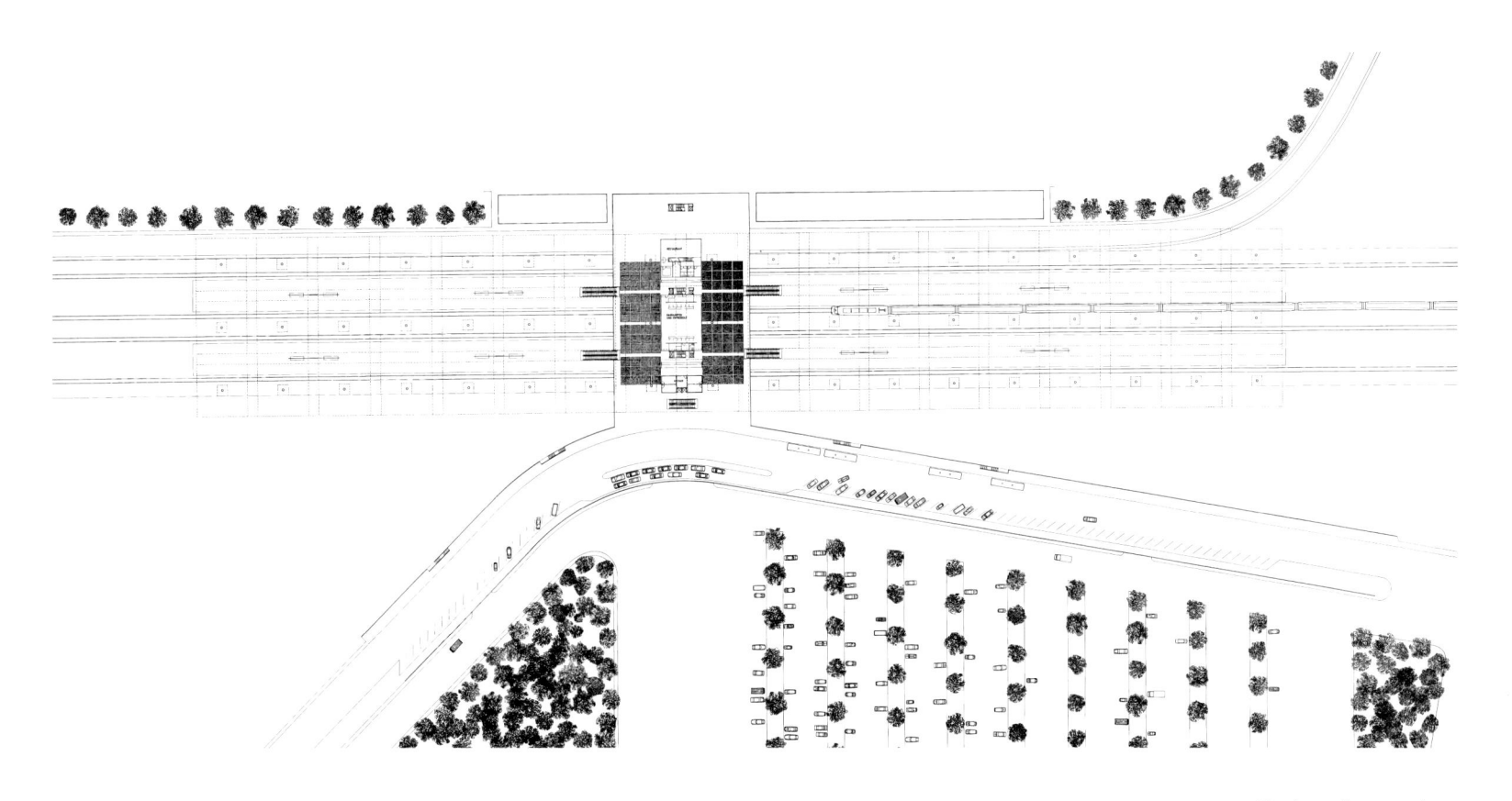

Die ebenerdig angeordneten Bahnsteige werden über eine 46,80 m breite Brücke erschlossen.

Um die darunterliegenden Bahnsteige ausreichend zu belichten, sind große Teile des Brückenbodens aus Glasbaustein-Fertigteilen hergestellt.

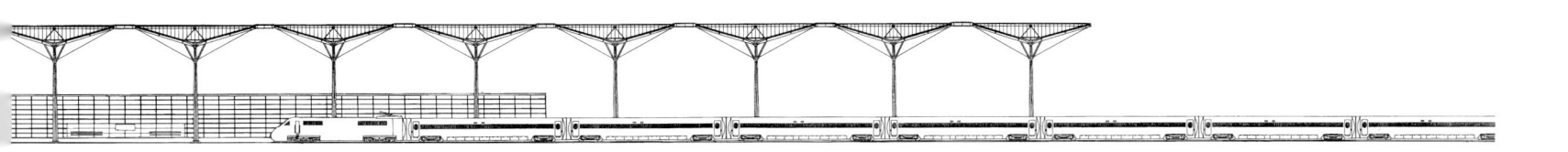

Große Dächer

Da neben der Vorfahrt auch eine Bushaltestelle, ein Taxistand und Kurzparkplätze auf der Rampe angeboten werden, betritt der größte Teil der Besucher den Bahnhof direkt auf dem Niveau der Abfertigungsbrücke. Für die Nutzer der beiden Parkgeschosse unterhalb der Rampe sowie der ebenerdigen Parkplätze steht eine entsprechende Rolltreppen- und Aufzugsanlage am Kopf der Brücke zur Verfügung.

Tragwerk
Die Abmessungen der gesamten Überdachung betragen 385,20 x 61,20 m.

Da die Nutzung eine enge Stützenstellung erlaubt, wurde eine modulare Dachkonstruktion entwickelt, die aus der Addition einer Vielzahl von gleichen, statisch selbständigen Einheiten gebildet wird.

Das Dach setzt sich aus 54 Schirmen zusammen, die in drei Reihen à 18 Schirmen stehen und untereinander gelenkig verbunden sind. Die einzelnen Schirme sind 17,60 m hoch und haben eine Kantenlänge von 18 m. Durch das Zwischenschalten von Oberlichtbändern mit 3,60 m Breite ergibt sich ein Stützenabstand von 21,60 m, der für die Überdachung von zwei Gleisen und einem Doppelbahnsteig geeignet ist.

Das Stahltragwerk der quadratischen Schirme besteht aus einer achteckigen, konisch zulaufenden, eingespannten Stütze und acht gegen Windsog bzw. Winddruck und asymmetrische Lasten verspannten Kragträgern.

Die Erschließungsrampe sowie die Verwaltungs- und Technikbauten sind als Stahlbeton-Fertigteilkonstruktion geplant, das Brückenbauwerk in Ortbeton.

Hülle
Die Eindeckung der Schirme besteht aus industriell vorgefertigten Aluminium-Stehfalzblechen, Wärmedämmung (zum Kondenswasserschutz) und einer Lage Trapezblech auf der Unterseite.

Die zwischen die Schirme eingehängten verglasten Oberlichtbänder sorgen für die Belichtung der Bahnsteige und unterstreichen außerdem den additiven Charakter der Überdachung. Die systemimmanente Möglichkeit zur Erweiterung des Dachs in Längs- und Querrichtung wird deutlich.

Auch die punktförmigen Oberlichter an den Stützenköpfen der Schirme haben neben der Belichtung noch eine weitere, erläuternde Funktion: Sie erlauben den Blick auf den außenliegenden Teil der Dachkonstruktion und ermöglichen es, die konstruktiven Zusammenhänge nachzuvollziehen. Die wichtigen Knotenpunkte der Schirmkonstruktion werden zudem durch die direkte Beleuchtung hervorgehoben.

Die künstliche Beleuchtung erfolgt indirekt. Sie ist von unten auf die Schirme gerichtet und wird von dort reflektiert.

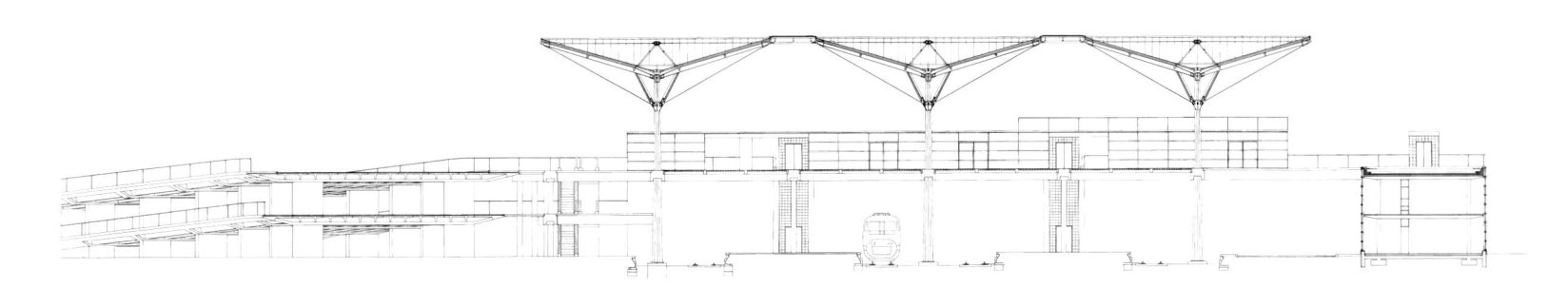

Drei Reihen von Schirmen (Stützweite 21,60 m) überdecken die Bahnsteige und die Erschließungsbrücke mit dem Abfertigungsgebäude.

Der Zugang zur Brücke erfolgt autogerecht über eine befahrbare Rampe bzw. über Rolltreppen.

Auf der gegenüberliegenden Seite der Gleise befinden sich die völlig unabhängigen Betriebsbauten.

Das nach innen geneigte Blechdach wird durch die Tragwerkstützen entwässert. Die zwischen den Schirmen eingehängten Oberlichtbänder sind eben und entwässern durch Überlauf in die Schirme.

Da die Fuge zwischen Verglasung und Blecheindeckung offen ist, werden Hitzestaus bei Sonneneinstrahlung vermieden. Die Fuge wirkt außerdem als konstruktive Dehnfuge der Gesamtstruktur.

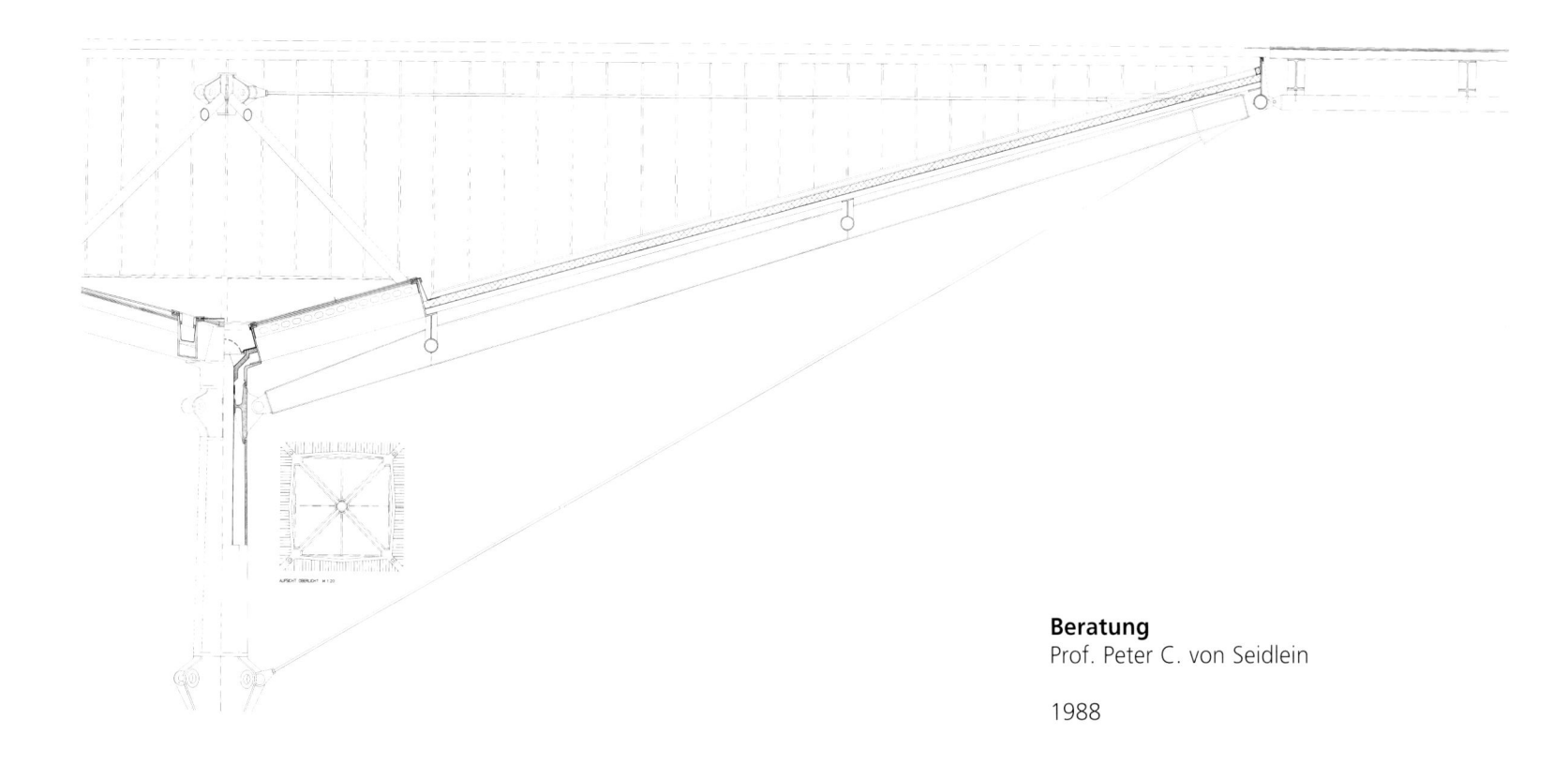

Beratung
Prof. Peter C. von Seidlein

1988

Große Dächer

ICE-Bahnhof

Gläserne Bahnsteighalle
über aufgeständerten Gleiskörpern

Martina Koeberle

Aufgabe
Das Verkehrskonzept der Bahn beinhaltet – ähnlich der Entwicklung der französischen TGV-Linien – die Einführung der ICE-Trassen.

Die vorhandenen Trassen zu den innerstädtischen Bahnhöfen verursachen vielerorts Umwege und einen erhöhten Zeitaufwand, weshalb sie für Hochgeschwindigkeitszüge ungeeignet sind. Dieser Umstand legt den Bau neuer ICE-Bahnhöfe mit optimierter Gleisführung an der Peripherie der Städte nahe.

Im Anschluß an eine gründliche Analyse historischer und moderner Bahnhöfe sollte im Rahmen einer Diplomarbeit ein neuer – standortneutraler – Bahnhofstyp für ICE-Haltepunkte entwickelt werden. Verlangt war die Überdachung von vier Gleisen mit zwei geraden, 400 m langen Bahnsteigen sowie ein Empfangsgebäude mit sämtlichen für einen funktionsfähigen Bahnhof erforderlichen Einrichtungen.

Konzept
Gestalt und Konstruktion des neuen Bahnhofs werden konsequent aus seiner Primärfunktion als Verkehrsknotenpunkt entwickelt.

Der einfahrende Zug wird als offensichtliche Orientierungshilfe für den Reisenden und als Erkennungsmerkmal für den Bahnhof deutlich sichtbar auf einer Hochtrasse plaziert. Die Anordnung des Empfangsgebäudes und der Parkierung auf der darunterliegenden Ebene (Erdgeschoß) ermöglichen kurze und übersichtliche Erschließungswege.

Es entsteht ein Bauwerk, das – im Gegensatz zu vielen historischen Bahnhofstypen – sämtliche Funktionen (Bahnsteige, Schalterhalle und Parkierung) in sehr kompakter und platzsparender Form in einem Gebäude beherbergt.

Tragwerk
Die Analyse der unterschiedlichen Anforderungen an die Konstruktion der aufgeständerten Gleiskörper einerseits und der Bahnsteigüberdachung andererseits legt eine differenzierte konstruktive Lösung für diese Bauaufgabe nahe. Es werden deshalb zwei gänzlich unterschiedliche Tragwerke entwickelt, die auf die jeweiligen Lastsituationen und funktionalen Bedingungen abgestimmt sind.

Varianten zur Bahnsteigüberdachung

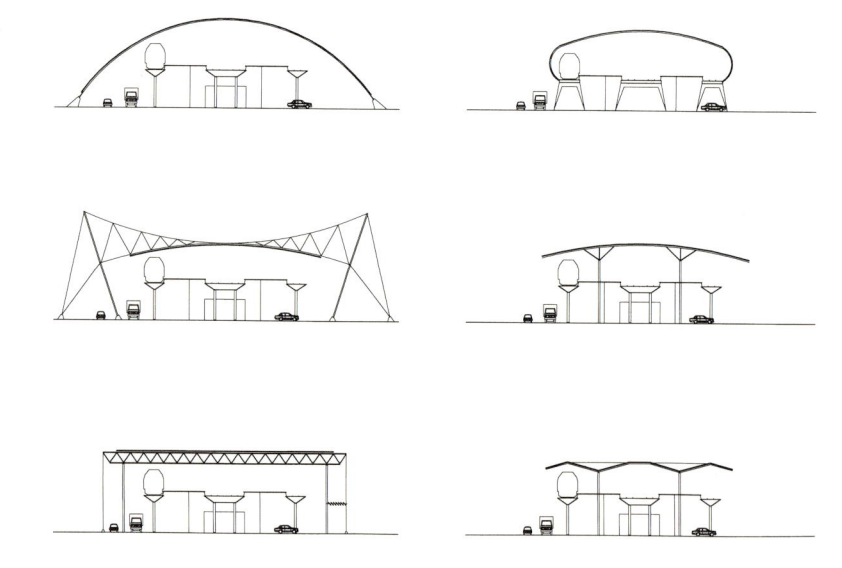

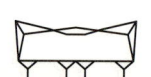

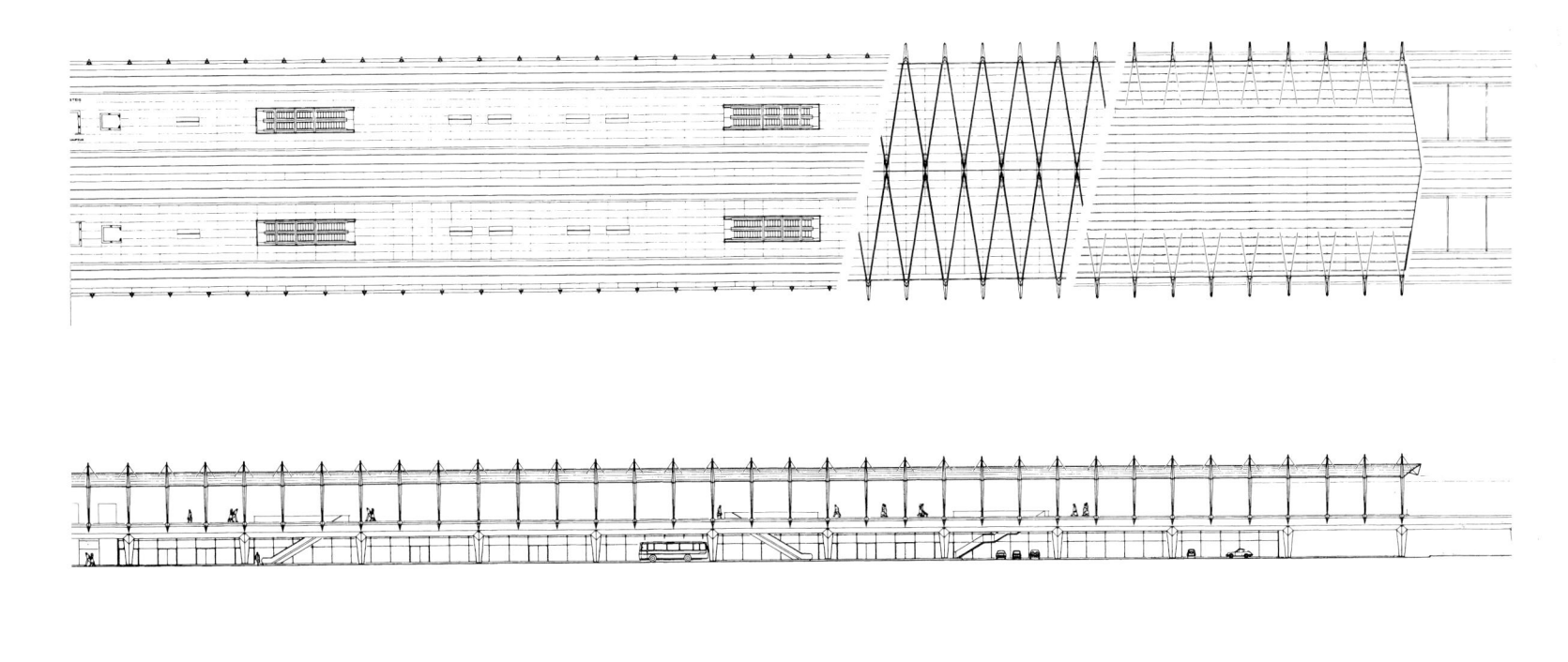

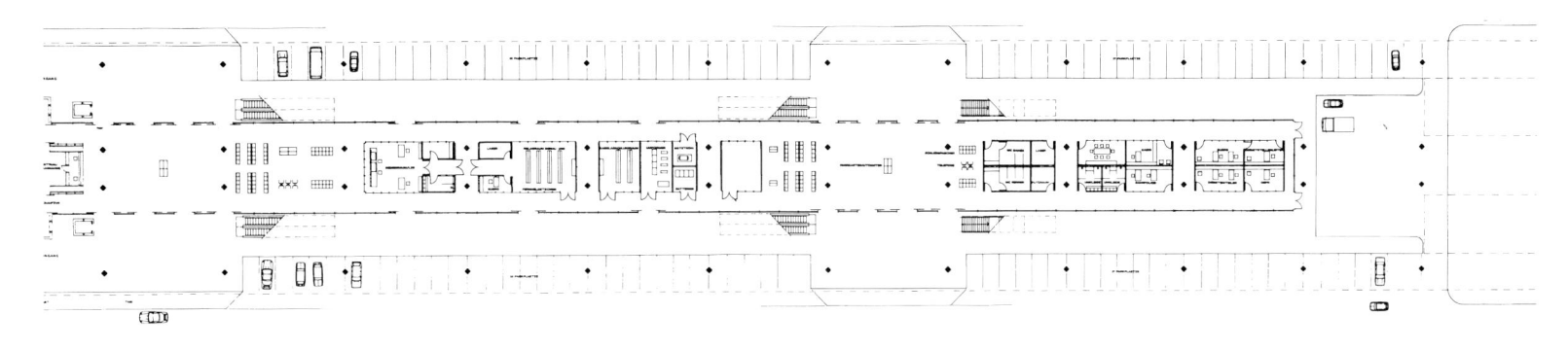

Grundrißausschnitt mit Darstellung der Bahnsteigebene, der rautenförmigen Tragstruktur und der Glaseindeckung mit Seilabspannung

Ansicht (Achsmaß Stahlkonstruktion: 6 m)

Grundrißausschnitt der Eingangsebene

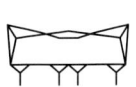

Große Dächer

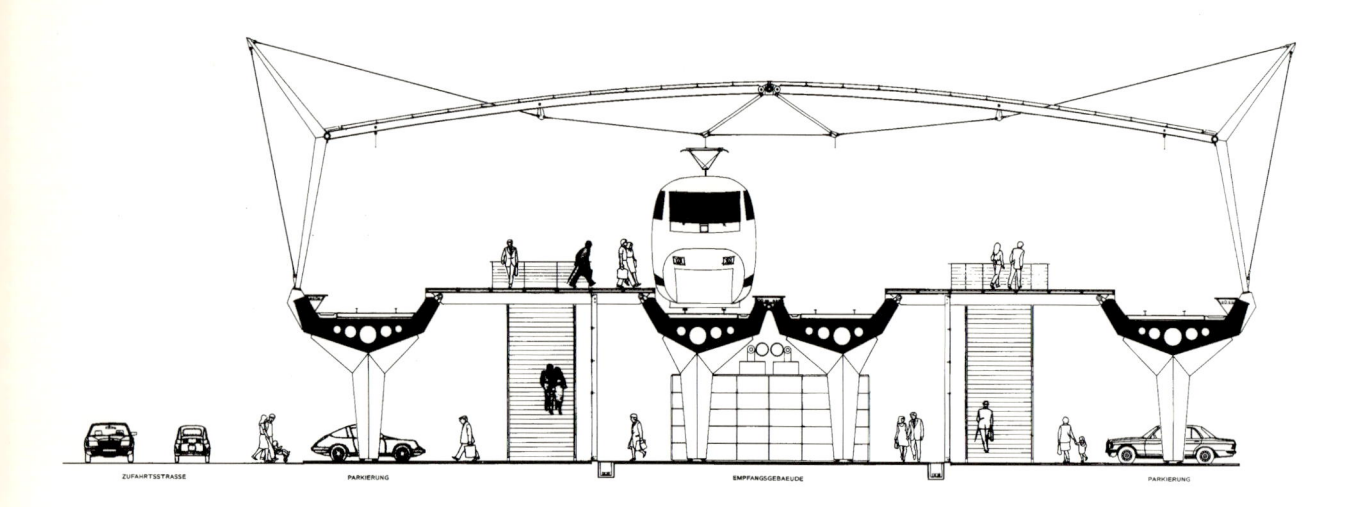

Für die Gleiskörper wurde aus schalltechnischen Gründen und auch auf Grund der hohen statischen und dynamischen Lasten eine Betonkonstruktion gewählt.

In 18 m Abstand stehen jeweils vier Betonstützen, die trogartig ausgebildete Gleiskörper tragen. In Längsrichtung entsteht dadurch ein mehrfeldriger Rahmen. In Querrichtung bilden die beiden inneren Gleiskörper zusammen mit den Stützen einen Dreigelenkbogen, an den über die Bahnsteige die beiden äußeren Gleiskörper und Stützen angehängt sind.

Die Bahnsteigüberdachung besteht aus einer leichten Stahlkonstruktion, die auf den äußeren Gleisträgern steht. Im Gegensatz zur Betonkonstruktion der Gleiskörper verläuft die größte Spannweite (l = 34,80 m) in Querrichtung, der Stützenabstand in Längsrichtung ist auf 6 m reduziert. Für ein Drittel der Dachlasten und für den Windsog bilden Stützen und Dachträger einen Dreigelenkbogen. Die Abtragung der restlichen zwei Drittel der Dachlasten und die Aussteifung in Querrichtung wird von der Unter- und Überspannung aufgenommen. In Längsrichtung erfolgt die Aussteifung vertikal über einen mehrfeldrigen Rahmen und horizontal über die rautenförmig angeordneten Dachträger.

Die Montage des Dachtragwerks erweist sich als relativ einfach. Zwei Stützen, vier Dachträger einer „Dachraute" und die Unter- und Überspannung bilden ein Dachsegment. Die einzelnen Segmente sind über die Dachrandträger und den Firstträger aneinandergekoppelt.

Gemäß dem Prinzip der Entflechtung ist das Tragwerk des Bahnhofs in zwei Systeme für die Gleiskörper und die Überdachung aufgeteilt. Diese sind einerseits entsprechend ihrer Beanspruchung extrem unterschiedlich ausgebildet und unterstreichen andererseits durch die präzise Abstimmung aufeinander die Einheit des Bauwerks.
(Stützweite Stahlkonstruktion: 34,80 m
Stützweite Betonkonstruktion: 12 m – 5,40 m – 12 m)

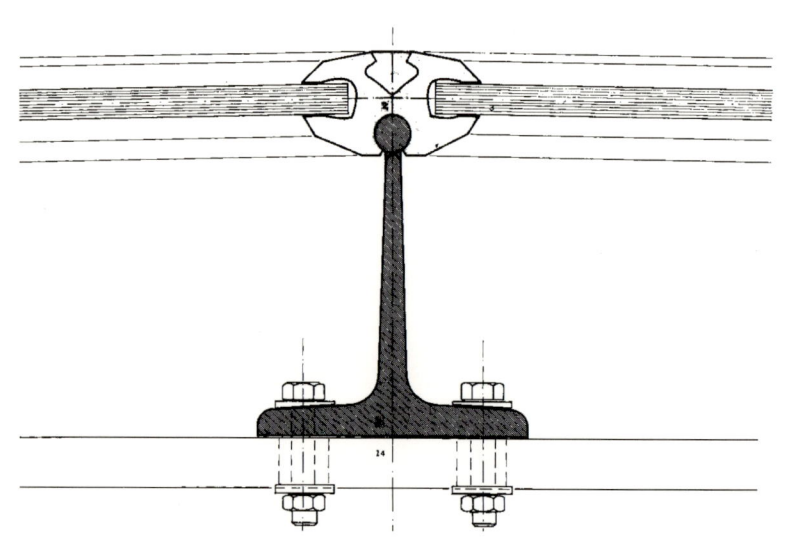

Die Dacheindeckung besteht aus 10-mm-VSG-Sonnenschutzglas (Scheibengröße 130 x 300 cm), das mittels Neoprenprofilen linear auf den Nebenträgern (T 90) aufgelagert ist.

Die Neoprenprofile bestehen aus zwei verschieden starren Neoprenmischungen. Der untere Teil des Profils, der sich über einen Rundstahl schiebt und als Glasauflager dient, ist härter und tragfähiger. Der obere Teil ist weicher und übernimmt die Anpreß- und Abdichtungsfunktion. Hierzu wird nach dem Einsetzen der Scheiben ein Keder in die vorgesehene Nut eingeschoben.

Die Glasstöße an den kurzen Seiten der Scheiben sind mit ähnlichen Neoprenprofilen gelöst, jedoch ohne Stahlauflager.

Große Dächer

Die Stahlstützen der Dachkonstruktion stehen auf Betonkonsolen, die Teil der äußeren Gleiskörper sind. Die V-Form der Stützen ermöglicht es, im Knickpunkt eine biegesteife Verbindung mit dem Dachrandträger auszubilden. Die Dachträger bestehen jeweils aus zwei U-Profilen (U 300), zwischen denen die Seile hindurchgeführt werden können. Der Firstpunkt konnte in den Ausmaßen extrem klein gehalten werden, da die Statik die Ausbildung eines Gelenks erlaubte.

Um die schwierige Geometrie der Seilführung zu bewältigen, wurden die Seile an den Unterspannungen getrennt.

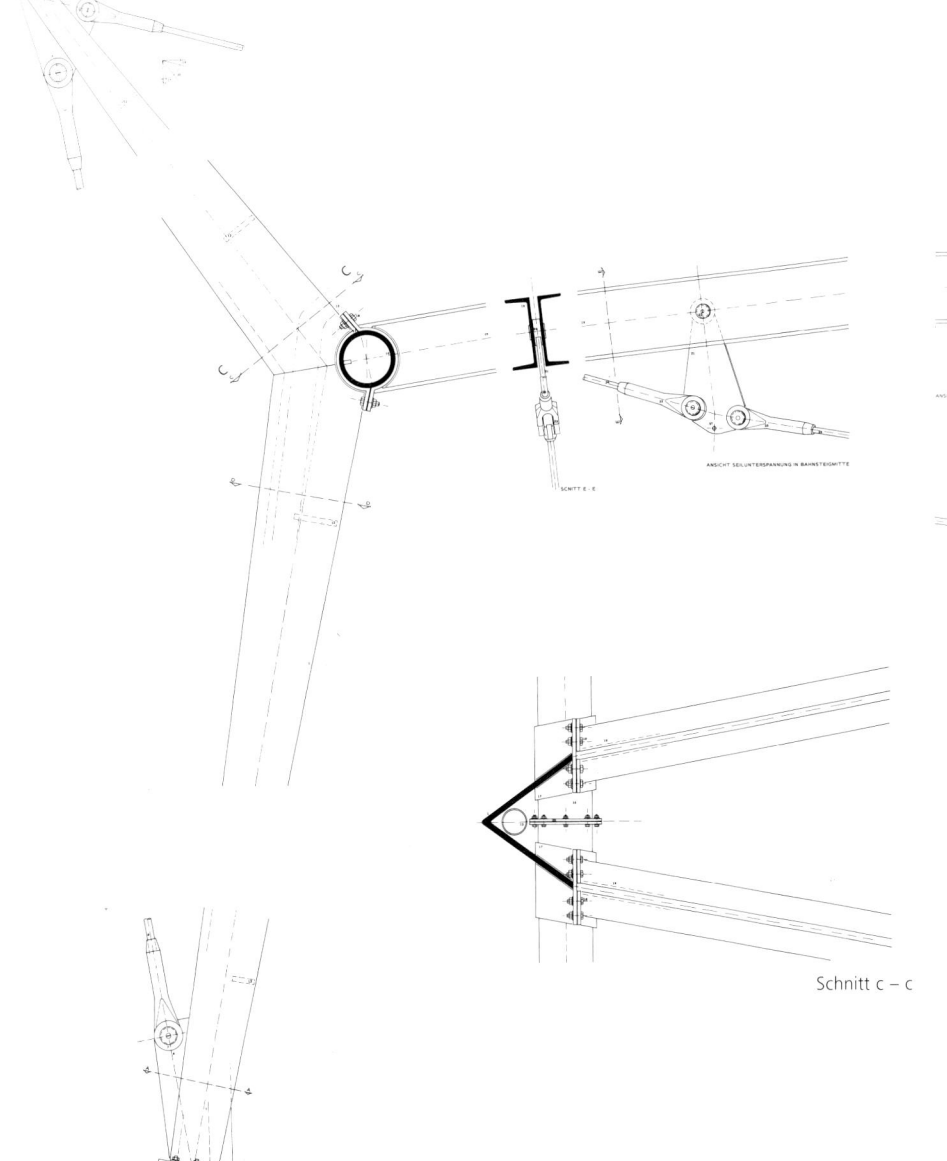

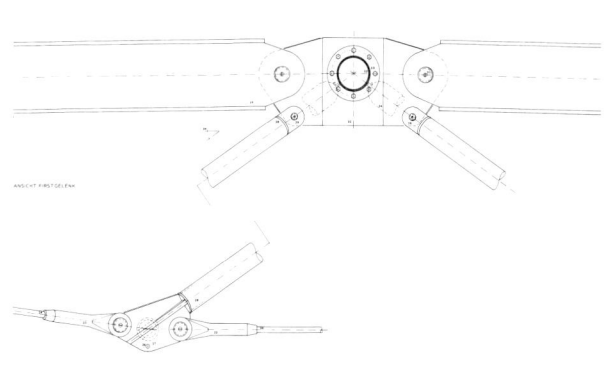

Schnitt c – c

Hülle
Um die Transparenz und Leichtigkeit der Dachkonstruktion zu unterstützen, wurde eine Dacheindeckung aus Glas konzipiert. Da ein offenes, durchlüftetes Dach keine hohen Anforderungen an die Dichtigkeit und Isolierung stellt, war der Einsatz von Einfachverglasung mit Neoprenprofilen möglich.

Beratung
Prof. Peter C. von Seidlein

1988

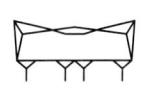

ICE-Bahnhof

Membrankonstruktion

Thomas Schulz

Aufgabe

Das Verkehrskonzept der Bahn beinhaltet – ähnlich der Entwicklung der französischen TGV-Linien – die Einführung der ICE-Trassen.

Die vorhandenen Trassen zu den innerstädtischen Bahnhöfen verursachen vielerorts Umwege und einen erhöhten Zeitaufwand, weshalb sie für Hochgeschwindigkeitszüge ungeeignet sind. Dieser Umstand legt den Bau neuer ICE-Bahnhöfe mit optimierter Gleisführung an der Peripherie der Städte nahe.

Im Anschluß an eine gründliche Analyse historischer und moderner Bahnhöfe sollte im Rahmen einer Diplomarbeit ein neuer – standortneutraler – Bahnhofstyp für ICE-Haltepunkte entwickelt werden. Verlangt war die Überdachung von vier Gleisen mit zwei geraden, 400 m langen Bahnsteigen sowie ein Empfangsgebäude mit sämtlichen für einen funktionsfähigen Bahnhof erforderlichen Einrichtungen.

Konzept

Der Bahnhof des vorliegenden Entwurfs wurde exemplarisch für einen von der umgebenden Landschaft geprägten Standort außerhalb einer geschlossenen Ortschaft entwickelt.

Eine großzügige, an zwei Reihen von Pylonen verspannte Membrankonstruktion schafft eine Überdachung von 440 x 55 m, unter der nicht nur die Bahnsteige, sondern auch das Empfangsgebäude und die Parkplätze für Pkws, Taxis und Busse Platz finden.

Durch die völlige Stützenfreiheit der Halle ist die Kombination dieser unterschiedlichen Funktionen unter einem Dach ohne Einschränkungen möglich und außerdem ein Maximum an Flexibilität für zukünftige Nutzungsänderungen gewährleistet.

In seiner Großzügigkeit erinnert der Entwurf an die weitgespannten Bahnhofshallen aus der Frühzeit der Eisenbahngeschichte.

Konstruktion

Es handelt sich bei diesem Zeltdach um ein reines Membrantragwerk, d.h., die Membrane wirkt durch die Verspannung mit Pylonen und Betonwiderlagern als eigenständiges Flächentragwerk und ist nicht nur als wetterschützende Hülle (Substruktur) in eine in sich stabile Konstruktion eingehängt.

Die Membrane entfaltet ihre Tragwirkung durch den gezielten Wechsel von Hoch- und Tiefpunkten, wodurch die Membranflächen eine zweisinnige Krümmung erhalten und nach dem Konstruktionsprinzip der vorgespannten Sattelfläche stabilisiert werden.

Die Formfindung erfolgte mittels Computersimulation. Hierfür wurden – ausgehend von der textilen Faser als ebener Netzstruktur – versuchsweise Hoch- und Tiefpunkte definiert und dieses räumliche Gebilde anschließend unter verschiedenen Belastungen (Eigenlast, Schnee, Wind) getestet. Die Form wurde so lange korrigiert, bis eine in allen Lastfällen faltenfreie, straff gespannte Fläche entstand. In diesem Zustand sind die Spannungen in der Membranfläche annähernd gleich groß; lediglich an den Hoch- und Tiefpunkten treten Spannungskonzentrationen auf, was in der konstruktiven Detailausbildung zu berücksichtigen war.

Mit der Wahl eines Membrantragwerks wurden die Funktionen „Tragen" und „Umhüllen" auf ein Bauteil übertragen und nicht wie bei konventionellen Konstruktionen von einer tragenden Primärkonstruktion mit einer nichttragenden, für die Funktion des „Umhüllens" optimierten Sekundärstruktur übernommen.

Eine derartige Verflechtung von verschiedenen Funktionen innerhalb eines Bauteils liegt angesichts der niedrigen Anforderungen an die Hülle (lediglich Regen- und Sonnenschutz, kein Wärme- und Schallschutz) nahe. Sie ist mit einer textilen Dachkonstruktion in idealer Weise zu lösen.

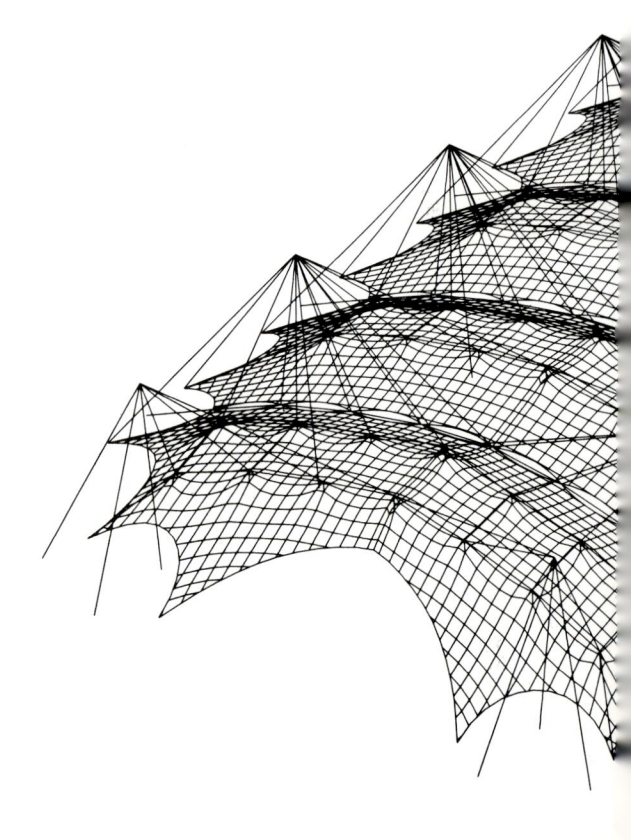

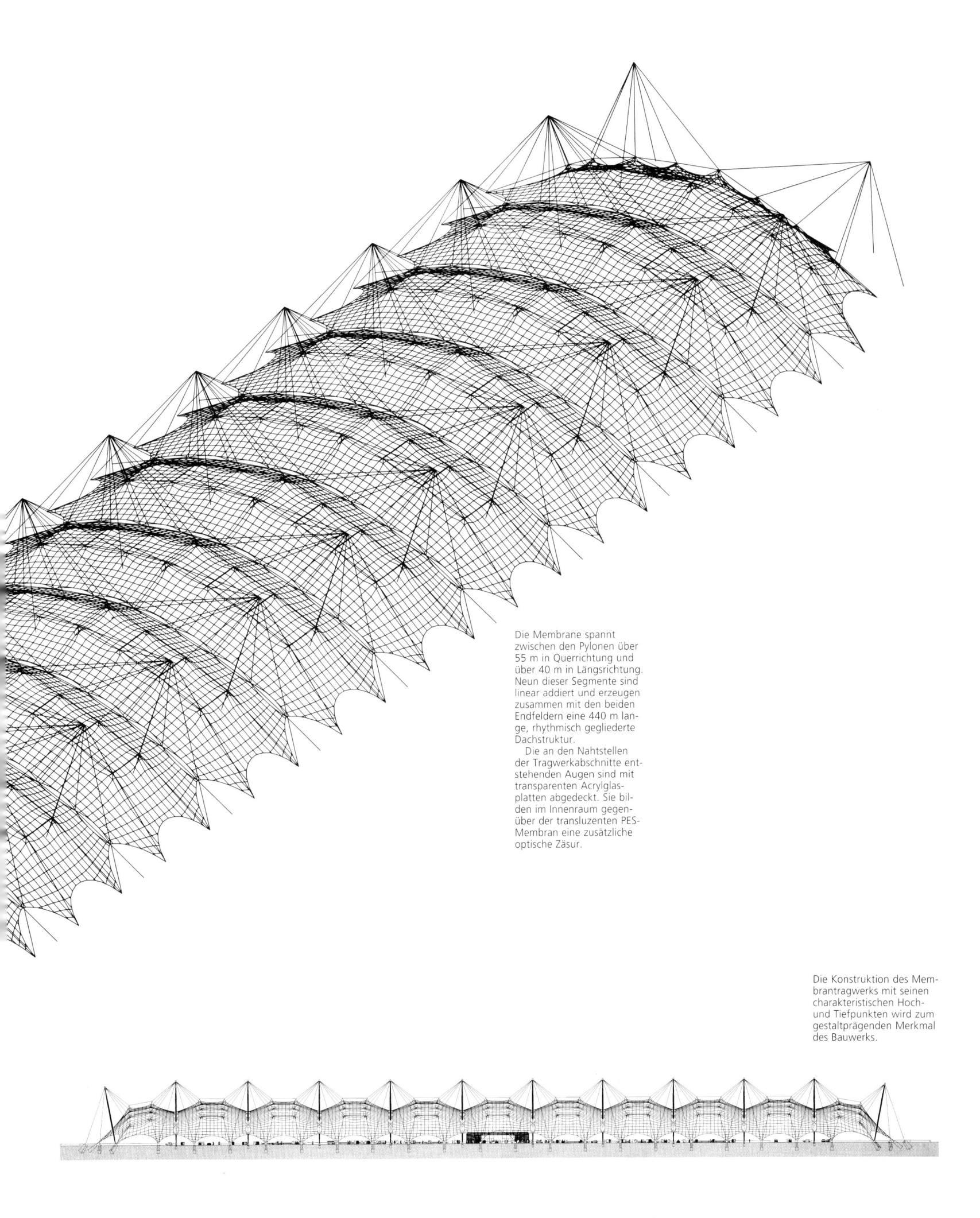

Die Membrane spannt zwischen den Pylonen über 55 m in Querrichtung und über 40 m in Längsrichtung. Neun dieser Segmente sind linear addiert und erzeugen zusammen mit den beiden Endfeldern eine 440 m lange, rhythmisch gegliederte Dachstruktur.

Die an den Nahtstellen der Tragwerkabschnitte entstehenden Augen sind mit transparenten Acrylglasplatten abgedeckt. Sie bilden im Innenraum gegenüber der transluzenten PES-Membran eine zusätzliche optische Zäsur.

Die Konstruktion des Membrantragwerks mit seinen charakteristischen Hoch- und Tiefpunkten wird zum gestaltprägenden Merkmal des Bauwerks.

Große Dächer

Die weit ausgreifende, weich geschwungene Form der Dachkonstruktion nimmt Bezug auf den landschaftlich geprägten Standort des Bahnhofs.

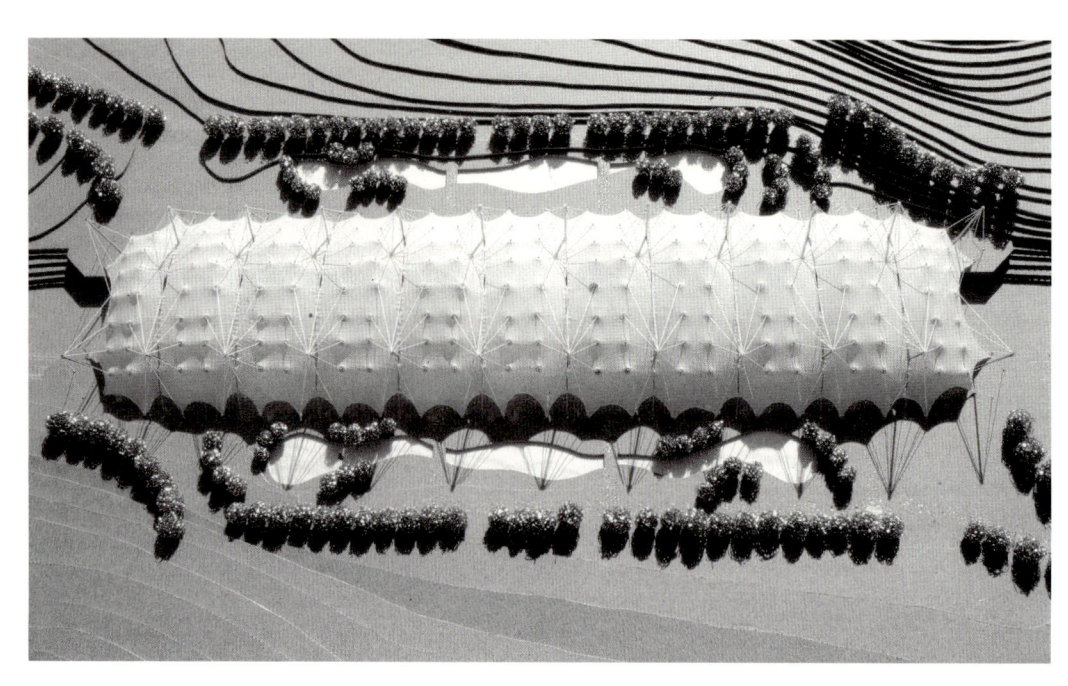

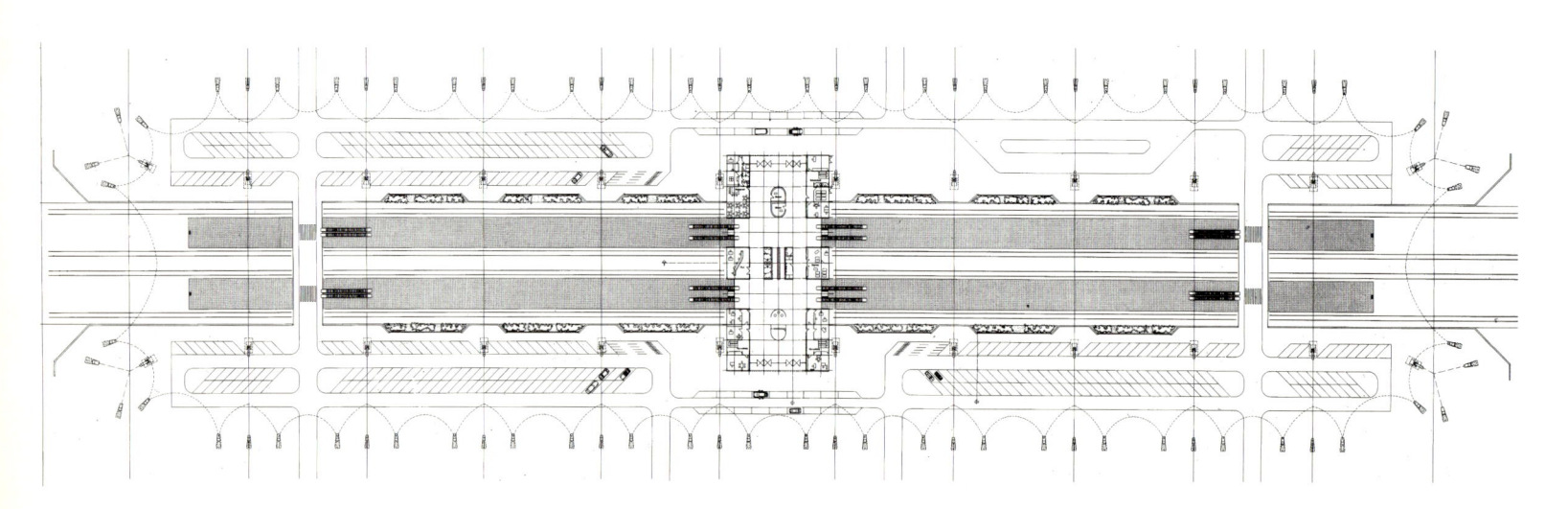

Der Bahnhof wird ebenerdig von beiden Seiten der Bahntrasse aus erschlossen. Die Anordnung der Parkplätze und Bahnsteige unter einem Dach sorgt für eine komfortable, regensichere Wegeführung, die durch die Tieferlegung der Gleise und ihre Erschließung über drei Brücken übersichtlich organisiert ist.

Sämtliche Dienstleistungen des Bahnhofs sind klar erkennbar in der mittleren Brücke zusammengefaßt. Im Erdgeschoß sind die Einrichtungen für den Kundenservice und die Bahnverwaltung angeordnet, die Untergeschosse beherbergen Nebenräume und Bahntechnik.

Ansicht mit Darstellung der Membrane als Netzstruktur.

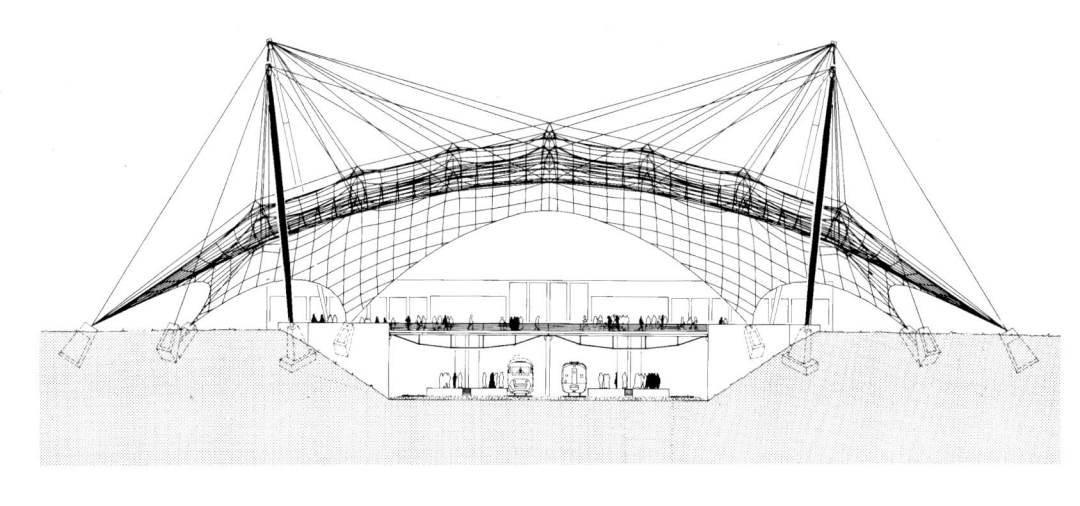

Schnitt durch Membrandach und Bahnsteig mit Blick auf die zentrale Erschließungsbrücke.

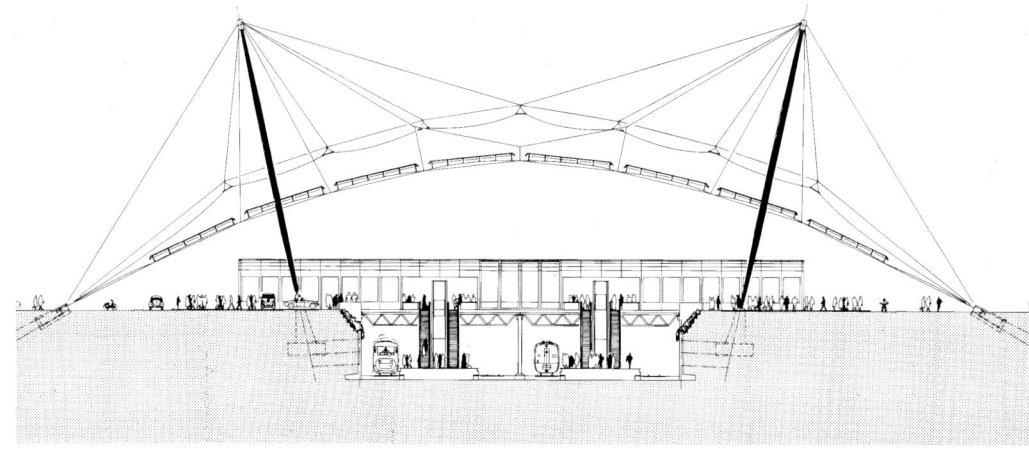

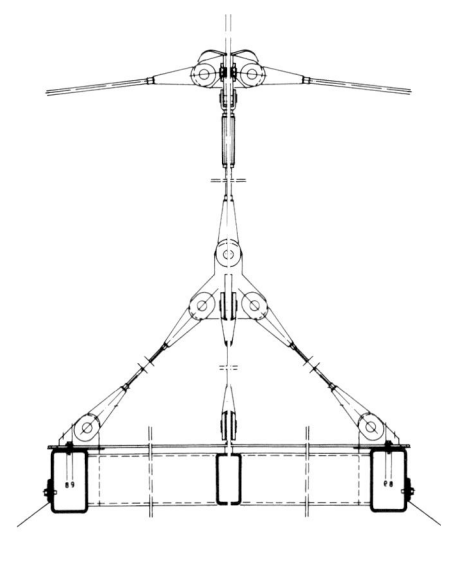

Das Material- und Spannungsgefüge der Membrane verbietet eine punktförmige Unterstützung der Hoch- und Tiefpunkte.
Die Hochpunkte sind deshalb als lastverteilende Ringe aus Stahlrohren (200 x 120 x 8 mm) ausgebildet, an denen die Membrane mit Preßleisten angeschlossen ist.
Die Tiefpunkte (ohne Detailabbildung) werden durch in die Fundamente rückverankerte Seile gebildet, deren Zugkräfte kontinuierlich über den Membransaum in die Membranfläche eingeleitet werden.

Beratung
Prof. Peter C. von Seidlein

Fachberatung
Dr. Joachim Bahndorf
(Institut für Anwendungen der Geodäsie im Bauwesen)
Dipl.-Ing. Knut Gabriel
(Institut für Konstruktion und Entwurf II)
Strohmeyer und Wagner GmbH + Co.KG, Konstanz

1988

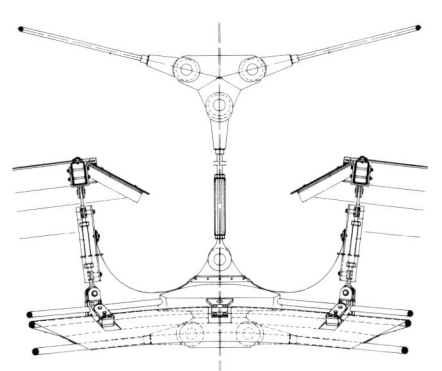

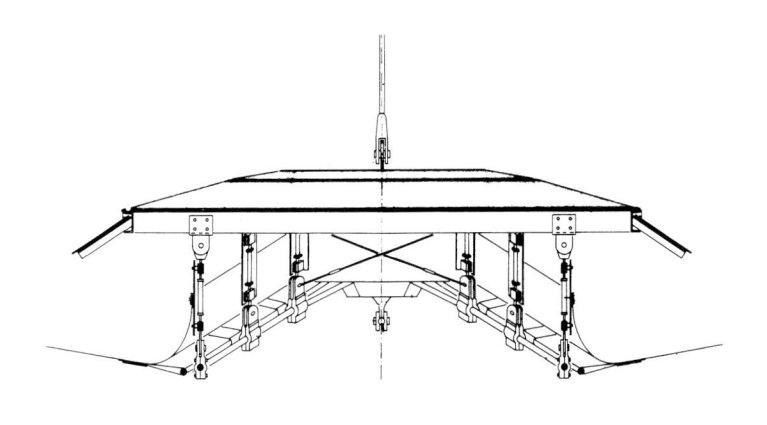

Durch die Aufständerung der Acrylglasoberlichter über die Membranebene werden Lüftungsöffnungen in der Dachfläche geschaffen. Schräg angebrachte seitliche Schürzen schützen vor Schlagregen (rechts Querschnitt, links Längsschnitt durch ein Augenoberlicht).

Große Dächer

Stadion

Sichelförmiges Stadion in Hanglage

Helmut Geissel

Aufgabe
Es soll ein Sportstadion mit ca. 30.000 weitgehend überdachten Zuschauersitzplätzen für Fußball- und Leichtathletikveranstaltungen geplant werden. Dabei sind alle notwendigen Einrichtungen für Zuschauer, Sportler und Medien zu berücksichtigen. Das Grundstück soll als Idealstandort erdacht werden.

Konzept
In Anlehnung an den Bautypus des griechischen Theaters wird das Stadion in den natürlichen Hang einer parkähnlichen Landschaft eingebettet.

Um eine harmonische Einfügung in das ansteigende Gelände zu erreichen, wurde für den Grundriß eine sichelartige, von zwei Korbbögen begrenzte Form gewählt. Die so entstehende Öffnung der Großform an der talseitigen Längsseite ermöglicht einerseits einen fließenden Übergang zwischen Innen- und Außenraum bzw. zwischen Natur und Gebautem, und andererseits die Anordnung einer vielseitig nutzbaren Plattform. Ihr gegenüber, an der westlichen Längsseite, ist die Mehrzahl der Zuschauerplätze mit optimalen Sicht- und Belichtungsbedingungen angeordnet.

Die Plattform ist nicht nur als Podium oder Bühne nutzbar, sie kann auch mittels flexibler Tribünenanlagen zur Erweiterung der Zuschauerkapazität herangezogen werden. An den Seiten dieser Plattform liegen die Zugänge des Stadions, während unter ihr alle notwendigen Nebenräume plaziert sind.

Konstruktion
Die Form der Tribünenanlage und der Überdachung folgen prinzipiell den gleichen Überlegungen. Sie bilden jeweils parabolisch überhöhte, zu den Kurven hin abnehmende Flächen.

Die Tribünenanlage besteht aus vorfabrizierten Stahlbeton-Stufenelementen, die auf radial angeordneten, in das natürliche Gelände gesetzten abgetreppten Rippen aufliegen.

Orthogonal zu den Rippen, entlang der umlaufenden Erschließungsgasse, sind Scheiben angeordnet, die die „Sichel" in Längsrichtung aussteifen.

Die Dilatation erfolgt im Bereich der Zugänge, die sich zwischen den Rippenpaaren befinden.

Die Primärkonstruktion für die stählerne Überdachung besteht aus paarweise angeordneten Kragarmen, die sich konisch zu den Auflagern hin erhöhen, wo sie über Zuganker in die Tribünenkonstruktion eingespannt sind. Da die Kragarme Längen bis zu 40 m erreichen, müssen sie zweigeteilt gefertigt und vor Ort zusammengefügt werden. Dies geschieht über eine innenliegende Manschette als Steckverbindung zur Justierung.

Zwischen die Kragarme werden gekrümmte Stahlrohre gespannt, die als Auflager für die Eindeckung aus transparenten Polycarbonat-Platten dienen.

Primärer Entwurfsansatz war die Einbettung des Stadions in die ansteigende Topographie des Geländes und die Öffnung des Stadioninneren in die natürliche Landschaft.

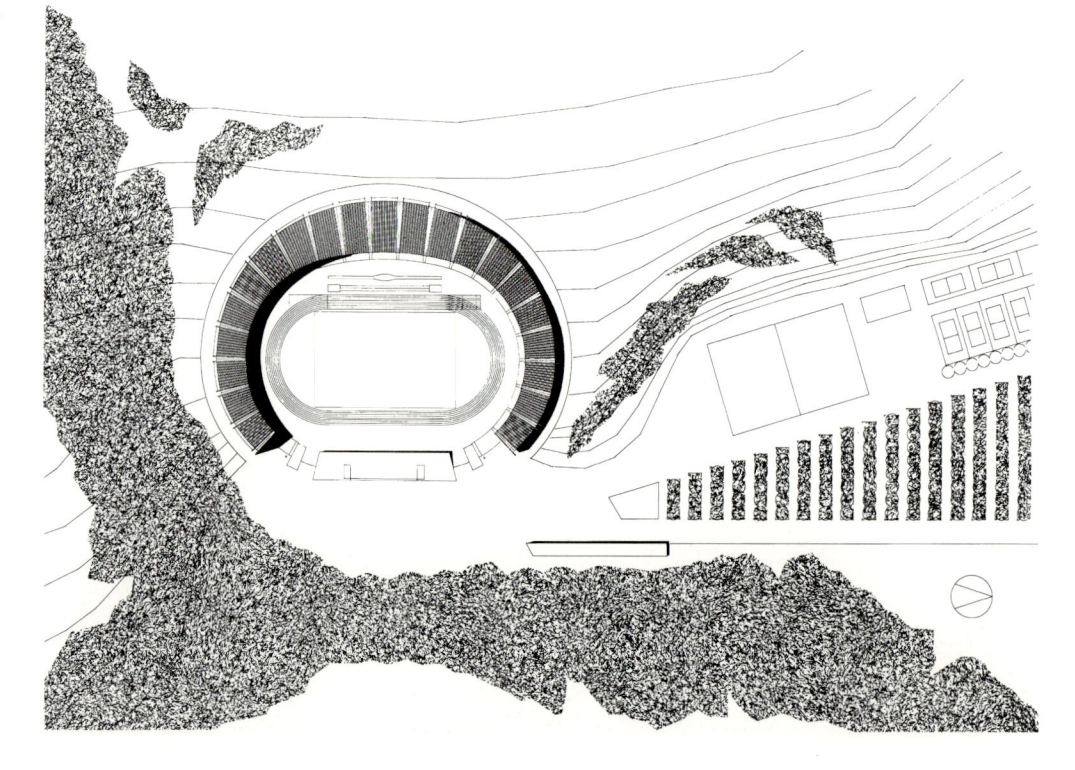

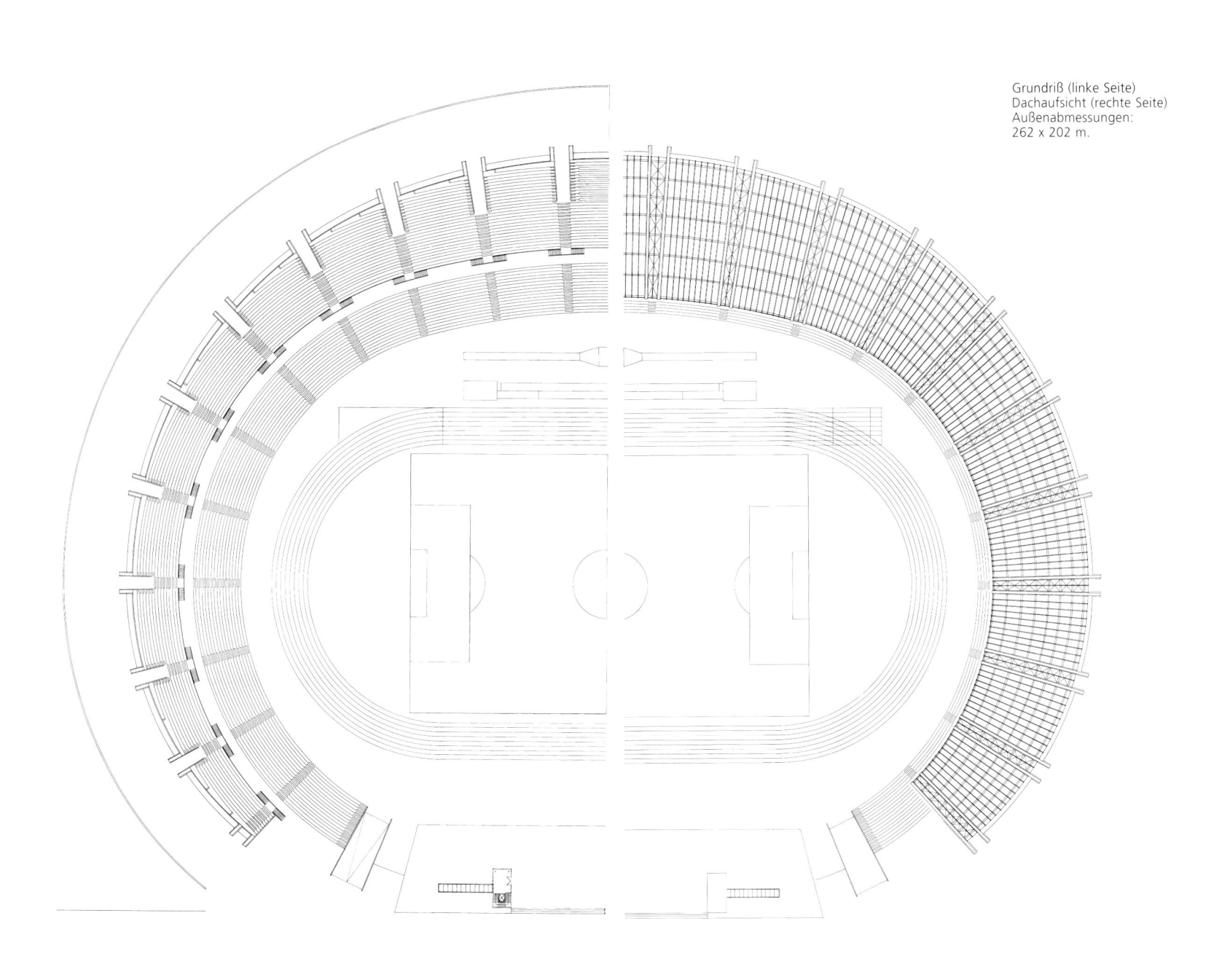

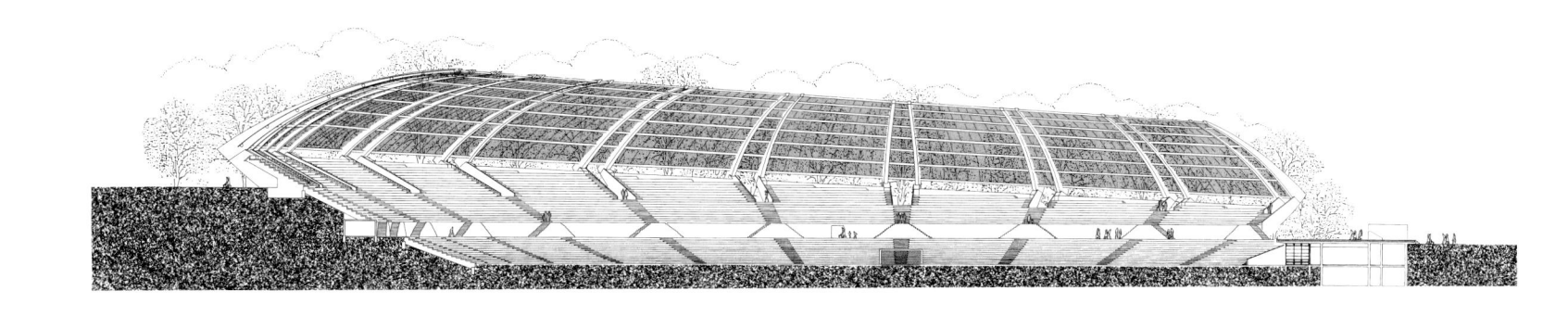

Grundriß (linke Seite)
Dachaufsicht (rechte Seite)
Außenabmessungen:
262 x 202 m.

Große Dächer 171

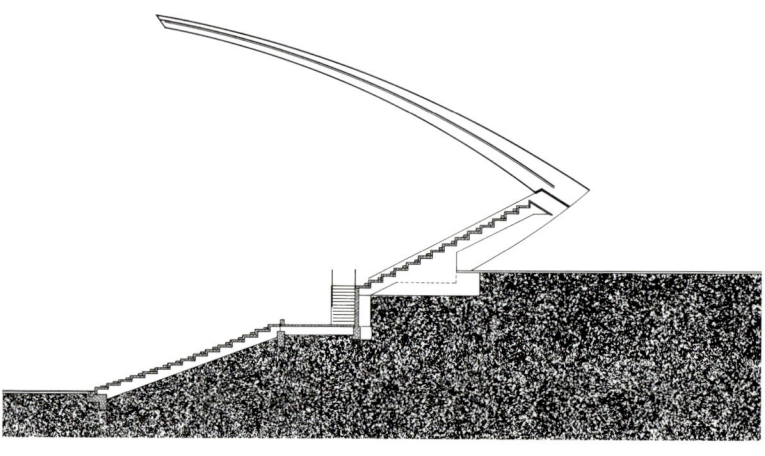

Die spezifische Geometrie des Stadions bedingt unterschiedliche Tiefen der Tribünenanlage und entsprechend unterschiedliche Auskragungen der Dachkonstruktion. Die sich daraus ergebenden Belastungen der Konstruktion sind in der unterschiedlichen Dimensionierung der Auflager deutlich ablesbar.

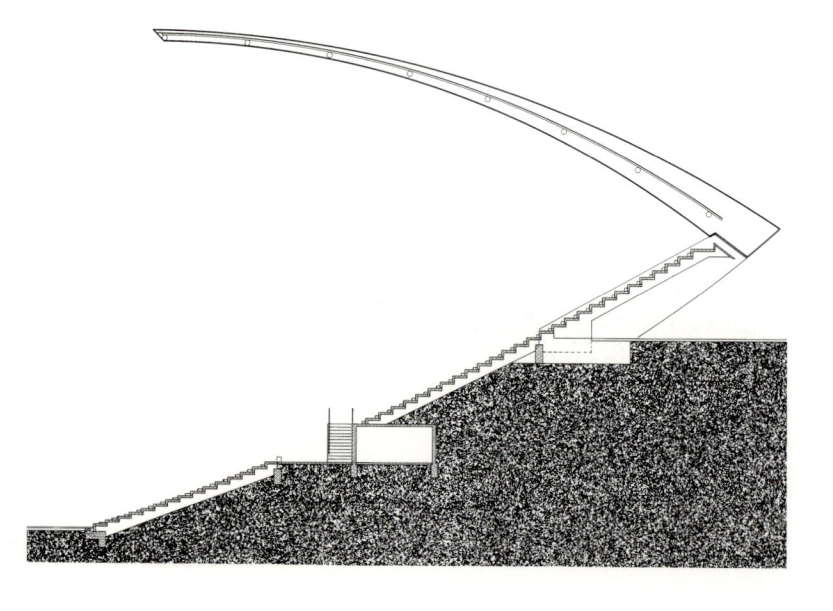

172 Große Dächer

Hüllfläche

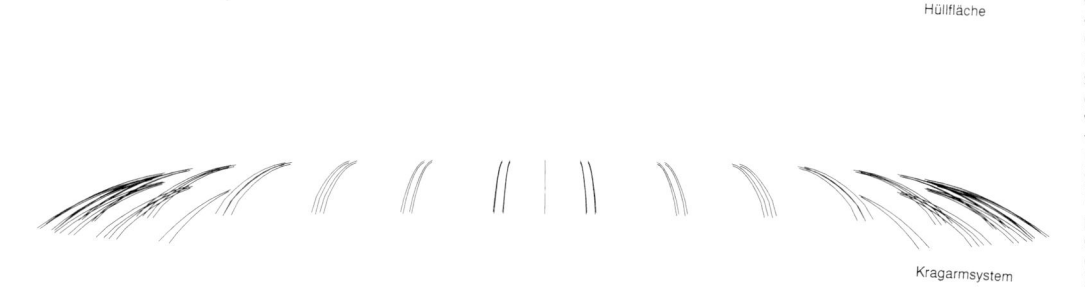

Kragarmsystem

Überlagerung

Die Formfindung der Dachkonstruktion gestaltete sich wegen der komplizierten Geometrie (verschiedene Radien, zu den Kurven hin abnehmende Höhen usw.) als sehr schwierig. Durch computerunterstützte Berechnungen und Modellstudien konnte eine Form gefunden werden, die eine wirtschaftliche Vorfabrikation der Tragwerks- und Hüllelemente ermöglicht. So kann beispielsweise die Unterkonstruktion der transparenten Eindeckung bei gleicher Teilelänge und gleicher Krümmung problemlos maschinell vorgefertigt werden.

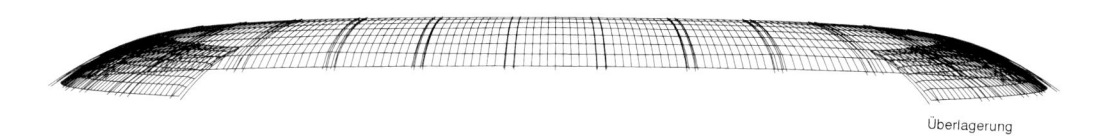

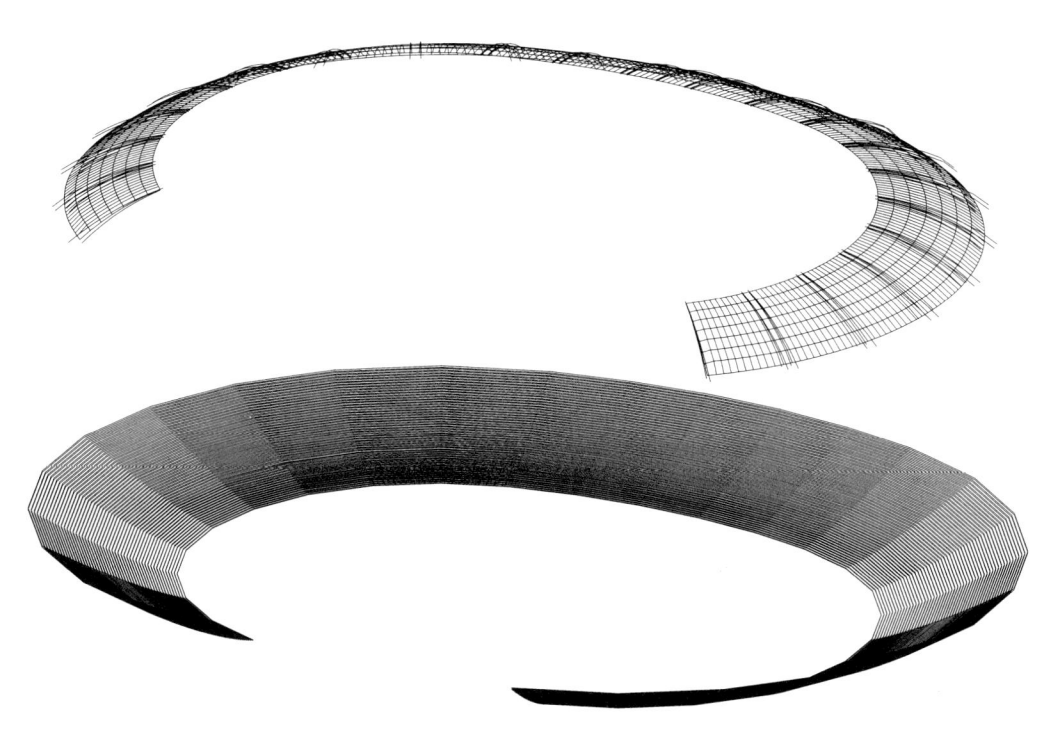

Beratung
Prof. Peter C. von Seidlein

Fachberatung
Dipl.-Ing. Knut Gabriel
(Institut für Konstruktion und Entwurf II)
Dr. Dieter Ströbel
Dr. Joachim Bahndorf
(Institut für Anwendung der Geodäsie im Bauwesen)

1990

Große Dächer

Stadion

Schalenartiger Stabwerkring

Stefan Schäfer

Aufgabe
Es soll ein Sportstadion mit ca. 30.000 weitgehend überdachten Zuschauersitzplätzen für Fußball- und Leichtathletikveranstaltungen geplant werden. Dabei sind alle notwendigen Einrichtungen für Zuschauer, Sportler und Medien zu berücksichtigen. Das Grundstück soll als Idealstandort erdacht werden.

Konzept
Ausgangspunkt für die Entwicklung der vorliegenden Lösung war die Analyse der Anforderungen an ein modernes Stadion als Bauwerk für die „Ware" Sport. Hierbei ergab sich ein hoher Anspruch an den Komfort (Sitzplätze, Überdachung, Sichtverhältnisse), an die Vielseitigkeit des Stadions (unterschiedliche Veranstaltungen, Zusatzangebote für unterschiedliche Besucherkreise, z.B. Logen, Restaurants, Promenaden) und an sein Erschließungssystem (kurze Füll- und Entleerungszeiten).

Ein weiterer Aspekt war die Einbindung eines solch großmaßstäblichen Bauwerks in den landschaftlichen Kontext. Der Verfasser wählte einen Standort in den Ebenen entlang des Mittelrheins und reagierte mit Kurvatur und Gliederung der Baumasse auf die dort charakteristischen Hügelketten.

Vertikal gliedert sich das Stadion in drei Schichten, die sich in Konstruktion, Material und Gestalt voneinander unterscheiden. Der Unterbau mit Stadionmulde und Nutzräumen ist in die Erde eingebettet und von außen nur als flacher Hügel ablesbar.

Die Hügelkrone dient als umlaufende Zuschauerpromenade mit Sichtbezug sowohl in das Stadioninnere als auch nach außen. Die aufgeständerte Empore mit ihren Trag- und Erschließungselementen aus Beton stellt die eigentlich sichtbare Baumasse dar.

Um möglichst viele Zuschauerplätze an den Stadionlängsseiten anordnen zu können, wurden die Tribünenbauten hier erhöht, wodurch der Baukörper eine geschwungene Linienführung erhält.

Als dritte Schicht ist das Dach, eine in sich geschlossene stählerne Tragstruktur, einfach aufgesetzt.

Die transluzente textile Eindeckung aus weißem Glasfasergewebe unterstützt nicht nur tagsüber, sondern auch bei nächtlicher Beleuchtung des Stadions die leichte, abgelöste Erscheinung des Dachrings.

An den Schnittstellen der einzelnen Schichten entstehen horizontale Fugen, die insbesondere an den Längsseiten eine visuelle Verbindung zwischen Innen- und Außenraum ermöglichen.

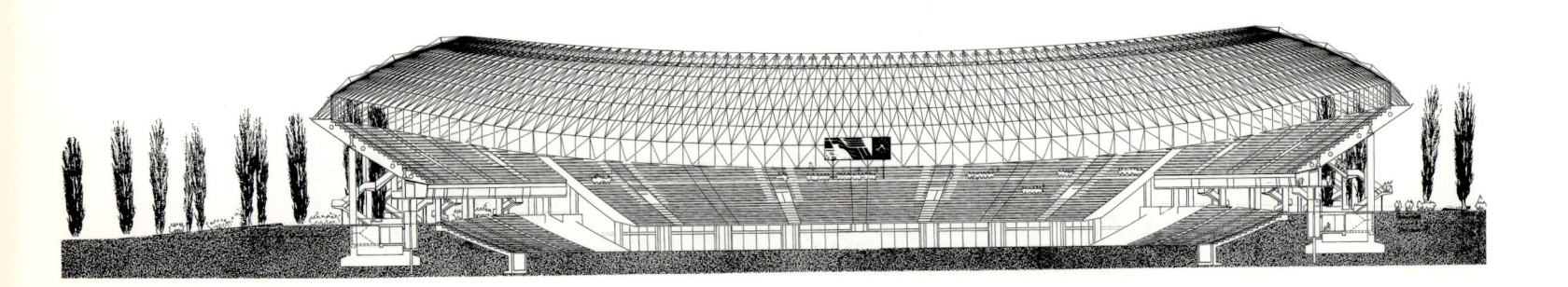

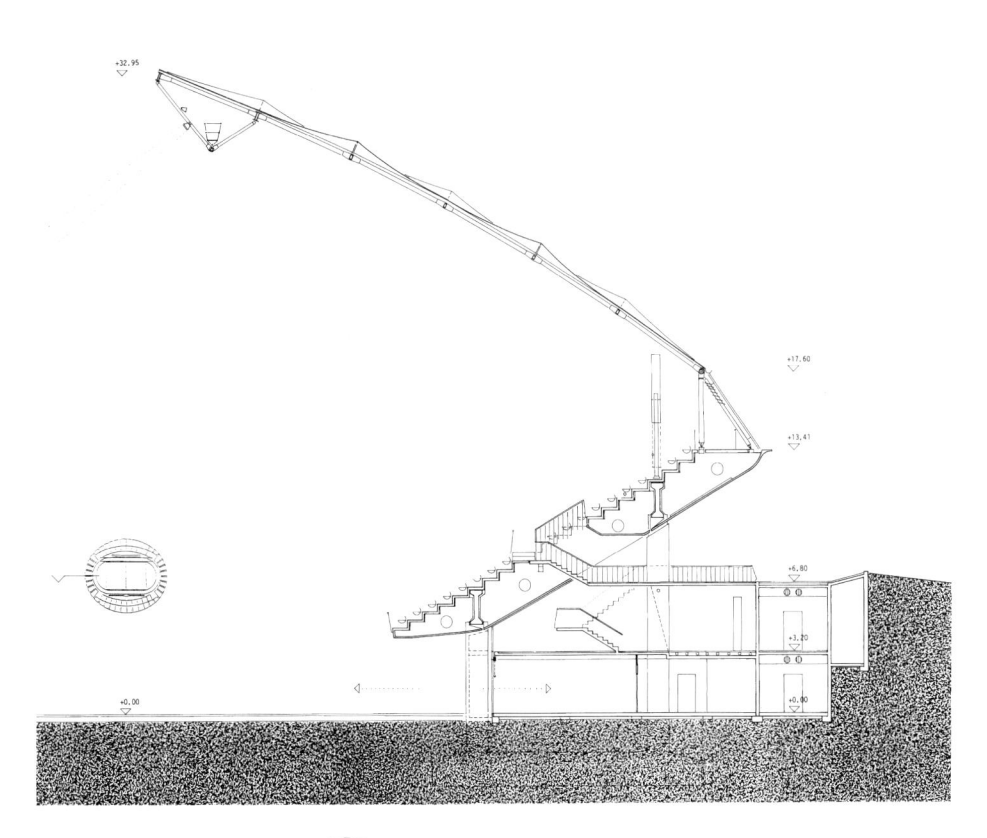

Durch das Zusammenspiel zwischen Unterbau und aufgeständerter Empore entsteht an der Stadionlängsseite eine breite Fuge. Sie ermöglicht einen Sichtbezug zwischen Innen- und Außenraum.

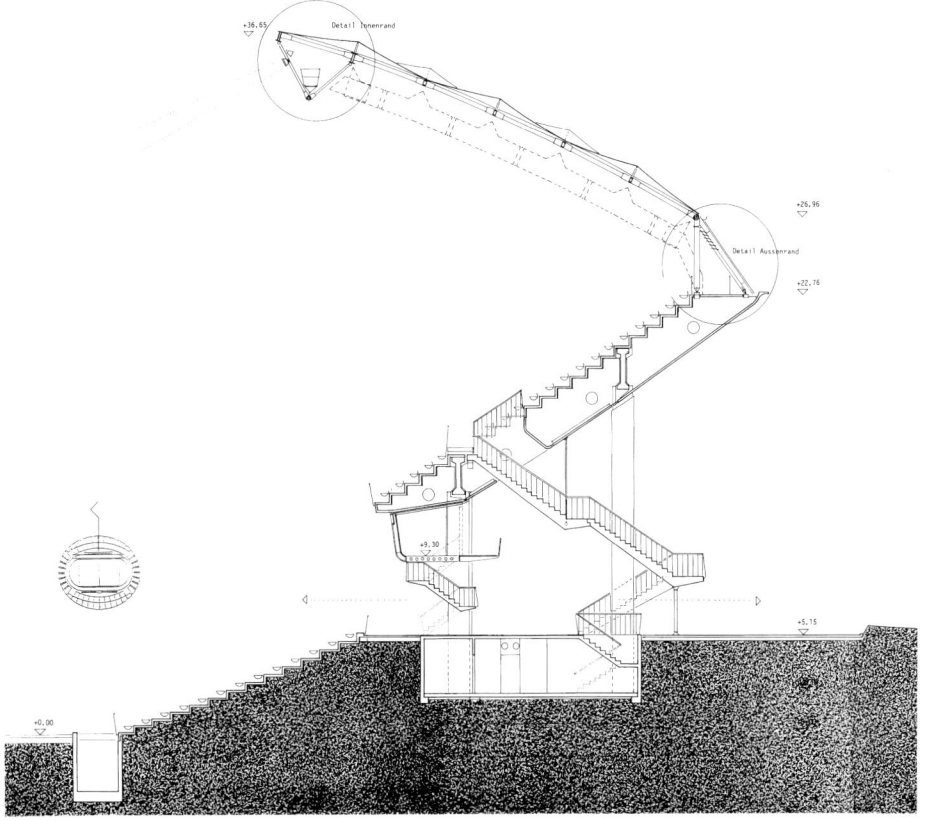

Große Dächer

Tragwerk

Hauptschwierigkeit bei der Entwicklung der Tragkonstruktion war die geometrische Abstimmung der geschwungenen Tribünenbauten mit der darauf bezugnehmenden, sich jedoch eigenständig entwickelnden Linienführung der Überdachung. Denn die Konstruktion der Emporen, die aus Stahlbeton-Fertigteilen besteht, bildet gleichzeitig das Auflager für das ringförmige Stahltragwerk der Überdachung.

Es ist nach dem Vorbild des Wiener Praterstadions als schalenartiges Stabwerk ohne Innenstützung konzipiert. Die Auskragung des Dachs liegt zwischen 28,91 m an der Längs- und 23,75 m an der Querachse. Der Außenrand hat einen Durchmesser von 214,85 m in Längs- und 184,72 m in Querrichtung.

Die Konstruktion besteht aus geraden Stahlrohren, die mit einem in Österreich patentierten biegesteifen Knoten (Conzem) zu einer leichten, einlagigen Struktur aus Ringen, Diagonalen und radialen Zugstäben (Speichen) zusammengefügt sind. Die labile Innenranddruckzone wird mit zusätzlichen Stäben stabilisiert, die sich gleichzeitig zur Befestigung der Beleuchtungs-, Beschallungs- und Wartungsanlagen eignen. An der stabilen Außenrandzugzone schließt sich der Kräftekreis, so daß nur noch Vertikallasten abgeleitet werden müssen. Sie können mit sehr dünnen Druckpfosten auf die Tribünenkonstruktion abgetragen werden. Schräge Streben am Auflager dienen zur horizontalen Aussteifung des Gesamtsystems.

Geometrie und Fügung des Stabwerks erlauben die Vorfertigung von ausreichend biegesteifen, streifenförmigen Elementen, die ohne aufwendige Gerüstarbeiten zwischen den vorher montierten Innen- und Außenring eingehängt werden können. Lediglich der Innenring bedarf einer vorübergehenden Hilfsstützung.

Die Dachkonstruktion ist mit einem weißen, polymerfluorbeschichteten Glasfasergewebe überdeckt. Das Gewebe wird bahnenweise aufgebracht und analog zum Stabraster mit Bogenstäben räumlich verformt und dadurch stabilisiert. Bogen und Dachhaut bilden dabei ein selbständiges, hybrides Tragwerk.

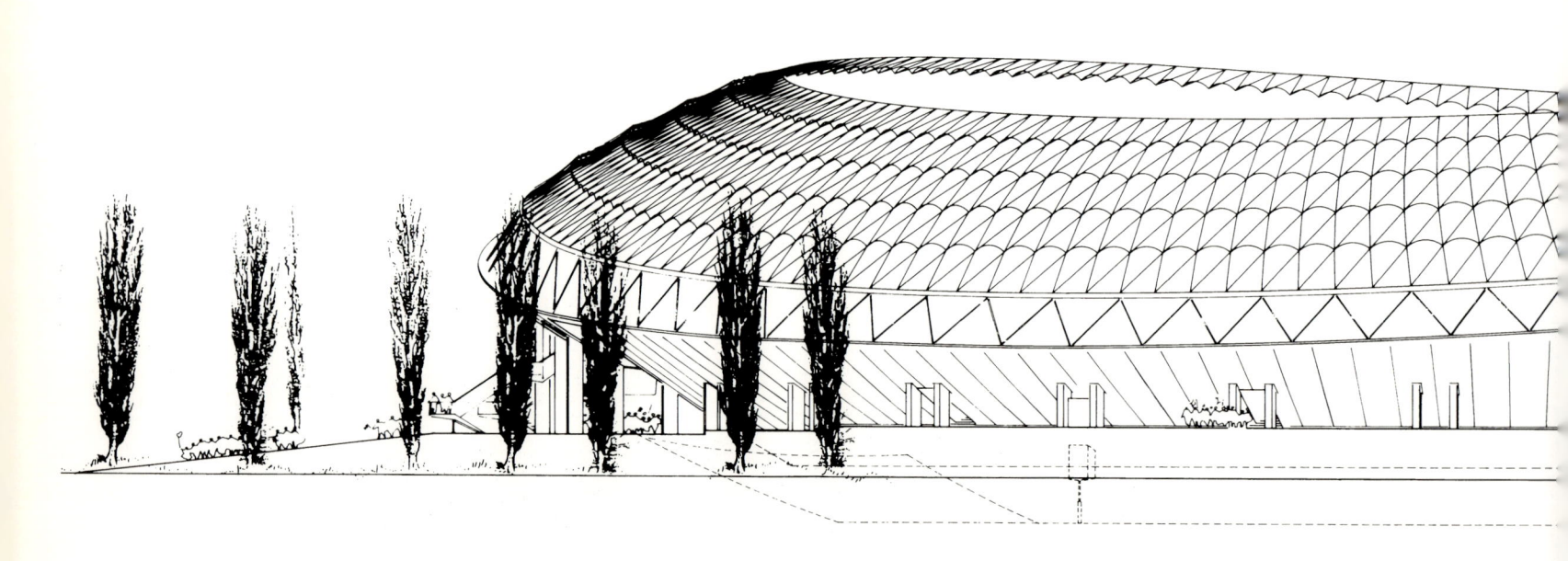

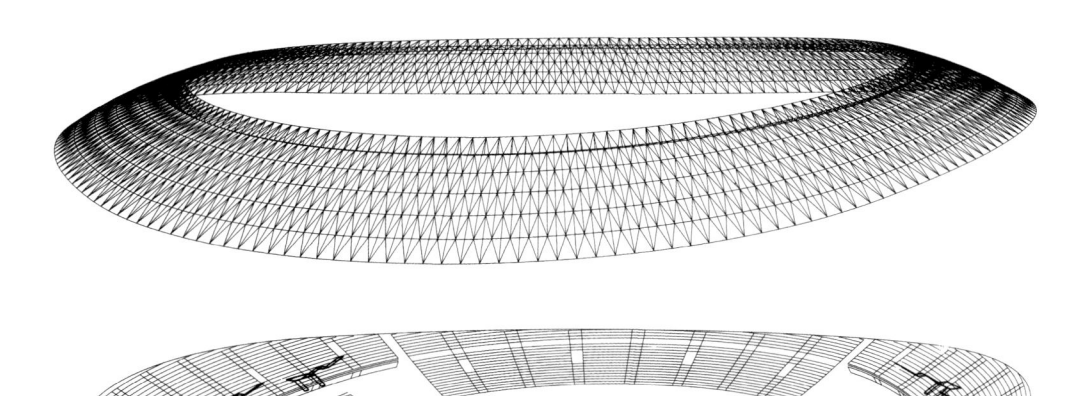

In einem aufwendigen Formfindungsprozeß wurde mittels Computersimulation (über die Kraftdichtemethode) versucht, für die ovale Schalenstruktur eine Geometrie aus linearen Traggliedern zu entwickeln, die ein günstiges Lastbild für die Stäbe und Knoten (möglichst geringe Belastung aus Biegung) bei allen in Frage kommenden Lastfällen ermöglicht.

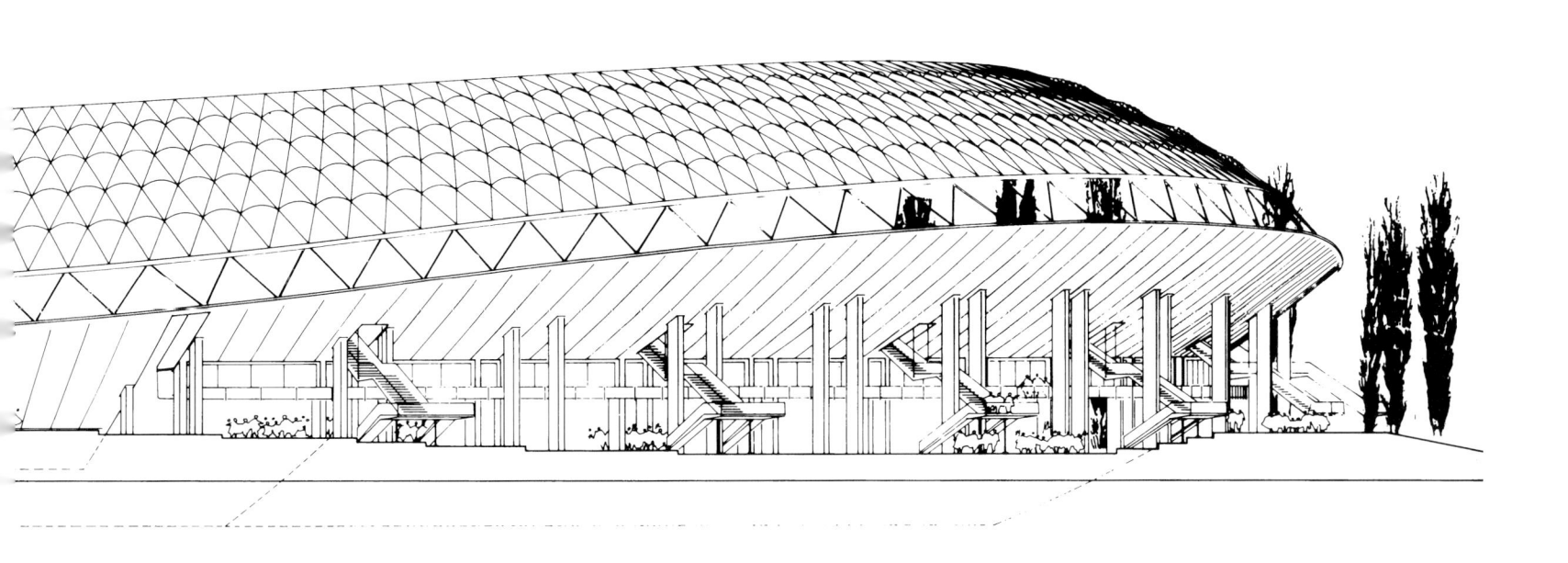

Große Dächer

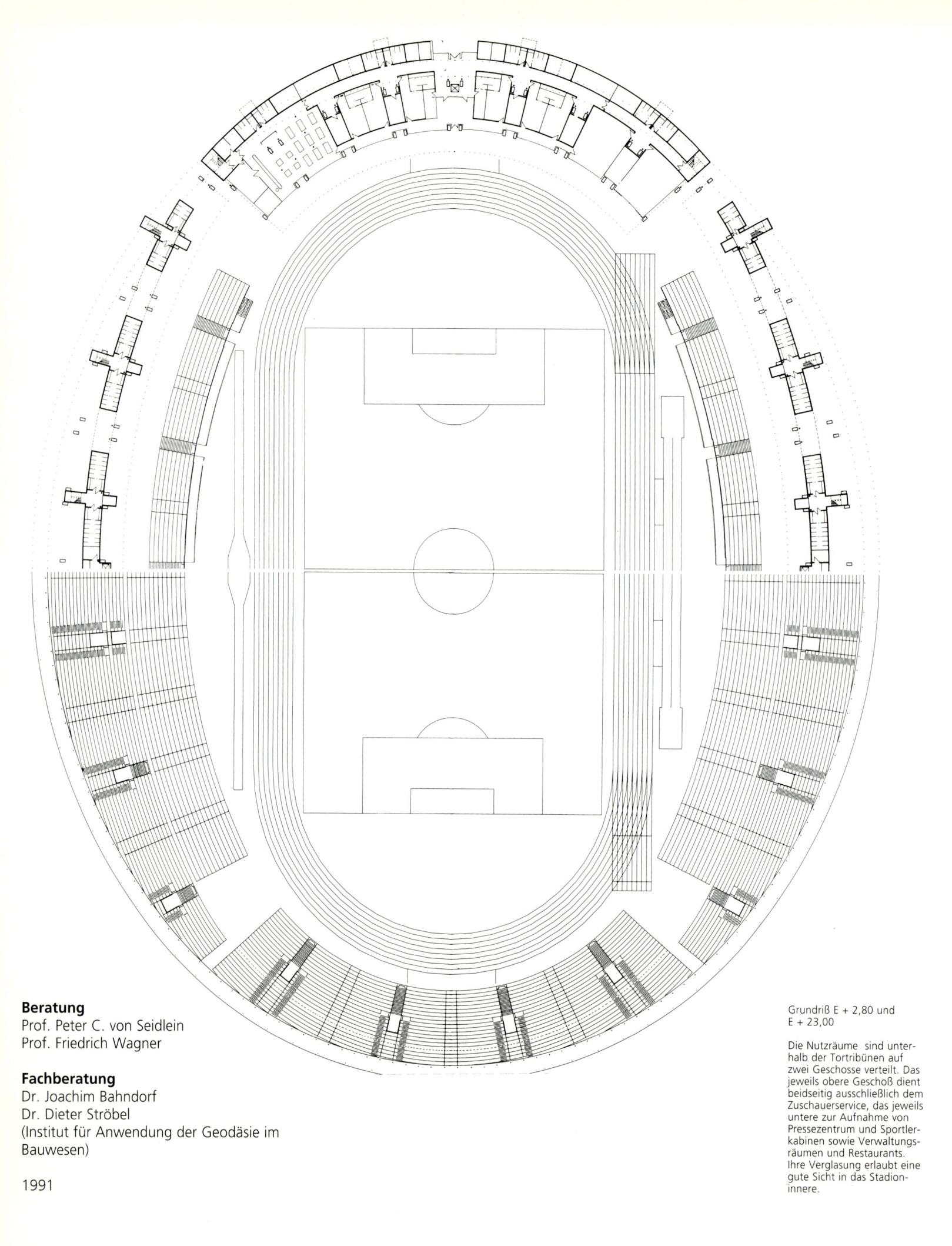

Beratung
Prof. Peter C. von Seidlein
Prof. Friedrich Wagner

Fachberatung
Dr. Joachim Bahndorf
Dr. Dieter Ströbel
(Institut für Anwendung der Geodäsie im Bauwesen)

1991

Grundriß E + 2,80 und E + 23,00

Die Nutzräume sind unterhalb der Tortribünen auf zwei Geschosse verteilt. Das jeweils obere Geschoß dient beidseitig ausschließlich dem Zuschauerservice, das jeweils untere zur Aufnahme von Pressezentrum und Sportlerkabinen sowie Verwaltungsräumen und Restaurants. Ihre Verglasung erlaubt eine gute Sicht in das Stadioninnere.

178 Große Dächer

Stadion

Vielgeschossige Tribünen
mit freistehendem Pylondach

Petra Daubner

Aufgabe
Es soll ein Sportstadion mit ca. 30.000 weitgehend überdachten Zuschauersitzplätzen für Fußball- und Leichtathletikveranstaltungen geplant werden. Dabei sind alle notwendigen Einrichtungen für Zuschauer, Sportler und Medien zu berücksichtigen. Das Grundstück soll als Idealstandort erdacht werden.

Konzept
Das Stadion ist in eine künstlich hergestellte, 6 m tiefe Erdmulde eingebettet. In dieser Mulde ist die Hälfte der 24.000 Plätze in einem gleichmäßigen Ring um das Spielfeld angeordnet.

Die Zielsetzung, möglichst viele Plätze an den – bei Fußballspielen attraktiven – Längsseiten anzuordnen, bedingt hier eine zusätzliche mehrgeschossige Tribünenkonstruktion, während die Schmalseiten frei von weiteren Einbauten bleiben.

Die Dachkonstruktion folgt dieser Höhenentwicklung und erhält eine geschwungene Geometrie mit Tiefpunkten an den Schmalseiten. Hier ist außerdem durch die Unterbrechung des Tribünenbaus ein großzügiger Sichtbezug zwischen Innen- und Außenraum entstanden. Demgegenüber sind die Längsseiten in ihrer Außenwirkung durch die konzentrierte Anordnung der Dach- und Tribünenflächen und durch die plastisch wirkenden, vorgestellten Treppentürme geprägt.

Die Fußgängererschließung erfolgt über eine Ringstraße und radial angeordnete Rampen, die auf den Erdwall führen. Von dort werden die mehrgeschossigen Tribünen bzw. die Sitzreihen innerhalb der Mulde über Treppen erschlossen.

Für die Sportler ist ein separater Zugang an einer der Schmalseiten auf dem Niveau des Sportfelds vorgesehen.

Entsprechend der unterschiedlichen Beanspruchungen sind die Tribünenanlage und ihre Überdachung als zwei weitgehend unabhängige Bauwerke konzipiert und in ihrer Gestalt und Funktion für ihre jeweilige Aufgabe optimiert. Deutlich wird dies in den Materialien der beiden Gebäudeteile: leichte, aufgelöste Stahlkonstruktion für das Dach, mit Mauerwerk ausgefachtes Stahlbetonskelett für die Tribünen.

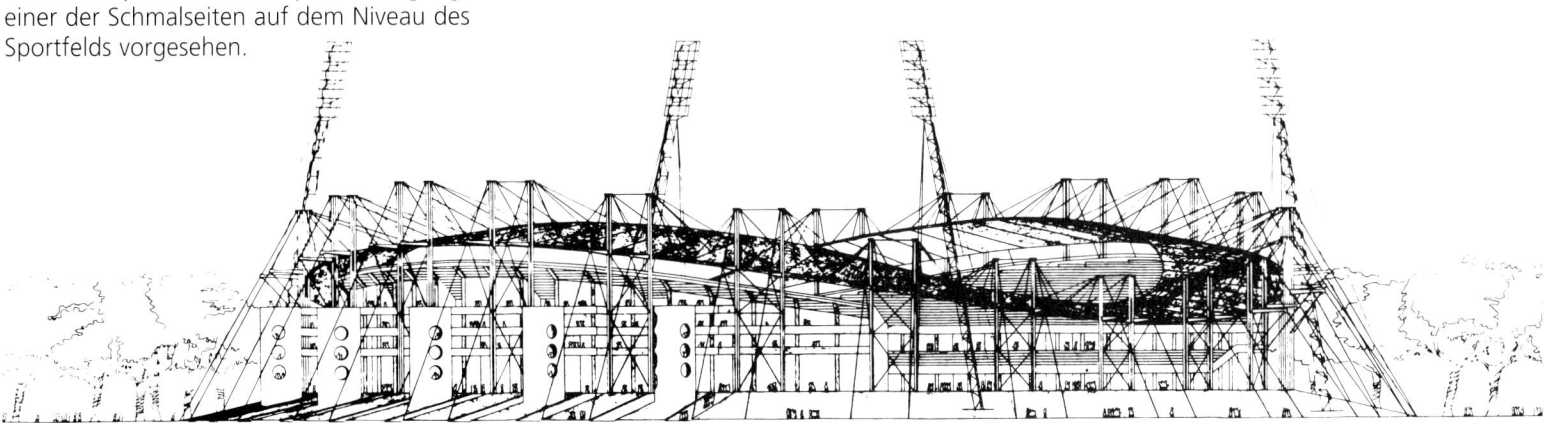

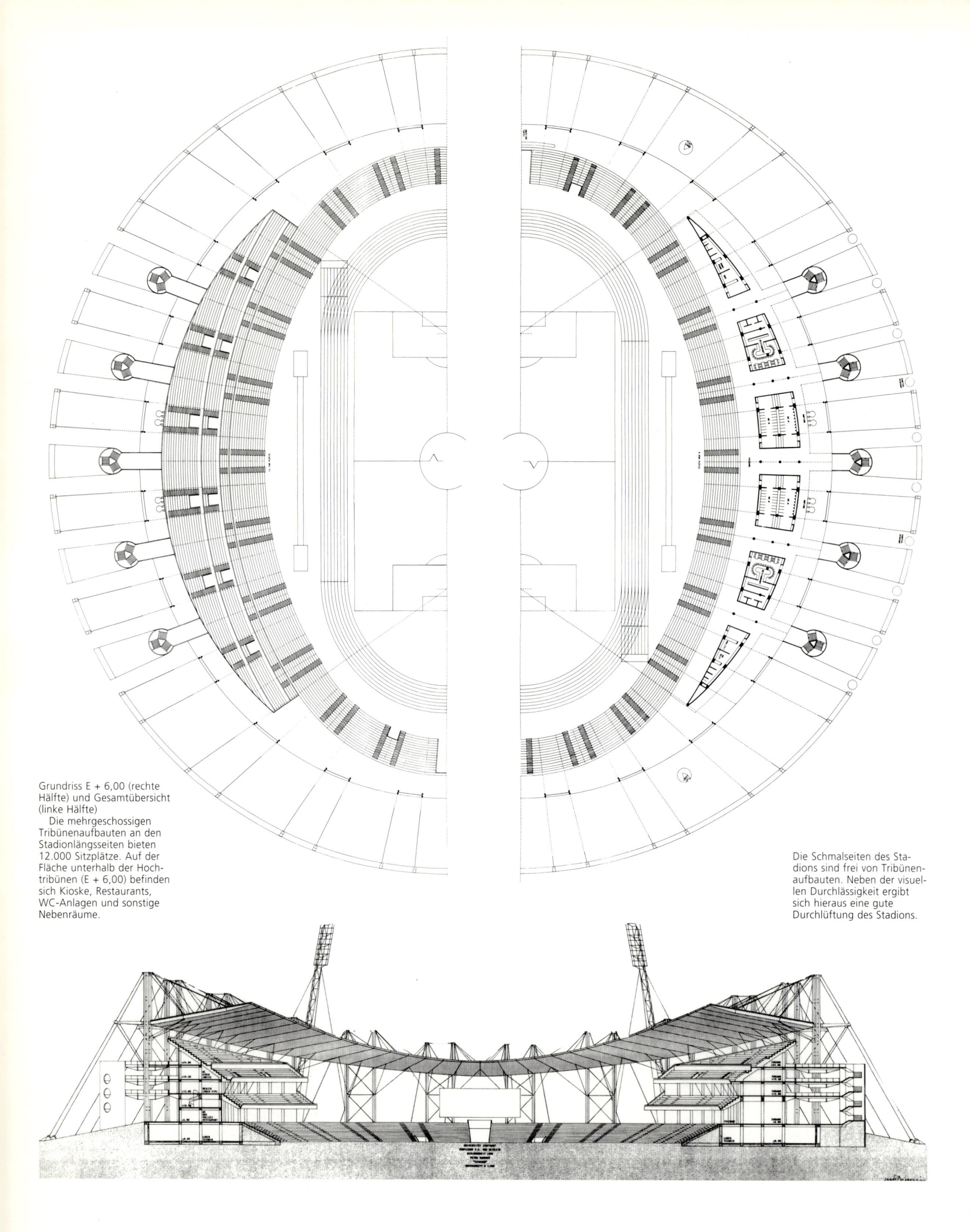

Grundriss E + 6,00 (rechte Hälfte) und Gesamtübersicht (linke Hälfte)
Die mehrgeschossigen Tribünenaufbauten an den Stadionlängsseiten bieten 12.000 Sitzplätze. Auf der Fläche unterhalb der Hochtribünen (E + 6,00) befinden sich Kioske, Restaurants, WC-Anlagen und sonstige Nebenräume.

Die Schmalseiten des Stadions sind frei von Tribünenaufbauten. Neben der visuellen Durchlässigkeit ergibt sich hieraus eine gute Durchlüftung des Stadions.

180 Große Dächer

Tragwerk

Die Tribünen- und Dachkonstruktion wurden voneinander getrennt.

Die Tribünenanlage ist als Stahlbeton-Skelett konstruiert, das der Geometrie eines Korbbogens folgt, um optimale Sichtbedingungen zu schaffen. Die Ausfachungen des Skeletts sind ebenso wie die Treppentürme in Sichtmauerwerk ausgeführt.

Die Stadionüberdachung ist entsprechend der – im Vergleich zu den Tribünen – geringen Lasten als leichte Stahlkonstruktion konzipiert und überdeckt die Tribüne stützenfrei mit einer Auskragung von 25–35 m.

Die Hauptträger sind als Zweifeldträger mit Kragarm von zweiteiligen Pylonen abgehängt. Die hieraus entstehende Zugkraft wird über den Pylonkopf und die hintere Zugabspannung in Betonfundamente eingeleitet. Zusätzlich wird im Bereich besonders großer Dachauskragung und großer Pylonhöhe, d.h. an den Stadionlängsseiten, ein Teil der Zugkräfte von den Tribünenbauten aufgenommen. Das hierfür erforderliche horizontale Tragglied wirkt zugleich als Knicksicherung für die Pylone.

Die Windaussteifung des Dachs erfolgt über horizontale Auskreuzungen, die analog zu den vertikalen Auskreuzungen zwischen den Stützen angeordnet sind.

Die Dachhaut wird von einer konventionellen Trapezblechdeckung auf Nebenträgern gebildet und ist durch Rückverspannung der Hauptträger zu den Stützen gegen Windsog gesichert.

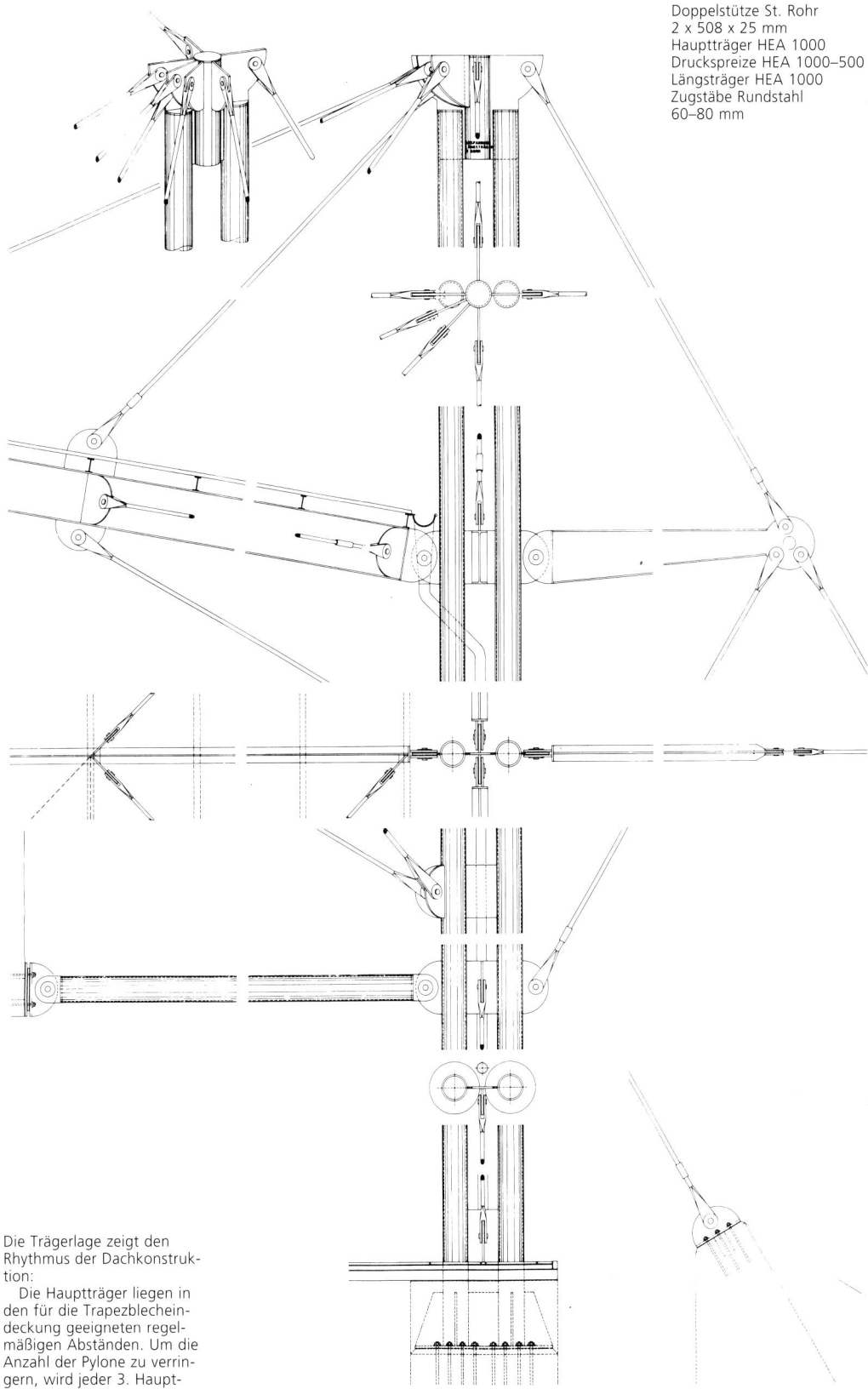

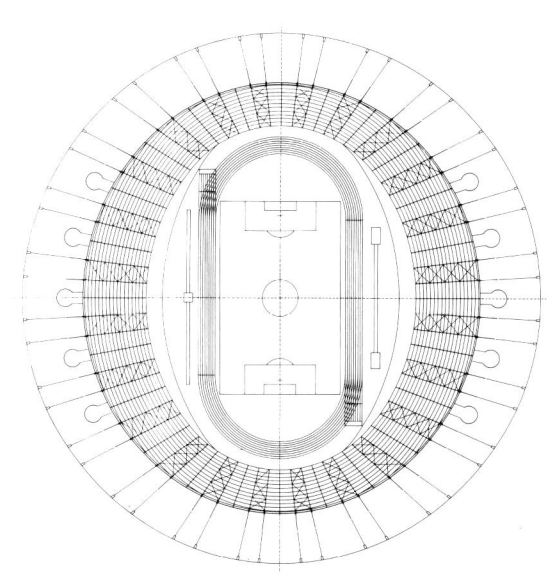

Doppelstütze St. Rohr
2 x 508 x 25 mm
Hauptträger HEA 1000
Druckspreize HEA 1000–500
Längsträger HEA 1000
Zugstäbe Rundstahl
60–80 mm

Die Trägerlage zeigt den Rhythmus der Dachkonstruktion:
Die Hauptträger liegen in den für die Trapezblecheindeckung geeigneten regelmäßigen Abständen. Um die Anzahl der Pylone zu verringern, wird jeder 3. Hauptträger von einem Längsträger abgefangen, der von den Pylonköpfen abgehängt ist. Durch einfache Auskreuzungen zwischen den Pylonpaaren und den entsprechenden Hauptträgern wird das System ausgesteift.

Beratung
Prof. Peter C. von Seidlein

Fachberatung
Prof. Dr. Günter Eisenbiegler
(Institut für Tragkonstruktionen und Konstruktives Entwerfen)

1990

Große Dächer

Tribüne Galopprennbahn

Lineare Tribüne
mit Seilbinderüberdachung

Sandra Weimar

Aufgabe

Das Pferdesportzentrum der bayerischen Landeshauptstadt in München-Riem soll eine neue Tribünenanlage erhalten. Neben Tribünenplätzen für 4500 Besucher sind Räumlichkeiten für die Wettschalter, ein Restaurant, Imbißstände, Klubräume sowie die erforderlichen Nebenräume vorzusehen.

Die funktionalen Vorgaben ergeben sich dabei aus dem ca. 30-minütigen Rennablauf, der an jedem Renntag bis zu zehnmal durchgeführt wird.

Kennzeichnend für solche Tage ist der ständige Besucherverkehr zwischen den Tribünenplätzen und den Wetteinrichtungen sowie das rege Interesse der Zuschauer an den Vorgängen, die sich vor und nach dem Rennen auf der Rückseite der Tribünen abspielen, wie z.B. Vorführung der Pferde und Jockeys, Wiegen, Siegerehrung und Abreiten.

Konzept

Entsprechend den beschriebenen funktionalen Anforderungen wurde die Tribünenanlage als mehrgeschossiges, durchlässiges Bauwerk mit Sichtbezügen zu beiden Seiten, mit großzügig bemessenen Bewegungsflächen und zahlreichen Vertikalverbindungen konzipiert.

Wettschalter und Imbißstände sind auf alle Ebenen verteilt, während das Restaurant und die Klubräume auf der Ebene 3 (+ 9,80 m) zusammengefaßt sind, die einen freien Ausblick in beide Richtungen bietet.

Im Erdgeschoß führen zwei Durchgänge für Pferde und Fahrzeuge von der Rennbahn direkt zu den Nebenanlagen auf der Tribünenrückseite.

Für Rennleitung und Presse sowie für die Warenver- und -entsorgung sind separate Wege ausgewiesen.

Tragwerk

Ausgehend von der Vorstellung einer leichten, weitgespannten Membran als Sonnen- und Regenschutz wurde eine textile Dachkonstruktion entwickelt, die unabhängig von der eigentlichen Tribünenanlage steht. Die Tribünenanlage kann in konventioneller Ortbetonbauweise errichtet werden. Sie besteht aus Stockwerkrahmen (Abstand 6 m) und Deckenplatten bzw. Stufen, die auch als Betonfertigteile oder Halbfertigteile denkbar wären.

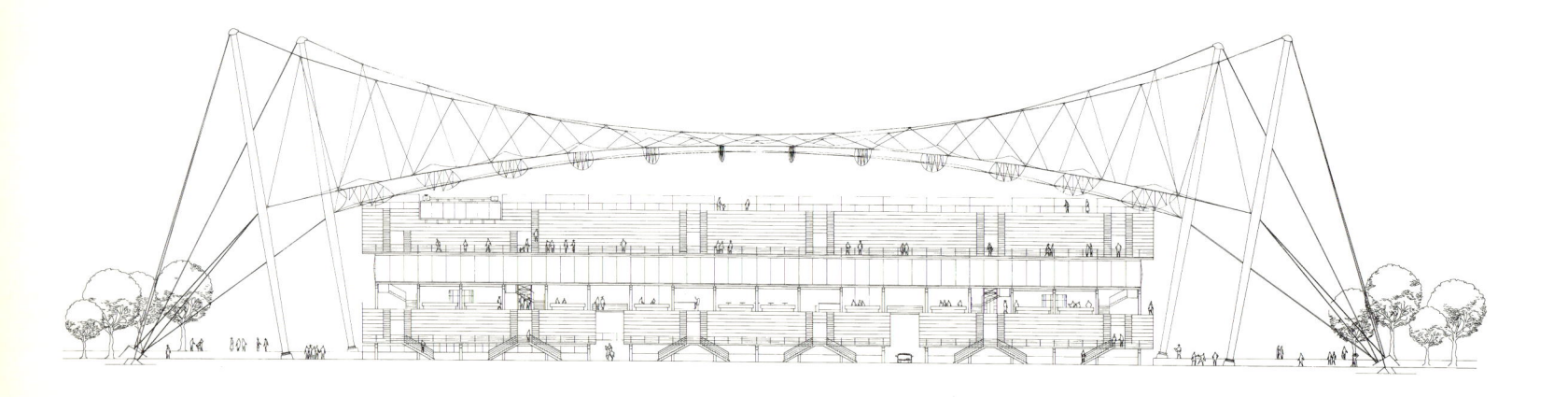

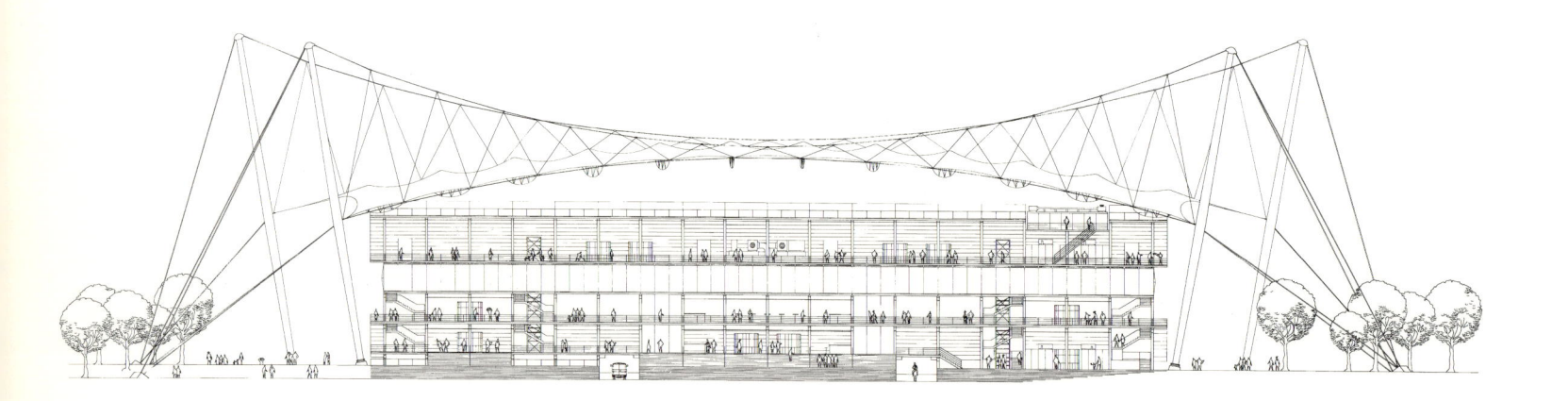

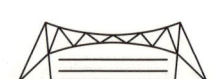

Die Dachkonstruktion bilden zwei Jawaerth-Seilbinder mit einer Länge von 138,80 m bzw. 119,30 m, die zwischen leicht nach außen geneigten Pylonen spannen. Durch eine entsprechende Vorspannung der Abspannseile werden Druckkräfte in der Seilkonstruktion vermieden. Zwischen die Seilbinder (Abstand 28 m) sind Stahlfachwerkträger in Fischbauchform gehängt, über die eine Membran gespannt ist. Stahlkonstruktion und textile Dacheindeckung bilden eine Verbundkonstruktion, die nicht nur der Abtragung der Vertikallasten dient, sondern auch der Aussteifung des Systems in Querrichtung.

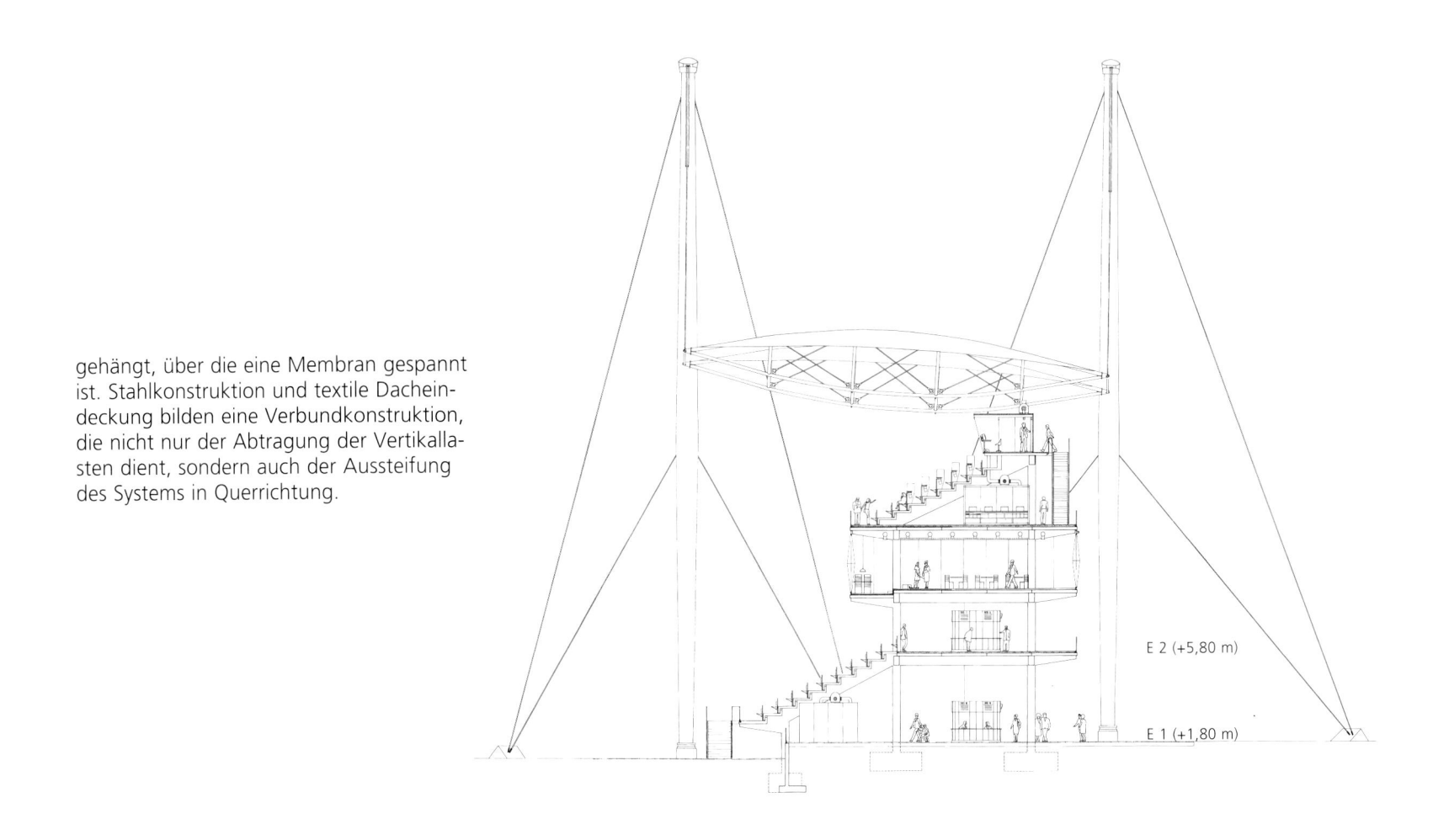

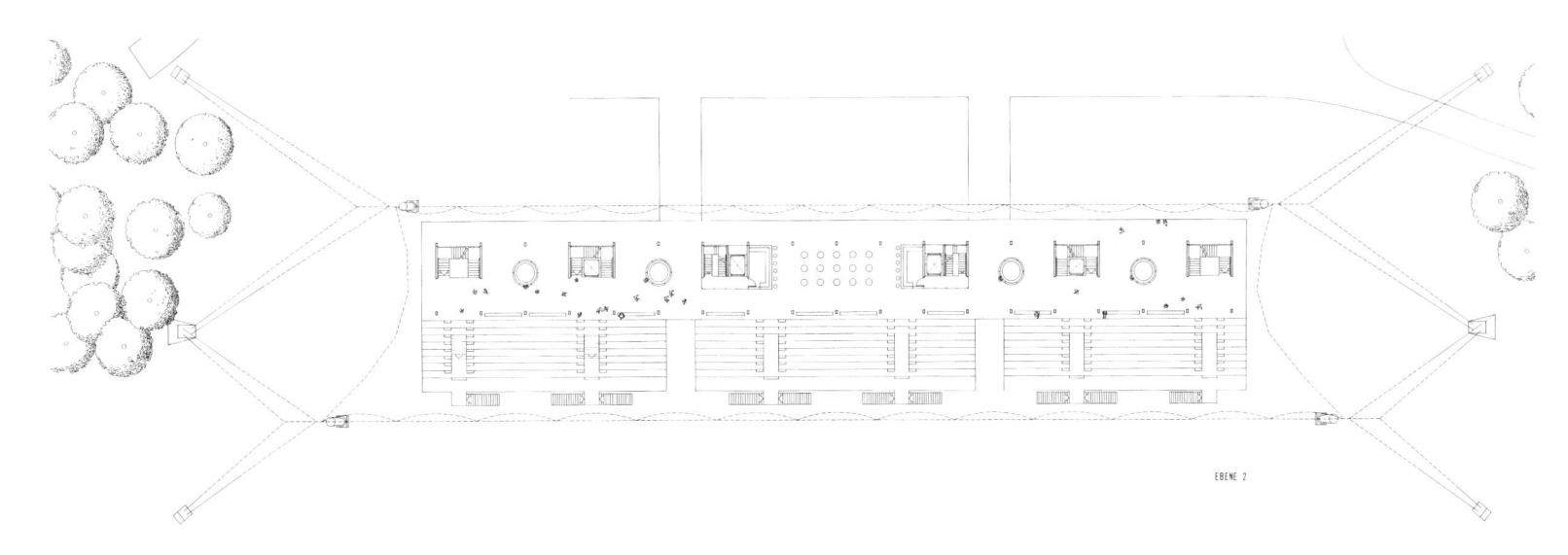

E 2 (+5,80 m)

E 1 (+1,80 m)

Das Funktionsprinzip des Jawaerth-Seilbinders ist vom Fachwerkträger hergeleitet. Er ist durch Abspannung über Pylone so vorgespannt, daß alle Stäbe ausschließlich auf Zug belastet werden und demzufolge als Seile ausgeführt werden können. Der Obergurt wird zum Tragseil, der Untergurt zum Stabilisierungsseil.

Grundriß Ebene 2 (+ 5,80 m)

Anders als bei den meisten Sportarten sitzen die Zuschauer von Pferderennen gewöhnlich nur während der kurzen Rennen auf ihren Plätzen. Ansonsten bewegen sie sich zwischen Wettschaltern, Bars, Waschräumen usw. oder beobachten die Vorgänge auf den Nebenschauplätzen hinter der Tribüne. Dementsprechend sind große Bewegungsflächen und direkte Verbindungen zwischen den Geschossen vorgesehen.

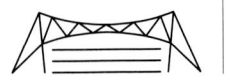

Große Dächer   183

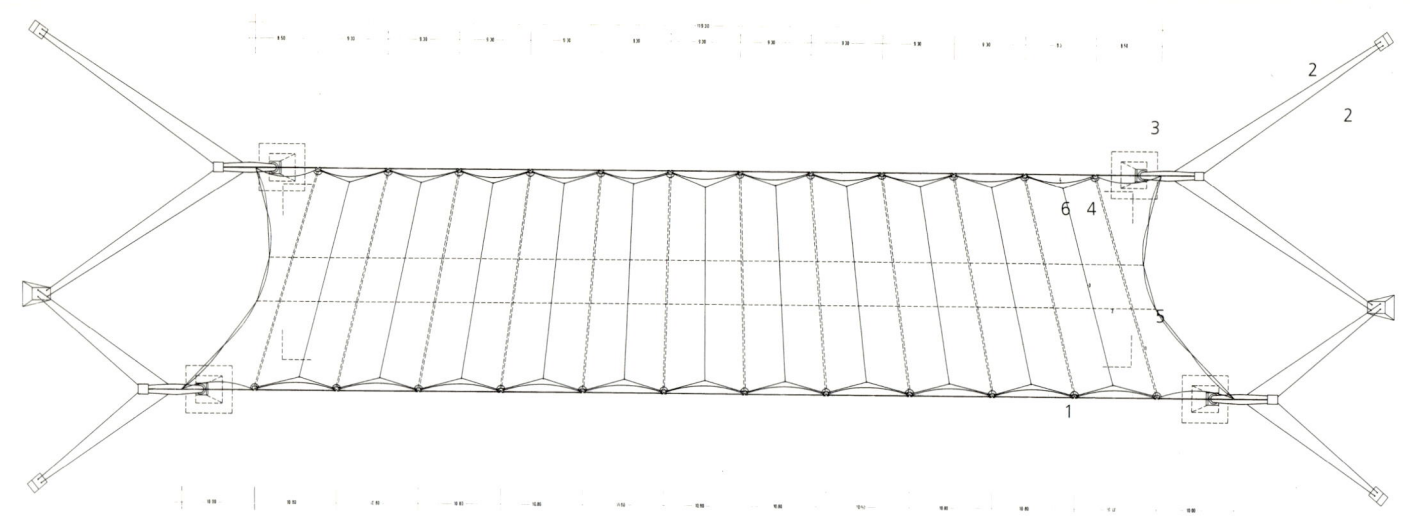

Dachaufsicht

Tragseilpaar (1)
Abspannseil (2)
Randseil (3)
Y-Seil (4)
Unterspannseil (5)
Fischbauchträger (6)
PES-Gurt (7)
Diagonalseil (8)
Stabilisierungsseil (9)

Trägerabstand
9,30 m bis 10,80 m

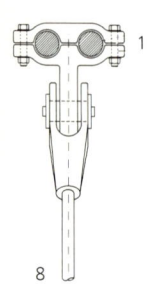

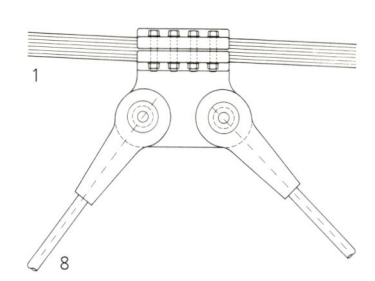

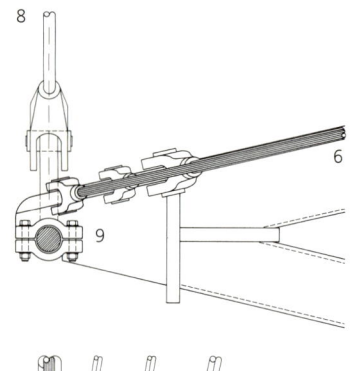

Die Verbindung zwischen dem Tragseil-Paar (2 x 70 mm) und den Diagonalseilen (35 mm) erfolgt über Gußklemmen, Gabelseilköpfe und Bolzen. (links: Schnitt, rechts: Ansicht)

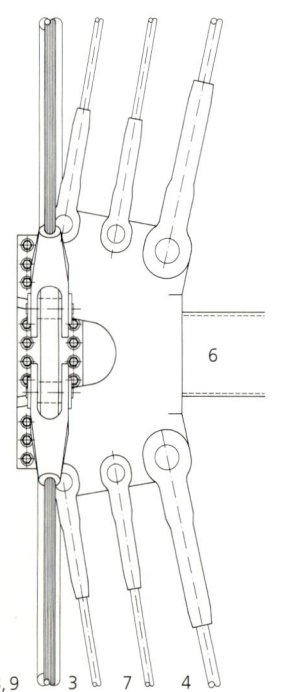

Am Auflagerpunkt des Fischbauchträgers (oben: Ansicht, unten: Draufsicht) werden nicht nur die Diagonalseile (35 mm) mit dem Stabilisierungsseil (60 mm) verbunden, sondern außerdem sechs weitere Seile zur Erzeugung der Membranform angeschlossen.

Das Tragseil des Jawaerth-Binders besteht aus einem Seilpaar, das am Mastkopf über ein zweiteiliges Klemmelement aus Stahlguß umgelenkt wird.

Wegen der erforderlichen Querschnittserhöhung von 70 auf 90 mm Durchmesser sind die Seile am Mastkopf unterbrochen und – mit zylindrischen Seilköpfen versehen – gegenläufig in entsprechende Vertiefungen des Umlenksattels eingeklemmt.

Das ausschließlich druckbeanspruchte Gelenk am Mastfuß ist als Topflager mit einem bewehrten Neoprenpolster zwischen zwei Stahlplatten unverschieblich ausgebildet. Zur Montage ist ein zusätzliches Kipplager vorgesehen, das fest einbetoniert wird, sobald der Mast seine Endposition erreicht hat.

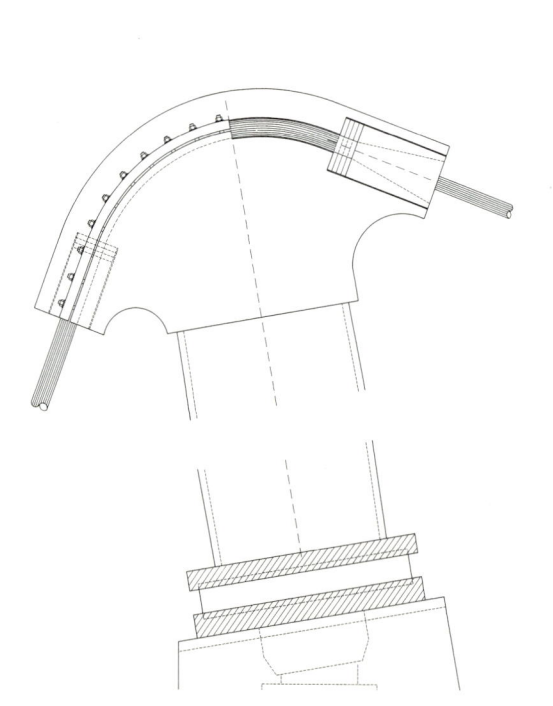

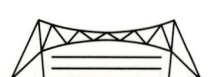

Große Dächer

Hülle des Restaurantgeschosses

Die Restaurantebene ist zu beiden Seiten hin voll verglast, um auch beim Speisen optimale Sicht nach außen zu gewähren.

Aus diesem Grunde wurde eine sprossenlose Verglasung mit geschoßhohen Scheiben vorgesehen, die wegen der geringen thermischen Anforderungen aus Einfachverglasung bestehen (ESG, 12 mm). Gegen Horizontallasten, d.h. Wind, sind die Scheiben durch beidseitige Hinterspannungen auf halber Höhe abgestützt.

Der Verzicht auf Öffnungsflügel bedingt den Einsatz einer mechanischen Be- und Entlüftungsanlage. Für die Beschattung der Glasflächen sorgen auf der Tribünenseite das große Dach, auf der gegenüberliegenden Seite außenliegende Textilrollos.

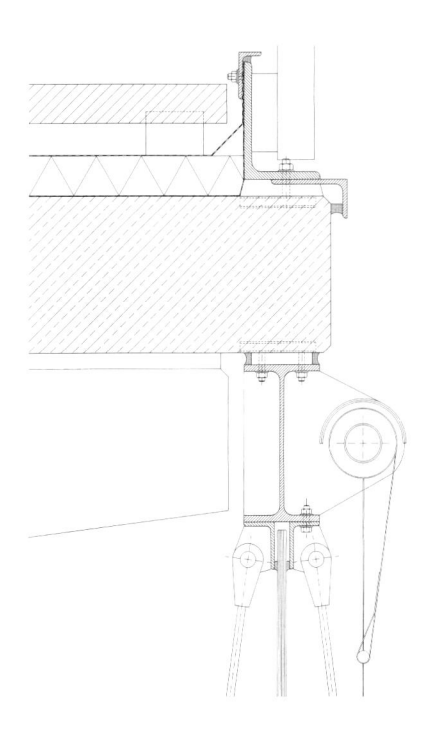

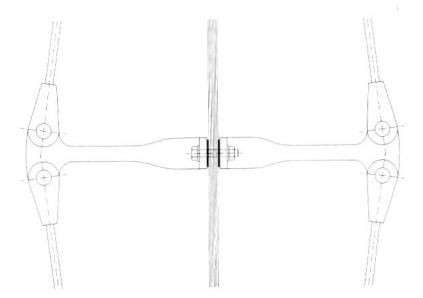

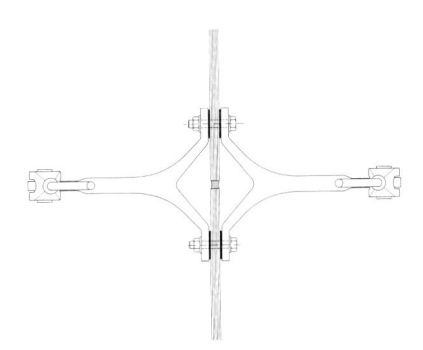

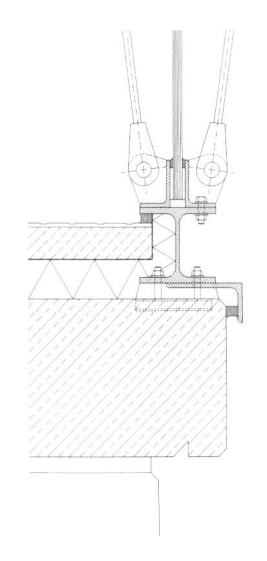

Details der Restaurantfassade
Aus einfachem Stabstahl (d = 10 mm), zwei verschiedenen Stahlgußklemmen zur Unterspannung und handelsüblichen Walzprofilen zur Ausbildung der oberen und unteren Glashalterung (oben: IPE 220, unten: IPBl 100) wurde hier mit einfachsten Mitteln eine extrem transparente Gebäudehülle geschaffen.

Beratung
Prof. Peter C. von Seidlein
Dipl.-Ing. Gerhard Niese

Fachberatung
Dipl.-Ing Frank Ulrich Drexler
(Institut für Tragkonstruktionen und Konstruktives Entwerfen)

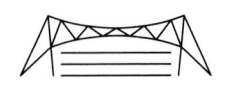

1989

Große Dächer

Brückenbauwerke

Brückenrestaurant

Innenliegende Brückenkonstruktion

Jörg Hieber
Christof Simon

Aufgabe
Der Typus „Brückenrestaurant" als Autobahnraststätte ist in Deutschland bisher kaum gebräuchlich. Den hohen Baukosten für ein weitgespanntes Bauwerk und der schwierigen Einbindung in die Landschaft stehen die Vorteile des konzentrierten Raum- und Dienstleistungsangebots für beide Fahrtrichtungen in einem Gebäude gegenüber.

Im Rahmen einer Studienarbeit sollten Lösungen für ein Brückenrestaurant entwickelt werden, das Platz für ca. 300 Gäste bietet. Schwerpunkt der Bearbeitung war die Untersuchung der funktionalen, konstruktiven und gebäudetechnischen Aspekte und ihre Integration in ein stimmiges Gesamtkonzept.

Konzept
Der Entwurf geht von der Überlegung aus, daß die Anforderungen an Bauten für den Verkehr denen an Maschinen für den Verkehr (Automobile, Schiffe, Flugzeuge, Eisenbahnen) ähnlich sind.

Die konsequente Erfüllung der Forderung nach reibungslosem Funktionsablauf, einfacher Wartung, kostengünstigem Unterhalt und kurzer Erstellungszeit durch hohen Vorfertigungsgrad führte zu einer fahrzeugähnlichen Erscheinung des Brückenrestaurants.

Aus den erwähnten Forderungen resultierten die witterungsgeschützte Anordnung des Tragwerks im Gebäudeinneren und eine elementierte, leicht zu reinigende, „stromlinienförmige" Gebäudehülle.

Das Brückenbauwerk ist zweigeschossig organisiert und wird an den Stirnseiten über Stege zum oberen Geschoß erschlossen.

Diese Ebene ist vollständig verglast und dient ausschließlich als Gäste- und Restaurantbereich. Sie ist als durchgehender Hallenraum auf die eigentliche Brückenkonstruktion aufgesetzt, die in Form zweier geschoßhoher Träger in das darunterliegende Technik- und Nebenraumgeschoß integriert ist.

Die beiden Ausgabetheken des Restaurants werden von den darunterliegenden Lagerräumen bzw. von der im Sockelgeschoß gelegenen Küche aus bedient. Der gesamte Brückenbaukörper ist von einer einheitlichen, glatten Aluminium-Glas-Haut umhüllt.

Separate Sockelgeschosse, die in die Autobahnböschungen eingegraben und nur über Fahrstühle mit dem Brückenbauwerk verbunden sind, beherbergen Anlieferung, Lager und Technikzentrale sowie Sozialbereiche für das Personal und die Essensvorbereitung, die nachts stillgelegt wird.

Zwei geschoßhohe, doppel-T-förmige Träger (H = 2,98 m) überspannen die mehr als 50 m breite Autobahn und sind gleichzeitig raumbildender Bestandteil des Untergeschosses.
Auf dieser Primärkonstruktion ruht das Restaurantgeschoß, das frei von konstruktiven Einbauten bleibt.

Das Eingangsgeschoß dient ausschließlich dem Publikumsverkehr und ist so organisiert, daß nahezu alle Restaurantplätze entlang der Fassaden angeordnet werden können.

In der Mittelzone befinden sich – symmetrisch angelegt – zwei Theken für die Speisenausgabe, die vom darunterliegenden Servicegeschoß beschickt werden, die Aufzugskerne sowie – nahe den Eingängen – die öffentlichen Bereiche mit Automaten, Fernsprechern und Treppen zu den Sanitärräumen im Untergeschoß.
(Ausbauraster: 1,05 m)

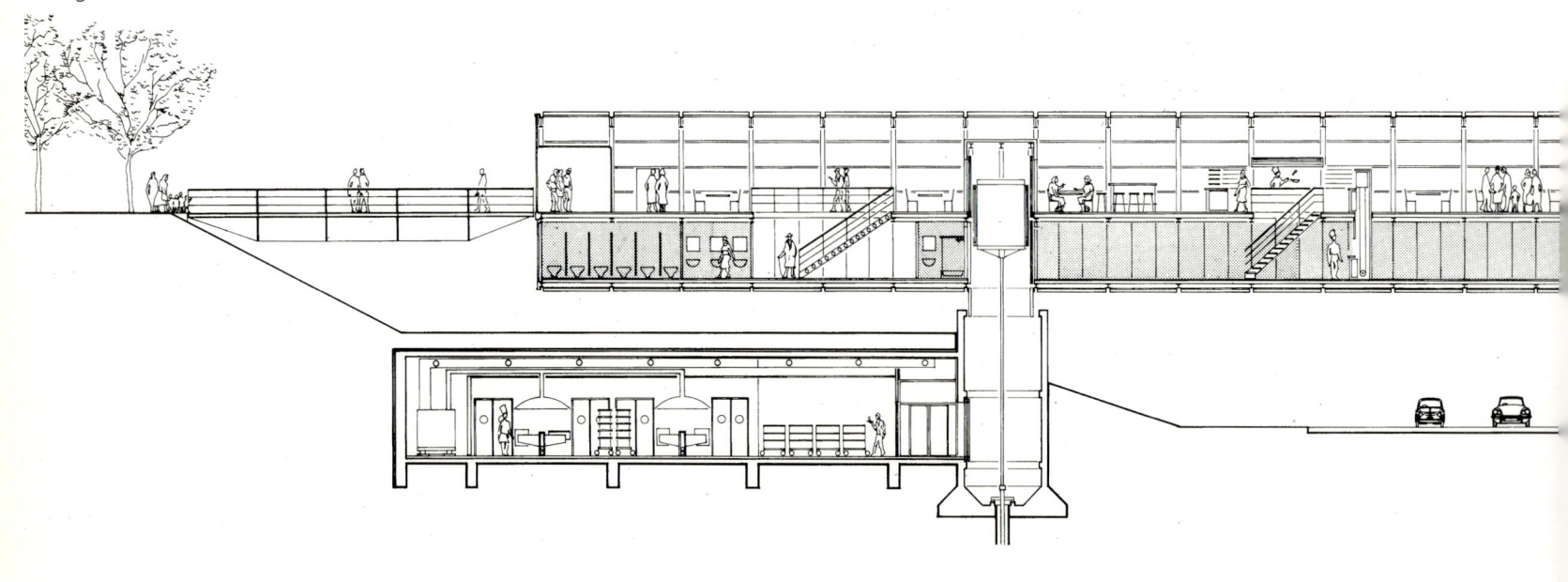

Brückenbauwerke

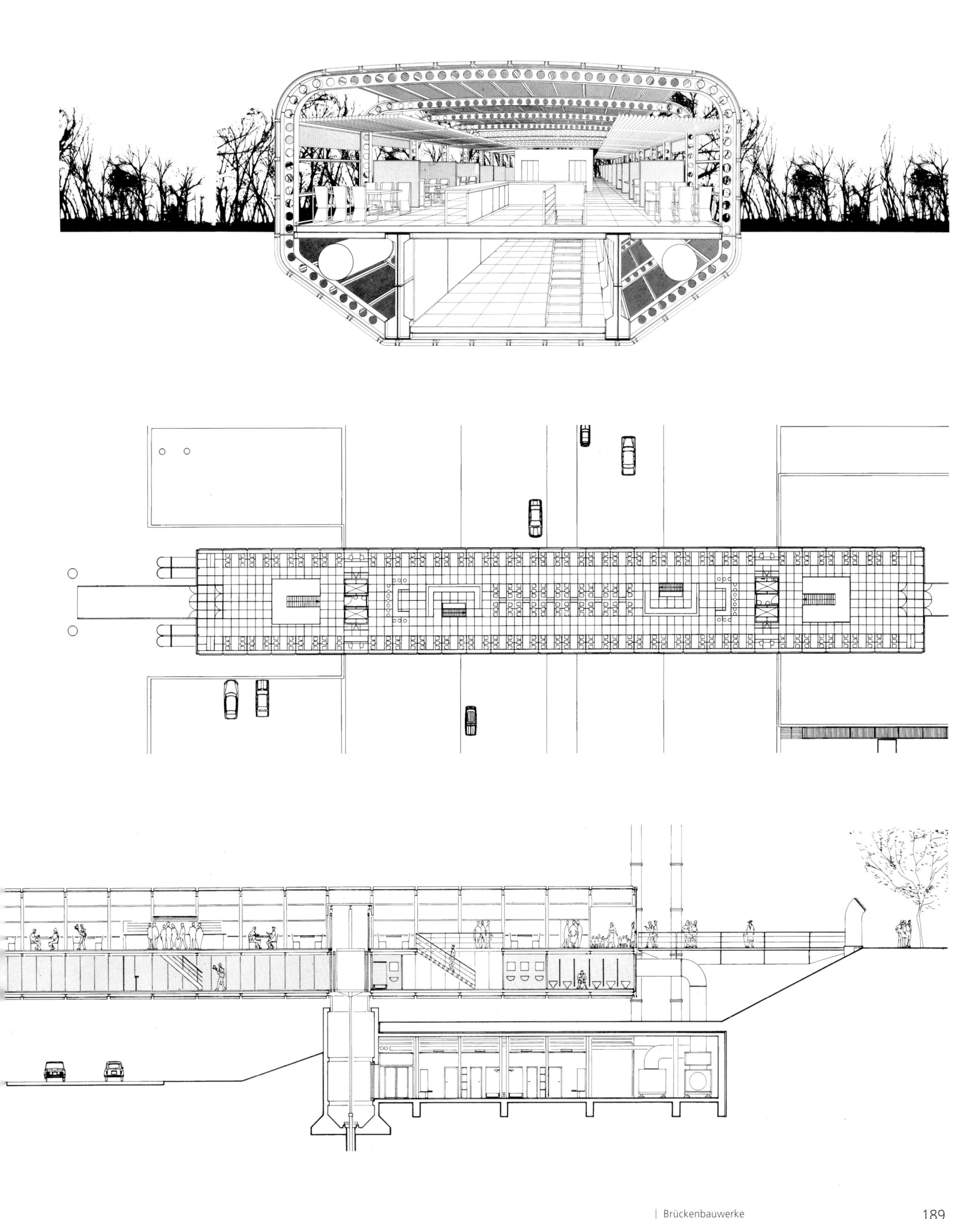

Tragwerk

Die Brückenkonstruktion besteht aus zwei geschoßhohen, geschweißten doppel-T-förmigen Hauptträgern, die durch eine obere und untere Nebenträgerlage mit Verbunddecken zu einem biege- und torsionssteifen Hohlkasten verbunden werden.

Die Auflager der Konstruktion bilden zwei Betonhohlkästen, die gleichzeitig der Vertikalerschließung und Installationführung zu den Sockelgeschossen dienen. Sie sind um ca. ein Viertel der Brückenlänge eingerückt, so daß sich als statisches System ein Einfeldträger (53,55 m) mit zwei Auskragungen (je 20,48 m) ergibt.

Die Hauptträger (h = 2980 mm, b = 700 mm) sind werkseitig aus Stahlblechen (t = 20 bzw. 44 mm) zu großen Abschnitten zusammengeschweißt und werden vor Ort an den Momentennullpunkten verschraubt. Im Abstand von 3,15 m sind Stahlbleche (t = 25 mm) als Beulsteifen angeschweißt, die gleichzeitig einen einfachen Anschluß der Nebenträger (HEM 180, l = 6,30 m) ermöglichen.

In der Mitte der Hauptträger – am Querkraftnullpunkt – wird der Steg durch eine Schlupftüre durchbrochen, die man zur Wartung und Reinigung der Klimatrassen benötigt.

Da sich die Konstruktion vollständig innerhalb der Hülle befindet, sind die auftretenden thermischen Längenänderungen sehr gering; ein Korrosionsschutz, der von Zeit zu Zeit erneuert werden müßte, entfällt. Das Tragwerk benötigt keinerlei Wartung und verhilft dem Bauwerk zu niedrigen Unterhaltskosten.

Hülle

Die Fassade umspannt die beiden Brückengeschosse wie eine dünne Haut und stellt mit ihrer glatten, minimierten Oberfläche eine nahezu wartungsfreie Hülle dar. Ihre Unterkonstruktion besteht aus gelochten Rahmen (IPE 400), die an der unteren Geschoßdecke aufgelagert sind. Durch die Befestigung der Rahmen an der Zwischendecke und am Hauptträger benötigt man keinerlei weitere Aussteifung, da das zweifache Halten einer Einspannung gleichkommt.

Auf dieser Unterkonstruktion, die einen Achsabstand von 3,15 m aufweist, liegt ein Netz von vorgefertigten, thermisch getrennten Rinnenprofilen aus Aluminium, die sowohl der Lastabtragung als auch der Entwässerung dienen.

In diese Rinnenkonstruktion können wahlweise transparente oder geschlossene Paneele eingelegt werden.

Da das Rinnennetz das gesamte Gebäude umschließt und alle Paneele über die gleichen Abmessungen (3,15 x 1,05 m) verfügen, können diese beliebig ausgetauscht werden.

Gleichzeitig erlaubt eine derartige Hülle einen hohen Grad der Vorfertigung sowie eine einfache und kostengünstige Wartung und Reinigung.

Technischer Ausbau

Da aus Gründen des Schallschutzes keinerlei öffenbare Fassadenelemente vorgesehen sind, muß das Restaurant mechanisch be- und entlüftet werden.

Zur Luftführung sind die beiden Resträume seitlich der Hauptträger genutzt, so daß der Innenraum frei von jeglichen Installationen bleibt. Der gesamte Hohlraum dient dabei als begehbarer Luftkanal, in den die Abluft aus dem Gastraum entlang der Fassade abgesaugt wird. Diese Art der Luftabsaugung setzt eine hohe Anforderung an die Fugendichtigkeit der den Hohlraum umschließenden Elemente voraus.

Die Zuluft wird in zwei Lüftungsrohren innerhalb des Abluftkanals geführt und durch Fußbodenauslässe in den Hallenraum eingeblasen.

Zum Schutz des Restaurants vor Überhitzung durch Sonneneinstrahlung wurden entsprechend beschichtete Gläser eingesetzt. Auf einen effizienteren, außenliegenden Sonnenschutz wurde zugunsten der Wartungsfreiheit bewußt verzichtet.

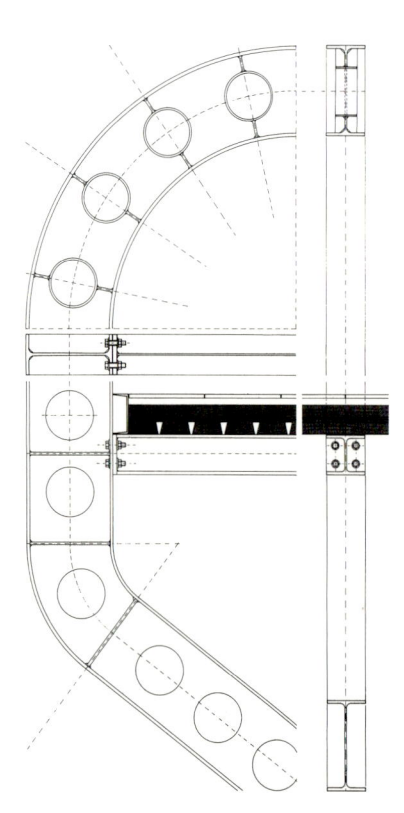

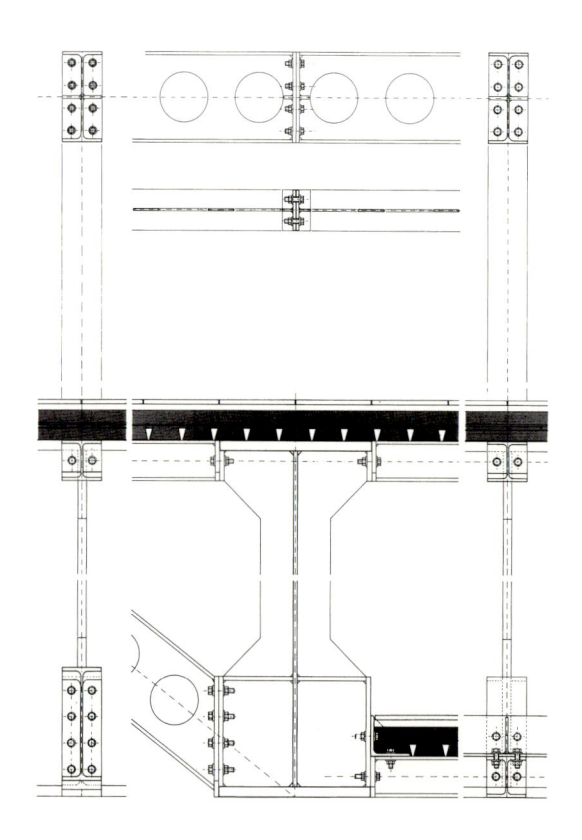

Obwohl alle konstruktiven Bauteile hinter der Gebäudehülle verborgen sind, bietet sich dem Betrachter ein klares Bild der Funktionsweise des Brückenbauwerks.

Für die Fassade wurde ein System aus Rinnen und Kreuzungspunkten entwickelt, das aus zweiteiligen Aluminium-Strangpreßprofilen besteht, die durch ein geschäumtes Formteil thermisch getrennt werden.

Das innere Rinnenprofil ist unterseitig mit zwei Schraubkanälen ausgestattet, die sowohl die Befestigung auf der Unterkonstruktion als auch den Anschluß von Beleuchtungskörpern u.ä. im Innenraum ermöglichen.

Da die Rinnen an den Kreuzungspunkten stumpf gestoßen sind, wird zusätzlich ein Neoprenprofil eingelegt, welches die Stoßfuge durch den Anpreßdruck beim Verschrauben der Paneele abdichtet.

Beratung
Prof. Peter C. von Seidlein
Dipl.-Ing. Friedrich Grimm
(Institut für Baukonstruktion)
Prof. Dr. Günter Eisenbiegler
Dipl.-Ing. Frank Ulrich Drexler
(Institut für Tragkonstruktionen und Konstruktives Entwerfen)
Dipl.-Ing. Walter Dittes
(Institut für Kernenergetik und Energiesysteme)

1987

Brückenrestaurant
Außenliegende Fachwerkkonstruktion

John Burkle
Markus Häffner

Aufgabe
Der Typus „Brückenrestaurant" als Autobahnraststätte ist in Deutschland bisher kaum gebräuchlich. Den hohen Baukosten für ein weitgespanntes Bauwerk und der schwierigen Einbindung in die Landschaft stehen die Vorteile des konzentrierten Raum- und Dienstleistungsangebots für beide Fahrtrichtungen in einem Gebäude gegenüber.

Im Rahmen einer Studienarbeit sollten Lösungen für ein Brückenrestaurant entwickelt werden, das Platz für ca. 300 Gäste bietet.

Schwerpunkt der Bearbeitung war die Untersuchung der funktionalen, konstruktiven und gebäudetechnischen Aspekte und ihre Integration in ein stimmiges Gesamtkonzept.

Konzept
Um den Brückenbaukörper möglichst schlank und schmal halten zu können, wird ein separates Nebengebäude für die Technik- und Wirtschaftsräume vorgesehen, dessen äußeres Erscheinungsbild der Nutzung gemäß bewußt einfach gehalten ist. Die nur 9,30 m breite und 4 m hohe Brücke beherbergt demzufolge nur noch die Galerieräume.

Diese Trennung erweist sich in bezug auf die Dimensionierung des Tragwerks, die Anlieferung (über einen Tiefhof) sowie die internen Betriebsabläufe als vorteilhaft.

Tragwerk
Entwurfsziel war die Entwicklung einer effizienten, leicht ablesbaren Tragkonstruktion, deren Tragglieder also überwiegend auf Normalkraft beansprucht werden sollten.

Das vorgeschlagene Tragwerk basiert auf dem Prinzip zweier von Pylonen abgehängter Durchlaufträger und eines in Feldmitte eingehängten Fachwerkträgers (Zügelzugbrücke).

Der ca. 55 m breite Autobahneinschnitt wird somit von einer Konstruktion überbrückt, deren Tragglieder eine maximale Spannweite von 31,28 m (8 x 3,91 m) bzw. von 11,73 m (3 x 3,91 m) aufweisen.

Die Aussteifung in Längs- und Querrichtung erfolgt über die ausgekreuzte Boden- bzw. Deckenplatte und durch die beiden Rahmenböcke, die die Pylone tragen.

Das Tragsystem nach dem Prinzip einer Zügelzugbrücke auf zwei aussteifenden Rahmenböcken erlaubt eine rasche und einfache Montage mit nur kurzzeitiger Sperrung der Autobahn.

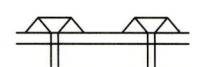

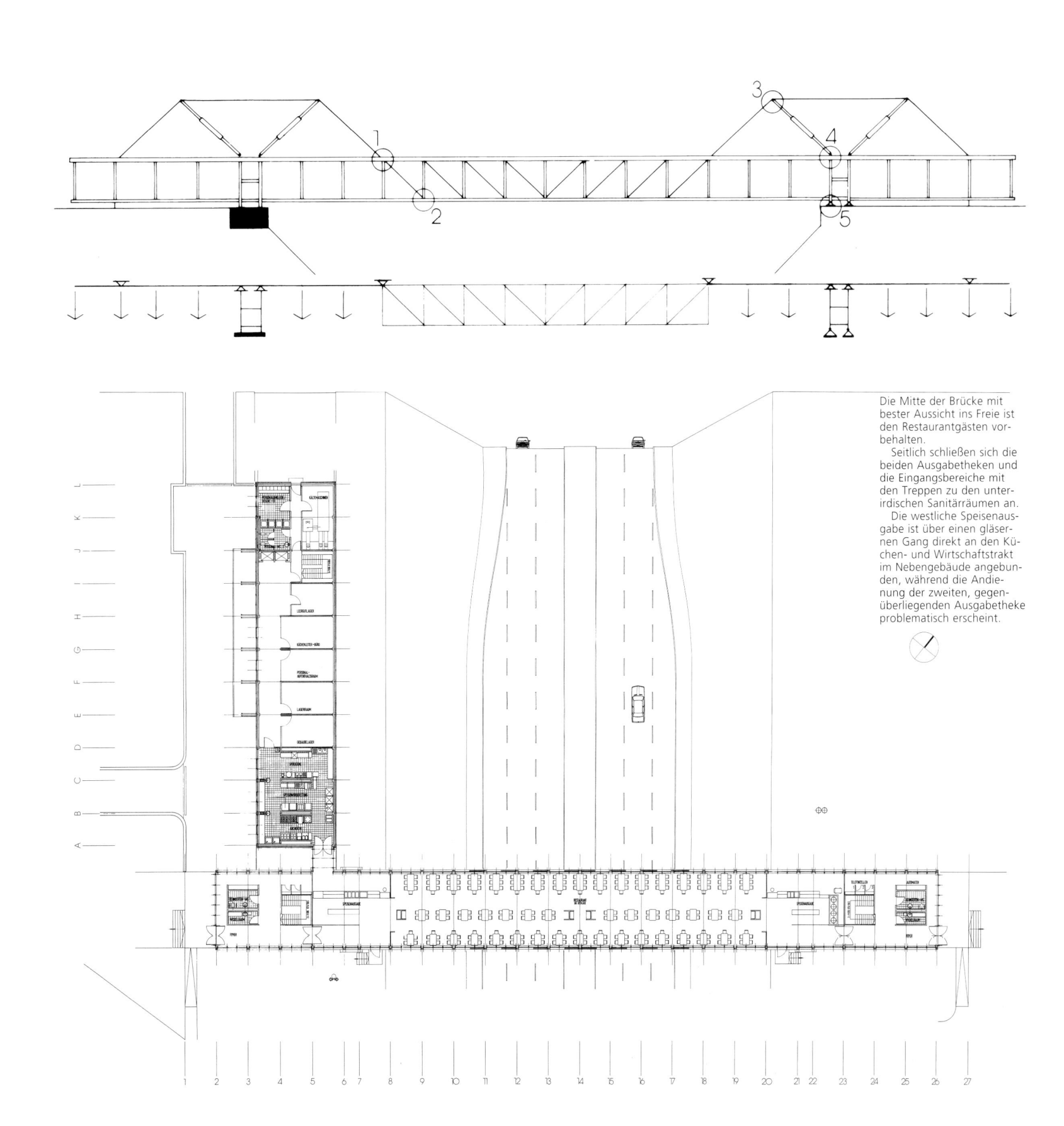

Die Mitte der Brücke mit bester Aussicht ins Freie ist den Restaurantgästen vorbehalten.

Seitlich schließen sich die beiden Ausgabetheken und die Eingangsbereiche mit den Treppen zu den unterirdischen Sanitärräumen an.

Die westliche Speisenausgabe ist über einen gläsernen Gang direkt an den Küchen- und Wirtschaftstrakt im Nebengebäude angebunden, während die Andienung der zweiten, gegenüberliegenden Ausgabetheke problematisch erscheint.

Brückenbauwerke 193

Hülle

Für die Ausbildung der voll verglasten Fassaden war die Forderung nach hoher Behaglichkeit in unmittelbarer Nähe der Glasscheiben (Sitzplätze) maßgebend. Es wurde deshalb das System der wasserdurchflossenen, „integrierten" Fassade verwendet, die die Fassadenunterkonstruktion als Strahlungsheizkörper nutzt.

Die hohen Schallschutzanforderungen werden durch Schallschutzgläser und den Verzicht auf Öffnungsflügel erfüllt.

Zur Reinigung der Fassade und zur Wartung des außenliegenden Sonnenschutzes sowie der Stahlkonstruktion kann ein Laufwagen in eine Schiene am Hauptträger eingehängt werden.

Die horizontalen Hüllflächen der Brücke sind konventionell mit Trapezblech, Dämmung und Abdichtung bzw. Estrich und Gummibelag geplant.

Technischer Ausbau

Wegen des Autobahnlärms ist das Restaurant festverglast. Der nutzungsbedingte hohe Luftwechsel wird durch eine mechanische Be- und Entlüftung bewirkt.

Die Lüftungskanäle sind im Innenraum sichtbar in Ebene der Lochträger geführt und nehmen mit der Geometrie ihrer Anordnung Bezug auf die Tragstruktur.

Die Heizung und Kühlung des Innenraums wird in erster Linie über die Aufbereitung der Zuluft vorgenommen, während die Wasserdurchströmung der Fassadenkonstruktion nur als unterstützende Maßnahme im Bereich der größten Wärmetransmission, der Fassade, wirkt.

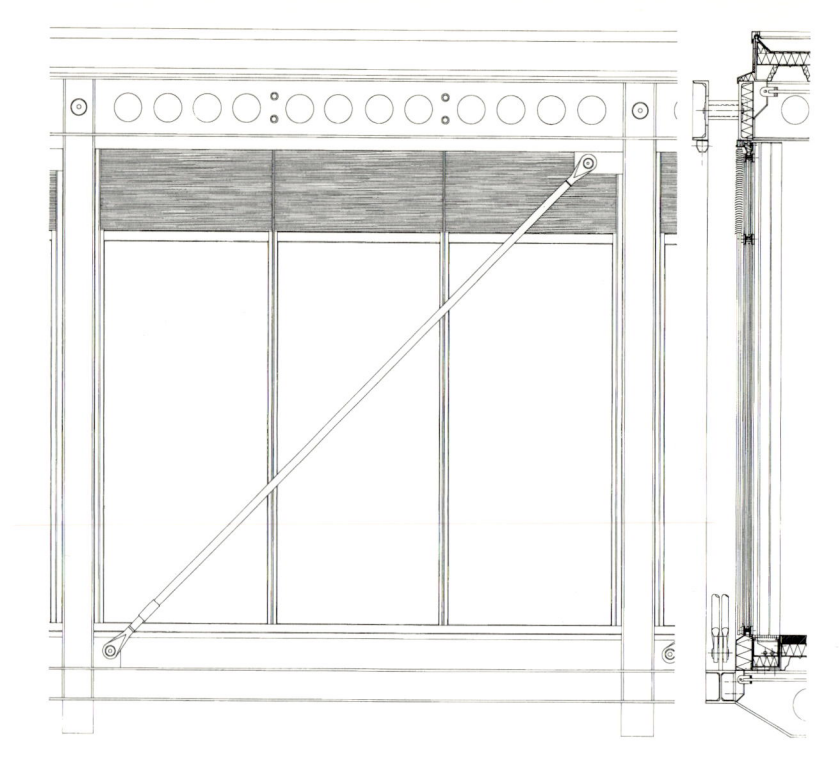

Die Primärkonstruktion der Brücke bildet zugleich die Tragstruktur des Nutzgeschosses:

Zwischen die Brückenhauptträger (2 x U 400) sind im Abstand von 3,91 m die gelochten Nebenträger (IPE 450) für die Dachscheibe gespannt. Eine ebensolche Trägerlage ist als Bodenplatte des Restaurants mittels HEB 220 abgehängt. Das Randprofil dieser Bodenplatte (HEB 220) dient im Bereich des Fachwerkträgers als Untergurt, die Hänger als Vertikalstäbe, und zusätzlich eingefügte Zugstäbe (2 x 50 mm) als Diagonalen.

Die Fassadenelemente sind innenseitig an die Stahlkonstruktion angeschlagen, so daß die tragende Struktur der Brücke außen sichtbar bleibt.

Es ergeben sich – bezogen auf ein Gefach mit einem Achsmaß von 3,91 m – jeweils drei verglaste Fassadenfelder mit 1,20 m Breite und, hinter den Stahlhängern, geschlossene Streifen von 31 cm Breite.

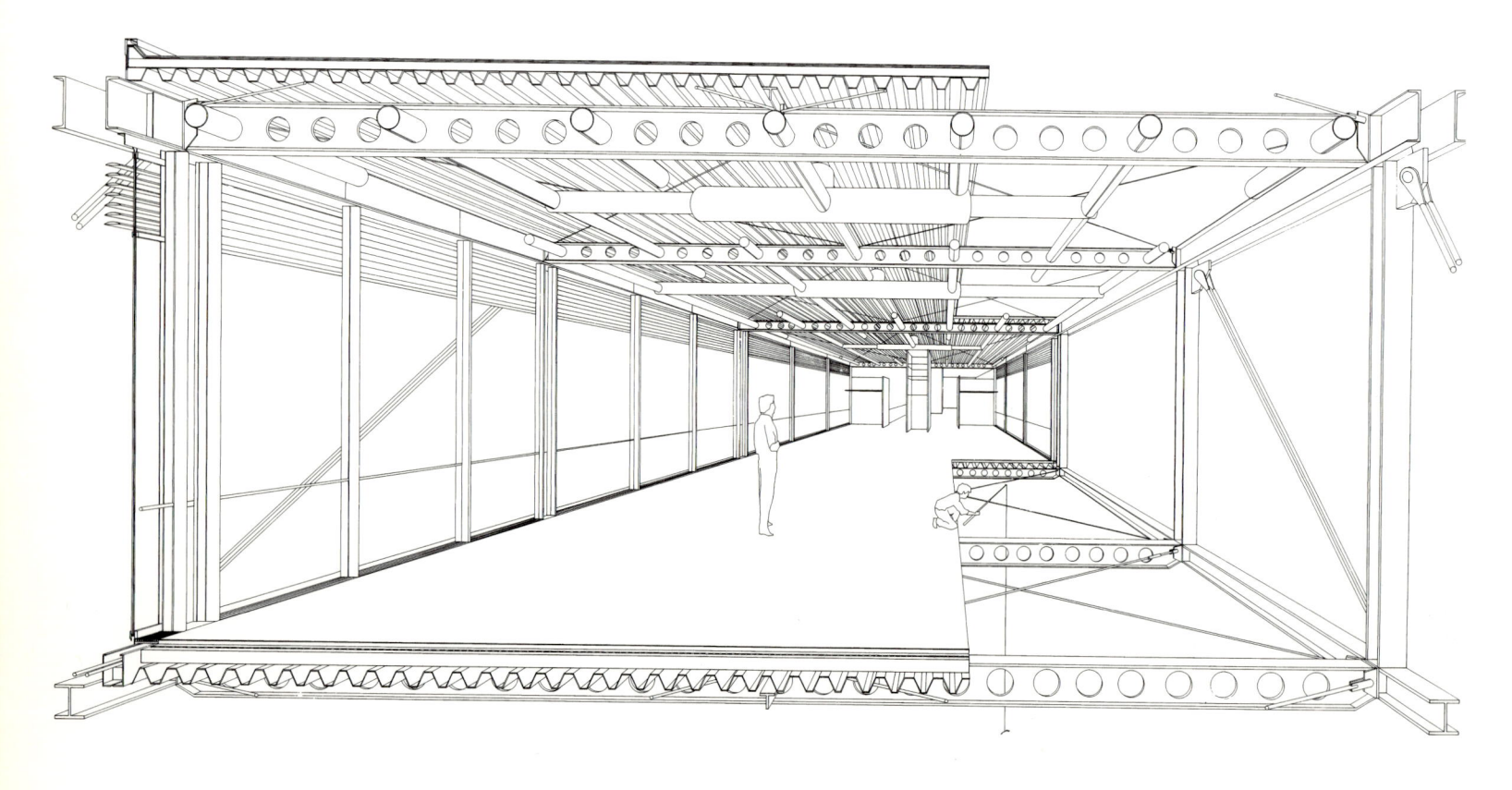

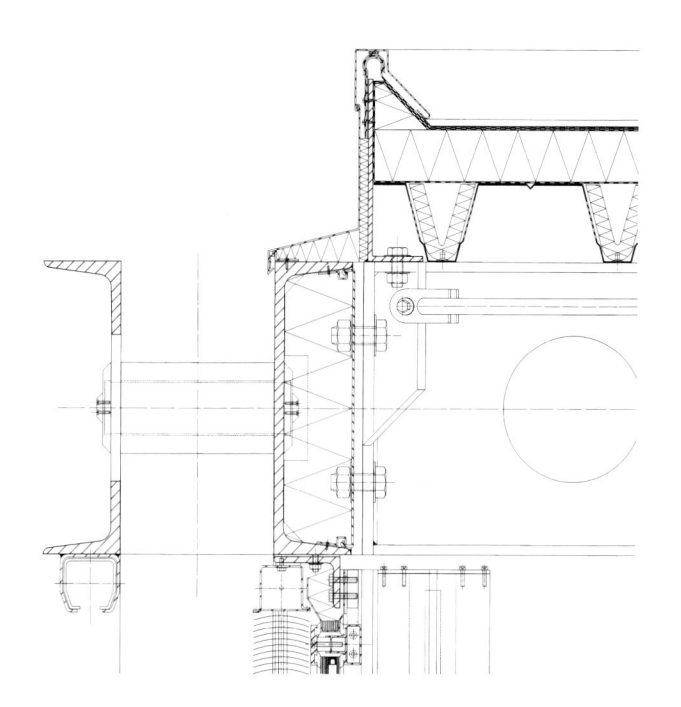

Das Tragwerk der Brücke liegt – bis auf die Nebenträger des Daches – im Außenbereich.

Es wurde versucht, die beim Anschluß der Gebäudehülle auftretenden Wärmebrücken auf ein verträgliches Maß zu reduzieren.

Für die beheizte Fassade haben die Verfasser während eines Praktikums bei der Firma Gartner/Gundelfingen ein funktions- und fertigungsgerechtes Aluminiumprofil entwickelt, das gleichzeitig Vor- und Rücklaufkammern enthält. Zugunsten der angestrebten hohen Transparenz der Fassade konnte somit auf Quersprossen verzichtet werden, die ansonsten als Verbindung zwischen den wechselweise angeordneten Vor- und Rücklaufpfosten unvermeidbar sind.

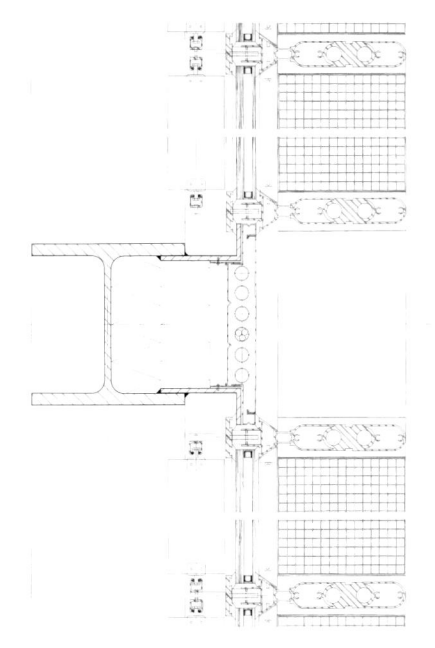

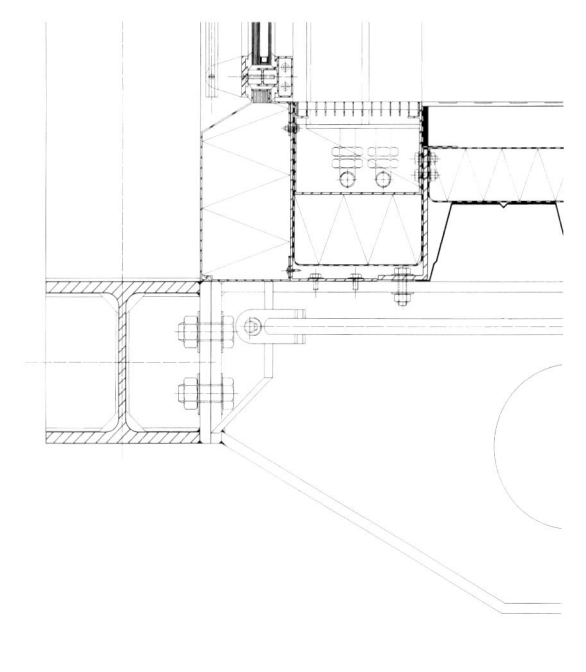

Beratung
Prof. Peter C. von Seidlein
Dipl.-Ing. Clemens Richarz
(Institut für Baukonstruktion)
Prof. Dr. Günter Eisenbiegler
Dipl.-Ing. Frank Ulrich Drexler
(Institut für Tragkonstruktionen und Konstruktives Entwerfen)
Dipl.-Ing. Walter Dittes
(Institut für Kernenergetik und Energiesysteme)

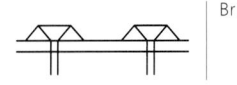

1987

Brückenrestaurant

Pylonkonstruktion

Martina Koeberle
Joachim Käppeler

Aufgabe

Der Typus „Brückenrestaurant" als Autobahnraststätte ist in Deutschland bisher kaum gebräuchlich. Den hohen Baukosten für ein weitgespanntes Bauwerk und der schwierigen Einbindung in die Landschaft stehen die Vorteile des konzentrierten Raum- und Dienstleistungsangebotes für beide Fahrtrichtungen in einem Gebäude gegenüber.

Im Rahmen einer Studienarbeit sollten Lösungen für ein Brückenrestaurant entwickelt werden, das Platz für ca. 300 Gäste bietet.

Schwerpunkt der Bearbeitung war die Untersuchung der funktionalen, konstruktiven und gebäudetechnischen Aspekte und ihre Integration in ein stimmiges Gesamtkonzept.

Konzept

Entwurfsziel war die Entwicklung einer filigranen, leicht ablesbaren Tragkonstruktion, deren prägnante Erscheinung gleichzeitig als Eigenwerbung dient.

Es sollte ein transparenter Aufenthaltsort entstehen, der ungehinderte Durch- und Ausblicke erlaubt und sich gleichzeitig harmonisch in die Topographie einfügt.

Das Restaurant ist als eingeschossiger Baukörper (l = 73,80 m, b = 10,80 m) in eine Seilkonstruktion eingehängt und wird über zwei Erschließungstürme von unten erschlossen.

Die beiden Eingangsbereiche sind als einzige erdgeschossige Bauteile weitgehend verglast, um die angestrebte Wirkung des schwebenden, vom Erdboden abgelösten Baukörpers nicht zu beeinträchtigen.

Sämtliche Nebenräume (Lager-, Sanitär- und Technikräume) sind in die Autobahnböschungen eingegraben und treten nicht als Bauvolumen in Erscheinung.

Tragwerk

Zwei vorgespannte, gekrümmte Seilbinder bilden die primäre Tragkonstruktion des Brückenrestaurants. Die Kräfte in den beiden oberen Tragseilen werden über vier Masten mit jeweils zwei Abspannseilen ins Erdreich geführt. Die Fundamente der Masten dienen zugleich als Widerlager für die beiden unteren Vorspannseile.

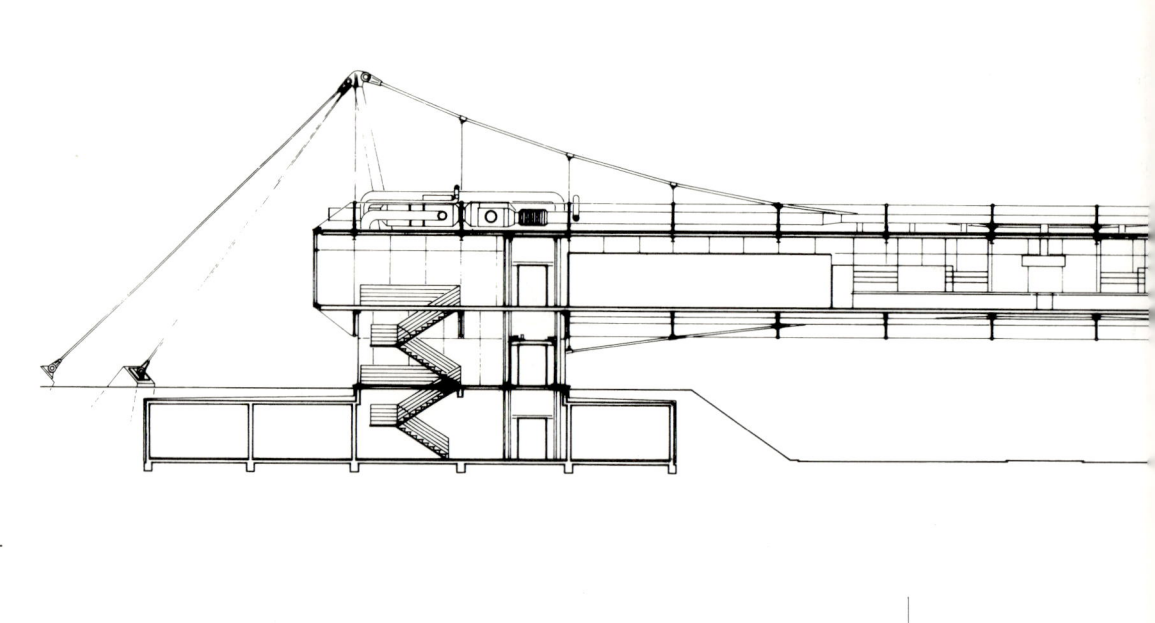

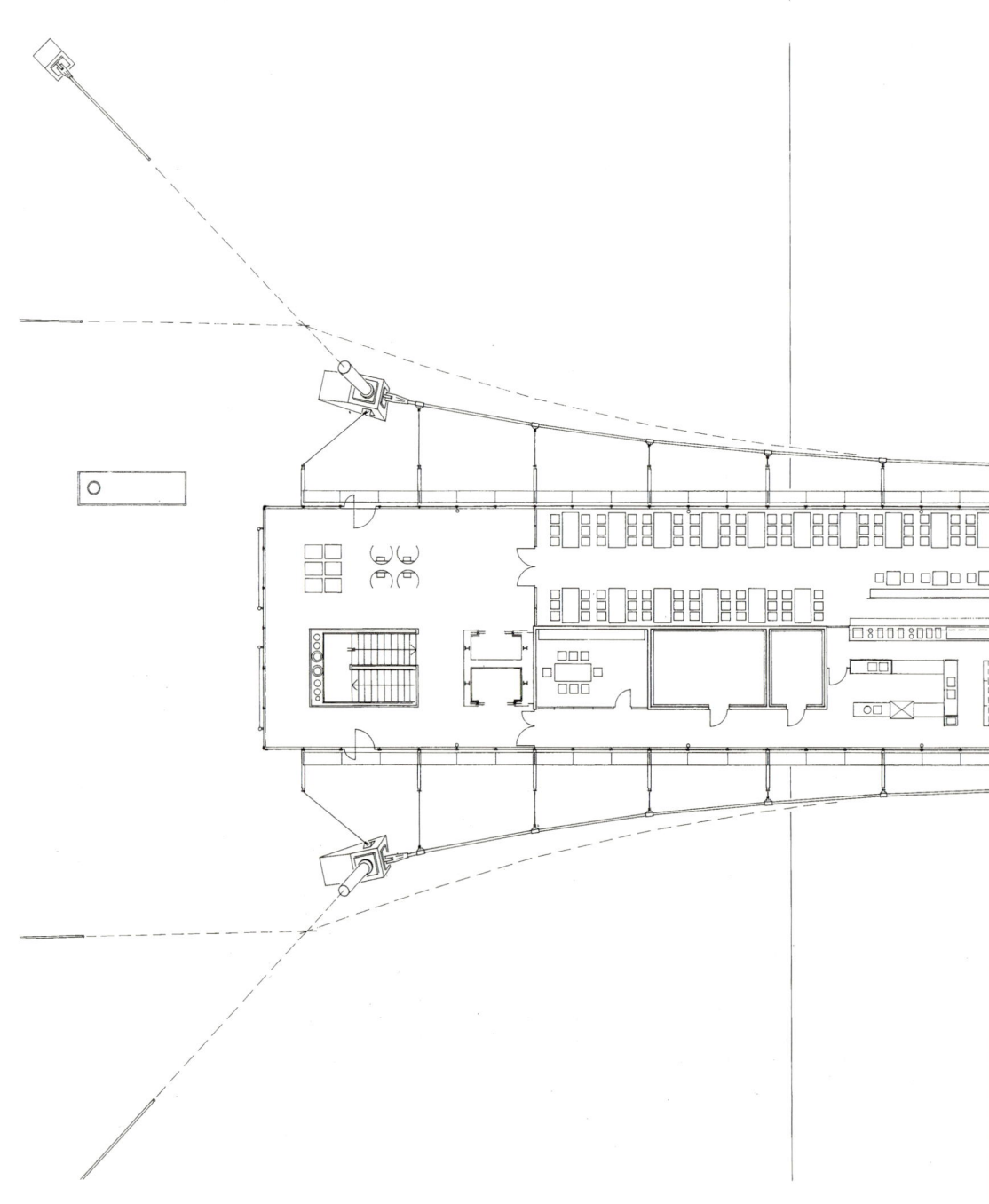

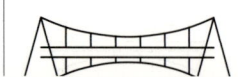

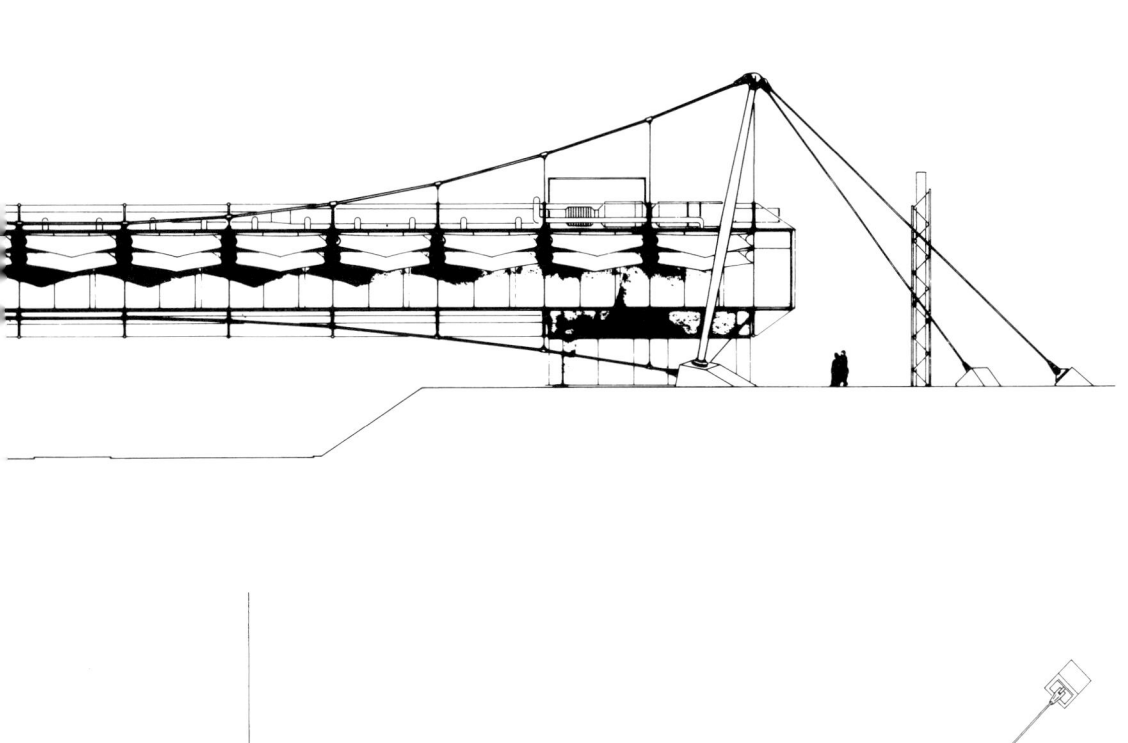

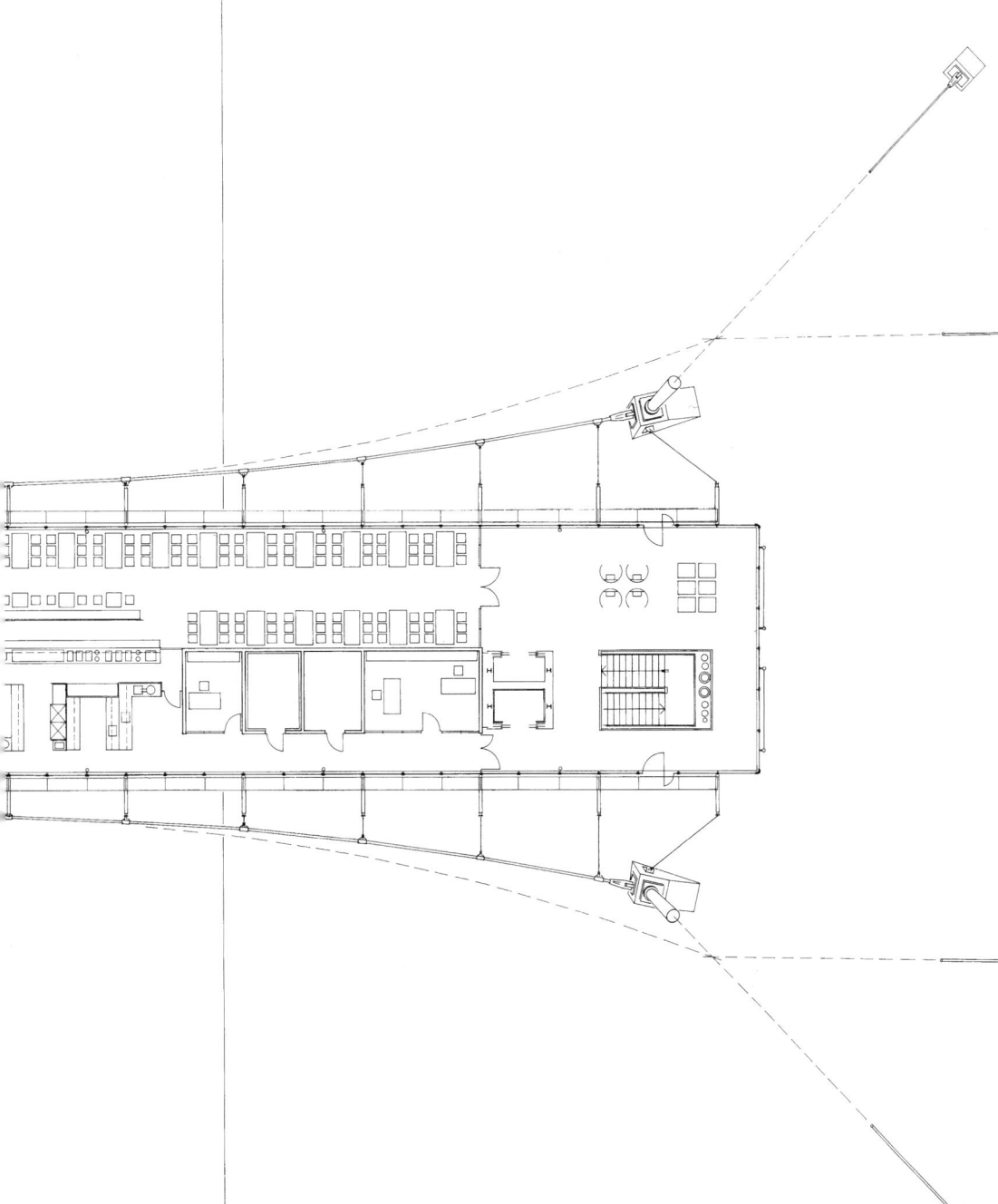

Zur Optimierung der Funktionsabläufe ist die gesamte Speisenzubereitung auf der Restaurantebene angeordnet. Hieraus ergibt sich im Grundriß eine Längsteilung in Küchen- und Gastbereich.
Durch die Ausbildung der Kücheneinbauten als offene Theken und niedrige, eingestellte Blöcke bleibt die Transparenz des Gebäudes erhalten.

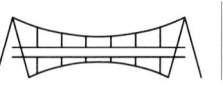

Brückenbauwerke 197

Die sekundäre Tragstruktur besteht aus zwei Stahlbetonverbundplatten – der Decken- und Bodenplatte des Restaurants –, deren Lasten über Fachwerkträger und Hänger (Achsabstand 5,40 m) in die vorgespannten Seilbinder eingeleitet werden.

Vertikale Auskreuzungen an den Stirnseiten verhindern ein Verschieben der Platten gegeneinander und bewirken zusammen mit der direkten Koppelung der mittleren Fachwerkträger an die vorgespannten Seilbinder die Aussteifung des Gesamtsystems.

Das seitliche Ausweichen der Fachwerkträger senkrecht zu ihrer Spannrichtung wird durch umlaufende Seile, die am Ober- bzw. Untergurt der Träger befestigt sind, verhindert.

Hülle

Die Vorspannung des Haupttragwerks, die die abgehängte Boden- und Deckenplatte in ihrer Lage starr fixiert, ermöglicht die Verwendung einer herkömmlichen Pfosten-Riegel-Fassade. Sie ist vollständig verglast, um einen ungehinderten Ausblick auf die umgebende Landschaft zu ermöglichen.

Um die Leichtigkeit des Tragwerks zu unterstreichen, wurden die Anschlüsse der Fassade an die Boden- bzw. Deckenplatte minimiert.

Die hohen Lärm- und Schadstoffemissionen über der Autobahn erfordern eine Festverglasung mit Schallschutzgläsern sowie eine Vollklimatisierung des Restaurants.

Als Sonnenschutz werden zwischen Tragwerk und Fassade transluzente Sonnensegel gespannt. Zu ihrer Wartung und zur Reinigung der Fassade sind Gitterroststege entlang der Längsseiten vorgesehen.

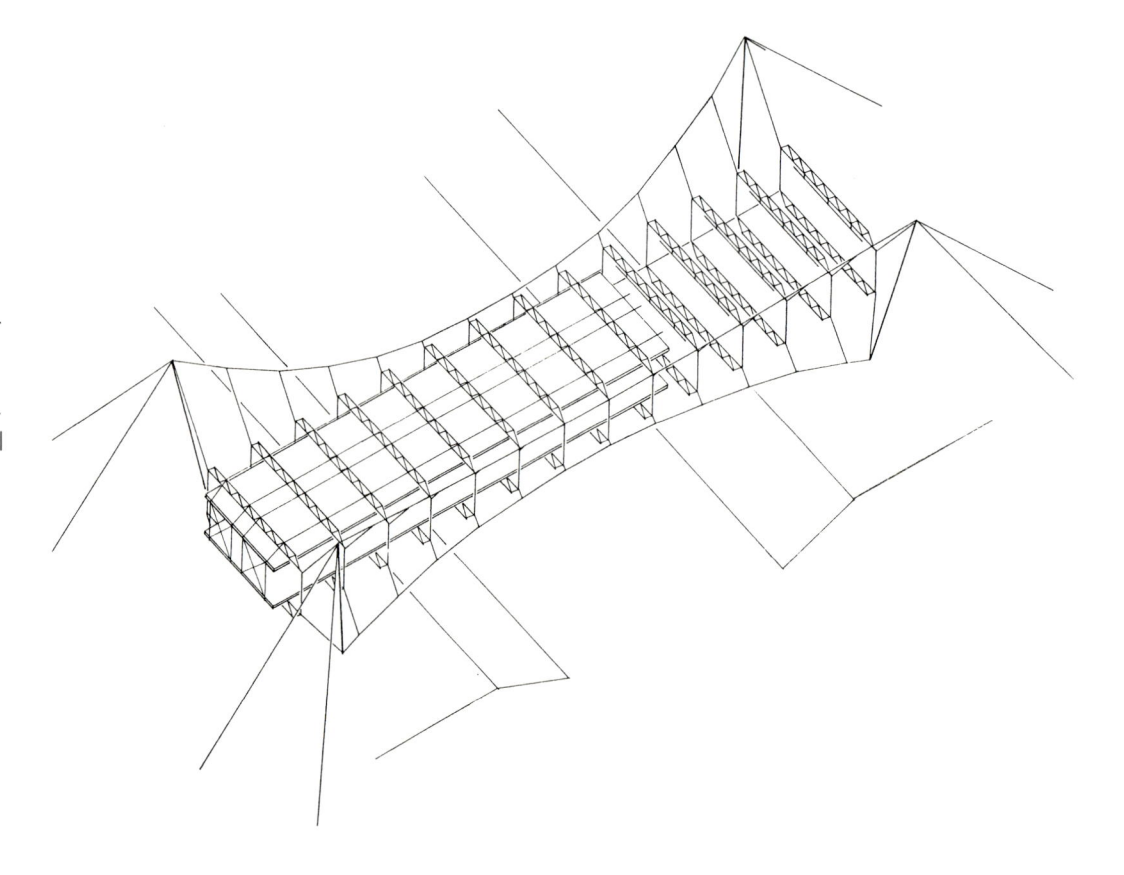

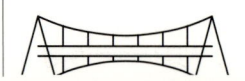

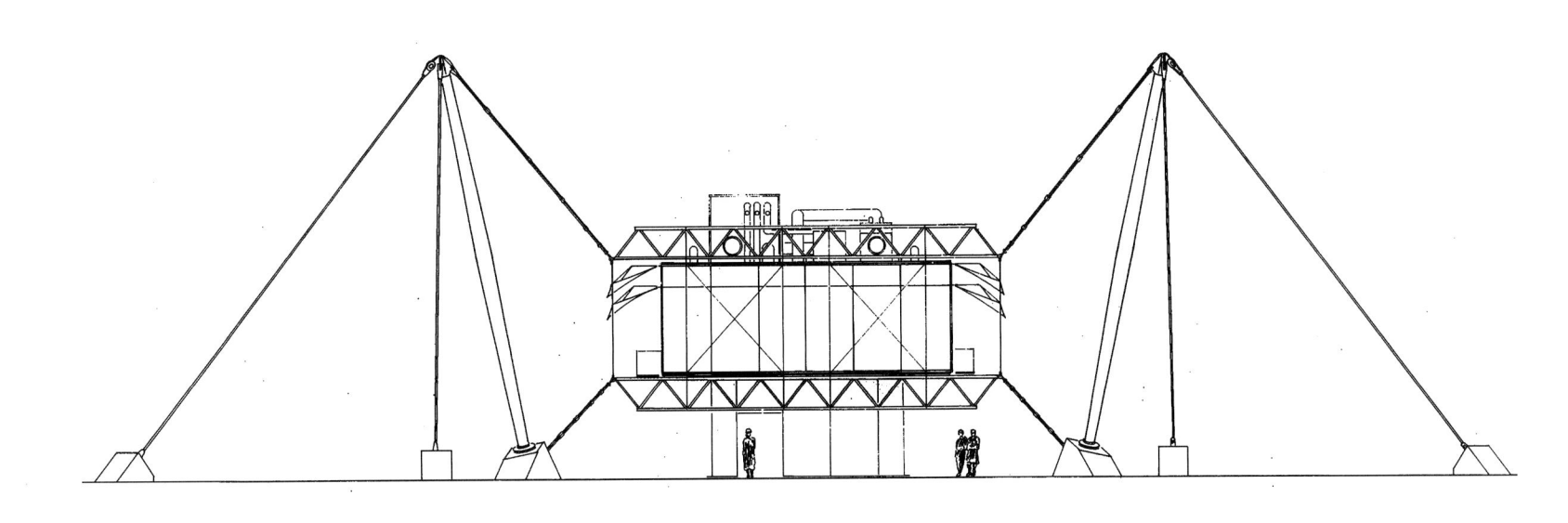

Brückenbauwerke

Technischer Ausbau
Zwei unterschiedlich ausgelegte Lüftungsanlagen reagieren auf die verschiedenen Anforderungen in der Küche (reine Abluft) und im Restaurant (Zu-/Umluft).

Die beiden Anlagen sind auf dem Dach installiert und ermöglichen jederzeit eine leichte Zugänglichkeit für Wartungszwecke. Diesem Vorteil und der gestalterischen Qualität dieser Maßnahme (sowohl für den Innenraum als auch für die Außenwirkung) steht jedoch der hohe Aufwand für die Ummantelung der einzelnen Rohre und Anlagenteile gegenüber.

Die Geräte zur Erzeugung von Kälte und Wärme sind sinnvollerweise in der Nähe des Brennstofflagers, im Kellergeschoß, untergebracht. Von hier aus wird die Energie mittels Wasser (guter Energieträger, geringe Querschnitte) in die Dachzentrale transportiert und mittels Wärmetauschern an die Zuluft übertragen.

Entsprechend der Gesamtkonzeption des Gebäudes – die unterschiedlichen Anforderungen zu entflechten und als solche ablesbar zu machen (Tragen, Lasten, Umhüllen) – wurde auch die technische Gebäudeausrüstung behandelt:
Sämtliche Versorgungsleitungen sind sichtbar außerhalb der Gebäudehülle angeordnet.

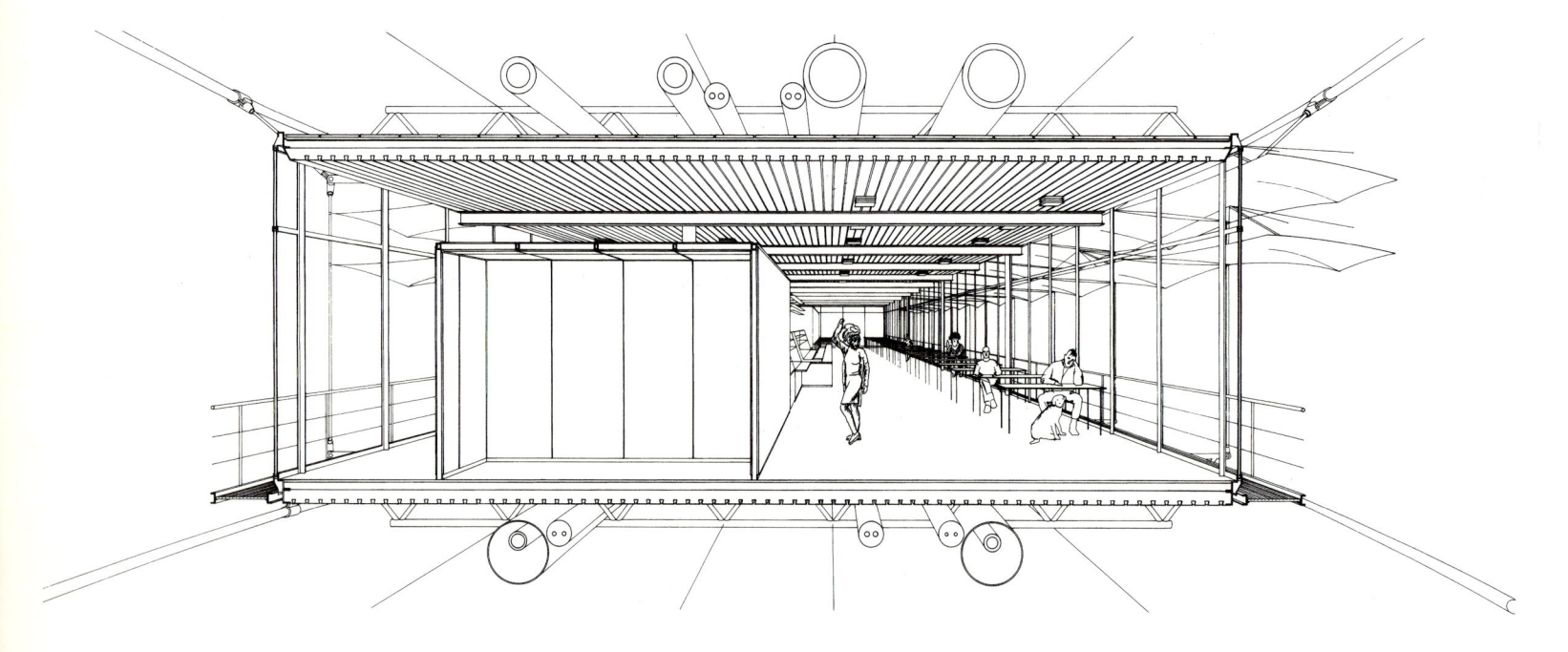

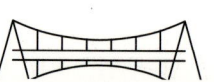

Brückenbauwerke

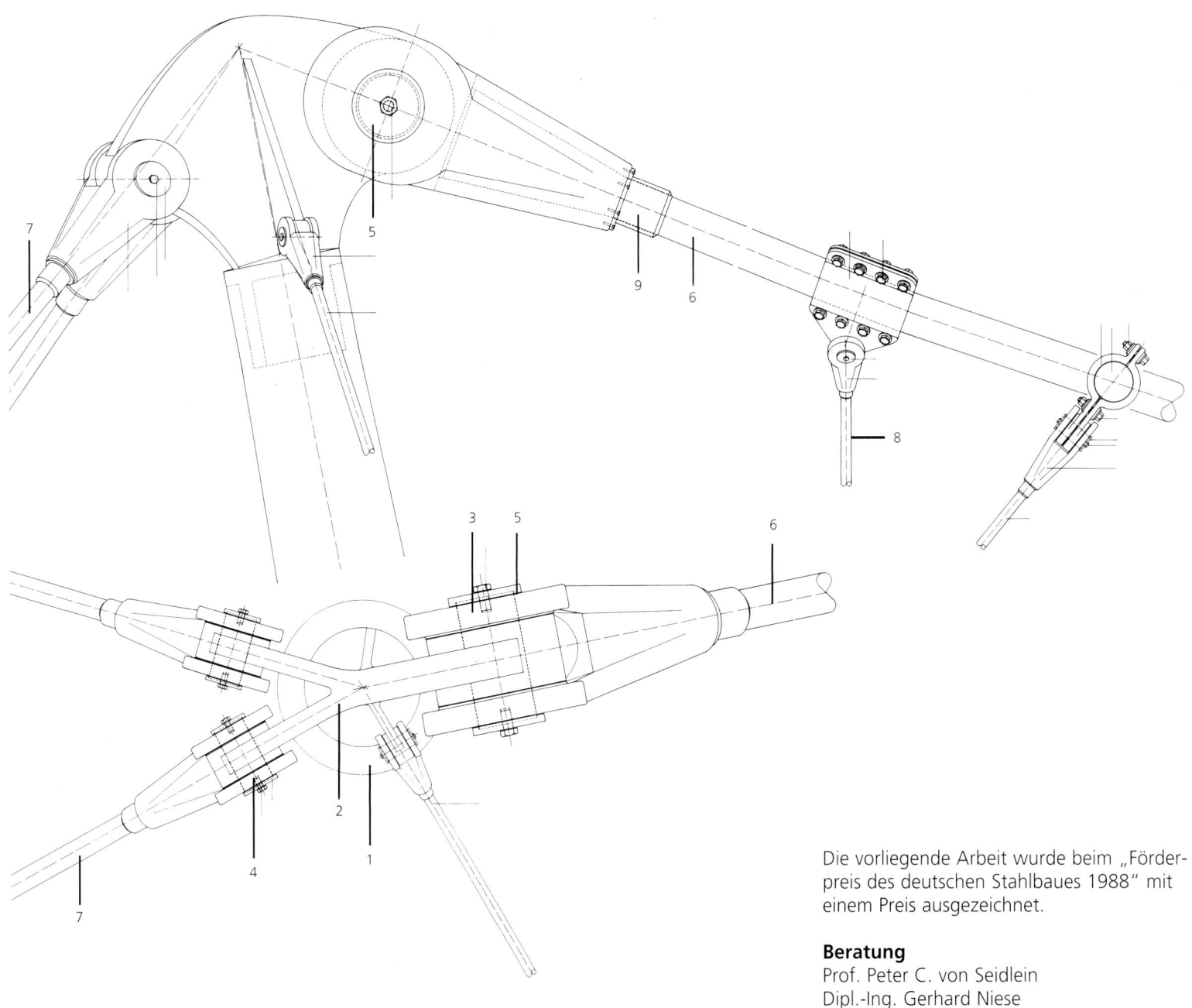

Detail Mastkopf

1 Mast, d = 45 mm
 Dm 450 – 650 mm
 StBlech verschweißt
2 Mastkopf, h = 900 mm
 Stahlguß
3 Bolzen Dm 225 mm
4 Bolzen Dm 120 mm
5 Sicherungskappe
6 Tragseil 160 mm
7 Abspannseil 108 mm
8 Hänger 44 mm
9 Dichtungsbuchse mit Siliconfüllung
 (Korrosionsschutz Seileinlauf)

Die vorliegende Arbeit wurde beim „Förderpreis des deutschen Stahlbaues 1988" mit einem Preis ausgezeichnet.

Beratung
Prof. Peter C. von Seidlein
Dipl.-Ing. Gerhard Niese
(Institut für Baukonstruktion)
Prof. Dr. Günter Eisenbiegler
Dipl.-Ing. Frank Ulrich Drexler
(Institut für Tragkonstruktionen und Konstruktives Entwerfen)
Dipl.-Ing. Walter Dittes
(Institut für Kernenergetik und Energiesysteme)

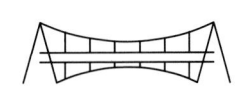

1987

West Pier in Brighton
Fachwerksteg mit Pavillon

Wolfgang Bauer
Herwig Rott

Aufgabe
Die im 19. Jahrhundert ursprünglich als reine Anlegestelle für Boote geplanten Piers an den Küsten Englands haben sich im Laufe der Zeit zu beliebten Seepromenaden und kommerziell betriebenen Vergnügungsorten mit einer eigenständigen Architekturform entwickelt.

Der baufällige West Pier in Brighton soll durch einen neuen, 400–500 m langen Landungssteg ersetzt werden, der mit dem Hauptdeck eben an die Uferstraße anbindet und am seeseitigen Ende eine Anlegemöglichkeit für große Yachten und Schiffe bietet. Zusätzlich zu großzügigen, z.T. wettergeschützten Sonnen- und Flanierdecks sind ca. 4000 m² Bruttogeschoßfläche für Veranstaltungs-, Gastronomie- und Sportnutzungen gefordert.

Konzept
Der Pier ist in zwei Baukörper gegliedert:

Ein 500 m langer, zweigeschossiger Steg, der geradewärts in die See hinausführt, und ein ebenfalls langgestreckter, zweigeschossiger Pavillon, der – ähnlich einem Schiff – seitlich an den Steg angedockt und über Gangways erschlossen ist.

Hieraus ergibt sich eine klare funktionale Trennung zwischen der eigentlichen Seepromenade und denjenigen Freizeitnutzungen, die mit einem längeren Aufenthalt in wohltemperierten Räumen verbunden sind.

Parallel zum Pavillon ist ein Anlegesteg für Yachten und Sportboote vorgesehen, während die großen Schiffe an der Stelle mit der größtmöglichen Wassertiefe, am Kopfende des Piers, anlegen können.

Im architektonischen Ausdruck vermittelt der neue Pier einen präzisen, sachlichen Charakter, der sich weit mehr an der Eleganz und Klarheit des Schiffbaus orientiert als an der kleinteiligen und bunten Stilarchitektur der historischen Piers.

Tragwerk
Das Tragwerk des Piers besteht aus Stahl. Aus Gründen der optischen „Durchlässigkeit" der Konstruktion wurden mit 48 m für den Steg und 24 m für den Pavillon relativ große Stützweiten gewählt. Die hierdurch erzielbaren Einsparungen bei der Gründung werden jedoch durch den erhöhten Stahlaufwand für die große Spannweite aufgezehrt. Zur Verbesserung der Wirtschaftlichkeit wurden deshalb die Brückenträger in die Nutzgeschosse integriert und zu deren Lastabtragung herangezogen.

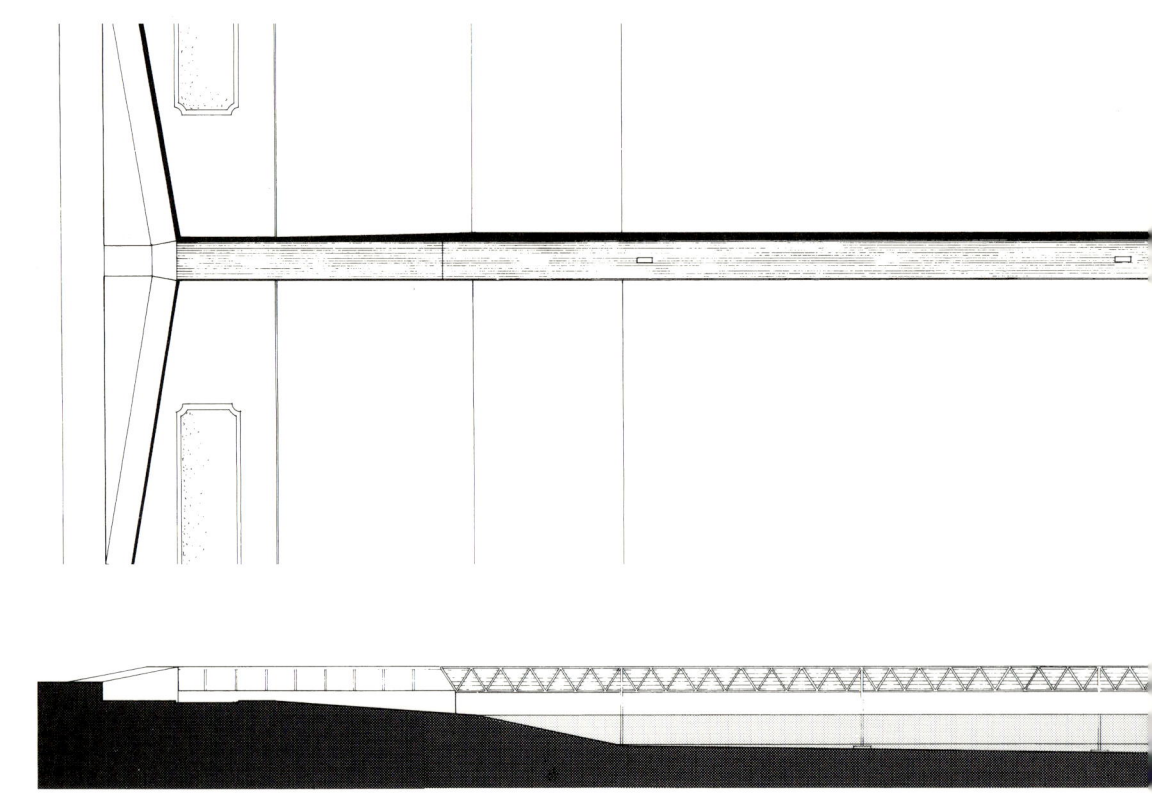

Trotz dieser Gemeinsamkeiten sind Steg und Pavillon sehr unterschiedlich konstruiert: Der Steg ist als 5 m hoher Dreigurtfachwerkträger konzipiert, der im Abstand von 48 m auf je zwei Stützen von 18 m Länge aufgelagert ist. Am Fuß der Stützen werden die Vertikallasten auf Betoncaissons abgetragen.

Horizontale Kräfte in Längsrichtung werden über die Gurte in die Uferböschung eingeleitet, während bei Lasten in Querrichtung das obere Deck durch Windverbände als Scheibe aktiviert wird. Diese trägt die Horizontallasten als liegender Träger über 48 m zu den ausgekreuzten Stützen und von dort in die Fundamente.

Für den Pavillon wurde anfangs eine Tischkonstruktion mit einem Raumfachwerk ähnlich dem Dreigurtträger des Stegs untersucht, worauf die Nutzflächen in einem Raster mit üblichen – kleinen – Spannweiten konstruiert werden sollten. Diese Tischkonstruktion wirkte jedoch wie ein zusätzliches Geschoß. Deshalb wurde versucht, das Tragwerk in den genutzten Raum zu integrieren.

Ergebnis ist eine gerichtete Stahlkonstruktion mit vier Fachwerkträgern von 144 m Länge und 7,80 m Höhe (also 2 Geschossen), die im Abstand von 8 m angeordnet sind und jeweils 24 m weit spannen. Nebenträger liegen im Abstand von 6 m zwischen den Hauptträgern und werden von Verbunddecken überspannt.

Diese Geschoßdecken sorgen zusammen mit Windverbänden in Längs- und Querrichtung für die Abtragung der Horizontallasten in die Caisson-Fundamente.

Angesichts der aggressiven Seeluft werden im Außenbereich überwiegend geschlossene Profile (Rohre) mit geschweißten Verbindungen verwendet, die wenig Angriffsfläche für Korrosion bieten. Da eine Anlieferung per Schiff möglich ist, können die vorgefertigten Abschnitte sehr groß werden (48 m), so daß die Zahl der korrosionsgefährdeten Montagestöße gering gehalten werden kann.

|A |B |C

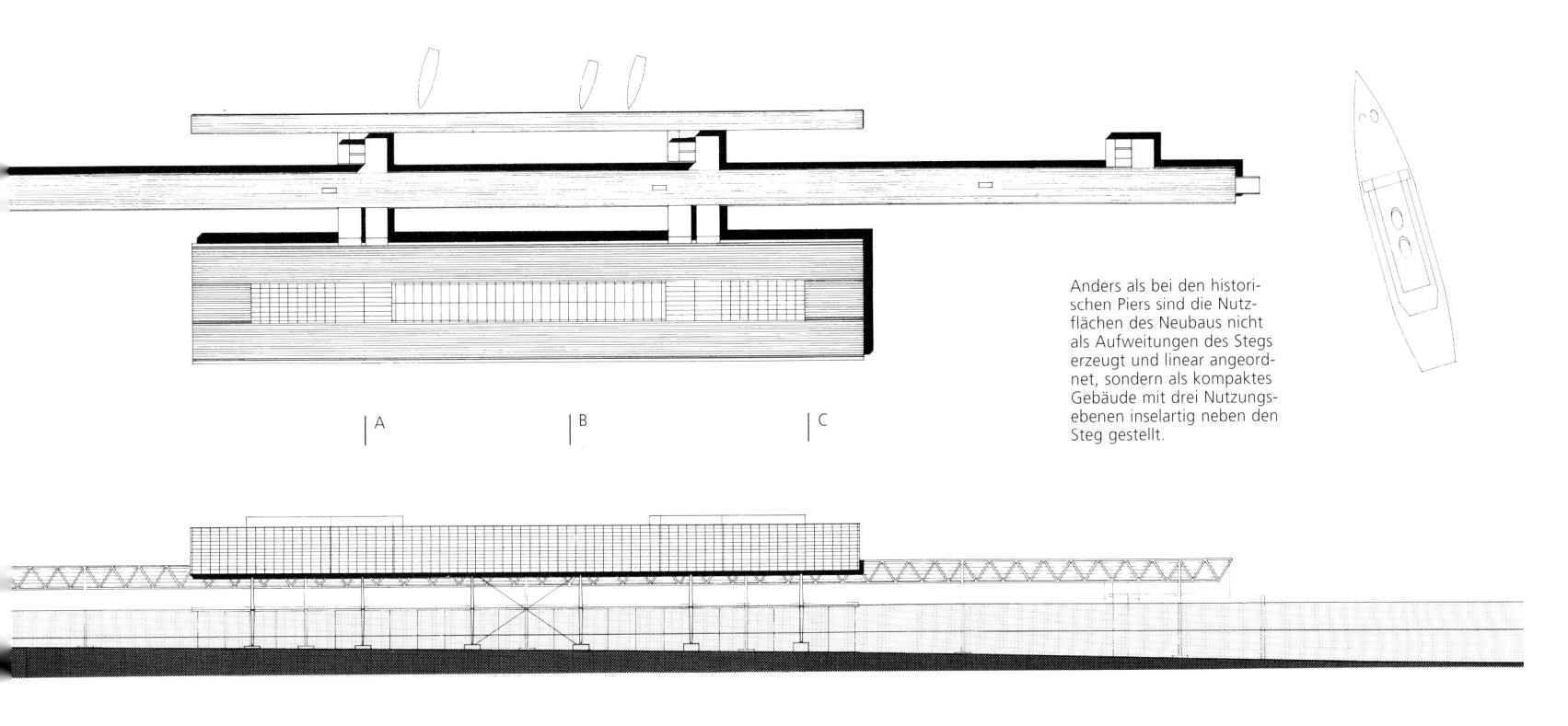

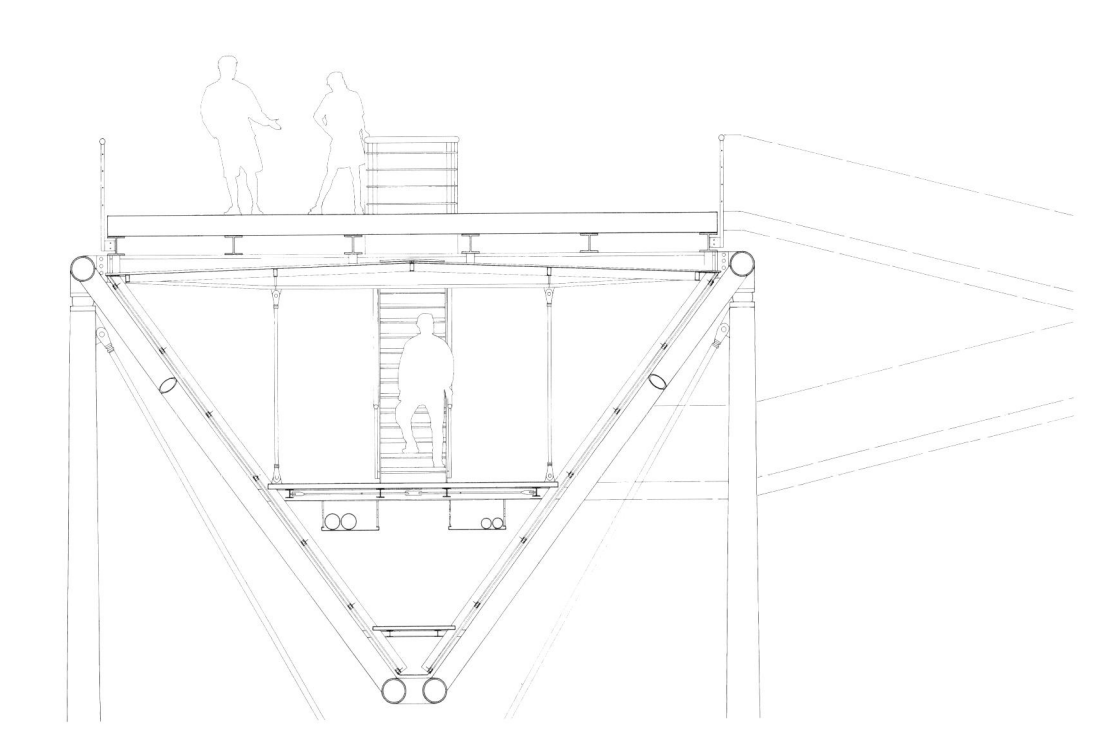

Anders als bei den historischen Piers sind die Nutzflächen des Neubaus nicht als Aufweitungen des Stegs erzeugt und linear angeordnet, sondern als kompaktes Gebäude mit drei Nutzungsebenen inselartig neben den Steg gestellt.

Der dreieckige Querschnitt der Stegkonstruktion kommt den funktionalen Anforderungen entgegen:
Die größte Nutzbreite steht dem offenen, für Anlieferzwecke auch befahrbaren Oberdeck zur Verfügung, während die geringere Breite innerhalb des Trägers als wettergeschützte Flanierzone und die untere Spitze als Trasse für die Ver- und Entsorgungsleitungen genutzt wird.

Modellfoto der Pavillonkonstruktion

Brückenbauwerke

Hülle

Der Windschutz für den Flanierweg innerhalb des Dreigurtträgers wird durch eine Einfachverglasung hergestellt, die auf einer Stahlunterkonstruktion im Innern des Trägers befestigt ist.

So bleibt die Konstruktion des Stegs weithin sichtbar, während das Tragwerk des Pavillons vollständig unter der Gebäudehülle verborgen ist, um schwierige Durchdringungen und Kältebrücken sowie extreme thermische Längenänderungen zu vermeiden.

Dies hat außerdem den Vorteil, daß eine optische Konkurrenz zwischen beiden Bauteilen ausgeschlossen wird.

Die senkrechten Hüllflächen und die Unterseite des Pavillons bestehen aus einer Pfosten-Riegel-Konstruktion, die mit wärmegedämmten Aluminiumpaneelen bzw. Isolierglaseinheiten gefüllt ist.

Die verglasten Längsseiten erhalten zusätzlich eine zweite, äußere Schale aus Einfachglas, um den hohen Winddruck auf die Fassade und ihre Fugen abzupuffern und um den Sonnenschutz im Zwischenraum geschützt unterbringen zu können.

Das Dach ist in den begehbaren Bereichen als konventionelles Warmdach mit einem aufgeständerten Holzbelag ausgebildet und nur an den Technikaufbauten im System der Fassade mit Alupaneelen weitergeführt.

Der Luftraum in der Mitte des Pavillons erhält ein flachgeneigtes Glasdach mit außenliegenden Aluminiumlamellen als Sonnenschutz.

Technischer Ausbau

Die hohen Windgeschwindigkeiten an der Küste machen eine konventionelle Fensterlüftung problematisch.

Um die Kosten für eine Klimaanlage einzusparen, wurde für den Pavillon eine zweischalige Glasfassade mit einem durchlüfteten Pufferraum vorgesehen, über den die einzelnen Räume durch Fensteröffnung belüftet werden können. Eine Abluftansaugung im zentralen Luftraum des Pavillons gewährleistet hierbei einen ausreichenden Luftaustausch.

Diese Form der nahezu natürlichen Lüftung hat neben der Energieeinsparung den Vorteil, daß der – bei Festverglasung verlorengehende – akustische und olfaktorische Kontakt zur Außenwelt erhalten bleibt.

Lediglich der Multifunktionssaal ist klimatisiert. Die zugehörige raumlufttechnische Anlage befindet sich in einer der Technikboxen auf dem Sonnendeck.

Sämtliche Ver- und Entsorgungsleitungen für den Pavillon werden im unteren Bereich des Dreigurtsteges frostsicher geführt.

Die vorliegende Arbeit wurde beim „Förderpreis des deutschen Stahlbaus 1994" mit einem Preis ausgezeichnet.

A – A

B – B

C – C

Die drei Ebenen des Pavillons sind funktional klar gegliedert:
Die untere Ebene enthält den Veranstaltungs- und Gastronomiebereich, die mittlere den Sport- und Fitneßbereich und die obere das zugehörige Freiluft-Sonnendeck mit zwei Aufbauten für Technikzentralen.

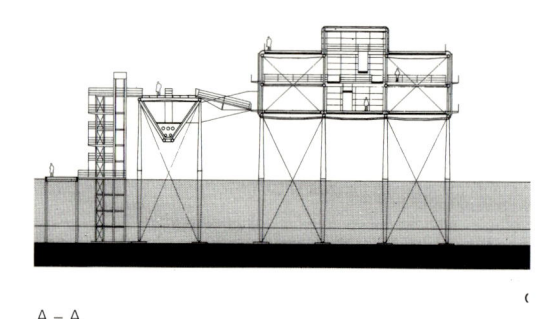

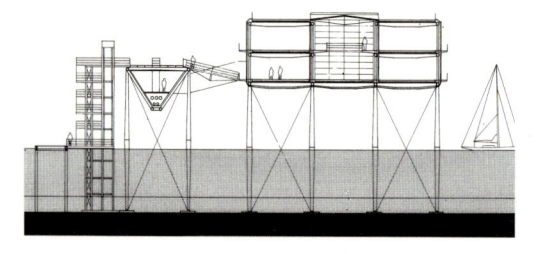

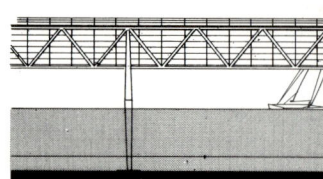

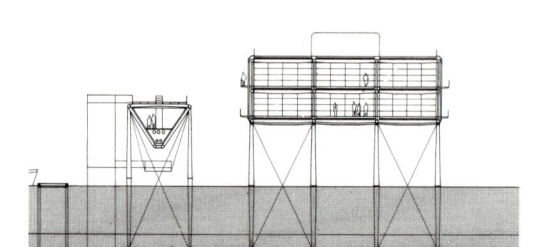

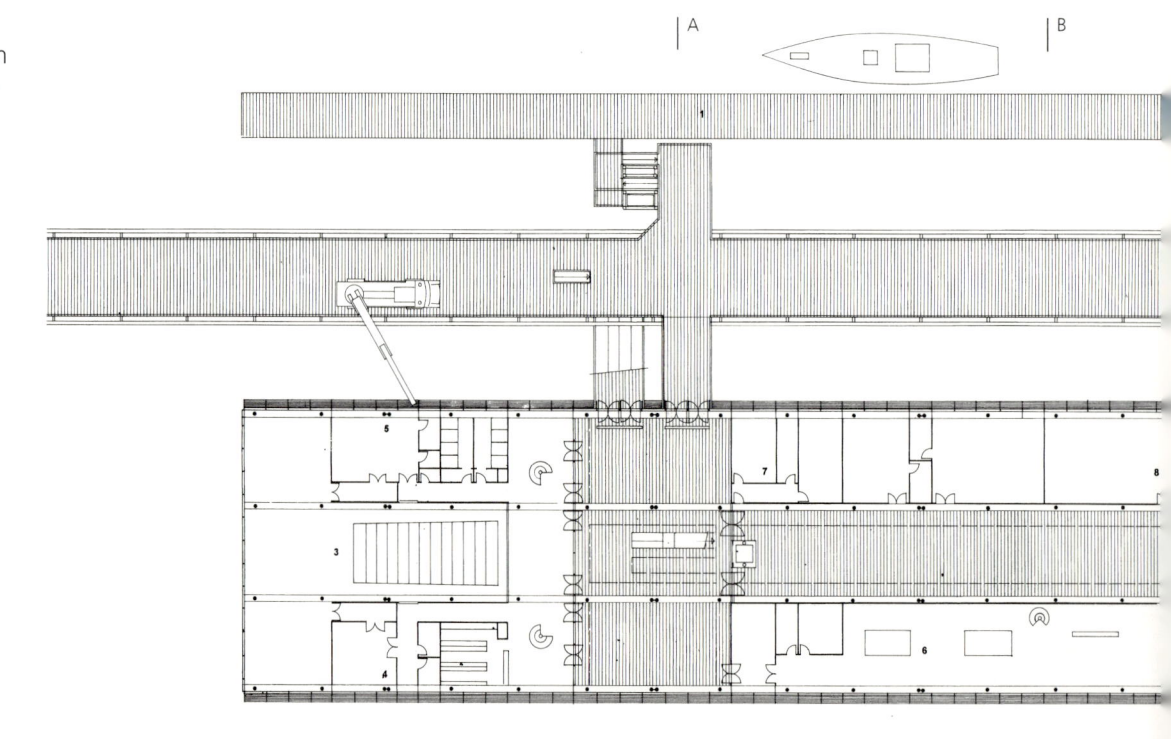

Beratung
Prof. Peter C. von Seidlein
Dipl.-Ing. Joachim Helmle
(Institut für Baukonstruktion)
Prof. Dr. Günter Eisenbiegler
Dipl.-Ing. Frank Ulrich Drexler
(Institut für Tragkonstruktionen und
Konstruktives Entwerfen)
Dipl.-Ing. Walter Dittes
(Institut für Kernenergetik und Energiesysteme)

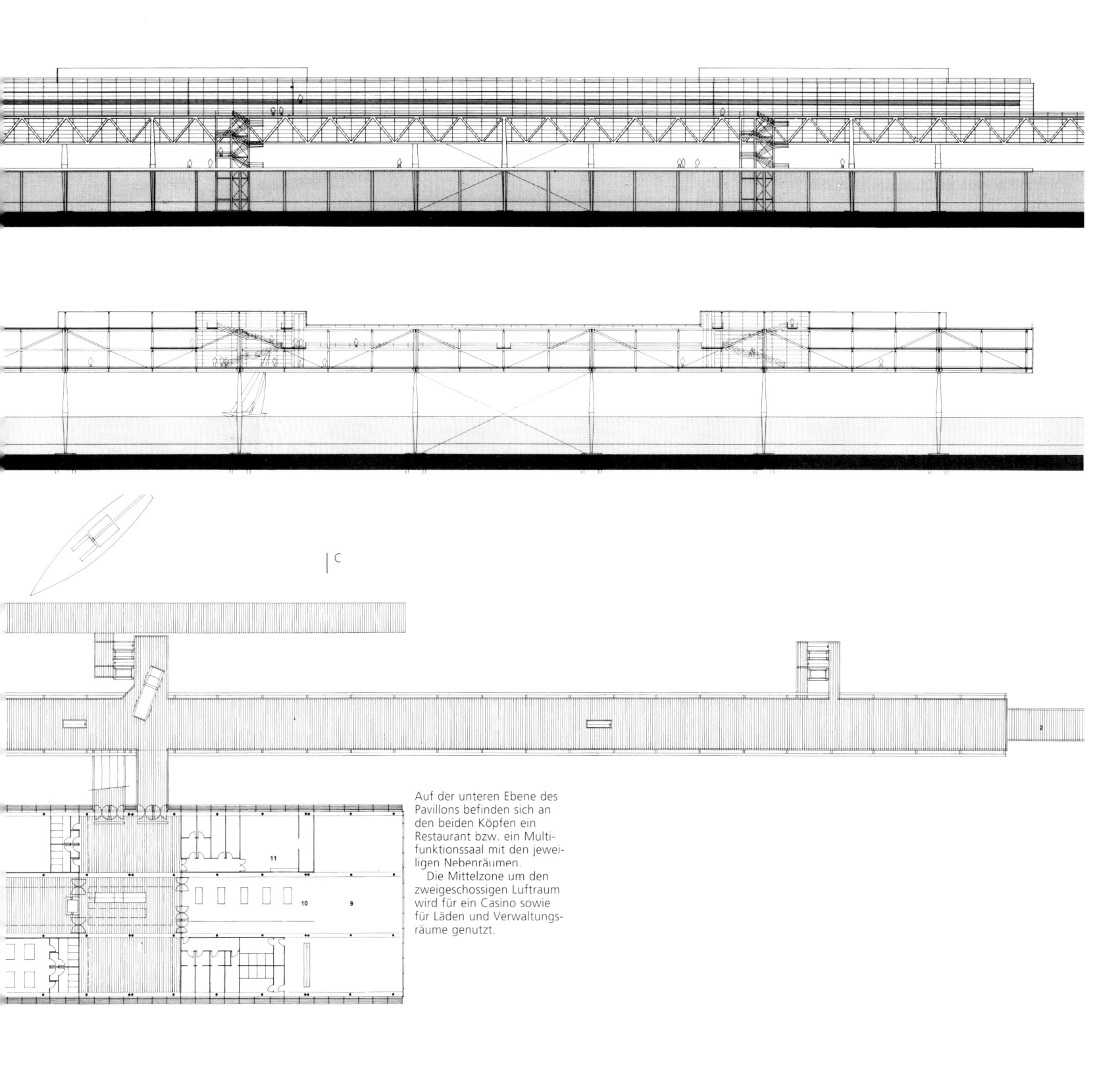

1994

Auf der unteren Ebene des Pavillons befinden sich an den beiden Köpfen ein Restaurant bzw. ein Multifunktionssaal mit den jeweiligen Nebenräumen.
Die Mittelzone um den zweigeschossigen Luftraum wird für ein Casino sowie für Läden und Verwaltungsräume genutzt.

Brückenbauwerke

West Pier in Brighton
Fachwerk mit Auskragung

Arndt Bischof
Angela Rheinländer

Aufgabe
Die im 19. Jahrhundert ursprünglich als reine Anlegestelle für Boote geplanten Piers an den Küsten Englands haben sich im Lauf der Zeit zu beliebten Seepromenaden und kommerziell betriebenen Vergnügungsorten mit einer eigenständigen Architekturform entwickelt.

Der baufällige West Pier in Brighton soll durch einen neuen, 400–500 m langen Landungssteg ersetzt werden, der mit dem Hauptdeck eben an die Uferstraße anbindet und am seeseitigen Ende eine Anlegemöglichkeit für große Yachten und Schiffe bietet. Zusätzlich zu großzügigen, z.T. wettergeschützten Sonnen- und Flanierdecks sind ca. 4000 qm Bruttogeschoßfläche für Veranstaltungs-, Gastronomie- und Sportnutzungen gefordert.

Konzept
Wie bei den historischen Vorbildern wird der neue Pier als eine mit Aufbauten besetzte Flanierebene interpretiert.

Einzelne Gebäude mit unterschiedlichen Nutzungen (Gastronomie, Kinosäle, Spielsalons und Läden) sind mittig auf dem 24 m breiten Pier angeordnet, so daß sie umgangen und umfahren werden können.

Zwischen den Aufbauten entstehen platzartige Aufweitungen, die den Blick auf das Meer nach beiden Seiten freigeben und stellenweise – durch offenfugige Verlegung des Bohlenbelags – auch Durchblicke nach unten auf das Wasser gewähren.

Die statisch erforderliche Höhe der Brückenkonstruktion wird zur Unterbringung der Versorgungsleitungen und aller Nebennutzungen wie Technikzentralen, Sanitäranlagen, Küchen- und Lagerräume usw. verwendet.

Durch die Abstimmung der Aufbauten auf das Konstruktionsraster des Piers ergeben sich innerhalb des Systems große Freiheitsgrade:

Die Aufbauten können vergrößert, verkleinert, ergänzt oder abgetragen werden, ohne daß man in die Grundstruktur des Piers eingreifen muß.

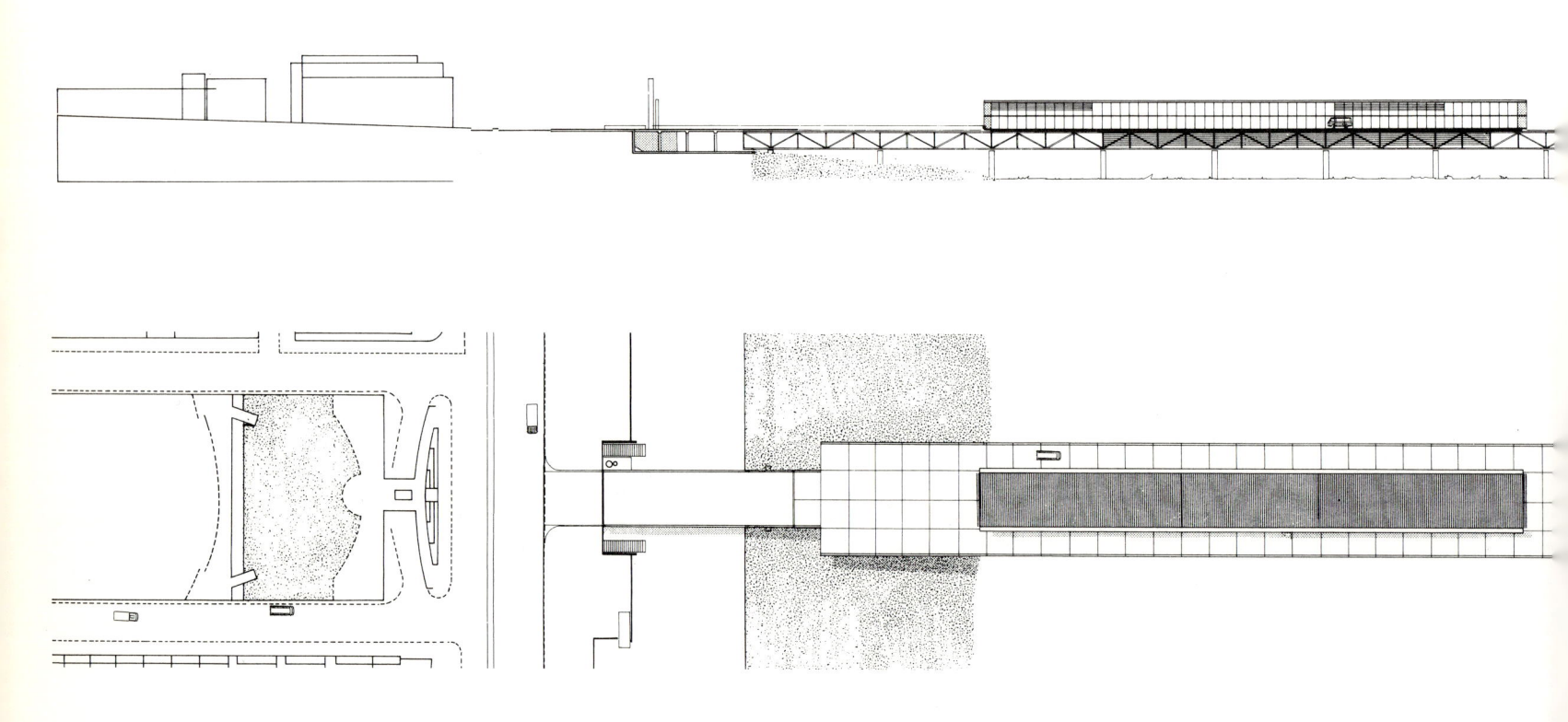

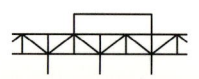

Brückenbauwerke 207

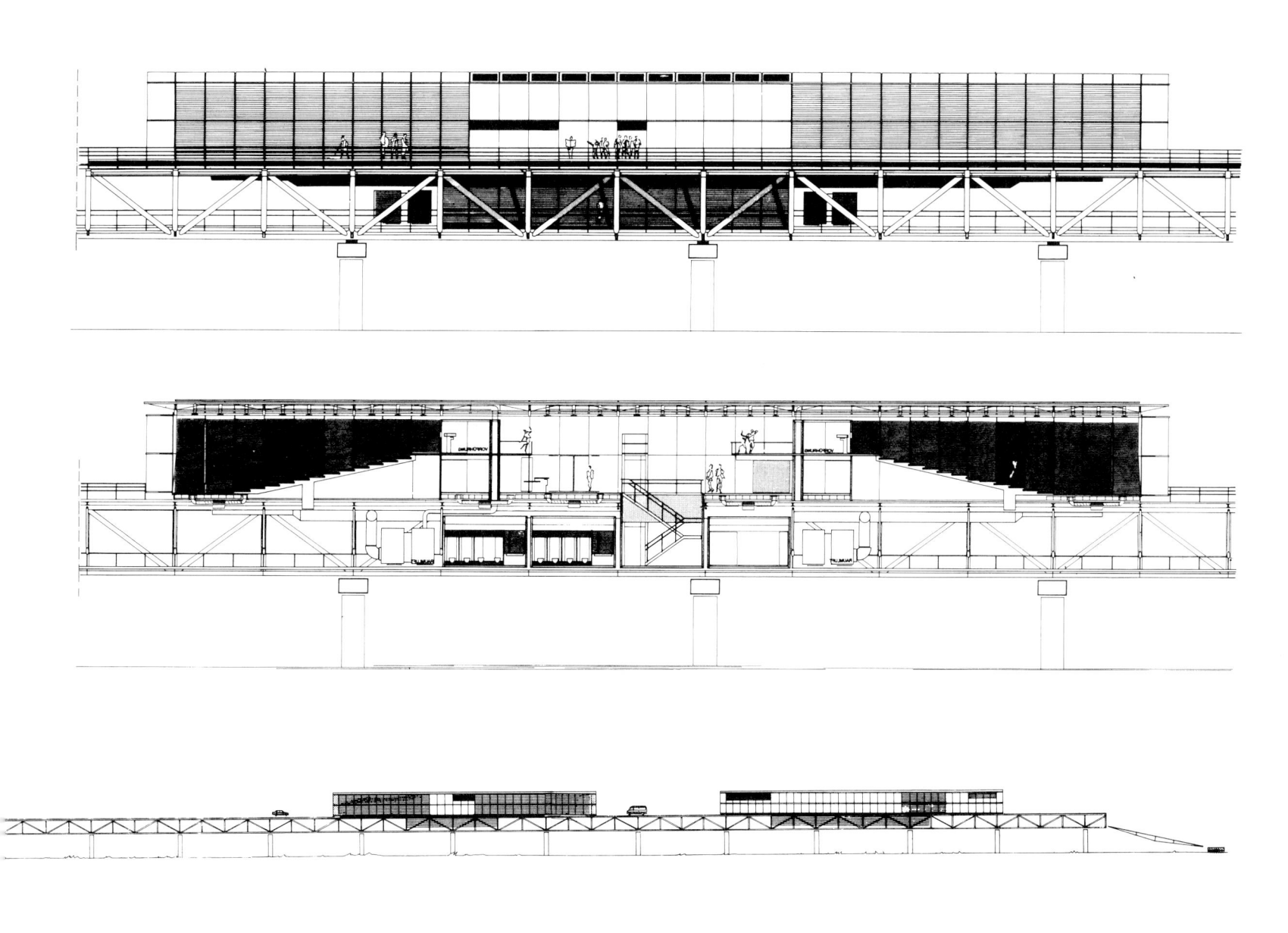

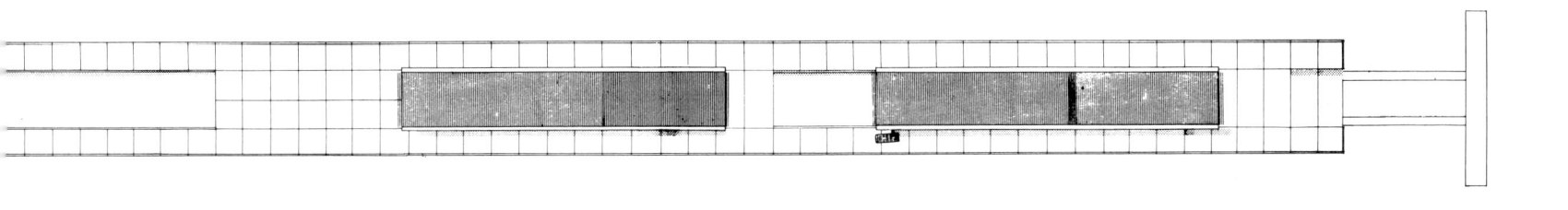

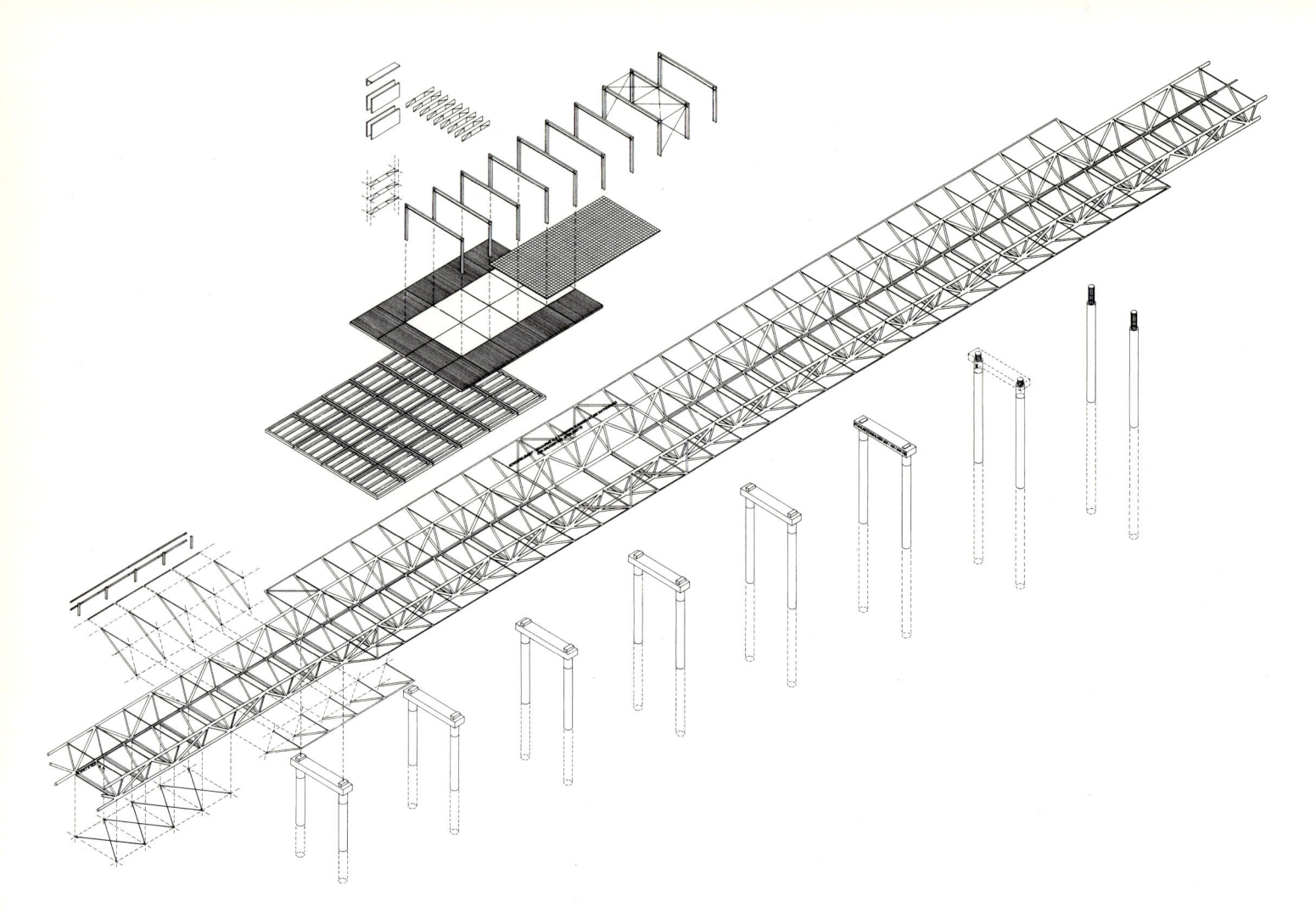

Tragwerk

Die Auflagerkonstruktion für den 500 m langen Pier besteht aus Betonrahmen, die im Abstand von 24 m mittels Bohrpfählen im Meeresgrund verankert sind.

Der darauf aufliegende Brückenträger ist als Fünfgurtträger aus Stahl konzipiert, der an Land vormontiert, verschweißt und im Vorschub auf die Auflagerrahmen gesetzt wird. Anschließend werden zu beiden Seiten Kragarme montiert, die später die Fahrbahnen tragen.

Die Kragarme sind derart ausgebildet, daß auch in Querrichtung Fachwerkträger entstehen, wodurch die Fahrbahnlasten – insbesondere die dynamischen Lasten – in Form von Normalkräften in das Tragwerk eingeleitet werden. Die Tragglieder können demzufolge wesentlich schlanker ausgebildet werden als bei Biegebeanspruchung.

Im Hinblick auf die Benutzbarkeit des Konstruktionsgeschosses wurde der Quer-Fachwerkträger trotz des höheren Materialaufwands mit Druckdiagonalen ausgebildet, um einen mittigen Erschließungsgang freizuhalten.

Auch für die Fachwerk-Längsstruktur ist nicht die vordergründig materialsparendste Geometrie gewählt worden, sondern ein System aus Druckdiagonalen und vertikalen Füllstäben, das im Hinblick auf asymmetrische Lasten, Auflagerabstände für Deckenträger und Anschlüsse von Ausbauteilen Vorteile aufweist.

So bietet z.B. das 6 x 6-m-Raster der Obergurtebene die Verwendung von vorgefertigten, ungerichteten Plattenelementen anstelle von Nebenträgern für die Hauptebenen an. Hinsichtlich der Lastabtragung (nur punktuell auf die Fachwerkknoten, also über Normalkraft) und der Montage auf See (größere Montageeinheiten, weniger Schraubverbindungen) können hierdurch erhebliche Verbesserungen erzielt werden.

Zur Aussteifung wird die Untergurtebene über die gesamte Länge ausgekreuzt, während in der Obergurtebene nur stellenweise Diagonalstäbe zur Anbindung der Kragarme erforderlich sind. Im Sinne der angestrebten Flexibilität können die Mittelstäbe der Obergurtebene sogar herausgenommen werden, um geschoßübergreifende Nutzungen zu ermöglichen. In diesem Fall müssen die Fahrbahnkragarme als räumliche Fachwerkträger ausgebildet werden.

Die Pieraufbauten bestehen aus Zweigelenkrahmen mit 12 m Spannweite, die im Abstand von 6 m über Laschen und Montageplatten gelenkig an die Obergurtknoten der Brückenkonstruktion angeschlossen werden, so daß auch hier ausschließlich Normalkräfte auftreten.

Hülle

Im Sinne einer fachwerkgerechten Lastabtragung sollten auch die Lasten aus der Gebäudehülle ausschließlich in die Knoten des Brückenträgers eingeleitet werden, d.h. über die Rahmenkonstruktion der Aufbauten in das Haupttragwerk geführt werden.

Die Windlasten der Fassade werden deshalb über horizontale Fachwerkträger in die Rahmenstiele, das Eigengewicht der Hülle nicht wie bei einer konventionellen Pfosten-Riegel-Fassade nach unten, sondern über vertikale Seilabhängungen nach oben, direkt in die Rahmenecken, abgeleitet. Das Prinzip der Fassade wird im Dachbereich fortgeführt.

Da aufgrund der extremen Windbelastung für die Pieraufbauten eine zweischalige Hülle angestrebt wird, bietet sich die Bautiefe der Fassadenunterkonstruktion als Pufferraum an. Die Auflagerung der Glasscheiben bzw. Sandwichpaneele erfolgt dementsprechend mit Anpreßleisten auf den Ober- und Untergurtstäben der Fachwerkträger.

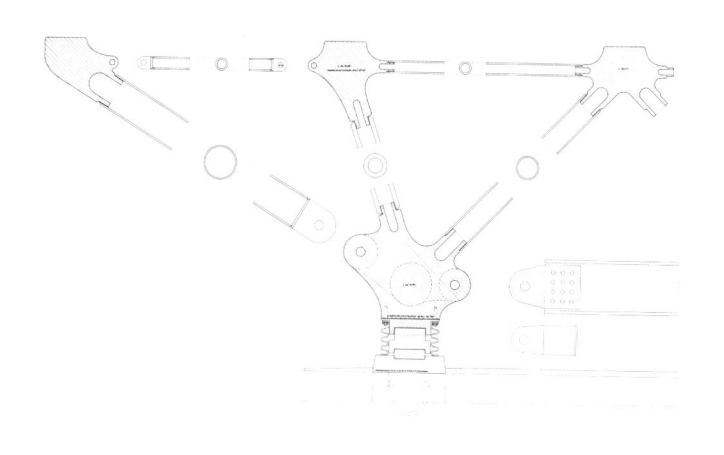

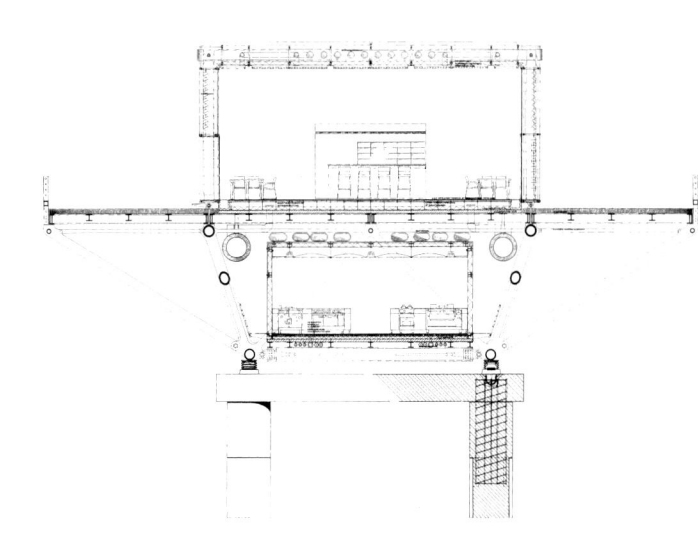

Bei der Detaillierung der
Tragwerkknoten wurde auf
gute Korrosionsbeständig-
keit, geringen Wartungsauf-
wand und hohen Vorferti-
gungsgrad geachtet.
 Der Fünfgurtträger wird
aus geschlossenen Profilen
(Rohren) und Gußknoten
(GS 52.3) hergestellt, die
keine Schraubverbindungen
und nur ein Minimum an
Schweißnähten erfordern.
 Die seitlichen Kragarme
werden erst nach Montage
des Tragwerkerns an die
Gußknoten geschraubt.
 Das Gleit-/Kipp-Auflager
des Brückenträgers auf den
Betonrahmen ist durch eine
elastische Neoprenhülse vor
direkter Bewitterung ge-
schützt.

Die Brückenauflager be-
stehen aus Bohrpfählen
(St.Rohr 160 x 6 cm), die
ausbetoniert und paarweise
mit Stahlbetonfertigteilen zu
Rahmen verbunden werden.
 In Längsrichtung ist der
Pier durch Verankerung in
der Uferböschung gegen
Verschieben gesichert.

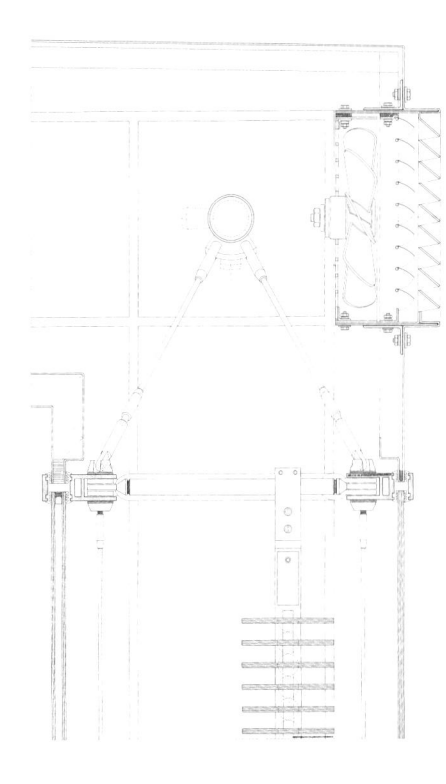

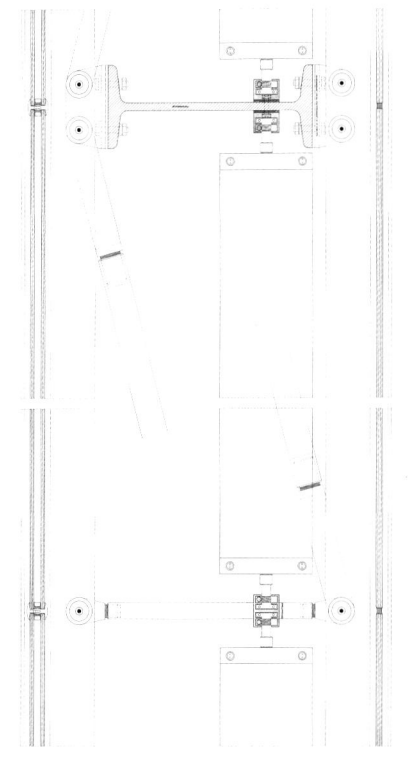

Zweischalige Hülle
Vertikal-/Horizontalschnitt

Der zwischen äußerer Hülle
aus Einfachglas (Wetter-
schutz) und innerer Hülle
aus Isolierglas (Wärme-
schutz) liegende windge-
schützte Bereich dient zur
Unterbringung des Sonnen-
schutzes und gewährleistet
eine zugfreie Grundlüftung
des Innenraums.
 Der Klimapuffer erzielt im
Winter in geschlossenem
Zustand einen zusätzlichen
Wärmegewinn.
 Die gläsernen Sonnen-
schutzlamellen sind im Winkel verstellbar und können
zur Reinigung der Fassade
hochgefahren werden.

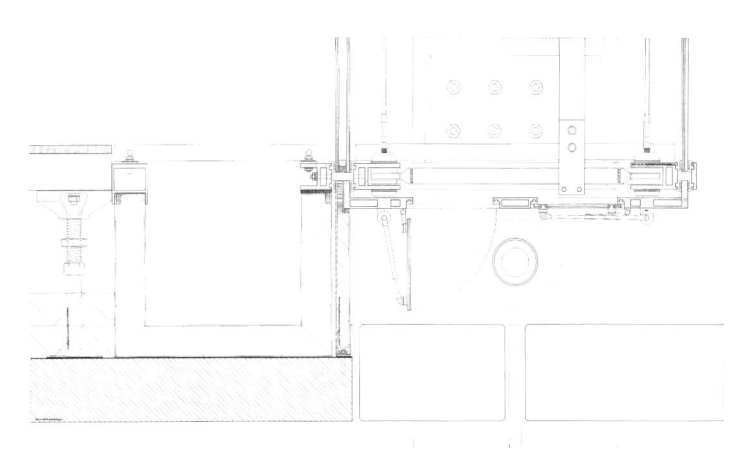

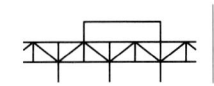

Technischer Ausbau

Die Grunddisposition der Gebäudetechnik
folgt dem Flexibilitätsgedanken:
 Je nach Nutzung können die Innenräume
natürlich über die zweischalige Glasfassade
oder, bei hohem erforderlichem Luftwechsel,
mechanisch belüftet werden. Der Fassaden-
puffer im Dachbereich und die Konstruktionshöhe des Brückenträgers bieten ausreichend Platz für die Leitungsführung und sind
problemlos zugänglich. Erforderliche Technikzentralen sind an beliebiger Stelle in den
Steg integrierbar.

Beratung

Prof. Peter C. von Seidlein
Dipl.-Ing. Peter Seger
(Institut für Baukonstruktion)
Prof. Dr. Günter Eisenbiegler
Dr. Bernd-Friedrich Bornscheuer
(Institut für Tragkonstruktionen und
Konstruktives Entwerfen)
Dipl.-Ing. Walter Dittes
(Institut für Kernenergetik und Energie-
systeme)

1994

Venice Pier

Fachwerkrahmen

Stephan Eberding

Aufgabe
Pier bedeutet auf deutsch „Landungsbrücke, senkrecht zur Küste ins Meer gebaut".

Vielfach, und so auch an der südkalifornischen Küste, haben diese Landungsbrücken ihre ursprüngliche Funktion als Schiffsanlegeplatz weitgehend verloren und sich stattdessen zu umfangreichen Vergnügungsparks entwickelt. Die Szenerie zwischen Himmel, Wasser, Wellen, Sonne und Horizont macht einerseits den hohen Reiz dieser Einrichtungen aus, wird jedoch andererseits in der Konzeption der baulichen Anlagen erstaunlich wenig berücksichtigt.

Der Entwurf für den neuen Pier am Venice Beach soll sich mit dieser Problematik auseinandersetzen.

Konzept
Um das Erlebnis des Meers so intensiv wie möglich zu gestalten, ist das obere Deck des Piers als reine Flanierzone frei von jeglichen Aufbauten gehalten.

Die geforderten Nutzungen sind unterhalb dieser Ebene, innerhalb der weitgespannten und deshalb geschoßhohen Brückenkonstruktion angesiedelt.

Durch seitliche Verglasung wird hier ein wind- und regengeschützter Bereich geschaffen, der ähnlich einem Boulevard mit Straßencafés, Verkaufsständen, Kiosken und Restaurants bestückt ist. Da nur die Sanitär- und Technikeinheiten in geschlossenen, containerartigen Einbauten untergebracht sind, bleibt das ganze Geschoß als zusammenhängender öffentlicher Raum erlebbar.

Zu dieser Atmosphäre des „Sehens und Gesehenwerdens" bildet das Meer die Kulisse.

Die große Spannweite der Konstruktion sorgt für Transparenz, vor allem auch am Strand neben und unter dem Pier.

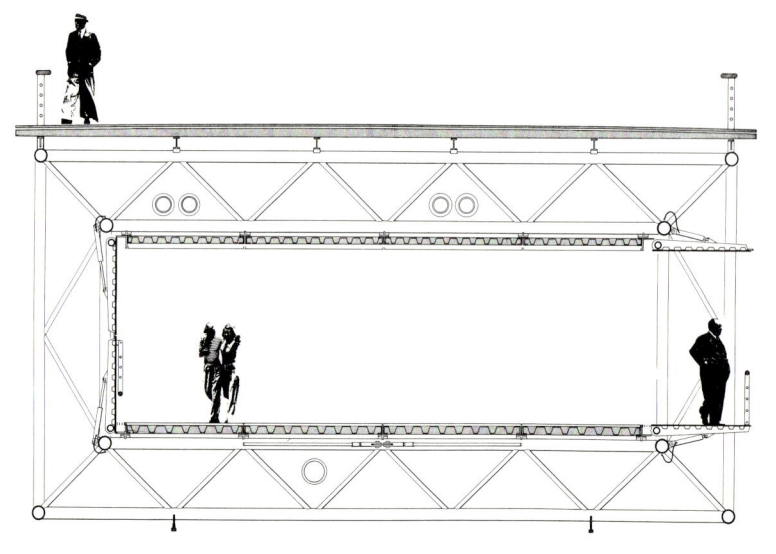

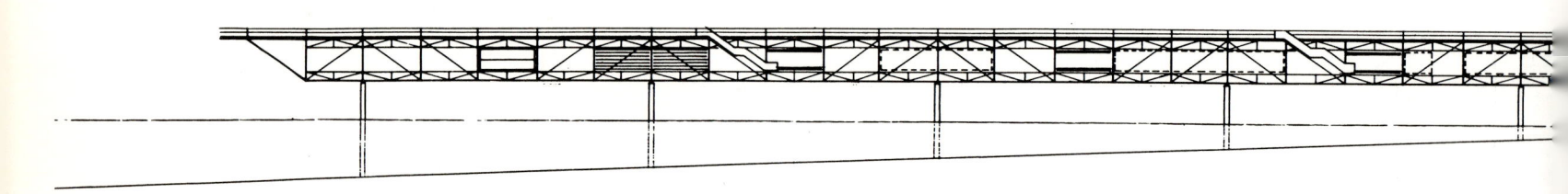

Die Fassade kann zur Belüftung stellenweise – im Mittelfeld eines jeden Hauptträgerabschnittes – geöffnet werden. Um die zweiteiligen Lüftungsklappen gleichzeitig als Aussichtsplattform für die Besucher nutzen zu können, werden störende Fachwerkdiagonalen in diesen Feldern durch Rahmen ersetzt.

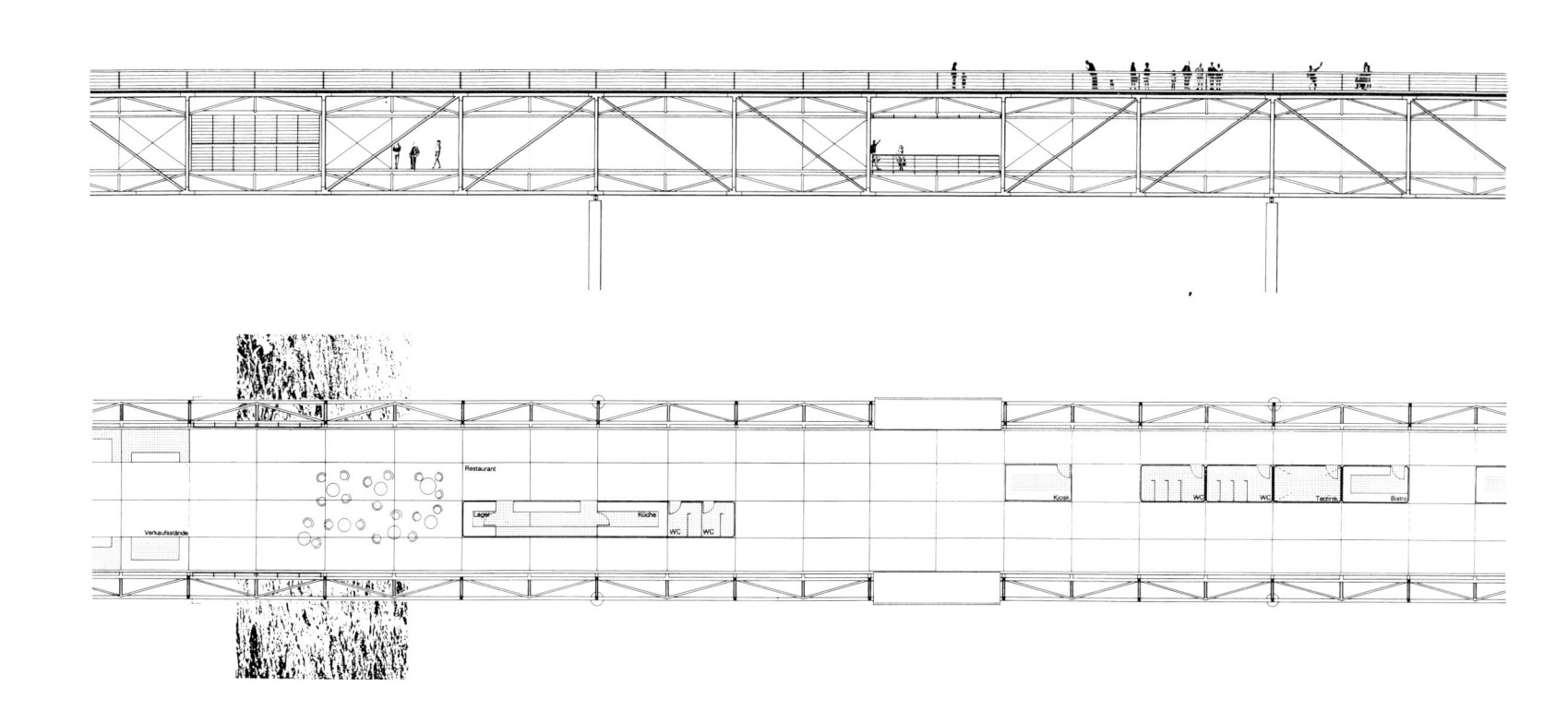

Der Pier wird landseitig über das obere Deck vom erhöhten Uferplatz aus erschlossen. Über seitlich angeordnete Treppen und Rampen sowie vom Strand aus gelangt man in die untere Ebene des Piers.
Die Anlieferung erfolgt landseitig über den Uferplatz. Direkt darunter sind Lagerräume angeordnet und über einen Lastenaufzug erschlossen. Von dort aus transportieren die Pierbetreiber ihren Tagesbedarf mit Elektrofahrzeugen.

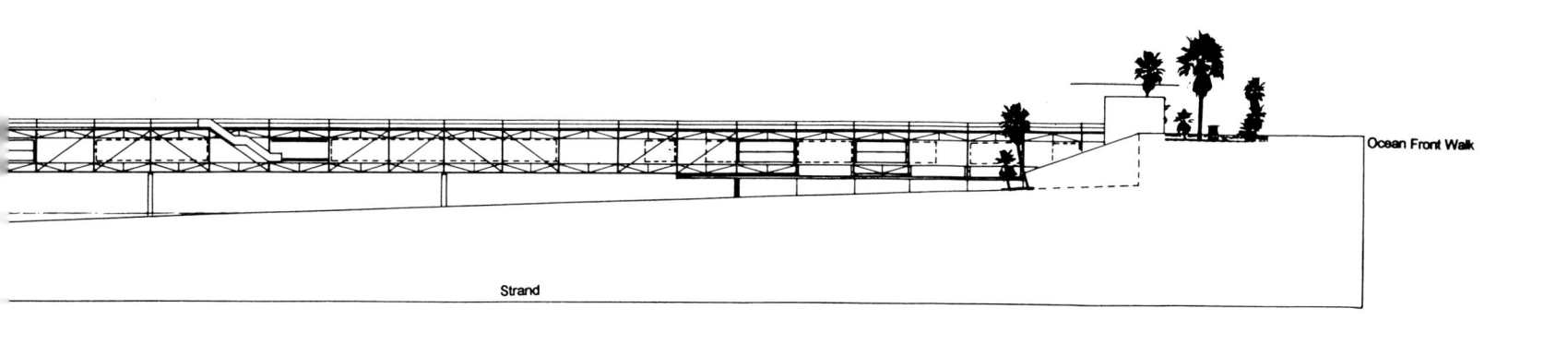

Brückenbauwerke

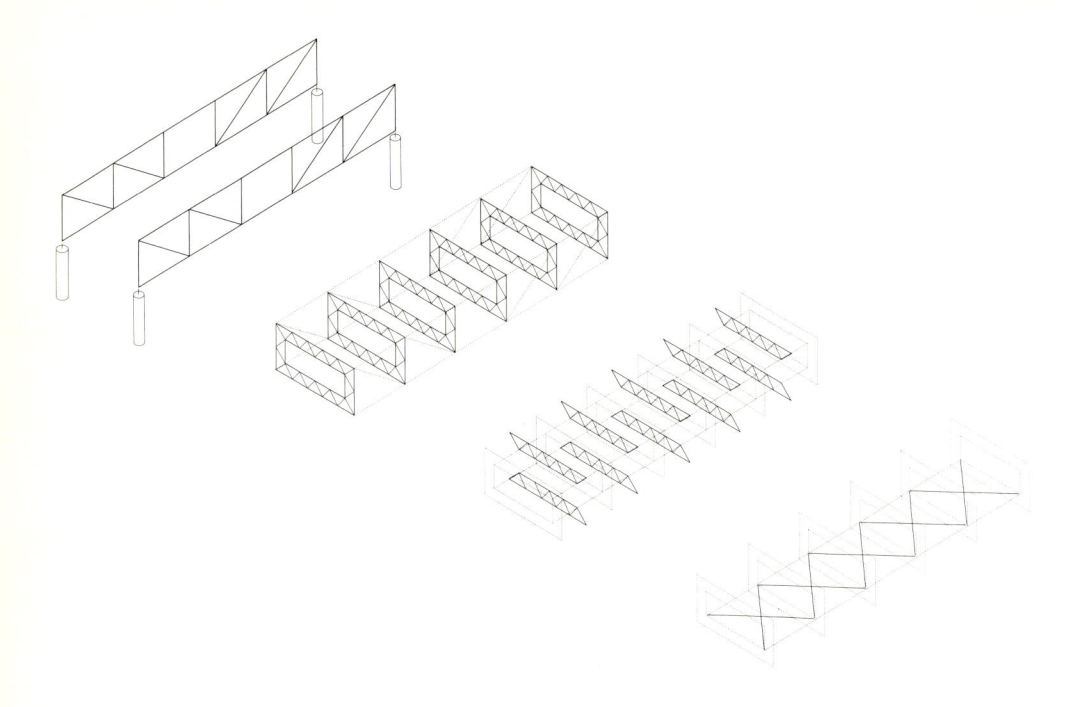

Tragwerk

Die Konstruktion des 400 m langen Piers besteht aus zwei parallel verlaufenden, 6 m hohen Stahl-Fachwerkträgern, die jeweils im Abstand von 45 m abgestützt sind.

Sie werden an den Knotenpunkten (alle 9 m) durch kastenförmige Fachwerkrahmen und Koppelstäbe zu einem räumlichen Brückenträger verbunden. Auskreuzungen in der unteren Rahmenebene sorgen für die Ableitung der Horizontalkräfte in die Stützen.

Um die Spannweite für die Konstruktion der begehbaren Flächen auf ein wirtschaftliches Maß (4,5 m) zu verringern, sind zusätzliche Fachwerkträger zwischen die Hauptträger eingehängt.

Räumlich angeordnete Diagonalstäbe zwischen den Enden dieser Nebenträger und den Fachwerkrahmen sorgen dafür, daß die Lasten nicht über Biegung, sondern über Normalkraft abgetragen werden.

Das Tragwerk besteht aus genormten Stahlrohrprofilen (Unter- und Obergurte 244,5 mm, Diagonalen 70 mm) und Verbindungsknoten aus Stahlguß. Als Konstruktionsmaterial wird aufgrund des besseren Gewicht-Leistungs-Verhältnisses Stahl St 52 gewählt.

Die Montage kann in einer Feldfabrik vor Ort am Strand erfolgen, wo die bereits vorgefertigt angelieferten Fachwerkträger (Transportlänge ca. 12,5 m) per Automat zusammengeschweißt werden. Zug um Zug wird der Pier im Taktverfahren in die endgültige Position geschoben.

Alternativ ist auch vorstellbar, einzelne Abschnitte zu 45 m Länge in einer nahegelegenen Werft anzufertigen, auf Pontons einzuschwimmen und mit Schiffskränen in die endgültige Position zu heben. Die Nebenträger und Holzbohlen der oberen Deckebene könnten ebenfalls schon vormontiert sein, so daß der Steg sofort begehbar ist.

Auch für den Ausbau der unteren Ebene werden elementierte Bauteile sowohl für Decke und Boden als auch der Technik-, Küchen- und Sanitärräume eingesetzt.

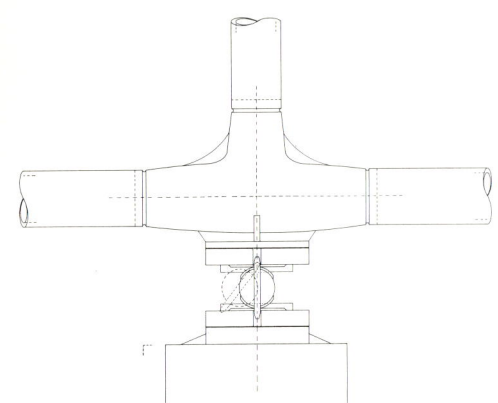

Die temperaturbedingte maximale Längenänderung des Bauwerks beträgt ca. 15 cm.
Deshalb ist die Konstruktion landseitig fixiert und seeseitig frei verschieblich gelagert. Die gewählten Rollenlager (Corroweld) sind zur Verringerung des Rollwiderstands und zur Minimierung des Wartungsaufwands im Bereich der Abwälzung mit nichtrostendem Stahl belegt.
Die Horizontalkräfte werden über eine axial angeordnete Führungsnut in die Stütze eingeleitet.

Das 12,50 m breite obere Deck wirkt für den Leichtbau des Konstruktionsgeschosses als hinterlüftetes Schattendach.
Die Bauhöhe des Tragwerks (1,20 m) wird zur Führung der Versorgungsleitungen genutzt.

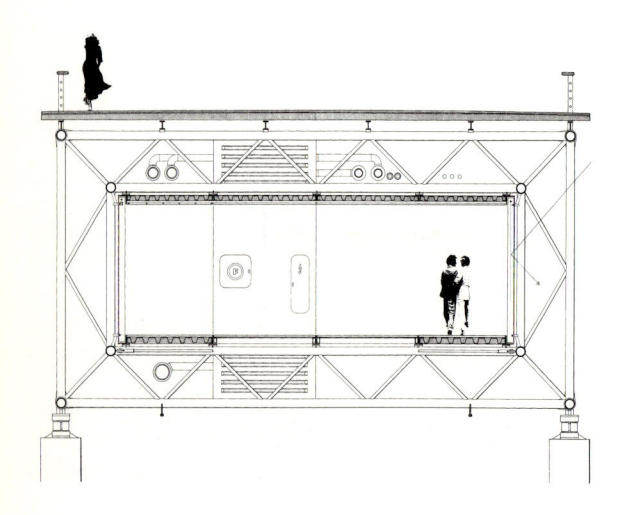

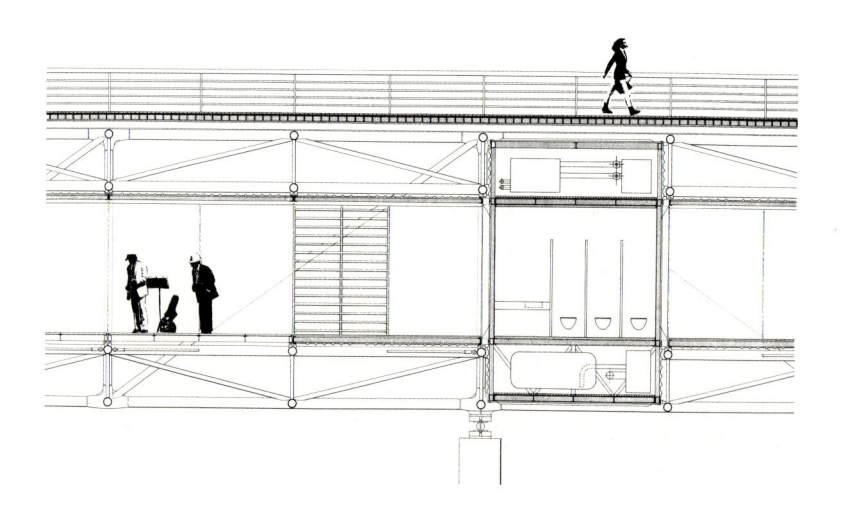

Hülle

Der geschlossene Teil des Piers ist als witterungsgeschützter Innenraum vollständig aus vorgefertigten Leichtbauelementen zusammengesetzt.

Die Bodenelemente bestehen aus Stahlrahmen mit Trapezblech, unterseitiger Wärmedämmung, tiefgezogenem Edelstahlblech als äußerem Abschluß und raumseitigem Gehbelag auf einer lastverteilenden Platte. Alternativ kann auch ein vierteiliges Element mit begehbaren Glasscheiben eingesetzt werden.

Die Deckenelemente sind analog ausgeführt, jedoch raumseitig mit wasserführenden Aluminiumpaneelen (Kühldecken) bestückt.

Das Standardelement ist 2,5 x 4,5 m groß und direkt auf der Tragkonstruktion befestigt. Die Außenfelder erhalten zwecks Anschluß der Fassade eine besondere Randausbildung, die eine unabhängige Montage von Decken- bzw. Bodenelementen und Fassade erlaubt.

Die vertikalen Hüllflächen sollen die Transparenz der Konstruktion nicht beeinträchtigen und sind deshalb mit großformatigen, geschoßhohen Scheiben fest verglast.

Innenliegende, windgeschützte Sonnenschutzlamellen verhindern ein übermäßiges Aufheizen des Innenraums bei flachem Sonnenstand und dienen gleichzeitig als Blendschutz. Sich zwischen Sonnenschutz und Verglasung stauende Wärme kann durch Permanentlüfter am oberen Fassadenanschluß abgeführt werden. Die erforderliche Zuluft strömt durch die offenen Fugen am unteren Anschlußpunkt nach.

Geschraubte Verbindungen im gesamten Ausbaubereich ermöglichen jederzeit den raschen Austausch einzelner Baugruppen. Notwendige Reparaturarbeiten lassen sich ohne Nutzungsausfall „über Nacht" durchführen.

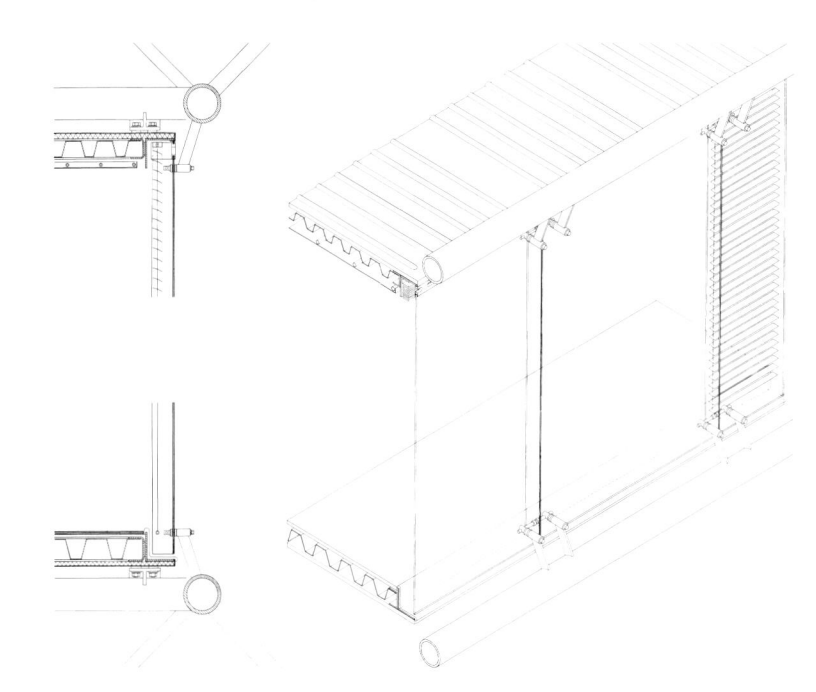

Rahmenlose, geschoßhohe Scheiben aus 14-mm-Verbundsicherheitsglas sind punktuell an der tragenden Konstruktion befestigt und zur Aufnahme der Windkräfte durch vertikale Glasschwerter gestützt.

Technischer Ausbau

Die technische Versorgung des Piers erfolgt vom Land aus. Eine im Geländeversatz angeordnete Technikzentrale beliefert die Sanitär-, Küchen- und Technikzellen des Piers mit Strom, Gas, Wasser, Wärme und Kälte.

Die an der Pierunterseite angeordnete Entwässerung erfolgt analog dazu über Sammeltanks und Pumpen in umgekehrter Richtung.

Die klimatischen Gegebenheiten erfordern eine nur geringe Temperierung des Innenraums. Die vorgesehene Kühldecke kann Wärme abführen beziehungsweise als Deckenheizung eingesetzt werden und mit der am Ort reichlich verfügbaren Solarenergie betrieben werden.

Zur natürlichen Belüftung sind – zusätzlich zu den Dauerlüftungsfugen – im Abstand von 36 m jeweils 9 m breite, öffenbare Klappelemente vorgesehen.

Beratung
Prof. Peter C. von Seidlein

Fachberatung
Prof. Dr. Günter Eisenbiegler
Dr. Bernd-Friedrich Bornscheuer
(Institut für Tragkonstruktionen und Konstruktives Entwerfen)

1994

Turmbauten

Heli Muc

Landeplattform mit aufgeständerter
Abfertigung

Arne P. Wetteskind
Ingo Zirngibl

Aufgabe

Die Aufgabe besteht in der Planung und konstruktiven Durcharbeitung einer Landeplattform für Hubschrauber.

Als möglicher Standort dieser prototypisch zu verstehenden Entwurfsaufgabe ist der Eingangsbereich des neuen Messegeländes in München ausgewiesen. Die große Entfernung der Messe zum Flughafen legt einen Helikopter-Pendelverkehr nahe.

Wegen der gewünschten zentralen Lage in unmittelbarer Nähe der Messehallen muß die Landefläche auf das Niveau der Hallendächer, d.h. um ca. 16 m über das Gelände, angehoben werden, damit die erforderlichen An- und Abflugwinkel der Maschinen eingehalten werden können.

Die Landefläche für einen Helikopter mit max.16 Insassen entspricht einem Kreis mit 33 m Durchmesser, der sich in eine Landezone mit 27 m Durchmesser und einen Sicherheitsstreifen mit gleichen Lastanforderungen und 3 m Tiefe unterteilt. Ein Überrollschutz begrenzt die Landefläche; die daran anschließende Absturzsicherung darf manövrierende Helikopter nicht beeinträchtigen.

Neben der Landeplattform sind alle notwendigen Räumlichkeiten für die Abfertigung der Fluggäste (Ticketverkauf, Wartebereich mit Bewirtungsmöglichkeit) und für die Piloten (Umkleide-, Aufenthaltsraum) sowie eine geeignete vertikale Erschließung der Plattform vorzusehen.

Besondere Bedeutung kommt hierbei den hohen Anforderungen an den Schallschutz und damit an die Konditionierung der Räumlichkeiten zu.

Konzept

Anstelle einer integrativen Lösung entschieden sich die Verfasser für die Entflechtung der geforderten Funktionsbereiche Landeplattform, Abfertigungsbereich und Vertikalerschließung.

Der Abfertigungsbereich ist zweigeschossig organisiert und mit dem oberen Geschoß, in dem sich die Lobby befindet, auf die Höhe der Landeplattform angehoben, um einen Sichtbezug zum Fluggerät herzustellen.

Die Erschließung erfolgt über einen Aufzugs- und Treppenturm, der als eigenständiger Baukörper seitlich an das Abfertigungsgebäude angelagert ist. Die Landeplattform selbst ist nur über einen Steg vom Abfertigungsgebäude aus zugänglich. Sie ist von einer eigenen Konstruktion getragen. Die Abstände von Turm und Terminalgebäude zur Plattform sind so gewählt, daß die Anforderungen der Flugsicherheit eingehalten werden.

Ausschlaggebend für die Ausbildung von drei eigenständigen Baukörpern war der Wunsch nach klarer baukörperlicher Ablesbarkeit der drei Funktionsbereiche, die durch sehr unterschiedliche Nutzungsanforderungen gekennzeichnet sind.

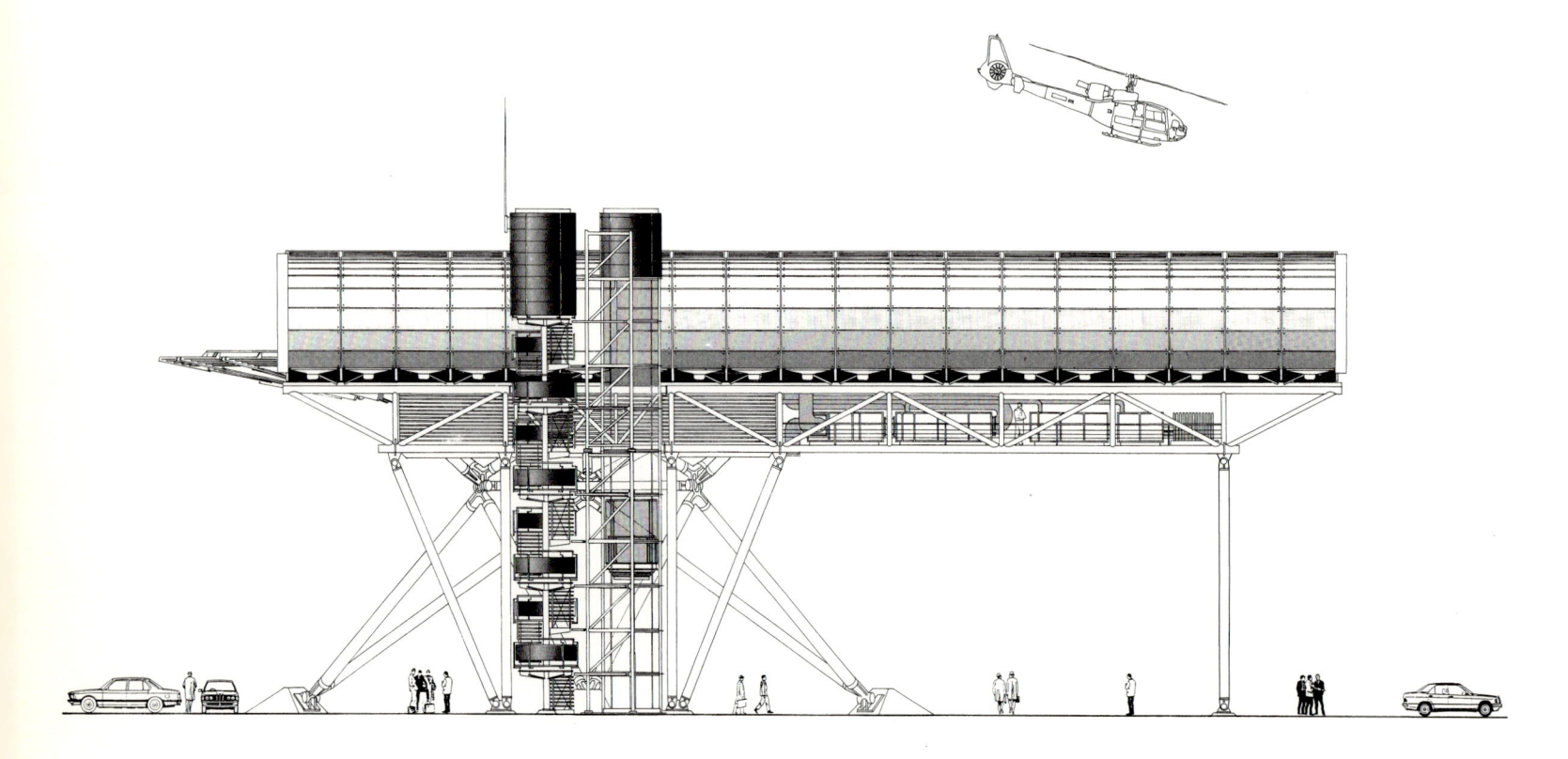

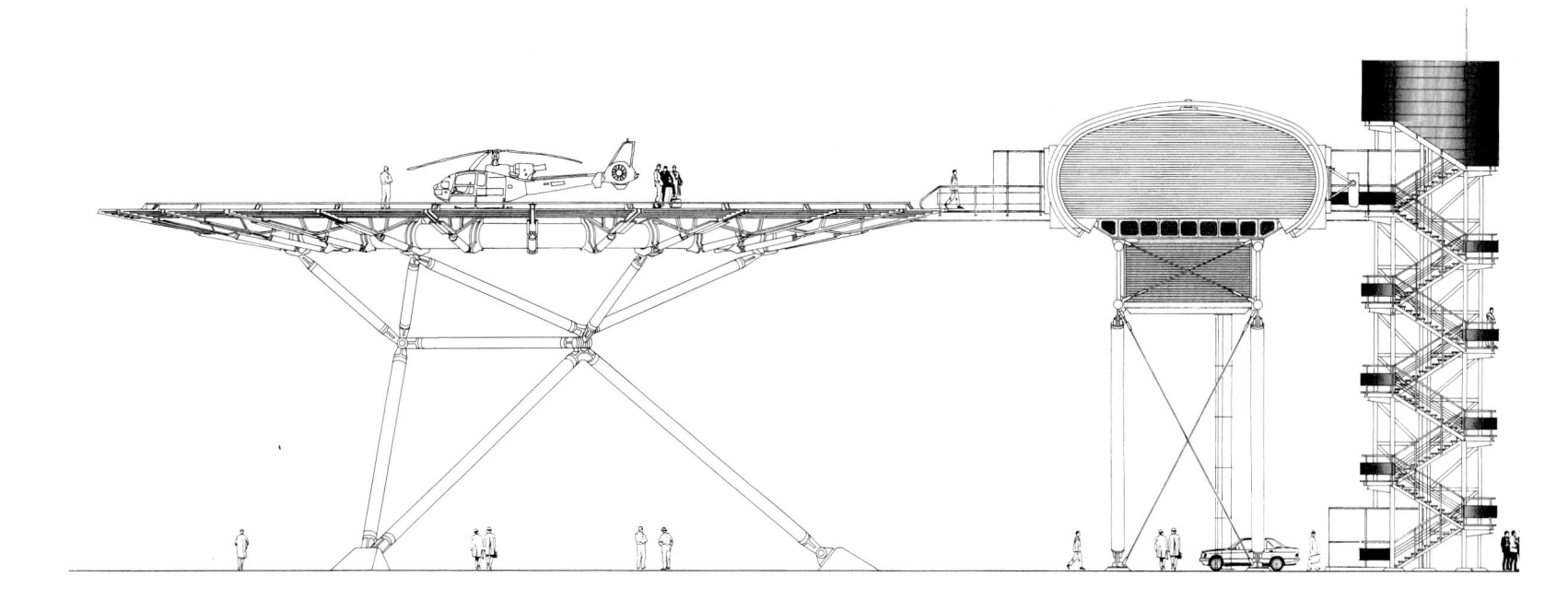

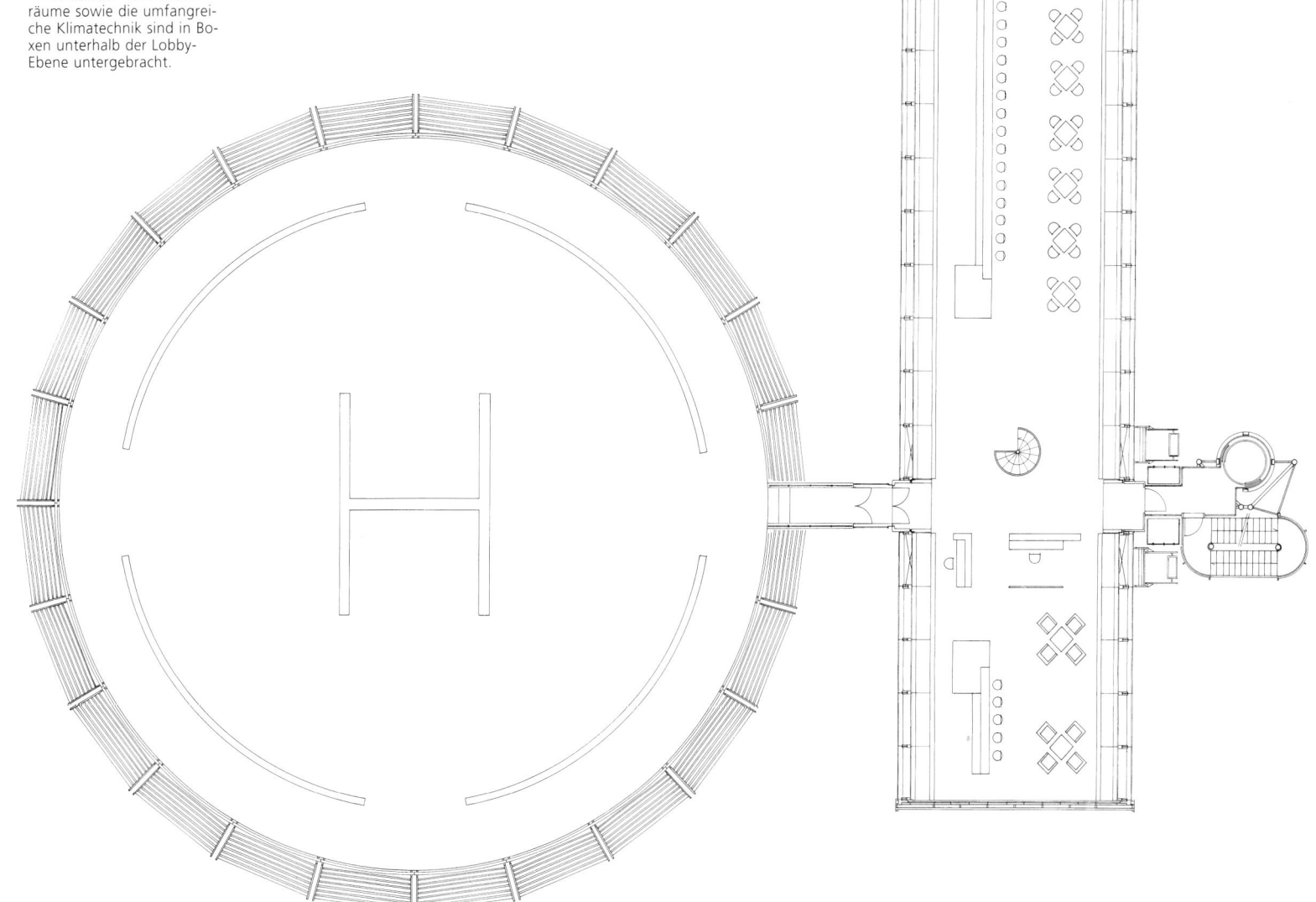

Die Lobby im oberen Geschoß des Abfertigungsgebäudes befindet sich auf gleicher Höhe wie die Plattform, so daß eine gute Sichtverbindung zu den herannahenden Hubschraubern besteht.
Die Sanitär- und Nebenräume sowie die umfangreiche Klimatechnik sind in Boxen unterhalb der Lobby-Ebene untergebracht.

Turmbauten

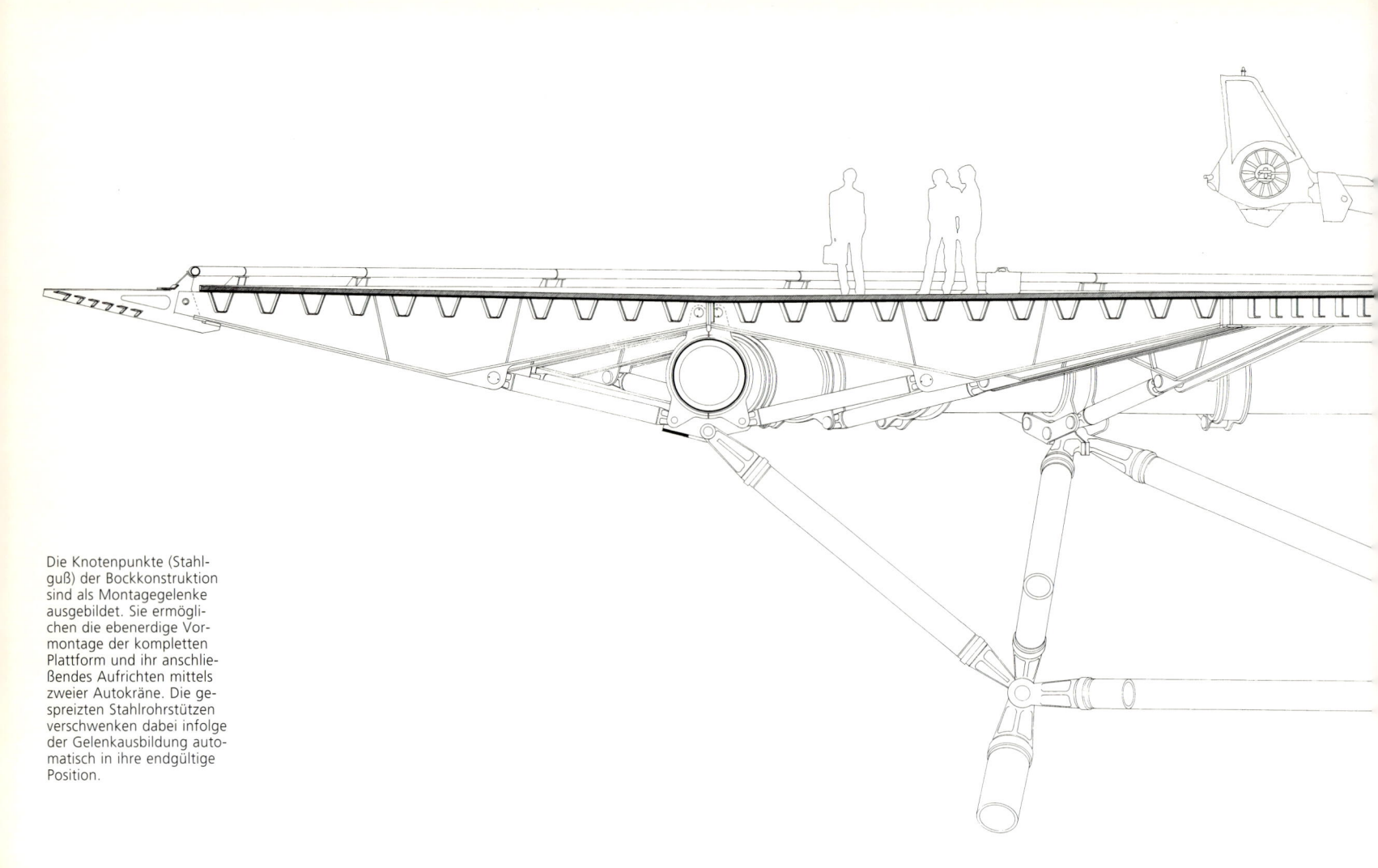

Die Knotenpunkte (Stahlguß) der Bockkonstruktion sind als Montagegelenke ausgebildet. Sie ermöglichen die ebenerdige Vormontage der kompletten Plattform und ihr anschließendes Aufrichten mittels zweier Autokräne. Die gespreizten Stahlrohrstützen verschwenken dabei infolge der Gelenkausbildung automatisch in ihre endgültige Position.

Landeplattform

Für die Plattform wurde trotz des hohen geometrischen Schwierigkeitsgrads eine rotationssymmetrische Struktur gewählt. Die Kreisfläche entspricht der geforderten Landefläche. Im Vergleich dazu böte eine quadratische Plattform einen Flächenüberschuß von 25 Prozent und würde somit erhebliche zusätzliche Lasten erzeugen.

Zur weiteren Reduzierung des Eigengewichts der Plattform wurde statt einer lastverteilenden Betonplatte – es müssen Punktlasten von 84 kN aufgenommen werden – eine Stahlblechkonstruktion entwickelt, die der Konstruktion orthotroper Fahrbahnplatten entlehnt ist.

Sie wird aus 36 vorgefertigten Segmenten hergestellt, die auf der Baustelle am Boden liegend verschweißt werden.
Die einzelnen Segmente bestehen aus einer 40 mm starken Stahlplatte mit drillsteifen Querrippen und gevouteten Längsrippen an ihrer Unterseite. Die radial angeordneten Längsrippen leiten dabei die Lasten aus der Platte in den Ringträger (Torus) einer bockartigen Unterkonstruktion ab.

An sechs Punkten des Ringes werden die Kräfte dann von neun Druckstäben aufgenommen und an die Eckpunkte eines horizontalen Dreiecks weitergeleitet.

Drei Stützengabeln führen sie von dort in die Fundamente. Die Dreiecksgeometrie der Konstruktion gewährleistet die Aufnahme der hohen Horizontallasten (84 kN) ohne zusätzliche Maßnahmen.

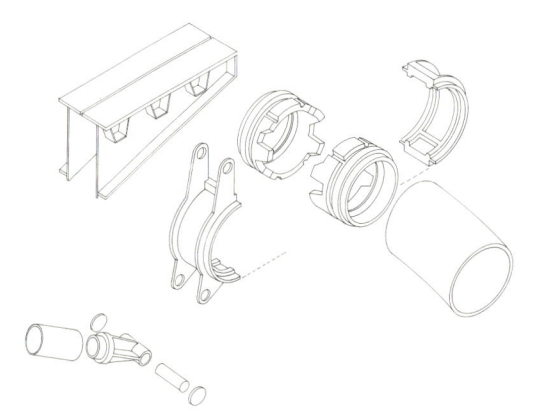

Der Ringträger wird aus Transportgründen in 24 gebogene Rohrabschnitte (1016 x 20 mm) zerlegt und mittels Gußknoten vor Ort zusammengefügt.
Dabei werden Koppelungselemente aus Stahlguß werkseitig an die Rohrenden geschweißt und dann bauseits mit einer zweiteiligen Schraubschelle verbunden.
Durch ein System gußgerechter Verzahnung können auf engstem Raum zweiachsige Biegemomente, Quer- und Torsionskräfte übertragen werden. Gleichzeitig werden an diesem Knoten die Radialträger der Plattensegmente und ihre Druckspreizen befestigt.
Die Gußteile wurden in Zusammenarbeit mit der Firma Trikes Gußtechnik, Lörrach, entwickelt.

Turmbauten

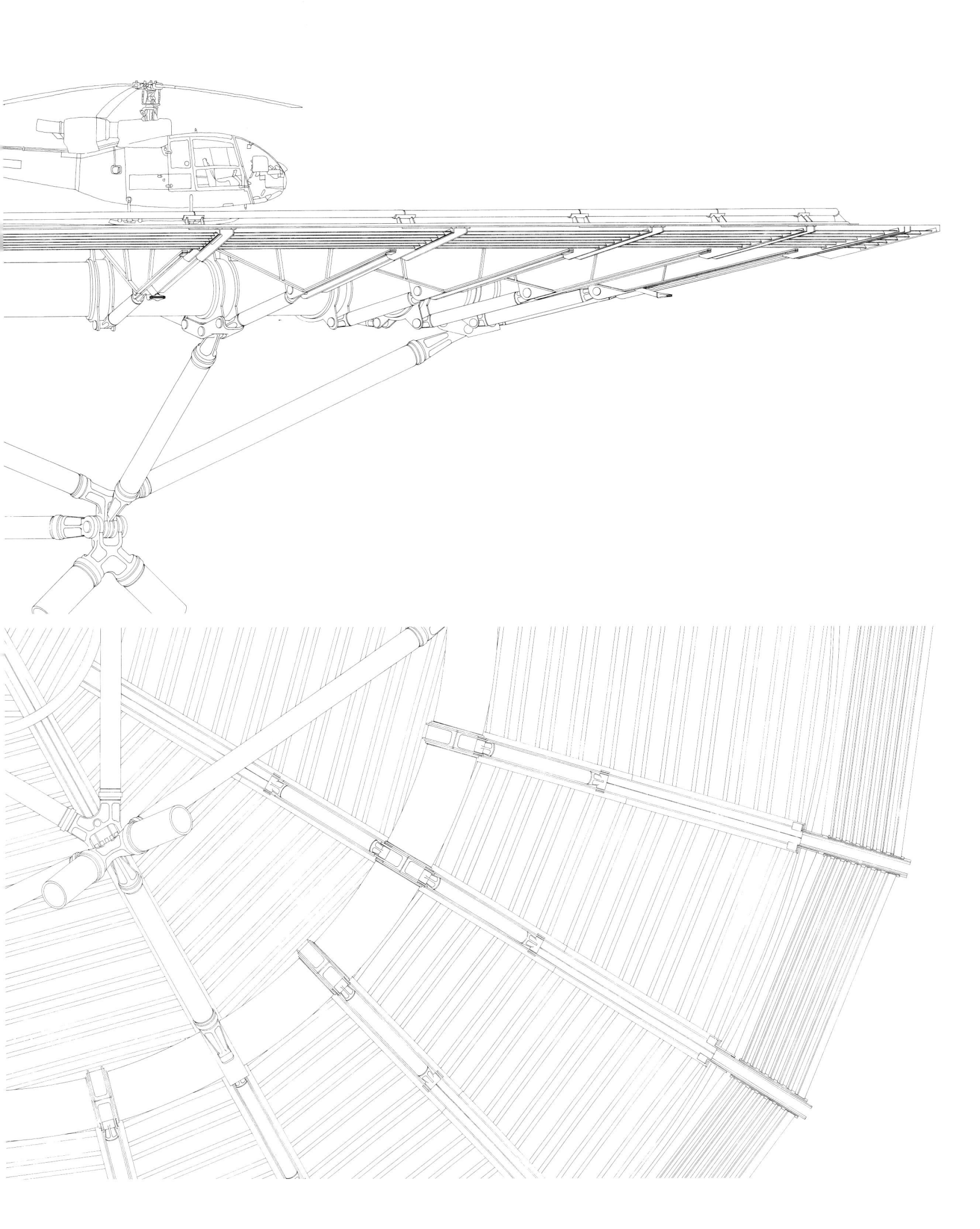

219

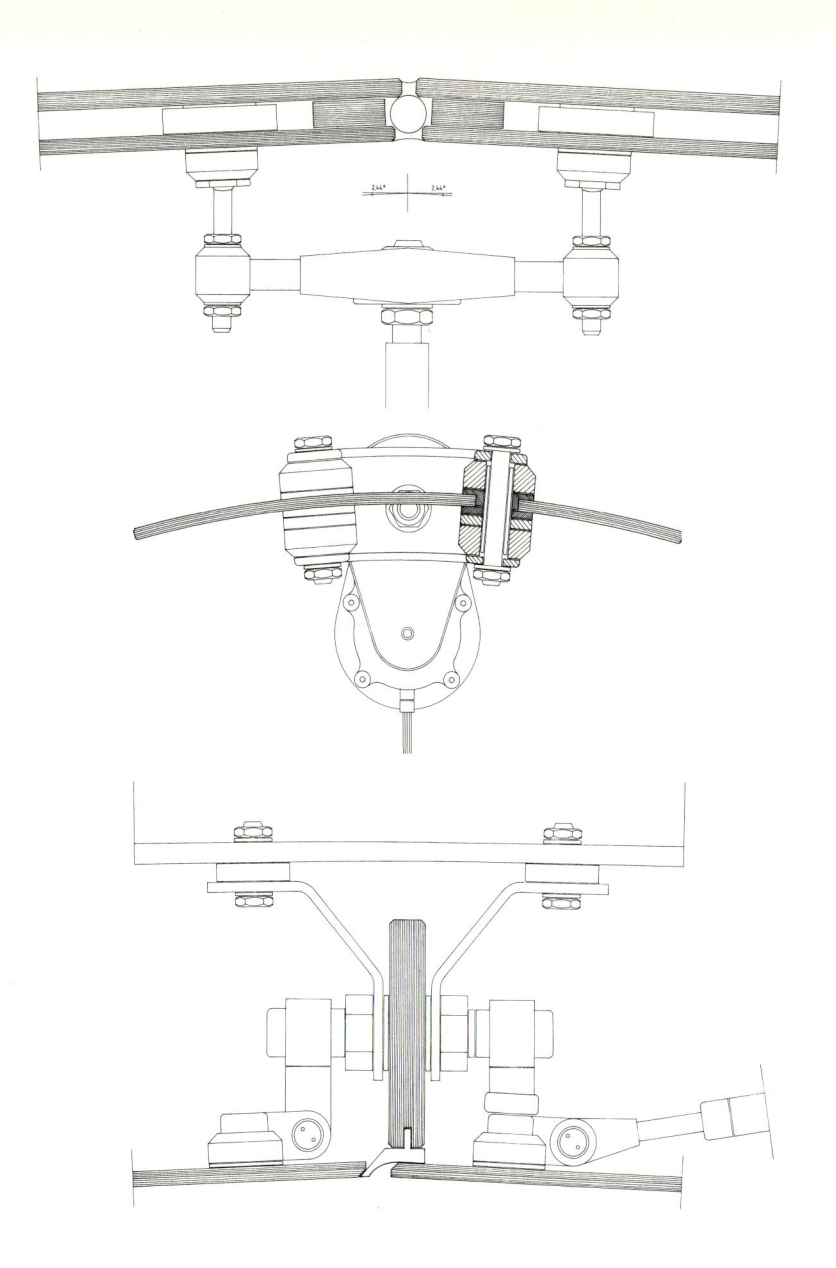

Sowohl die äußeren Scheiben der zweischaligen Hülle des Abfertigungsgebäudes (Sonnenschutz-Isolierglas 10-14-8) als auch die inneren Scheiben (8 mm VSG) sind mit dem Planar-System punktuell gehalten und über Aluminiumgußteile und gekantete Bleche auf der Stahlkonstruktion befestigt.

Da die inneren Scheiben zu Reinigungszwecken öffenbar ausgebildet werden müssen, sind sie gegenüber der Festverglasung in der Größe halbiert (120 x 97 cm). Zur Befestigung dieser Scheiben in Feldmitte wurde ein Glassteg (14 x 2 cm) eingeführt, der über ein eingelegtes Neoprenprofil gleichzeitig die Dichtung der Längsfuge übernimmt.

Ausschnitt der zweischaligen Glasfassade mit der Abluftöffnung am Scheitelpunkt.
 Unterhalb des Scheitels verlaufen Stromschienen, von denen die Deckenfluter im Pufferraum (indirekte Beleuchtung) und die Punktstrahler im Innenraum (für einzelne Licht-Akzente) gespeist werden.

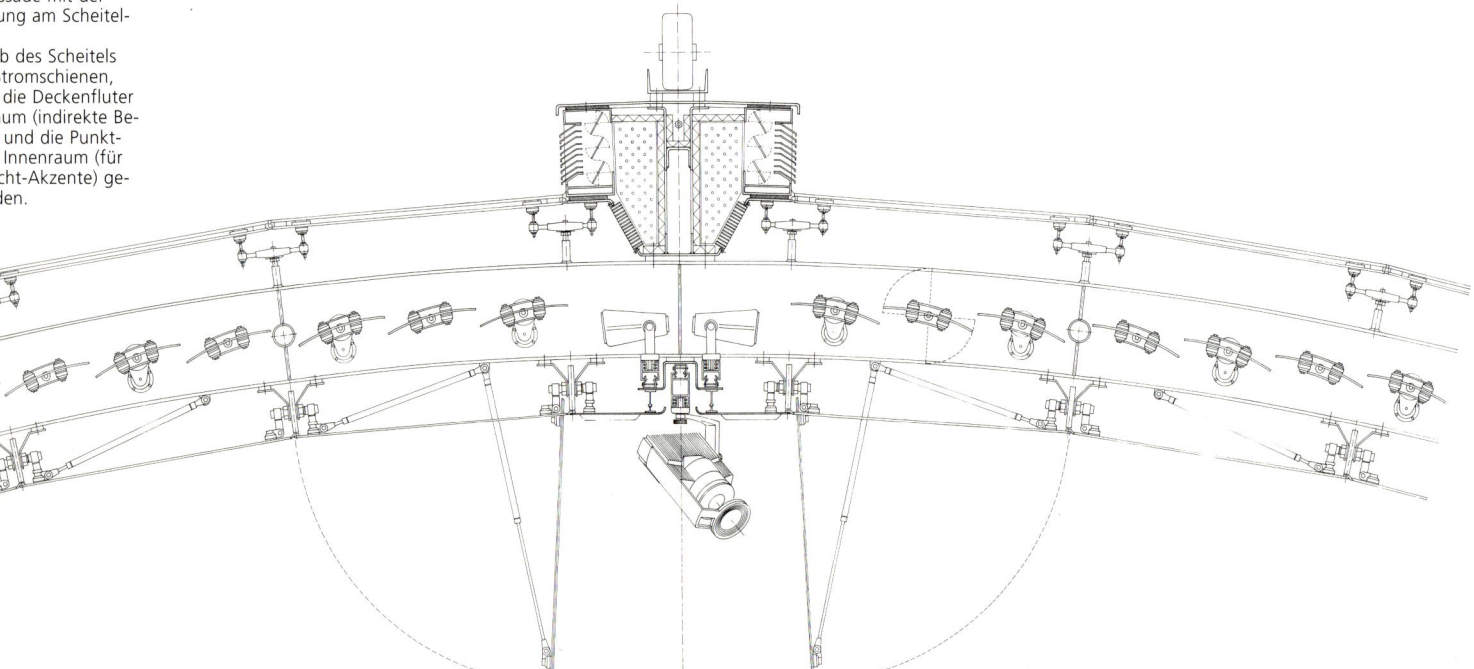

Turmbauten

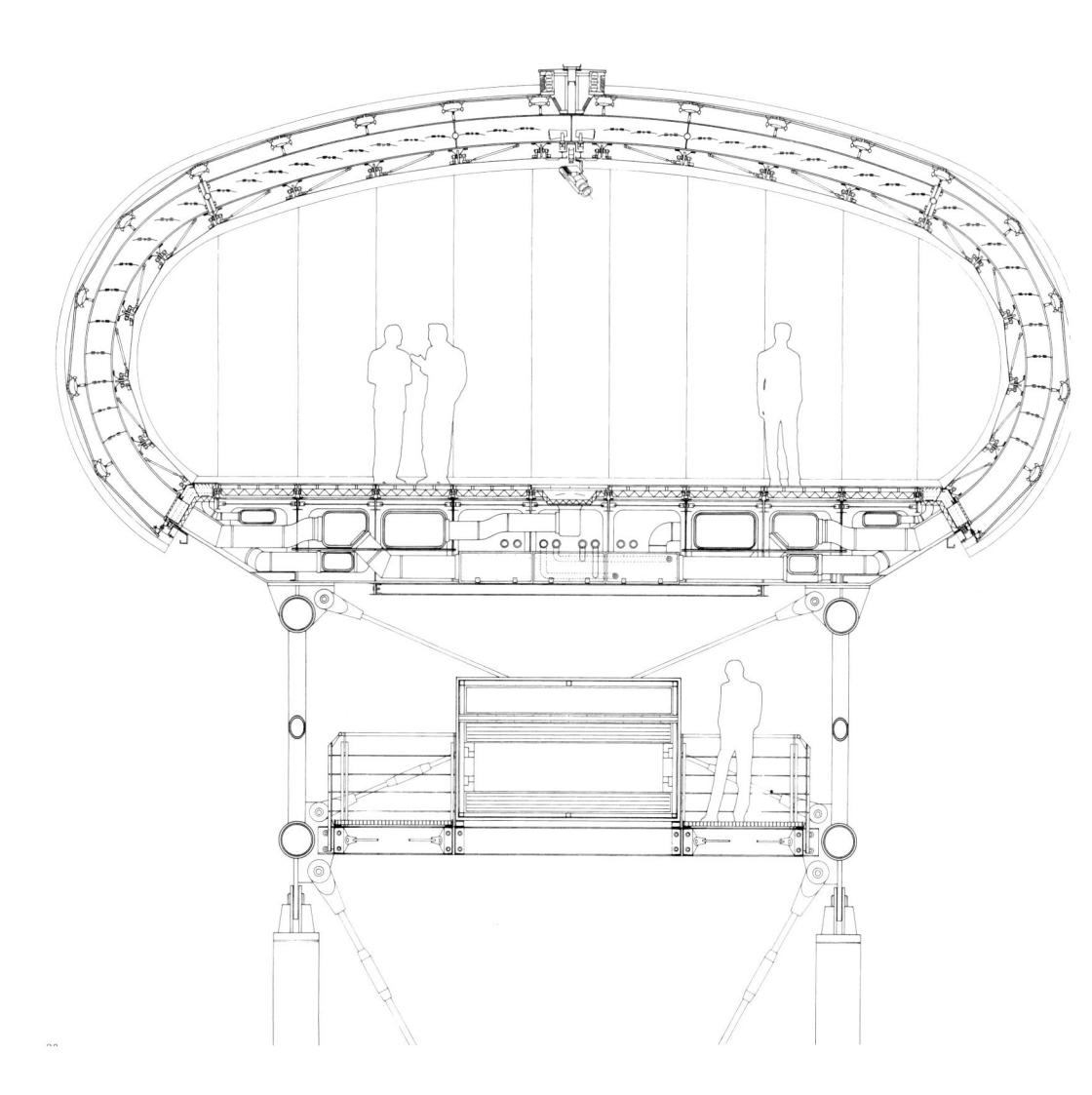

Abfertigungsgebäude

Das Abfertigungsgebäude ist – wie die Plattform – als freistehende Stahlkonstruktion konzipiert. Es besteht aus einer langgestreckten Empfangshalle mit korbbogenförmigem Querschnitt und einem darunterliegenden Technik- und Servicegeschoß, das zwischen zwei längsverlaufende, geschoßhohe Fachwerkträger eingehängt ist.

Die Lasten aus den dichtgereihten Korbbogenträgern (a = 2,40 m) werden über Vierendeelträger in die Fachwerkträger und von dort über Stahlrohrstützen in den Baugrund geführt.

Die Horizontalaussteifung des Tragwerks erfolgt in Längsrichtung über ein aufgelöstes Rahmensystem, in Querrichtung durch Auskreuzungen mit Zugdiagonalen.

Der Innenraum ist wegen des Schallschutzes vollklimatisiert. Die erforderlichen Luftkanäle sind unter dem Hallenboden in der Ebene der Vierendeelträger geführt und werden von den im darunterliegenden Geschoß angeordneten Aggregaten gespeist.

Aus Gründen des Schall- und Wärmeschutzes ist die Gebäudehülle als zweischaliger, verglaster Puffer ausgebildet. Zur weiteren Verbesserung der Wärmeisolation kann die Abluft aus dem Gebäudeinnern durch den Pufferraum gespült und über schallgedämmte Öffnungen am Scheitelpunkt nach außen geführt werden.

Der Pufferraum dient außerdem der windgeschützten Unterbringung des beweglichen Sonnenschutzes aus verspiegelten Glaslamellen. Durch vollflächige Bedruckung der Lamellenrückseite können sie auch als Reflektoren für die künstliche Beleuchtung des Innenraums genutzt werden.

Erschließungsturm

Der Erschließungsturm ist ebenfalls als selbsttragende Stahlkonstruktion konzipiert. Er besteht aus einer offenen Treppe und einem gläsernen runden Aufzug. Die Konstruktion aus senkrecht stehenden, miteinander gekoppelten Fachwerkträgern wirkt wie ein räumlicher vertikaler Kragarm.

Beratung

Prof. Peter C. von Seidlein
Prof. Friedrich Wagner
(Institut für Baukonstruktion)
Prof. Dr. Günter Eisenbiegler
Dr. Bernd-Friedrich Bornscheuer
(Institut für Tragkonstruktionen und Konstruktives Entwerfen)
Dipl.-Ing. Walter Dittes
(Institut für Kernenergetik und Energiesysteme)

1992

Heli Muc

Landeplattform mit erdgeschossiger
Abfertigung

Martin Busch
Jörg Mieslinger

Aufgabe
Die Aufgabe besteht in der Planung und konstruktiven Durcharbeitung einer Landeplattform für Hubschrauber.

Als möglicher Standort dieser prototypisch zu verstehenden Entwurfsaufgabe ist der Eingangsbereich des neuen Messegeländes in München ausgewiesen. Die große Entfernung der Messe zum Flughafen legt einen Helikopter-Pendelverkehr nahe.

Wegen der gewünschten zentralen Lage in unmittelbarer Nähe der Messehallen muß die Landefläche auf das Niveau der Hallendächer, d.h. um ca. 16 m über das Gelände, angehoben werden, damit die erforderlichen An- und Abflugwinkel der Maschinen eingehalten werden können.

Die Landefläche für einen Helikopter mit max. 16 Insassen entspricht einem Kreis mit 33 m Durchmesser, der sich in eine Landezone mit 27 m Durchmesser und einen Sicherheitsstreifen mit gleichen Lastanforderungen und 3 m Tiefe unterteilt. Ein Überrollschutz begrenzt die Landefläche; die daran anschließende Absturzsicherung darf manövrierende Helikopter nicht beeinträchtigen.

Neben der Landeplattform sind alle notwendigen Räumlichkeiten für die Abfertigung der Fluggäste (Ticketverkauf, Wartebereich mit Bewirtungsmöglichkeit) und für die Piloten (Umkleide-, Aufenthaltsraum) sowie eine geeignete vertikale Erschließung der Plattform vorzusehen.

Besondere Bedeutung kommt hierbei den hohen Anforderungen an den Schallschutz und damit an die Konditionierung der Räumlichkeiten zu.

Konzept
Die geforderten Nutzungen mit ihren sehr unterschiedlichen konstruktiven Bedingungen wurden auf drei Baukörper verteilt: Landeplattform, ebenerdiges Abfertigungsgebäude und Erschließungsturm. Durch diese Entflechtung können die einzelnen Bauteile entsprechend ihrer jeweiligen Anforderungen entwickelt und optimiert werden.

Landeplattform
Für die Konstruktion der Landeplattform war die Forderung nach einer schnellen und einfachen Montage ohne aufwendige Einrüstungen und Schalungen maßgebend. Aus diesem Grunde wurde eine Stahlskelett-Konstruktion in Verbindung mit Stahlbeton-Fertigteilen eingesetzt.

Die für die ebene Landefläche gewählte Kreisgeometrie erschwert einerseits die Verwendung stabförmiger Bauteile, bietet jedoch bei der geforderten Minimalfläche von 33 m Durchmesser andererseits den Vorteil der Flächen- und Lastersparnis gegenüber einer orthogonalen Struktur.

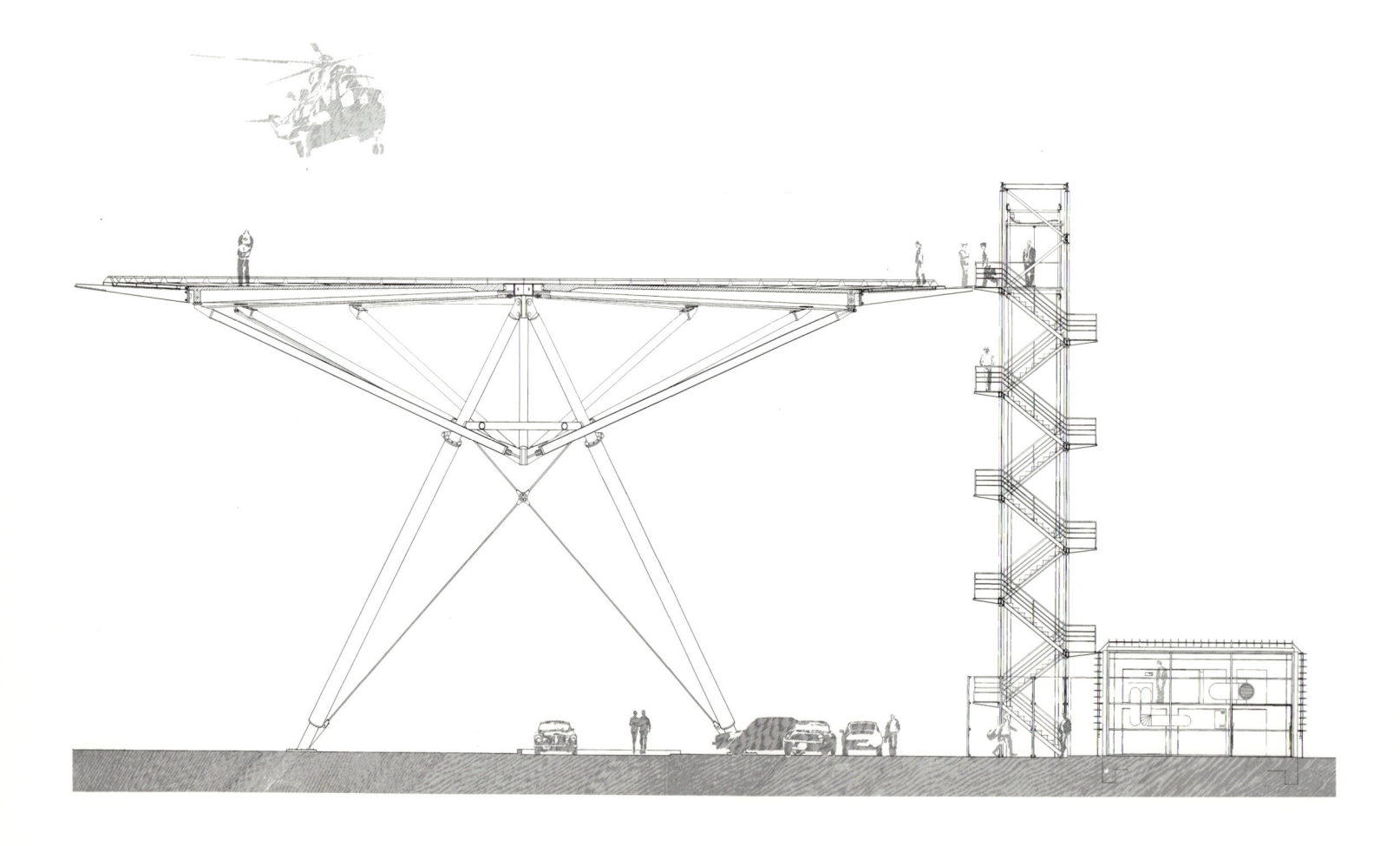

Die stählerne Unterkonstruktion der Landefläche besteht aus einem sich selbst aussteifenden Dreibock, der die Fläche mittig unterstützt. Der Rand der Landefläche (r = 13,50 m) wird von zwölf geneigten, radial angeordneten Speichen abgestützt, die sich in der Mittelachse treffen. Von dort wird die Last der Speichen über drei Zugstäbe in die Stützen des Dreibocks geleitet. Ein horizontales Stabilisationsdreieck gleicht die dabei entstehende horizontale Kraftkomponente aus und verhindert eine Biegebelastung der Stützrohre. Zugkräfte aus der Schrägstellung der Speichen werden von horizontalen Radialzugstäben übernommen.

Gelenke in den Dreibockstützen ermöglichen es, die Stahlkonstruktion komplett am Boden zu montieren und anschließend mit Kränen aufzurichten. Danach werden im oberen und unteren Stützenbereich Torsionszugstäbe angebracht, um außermittige Lasten sowie Horizontallasten aufzunehmen. Die Konstruktion ist jetzt ohne jede Hilfsunterstützung standfest und bereit für die Montage der Landefläche.

Für die Platte selbst ist zur Verteilung der extrem hohen Punktlasten von 84 kN primär Beton als Material geeignet.

Die Fläche ist in 36 segmentförmige Fertigteile mit transportfähigen Abmessungen (13,50 x 2,35 m) unterteilt. Zur Gewichtsersparnis ist die Dicke der plattenbegrenzenden Unterzüge entsprechend der Einzugsbreite zur Kreismitte hin reduziert.

Jeweils drei Segmente werden bereits am Boden mittels Spannstählen zu insgesamt 12 kraftschlüssigen, montagefähigen Einheiten zusammengespannt und anschließend auf die Stahlkonstruktion aufgelegt. In ihrer endgültigen Lage werden sie dann mit einem weiteren Ringspannglied zu einer homogenen Platte zusammengefügt. Zuletzt werden an den Randunterzug Stahlkragträger angeschlossen, auf die weitere 36 Beton-Fertigteile (für die geforderte 3 m tiefe Sicherheitszone) sowie ein Überrollschutz für die Hubschrauber und eine horizontale Absturzsicherung aus Gitterrosten (2 m tief) montiert werden.

Die Detailausbildung folgte bei der gesamten Konstruktion – über die technische Problemlösung hinausgehend – der Zielsetzung, den Herstellungsprozeß, hier primär den Montagevorgang, am fertigen Produkt ablesbar zu machen.

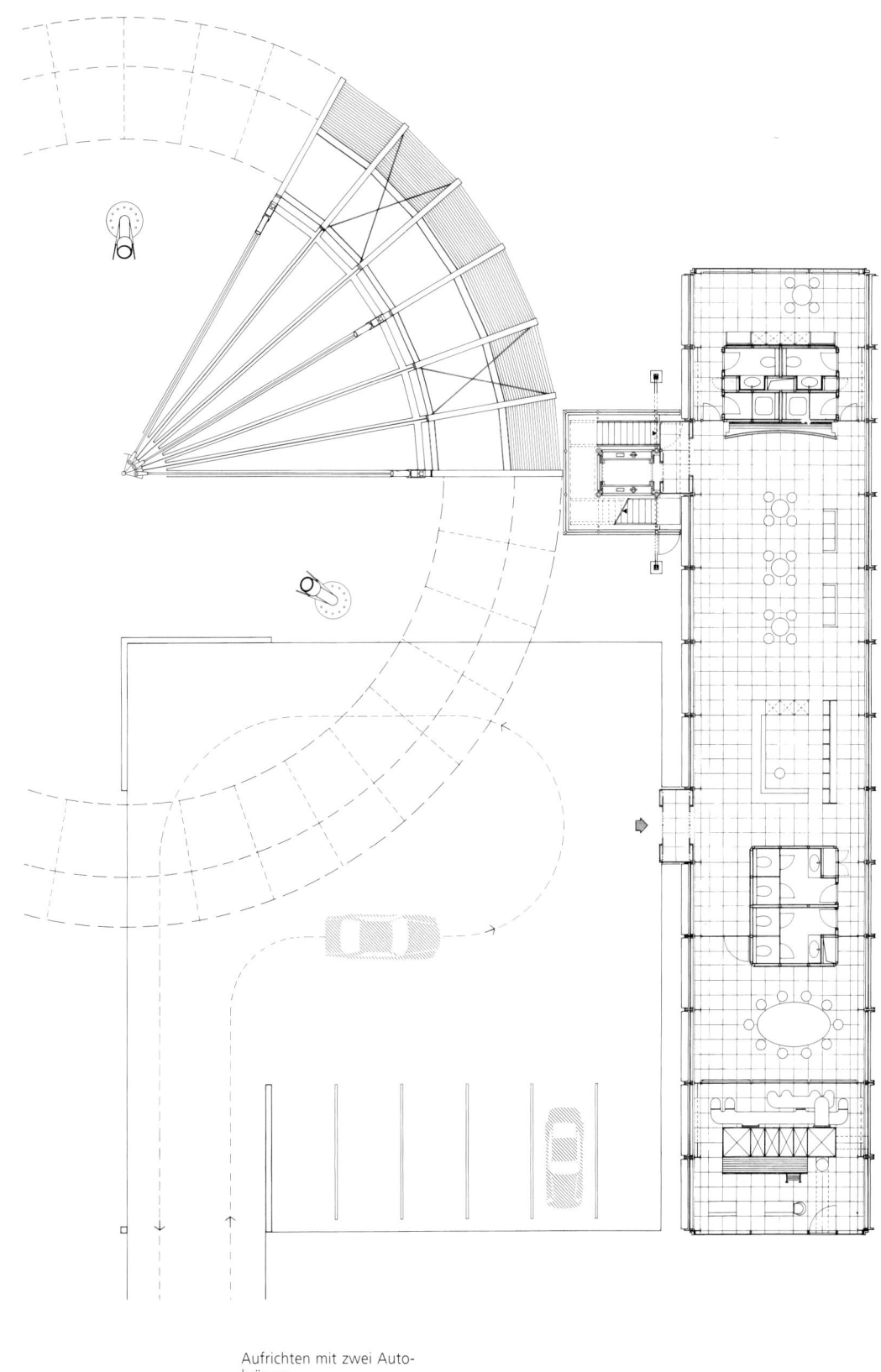

Fundamente betonieren;
Ausrichten der Stützen

Montage des Tetraeders;
Anschluß der Speichen und Zugstäbe

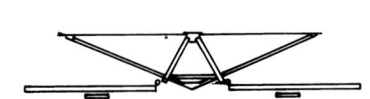

Aufrichten mit zwei Autokränen;
Montage der Torsionsstäbe;
Auflegen der Beton-Fertigteilplatten (Dreierverbundelemente)

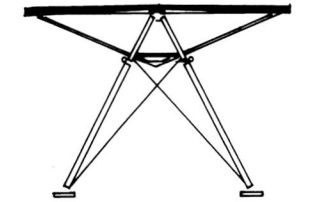

Anschluß der Kragträger

Turmbauten

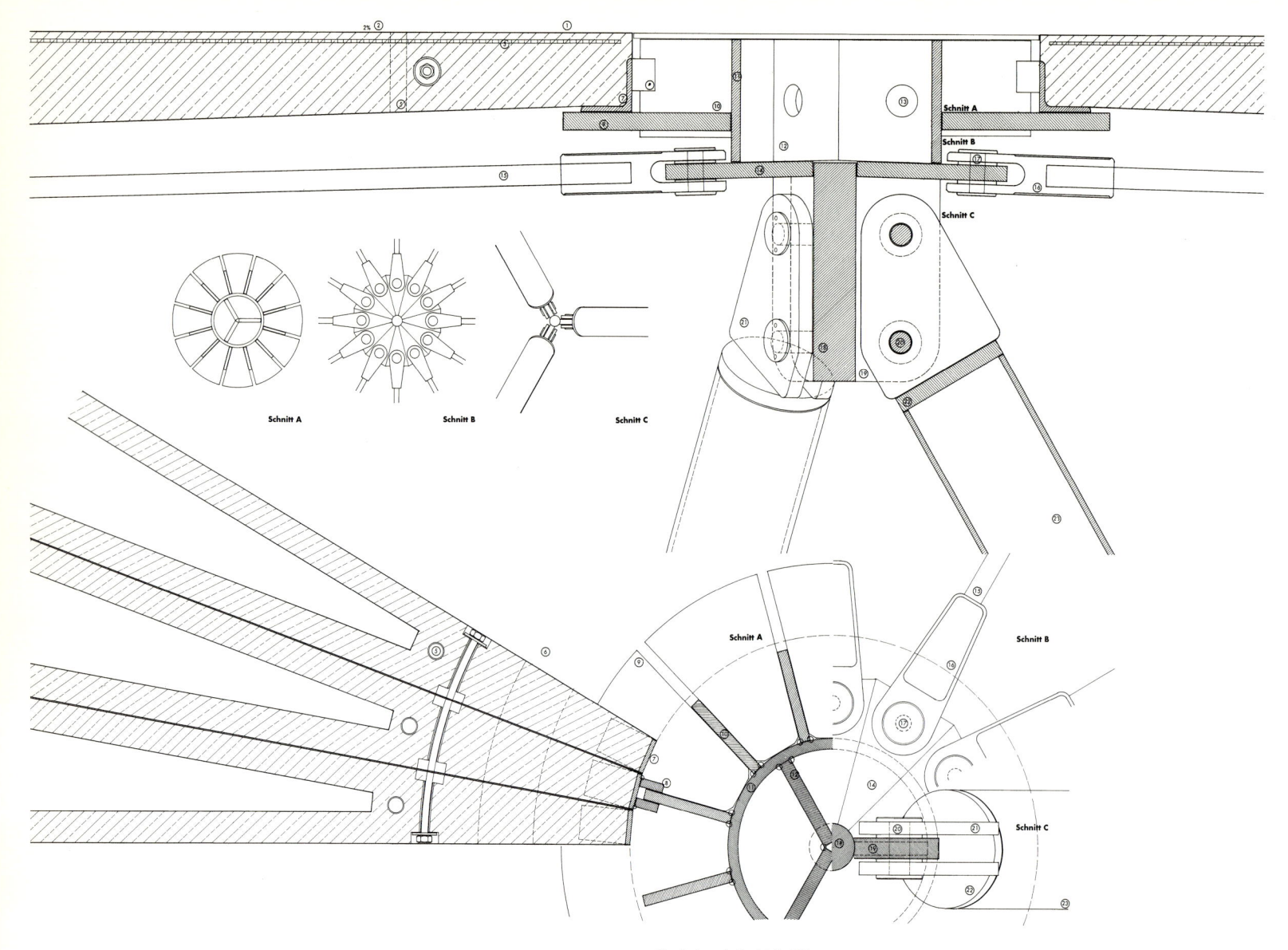

1 OK Plattform + 18 m
2 2 % Gefälle
3 Elektroheizmatte
5 Montagehülse
   d = 65 mm
6 Fertigteildreierverband
   mit M 30 gebogen
7 Winkel
   200 x 200 x 20 x 130
   werkseits in Fertigteil
   eingelassen
8 Justierzange
   radial verschieblich
   2 x 90 x 120 x 30
9 Auflagersegment 30° /
   660 x 515 x 65
10 Schwert 365 x 370 x 40
11 oberer Ring
   d = 820 x 460 x 40
12 Bleche
   3 x 350 x 460 x 50
13 Montagebohrung
   d = 120 mm
14 mittleres Ringsegment
   30° /570 x 345 x 60
15 Radialzugstab
   d = 80 mm
16 Stabanker d = 240 mm
17 Bolzen d = 60 mm
18 Massivstab
   d = 165 x 825
19 Bleche
   3 x 325 x 775 x 80
20 Bolzen 2 x d = 80 mm
21 Zange t = 50 mm
22 Kopfplatte d = 450 x 60
23 Stütze StRohr 450 x 20

Die Betonplatte ist in 36 Segmente unterteilt. Die jeweils 13,5 x 2,35 m großen Fertigteile sind von einem 60 cm hohen Tangentialträger und sich verjüngenden, schmalen Radialträgern begrenzt.
Leerrohre in den Tangentialträgern erlauben es, jeweils drei Elemente vor Ort mit Spanngliedern montagefähig zusammenzuspannen und auf die Bockkonstruktion aufzulegen.
Anschließend werden die Dreierverbundelemente durch ein weiteres Ringspannglied zu einer Durchlaufplatte zusammengespannt, so daß sich die Montagefugen schließen und die Stützmomente aufgenommen werden können.

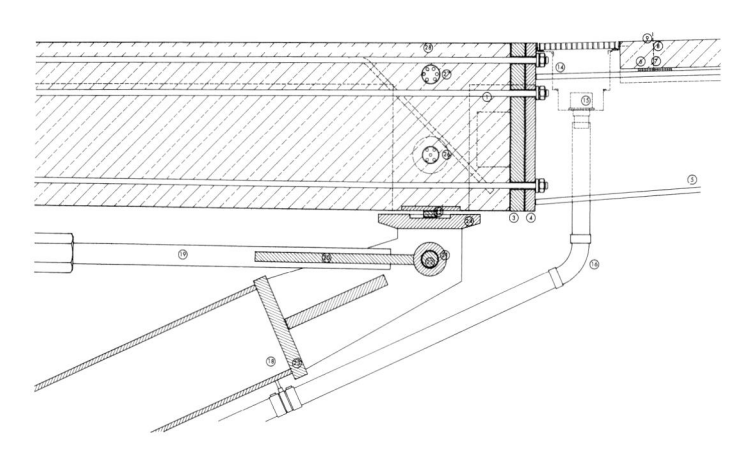

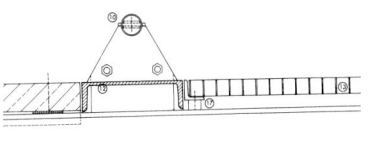

Normalbelastung

Dreibock mit Stabilisationsdreieck

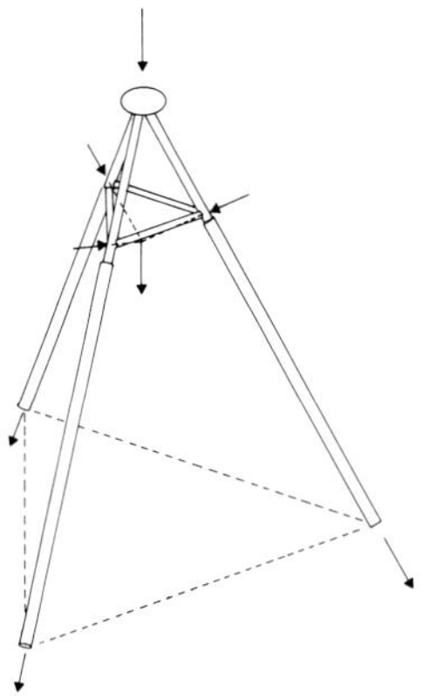

außermittige Last

Tragverhalten entspricht Halbrahmenecke auf Pendelstütze

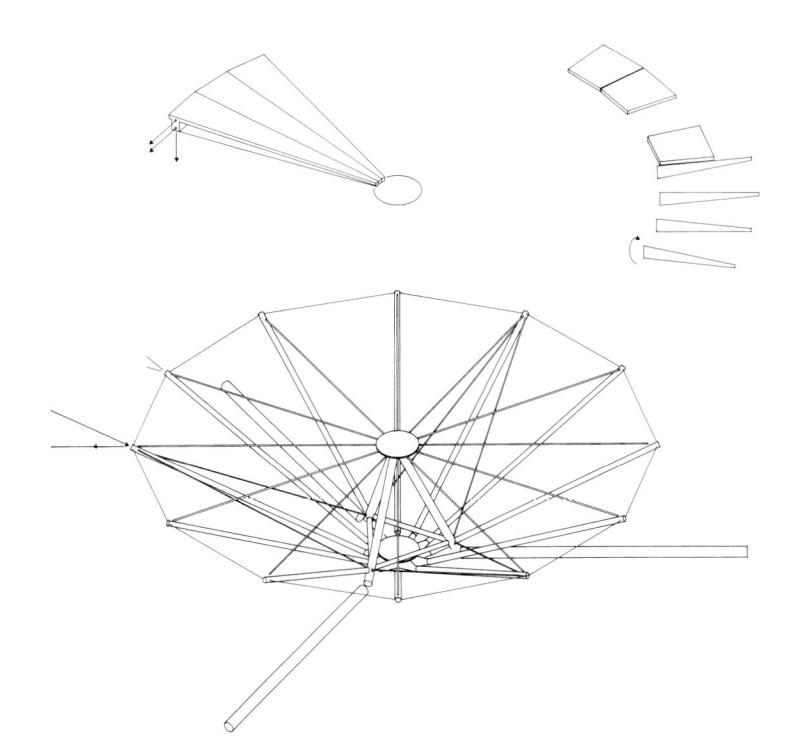

Horizontallastsituation

Ausreichendes Gefälle der Flächen zum Plattenrand, die Entwässerung mittels leistungsfähiger Unterdrucksysteme und der Einsatz elektrischer Heizmatten in den Betonfertigteilen sorgen für Sicherheit auf der Landefläche bei Regen und Frost.

5 m lange Kragträger aus Stahl tragen die Sicherheitszone, den Überrollschutz und das horizontale Absturzgitter.
    Sie sind über Kopfplatten mit den Gewindestäben (M 24) verschraubt, die als Bewehrung in die Radialträger der Fertigteile eingelegt sind. Die Radialträger wirken hierdurch als Einfeldträger mit Kragarm, wodurch ihre große Höhe am äußeren Auflager optimal ausgenutzt wird.

1 12 x Gewi Bewehrungsstäbe 24 mm
3 Bleche
   2 x 600 x 150 x 50 werkseits in Fertigteil eingelassen
4 Kopfblech
   600 x 300 x 40
5 Kragträger I-Profil
   470 x 300 aus HEB 320
6 Fertigteil-Segmentplatten B 25
   d =15 (neoprengelagert)
7 Gewindebolzen M 20 aufgeschweißt alle 30 cm
8 Scheibe d = 80 mm
9 Mutter M 20
10 Überrollschutz Rohr
   d = 159 x 4.5
   (gelagert alle 1.42 m)
12 Trägerprofil U 380 torsionsstabil
13 Gitterrost als horizontale Absturzsicherung
14 Rinne b = 210,
   h = 5-140, Gefälle 2%
15 3 x 2 Töpfe Geberit Pluvia
16 2 x Regenrohr
   d = 70 mm
18 Speiche Rohr 355.6 / 20
19 Zugstab d = 80 mm
21 Hülse d = 130 mm
22 Bolzen d = 60 mm
23 Kopfplatte 60 mm
24 Lagerplatte gefräst
25 Stahllager radial verschieblich
26 Hüllrohr unteres Spannglied Vsl 0.6-5
27 Hüllrohr oberes Spannglied Vsl 0.6-6
28 Elektroheizmatte

Turmbauten

Abfertigungsgebäude

Die Konstruktion des Abfertigungsgebäudes setzt den Gedanken der Vorfertigung und schnellen Montage konsequent fort.

Sie setzt sich aus Stahlrahmen (l = 7,20 m, a = 3 m) und einer elementierten Hülle zusammen.

Um den An- und Abflug der Helikopter für die wartenden Fluggäste visuell erlebbar zu machen, sind die Fassaden vollständig und die horizontale Hülle teilweise transparent ausgebildet.

Die hohen Anforderungen an den Schallschutz bedingen eine festverglaste Gebäudehülle und somit die mechanische Be- und Entlüftung des Innenraums.

In Zusammenarbeit mit der Firma Gartner, Gundelfingen, wurden unterschiedliche Prinzipien mehrschaliger Glasfassaden im Hinblick auf Schallschutz, Wärme- und Sonnenschutz sowie Vorfertigungsgrad und Wartungsfreundlichkeit untersucht.

Ergebnis dieser Überlegungen war die Entwicklung von vorgefertigten Elementen mit zwei Verglasungsebenen (Prinzip Kastenfenster) und außenliegenden, nachführbaren Sonnenschutzlamellen.

Die Gleichbehandlung der Hülle im vertikalen und horizontalen Bereich führt nicht nur zu einer Reduzierung der konstruktiven Details, die konsequent dem Systemgedanken folgt, sondern entspricht auch dem gewählten Rahmentragwerk, das aufgrund seines spezifischen Tragverhaltens ebenfalls eine Gleichbehandlung der vertikalen und horizontalen Tragglieder ermöglicht.

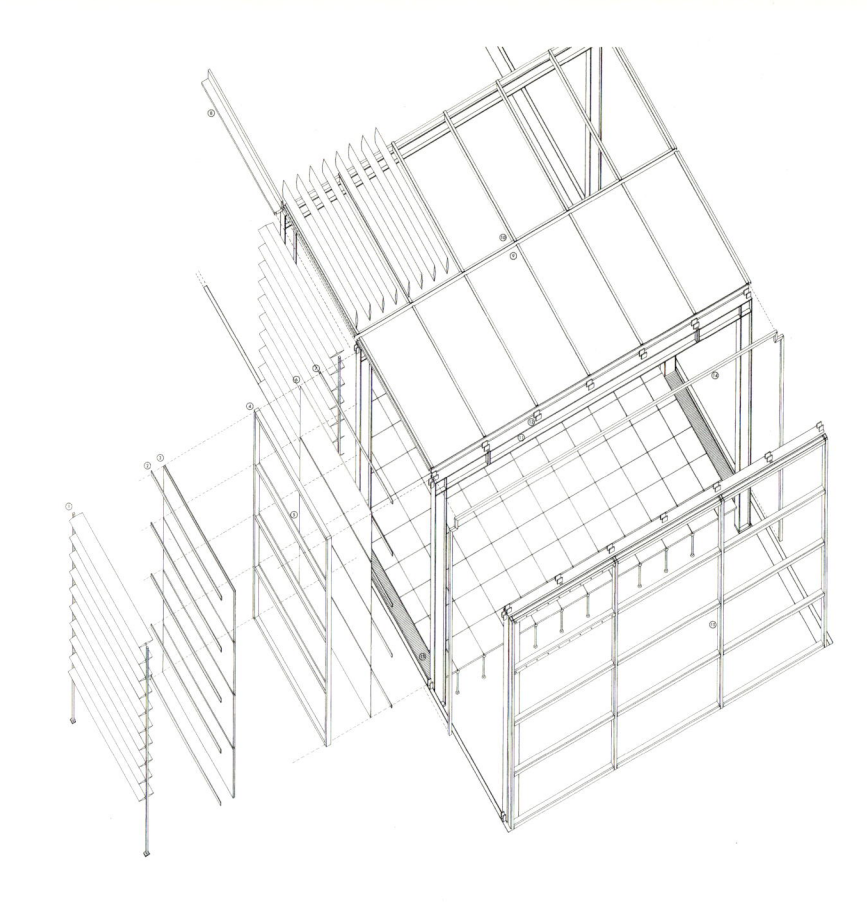

Mechanisch belüftete Abluftfassade

Aufbau
  Isolierverglasung außen
  umlaufender Fachwerkträger, nachführbare Sonnenschutzlamellen
  Einscheibenverglasung innen (öffenbar)

Vorteile
– guter Wärmeschutz
– glatte Oberfläche
– Wärmerückgewinnung

Nachteile
– bauseitige Fertigung
– innenliegender Sonnenschutz (b = 0.7)
– aufwendige Abführung der Strahlungswärme
  Innenverglasung muß zu Reinigungszwecken öffenbar sein

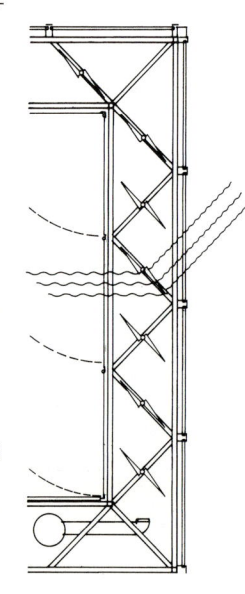

Zweite Haut Fassade

Aufbau
  Einfachverglasung außen
  umlaufender Fachwerkträger, nachführbare Sonnenschutzlamellen
  Isolierverglasung innen (Verglasungen nicht öffenbar)

Vorteile
– "außenliegender" Sonnenschutz (b = 0.15)
– glatte Oberfläche
– minimales zu konditionierendes Innenraumvolumen

Nachteile
– abgeschlossenes Luftvolumen nicht möglich
– Kondenswasserbildung im Zwischenraum
– Reparaturen kaum durchführbar
– im Sommer: Überhitzung Pufferraum und Wärmeabstrahlung in den Innenraum, dadurch erhöhte Kühllasten

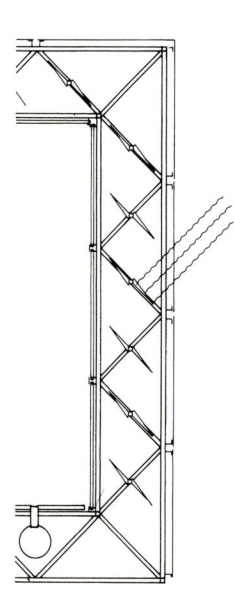

Elementfassade als vorgefertigte Kastenfenster

Aufbau
  nachführbare Sonnenschutzlamellen außen
  Kastenfenster aus Isolierglas, 100 mm LZR und Einscheibensicherheitsglas
  Zweigelenkrahmen aus IPE 270

Vorteile
– gute Schalldämmung
– außenliegender Sonnenschutz (b = 0.15)
– hoher Vorfertigungsgrad
– gute Wärmedämmung

Nachteile
– höhere Windbelastung des Sonnenschutzes
– aufwendige Elementstöße

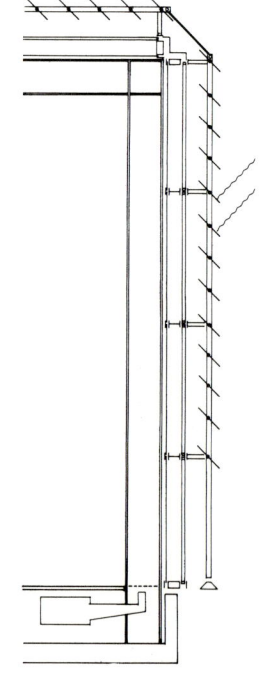

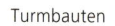

Abfertigungsgebäude
Vertikalschnitt Längsseite

1   Stranggepreßtes Alu-
    Profil 320 x 40 mm;
    Nachführwinkel 90°
2   StRohr 50 x 50
4   Lenkung der Lamellen
    über Schubstange und
    Schneckengewinde,
    computergesteuerter
    Antriebsmotor
5   Rundstahl 12 mm
6   Edelstahlpreßleiste
    50 x 4 mm
7   vorgefertigtes Eckpaneel
8   Abtropfblech
    90 x 45 x 4
9   Aluprofil 90 x 50 x 4
10 Edelstahlwinkel
    50 x 50 x 3
11 Rahmenecke IPE 270
12 StRohr 70 x 4 zur Über-
    tragung der Windkräfte
13 aufgeschweißtes Stahl-
    blech 100 x 50 x 5 zur
    toleranzausgleichenden
    Halterung der Fassaden-
    elemente
14 Aluprofil mit Silikagel-
    füllung (Trockenmittel),
    durch perforiertes Blech
    gesichert
15 vorgefertigtes Fenster-
    element:
    Climaplus-N mit Clima-
    sonor 12/GH8, 100 mm
    Luftschicht, ESG 10 mm

Abfertigungsgebäude
Vertikalschnitt Stirnseite

1   IPE 270, als Rahmen ver-
    schweißt
2   StRohr 70 x 4 zur Über-
    tragung der Windkräfte
3   M 16
4   Edelstahlwinkel
    50 x 50 x 3
5   aufgeschweißtes Stahl-
    blech 100 x 50 x 5 zur
    toleranzausgleichenden
    Halterung der Fassaden-
    elemente
10 Alu-Profil 90 x 50 x 4
11 Isolierverglasung Clima-
    plus N mit Climasonor
    9GH/6
12 Edelstahlpreßleiste
    50 x 4
13 abgekantetes Eckprofil-
    blech
14 Wärmedämmung
    40 bzw. 50 mm
15 Neopren-Rinne mit
    perforierter Oberseite
16 Wärmedämmung
    60 mm

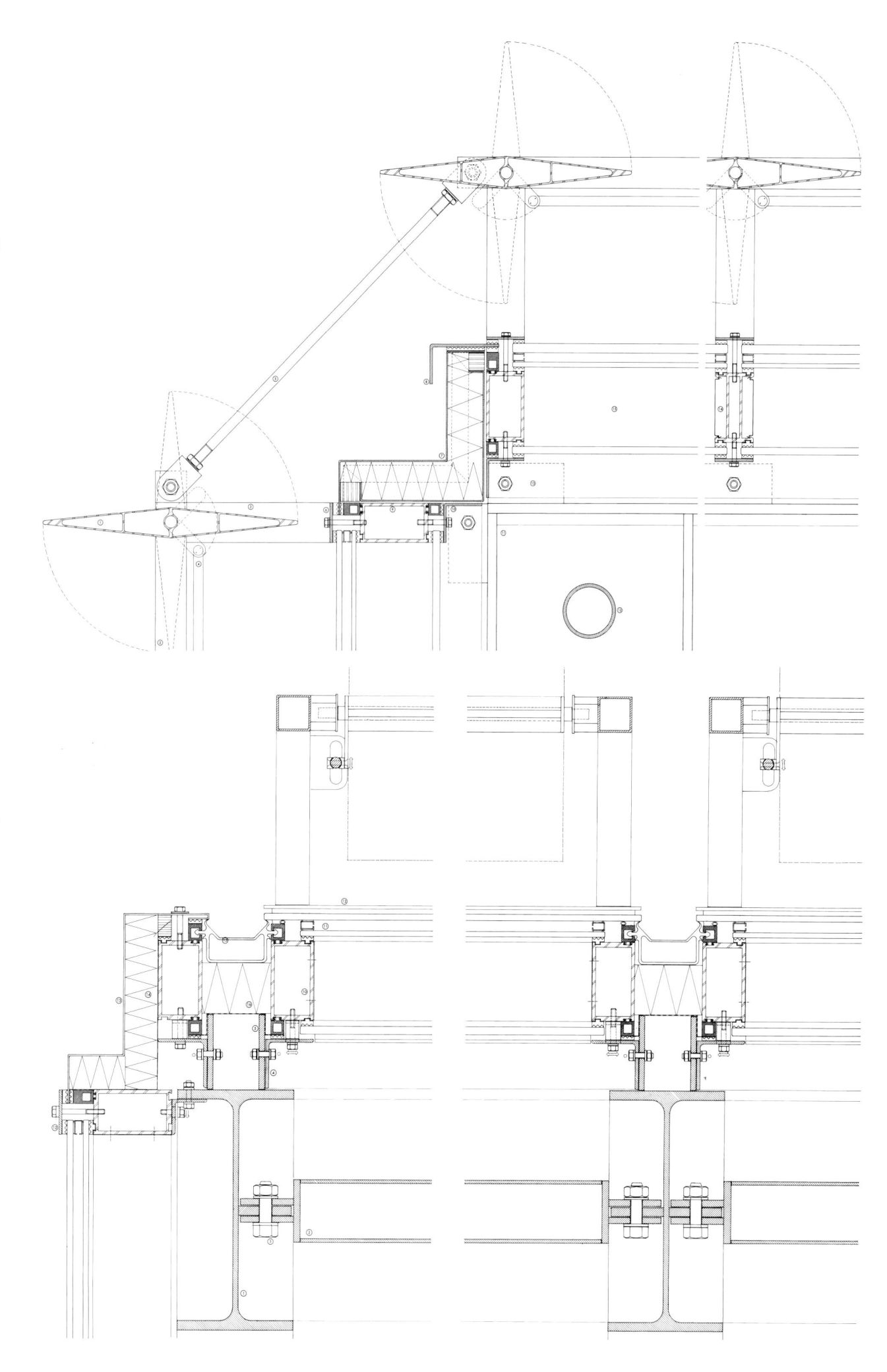

Turmbauten

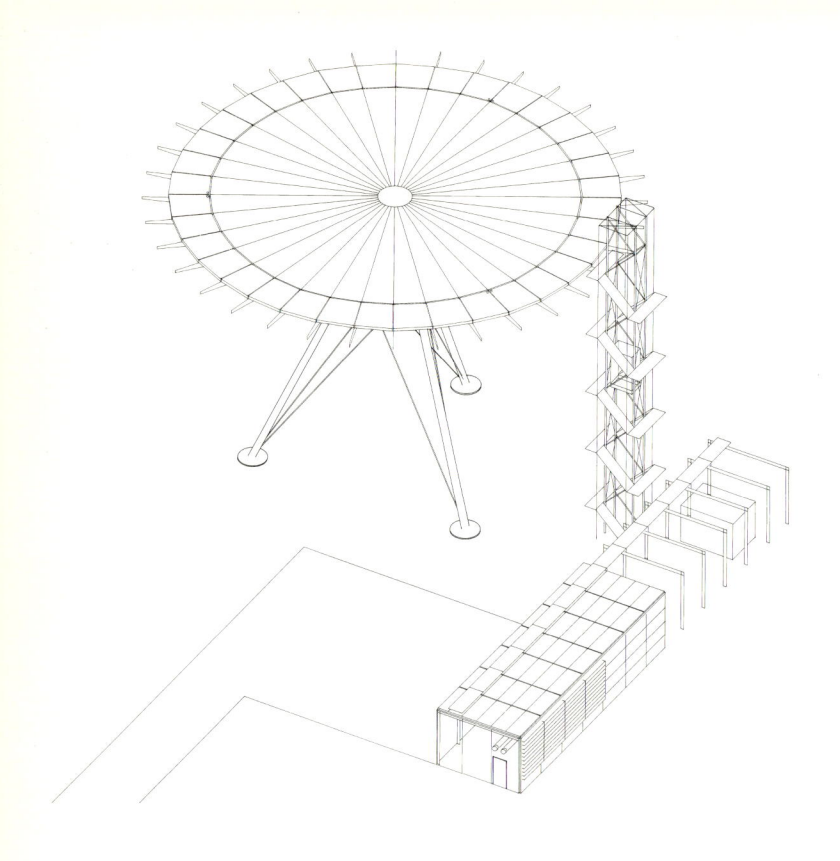

Erschließungsturm

Die Verbindung zwischen der Plattform in 18 m Höhe und dem erdgeschossigen Abfertigungsgebäude wird durch ein freistehendes Erschließungselement hergestellt, das einen Aufzug sowie eine um diesen herumgeführte Treppe enthält.

Der Turm, dessen stählerne Konstruktion maßgeblich durch die Horizontallasten bestimmt wird, wurde als Outrigger-Konstruktion entwickelt:

Die Steifigkeit des mittig gelegenen Turmschafts (Aufzugsschacht) wird durch die Abspannung der seitlich angelagerten, auskragenden Treppenläufe in die Turmfundamente erhöht.

Die Treppenläufe werden außerdem als Diagonalstäbe zur Aussteifung herangezogen.

Diese Maßnahmen führen insgesamt zu einer reduzierten, effizienten Konstruktion.

Analog zur Vorgehensweise bei den beiden anderen Bauteilen wurde auch hier auf eine anforderungsspezifische und montagefreundliche Konzeption geachtet (Materialwahl, statisches System).

Dieser allen drei Bauteilen zugrundeliegende Ansatz und der durchgängige Einsatz des Baustoffes Stahl stellen einen Zusammenhang zwischen den drei sehr unterschiedlichen Baukörpern her.

Die vorliegende Arbeit wurde beim „Förderpreis des deutschen Stahlbaues 1992" ausgezeichnet.

Beratung
Prof. Peter C. von Seidlein
Dipl.-Ing. Christina Schulz
(Institut für Baukonstruktion)
Prof. Dr. Günter Eisenbiegler
Dipl.-Ing. Frank-Ulrich Drexler
(Institut für Tragkonstruktionen und Konstruktives Entwerfen)
Dipl.-Ing. Walter Dittes
(Institut für Kernenergetik und Energiesysteme)

1992

Heli Muc

Weitere Konzepte
für Landeplattformen

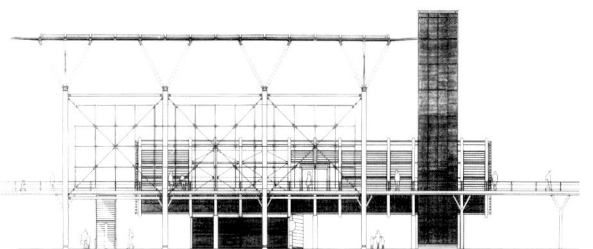

Udo Keitel
Matthias Vollmer
1992

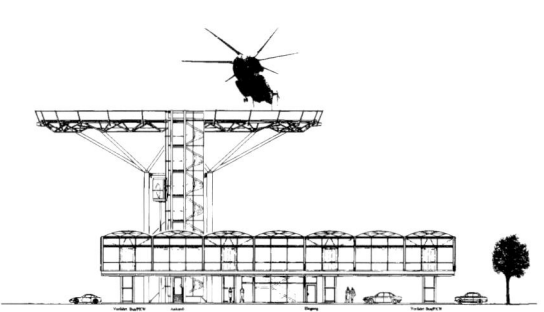

Maximilian Ernst
Wolfgang Lehnert
1992

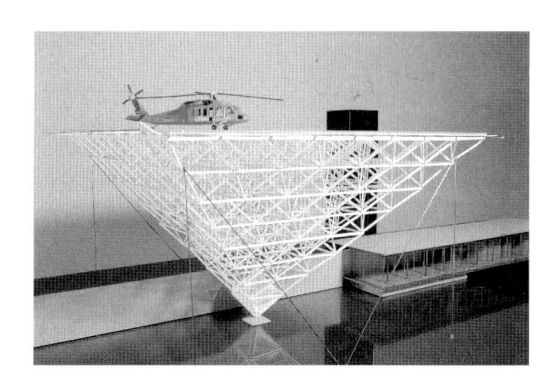

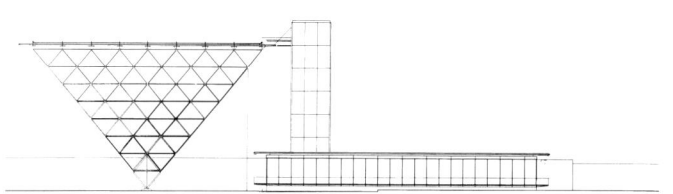

Karin Anton
Iris Kellner
1992

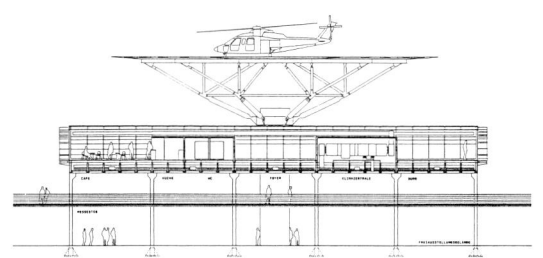

Peter Holzer
Folker Paulat
1992

Turmbauten 229

Aussichtsturm

Abgespannter Turmschaft

Matthias Bankwitz
Joachim Helmle

Aufgabe
An exponierter Stelle auf der Uhlandshöhe in Stuttgart soll ein ca. 50 m hoher Turm mit Aussichtsplattform und Café entstehen.

Wichtige Rahmenbedingungen für den Entwurf eines Aussichtsturms ergeben sich neben der Forderung nach einer leistungsfähigen Tragstruktur und einer flächen- bzw. lastsparenden Grundrißorganisation aus den mit zunehmender Höhe erschwerten Montageabläufen. Die schwierige Erschließungssituation des Baugrundstücks bedingt den Einsatz leicht transportierbarer und weitgehend vorgefertigter Bauelemente.

Konzept
Der Entwurf des Turms folgt dem Leitgedanken, dem besonderen Reiz der freien Aussicht beim Verweilen auf dem Turm und auch beim Auf- und Absteigen ein Maximum an Wirkung zu verschaffen.

Die Erschließungselemente erlauben daher eine freie Sicht nach außen. Aus dem gleichen Grunde wurde die Fassade des Turmcafés so transparent wie möglich ausgebildet, so daß der Innenraum im wesentlichen von den beiden raumbegrenzenden Deckenscheiben definiert wird. Die obere Scheibe dient als Plattform für die Aussichtsterrasse.

Bei der technischen Umsetzung zeigt der vorliegende Entwurf exemplarisch, wie Baugruppen mit unterschiedlichsten Anforderungen und Funktionen auf der Basis einer klaren Geometrie zu einem leistungsfähigen Gesamtsystem zusammengefügt werden können – und daß dieses Ziel mit wenigen unterschiedlichen Regelbauteilen erreichbar ist.

Tragwerk
Im Hinblick auf Materialersparnis und erhöhte Steifigkeit der Struktur ist das Stahltragwerk aus vier synergetisch zusammenwirkenden Teilsystemen aufgebaut:
1. der Turmschaft als Primärstützkonstruktion,
2. die Abspannung des Turmschafts gegen Horizontalkräfte,
3. zwei Trägerrostebenen zur Aufnahme der Nutzlasten von Café und Aussichtsterrasse sowie
4. die Abhängung bzw. Rückverspannung der Trägerroste mit dem Turmschaft.

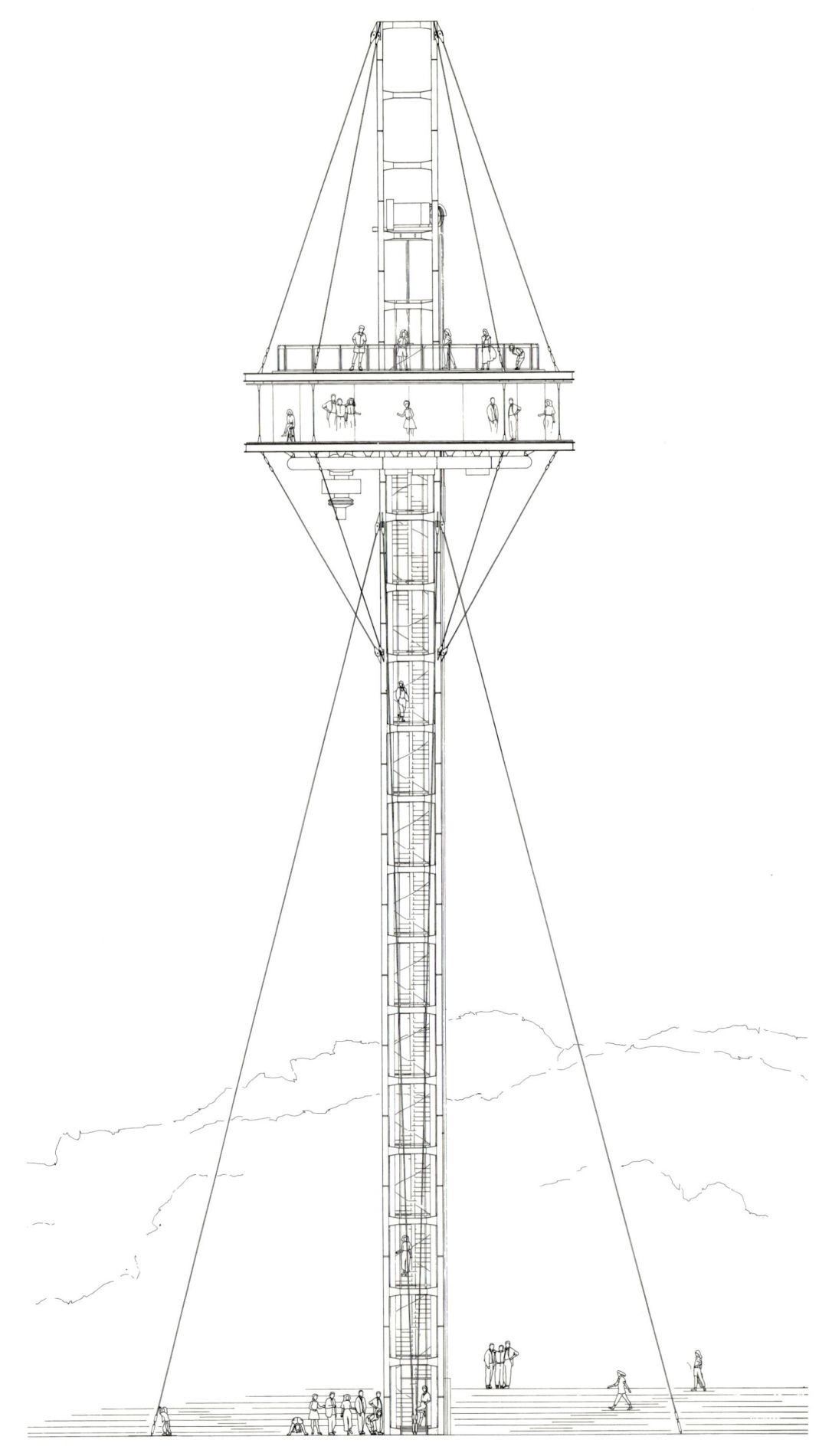

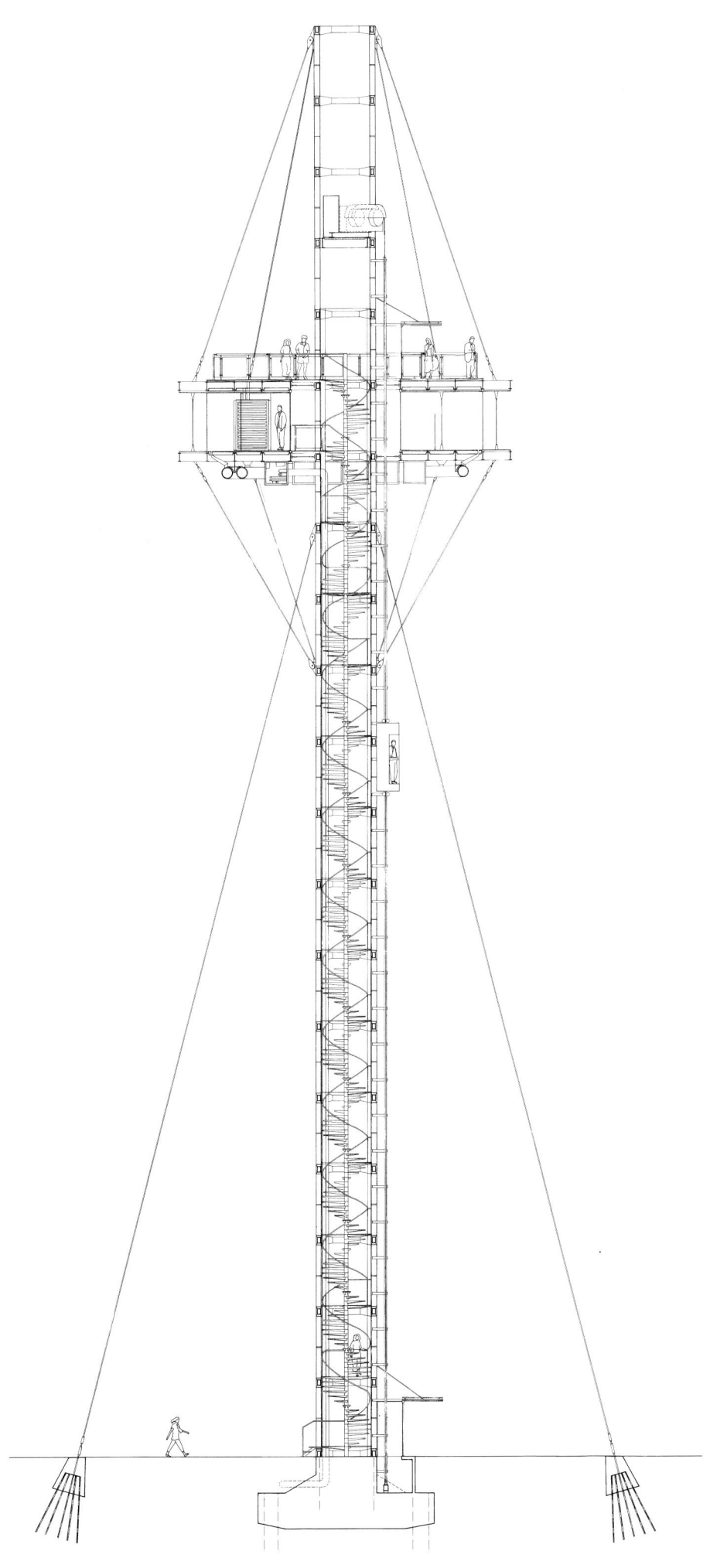

Im Schnitt werden die geometrischen Zusammenhänge deutlich. Das horizontale Raster beträgt 1,20 m und ist auf kompakte Möblierbarkeit bzw. die Größe der haustechnischen Module hin optimiert. Das vertikale 3-m-Raster ergibt sich aus 15 Treppensteigungen à 20 cm.

Um einen möglichst schlanken Turmschaft zu erhalten, wurde die Vertikalerschließung in die Stützkonstruktion integriert. Hierfür eignet sich besonders eine Vierendeelstütze (h = 60 m), da sie keine störenden Auskreuzungen aufweist. Sie besteht aus 20 Stockwerksrahmenelementen, deren Höhe (3 m) durch die maximal zulässige Steigung von Fluchttreppen (15 x 20 cm ohne Podest) bestimmt ist. Die Grundfläche des Stützenturms (Achsmaß 2,40 x 2,40 m) ergibt sich aus der Mindestbreite der zentrisch angeordneten Spindeltreppe.

Die auf allen vier Seiten V-förmig angeordneten und direkt unter den Plattformen angreifenden Abspannseile tragen anfallende Horizontalkräfte und Torsionsmomente unmittelbar in den Baugrund ab. Dadurch ist die Vierendeelstütze als nahezu biegelastfreie Druckstütze eingesetzt, was die Verwendung von dünnwandigen Rohrprofilstützen bzw. Leichtbaublechen für Riegel und Vouten ermöglicht.

Die Geschoßdecken von Café und Aussichtsterrasse werden von Stahlträgerrosten mit einem mittigen Luftraum – dem Bereich der Durchdringung mit der Turmstütze – gebildet. Die Roste aus verschweißten IPE 360 sind nur über Zugglieder mit dem Turmschaft verbunden, was sich vorteilhaft für ihre Montage mittels Hubpressen auswirkt.

Die gesamten Vertikallasten werden an acht Punkten am äußeren Rand der Roste aufgenommen und mit Seilen in den Stützenkopf eingeleitet. Die Rückverspannung dieser Seile unterhalb der Plattformen hin zum Turmschaft schließt das statische Teilsystem. Es stabilisiert die Ebenen gegen Unterwind und verhindert durch eine vergrößerte statische Höhe die Durchbiegung des Schafts im Bereich zwischen dem 11. und 20. Stockwerksrahmen – ähnlich einer Mastverspannung bei Segelschiffen. Dieser Effekt kann jedoch nur mit Hilfe der horizontalen Torsionsverspannungen erzielt werden, die in Fortsetzung der orthogonalen Roststruktur zwischen den Rosten und dem Schaft verlaufen. Sie verhindern das Verdrehen der Roste gegenüber dem Schaft nach dem Prinzip des Speichenrads.

Turmbauten

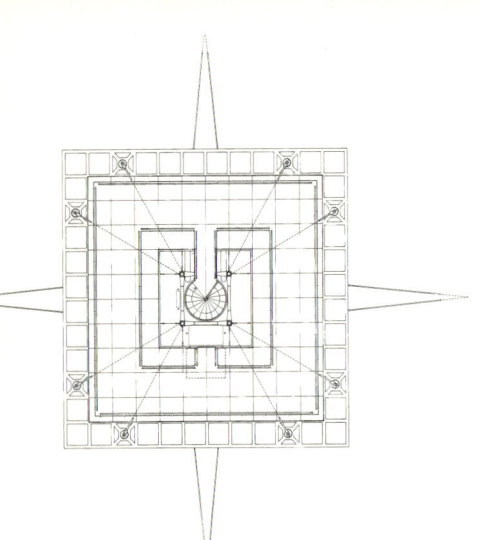

Die beiden Plattformen für das Café und die Aussichts- terrasse werden vom Turm- schaft durchdrungen, so daß sich ringförmige Nutzflächen ergeben, die von der Mitte aus erschlossen werden.

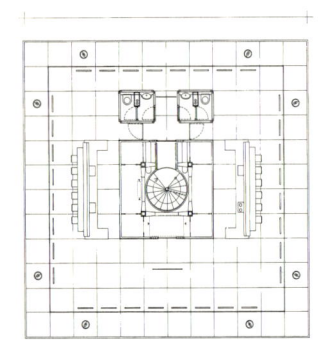

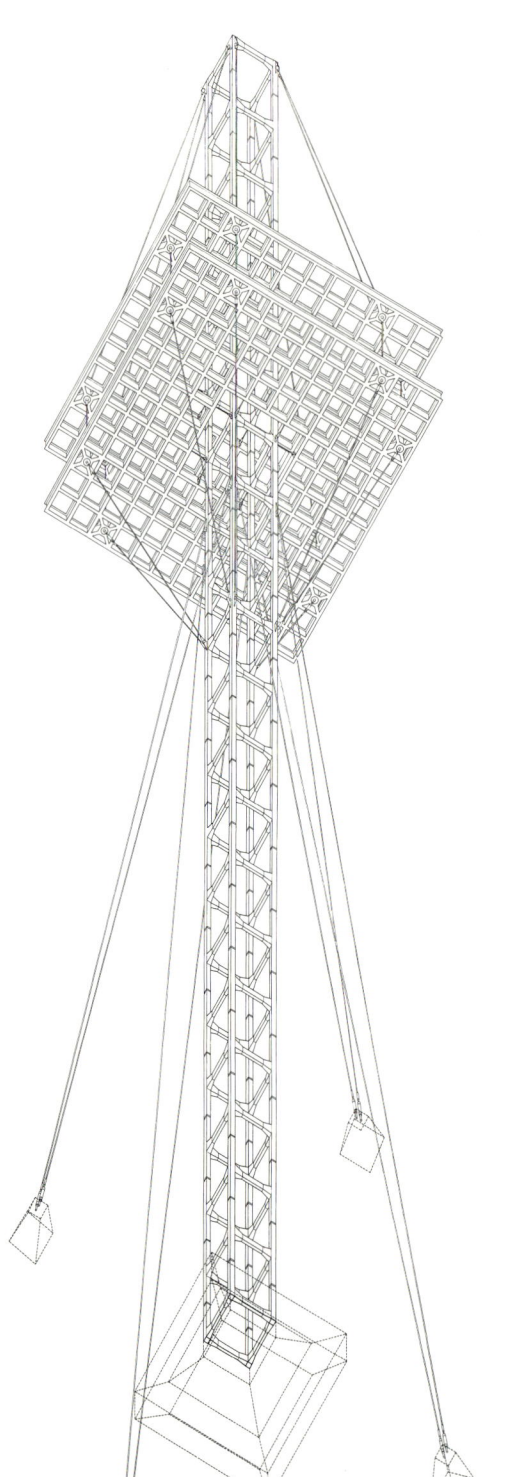

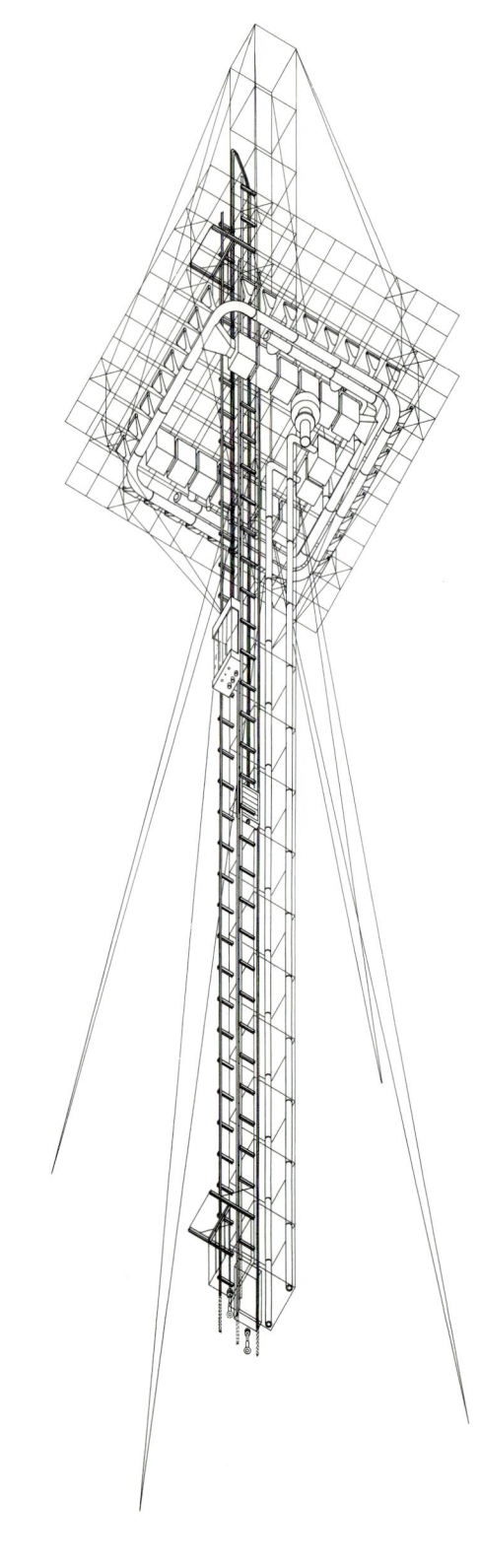

Die verglaste Fahrstuhl- kabine fährt rücklings am Turmschaft entlang (Ruck- sackfahrstuhl) und gibt den Ausblick auf die Stuttgarter City frei. Da kein wetter- schützender Fahrstuhl- schacht vorhanden ist, wird die elektrische Steuerung durch Schleifkontakt- schienen anstatt der sonst üblichen Kabelschlaufen übertragen.

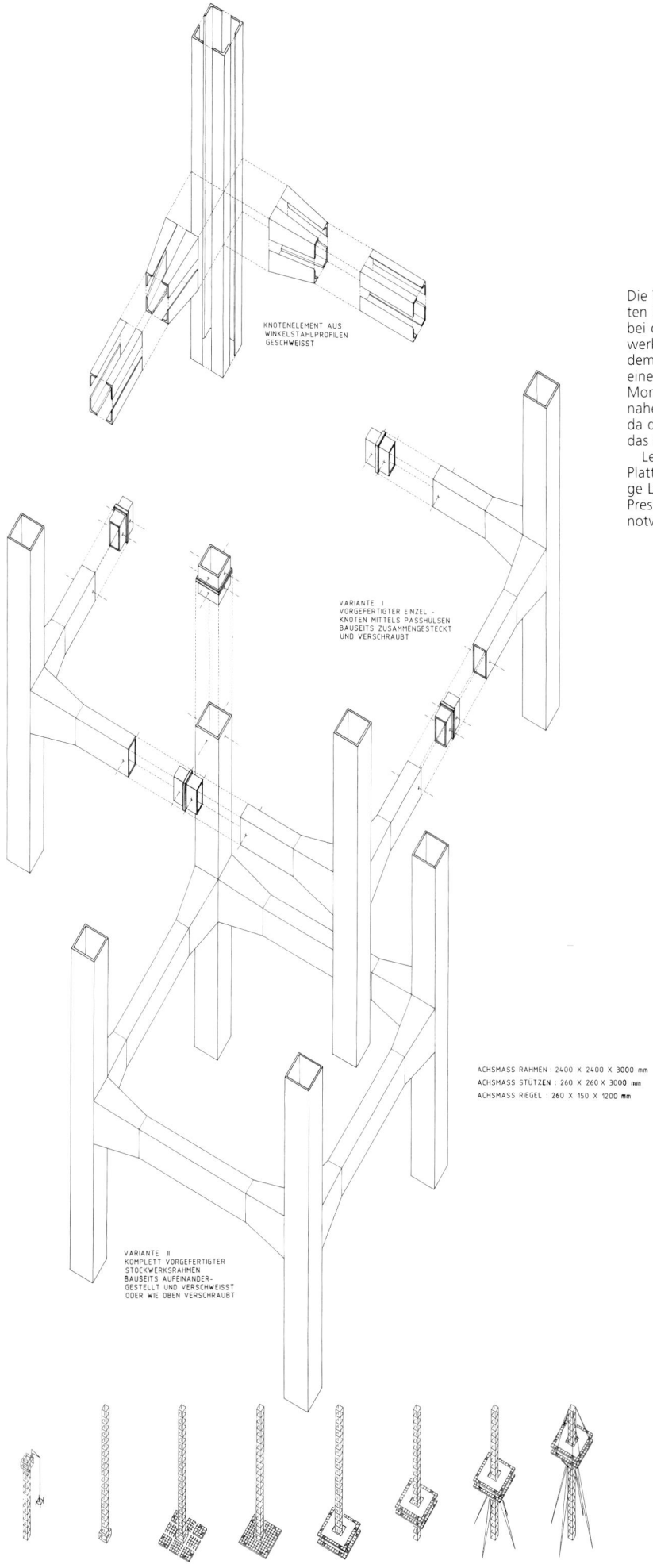

KNOTENELEMENT AUS
WINKELSTAHLPROFILEN
GESCHWEISST

Die Vorteile der elementierten Bauweise kommen auch bei der Montage des Bauwerks zum Tragen. Ähnlich dem Ablauf beim Aufstellen eines Baukrans kann auf Montagegerüste und Kräne nahezu verzichtet werden, da die Rahmenstütze selbst das Baugerüst ist.
 Lediglich beim Heben der Plattformen in ihre endgültige Lage mittels hydraulischer Pressen sind Hilfsstreben notwendig.

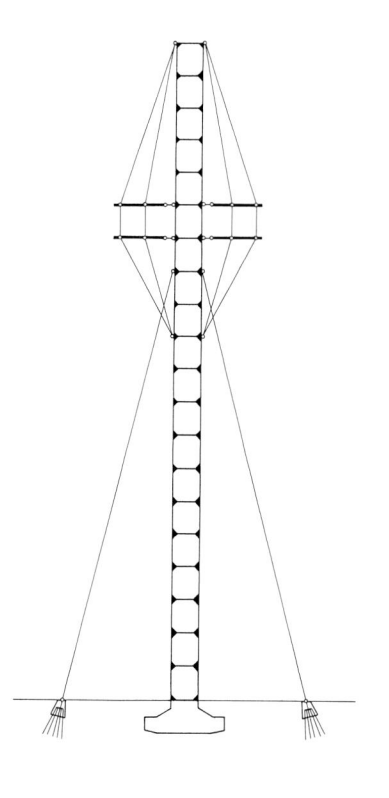

VARIANTE I
VORGEFERTIGTER EINZEL
KNOTEN MITTELS PASSHULSEN
BAUSEITS ZUSAMMENGESTECKT
UND VERSCHRAUBT

ACHSMASS RAHMEN : 2400 X 2400 X 3000 mm
ACHSMASS STÜTZEN : 260 X 260 X 3000 mm
ACHSMASS RIEGEL : 260 X 150 X 1200 mm

VARIANTE II
KOMPLETT VORGEFERTIGTER
STOCKWERKSRAHMEN
BAUSEITS AUFEINANDER
GESTELLT UND VERSCHWEISST
ODER WIE OBEN VERSCHRAUBT

Turmbauten

Hülle

Die Fassaden des Cafés folgen der Vorgabe nach maximaler Transparenz mit einer hängenden, sprossenlosen Isolierverglasung. Dachüberstände in Verbindung mit Jalousetten, die zum Schutz vor Windschäden im Innenraum angeordnet sind, übernehmen den Sonnenschutz.

Die horizontalen Flächen bestehen aus wärmegedämmten Sandwichpaneelen, die mittels Gewindebolzen und -hülsen direkt auf die Trägerroste montiert sind.

Die haustechnischen Systeme sind für die Gestalt des Turms mitbestimmend, insbesondere für seine Untersicht als „fünfte Fassade".

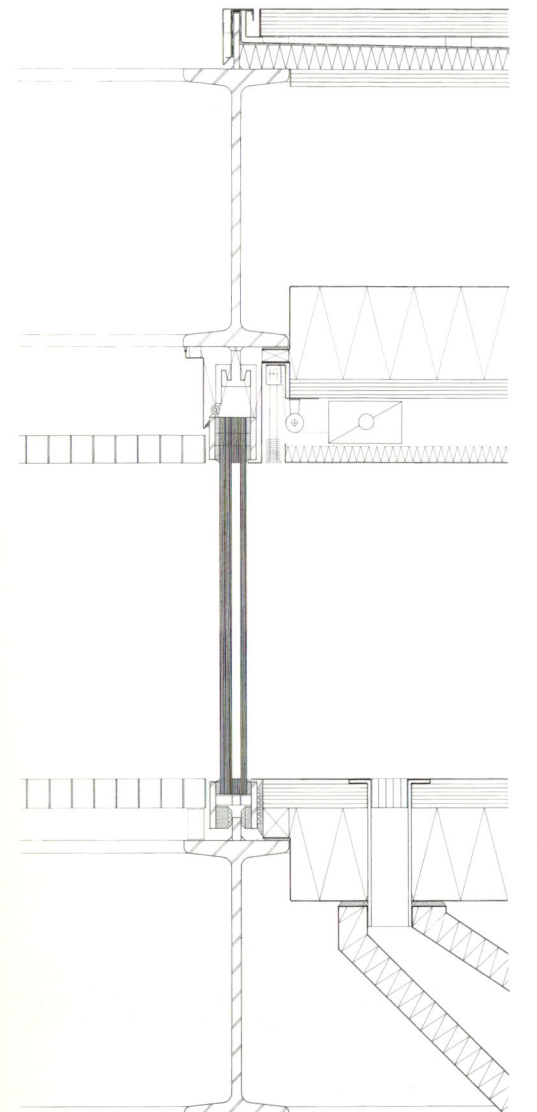

Das gesamte Tragwerk liegt außerhalb der gedämmten Hülle, wodurch das zu konditionierende Raumvolumen gering gehalten wird. Die vorgeschlagene sprossenlose Isolierglasfassade (Fa. Hahn) ist mit gläsernem Randverbund ausgeführt. Dadurch entsteht eine nahezu homogene transparente Haut, die als Raumbegrenzung kaum wahrzunehmen ist.

Die nicht begehbaren äußeren Bereiche der Plattformen – jeweils ein Modul von 1,20 m Tiefe – sind mit Gitterrosten belegt, die der Wartung der Fassade bzw. dem Sonnenschutz dienen.

Technischer Ausbau

Die Elemente des technischen Ausbaus sind ebenfalls in den Turmschaft integriert (Leitungstrassen, Fördertechnik) bzw. direkt unter den Turmkopf gehängt (Klimaanlage, Wasserdrucktanks, Elektroverteiler), so daß die Leitungswege minimiert werden und Technikräume am Turmfuß entfallen.

Heizung und Lüftung erfolgen über einen unter der Bodenplatte verlaufenden Luftdruckring mit Verteilerdüsen entlang der äußeren Fassade. Die Abluft wird über die Einbauten (Sanitärzellen, Bartheken) abgesaugt. Wartungsarbeiten an den Aggregaten können vom Café aus durch öffenbare Bodenpaneele vorgenommen werden.

In Zusammenarbeit mit Ingenieuren der Firma Haushahn Aufzugtechnik, Stuttgart, wurde eine auf das Gesamtkonzept abgestimmte seilgetriebene Personenaufzugsanlage entwickelt. Die gläserne Kabine fährt rücklings an der Stütze und durchdringt beim Halt auf der Café- bzw. Plattformebene den Luftraum zwischen Turmschaft und Trägerrosten. Das Gegengewicht verläuft seitlich am Schaft. Der Antriebsmotor steht im 18. Rahmenelement.

Das äußere Erscheinungsbild wird durch die klar gegliederte Tragkonstruktion und die übersichtliche Organisation der haustechnischen Ver- und Entsorgungseinrichtungen bestimmt.

Die vorliegende Arbeit wurde beim „Förderpreis des deutschen Stahlbaus 1990" ausgezeichnet.

Beratung

Prof. Peter C. von Seidlein
Dipl.-Ing. Friedrich Grimm
(Institut für Baukonstruktion)
Prof. Dr. Günter Eisenbiegler
Dr. Adrian Pocanschi
(Institut für Tragkonstruktionen und Konstruktives Entwerfen)
Dipl.-Ing. Walter Dittes
(Institut für Kernenergetik und Energiesysteme)

1988

Aussichtsturm
Outrigger-Konstruktion

Andreas Geywitz
Philipp Janak

Aufgabe
An exponierter Stelle auf der Uhlandshöhe in Stuttgart soll ein ca. 50 m hoher Turm mit Aussichtsplattform und Café entstehen.

Wichtige Rahmenbedingungen für den Entwurf eines Aussichtsturms ergeben sich neben der Forderung nach einer leistungsfähigen Tragstruktur und einer flächen- bzw. lastsparenden Grundrißorganisation aus den mit zunehmender Höhe erschwerten Montageabläufen. Die schwierige Erschließungssituation des Baugrundstücks bedingt den Einsatz leicht transportierbarer und weitgehend vorgefertigter Bauelemente.

Konzept
Der Entwurf zeigt eine sehr leistungsfähige, d.h. auch wirtschaftliche Lösung zur Aufnahme der Horizontallasten – einem der wichtigsten Probleme bei der Konstruktion von Turmbauten.

Der extrem schlanke Turmschaft, dessen Seitenabmessungen mit 2,60 x 2,60 m auf den Flächenbedarf der Treppe in seinem Innern abgestimmt wurden, muß bei einer Höhe von 62 m durch zusätzliche Maßnahmen gegen Verformungen unter Windlast geschützt werden.

Als Alternative zu schräg nach unten verlaufenden Seilabspannungen, wie sie das vorhergehende Konzept vorsieht, wird der Turmschaft hier durch seitliche Ausleger und Vertikalabspannungen nach dem Outrigger-Prinzip stabilisiert. Sternförmige Spreizen, die vom Schaft jeweils 9,33 m auskragen, sind biegesteif an den Turmschaft angeschlossen und an ihren vier Enden mit 50 mm starken Stahlseilen zur Turmspitze bzw. zum Turmfuß hin verspannt. Bei Windangriff werden die luvseitigen Seile auf Zug und die leeseitigen Seile auf Druck beansprucht.
Um diese Drucklast aufnehmen zu können, müssen die Stahlseile derart vorgespannt werden, daß sie auch bei thermischen Längenänderungen konstant gespannt bleiben. Dies wird durch Tellerfedern am unteren Auflager erreicht.

Die gegen Horizontallasten wirksame Systemhöhe des Turms als „vertikaler Kragarm" wird durch die Outrigger-Konstruktion von 2,60 m auf 10 m vergrößert. Mit minimalem Materialeinsatz wird eine deutliche Reduzierung der Verformungen erreicht.

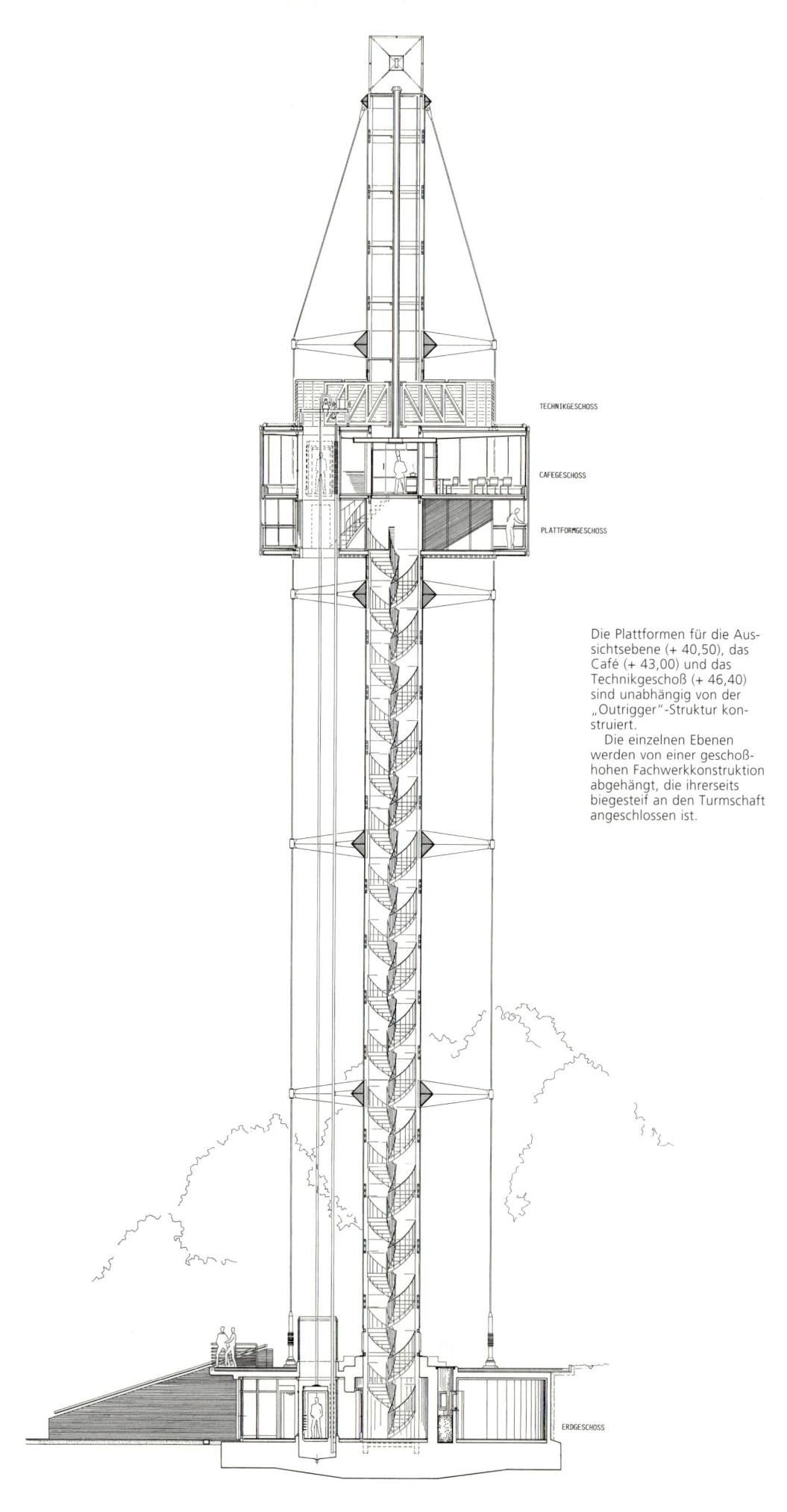

Die Plattformen für die Aussichtsebene (+ 40,50), das Café (+ 43,00) und das Technikgeschoß (+ 46,40) sind unabhängig von der „Outrigger"-Struktur konstruiert.
Die einzelnen Ebenen werden von einer geschoßhohen Fachwerkkonstruktion abgehängt, die ihrerseits biegesteif an den Turmschaft angeschlossen ist.

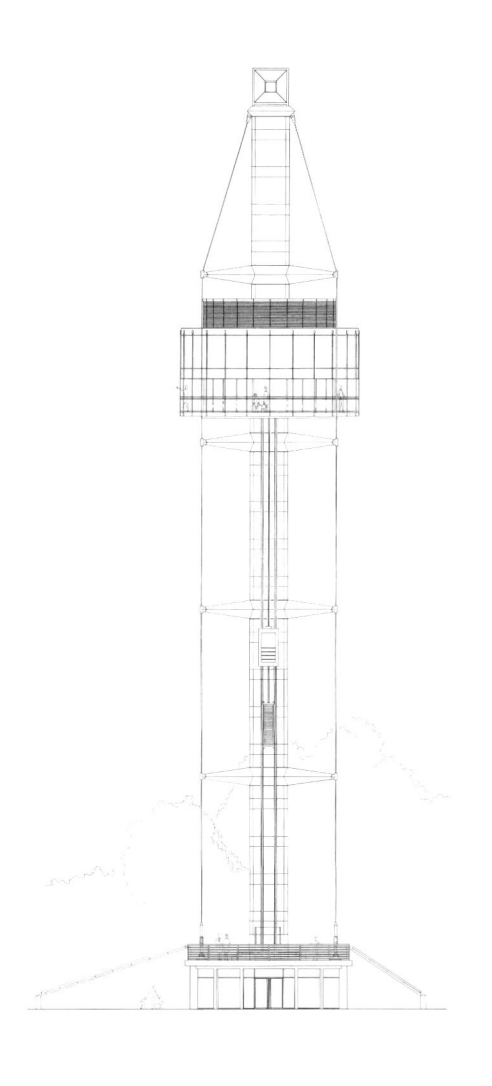

Der schlanke Turmschaft wird über sternförmige Ausleger aus Stahlblech und Vertikalabspannungen stabilisiert.

Die Kräfte aus den vier Seilen werden in den Stahlbetonsockel des Eingangs- und Kellerbereichs eingeleitet. Bei dieser Rückkopplung mit dem Turmschaft liegt ein geschlossenes Kräftesystem vor, weshalb im Gegensatz zu abgespannten Konstruktionen auf aufwendige Schwergewichtsfundamente oder Erdanker verzichtet werden kann.

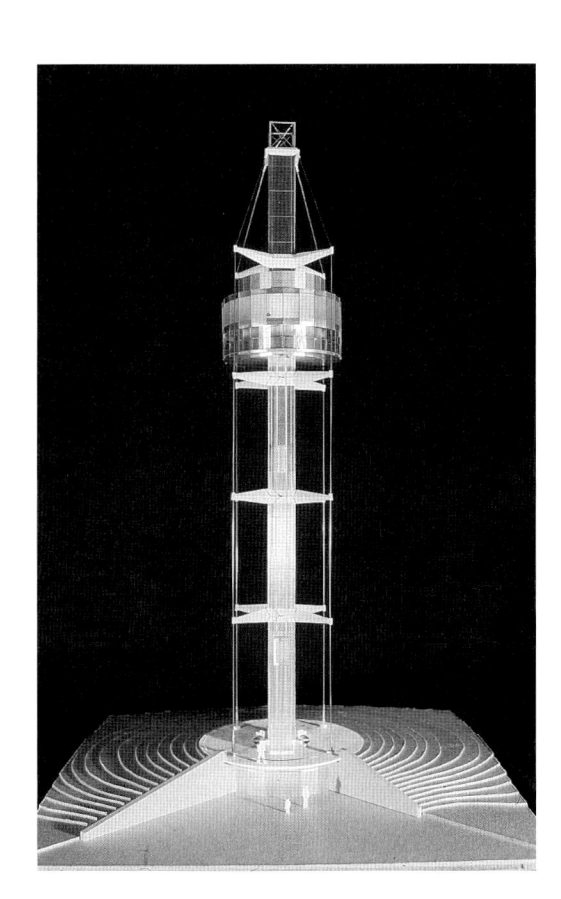

Beratung
Prof. Peter C. von Seidlein
Dipl.-Ing. Gerhard Niese
(Institut für Baukonstruktion)
Prof. Dr. Günter Eisenbiegler
Dipl.-Ing. Frank Ulrich Drexler
(Institut für Tragkonstruktionen und Konstruktives Entwerfen)
Dipl.-Ing. Walter Dittes
(Institut für Kernenergetik und Energiesysteme)

1988

Turmbauten

Aussichtsturm

Vierendeel-Turmschaft

Klaus Beslmüller
Eckhard Bürling

Aufgabe
An exponierter Stelle auf der Uhlandshöhe in Stuttgart soll ein ca. 50 m hoher Turm mit Aussichtsplattform und Café entstehen.

Wichtige Rahmenbedingungen für den Entwurf eines Aussichtsturms ergeben sich neben der Forderung nach einer leistungsfähigen Tragstruktur und einer flächen- bzw. lastsparenden Grundrißorganisation aus den mit zunehmender Höhe erschwerten Montageabläufen. Die schwierige Erschließungssituation des Baugrundstücks bedingt den Einsatz leicht transportierbarer und weitgehend vorgefertigter Bauelemente.

Konzept
Ähnlich der vorangehenden Arbeit schlägt auch dieser Entwurf ein biegesteifes Stabwerk (Vierendeel-Konstruktion) als Turmschaft und zwei hiervon abgehängte Scheiben für die Nutzflächen vor.

Auch hier ist die Treppe innerhalb des Turmschafts angeordnet und der Fahrstuhl frei – ohne eigenen Schacht – an der Schaftaußenseite geführt.

Den Anforderungen an Transport und Montage der Bauteile wird dieser Entwurf jedoch mit einer anderen Konzeption gerecht:

Das Tragwerk wird in möglichst großen, gerade noch transportierbaren Einheiten vorgefertigt, so daß sich der Montageaufwand vor Ort auf ein Minimum beschränkt. Diese Philosophie prägt auch die äußere Erscheinung des Turmes, der entsprechend großmaschig und klar strukturiert ist.

Bezüglich der Geometrie des Tragwerks sei auf folgende Unterschiede hingewiesen: Der Turmschaft ist mit 6 m Kantenlänge weniger schlank und bedarf deshalb keiner zusätzlichen Abspannungen zur Aufnahme der Horizontallasten. Der dreieckige Grundriß zeichnet sich gegenüber dem Quadrat durch eine hohe Torsionssteifigkeit aus und bietet mit den – geometrisch folgerichtig – kreisrund ausgebildeten Plattformen die Möglichkeit für eine besondere Besucherattraktion: Der äußere Ring des Cafés mit den Sitzplätzen der Gäste ist drehbar gelagert und gewährt innerhalb einer Stunde ein 360°-Rundumpanorama.

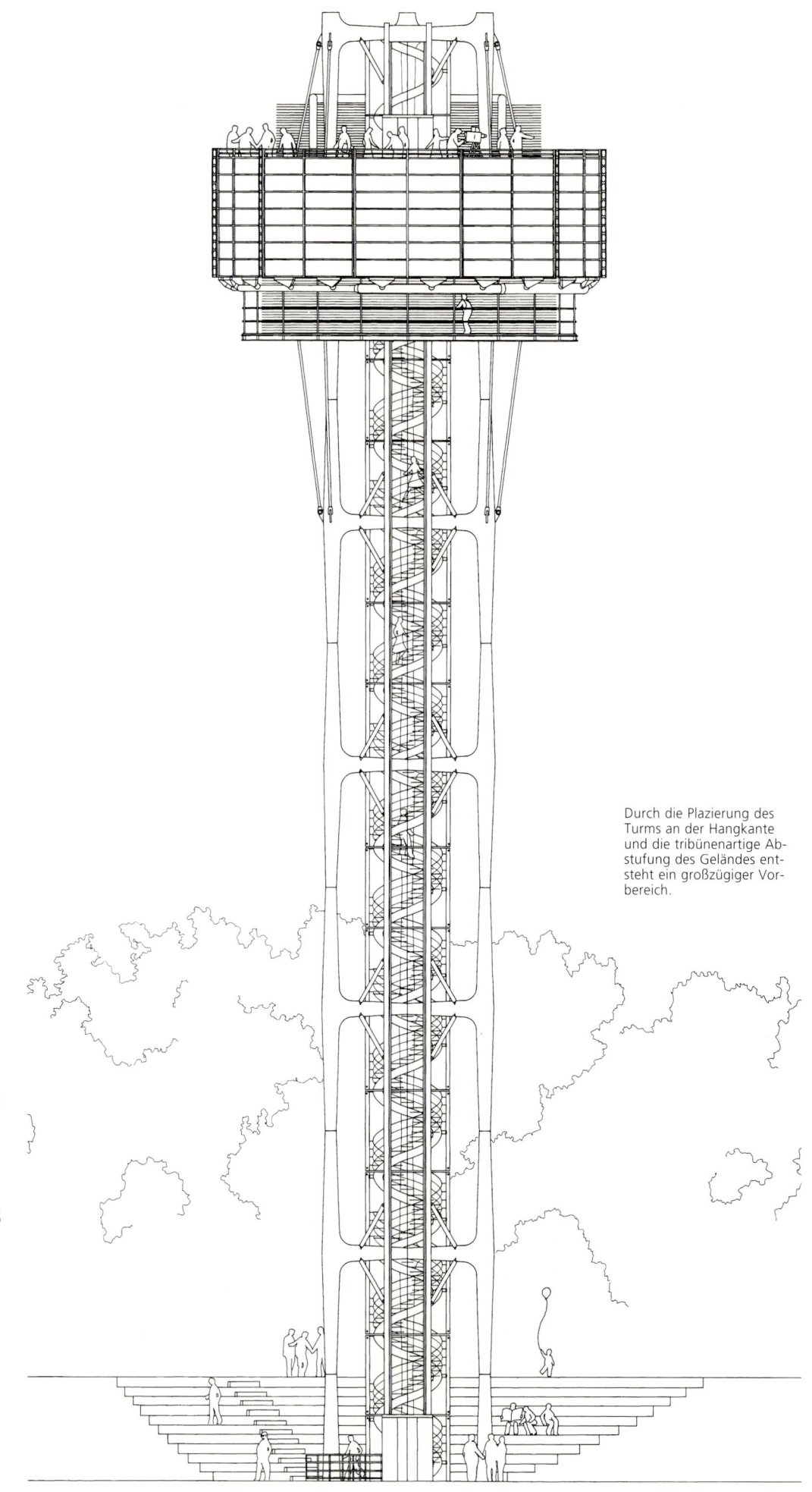

Durch die Plazierung des Turms an der Hangkante und die tribünenartige Abstufung des Geländes entsteht ein großzügiger Vorbereich.

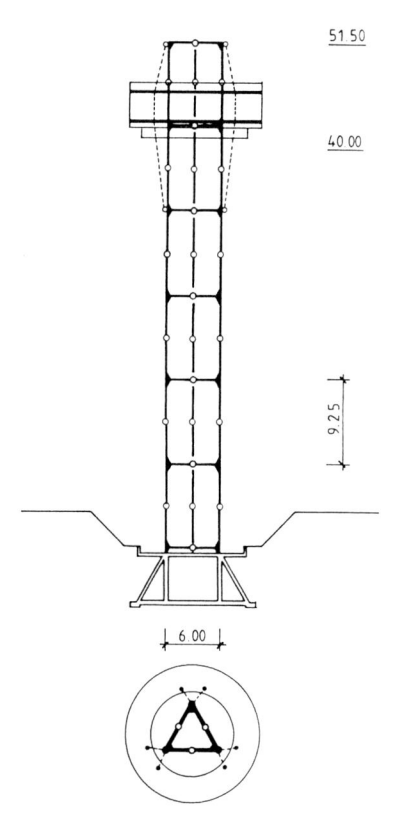

Die vorgefertigten Abschnitte des Vierendeel-Schaftes erstrecken sich von Feldmitte zu Feldmitte und werden in den Momenten-Nullpunkten zusammengefügt (h = 9,25 m, b = 3 m). Obwohl die Stöße als Gelenke berechnet wurden, werden sie verschweißt, um Stützmomente aus exzentrischen Belastungen aufnehmen zu können.

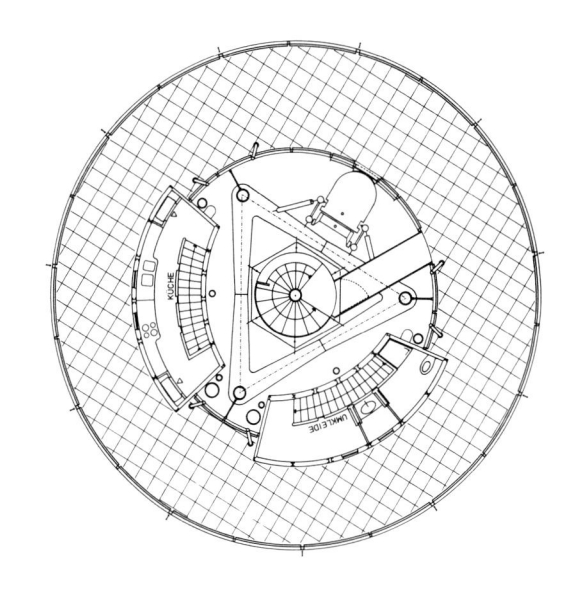

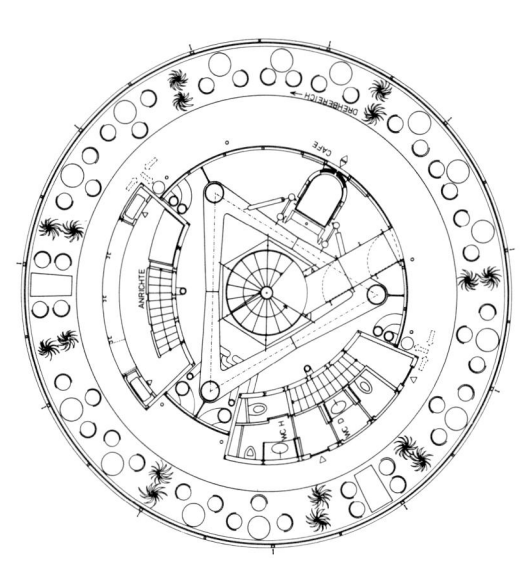

Die Nutzflächen (Café und darüberliegende Aussichtsplattform) sind als ringförmige Scheiben vom Turmschaft abgehängt und über die im Schaft liegende Treppe bzw. einen frei am Schaft geführten Fahrstuhl erschlossen.

Zwei zweigeschossige Container nehmen die Nebenräume auf (Anrichte/Küche bzw. Toiletten/Personalumkleiden), ohne die nur 3,60 m tiefe Grundfläche wesentlich zu verengen.

Die Aggregate der Klimatechnik befinden sich auf einer gesonderten Ebene, die vom Cafégeschoß abgehängt ist.

Beratung
Prof. Peter C. von Seidlein
Dipl.-Ing. Jürgen Braun
(Institut für Baukonstruktion)
Prof. Dr. Günter Eisenbiegler
Dipl.-Ing. Hans Peter
(Institut für Tragkonstruktionen und Konstruktives Entwerfen)
Dipl.-Ing. Walter Dittes
(Institut für Kernenergetik und Energiesysteme)

1988

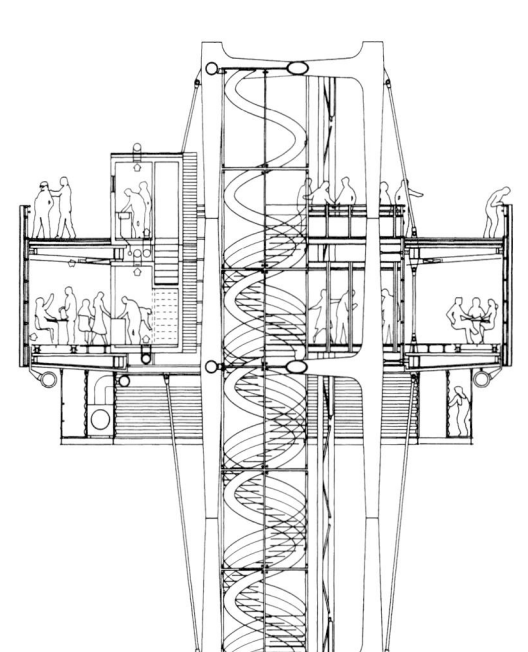

Die beiden Plattformen sind als Ringträger mit Kragarmen und Stahlbeton-Fertigteilen konstruiert und an 6 Punkten vom dreieckigen Turmschaft abgehängt. Durch das Rückführen der Abspannungen zum Turmschaft und durch die zusätzliche horizontale Kopplung der Ringunterzüge mit dem Schaft sind die Plattformebenen in ihrer Lage gesichert.

Die Rohrprofile des Turmschafts sind dem Kräfteverlauf entsprechend von max. 700 mm Durchmesser am Knoten auf minimal 400 mm am Stoß verjüngt. Zur Reduzierung der Herstellkosten sind sämtliche Einzelteile in Stahlguß geplant.

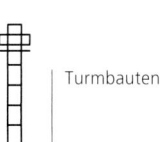

Turmbauten

Hochhäuser

Hochhaus

Outrigger-Konstruktion
in den Technikgeschossen
246 m

Christina Schulz

Aufgabe

In der Frankfurter Innenstadt, auf einem Grundstück in direkter Nachbarschaft des Hauptbahnhofes, soll ein Hochhaus mit ca. 80.000 m² Bürofläche geplant werden.

Um die Nutzbarkeit des Gebäudes langfristig zu sichern, wird die flexible Teilbarkeit der Geschosse in vermietbare Einheiten unterschiedlicher Größe gefordert.

Der Entwurfsbearbeitung ging eine gründliche Voruntersuchung der Konstruktionsmöglichkeiten für Hochhäuser, ihrer Hüllen und der technischen Anlagen voraus. Die Ergebnisse dieser Studien wurden unter dem Titel „Hochhäuser – Tragwerk, Hülle, Technischer Ausbau", Stuttgart 1988, veröffentlicht.

Konzept

Ausgehend von der Aufgabe, mit dem Gebäude ein funktionstüchtiges Gehäuse für gutbelichtete und weitgehend flexibel aufteilbare Büroflächen zu schaffen, wurden sämtliche Teilaspekte der Planung so entwickelt, daß dieses Ziel mit einem Minimum an technischem und materiellem Aufwand zu erreichen ist.

Da ein Hochhaus mit der vorgegebenen Nutzung per se aus der Stapelung weitgehend identischer Geschoßflächen besteht, setzten alle diesbezüglichen Überlegungen bei der Konzeption dieses Grundmoduls an. Werden hierbei Fehler gemacht, z.B. hinsichtlich einer wirtschaftlichen Flächenausnutzung, multiplizieren sich diese ebenso wie besonders vorteilhafte Lösungen über die gesamte Gebäudehöhe auf ein Vielfaches.

In einem iterativen Annäherungsprozeß wurde versucht, sowohl die Belange der Arbeitsplatzqualität (Belichtung, Sichtbezug nach draußen) als auch die Bedingungen der Erschließungs- und Fluchtwege, den Flächenbedarf der Vertikalerschließung und der Tragkonstruktion zu berücksichtigen.
Das Ergebnis war ein quadratischer Grundriß mit 42 m Kantenlänge. Über die Bruttogrundfläche pro Geschoß und einen – zunächst pauschalen – Abzug der Konstruktionsfläche wurde daraus die notwendige Anzahl der Geschosse und damit die Gebäudehöhe ermittelt. Hieraus wiederum ergeben sich die erforderlichen Anhaltspunkte für die Konzeption des Tragwerks und der Personenbeförderungsanlage, die die Determinanten

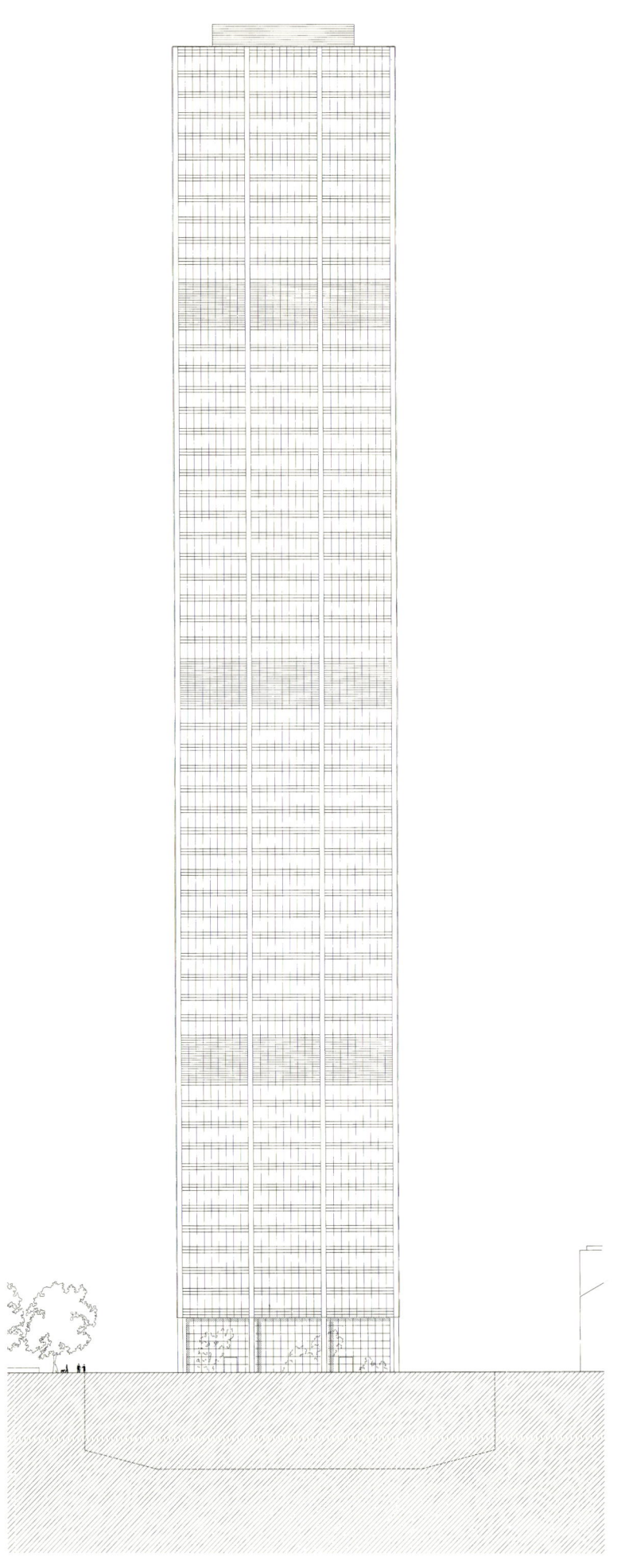

Der 246 m hohe Büroturm beinhaltet 54 Normalgeschosse mit 3,80 m Höhe, drei Konstruktionsgeschosse mit technischen Einrichtungen und eine Dachzentrale.
Sondernutzungen wie Läden und Restaurants sind in einem Tiefgeschoß vorgesehen, das über große Lufträume zum verglasten Foyer weitgehend natürlich belichtet wird.
Von dieser Ebene führt ein unterirdischer Zugang direkt in den Hauptbahnhof. Zwei weitere Untergeschosse nehmen die Anlieferung sowie 300 Stellplätze auf. Sie bilden zusammen mit der Bodenplatte einen breiten Fuß zur Verankerung des Turms.

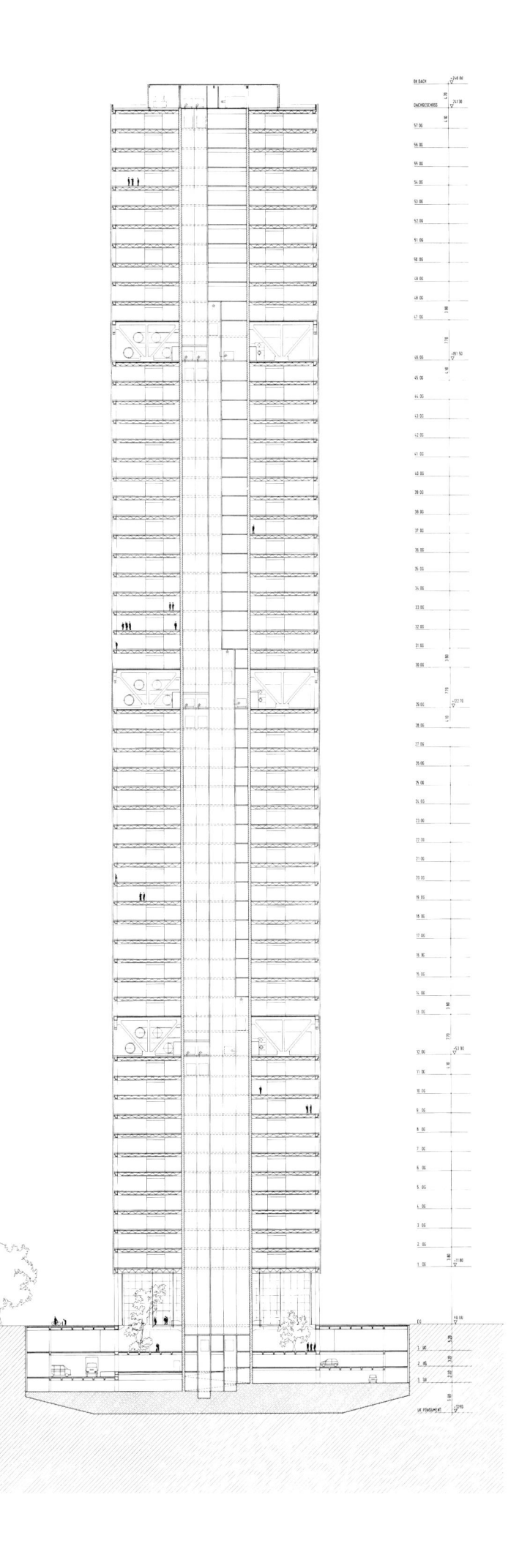

der endgültigen Grundrißstruktur darstellen. Das Ergebnis ist eine Grundstruktur mit acht gleich großen, quadratischen Feldern, die sich um einen zentralen Erschließungskern gruppieren.

Bedingt durch vier Zugangsmöglichkeiten und zwei dezentral angeordnete Sanitärbereiche kann ein Geschoß in maximal vier Einheiten unterteilt werden. Die verschiedenen Bürogrößen, die dabei realisierbar sind, sollen dem Gebäude ein hohes Maß an Nutzungsflexibilität und damit Rentabilität sichern.

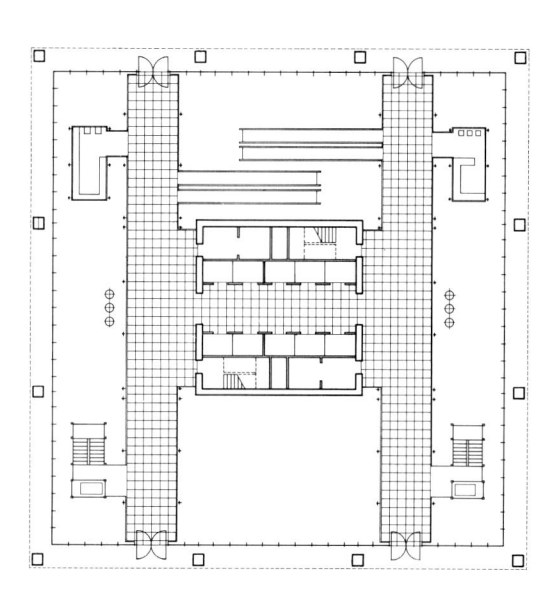

Das Erdgeschoß dient der Verbindung und gleichzeitig der Entflechtung der Nutzungsbereiche:
Rolltreppen, offene Treppenläufe und gläserne Aufzüge verbinden die Eingangslobby mit dem Ladengeschoß und betonen den öffentlichen Charakter dieser Bereiche. Demgegenüber bilden die Bürogeschosse einen eigenen Schließbereich, der nur vom Erdgeschoß aus zugänglich und dementsprechend gut kontrollierbar ist.

Hochhäuser

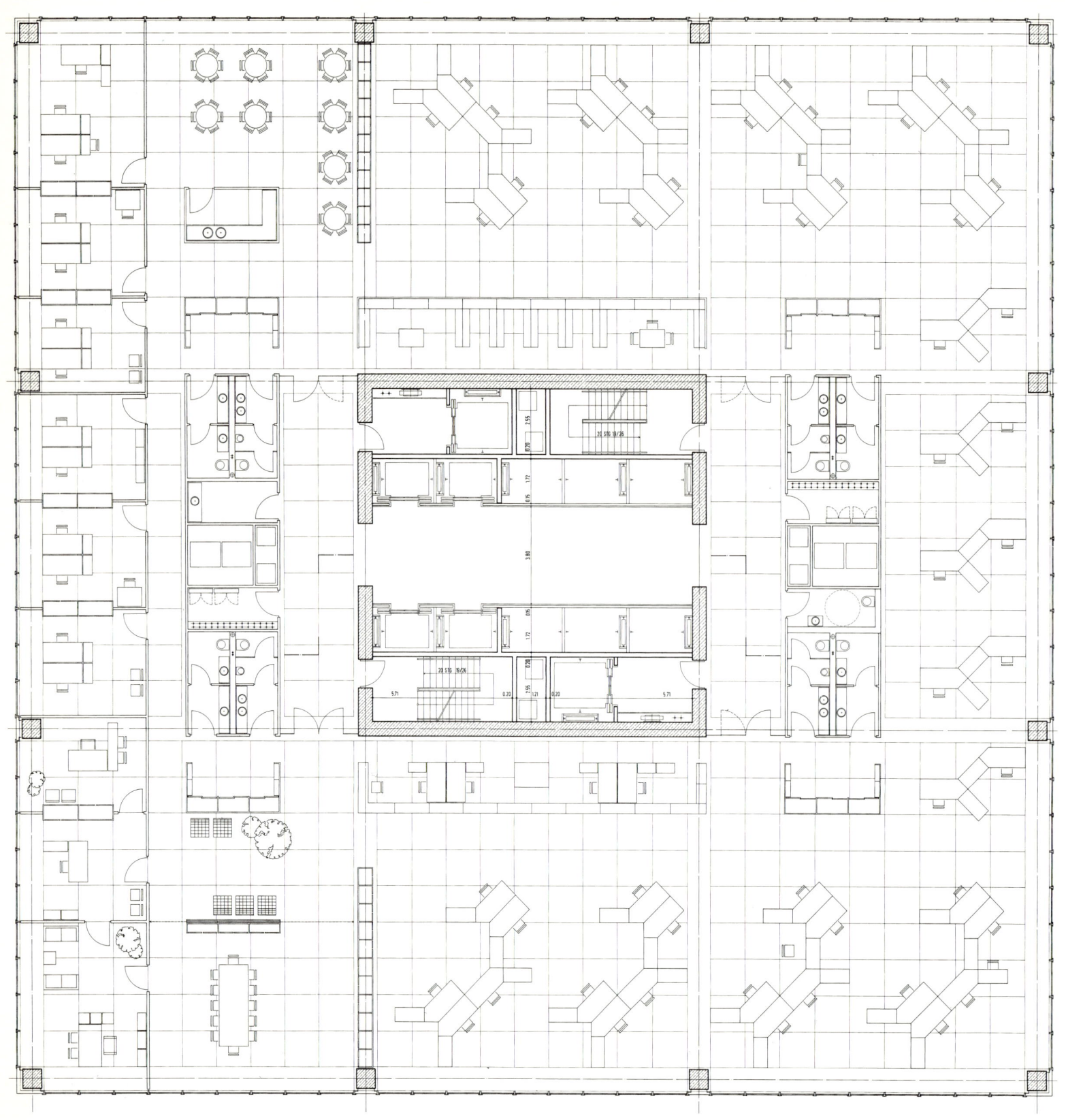

Das Normalgeschoß profitiert von der kompakten Anordnung der Vertikalerschließung im tragenden Gebäudekern (Personenaufzüge, Lasten-/Feuerwehraufzüge und Fluchttreppen) und von der Zusammenfassung der hochinstallierten Bereiche in zwei seitlichen Raumspangen.

Hierdurch ergeben sich vier gleichwertige Zugänge zur Hauptnutzfläche, die einerseits die Teilbarkeit der Geschosse und andererseits die Einhaltung der Fluchtwegvorschriften garantieren.

Die vermietbare Fläche eines Geschosses umfaßt 80 Prozent der Bruttogrundfläche. Sie ist frei von Einbauten und kann bei Raumtiefen von 6,75 m bzw. 13,80 m sowohl für Einzel- als auch für Gruppen- und Großraumbüros genutzt werden.

Das Ausbauraster von 1,41 m, dem auch die Fassade folgt, erlaubt vielfältige Raumgrößen mit klar definierten, immer gleichen Trennwandanschlüssen, die auch hohe Schall- und Brandschutzanforderungen (bei getrennten Einheiten) erfüllen können.

Hochhäuser

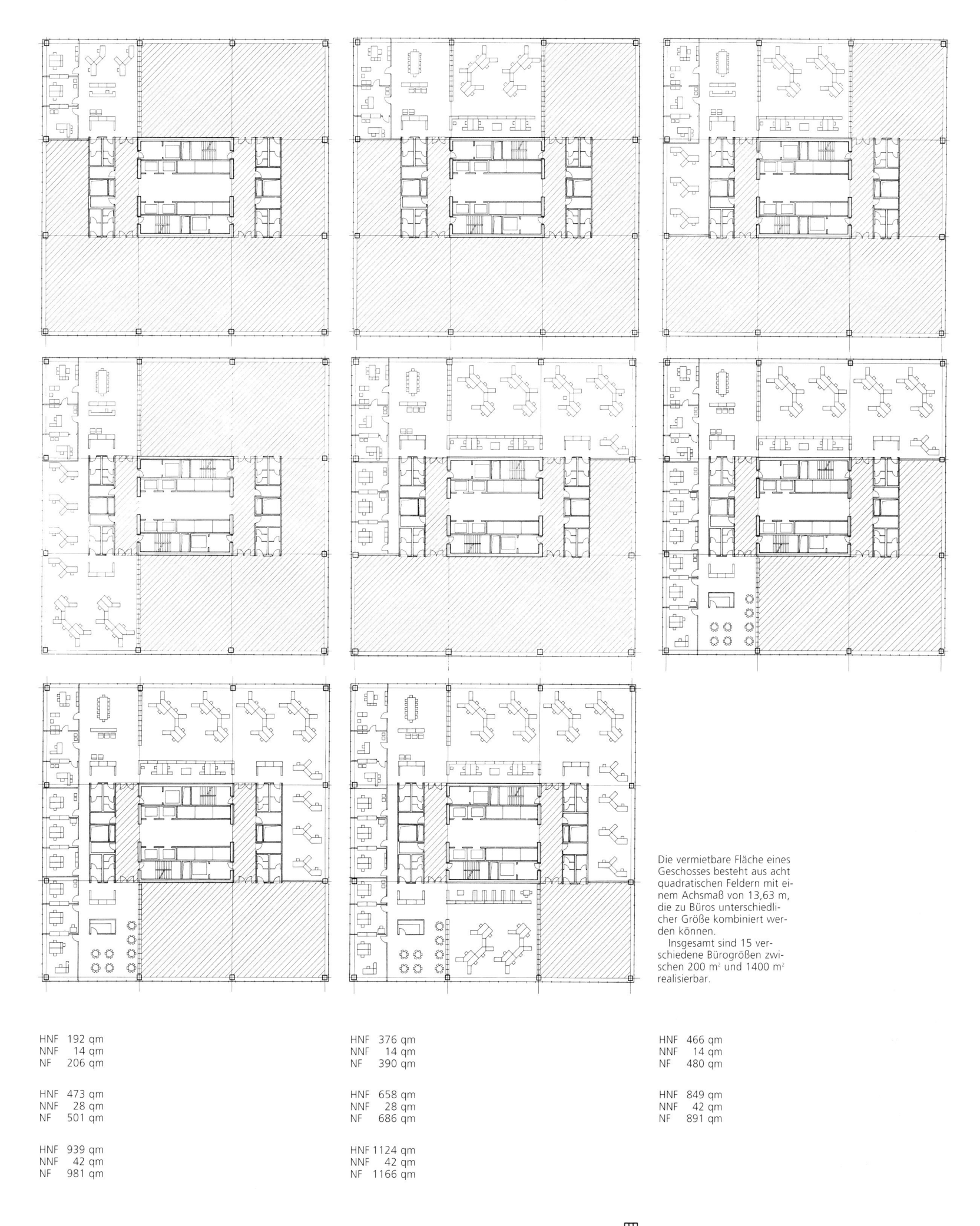

Die vermietbare Fläche eines Geschosses besteht aus acht quadratischen Feldern mit einem Achsmaß von 13,63 m, die zu Büros unterschiedlicher Größe kombiniert werden können.
   Insgesamt sind 15 verschiedene Bürogrößen zwischen 200 m² und 1400 m² realisierbar.

HNF 192 qm NNF 14 qm NF 206 qm	HNF 376 qm NNF 14 qm NF 390 qm	HNF 466 qm NNF 14 qm NF 480 qm
HNF 473 qm NNF 28 qm NF 501 qm	HNF 658 qm NNF 28 qm NF 686 qm	HNF 849 qm NNF 42 qm NF 891 qm
HNF 939 qm NNF 42 qm NF 981 qm	HNF 1124 qm NNF 42 qm NF 1166 qm	

Hochhäuser

Tragwerk

Die Entwicklung des Tragwerks folgte dem Ziel, die statischen Erfordernisse mit geringstmöglichem Aufwand zu erfüllen. Die Konstruktion sollte wenig Geschoßfläche beanspruchen, die freie Nutzung der Grundrisse nicht beeinträchtigen und insbesondere im Bereich der Außenhülle reduziert werden, um freie Aussicht und eine gute Belichtung der Raumtiefe zu gewährleisten. Wichtig war außerdem eine hohe Integrationsfähigkeit für die komplexen Systeme der Gebäudetechnik (Klima-/Fördertechnik).

Das hier angewendete Outrigger-Prinzip zur Abtragung der Horizontallasten stellt für Hochhäuser dieser Größenordnung eine erprobte, leistungsfähige Konstruktion dar.

Ihre Wirkungsweise beruht auf einem tragenden Gebäudekern, dessen Steifigkeit als vertikaler Kragarm durch Fachwerkträger verbessert wird, die in gewissen Abständen die Außenstützen der Geschoßdecken zur Abtragung der Horizontallasten heranziehen, indem sie sie auf Zug (Luvseite) bzw. auf Druck (Leeseite) beanspruchen und so die Auslenkung des Turms aus dem Lot (sway-factor) erheblich reduzieren. Durch diese Maßnahme kann die ganze Grundrißbreite als Verformungswiderstand aktiviert werden, ohne eine äußere Röhrenkonstruktion ausbilden zu müssen, die die Außenhülle der Bürogeschosse mit einem Netz von großen oder dichten Diagonalen bzw. kräftigen Rahmenelementen überziehen würde. Dies hätte im Widerspruch zu der Zielsetzung einer weitgehend verglasten Gebäudehülle gestanden.

Die Geschosse der Outrigger-Fachwerke sind nur eingeschränkt nutzbar und bieten sich daher als Technikflächen an, wie auch der innenliegende Stahlbetonkern sinnvoll für die Funktionen genutzt werden kann, die keiner natürlichen Belichtung bedürfen und ohnehin besonderen Brandschutzbestimmungen unterliegen (Aufzüge, Fluchttreppen).

Auch die Wahl des Baustoffs sollte aufgrund einer genauen Analyse der Anforderungen erfolgen.

Die gewählte Stahlbetonverbundbauweise bietet neben dem Brandschutz auch Vorteile hinsichtlich der Montage (weitgehende Vorfertigung mit stahlbaumäßigen Verbindungen). Außerdem können die Stützenabmessungen verringert werden, da der erforderliche Stahlanteil im Vergleich zur konventionellen Bewehrung wesentlich komprimierter angeordnet werden kann.

Für die Geschoßdecken stellt die Verbundbauweise mit Stahltrapezverbunddecken auf Fachwerkträgern nicht nur eine wirtschaftliche, da statisch effiziente (Betonplatte für Druckkräfte, Stahlträger für Zugkräfte) und schnelle Bauweise dar, sondern bietet auch mit der guten Installierbarkeit die Voraussetzung für niedrige Deckenpakete.

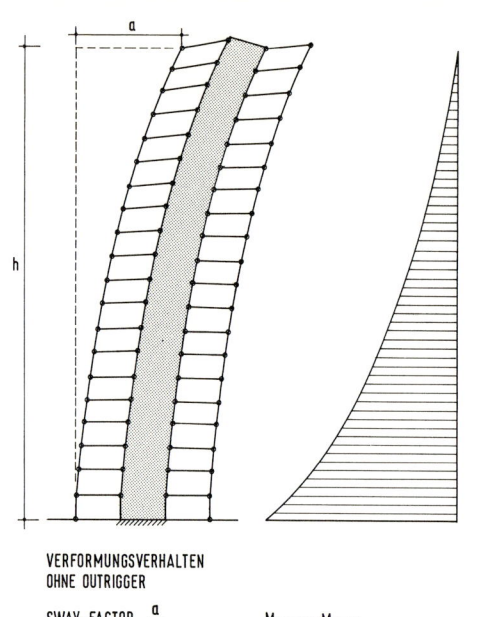

VERFORMUNGSVERHALTEN OHNE OUTRIGGER

SWAY-FACTOR $\frac{a}{h}$ $M_{KERN} = M_{MAX}$

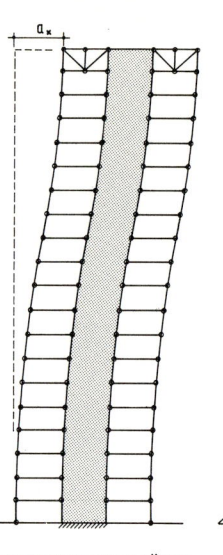

OUTRIGGER ZIEHT AUSSENSTÜTZEN ZUR ABTRAGUNG DER HORIZONTALLASTEN HINZU

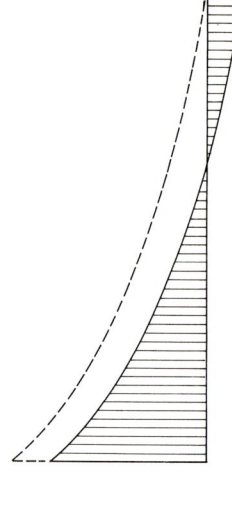

SWAY-FACTOR $\frac{a_x}{h} < \frac{a}{h}$ $M_{KERN} \leq M_{MAX}$

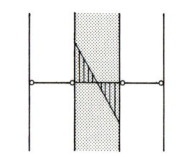

SPANNUNGSVERTEILUNG IM KERN

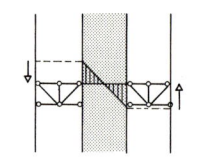

GERINGERE SPANNUNG IM KERN STÜTZEN NORMALKRAFTBEANSPRUCHT

STRUKTURELLER AUFBAU DER KONSTRUKTION

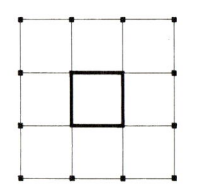

KERN: STAHLBETON
D = 60 CM
N = 380 MN
STÜTZEN: VERBUNDSTÜTZEN
80 × 80 CM
N_{MAX} = 39 MN
N_{GES} = 900 MN

RANDUNTERZÜGE:
STAHLBETON
80 × 54 CM
L = 13.63 M

HAUPTUNTERZÜGE FÜR VERBUNDDECKE:
STAHLFACHWERKZANGEN
H = 54 CM (INCL. DECKE)
L = 13.63 M

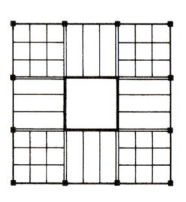

DECKENTRÄGER
STAHLFACHWERK-VERBUNDTRÄGER
H = 54 CM
L = 13.63 M
DECKE: TRAPEZBLECH-VERBUNDDECKE 12 CM

Bei der Entwicklung der Tragstruktur für die Geschoßdecken waren widersprüchliche Anforderungen zu erfüllen:

Einerseits sollte die Geschoßfläche nicht durch Stützen beeinträchtigt werden, andererseits jedoch sind maßvolle Spannweiten eine Voraussetzung für niedrige Konstruktionshöhen.

Hochhäuser

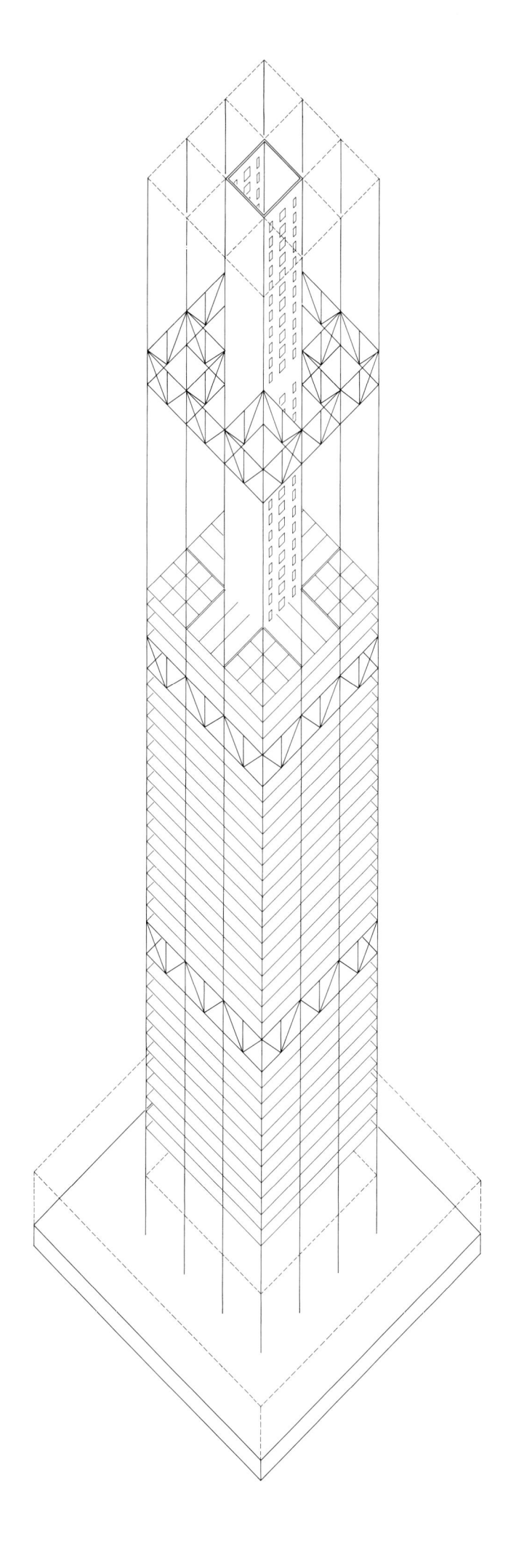

Technischer Ausbau

Aufgrund der Emissionen eines nahe gelegenen Heizkraftwerks war – zumindest für die oberen Geschosse – Vollklimatisierung erforderlich.

Die Konzeption der Raumlufttechnik (RLT) hatte – einen hohen Nutzerkomfort vorausgesetzt – die Minimierung der Flächen für die Leitungsführung zum Ziel.

Die wegen der Gebäudegröße sowieso nötige Aufsplittung der RLT-Anlage in mehrere Zentralen ließ sich gut mit der Outrigger-Konstruktion vereinbaren. Die Fachwerk-Sondergeschosse nehmen die Technikzentralen auf und sind so angeordnet, daß sich annähernd gleiche Versorgungsabschnitte und somit gleiche Kanalquerschnitte für die vertikale Luftverteilung ergeben.

Um den Installationsraum für die Horizontalverteilung innerhalb der Geschosse gering zu halten, wurden zwei dezentrale Schächte (bei den Sanitärspangen) vorgesehen. Von dort ausgehend sind die Geschosse in Versorgungsviertel unterteilt, was neben einer weiteren Querschnittsreduzierung den Vorteil unterschiedlicher Temperaturzonen hat. Somit kann flexibler auf die je nach Himmelsrichtung und Tageszeit differierende solare Wärmeeinstrahlung reagiert werden.

Zur individuellen Feinsteuerung in der Fassadenzone sind zusätzlich zur normalen Deckeninstallation reaktionsschnelle Induktionsgeräte am Fassadenfußpunkt vorgesehen. Mit ihrer Hilfe kann außerdem beim Einbau von Einzelbüros eine funktionsfähige Luftzirkulation aufrechterhalten werden.

Das System der Personenbeförderung ist ein weiteres Element der Gebäudetechnik, das von hohem Einfluß auf die Grundrißstruktur und Gesamtwirtschaftlichkeit eines Hochhauses ist.

Angesichts des tragenden Gebäudekerns lag es nahe, die Vertikalerschließung hier unterzubringen. Da die Zahl der Aufzüge nach oben naturgemäß abnimmt, die Abmessungen des Kerns jedoch aus statischen Gründen konstant bleiben, wurde eine Kombination von Lokal- und Expreßaufzügen entwickelt, die das Übereinanderstapeln einzelner Aufzugsgruppen ermöglicht und somit die Kernfläche weitgehend gleichmäßig belegt. Voraussetzung hierfür sind ausreichend hohe Umsteigegeschosse (Überfahrt, Grube, Maschinenraum), wie sie bei diesem Entwurf mit den 7,70 m hohen Technikgeschossen zur Verfügung stehen.

Die Sondergeschosse wie Eingangslobby, Ladengeschoß und Tiefgaragen sind sowohl erschließungs- als auch lüftungstechnisch separat behandelt, da sie völlig abweichenden Bedingungen unterliegen. Das entwickelte Fördersystem verspricht Übersichtlichkeit und eine gute Orientierung der Nutzer, da es kompakt ist und mit der Organisationsstruktur des Hauses übereinstimmt.

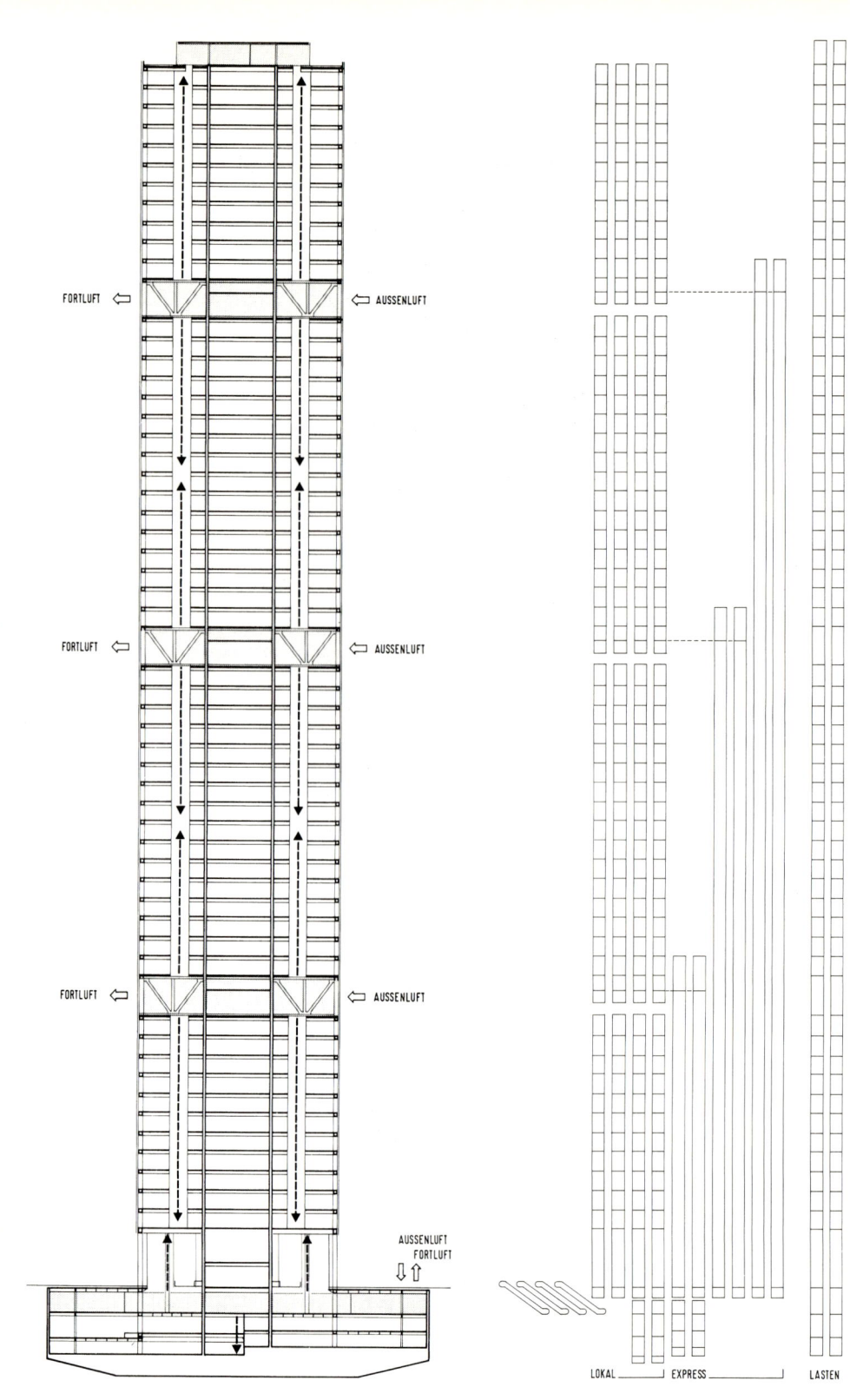

Raumlufttechnik

Bürogeschosse

Innenzone: Hochdruck-Einkanal-Anlage mit variablem Volumenstrom, Luftführung von oben nach oben über kombinierte Zu- und Abluftleuchten

Außenzone: Bodeninduktionsgeräte im Fassadenbereich, Luftführung von unten nach oben

Sanitärbereich: Abluftanlage

Fluchtwege, Schleusen: gesondert be- und entlüftet

Kennwerte:
NGF 84.000 qm, Zugluftvolumen: 1.240.000 cbm/h, Wärmelast: 6,2 MW, Kühllast: 4,6 MW

Foyer und Ladengeschoß

Lüftungsanlage mit Lufterwärmung und -kühlung, beheizte Fassade im EG

Tiefgarage

Lüftungsanlage

Fördertechnik

Tiefgarage-Ladengeschoß: 4 Aufzüge à 16 P, 0.6 m/s

Ladengeschoß-Foyer: 4 Rolltreppen à 6750 P/h

Hochhaus: 3 x 2 Expressaufzüge à 16P, 7m/s
4 x 4 Lokalaufzüge à 16P, 2,5 m/s
3 Umsteigegeschosse

Anlieferung-Dachgeschoß: 2 Feuerwehr-/Lastenaufzüge 2500 kg, 0.6 m/s

Rechenwerte: 18 qm Nutzfläche/P, 72P/Geschoss
Füllzeit 40 min
Fahrkorbgröße 2.4 qm = 16 P

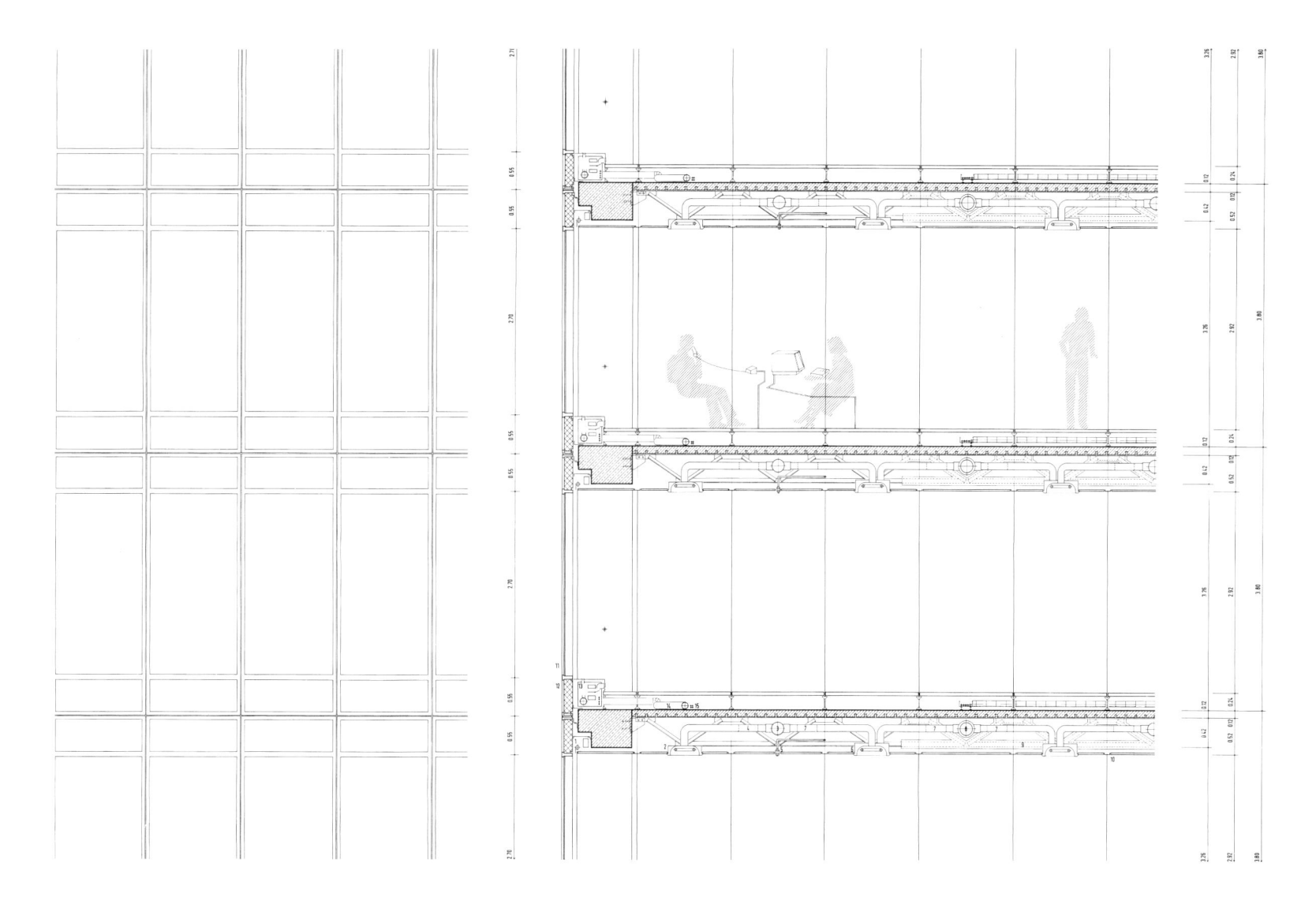

Auf die Reduzierung des Deckenpakets wurde besondere Sorgfalt verwendet, da beispielsweise bereits 10 cm zusätzlicher Höhe bei 60 Geschossen einen Zuwachs an umbautem Raum von ca. 10.000 m³ zur Folge haben.

Elektro-, Luft- und Sprinklerleitungen sind derart in das nur 88 cm hohe Deckenpaket integriert, daß die einzelnen Geschosse völlig unabhängig voneinander bedient werden (Wartung, Brandschutz).

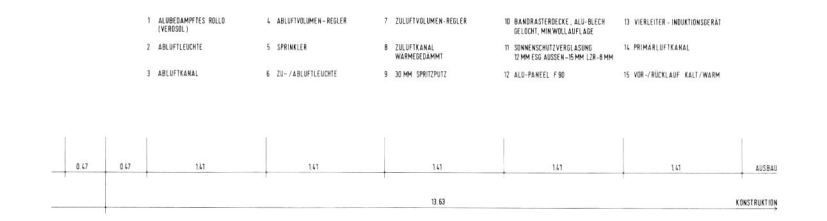

Das Ergebnis der beschriebenen Überlegungen ist ein komplexes Gefüge von aufeinander abgestimmten Einzelstrukturen, die ihre volle Effizienz erst im Zusammenspiel entfalten. Es ist auf die anfangs formulierte Zielsetzung ausgerichtet, Büroflächen mit hoher Qualität und flexibler Nutzbarkeit zu schaffen.

Die Gebäudegestalt wurde konsequent aus den technisch-funktionalen Anforderungen heraus entwickelt und ist nicht das Ergebnis vordergründig ästhetischer Überlegungen.

Beratung
Prof. Peter C. von Seidlein

Fachberatung
Prof. Dr. Nikola Dimitrov
(Institut für Tragkonstruktionen und Konstruktives Entwerfen)
Prof. Dr. Werner Sobek
(Institut für leichte Flächentragwerke)
Dipl.-Ing. Walter Dittes
(Institut für Kernenergetik und Energiesysteme)

1987

Hochhaus

Röhrenkonstruktion
mit zweisinnig gefalteter Fassade
265 m

Steffi Neubert

Aufgabe

Überlegungen der Stadt München zur verdichteten Bebauung freiwerdender Bundesbahnflächen entlang der Bahntrasse Hauptbahnhof-Pasing boten den Anlaß, dieses Areal auf mögliche Standorte für Hochhäuser mit Büro- oder Mischnutzung zu untersuchen. Dank der Möglichkeit, direkte Anschlüsse an die vorhandene S-Bahn-Trasse zu nutzen bzw. herzustellen, könnte das hohe Verkehrsaufkommen, das durch mehrere Gebäude mit jeweils mehr als 5000 Arbeitsplätzen (60.000 – 100.000 m² vermietbare Fläche) entsteht, ohne Belastung der angrenzenden Quartiere bewältigt werden.

Konzept

Der Konzeption dieses ca. 265 m hohen Büroturms liegen ausgiebige Untersuchungen zur Wirkung von Windlasten auf hohe Gebäude zugrunde. Die hierbei gewonnenen Erkenntnisse haben die Tragstruktur und die Gestalt dieses Hochhauses maßgebend beeinflußt. Dies wird im folgenden erläutert, ohne auf die übrigen Aspekte einzugehen, die bei der Entwurfsbearbeitung behandelt wurden (Funktion, Gebäudetechnik, Herstellung).

Die besondere Schwierigkeit bei der Berücksichtigung der Windlasten besteht in ihren sehr unterschiedlichen Auswirkungen auf ein Gebäude und seine Umgebung, was zu teilweise widersprüchlichen Anforderungen an die Konstruktion führt.

Als primärer Lastfall gelten konstante, direkt angreifende Druck- und Soglasten gemittelter Windgeschwindigkeiten. Ein Hochhaus stellt bei dieser horizontalen Beanspruchung vereinfacht einen Kragarm dar, der hauptsächlich auf Biegung und Torsion beansprucht wird. Für dieses statische System sind rotationssymmetrische Trägerquerschnitte – also Grundrisse – günstig, deren tragende Elemente möglichst weit vom Schwerpunkt entfernt liegen, was sich rechnerisch in einem hohen Trägheitsmoment ausdrückt. Gleichseitige Dreiecke oder Quadrate erfüllen bei jeweils identischer Grundfläche diese Bedingung am besten; vergleichbare Kreisflächen ergeben die geringste Steifigkeit.

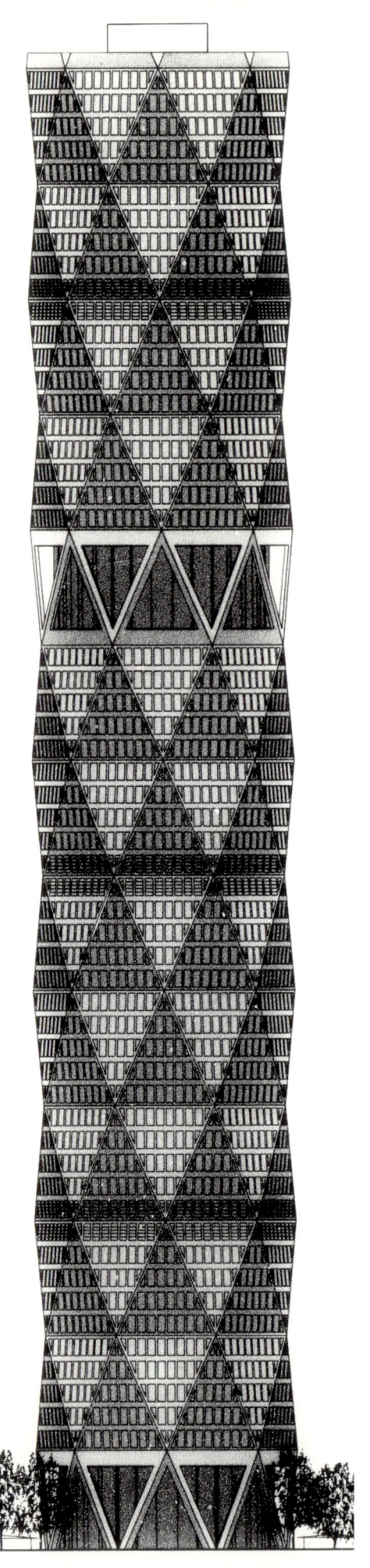

Die für den vorliegenden Entwurf gewählte Grundrißform, die aus einem Achteck abgeleitet ist, besitzt eine um etwa 15 Prozent gegenüber dem Optimum verminderte Steifigkeit, da sich der Querschnitt einem Kreis annähert. Die nahezu zylindrische Gebäudeform ist jedoch hinsichtlich ihres geringen Windwiderstands vorteilhaft. Außerdem bewegt sich die Schlankheit des Hochhauses mit 1:6 (Breite zu Höhe) nicht im Grenzbereich, der extreme Lösungen hinsichtlich der Steifigkeit erfordern würde.

Zur Verbesserung der Torsionssteifigkeit, die ebenfalls vom Trägheitsmoment abhängt, sind zwei gegenläufige Züge aussteifender, schraubenartig zwischen den Achteck-Ebenen angeordneter Diagonalen vorgesehen, die die Verdrehung infolge außermittiger Last quasi vorwegnehmen.

Neben den konstanten, direkt angreifenden Windlasten müssen die dynamischen Beanspruchungen des Tragwerks durch Schwingungen berücksichtigt werden, die aus böigem Wind oder Wirbeln resultieren.
Entlang scharfer Gebäudekanten senkrecht zur Windrichtung verwirbeln sich die Luftströmungen und lösen sich wechselseitig rhythmisch ab. Pfeifgeräusche sind das Indiz solcher Windabrisse. Die in der Folge der Wirbel entstehenden Unterdrücke lassen das Gebäude hin- und herschwingen und belasten die Fassadenfugen. Die Überlagerung mit der Eigenfrequenz des Turms kann das System sogar gefährden.
Die entwickelte Gebäudegeometrie aus gegeneinander verdrehten Achtecken erzeugt eine zweisinnige Faltung der Fassade, um lange, durchlaufende Windabrißkanten zu vermeiden.

Die aus der Gebäudegeometrie herrührende dreieckige Fassadenstruktur, deren Flächen schräg liegen, hat ihre Vorzüge im reduzierten Windwiderstand des Gebäudes.
Hierdurch werden die Gebäudeschwingungen und daraus folgend die Belastungen auf die Gebäudehülle abgemindert.

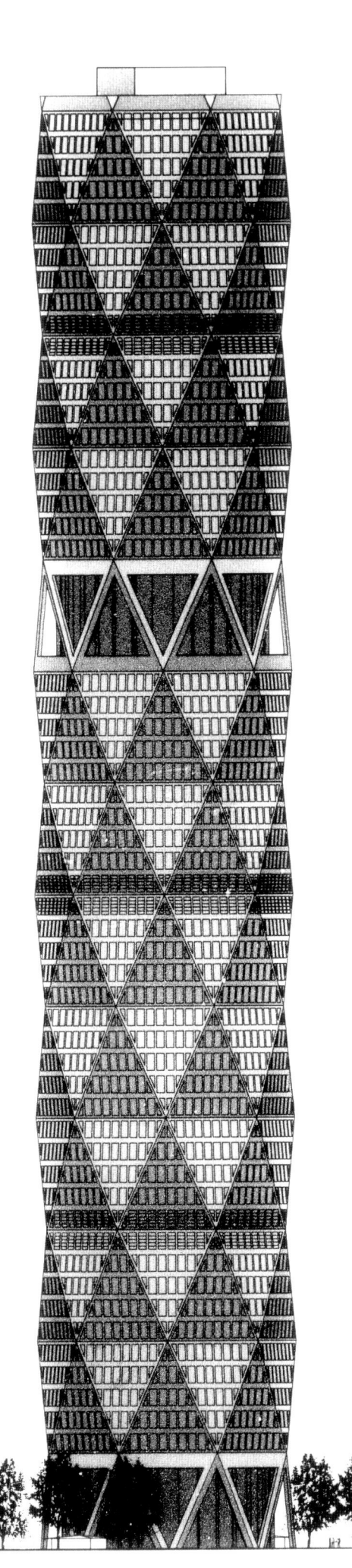

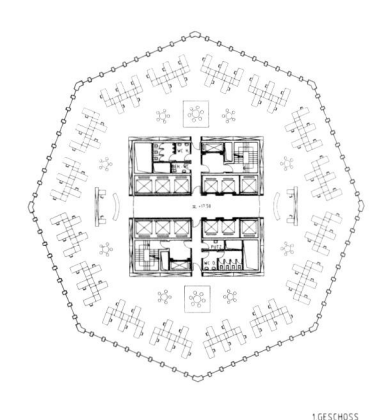

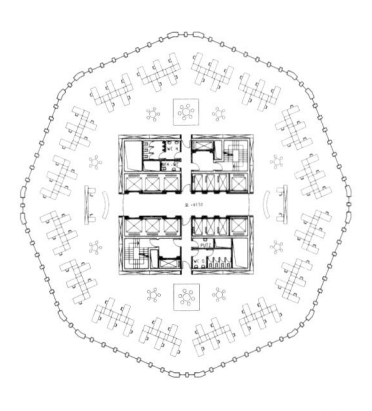

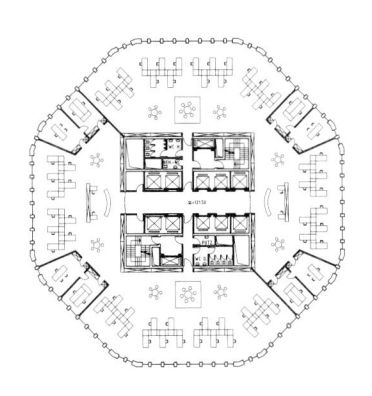

Die Geometrie des Hochhauses ergibt sich aus Achtecken (Kantenlänge 18 m), die im Abstand von 5 Geschossen um 22,5° gegeneinander verdreht sind. Die Ecken der Oktogone sind durch Diagonalen verbunden, die als Netz die äußere Röhre der Tube-in-Tube-Konstruktion bilden und gleichzeitig die Torsionsaussteifung übernehmen. Zwischen den Achteckebenen bilden sich entsprechend dem Verlauf der Diagonalen unterschiedliche, 16eckige Geschosse.

Die Gebäudeform stellt einen Kompromiß zwischen der Forderung nach maximaler Steifigkeit (Prisma), hoher Oberflächenrauhigkeit und minimalem Windwiderstand dar.

Die Stahlbetonverbundkonstruktion des Hochhauses hat einen tragenden Gebäudekern und eine ebenfalls tragende Außenröhre (Tube-in-Tube-Konstruktion).

Betonkassettendecken verbinden die beiden Röhren biegesteif miteinander und dienen außerdem zur Verteilung der Zug- und Druckkräfte aus den Diagonalen der Außenröhre.

Beratung
Prof. Peter C. von Seidlein

Fachberatung
Dr. Adrian Pocanschi
(Institut für Tragkonstruktionen und Konstruktives Entwerfen)

1990

Hochhäuser 251

Hochhaus
Außenliegende Stahlfachwerkröhre
312 m

Stephan Röhrl

Aufgabe
In der Frankfurter Innenstadt, auf einem Grundstück in direkter Nachbarschaft des Hauptbahnhofes, soll ein Hochhaus mit ca. 80.000 m² Bürofläche geplant werden. Um die Nutzbarkeit des Gebäudes langfristig zu sichern, wird die flexible Teilbarkeit der Geschosse in vermietbare Einheiten unterschiedlicher Größe gefordert.

Der Entwurfsbearbeitung ging eine gründliche Voruntersuchung der Konstruktionsmöglichkeiten für Hochhäuser, ihrer Hüllen und der technischen Anlagen voraus. Die Ergebnisse dieser Studien wurden unter dem Titel „Hochhäuser – Tragwerk, Hülle, Technischer Ausbau", Stuttgart 1988, veröffentlicht.

Konzept
Das Erscheinungsbild des 312 m hohen Hochhauses ist durch sein außenliegendes, sich nach oben verjüngendes Tragwerk geprägt.
Die geforderte Bürofläche wird auf 65 Normalgeschossen ausgewiesen, ihre haustechnische Versorgung erfolgt von vier Technikzentralen aus. Zwei Sondergeschosse am Gebäudefuß, die auch konstruktiv anders behandelt sind, nehmen sämtliche Serviceeinrichtungen für die Nutzer (Restaurants, Geschäfte, Reisebüro usw.) auf. Sie sind über Rolltreppen sowohl vom Gebäudeinnern als auch direkt von außen zugänglich.
Da das Hochhaus durch seine weit ausgreifende Konstruktion nahezu die gesamte Grundstücksfläche belegt, wurde die Nutzung im unteren Bereich – bis zur Höhe der angrenzenden Bebauung – stark zurückgenommen, um Durchlässigkeit und Raum für einen öffentlichen Platz zu gewinnen.

Tragwerk
Die mit der Höhe eines Gebäudes ansteigenden Windlasten führen bei Hochhäusern zu einem überproportionalen Ansteigen der Tragwerksbelastung aus Horizontalkräften. Die daraus resultierende Biegebeanspruchung des Tragwerks kann von den Tragelementen um so besser aufgenommen werden, je weiter zug- und druckbeanspruchte Bauteile voneinander entfernt sind, d.h. je größer der statische Querschnitt des Biegeträgers ist.

Das außenliegende Stahltragwerk ist hohen Temperaturwechseln ausgesetzt. Um Temperatur- und Spannungsspitzen (Tag/Nacht, Sonne/Schatten) auszugleichen, werden die Rohrprofile mit Wasser gefüllt.
Temperaturbedingte Spannungen zwischen innen- und außenliegenden Bauteilen können hierdurch jedoch nicht vermieden werden. Die daraus resultierenden Verformungen können hingegen durch das paketweise Zusammenfassen und Abhängen der Geschoßdecken auf ein unbedenkliches Maß reduziert werden. Dieses Prinzip basiert auf Untersuchungen von Alfred T. Swenson am Illinois Institute of Technology in Chicago zu einem 150 Geschosse hohen Turm.

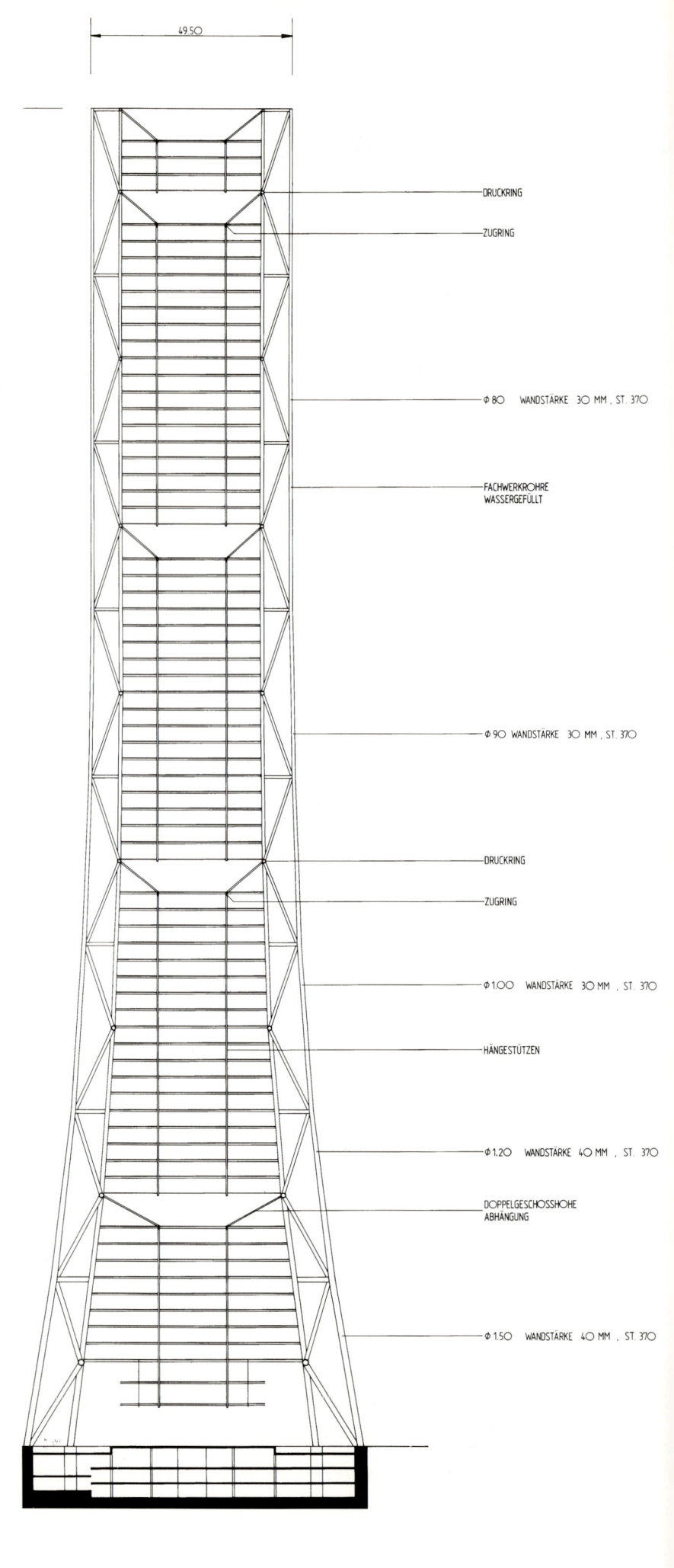

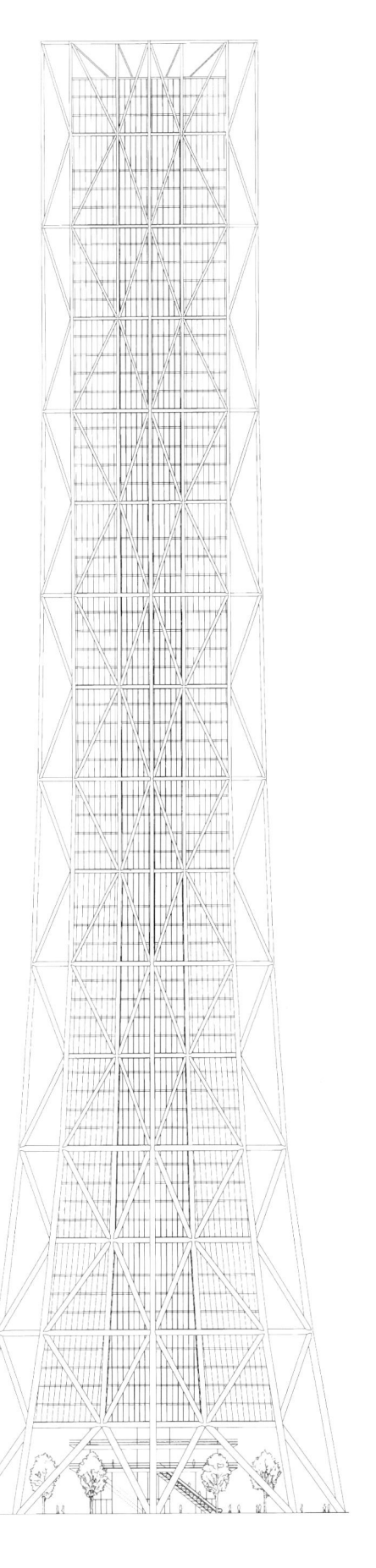

Bei Hochhäusern mittlerer Höhe (bis ca. 270 m) wird diese Biegebeanspruchung häufig dem für die Aufzüge und Versorgungsstränge erforderlichen Kern des Gebäudes zugewiesen, der dann entsprechend kräftig und dickwandig ausgebildet werden muß.
Der vorliegende Entwurf folgt einem anderen Ansatz:
Das Tragwerk besteht aus einem vor der Fassade liegenden, doppelsinnig gekrümmten Raumfachwerk aus Stahlrohren. Die Geschoßdecken sind paketweise über vertikale Zugstäbe, horizontale Zugringe und schräg verlaufende Zugglieder an den innenliegenden Knotenpunkten des Raumfachwerks aufgehängt. Dadurch werden sämtliche Lasten am Gebäudeaußenrand konzentriert, wodurch die gesamte Gebäudebreite als statisch wirksamer Querschnitt genutzt werden kann.

Ein solches Tragwerk ist hinsichtlich seiner Leistungsfähigkeit geeignet, neue Gebäudehöhen im Hochhausbau zu erschließen. Funktional bietet es außerdem den Vorteil, daß kein innenliegender Tragwerkkern erforderlich ist. Hieraus erwachsen größere Freiheiten in der Grundrißgestaltung der Innenzone, die flexibel an den jeweiligen Flächenbedarf der Vertikalerschließung und der technischen Versorgung angepaßt oder weitgehend freigehalten werden kann.

Das Tragwerk legt sich wie eine zweite Schicht um die Gebäudehülle und löst die scharfen Gebäudeumrisse optisch auf.
Dieser Effekt wird durch die logisch nachvollziehbare Verjüngung der Gebäudeform und die ebenso plausible, schrittweise Reduzierung der Stabquerschnitte noch gesteigert.

Normalgeschoß (E 36)

Die Befreiung des Kerns von statischen Funktionen bietet die Möglichkeit, beim Wegfall einer Aufzugsgruppe die freiwerdende Fläche der vermietbaren Fläche zuzuschlagen – beispielsweise als Empfangs- oder Besprechungsbereich.

Das großmaschige, außenliegende Tragwerk befreit die Gebäudehülle von tragenden Bauteilen. Sie kann daher vollflächig verglast werden, was nicht nur der Belichtung der Raumtiefe zugute kommt, sondern auch jedem einzelnen Büroraum einen imponierenden Ausblick verschafft.

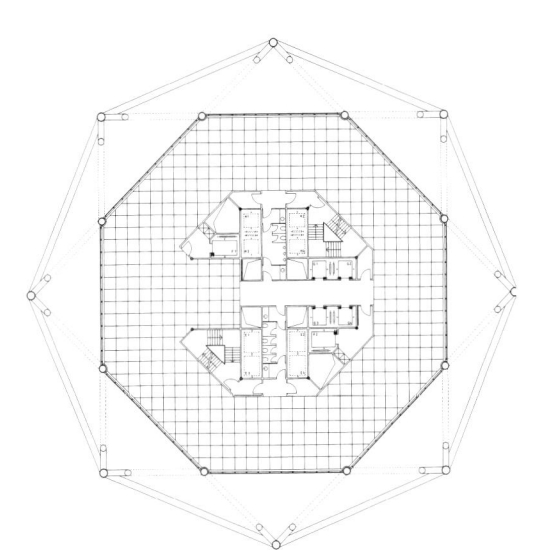

Beratung
Prof. Peter C. von Seidlein

Fachberatung
Prof. Dr. Nikola Dimitrov
(Institut für Tragkonstruktionen und Konstruktives Entwerfen)
Prof. Dr. Klaus Feyrer
(Institut für Fördertechnik)

1987

Hochhaus
Röhrenkonstruktion als Betongitterschale
316 m

Klaus Begasse

Aufgabe
Überlegungen der Stadt München zur verdichteten Bebauung freiwerdender Bundesbahnflächen entlang der Bahntrasse Hauptbahnhof-Pasing boten den Anlaß, dieses Areal auf mögliche Standorte für Hochhäuser mit Büro- oder Mischnutzung zu untersuchen. Dank der Möglichkeit, direkte Anschlüsse an die vorhandene S-Bahn-Trasse zu nutzen bzw. herzustellen, könnte das hohe Verkehrsaufkommen, das durch mehrere Gebäude mit jeweils mehr als 5000 Arbeitsplätzen (60.000-100.000 m² vermietbare Fläche) entsteht, ohne Belastung der angrenzenden Quartiere bewältigt werden.

Konzept
Der Verfasser schlägt in kurzer Distanz zum Hauptbahnhof ein 316 m hohes Bürogebäude vor, welches 70 Geschosse sowie drei Untergeschosse umfaßt. Die beiden untersten Geschosse dienen dabei der Anlieferung und Parkierung, während das 1. Untergeschoß mit einer Ladenpassage eine direkte Verbindung zur benachbarten S-Bahn-Haltestelle herstellt. Ein zweigeschossiger „Wintergarten" im 68./69. Geschoß und ein Heliport auf der Dachterrasse runden die Infrastruktur des Bürohochhauses ab.

Der Baukörper wurde auf der Geometrie eines kreisförmigen Grundrisses als sich nach oben verjüngender Zylinder entwickelt. Diese Form erweist sich durch den geringen Windwiderstand und das allseitig gleiche Verformungsverhalten als statisch vorteilhaft.

Das Tragwerk für diesen Turm ist als Tube-in-Tube-Konstruktion konzipiert, bei der die äußere Tragwerkröhre über die Geschoßdecken mit einem innenliegenden Kern gekoppelt ist und die Aussteifung und die Abtragung der vertikalen Lasten übernimmt. Funktional dient der innere Kern zur Aufnahme sämtlicher dienenden Elemente wie Treppen, Aufzüge und Installationsschächte. Dieses Konstruktionsprinzip ermöglicht es, die Hauptnutzfläche von Stützen freizuhalten. Ausgehend von einer maximalen Raumtiefe von 12,50 m ergibt sich bei einem gleichbleibenden Kernquerschnitt von 24 m ein Gesamtdurchmesser von 60 m im Erdgeschoß.

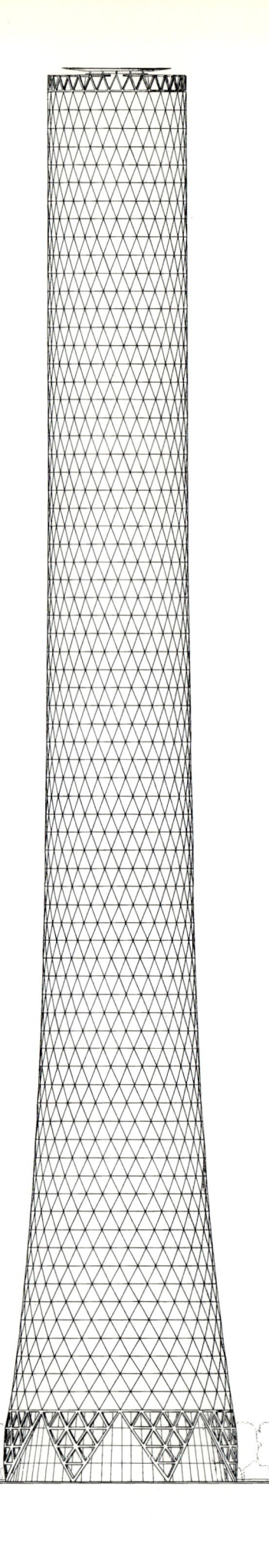

Eine homogene Glashülle umkleidet den gesamten Turmschaft und verleiht ihm eine reichfacettierte Oberfläche. Lediglich an der Basis und im Bereich der Dachterrasse ist das Tragwerk freigelegt, indem die Glasfassade hinter die Betongitterschale gerückt ist.

Nachts soll ein fotovoltaisch gespeistes Beleuchtungssystem die Plastizität des Tragwerks hinter der Glashaut sichtbar machen.

Der 316 m hohe Turm enthält 65 Normalgeschosse mit 4 m Geschoßhöhe (2,90 m lichtes Raummaß) sowie vier Technikebenen mit doppelter Höhe. Insgesamt stehen 70.200 m² vermietbare Fläche zur Verfügung.

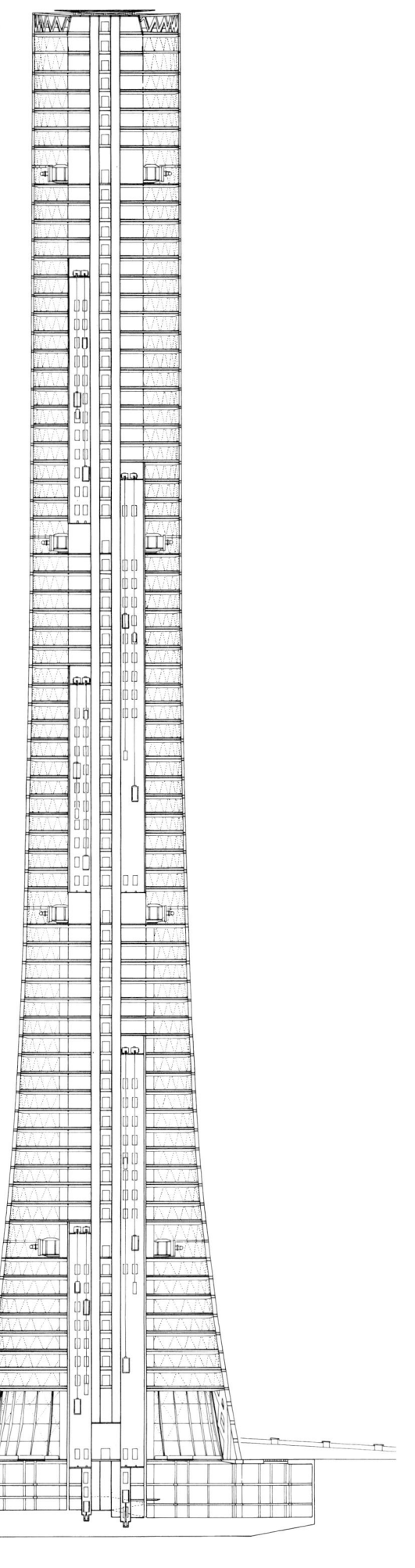

Die äußere Gestalt des Büroturms ist ein Abbild der primär wirkenden statischen Kräfte.
Die Verbreiterung zum Gebäudefuß hin macht die großen Einspannkräfte des vertikalen Kragarms deutlich.

Hochhäuser | 255

Normalgeschoß mit Möblierungsvorschlag (30.–70. Geschoß)

Die kreuzförmige Erschließung mit vier Aufzugsgruppen erlaubt die Teilung der Geschosse in vier Mieteinheiten.
  Die Sanitärbereiche werden allgemein zugänglich in den jeweils nicht belegten Aufzugsschachtgruppen untergebracht. Wo diese Flächen nicht zur Verfügung stehen (im 1.–7. OG), werden die Vorzonen vor den durchfahrenden Expreßaufzügen hierfür benötigt. In diesem Falle reduzieren sich die Zugangs-/Teilungsmöglichkeiten der Büroflächen entsprechend.

Der innere Zylinder des Hochhauses wird im Gleitverfahren betoniert und hat gegenüber der äußeren Schale einen Vorlauf von vier Geschossen.
  Die Montage der äußeren Schale erfolgt geschoßweise. Dabei werden zunächst die Diagonalen montiert und anschließend die Knoten mit den bereits angeschraubten Stahlträgern eingefahren.
  Nach der Montage der Horizontalstreben wird das Trapezblech für die Holoribdecke aufgelegt und ausbetoniert.

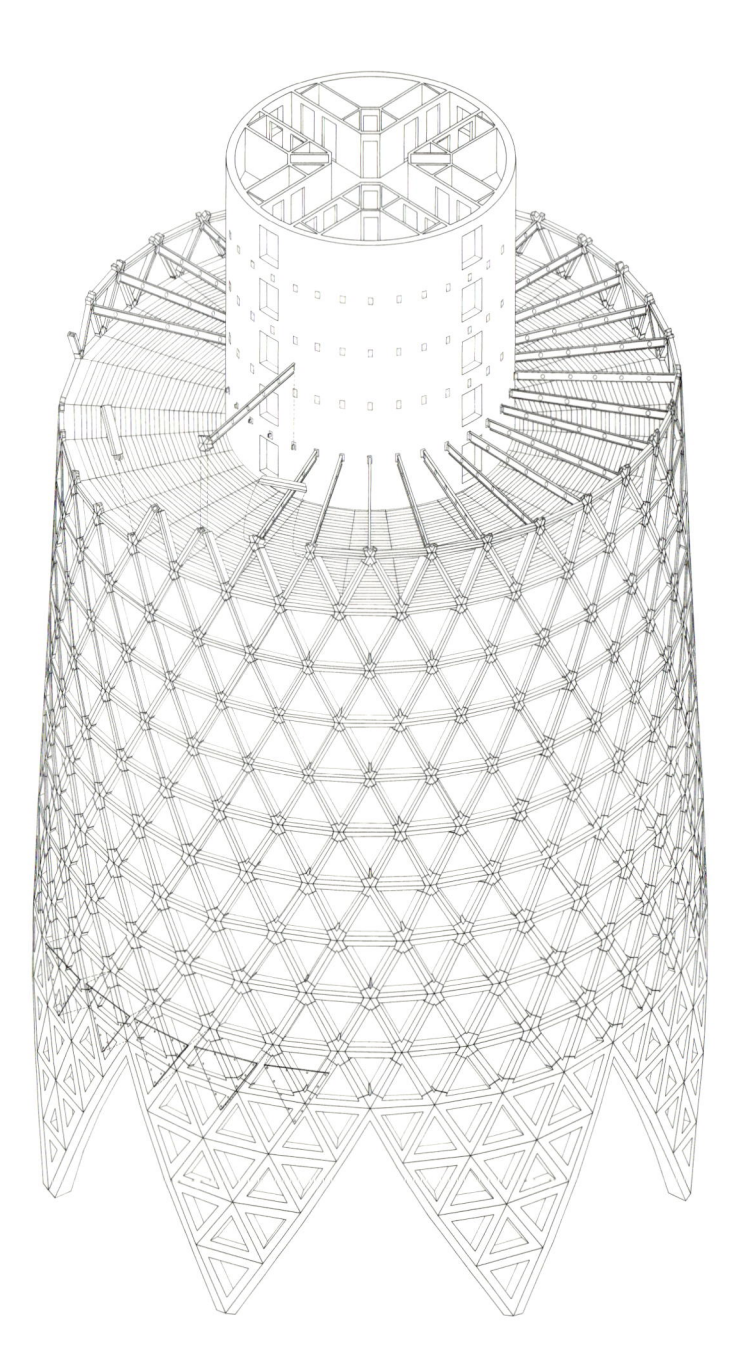

Da die Gebäudeform an den Momentenverlauf des Tragwerks angeglichen ist (größter Gebäudequerschnitt an der Stelle der größten Biegebeanspruchung), verringern sich die Geschoßdurchmesser von 60 auf 35 m. Die Büroraumtiefen reduzieren sich dadurch bis auf 7,50 m, was eine entsprechende Vielfalt an vermietbaren Flächen ergibt. Das Verhältnis von Bruttogrundfläche zu vermietbarer Fläche erreicht mit abnehmender Raumtiefe jedoch bald die Grenzen der Wirtschaftlichkeit.

Tragwerk
Angesichts der Rotationssymmetrie des Baukörpers bietet sich eine homogene, netzartige Tragwerkstruktur für die äußere Röhre dieser „Tube-in-Tube"-Konstruktion an. Die gewählte „stehende" Gitterschale ist nicht nur eine äußerst effiziente Struktur zur Aufnahme der Windlasten, sondern bietet außerdem die Möglichkeit zur Elementierung und weitgehenden Vorfertigung der tragenden Bauteile.
Der positive statische Effekt der Verbreiterung des Gebäudefußes bedingt jedoch durch die zweisinnige Krümmung der Schale eine fertigungstechnische Erschwernis, da sich die Anzahl der unterschiedlichen Stäbe um ein Vielfaches erhöht.
  Untersuchungen über das Tragverhalten ergaben, daß in der Außenschale nur geringe Zugkräfte auftreten. Aus diesem Grund – und aus Gründen eines kostengünstigen Brandschutzes – fiel die Wahl auf den Werkstoff Beton.
  Die Engmaschigkeit der Tragstruktur gewährleistet dabei ausreichend kleine, transport- und montagefähige Einzelteile, die mit normalen Bahn- oder Straßentransporten „just in time" auf die Baustelle geliefert werden können. Die Montage erfolgt geschoßweise, wobei der innere Kern mit Vorlauf in Ortbetonbauweise errichtet wird. Durch dieses Verfahren entfallen aufwendige Leergerüste und teure Lagerflächen.
  Im Eingangsbereich erschien eine Aufweitung der engen Netzstruktur wünschenswert, um die Zugangssituation großzügiger zu gestalten. Deshalb werden die Kräfte hier auf wenige Punkte gebündelt, wodurch die verbleibenden Querschnitte wesentlich verstärkt werden müssen. Dieser untere Abschnitt wird in Ortbetonbauweise erstellt.

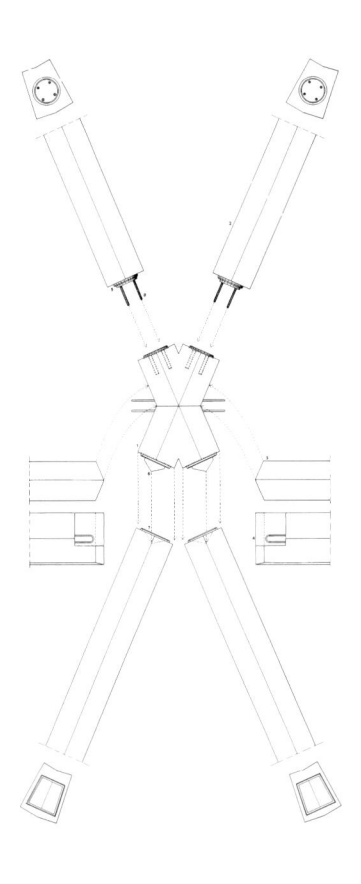

Die Fügung der Stahlbetonfertigteile erfolgt mit Steckverbindungen, die eine Montage ohne Hilfsgerüste erlauben.

Der Knotenpunkt, mit dem sämtliche Fertigteile zusammengefügt werden, weist – bedingt durch die Reihenfolge der Montage – unterschiedliche Anschlußdetails für die einzelnen Stäbe auf.

Während der Knoten mit kegelförmigen Endstücken aus Stahl in entsprechenden Vertiefungen der bereits vorher montierten Diagonalen gesteckt wird, werden die oberen Diagonalen über Stahldollen und eingelassene Hülsen verbunden. Die Horizontalstreben können anschließend von außen zwischen die Knoten eingefahren und über Bewehrungsschlaufen an diesen befestigt werden.

Nach der entgültigen Justierung werden sämtliche Anschlußpunkte miteinander verschweißt, eine feuerbeständige Manschette um jeden Stoß gelegt und die Hohlräume injiziert.

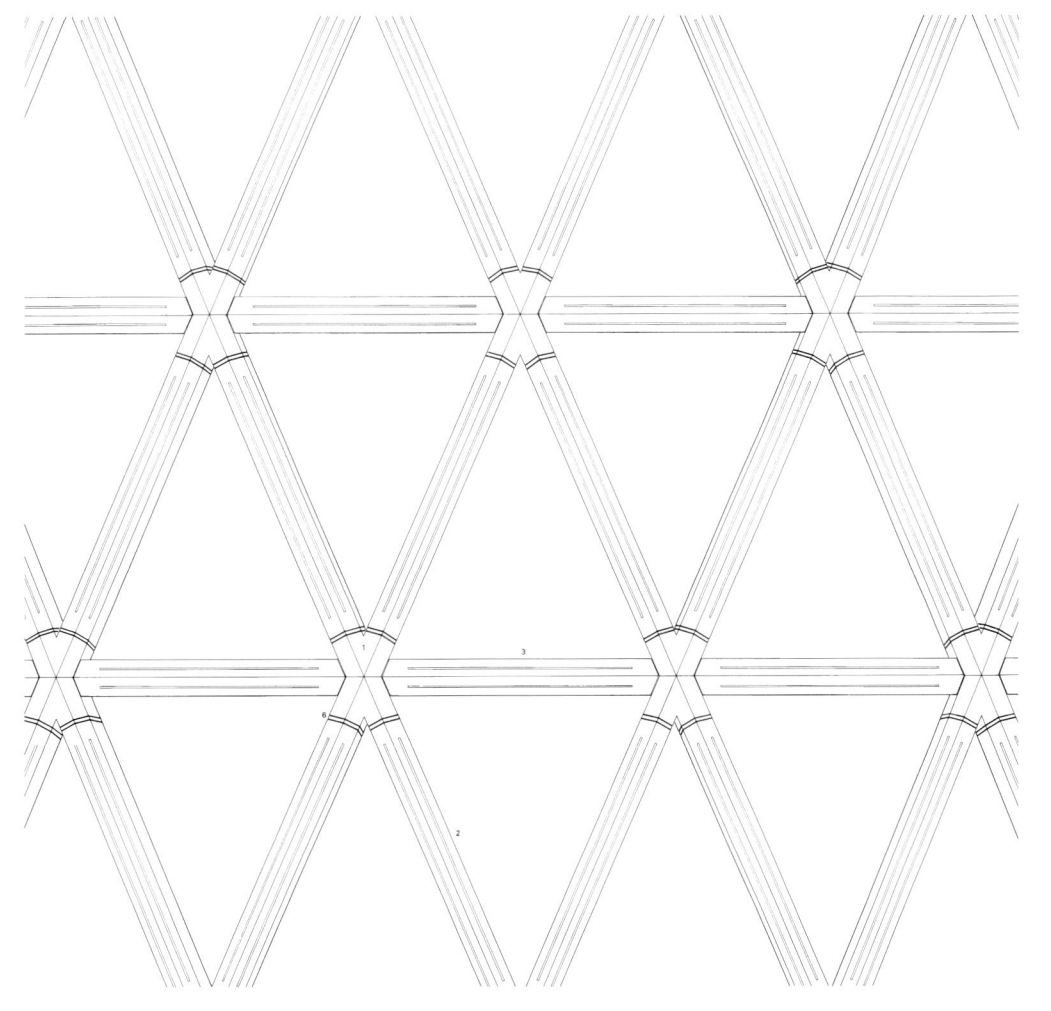

Das Fertigteilsystem für die äußere Gitterschale besteht pro Etage aus 64 geschoßhohen Diagonalen, 32 Querstreben sowie 32 Verbindungsknoten.

Die Länge der Diagonalen verringert sich entsprechend der Baukörperverjüngung sukzessive von 4,5 auf 3,6 m, ihre Querschnitte von 1,2 x 0,8 m auf 0,3 x 0,2 m.

Die Länge der Horizontalstreben liegt zwischen 5,3 und 2,9 m. Ihre Querschnitte entsprechen denen der Diagonalen.

Zur Anbringung der Hüllfläche (dreieckige Glasscheiben) sind Ankerschienen an der Außenseite der Fertigteile eingelassen.

Beratung
Prof. Peter C. von Seidlein

Fachberatung
Prof. Dr. Jörg Schlaich
Dipl.-Ing. Peter Mutscher
(Institut für Konstruktion und Entwurf II)

1990

Hochhaus

Außenliegende Fachwerkkonstruktion
für multifunktionale Nutzung
360 m

Martin Ebert

Aufgabe

Während eines einjährigen Studienaufenthaltes am Illinois Institute of Technology in Chicago hat der Verfasser ein „multi-use highrise building" entworfen und in mehreren konstruktiven Varianten untersucht.

An der Universität Stuttgart setzte er diese Arbeit mit der Zielsetzung fort, ein funktionales, konstruktives und gebäudetechnisches Konzept für einen 360 m hohen Gebäudeprototypen zu entwickeln, der sich in den innerstädtischen Kontext einer europäischen Großstadt einfügen läßt.

Konzept

Das Hochhaus soll die charakteristische funktionale Vielfalt europäischer Innenstädte aufweisen. Es bietet deshalb öffentliche Nutzungen im Erdgeschoß, 85.000 m² Büronutzfläche auf 44 Obergeschossen und darüberliegend ein Luxushotel mit 1300 Zimmern auf weiteren 44 Geschossen. Dem Gebäude ist ein öffentlicher Platz vorgelagert, der zwischen den unterschiedlichen Maßstäben des städtischen Umfelds und dem neu eingefügten Hochhaus vermitteln soll. Mit diesem Platz korrespondiert ein innenliegendes Foyer, das für die Öffentlichkeit zugänglich ist und somit das Angebot an großzügig bemessenen öffentlichen Räumen in einer Innenstadt vergrößert.

Entscheidend für die Gebäudekonzeption war die Anforderung, die Büroarbeitsplätze im Unterschied zu amerikanischen Hochhäusern ausreichend mit Tageslicht zu versorgen. Zu diesem Zweck wurde die Raumtiefe der Mietflächen auf 9 m beschränkt, woraus sich zuzüglich der innenliegenden Erschließungs- und Nebenflächen eine Gesamttiefe von nur 36 m für das Gebäude ergibt. Die extreme Schlankheit hatte radikale Auswirkungen auf die Ausbildung des Tragwerks.

Eine weitere Schwierigkeit bestand in der Überlagerung verschiedenartiger Nutzungen, die hinsichtlich Raumtiefe, Geschoßhöhe und Erschließungsaufwand unterschiedlichen Anforderungen unterliegen.

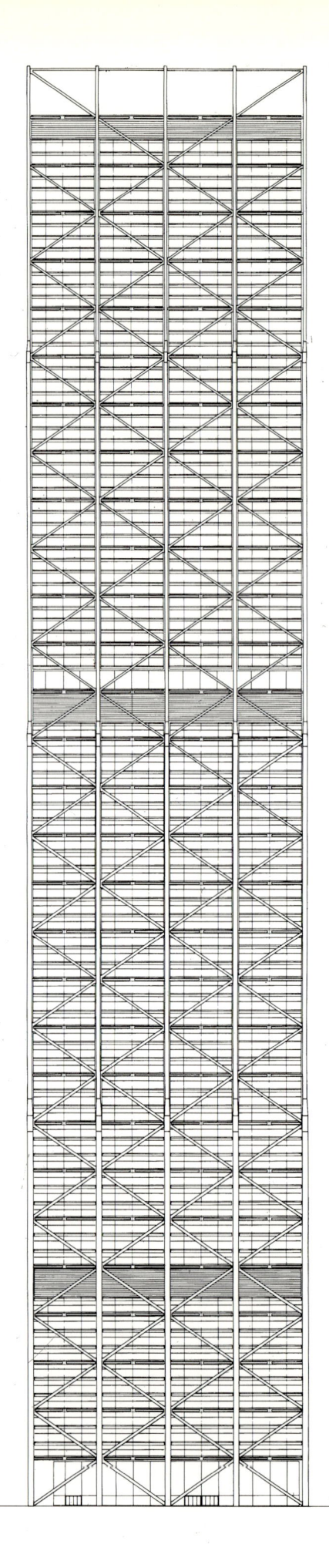

Im vorliegenden Entwurf ist dieses Problem durch ein innenliegendes Atrium im Hotelbereich verblüffend einfach gelöst. Anstelle der zahlreichen Büro-Aufzüge füllt ein großzügiger Luftraum die Innenzone des Hotels und ermöglicht trotz aller Unterschiede die Beibehaltung der äußeren Gebäudegeometrie und der primären Tragstruktur.

Die außenliegende, gerichtete Tragstruktur verleiht dem Hochhaus zwei unterschiedliche Ansichten:
Während die Längsseiten (72 m) von einem gleichmäßigen Diagonalstabnetz überzogen sind, das die fünf Fachwerkscheiben der Primärstruktur zusammenbindet, werden die Schmalseiten (54 m) durch die Geometrie dieser Fachwerke großmaßstäblich gegliedert.
Die differenziert gestalteten, hinter das Tragwerk zurückgesetzten Fassaden geben subtile Hinweise auf die dahinterliegende Nutzung.

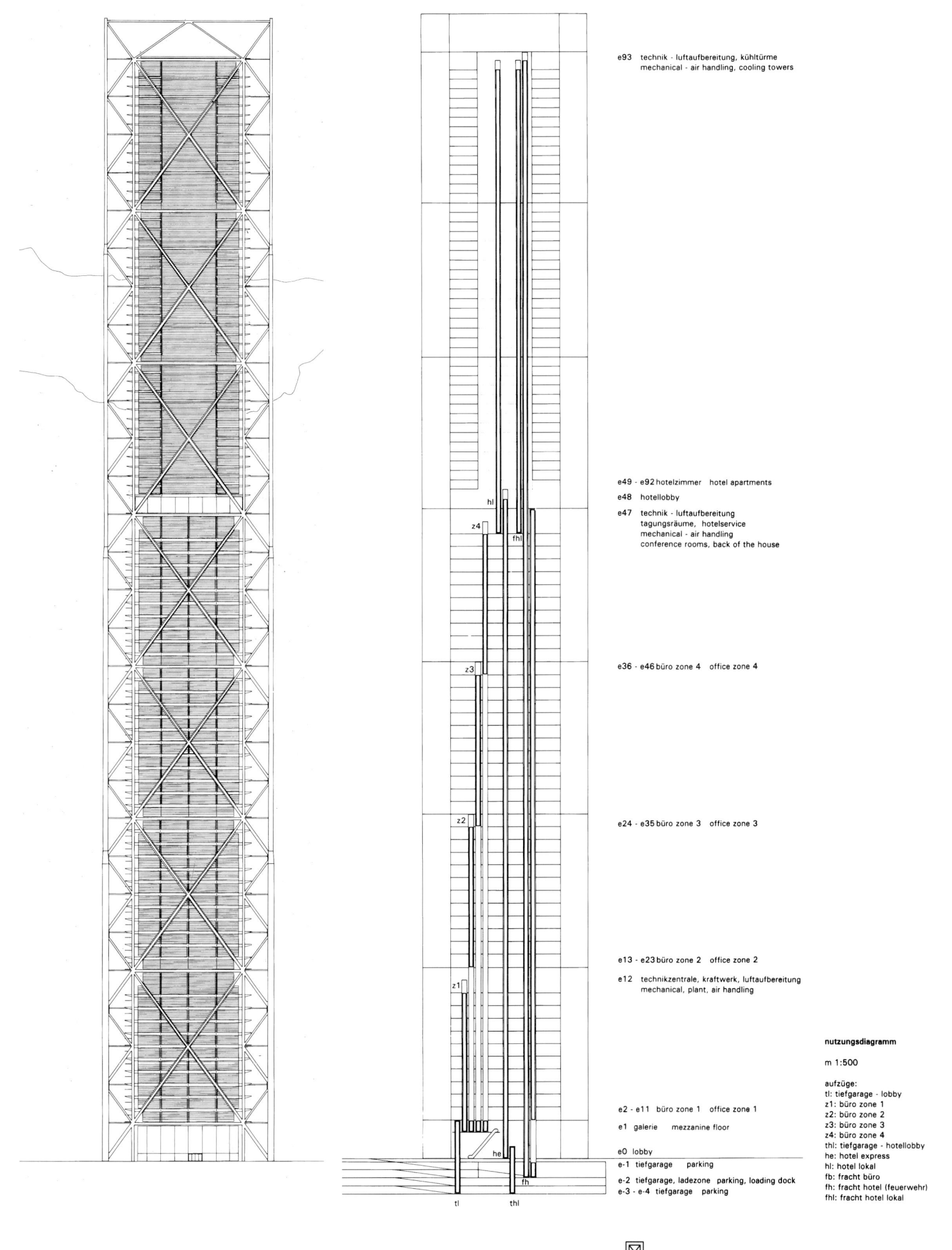

e93　technik - luftaufbereitung, kühltürme
　　　mechanical - air handling, cooling towers

e49 - e92 hotelzimmer　hotel apartments
e48　hotellobby
e47　technik - luftaufbereitung
　　　tagungsräume, hotelservice
　　　mechanical - air handling
　　　conference rooms, back of the house

e36 - e46 büro zone 4　office zone 4

e24 - e35 büro zone 3　office zone 3

e13 - e23 büro zone 2　office zone 2
e12　technikzentrale, kraftwerk, luftaufbereitung
　　　mechanical, plant, air handling

e2 - e11　büro zone 1　office zone 1
e1　galerie　mezzanine floor
e0　lobby
e-1　tiefgarage　parking
e-2　tiefgarage, ladezone　parking, loading dock
e-3 - e-4　tiefgarage　parking

nutzungsdiagramm

m 1:500

aufzüge:
tl: tiefgarage - lobby
z1: büro zone 1
z2: büro zone 2
z3: büro zone 3
z4: büro zone 4
thl: tiefgarage - hotellobby
he: hotel express
hl: hotel lokal
fb: fracht büro
fh: fracht hotel (feuerwehr)
fhl: fracht hotel lokal

Hochhäuser

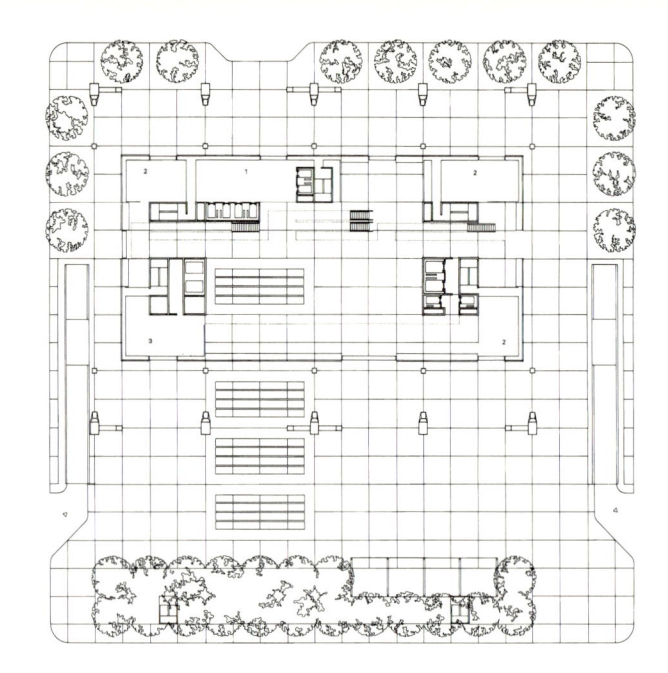

Die Eingangsebene ist als Teil des städtischen Platzes öffentlich zugänglich und beherbergt Läden (2) und ein Café (3).
Für das Hotel ist eine kleine Lobby (1) mit Direktaufzügen abgeteilt, während für die Bürogeschosse eine eigene Lobby auf der darüberliegenden Galerie vorgesehen ist.
Frei eingestellte Kerne enthalten die Fluchttreppen und Lasten-/Feuerwehraufzüge sowie die Aufzüge zur Tiefgarage.

Hochhäuser

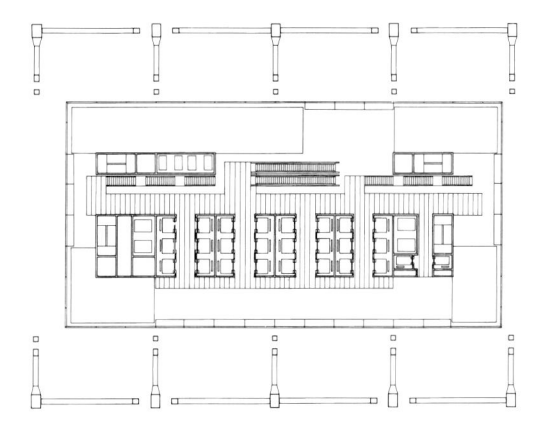

Die Bürolobby auf der abgehängten Galerie wird über eine leistungsfähige Treppenanlage vom Erdgeschoß aus erschlossen und bildet einen eigenen Schließbereich.
Von hier aus führen vier übersichtlich angeordnete Aufzugsgruppen zu den Bürogeschossen.

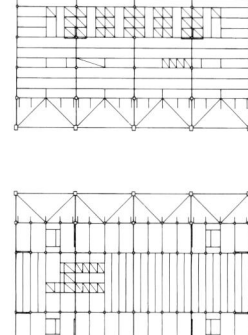

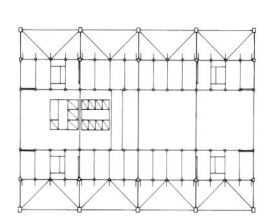

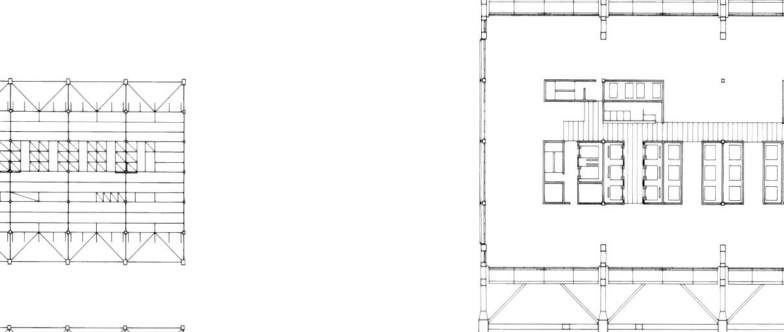

Normalgeschoß Büro (e2–e11)

Die Erschließungs- und Versorgungselemente sind in der Innenzone angeordnet, so daß sich umlaufend eine vermietbare Bürofläche mit 9 m Raumtiefe ergibt. Sie kann für Großraum-, Zellen- und Kombibüros genutzt werden.
Bei Wegfall einzelner Aufzugsgruppen wird die freiwerdende Fläche der Bürofläche zugeschlagen oder als Luftraum zur internen Verbindung mehrerer Geschosse genutzt.

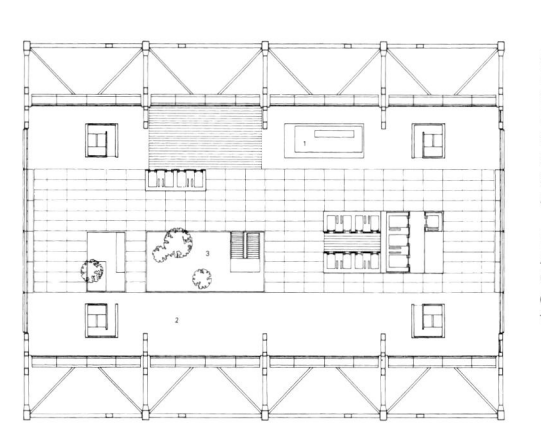

Auf e48 befindet sich die Hauptlobby des Hotels mit der Rezeption (1) und dem Restaurant (2). Die Gäste steigen hier von den Direktaufzügen aus dem Erdgeschoß in die hotelinterne Aufzugsgruppe um.
Die hohe, stützenfreie Hotelhalle mündet in das Atrium und ist außerdem über einen Luftraum (3) mit dem darunterliegenden Konferenzgeschoß verbunden.

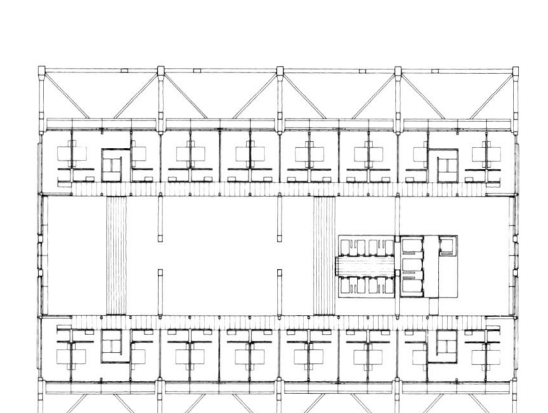

Die Trägerlagen der Geschoßdecken sind auf die unterschiedlichen Nutzungen abgestimmt:
Stützweiten von 4,5 x 9 m für die Hotelzimmer (unten), eingehängte 18-m-Träger für die Zwischendecken im Atrium (mitte) und Stützweiten von 9 x 18 m für die flexibel aufteilbaren Bürogeschosse (oben).

Normalgeschoß Hotel (e49–e92)

Die Hotelzimmer sind an den Gebäudelängsseiten angeordnet und über Stege von der frei im Atrium stehenden Aufzugsgruppe zu erreichen.
Die Erschließungsgänge vor den Zimmern können wahlweise auch in das Atrium verlegt werden, um größere Zimmer der Luxusklasse zu bilden (4,5 m x 9 m pro Einheit).
Eine noch intensivere Nutzung des Raumangebots wird durch zusätzliche Hotelzimmer an den Stirnseiten möglich.

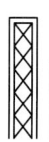

Hochhäuser

Tragwerk

Die Forderung nach natürlicher Belichtung der Büroarbeitsplätze bedingte ein sehr schlankes Gebäude. Eine entsprechend geringe Gebäudetiefe von ca. 36 m bringt jedoch bei der angestrebten Gebäudehöhe von 360 m Probleme hinsichtlich der Steifigkeit. Deshalb wurde ein außenliegendes Stahltragwerk entwickelt, das die strukturelle Gebäudetiefe auf 54 m vergrößert, um solchermaßen die Schlankheit zu reduzieren und das Gebäude gegen horizontale Kräfte zu stabilisieren.

Fünf parallele Fachwerkscheiben bilden das Primärtragwerk in Gebäudequerrichtung. Sie sind an ihren Gurten mittels eines Fachwerkverbands in Gebäudelängsrichtung gekoppelt. Gleichzeitig transferieren sie sämtliche Vertikallasten auf die äußeren Stützen. Diese Maßnahme erhöht das Trägheitsmoment der Gesamtstruktur, die somit Horizontallasten wirksamer widerstehen kann.

Besondere Aufmerksamkeit galt den Auswirkungen von Temperaturschwankungen auf das außenliegende Tragwerk. Es reagiert zum einen auf Temperaturunterschiede zwischen besonnter und sonnenabgewandter Gebäudeseite und zum anderen – wesentlich empfindlicher – auf Temperaturunterschiede zwischen innen- und außenliegenden Bauteilen.

Um die Temperaturspitzen abzupuffern, wird das gesamte Tragwerk mit Wärmedämmung und einer Aluminiumhaut ummantelt. Die dennoch auftretenden temperaturbedingten Spannungen sind im Verhältnis zu den Gesamtspannungen des Tragwerks jedoch gering und können über eine entsprechende Dimensionierung der Bauteile aufgenommen werden. Die Unterteilung des Tragwerks in 12- bzw. 16geschossige Pakete mit jeweils einer stützenfreien Ebene hat zusätzlich den Vorteil, daß sich äußere Verformungen nicht gegen innere aufaddieren (die Verformungen der Geschoßdecken betragen durch die Unterbrechung der Innenstützen nur wenige Zentimeter).

Die Analyse des Tragwerks durch Skidmore, Owings & Merrill, Chicago, ergab, daß die vorgeschlagene Struktur äußerst effizient ist. Sie ist wirtschaftlich trotz des Mehraufwands durch außenliegende Bauteile, die temperaturbedingt zusätzlichen Lasten ausgesetzt sind. Das Verhältnis vom Gewicht der Tragstruktur zur Gesamtfläche entspricht dem des John Hancock Tower in Chicago, der eine der wirtschaftlichsten Tragstrukturen für Hochhäuser aufweist.

Außenliegende Konstruktionen wie die hier gezeigte sind jedoch nur schwer mit den deutschen Bauordnungen vereinbar. Ob eine diesbezügliche Überarbeitung zum Erfolg führt, muß dahingestellt bleiben.

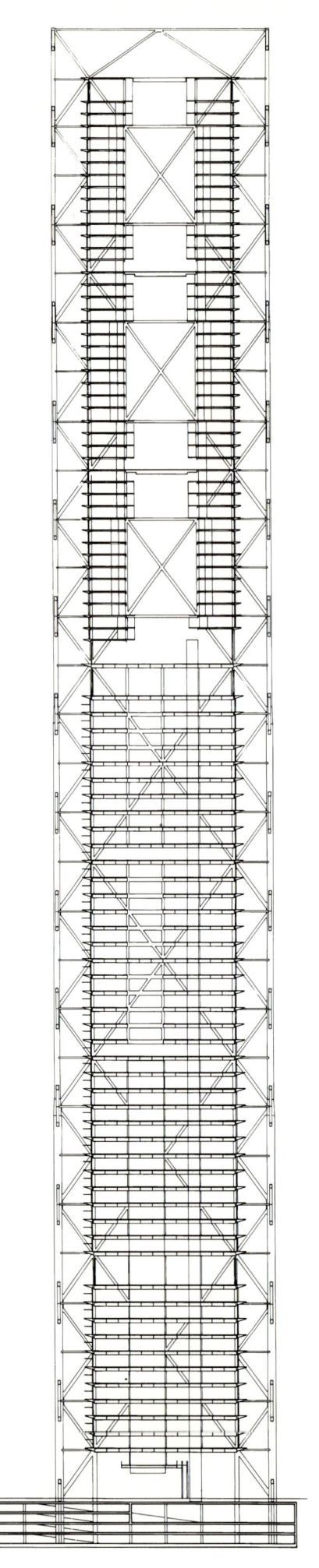

Die Fachwerkkonstruktion gibt ein Höhenmodul von 12 m vor, das sich in drei Geschosse à 4 m (Büro) oder in vier Geschosse à 3 m (Hotel) aufteilen läßt. So können die unterschiedlichen Anforderungen der Nutzungstypen hinsichtlich lichter Raumhöhe und Konstruktionshöhe der Geschoßdecke (Spannweite) innerhalb derselben Grundstruktur berücksichtigt werden.

Dies gilt auch für die doppelt hohen Technikgeschosse und die drei übereinandergestapelten Hotelatrien.

Die unvermeidlichen Störungen der Innenräume durch Diagonalverbände können dank einer klugen Grundrißdisposition auf ein Minimum beschränkt werden.

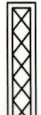

Kraftflußdiagramm der Vertikallasten

Druckstützen bzw. Zugstangen leiten die Lasten aus den Geschoßdecken paketweise in die Diagonalverbände der Fachwerkscheiben und von dort in die Außenstützen der Konstruktion.
Die jeweils unterste Ebene eines 48 m hohen Abschnitts kann somit stützenfrei gehalten werden.

Die Profilquerschnitte des Stahltragwerks werden entsprechend der nach oben abnehmenden Belastung abschnittsweise schwächer dimensioniert (hier abgebildet die unterschiedlichen Dimensionen der Hauptstütze mit max. 1300 x 1900 mm und min. 640 x 940 mm).
Um weiteres Gewicht einzusparen, werden sämtliche Montagestöße vor Ort geschweißt, so daß auf die bei Schraubverbindungen erforderlichen Laschen und Querschnittserhöhungen verzichtet werden kann.

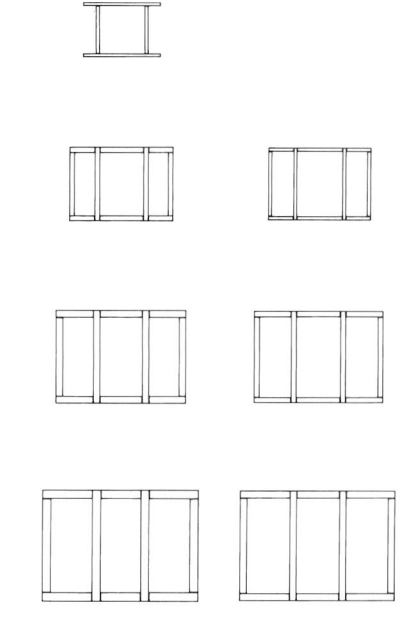

Hülle – Technischer Ausbau

Die Überlegungen zur Gebäudehülle und Lüftungstechnik konzentrieren sich auf den Bereich der Büronutzung.

Die Fassade ist hier vollständig verglast, um einen intensiven Kontakt der Nutzer mit der Außenwelt und eine natürliche Belichtung der Raumtiefen zu ermöglichen.

Eine Überhitzung im Sommer wird durch außenliegende Sonnenschutzeinrichtungen vermieden, die wegen der hohen Windgeschwindigkeiten unbeweglich ausgebildet sind.

Dennoch auftretende Wärmeüberschüsse werden mittels einer wasserführenden Kühldecke und vorgekühlter Zuluft abgebaut. Zur Beheizung werden die inneren Wärmelasten und solare Gewinne genutzt. Unterstützend kann die Kühldecke als Deckenstrahlungsheizung hinzugezogen werden. Außerdem sind Unterflurkonvektoren zur Verhinderung von Kaltluftabfall entlang der Glasscheiben vorgesehen.

Der erforderliche Luftwechsel wird durch eine mechanische Lüftungsanlage erbracht. Bei ruhiger Wetterlage ist auch eine natürliche Lüftung mit öffenbaren Kippflügeln denkbar.

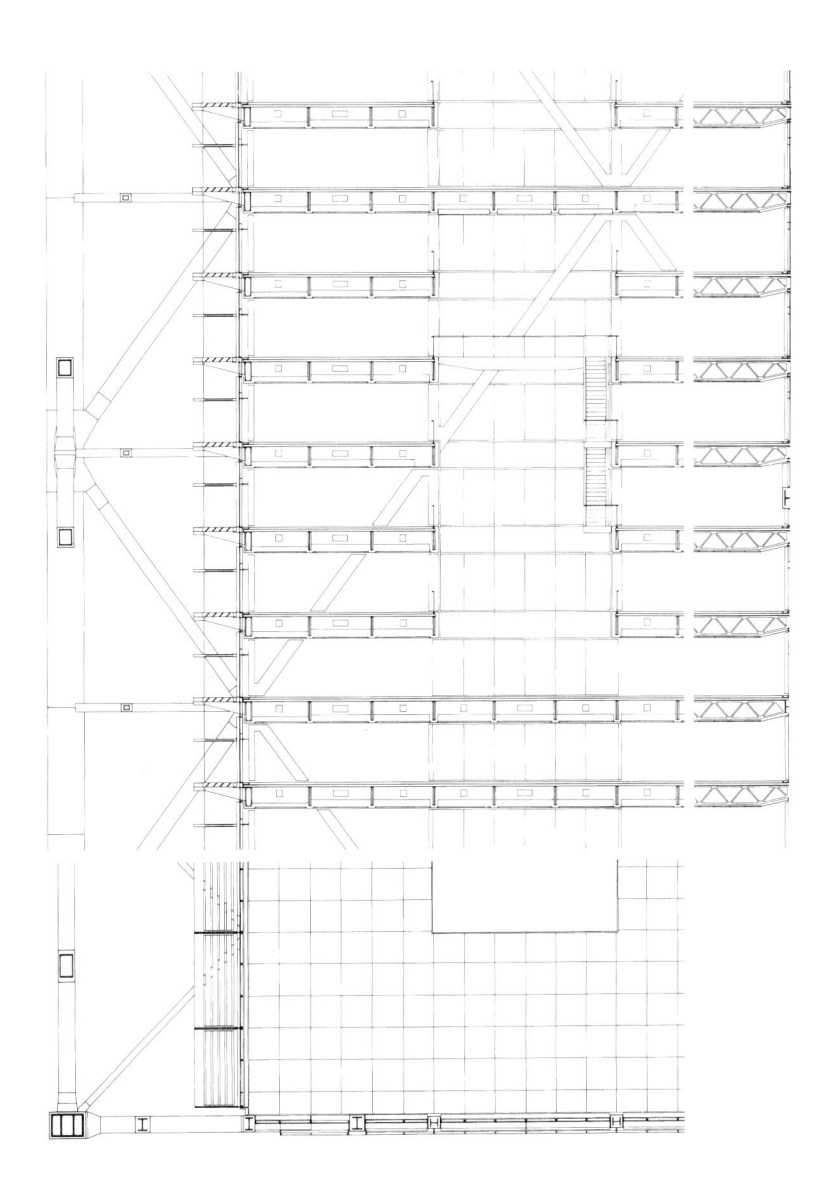

Hochhäuser

Die Überhitzung des Gebäudes infolge solarer Strahlung wird durch windunempfindliche, feststehende Beschattungseinrichtungen verhindert.
 Auf der Südseite (Gebäudelängsseite, linke Abb.) sind zu diesem Zweck horizontale Paneele vorgesehen, die gleichzeitig das Licht in größere Raumtiefen reflektieren. Auf Ost- und Westseite (rechte Abb.) schützen außenliegende „screens" aus perforierten Blechen sowohl vor übermäßiger Sonneneinstrahlung als auch vor Blendung.

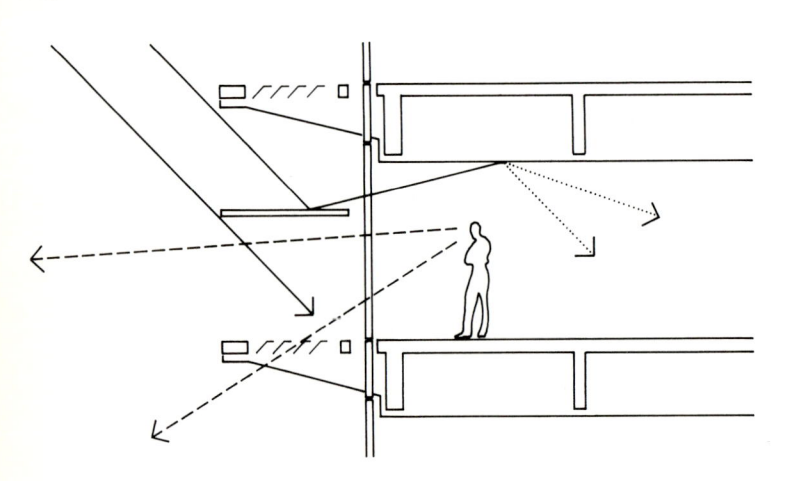

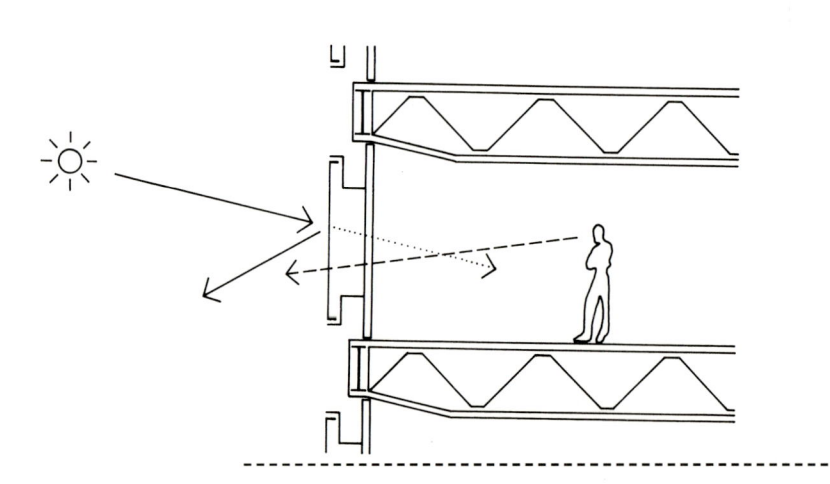

264 Hochhäuser

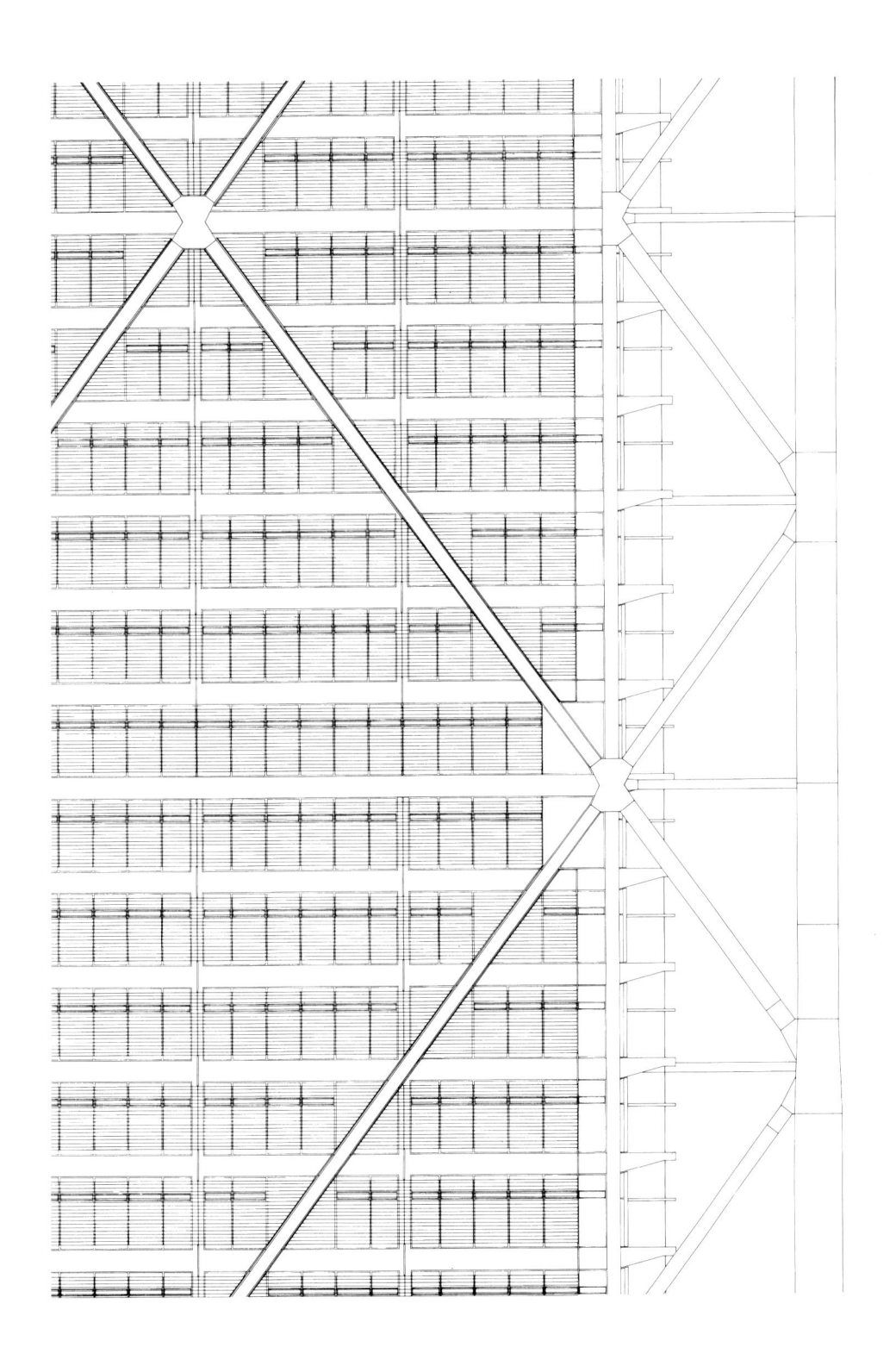

Beratung
Universität Stuttgart:
Prof. Peter C. von Seidlein
(Institut für Baukonstruktion)
Prof. Dr. Werner Sobek
(Institut für leichte Flächentragwerke)

IIT Chicago:
Prof. David C. Sharpe
Prof. William F. Baker

1994–95

246 m   265 m   312 m

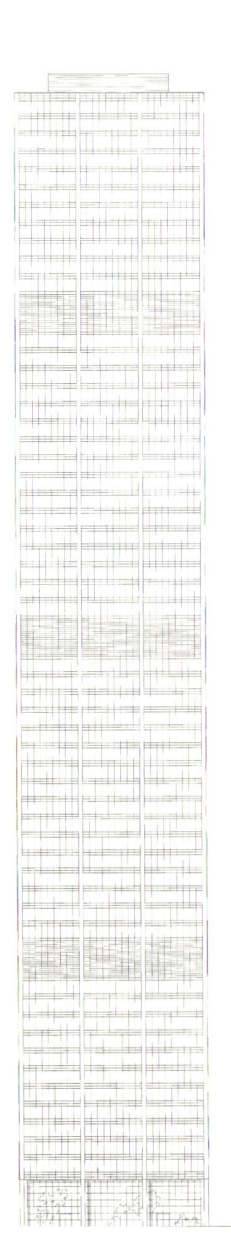

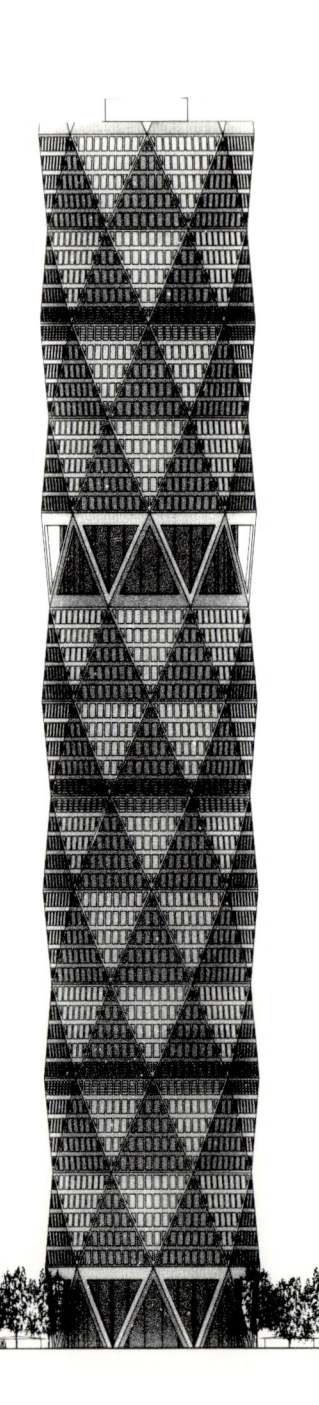

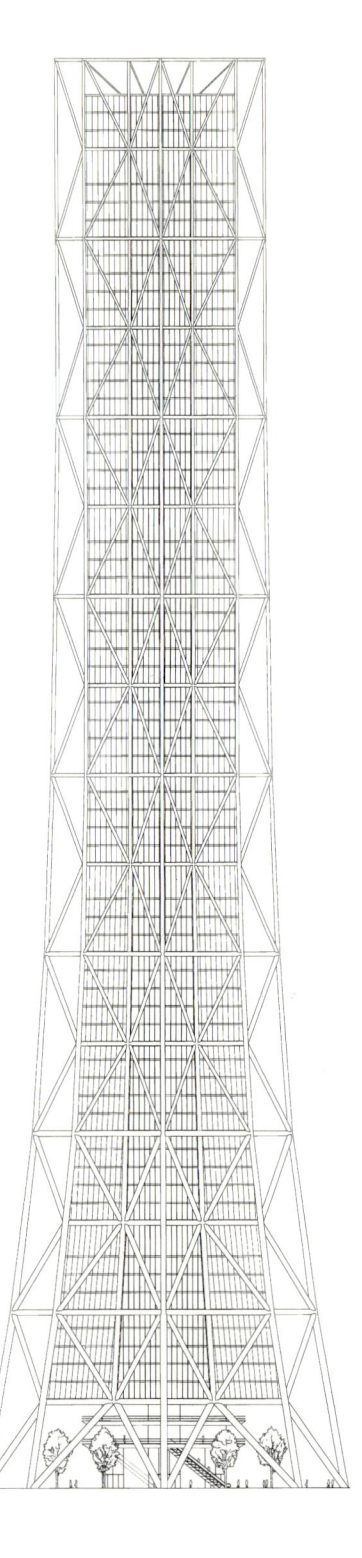

Hochhäuser

316 m · 360 m

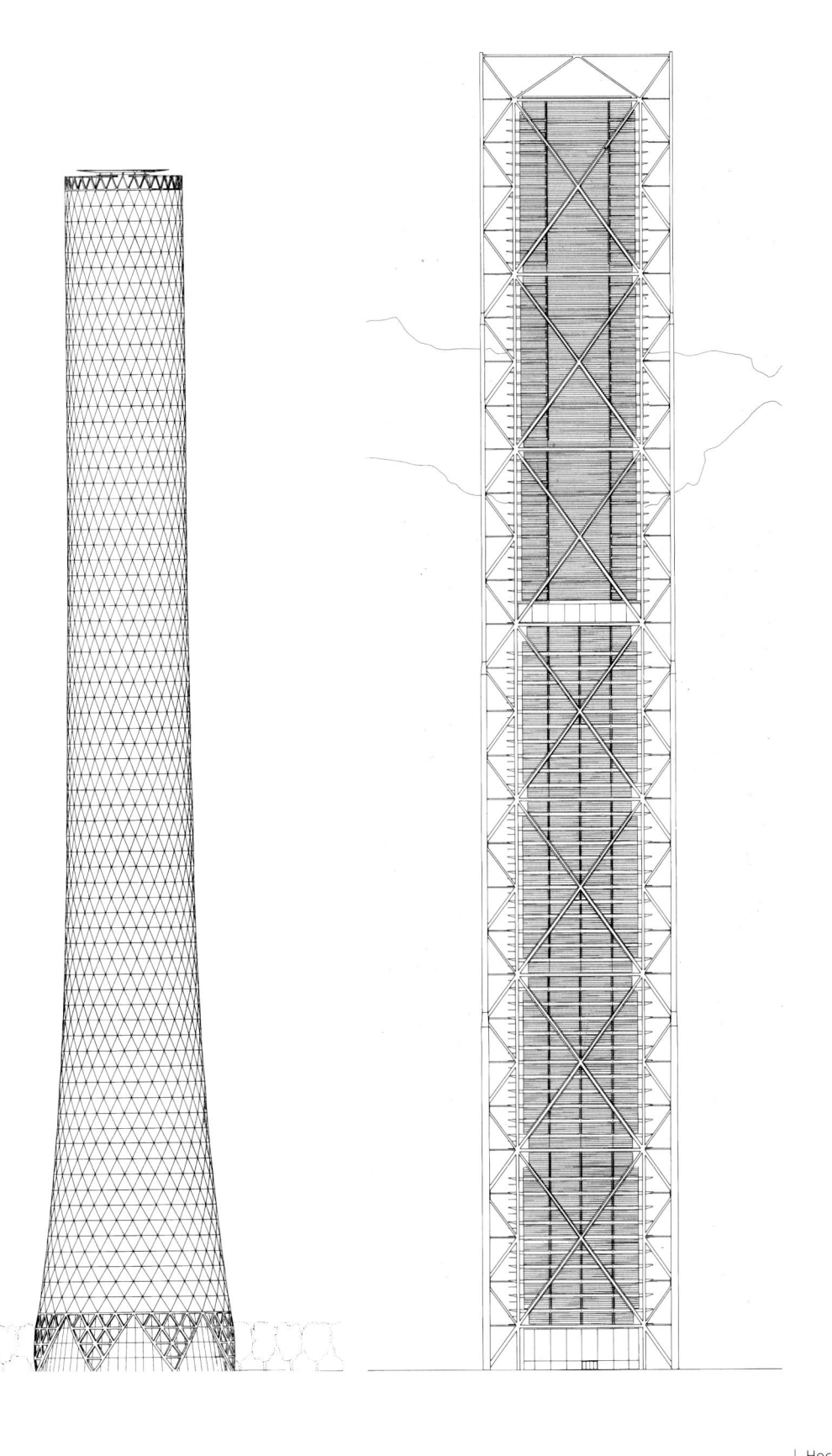

Hochhäuser 267

Sachregister

Stichwortnennungen beziehen sich häufig auf die gesamte, mehrseitige Dokumentation eines Projektes. Zur Vereinfachung ist hier jeweils nur eine Seite angeführt.

A
Abluftfassade 226
Acrylglas-Fassade 57
Alabama Halle 100
Aluminium-Gußelemente 80, 136, 220
Aluminium-Tragwerk 55, 81, 136
Aluminiumpaneele 25, 129, 143, 152, 188
Aluminiumpaneele, gefaltet 143, 152
Architekturbüro 24
Architekturforum 32, 44, 48
Architekturschule 58, 60, 88, 94
Atrium 258
Aussichtsturm 230, 236, 238
Ausstellungshalle 27, 32, 44, 48, 68, 76, 79, 134, 145, 154
Autobahnraststätte 188, 192, 196

B
Bahnhof 158, 162, 166
Bandraster (Fassade) 37
bauklimatisches Konzept 58
Baumstützen 68, 72, 93
baumartige Stützen 88
Be- und Entlüftung, mechanische 31, 35, 57, 58, 80, 88, 98, 103, 138, 154, 190, 200
Beton-Fertigteile 42, 54, 93, 122, 174, 254
Betongitterschale 254
Betonkonstruktion 42, 122, 164, 174, 182, 254
Betonrahmen 208
Bogen, unter-/überspannt 96, 130
Bogentragwerk 76, 77, 106, 110, 116, 145, 150, 162, 221
Brückenrestaurant 188, 192, 196
Brücken, Spannweiten 13
Brücke von Coalbrookdale 11, 17
Büroflächen 24, 242, 250, 252, 254, 258

C
Chemikalienlager 52

D
Dreigurt-Fachwerkträger 58, 145, 150, 202

E
Eisen, Herstellung 11
Eislaufhalle 110, 119
Eisstadion 140
Erweiterbare Hallenkonstruktion 154
Element-Fassade 39, 226
Empire State Building 20

F
Fachwerkbogen 76, 106, 110, 145, 150
Fachwerk, außenliegend 192, 196, 202, 206, 210, 216, 252, 258
Fachwerkrahmen 54, 84, 210
Fachwerkröhre 252
Fachwerkstützen 64, 78
Fachwerkträger 24, 55, 58, 64, 84, 117, 192, 196, 198, 202, 206, 246
Fachwerkträgerrost 46, 64
Fakultätszentrum 76
Faltwerk 55, 74
Fassade, beheizt/gekühlt 57, 81, 138, 194
Fassade, gefaltet 74, 250
Fassade, gläsern, mehrschalig 58, 145, 206, 216, 226
Fassade, Rinnenkonstruktion 191
Fassadenelemente, Element-Fassade 39
Fassadenpfosten, gelocht 63, 92, 124
Fassadenpfosten, hinterspannt 29, 150
Fluchtwege 145, 154, 244
Flugzeughangar 150
Formfindung 68, 74, 166, 173, 177
Fünfgurtträger 206

G
Geodätische Flächenteilung 81
Gewächshaus 55
Gewichts-Leistungsverhältnis 15, 16
Gitterschale 77, 116, 134, 140
Glas, Klebung von 139
Glasfassade, mehrschalig 58, 145, 206, 216, 226
Glasforum Gelsenkirchen 79, 134
Glaspalast 145
Glasscheiben, punktuell gehalten 80, 93, 109, 114, 133, 185, 210, 220
Glasscheiben, unterspannt 139, 185
Gußknoten 50, 68, 74, 80, 98, 136, 153, 182, 196, 206, 212, 216, 238

H
Hangar 36, 64, 77, 84, 150
Hangar unter Teck 36
Hängedach 119
hängende Verglasung 39, 234
Hängemodell 68, 74
Heli Muc 216, 222, 229
Hinterspannung Fassadenpfosten 29, 152

Hochhaus 20, 242, 250, 252, 254, 258
Holzbau 17
Holzleimbau 12
Holz-Tragwerk 77
Hörsaal 78
Hotel 258
Hubschrauber-Landeplattform 216, 222, 229
Hülle aus Leichtbauelementen 213
Hülle, textile 98, 101, 114, 166

I
IBM-Chemikalienlager 52
ICE-Bahnhof 158, 162, 166
Industriebau 52
Industrielle Revolution 11
Integration 11, 15, 16

J
Jawaerth-Seilbinder 182
John Hancock-Tower 16, 20

K
Kaminwirkung (Fassade) 59, 220
Kastenfenster 226
Kathedralen 16, 19
Kettenmodell 68, 74
Kino 78
Klemmknoten 128
Klimatisierungskonzept 242
Knoten, biegesteif 50, 129, 176
Knoten-Stab-System 50, 79, 128, 136, 176
Kongreßhalle 116
Konstruktion, zugbeanspruchte 60, 78, 122, 182, 192, 196, 230
Korbbogenträger 221
Korrosion 55, 202, 209
Kristallpalast, London 16, 20, 145
Kugel mit geodätischer Flächenteilung 79
Kugelgelenk 75
Kuppel 88, 100, 126, 130, 134, 140

L
Lagergebäude für Chemikalien 52
Lamellengitterschale 77, 116, 140
Landeplattform für Hubschrauber 216, 222, 229
Landungssteg 202, 206, 210
Luftkanal, gläserner 58
Luftkissen 96, 110
Luftschiffhalle 64, 77, 84

M
Markthalle 72, 126, 130
Membran 102, 166, 182
Messehalle 116, 145, 154
modulare Struktur 88, 154, 158
Monostrukturen 14, 19
Montage 68, 123, 148, 176, 212, 222, 233, 238, 256
Montageknoten (Patent Grimm) 128

N
Naturstein 17, 19
Neopreneverglasung mit Keder 164
neutrale Hülle 25, 47, 63

O
Olympiastadion München 16, 20
Outrigger-Konstruktion 228, 236, 242

P
Palmenhaus 55
Paneele 124, 129, 143, 153, 191, 213, 234
Personenbeförderung 232, 242, 258
Petrona Towers 20
Pfosten-Riegel-Fassade 25, 30, 35, 47, 49, 63, 84, 107, 124, 195
Pier 202, 206, 210
Pilzstruktur, addierbare 154, 158
Pneu 96, 100, 110
pneumatisches Tiefziehverfahren 129
Pressleistenverglasung 24, 31, 40, 49, 57, 67, 84, 124, 164, 195, 222
punktgehaltene Gläser 80, 93, 109, 114, 133, 185, 210, 216
Pylonkonstruktion 60, 154, 158, 166, 179, 182, 192, 196

R
R-Träger 24
radialsymmetrische Seilkonstruktion 78
radialsymmetrische Tragstruktur 78, 100, 126, 130, 134, 140, 216, 222
Rahmenkonstruktion 54, 55, 64, 84, 96, 162, 206
Rahmenkuppel, zweilagig 126
Raumfachwerk 68, 252
Raumlufttechnik 248
Ridge and Furrow-Prinzip 74
Rippenkuppel 93
Rippenkuppel, unter-/überspannt 130
Rockkonzerthalle 100
Röhrenkonstruktion 250, 252, 254
Rollenlager 212

S
Schalentragwirkung 77, 116, 128, 134, 140, 150, 174,
Schiebetor 152
Schirme 88, 154, 158
Schwedlerkuppel 136
Schwimmhalle 106
Searstower 20
Segelflughangar 36
Seilabspannung 60, 179
Seilabspannung (Turm) 230, 236
Seilbinder 182, 196
Seilkonstruktion, radialsymmetrisch 78
Skelettbau, Materialien 17 – 18
Sonnenschutz, außen, stationär 198, 263
Sonnenschutz, außen, stationär, schwenkbar 30, 35, 39, 84, 92, 226
Sonnenschutz, außen, temporär 30, 195
Sonnenschutz, Glaslamellen 209, 221
Sonnenschutz, im Pufferraum 59, 209, 221, 226
Sonnenschutz, innen 25, 49, 109, 145, 213
Sonnenschutz, textil 30, 198
Spannungen, temperaturbedingte 210, 252, 258
Sportbauten 42, 106, 110, 119, 140, 170, 174, 179, 182
stabförmige Gefüge (Skelette) 14
Stabnetz 128, 150
Stabwerkring, schalenartiger 174
Stadion 140, 170, 174, 179, 182
Stahl, Herstellung 12
Stahl, Eigenschaften 17
Stahlbeton, Eigenschaften 17
Stahlbeton-Fertigteile 42, 93, 122, 141, 170, 174, 209, 222, 254
Stahlbeton, Herstellung 12
Stahlbetonkonstruktion 88, 162, 179, 254
Stahlbetonverbundbauweise 198, 246, 251
Stahlskelett 25, 27, 34, 36, 44, 47, 49, 54, 58, 60, 64, 68, 74, 76, 78, 84, 88, 94, 100, 106, 113, 117, 128, 130, 140, 145, 150, 154, 158, 160, 162, 170, 174, 179, 182, 188, 192, 196, 202, 206, 210, 216, 222, 229, 230, 236, 238, 252, 258
Stockwerkrahmen 54, 230

T
Tempel 16, 19
temperaturbedingte Spannungen 210, 252, 258
textile Hülle 98, 101, 110, 166, 182
Träger, unterspannt 27, 32, 36
Trägerrost 44, 48, 64, 68, 74, 91, 230
tragende Flächen 14
Tragstruktur, rotationssymmetrisch 78, 250, 252, 254
Tragwerk, wassergefüllt 57, 81, 138, 148, 252
Tragwerk, medienführend 98, 138
Tragwerkstypen 14 – 16
Tribüne 100, 110, 119, 140, 170, 174, 179, 182
Tribüne Galopprennbahn 182
Tube-in-Tube-Konstruktion 250, 254

U
Uni Kino 78
unterschiedliche Spannweiten 36, 44, 84, 94, 100, 162
Unter-/Überspannung 27, 32, 36, 48, 96, 130, 141, 162

V
Venice Pier 210
Verbunddecken 190
Verglasung, geschuppt 114
Verglasung, hängend 39, 109, 230
Verglasung, punktgehalten 80, 93, 109, 114, 133, 185, 210, 216
Verglasung, Wasserberieselung 146
Vierendeel-Stütze 230, 238
Vierendeel-Träger 128, 216
Villa Möbel 27, 68
Vorspannung 100, 106, 113, 122, 123, 141, 142, 183, 198, 236

W
Wasserberieselung (Glasfassade) 145
Wasserfüllung (Tragwerk) 55, 81, 138, 145, 252
wechselnde Spannweiten 36, 44, 84, 94, 100, 162
West Pier in Brighton 202, 206
Windlasten (Hochhaus) 242, 250, 252, 254, 258
World Trade Center 20

Z
Zeltdach 166
Zepp-Labor 64, 77, 84
Zollinger-Bauweise 77, 116
zugbeanspruchte Konstruktion 14, 60, 78, 122, 182, 192, 196, 230
Zweite-Haut-Fassade 226

Personen- und Firmenregister

Personen- und Firmennennungen beziehen sich häufig auf die gesamte, mehrseitige Dokumentation eines Projektes. Zur Vereinfachung ist hier jeweils nur eine Seite aufgeführt.

A
Anton, Karin 229

B
Bahndorf, Joachim 81, 169, 173, 178
Baker, William F. 265
Bankwitz, Matthias 230
Bauer, Wolfgang 202
Baumgarten, Alexander 77
Baumgartner, Christine 44
Begasse, Klaus 254
Behnisch, Günter 16, 20
Berger, Jan 106
Beslmüller, Klaus 238
Bischof, Arndt 206
Bornscheuer, Bernd F. 78, 209, 213, 221
Braun, Jürgen 239
Bräuning, Stefan 68
Bubeck, Stefan 77
Büttner, Oskar 55
Burckhard, B. 75
Burkle, John 192
Bürling, Eckhard 238
Busch, Martin 222

D
Darby, Abraham 11, 17
Daubner, Petra 179
Dej-Ferrada, Mauritio 76
Dimitrov, Nikola 43, 76, 78, 249, 253
Dittes, Walter 57, 115, 125, 139, 191, 195, 201, 205, 209, 221, 228, 235, 237, 239, 249
Drexler, Frank Ulrich 41, 54, 81, 185, 191, 195, 201, 205, 228, 237

E
Eberding, Stephan 210
Eberspächer GmbH & Co., Esslingen 124
Ebert, Martin 258
Echsler, Klaus 78
Eisenbiegler, Günter 31, 35, 41, 43, 47, 51, 59, 63, 67, 71, 76, 77, 78, 81, 87, 93, 99, 115, 118, 125, 129, 139, 144, 149, 153, 181, 191, 195, 201, 205, 209, 213, 221, 228, 235, 237, 239
Ernst, Maximilian 229

F
Feldmeier, Werner 77
Feyrer, Klaus 253
Fink, Alexandra 64
Fischer, Detlev 76
Foster, Norman 74, 88
Frank, Andrea 76
Frick, Stephan 48
Fuchs, Andreas 44
Fuchs, Hartmut 31

G
Gabriel, Knut 169, 173
Galilei, Galileo 12
Gartner, Josef & Co., Gundelfingen 138, 226
Geissel, Helmut 170
Geissler, Garnet 130
Geywitz, Andreas 31, 236
Glasbau Hahn GmbH & CoKG, Frankfurt 39, 234
Goldsmith, Myron 13, 14, 20
Grimm, Friedrich 41, 50, 51, 129, 139, 145, 191, 235
Gruber, Manfred 27
Günzler, Paul 68

H
Haas, Claudia 76
Haas, Martin 36
Häffner, Markus 192
Hampe, Erhard 55
Harrichhausen, Josef 60
Häuser, Jürgen 78
Haushahn Aufzugstechnik, Stuttgart 235
Heinemann, Ursula 100
Helmle, Joachim 67, 94, 205, 230
Hermann, Stefan 110
Herzog, Thomas 12
Hieber, Jörg 87, 88, 188
Hippmann, Marco 31
Hoffmann, Manfred 110
Holzer, Peter 229
Holzwarth, Günther 35
Hootz, Katrin 158

I
Illinois Institute of Technology, Chicago (IIT) 20, 252, 265
Institut für leichte Flächentragwerke 68

J
Jäkel, Angelika 68
Janak, Philipp 236
Jekle, Stephan 68
Joas, Markus 52

K
Kahn, Fazlur 20
Kaikkonen, Heikki 84
Käppeler, Joachim 196
Keitel, Udo 229
Kellner, Iris 229
Kempter, Holger 36
Kiesslinger, Beate 44
Kirsch, Gerhard 149
Kleisch, Wolfgang 68
Klingler, Fabian 48
Klingler, Steffen 27
Knapp-Jung, Christina 72
Koch, Karin 77
Koeberle, Martina 162, 196
Kohler, Ernst-Jürgen 76
Kohler, Konrad 42
Kortner, Holger 79
Krieg, Torsten 36
Krone, Martin 115
Kübler, Wolfgang 119
Kuhn, Michael 55
Kurz, Astrid 48

L
Lakotta, Klaus 134
Lanz, Markus 27
Lehnert, Wolfgang 229
Liebel, Bernd 36
Lindl, Andreas 134
Lochner, Fedor 140

M
Maier, Claus 48
Mangiarotti, Angelo 42
Markert, Herbert 119
Mayer, Dorothee 84
Meergans, Christian 51
Meier, K. 155
Mierendorf, Volker 42
Mies van der Rohe, Ludwig 21, 47
Mieslinger, Jörg 222
Mihm, Claus 32
Müller, Dieter 47
Müller, Helmut 43
Mutscher, Peter 257

N
Neubert, Steffi 250
Niese, Gerhard 54, 71, 78, 81, 125, 185, 201, 237

O
Otto, Frei 16, 20, 68

P
Paulat, Folker 229
Paxton, Joseph 75, 145
Peter, Hans 57, 87, 239
Plathau, Filis 77
Pocanschi, Adrian 139, 235, 251

R
Raff, Bernd 47, 76, 77
Reusch, Stephen 67
Rheinländer, Angela 206
Richarz, Clemens 35, 57, 76, 195
Röhrl, Stephan 252
Roth, Hans-Peter 116
Rott, Herwig 202

S
Sabel, Dirk 77
Schäfer, Christiane 78
Schäfer, Stefan 174
Schemmel, Udo 32
Schibel, Martin 55
Schiefer, Hellmut 79
Schlaich, Jörg 16, 20, 257
Schmidt, Holger 32
Schneider, Sonja 58
Schnitzer, Ulrike 84
Schock, Hans-Joachim 133
Schrade, Anita M. F. 154
Schrade, Hans Jörg 154
Schulz, Christina 24, 228, 242
Schulz, Thomas 166
Schutte, Albrecht 43
Schwager, Nicolas 27
Seger, Peter 115, 126, 209
Sharpe, David C. 265
Sigfusson, Arni 32
Simon, Christof 188
Sir D'Arcy Wentworth Thompson 14
Siska, Maja 48
Skidmore, Owings & Merril (SOM), Chicago 262
Sobek, Werner 249, 265
Sponer, Wolfram 84
Stölzle, Walter 150

Strauss, Dorothee 42
Streitenberger, Felix 44
Ströbel, Dieter 81, 173, 178
Strohmeyer und Wagner GmbH + Co.KG, Konstanz 169
Swenson, Alfred T. 252

T
Texlon, Lemwerder 99
Tokarz, Bernhard 31, 35, 41, 47, 51, 67, 71, 77, 87, 103
Trikes Gußtechnik, Lörrach 218
Trumpp, Stefan 84

V
Vollmer, Matthias 229
von Aquin, Thomas 21
von Gerkan, Marg und Partner 68
von Seidlein, Peter C. 26, 31, 35, 41, 43, 47, 51, 54, 57, 59, 63, 67, 71, 75, 76, 77, 78, 81, 87, 93, 99, 103, 109, 115, 118, 125, 129, 133, 139, 144, 149, 153, 155, 165, 169, 173, 178, 181, 185, 191, 195, 201, 205, 209, 213, 221, 228, 235, 237, 239, 249, 251, 253, 257, 265

W
Wagner, Friedrich 26, 59, 63, 75, 93, 99, 103, 109, 118, 144, 149, 153, 161, 178, 221
Weidleplan 68
Weimar, Sandra 78, 182
Wetteskind, Arne P. 216
Wicke, Michael 78

Z
Zaiser, Johannes 44
Zeyen, Constanze 42
Ziegler, Diane 64
Zinnecker, Elke 27
Zirngibl, Ingo 216